Immanuel Löw

Aramäische Pflanzennamen

Immanuel Löw

Aramäische Pflanzennamen

ISBN/EAN: 9783743307056

Hergestellt in Europa, USA, Kanada, Australien, Japan

Cover: Foto ©Andreas Hilbeck / pixelio.de

Manufactured and distributed by brebook publishing software
(www.brebook.com)

Immanuel Löw

Aramäische Pflanzennamen

ARAMÆISCHE

PFLANZENNAM

VON

IMMANUEL LÖW.

MIT UNTERSTÜTZUNG DER K. AKADEMIE DER WISSEN

—

LEIPZIG,

VERLAG VON WILHELM ENG ANN.

1881.

Buchdruckerei von **Georg Brög** in **Wien**, IX., Maria Theresienstrasse 19.
(Unter der Leitung von P. Smolensky.)

HERRN GEHEIMRAT

Prof. Dr. H. L. Fleischer

in

LEIPZIG

zum 21. Februar 1881

zugeeignet.

Inhalt.

Vorwort.

Die Untersuchungen, welche der vorliegende Band enthält, wollen in erster Reihe einen Beitrag zur aramäischen Lexicographie bilden. Sie behandeln an 1200 aramäische oder in das Aramäische als Fremdwörter aufgenommene Pflanzennamen.

Man wird trotz der umfassenden lexicographischen Arbeiten, die wir auf dem einschlägigen Gebiete teils besitzen teils jetzt erhalten, die Notwendigkeit eingehender Einzelforschung nicht in Abrede stellen wollen. Sie ist für den bezeichneten Sprachkreis um so nötiger, als hier für das Verständnis der Realien die archaeologischen Vorarbeiten, die der Lexicographie der classischen Sprachen so wesentliche Dienste geleistet haben, meist fehlen. Hoffentlich zeigen die Untersuchungen, die ich vorlege, dass solche Einzelforschung nicht nur notwendig sondern auch lohnend ist. Das Verdienst der größeren lexicalischen Arbeiten, wie des Thesaurus syriacus von Payne Smith und des Wörterbuches über die Talmudim und Midraschim von J. Levy, soll damit nicht geschmälert werden. Ich habe viele ihrer Angaben berichtigt und bedaure nur, dass man es den Berichtigungen nicht immer ansehen wird, welche Achtung ich vor dem Gelehrtenfleiße der würdigen Verfasser habe. Was sich für den Umfang der in den behandelten Sprachen und Literaturen vertretenen Flora aramaea ergibt, ist aus den einzelnen Artikeln zu ersehen und wird durch Herrn Prof. Ascherson anderwärts zusammengestellt werden.

Das Buch war im Januar 1878 druckfertig. Sein Umfang und die Kostspieligkeit des bunten Druckes stellten die Herausgabe in Frage, als der verewigte Wilhelm Engelmann sich auf Empfehlung des Herrn Prof. Fleischer bereit erklärte dasselbe in Verlag zu nehmen. Ich kann nicht umhin, ihm und seinem würdigen Sohne und Nachfolger, Herrn Dr. Rudolf Engelmann meinen Dank auszusprechen.

Besonderen Dank schulde ich auch der kais. Akademie der Wissenschaften in Wien, die zur Deckung der Druckkosten einen Beitrag bewilligte.

Die Drucklegung begann im Juli 1878 und wurde im Februar 1881 beendet. Die Schwierigkeit des Satzes und der mehrfachen Correcturen, meine Entfernung vom Druckorte Wien und längere Unterbrechungen, welche die Arbeit zur Zeit der Ueberschwemmung meines Geburts- und Wohnortes Szegedin (März 1879) und sonst erlitt, tragen Schuld an der ungewöhnlichen Verzögerung des Druckes.

Die Revision hat Herr Prof. P. Ascherson, in Berlin, Herr Prof. Th. Nöldeke in Strassburg und mit seinem bekannten, auch mir gegenüber vielbewährten Wohlwollen Herr Prof. Fleischer in Leipzig gelesen. Ersterem verdankt der botanische Teil der Arbeit mehr, als die mit seinem Namen bezeichneten Bemerkungen vermuten lassen, Letzteren außer den mit ihren Namen bezeichneten Anmerkungen sehr viele Berichtigungen, Correcturen und stillschweigend benützte Winke. Vielfache Anregung und Belehrung verdanke ich meinen Lehrern, Herrn Dr. Israel Lewy, Herrn Prof. E. Sachau und Herrn Dr. M. Steinschneider in Berlin, Letzterem vorzüglich für die Liberalität, mit der er mich in literarische Hilfsmittel Einsicht nehmen ließ. Schließlich will ich noch den Verwaltungen der kais. Bibliothek in Wien und der königl. Bibliothek in Berlin für die Bereitwilligkeit, mit welcher sie die Benützung ihrer handschriftlichen Schätze gestatteten, Dank sagen.

Szegedin, am 4. Februar 1881.

Immanuel Löw.

Vorbericht.

Eine Untersuchung der talmudischen Pflanzennamen führte zur Zusammenstellung und Sichtung der Pflanzennamen des ganzen aramäischen Sprachgebietes. Es kam hiebei außer dem Talmudischen und Targumischen fast nur das Syrische in Betracht, das durch die Uebersetzertätigkeit der Syrer veranlasst wurde, auch auf diesem Gebiete seines Sprachschatzes Umschau zu halten und das vorhandene Sprachgut zu verwerten. Die Literatur der Mandäer bot wenig, die der Samaritaner fast nur die Misgeburt תלימו Gen. $41_{2.16}$, das aus תלים, Bruder, gebildet ist, um ein vermeintliches אח in אחו wiederzugeben, wie Geiger gezeigt hat.

Die Verschiedenartigkeit der Quellen, die Uebereinstimmung vieler Namen des talmudischen und syrischen Kreises, die große Anzahl zum Teil gemeinsamer, die Schranken des Eigenen verratender Lehnwörter griechischen und persischen Ursprungs lässt vermuten, dass uns ein beträchtlicher Teil des hiehergehörigen Sprachgutes erhalten ist. Der Reichtum an Namen wird nicht Wunder nehmen, wenn man bedenkt, dass die Völker, von denen die Rede ist, vorzugsweise von Pflanzenkost lebten, wie denn „die vielen Gemüse der Syrer“ in Griechenland sprichwörtlich geworden sind. Plin. x 16: Syria in hortis operosissuma, unde quoque in proverbium Graecis multa Syrorum olera.

Dem talmudischen Schrifttume fehlte es nicht an Gelegenheit Pflanzen zu erwähnen. Reste babylonischer, auch palästinensischer Volksmedizin haben darin ebensogut Erwähnung gefunden, wie eigentlich Halachisches, in dessen Bereich auch die Pflanze und ihre Kultur gehört. Der haggadische Lehrvortrag beschränkte sich auf einen kleinen Kreis von Pflanzen, meist Typen, denen die h. Schrift Ausgangspunkt und Richtschnur gewesen war. Das neue Testament wäre fast ohne Pflanzennamen ausgegangen, hätte nicht ein halachischer Anlass zur Nennung einiger geführt.

Aus später Zeit erst erhalten wir in nichthalachischem Zusammenhange aus fremder Quelle eine Liste von 30 Obstarten. Sie steht im Alfabet des Ben Sira, welches in das 11. Jahrhundert zu setzen ist, und ist von Schorr im Bundehesch — s. Justi Bund. S. 37 — nachgewiesen worden. Die Liste selbst, älter als das Werkchen, dem sie einverleibt ist, verdient, besonders wegen Nr. 24 und 26, hier mitgeteilt zu werden. Ich gebe sie auf Grund von 5 Texten, die im Ganzen übereinstimmen [1]).

Nebukadnezar stellt Ben Sira auf die Probe und verlangt von ihm, um zu erfahren, ob er ein Prophet sei, dass er ihm die Anzahl der Bäume des königlichen Gartens angebe. Ben Sira antwortet: Es sind dreißig Arten. Zehn tragen ganz essbare Früchte, zehn solche, deren Inneres, zehn solche, deren Aeußeres gegessen werden kann.

---

[1]) Für **E** schulde ich dem würdigen Besitzer, Herrn Halberstamm, für die Abschrift aus **D** Herrn M. Mannheimer in Darmstadt Dank.

A Alphabetum Siracidis utrumque, cum expositione antiqua ed. M. Steinschneider Berol. 1858 p 21 b f. — **B** Varr d ms Leyd. das. p 31a. — **C** Schorr, Hechaluz VIII 24. — **D** ms der Hofbibliothek in Darmstadt. — **E** Cod. Halberstamm 219 Bl. 3 von hinten. Reihenfolge aus D, meist = C. Reihenfolge in E: I. 7. 2. 1. 3. 5. 4. 28. 6. פלפלין 8. II 11. 15. 14. 12. 16. אסטרובולין, (=פיסתקין) פיספסיקין? פארישין 17. 18. III. 21. 22. 27. 29. 25. 23. 24. 30. 26 (nur neun). In A. I 3. 2. 8. 6. 1.

I. Ganz essbare Obstarten: 1 ענבים 2 תאינים 3 תפוחים 4 אגסים 5 ספרגלים 6 אתרוגים 7 תותים (om A) 8 שקמים 9 סנורדים D. סנתרים C (עוזרדים E) om A (E)? 10 מוכלים D מורילים C מורלין A. II om E?

II. Das Innere essbar: 11 רימונים 12 ערמונים (om A aber Uebers. שהבלוט) 13 בלוטים (om A E; A Uebers. בלוט) 14 בוטנים (A J) 15 אגוזים 16 שקדים 17 אלונים (om A) 18 קרומים 19 גדרנים D נונזרין A (om E) 20 קליפלין D קלפילין B קטפילין A (om E).

III. Das Aeußere essbar: 21 תמרים 22 זיתים 23 גדנדניות A C גודגניות D נרגניות B נודגראניות E 24 אחוניות B אהוניות D מחוניות C אהוכין A דורמיסקין E. 25 אפרסקין A E פרסקים C פרדקסים B 26 חרותין D A הרותים C om B חומשניות E 27 הרובים 28 עוזרדין D עזרדין A (E I) עוררין C (l. עזררין) 29 שזפין E שזיען B שקופין C שיזיין D שזופין A 30 עלוסין A D עלוטין B C om E, dafür קריסטומולין.

I. 1 Weintrauben, 2 Feigen, 3 Aepfel, 4 Birnen, 5 Quitten, 6 (Citronat-) Citrone, 7 Maulbeeren, 8 Maulbeerfeigen, 9? 10?

---

5. 4. 14. לימוניא. פלפלין II 11. 15. 16. סנוברין. פסתקין 10. 20. 19. 18. (nur neun) III 21. 22. 27. 25. 28. 29. 24. 23. 26. 30.

Für 7. 9. 10 A כטנים פלפלין וליכוניא הוא לשון ישמעאל שעושין מלוחין (ليمون). Für 10 E פלפלין. Zum Schlusse von I E: והלא הבעסיסי נאכלין כבות שהן קשיא למר קשיא כך מצאתי בהעתק. Für 14 wahrscheinl. A Uebers: בנדוק. Für 14. A: סנוברין صنوبر. Für 13? A פסתקין. E פִּסְטוּקִי פיפסיקין l. פיסתקין. E hat 14. Für 19. 20 E: מְבלאנגולי פאריישין ל״א מֵילָה רַאנְצִי und אסטרובולין. A giebt arabische, E italienische Uebersetzungen der Namen. 1) uva 2) ficora (it. ficajo) 3) mela 4) pera 5) פוּלְצִדְקִי od. אַלְבַשְׁטְרִי?? S. Aruch sv פריש 6) citri 7) צִיצִי?? 8) קוֹקוּמַרִי sycomori? E zu פלפלין: אַרְבִיטִי. 11) granati رمان 12) castagni شهبلوط 13) بلوط 14) נוֹקְלִי noccioli Haselnüsse بندق 15) noci جوز 16) אַמַאנוֹלִי ital. mandorla 17) glandi, hält es aber für unrichtig 18) E לא ידעתי מה הן. 21) datoli 22) oliva 23) cerasi 24) prugna 25) persica 26) הומשניות: קְרוּנִיאַלִי מְיסְפוֹלִי nespola; cotognolo (?) wie Frl. Michaëlis vermutet. 28) sorba — Auch Simon b. Z. Duran erwähnt die 30 Arten des Ben Sira: Magen Abot Livorno 1785 fol. 36 b. Ebenso Meiri zu Abot 3_{11} p 18b.

II. 11 Granatäpfel, 12 Kastanien, 13 Eicheln, 14 Pistazien, 15 Nüsse, 16 Mandeln, 17 Eicheln?. 18 s. unten Nr. 15 b. 19? 20?.

III. 21 Datteln, 22 Oliven, 23 Kirschen, 24 Pflaumen, s. Nr. 105 b 25 Pfirsiche, 26 חומשניות s. Nr. 103 u. 229 c. 27 Johannisbrod, 28 Spierlinge, 29 Mispeln, 30?.

Justi, Bundehesch S. 37 (cap. XXVII) übersetzt die Stelle: „Von Hauptfrüchten giebt es 30 Arten, von welchen man 10 Arten innen und außen essen kann, wie Feige, Apfel, Quitte, Citrone, Rebe, Maulbeere, Birne und die übrigen dieser Art. 10 können außen gegessen werden, innen können sie nicht gegessen werden wie Dattel, Pfirsich, weiße Apricose und die übrigen dieser Art. Folgende kann man innen essen: Nuss, Mandel, Granate, Cocosnuss, Haselnuss, Kastanie, Pistazie, und was noch mehr von den vielen Hauptfrüchten dieser Ordnung sind".

Die 30 Obstarten nahm Adam, nach Ben Sira, aus dem Paradiese mit. Dasselbe berichtet Masudi Ibn Awwâm Vorrede p. 10.

Die Anlässe, aus denen das talmudische Schrifttum Botanisches berichtet, sind mannigfach; sie im Einzelnen aufzuführen ist Sache der talmudischen Botanik, der die Aufgabe zufällt, die Beziehungen des nachbiblischen Judentums zum Pflanzenreiche darzustellen. Sie beachtet den Umfang der Pflanzenkenntnis, die Rolle, welche die Pflanzen in der Naturbetrachtung, wie sie sich in Bildern und Ausdrücken darstellt und ausprägt, spielen, die Verwertung der vegetabilischen Rohproducte, die Landwirtschaft und in Verbindung mit dieser die agrarische Gesetzgebung: lauter Beziehungen, die, wie schon der Midrasch hervorhebt [1]), vom religiösen, wenigstens vom religionsgesetzlichen Leben getragen und durchdrungen sind.

---

[1]) Pesikta de R Kahana 46a Buber; daraus Sch. haschir. r. 12ה p. 52 Z 28 Lpz.

Zur Klärung der Anschauungen vom Pflanzenreiche, — dies Eine sei hier hervorgehoben, — und zu einer gewissen, allerdings kaum über die sprachlich fixirten Unterscheidungen hinausgelangenden Einteilung führte das weit ausgeführte Verbot der Mischung heterogener Dinge. Der Landwirt, — denn es unterliegt keinem Zweifel, dass das Verbot sich praktische Geltung verschafft hatte, — forderte genaue Bestimmungen für Gleich- und Verschiedenartiges, und je unsinniger die Gartenkunst der Römer das Pfropfen der Obstbäume betrieb, umsomehr sahen sich die Gesetzeslehrer veranlasst, die nähere oder entferntere Verwandtschaft der Kulturpflanzen nach annähernder Schätzung festzustellen.

Die Begründung des Verbotes beschäftigte die jüdischen Schriftgelehrten aller Zeiten. Speculation, Astrologie und Erfahrung wurden angerufen, um dasselbe zu rechtfertigen.

Die ältern und jüngern rabbanitischen Begründungen, vorzüglich das, was Maimonides beigebracht hat, fasst ein Karäer des 15. Jahrhunderts, Kaleb Afendopolo in Konstantinopel, kurz zusammen. Kaleb hat durch sein nach Maimonides gearbeitetes Pflanzenverzeichnis mit vulgärarabischen (türkischen), neugriechischen und italienischen Synonymen unseren Dank verdient; darum sei der gereimten Argumentation, mit der er seine Vorschriften über Heterogenes einleitet [1]), hier Raum gegönnt.

„Alle, die unter dem Monde hier leben, denen ihr Schöpfer die Kraft hat gegeben, ihre Art, wie sie fest ist gesetzt, zu erhalten, in zwei der Klassen hast du sie zu spalten: die Pflanzen die eine, am Wasser die sprossen, die Tiere die andre, des Lebens Genossen, die Alle vom Schöpfer der Welt sind bestellt, ihre Art zu erhalten, vom Anfang der Welt. In jedem der einzelnen Wesen den Sinnen erscheinet vollkommen die Art, ohn' Entrinnen."

---

[1]) Aderet Elijahu, Goslow, fol. p. 12 des Anhangs von Kaleb Afendopolo.

„Für jede der unten hier lebenden Arten ein Stern ist bestellet, dass ewiglich wahrten die Wasser des Lebens, von oben geleitet, die Bäche des Lebens, auf Erden bereitet. Die Gestirne beherschen je Eines vom Ganzen, wie die Sonne, der Mond, das Gedeihen der Pflanzen.“

„Verschied'nes zu mischen, welch' sünd'ger Gedanke, lass' ab, mit der Art, dass das Ew'ge nicht wanke! Zu ändern die Kraft, die erzeugt, ist verhasset, ein Leugnen der Schöpfung, so recht ihr's erfasset; ein Leugnen sogar ist's der Lehr' insgesammt, der Lehre, dem Schöpfer der Arten entstammt“.

„Wer menget, was nimmer zusammengehört, die Ordnung der Welten der freventlich stört, verwirrt der Gestirne Gesetze und Bahnen, gegründet vom Schöpfer, befolgt ohne Mahnen, erhaltend die Arten in Allem, was lebet. Drum wanket die Feste der Erde, sie bebet, wenn, beirrend die Zeugkraft der Art, man ergänzt, wo der Schöpfer die Schöpfung hat weise begränzt, Geschöpfe und Arten erzeuget hienieden, die der Bildner der Wesen zu schaffen gemieden, als hätt' eine Lücke der Schöpfer gelassen, — der Schöpfer, dess Wesen wir Alle nicht fassen“.

„Du siehst ja, was Mischung hervor hat gebracht, zur Dauer in Wahrheit ist's nimmer gemacht; umsonst sie entstehn, d i e Arten vergehn, die nicht sind entquollen allmächtigem Wollen“.

„Vom Schöpfer des Alls der Befehl d'rum ertönt: nimm wahr meine Ordnung, die Mischung verpönt; das Mengen Verschied'ner, es ist mir verhasst, so wie dir die Torah zusammen sie fasst“.

Die M i s c h n a h und die gleichaltrigen halachischen Sammlungen enthalten eine Reihe von Pflanzennamen, die, obgleich hebräisch, mit aufgenommen wurden, schon weil die talmudisch-aramäischen Erklärungen meist an sie anknüpfen. Die Gemaren geben uns hier erwünschten Aufschluss und sind in diesen wie anderen Realien vielfach unsere einzigen, meist zuverlässigen Führer. Ihre Autorität ist in dieser Hinsicht größer, als in Rücksicht auf die eigentliche Interpretation älterer Texte.

Der Zustand der talmudischen Texte und die Zuverlässigkeit der nachtalmudischen Sprach- und Sacherklärung, d. h. der Wert der jüdischen Schultradition über Talmudisches, sind zwei Punkte die hier, wenn auch nur flüchtig, in's Auge gefasst werden müssen, weil sie zu den wesentlichsten Grundlagen der folgenden Untersuchungen in Beziehung stehen.

Was den Zustand der talmudischen Texte betrifft, so stellt sich, wie bekannt, die Sache für den Babli ziemlich günstig, da wir, auf Handschriften und zahlreiche Citate gestützt, in der Lage sind, einen im Ganzen verlässlichen Text herzustellen. Von dem Werte des Aruch, um diesen besonders hervorzuheben, zeugen zwei Pflanzennamen, die er allein aufbewahrt hat: זיתא s. Nr. 11b und נוריתא 199. Aruch selbst sieht jetzt einer, auf einen ausreichenden kritischen Apparat gegründeten Bearbeitung entgegen; ich habe bei meiner Arbeit das Ms. der Hochschule für die Wissenschaft des Judentums, mein eigenes Zacuto-Ms. (Kohut, Aruch p. XLII) und die Agg. Pesaro, Basel und Prag benutzt.

Minder günstig steht es mit dem Texte des Jeruschalmi. Kaum Eine Handschrift und wenige Anführungen bei älteren Autoren, neben einem ganz unzuverlässigen, verwahrlosten Texte! Als kleine Probe diene folgende, für unsere Untersuchungen wichtige, Stelle.

j Kil. I $27^{a}{}_{46}$ ff wird eine Reihe von Pflanzen erwähnt, aus denen Bastarde hervorgehen. Die Stelle lautet:

תני גוי שהרכיב אגוז על גבי פרסק אע"פ שאין ישראל רשאי לעשות כן נוטל ממנו ייחור והולך ונוטע במקום אחר מה נפק מינהון קדריה פרסקיה הרכיב תריד על גבי דרכון אע"פ שאין ישראל . . . מה נפק מינהון כירבי לבנון זרגון ולפת מה נפק מנהון פטר פיטרה סולינון לוזון ובוטמין מה נפק מביניהון פיסטקין זיתין ורימון מה נפק מביניהון שיזפין :

Die Pflanzennamen sollen aber lauten:

. . . [a]אגוז ע"ג [b]פרסק . . . מה נפק מנהון [c]קריהפרסיקה [d]הרכיב תריד ע"ג [e]ירבוז . . . [f]קריסולבנון . [g]זרנון [h]ולפת . . . [i]אסטפלינן . [k]שומר [l]וכרפס [m]פיטרוסילינון [n]לוזין [o]וכוטמין [p]פיסטקין [q]וזיתים [r]ורימין [s]שיזפין :

Die Frage nach dem Werte der Tradition über talmudische Wort- und Sacherklärung ist selten gestellt worden. Die Einen stellten sie nicht, weil es über ihren Gesichtskreis gieng, an der Richtigkeit von Ueberliefertem zu zweifeln und weil sie außerdem für Realien kein Interesse und darum kein Verständnis hatten. Die Art, in der man das Studium der halachischen Literatur betrieb, führte von der Erkenntnis der wirklichen Verhältnisse des talmudischen Lebens ebensoweit ab, wie von einer nüchternen Interpretation, und doch darf man sich nicht verhehlen, dass ein ausschließlich philologisch wissenschaftliches Interesse ohne religiösen Rückhalt lange nicht ausgereicht hätte, die talmudische Literatur auch nur zu erhalten, geschweige ihr eine treue Pflege angedeihen zu lassen. Die Anderen, Anhänger der historischen Kritik, hatten, mit Ausnahme Weniger, bisher keine Zeit, auf die Realien des jüdischen Altertums einzugehen; ihr Interesse war historischen Fragen zugewandt, archäologische Studien, wie sie mein Vater

---

[ab] T Kil. 2_{15} פרסק על גבי עוגם (Var. עבוש) dh. Birne (Nr. 153), falsch da es Nuss heiszen muss. [c]Sachs Beitr. I 156, Lonsano, Ma'arich sv Ar. ms. קריה פרסיקה. [d]T Kil. aO תרד ע"ג ירבוז vgl. T Kil. 1_{11} [e]Ar. דרקון, RSchimsch. ירבון, Muszafia ירכון, Or zarua חרבון. [f]RSchimsch. קירבי לבנין Or zarua ברוסלינן, Muszafia aus RSchimsch. קרסולכנון s. Nr. 282; nach BB ist כַּריסולכנון zu schr. [ghi] s. Nr. 64, RSchimsch. אסטפלינן, Muszaf. אסטפנין, Or zar. אסטפניני. Am wahrsch. ist des Muszafia Schreibweise. [o]Ar. u. Or zarua בוטנין, falsch. s. Nr. 44b [qr]Ar. רמון, Or zar. רמונים, Bertinoro zu Kil. 1_4 זיתים על רימון, Richtig: רִימִין Zodah ledereoch 114b; es muss pl. sein. S. Nr. 229a.

zuerst in größerem Umfange betrieb[1]), blieben bislang ohne Nachahmung und um den Wert der Schultradition, die freilich in historischen Fragen versagte, kümmerte man sich wenig.

Wir besitzen in den Commentaren der frankogermanischen Schule, wie sie als zusammenfassende Autorität Raschi darstellt, eine in die babylonischen Schulen hinaufreichende Tradition, die, gestützt auf das sorgfältigste und hingebendste Studium der Literatur, einen Complex von Sacherklärungen bietet, welche in vielen Fällen uns da, wo wir sie controliren können, geradezu überraschen.

Der wichtigste Faktor der Erhaltung dieses Verständnisses der talmudischen Schriften war die Kenntnis des Aramäischen, die sich in den babylonischen Schulen weit in die Zeit der Araberherschaft hinein erhielt. Noch Hai Gaon, um den letzten Depositär aramäischen Sprachgutes in Babylon zu nennen, zeigt eine Kenntnis des Aramäischen, deren Proben es uns bedauern lassen, dass wir nicht mehr von ihr besitzen[2]). Es sind das wertvolle Reste, teils in seinem eigenen Commentar, teils in Citaten bei Andern, vorzugsweise im

---

[1]) Leopold Löw, Beiträge zur jüdischen Altertumskunde. Band I: Grafische Requisiten und Erzeugnisse bei den Juden. Leipzig 1870-1871. Band II: Die Lebensalter in der jüdischen Literatur. Szegedin 1875.

[2]) Nur einige Beispiele. ܐܟܠ „jucken“ Kalilag u Dmng 5_9 ist sonst nur aus Hai bei Aruch sv חרש bekannt s DMG 31, 536 — ܐܣܛܘܟܐ PSm 175 nur aus BA BB: mit ܓܝܕܐ „nervi“ erklärt, „die am Herzen hangen“: ܐܣܛܘܟܐ ܗܠܝܢ ܕܠܒܐ [vgl תליא דליבא Chulin $59a_0$]. Von Hai erfahren wir, dass es Fransen bedeute. אית[י]קא „aram.“ zu Kel. 29_1 = נומי (Ar. נם 3) und אפיקרסין: hat איתיקא; das. מוכין = איתקא. Ohol. 15_1 = Ar. קפל 1, aber hier irrig arab. S noch Ar. סנום falsch citirt. — ܣܘܙܐ = سوز = خنصر [mand. היצרא] erkennt Hai in הצר הכבר, [für welches Tamid 4_3 ואצבע הכבר steht] RIGiat Scha'are simchah I 57. s. u. Nr. 334 — צוציפתא Ar. sv נגוסטר ܨܘܨܝܦܬܐ.

Hai G. (st. 1038) steht BBahlul nahe genug, um mit ihm in Erklärungen übereinzustimmen; Beispiele sind nicht selten.

Aruch des Natan b. Jechiel erhalten. Fast Alles was bei Aruch als aramäisch,* בלשון ארמי, bezeichnet wird, ist Hai zuzuschreiben[1]).

Die Halachot gedolot enthalten noch einiges talmudisch nicht belegbare Aramäische, bezeugen also, dass die Sprache im 8ten Jh. noch lebte, und man wird nicht fehlgehen, wenn man annimmt, dass das Aussterben derselben im 9ten Jh. begonnen habe[2]). Wie sich der neusyrische Dialekt, den jetzt noch Juden in Kurdistan sprechen, zum alten Jüdisch-aramäischen historisch und sprachlich verhalte, ist noch unbekannt.

Zu den untrüglichsten Prüfsteinen der talmudischen Tradition gehören die syrischen Glossensammlungen, die Vertreter syrischer, teils gelehrter, teils aus der lebenden Sprache schöpfender Tradition. Ihre Angaben, den jüdischen gegenübergestellt, ergeben ein sehr befriedigendes Resultat. Als besonders schlagendes Beispiel sei שמכא hervorgehoben (s. Nr. 54). Es fehlt aber auch nicht an

---

* Hier nun Folgendes:

ܪ̈ܘܢܟܐ reknâ C. 876 ῥυκάνη Hobel PSm 1270 zu ܣܠܘܠܐ BA ܪ̈ܘܢܟܐ رندج BB 923 aus cod. Rom. Journ. As. 1872 XIX 475 von Abbé Martin mitgeteilt: ܪܘܢܟܐ الرندج [ܦܣܘܠܬܐ = C 716 Nov. الرندج الطويل .vgl] ܘܣܟܠܬܐ ܕܢܓܪܘܬ ܡܢܝܚ ܠܗ ܠܓܘܢܝܐ [ܠܓܘܪܢܝܐ Rom] ܘܐܝܟ ܟܘܪܣܝܐ ܪ̈ܘܢܟܐ [ܪ̈ܘܢܟܐ [Rom ܐܘܪܓܢܘܢ ܗܟܢܐ ܓܪ ܓܪܐ ܠܣܘܡܐ ܘܡܟܒܫ ܠܣܪܩܘܣܬܗ [رندج رقاق II].

Hai zu Kel 13₄: רקני פי׳ ברזל נתון בתוך העץ והוא עשוי לישע ולהחליק הנסרים והוא מכלי הנגרים ושמו בטיית רוקאן. رقان ist auch bei BB für رقاق zu l. Aus dieser Stelle C 172 „ܠܓܘܪܢܝܐ dolabra BB". PSm fand die Stelle nicht und ließ daher das Wort weg.

[1]) Die Artikel findet man bei Kohut, Aruch haššâlêm p VI zusammengestellt. Ich bespreche הרני Nr. 308. חינוניתא 78. סירייגא ibd. סלפחא 140. יכלא 141. מסתוריתא 30 f. פותא 251 פרחא 201 קיבורא 278 שחלא 78.

[2]) Vgl. Renan, Hist. gén. d. langues sémitiques 3. éd. p 234.

Fällen, in denen sich die traditionelle Erklärung als unzulänglich, ja als falsch erweist. Man sehe z. B. Nr. 72.

An Hülfsmitteln der Erklärung kommt in Betracht, was wir von Hai Gaon in seinem Commentar zur letzten Mischnah-„Ordnung" besitzen, was Aruch und Andere aus ihm und älteren gaonäischen Gutachten — die wir zum Teile noch besitzen — anführen. Sodann die Commentare, obenan Maimonides' Mischnahcommentar, der eine reiche Ausbeute arabischer Erklärungen bietet. Zur Richtigstellung dieser vielfach verstümmelten Fremdlinge habe ich die sehr wertvollen arabischen Handschriften des Mischnahcommentars, welche die k. Bibliothek in Berlin kürzlich erworben hat[1]), vergleichen können. Zu bemerken ist für den Commentar, dass Maimonides ausschließlich arabisch erklärt und dass die spanischen Erklärungen sämmtlich von den Uebersetzern herrühren.

Von vielen Seiten schon wurde eine Bearbeitung der talmudischen Botanik gewünscht. Die beiden Historiker der Botanik, Sprengel und Meyer, haben auf die Pflanzen der Mischnah aufmerksam gemacht; jener hat sogar die in Kilajim vorkommenden Namen nach Maimonides' arab. Erklärungen zu bestimmen gesucht. Ihnen schließt sich Clément-Mullet an, frz. Uebers. d. Ibn Awwâm, Vorrede p. 12: „On trouve dans la bible et notamment dans Isaïe (XXVIII, 34) des documents sur les pratiques agricoles des Juifs. On peut encore en trouver de plus détaillés et par-là même fort intéressants pour la question dans les livres de la Mischnah de Angulo (Péah) et de Seminibus (Zeraïm)". Dem verdienstvollen Kenner der einschlägigen arabischen Literatur wird man die Unkenntnis der talmudischen Literatur wohl zu Gute halten.

Der einzige neuere Versuch, die talmudischen Pflanzennamen zu behandeln, rührt von Josef Schönhak her, der in seiner kurzen hebräischen Botanik und Mineralogie — תולדות הארץ II Warschau

[1]) Ms. Or. 4° 566 ff (Nr. 93—101 Steinschneider).

1859; Bd. I enthält eine Zoologie — talmudische Pflanzennamen verzeichnete. Ueber Duschak, Dr. M., Zur Botanik des Talmud Pest 1871, 133 Seiten, kann ich leider nichts Gutes sagen. Von welcher Art die Arbeit ist, zeigt am Besten eine Stelle, die man in der Anmerkung findet [1]) und die als Probe genügen dürfte.

Syrische Quellen sind, von den Bibelübersetzungen und anderen Texten abgesehen, in erster Reihe die Glossographen Bar Ali und Bar Bahlul, — jener, soweit er in der Hoffmann'schen Ausgabe und im Thesaurus Syriacus von Payne Smith fasc 1—4 vorliegt, dieser nach der für Bernstein gemachten, der k. Bibliothek in Berlin gehörigen Abschrift des cod. Huntington und des cod. Marsh., soweit dieser reicht. Die Abschriften sind, wie aus der Vergleichung mit dem Thesaurus hervorgeht, mit der größten Sorgfalt angefertigt. BB's Glossen sondern sich, was Botanisches betrifft, in Glossen aus anderen Lexicographen, besonders Bar Serôschewai (um 900 nChr.), der sehr hoch zu schätzen ist, und aus medicinischen Schriften, wie Bar Serapion, der kaum etwas Aramäisches bietet, und Gabriel ibn Bochtjeschû, dessen arabisches Compendium aus Dioscorides, Galenos und Paulos Aeginetes [2]) nichts Syrisches liefert, dafür aber eine Flut von Undingen erzeugt hat. Auf dem Wege über arabische

---

[1]) S. 131: „Der Talmud nennt den Lorbeer Dafna (δάφνη). Muthmasslich haben wir in dieser chaldäisch-griechischen Benennung des dem Apollo geheiligten Baumes einen Dialect des hebräischen zafana von zafan abscondere adumbrare, ζοφος dunkel (vgl. λαυρος Stmmw. sansk. lar verbergen, verfinstern, Dial. νάρο, daher λαύρα Gasse, weil sie die Aussicht durch Häuser verdeckt (B. B. 4), κ-λήρο das Loos, eigentlich das Verborgene — die Zukunft enthaltend, larva, die das Gesicht verbergende Maske, lura der bergende Schlauch, luridus . . . delirium geistige Finsterniss".

[2]) Paulos des BB ist nicht immer der Aeginetes (Gesen. BA et BB 30); dieser ist in arabischen Citaten, meist aus Gabriel, gemeint. ZB BB 776:

Umschrift des Griechischen in's Syrische sind nämlich die griechischen Pflanzennamen in furchtbarer Weise verstümmelt worden und BB hat es sich nicht nehmen lassen, all die corrupten Wörter als eigene Schlagwörter oder bei irgend einem der Synonyma als Begleiter aufzuführen.

An der Hand der griechischen Texte und der arabischen Uebersetzungen des Gabriel lassen sich diese Jammergestalten meist leicht rectificiren; nur muss man sich der Mühe unterziehen, sie aus allen Ecken der großen Glossensammlung zusammenzulesen. Es ist unbedingt zu misbilligen, dass hiehergehörige Glossen im Thesaurus nicht unter das betreffende syrische Wort gestellt werden; wir haben Gemisch genug im Aramäischen, auch wenn wir syrisch geschriebenes Griechisch, — ob es nun aus Gabriel herrührt, oder aus den Septuaginta[1]) sich in einen Glossographen verirrt hat, ist einerlei, — nicht in ein syrisches Wörterbuch aufnehmen. Es ist dies nicht der einzige Fehler in der Glossenverarbeitung bei Herrn P. Smith, — das wird man an vielen, zum Teil sehr bedenklichen Beispielen im Laufe der Untersuchung sehen[2]), — aber es ist derjenige, der mit einiger Mühe am Ehesten zu vermeiden gewesen wäre.

Das Wichtigste von Allem, was uns BB bietet, sind die Fragmente der syrischen Uebersetzung des Dioscorides von Ḥonein ben Isḥâḳ[3]), meist mit ܐܡܪ ܕܝܘܣ, ab und zu mit

---

ܦܪܘܛܝܘܣ جآء به فى كتاب هة شىء من الاشيافات التى يكتحل بها فى العين Paul. Aeg. ζ p 861 proteus, ad claritatem oculorum. :

[1]) Vgl. Otium Norvicense II. Tentamen de quibusdam vocabulis syrograecis in R Payne Smith S. T. P. thesauri syriaci fasc. I-III reconditis . . F. Field. Oxon. 1876.

[2]) Beispiele: s. unten Nr. 7, 8a, 24, 37, 44, 58d, 68, 104d, 111 Anm., 126 Anm., 137, 148b, 229b, und sonst.

[3]) Aus dieser Uebersetzung kannte man bisher nur einige Randglossen

ܣܘܡ eingeführt. Was so eingeführt wird gehört der Diosc.-Uebersetzung an; Ausnahmen stammen aus Honein's lexicalischer Arbeit, welcher v i e l l e i c h t auch die Fragmente der Uebersetzung entnommen sind. Man braucht nur einige der Fragmente mit dem griechischen Texte, den ich meist beifüge, weil es Vielen an Zeit, Lust oder Gelegenheit fehlen dürfte, den Dioscorides einzusehen, zu vergleichen, um in das Lob, das arabische Literarhistoriker dem Honein spenden, einzustimmen. Man wird sich in diesem Urteile nicht beirren lassen, wenn man die entstellte Uebersetzung der Namen Pedanios Dioscorides Anazarbaios liest, die Usaibia im Namen Honein's mitteilt und elKifti wiederholt. Honein soll gesagt haben Dioscorides heiße[1]) griechisch اردس سارس (يناديش نيادش) und das bedeute: الخارج عنّا[2]) (Steinschn., der die Stelle zuerst beibrachte, Toxic. 355 (17) vermutet Pedanios بيدانيس), Dioscorides aber zerlegt er in dioscori: شجّار[3]) Botaniker und d e s[4]) (dus) Gott. Usaibia's Notiz hat neuerdings August Müller DMG 31,526 abdrucken lassen; man findet dort auch, was im Fihrist und von elKifti über Honein's Kenntnis des Griechischen gesagt wird. Auch ohne die syrische D.-Uebersetzung zu kennen, durfte

---

in der Pariser Hs des J. B a i t a r. De Sacy Abd. p. 97: ܓܘܕܐ; ibd: ܕܡܚܬܪܐ ܩܘܠܩܐܣܘܣ; ibd p. 101 zu بالجراريب „La traduction Syriaque porte, c o m m e u n s a c à provisions ܐܝܟ ܡܙܘܕܐ."

[1]) Bei Aßaf heißt Diosc. בעלכותי (Jellinek B. hamidr. 3, 155 בעלותי) S. S t e i n s c h n. Donnolo 24 (Virchow Archiv 38, 88) Hebr. Bibliographie 9, 19. Münchner Catalog 82.

[2]) خارج steht PSm 1046 Z 17 zu ἐκπορευόμενος; das. Z 19 مخرجون = ἐκβαλόντες.

[3]) Das heiszt شجّار (Wenrich de auct. gr. vers. p 217), nicht أشجار wie Aug. Müller wollte.

[4]) Gabriel und Honein schreiben immer ديسقوريدس (— des).

Müller nicht daran zweifeln, dass Honein die mitgeteilte Erklärung só nicht gegeben haben kann; von dem arabischen Dioscorides, den Honein revidirt hat, kennt man genug, um zu wissen, dass diesem, den de Sacy (Abdall. p 52) nicht umsonst als „célèbre“ bezeichnet, nicht „Alles zuzutrauen“ ist. — Es ist sehr zu beklagen, dass des Honein syrische Uebersetzung verloren gegangen ist. Was Meyer G. d. Bot. 3_{136} aus Wenrich de auct. Gr. verss. p 216 über einen syrischen Dioscorides anführt, der in irgend einer europäischen Bibliothek existiren soll, rührt nach Steinschn. aO 354 Anm. aus folgendem Verzeichnis her: „Libri imprimendi in lingua arabica, Romae in typographia Serenissimi Magni Ducis Hetruriae cui praeest Jo. Baptista Raymundus“. Auch bei Libri, Histoire des sciences mathématiques en Italie depuis la renaissance des lettres, Paris 1838 I 242 vgl. IV 73 Note unter der Rubrik s y r i s c h: Dioscorides cum commentariis et sine commentariis [1]).

Was es mit dem syrischen Dioscorides-Auszug des Bar Hebräus für eine Bewandtnis habe (Meyer aO, BHebr. chron. eccl. III 477), weiß ich nicht. Wir sind auf die Fragmente bei BB, die mein griechisches Register nachweist, angewiesen. BB, oder wer sonst das Excerpiren besorgte, hat sehr korrekte Excerpte geliefert; Verschreibungen sind in diesen Citaten seltene Ausnahmen. Wo Gabriel so korrekt war, dass er mit Honein zusammentraf, wird er von BB, wie alle übereinstimmenden Aussagen zweier Quellen, mit ܨܚܝܚܐ eingeführt. جبريل ܨܚܝܚܐ [cod. M. durchweg جبرايل; die Schreibung schwankt auch sonst s. Lane 374b جبرئيل جبرائل usw. ܓܒܪܐܝܠ Wright Catal. pref. V note §.], فولس, حنين usw. = syr., weniger häufig, ܚܢܝܢ kommen oft genug vor, so dass man sich wundern darf, dass PSm 889 Z 26 es in dem

[1]) Diese Nachweise verdanke ich Herrn Dr. Steinschneider, der über die beiden Abdrücke des Verzeichnisses in: Politecnico, repertorio mensile etc. Milano 1863 Nvbr. Nr. 89 p. 251 berichtet.

Karšunî des cod. Cambridge — auch cod. M ist karšunisch — ܦܫܝܣܗ ܦܘܠܘܣ, das er als Var. giebt, nicht erkennt (صحّحه فولس)[1]).

Honein hat eine große Anzahl griechischer Namen beibehalten müssen; wo er übersetzt, ist er, soweit wir controliren können, sehr verlässlich; wo er das griechisch Bezeichnete nicht kennt, gesteht er dies ohne Umstände ein. Beispiele hiefür sind: [d]κρίθμον, μελία, s. Nr. 187 [a]νάσκαφθον, [c]σίσαρον, [b]σκάνδυξ und die Fische [e]κωβιόν und [f]σμαρίς[2]).

---

[1]) Gesenius hat in der, neuerdings in der 8. Aufl. wieder abgedruckten Abhandlung über die Quellen der hebr. Lexicographie, p. XII einen durch ܨܚܚ veranlassten Irrtum Castells berichtigt, er selbst hat aber ܨܚܚ mit ܦܫܝܣܐ verwechselt.

[2]) [a]BB 587 ܐܢܣܩܐܦܬܘܢ ܐܝܬ ܫܡܗ ܠܐ ܝܕܝܥ Dann aus Dioscorides 37: νάσκαφθον . . . ἐκ τῆς Ἰνδικῆς κομίζεται, ἔστι δὲ φλοιῶδες. συκαμίνου λεπίσμασιν ἐοικὸς . . μιγνύμενον τοῖς θυμιάμασι: لحاء شبيه بلحاء التوتة يوتى به من بلاد الهند يستعمل فى البخور Nascaphthon des D kennen wir auch nicht; wie schon Plinius es absichtlich übergeht, Ruellius bei Langk 34. Aßaf hat damit nichts zu machen gewusst, ließ es weg und hat dafür 20 p. 67a סנדרום vgl. Donn 140; Aßaf tut dasselbe bei κάγκαμον, von dem Honein s. Nr. 32i sagt es sei nicht genau bekannt.

[b]BB 669: ܐܣܩܐܢܕܘܩܣ ܐܝܬ ܙܢ ܠܐ ܝܕܝܥ ܠܝ ܒܗ ܗܢܐ ܐܢܫ ܗܘ ܕܐܡܪܐ ܕܝܠܗ ܠܓܠܝܢܘܣ ܐܠܒܩܠܐ ܕܚܪܝܦܘܬܐ: ܐܣܩܐܢܕܘܩܣ ذكر جبريل عن جالينوس انه بقلة حريفة مرة قليلا: D 281 σκάνδυξ καὶ τοῦτο ἄγριον λάχανον ὑπόδριμυ καὶ ἔμπικρον. Es ist Scandix pecten L. Avicenna 228 سقندس l. scandyx, Plempius. Bt II 203 سقانديكس ebenfalls unübersetzt. Galen XII 124 Kühn σκάνδιξ . . ὑπόδριμύ τε καὶ πικρόν. Scandix-Arten in Palästina und Syrien Boissier Flora or. II 914.

[c]BB 652 ܐܣܝܣܪܘܢ ܐܝܬ ܫܡܗ ܠܐ ܝܕܝܥ ܠܝ ܒܗ ܗܢܐ ܐܢܫ ܕܐܡܪܐ ܕܝܠܗ ܒܪܘܦܣܘܣ ܠܦܘܠܘܣ ܐܡܪܐ ܕܝܠܗ ܕܚܪܝܦܘܬܐ ܘܐܣܩܘܪܝܕܝܣ (?) وحكى جبريل عن جالينوس وفولوس وديسقوريدس D 257 σίσαρον (γνώριμον!) Kennen

Ob BB selbst die Uebersetzung excerpirt habe, ist fraglich; BA hat oft die entsprechenden Worte Honeins, aus dem er ja schöpfte (s. Vorr. 2_5 ܪܒܢ ܚܢܝܢ; ed. Hoffm. Gesen. de BA BB 5 f., 7.) und den er Rabban nennt, weil er sein Schüler war. BA könnte ja Honein excerpirt haben, obwohl unser BA, kurz gefasst, auf weitläufige Citate nicht einging. Dies würde erklären, wie BB zu „Rabban" hinzufügen konnte: Honein bestätigt es [1]). Die erste Glosse wäre aus BA, die zweite aus Honein's Lexicon. Wahrscheinlicher ist, dass BB selbst sowohl die D Uebersetzung alsauch des Honein Lexicon [2]) benutzt hat, dessen arabische Erklärungen er mit حنين einführt. So zB. 716: πάνθεον ܦܢܬܐܘܢ BS u. Honein كُلّ الله ܟܠ ܐܠܗܐ und

---

wir auch nicht. Galen das. Paul. Aeg. ζ p. 769. Bṭ II 73 Av 223 سيارون. Berggr. 876 Sisarum neben جزر [s. Nr. 64]. Dasselbe wird sein BB das. BS: ܗܘ ܣܘܣܐ .... (so) ܣܝܣܪܘܢ.

ᵈBB 891: ܩܪܝܬܡܘܢ ܐܡܪ ܚܢܝܢ ܠܐ ܐܬܝܕܥ ܠܗ ܫܡܗ ܒܣܘܪܝܝܐ ܕܝܢ ܐܝܬܘܗܝ ܗܘ ܒܪܐ ܘܡܚܒܐ ܘܡܟܢܫ ܛܪ̈ܦܐ ܠܐܢܕܪܐܟܢܐ ܘܡܠܚܝܢ ܘܡܪ̈ܝܪܢ ܚܘ̈ܪܝܢ D 273 κρίθμον . . θαμνῶδές ἐστι βοτάνιον, ἀμφιλαφὲς . . φύλλοις . . τοῖς τῆς ἀνδράχνης παρεοίκοσι . . ἁλμυρίζουσι δὲ πρὸς τὴν γεῦσιν ἄνθη λευκά. Crithmum maritimum L. — Bṭ II 283 قرثمن Berggr 845 Crithmum, fenouil marin قريمن qarimoun [l. crithmum] شمرة بحرية [s. Nr. 328].

BB 829 (so) ܩܘܒܝܘܢ ܐܡܪ ܚܢܝܢ ܢܘܢܐ ܡܕܡ ܗܘ ܕܝܡܐ ܒܥܝܢܐ ܗܟܢܐ ܗܘ ܠܐ ܝܕܥܐ ܠܗ. D 181 κωβιόν.

BB 657 ܡܥܪܝܣ ܐܡܪ ܚܢܝܢ ܢܘܢܐ ܡܕܡ ܗܘ ܠܐ ܝܕܥܬ ܠܗ ܫܡܗ ܒܛܒܥܐ ܠܫܡܗ D 180 σμαρίς.

Ob Honein nicht noch einige der Tiere des D als ihm unbekannt bezeichnet, weiß ich nicht sicher.

[1]) S. N. 169.

[2]) Gesen. BA BB aO ܠܫܘܡܗܐ ܘܣܘܡܚܬܐ Honein's Werk hieß شُقْشماهى ein Name, in dem vielleicht ܫܡܗܐ oder ܫܘܡܗܐ [Carm. Nisib. Gloss. BHebr. chr. eccl. III 13_4 und sonst] steckt. DMG 23, 196 Steinschn. Maim. Gifte 100_{46} Donn. VA 39, 305 [Sonderabdr. 36 f.] In der ersten Silbe vermutet Dr. Steinschn. ܫܩ.

sonst oft. Ausdrücklich citirt ist Honein's [arab.] tefsîr des D s. unt. Nr. 58c dh des Stephanus Uebersetzung, die er revidirt hat. Außerdem wird noch Honein aus Zakarja citirt: zB. 712 ܡܢ ܓܪܫܘܬܐ ܐܝܟ ܚܢܝܢ ܥܡ ܕܟܪܝܐ ܗܘ ܕܡܬܪܓܡ ܠܐܣܛܛܘܬܐ und sonst.

Honein[1]) hat seines Vorgängers Sergîs (Sergios) Rîšʿinâjâ[2]) Uebersetzungen gewiss sorgfältig beachtet. Sergius' eigentümlicher Sprachgebrauch, von BA und BB, vielleicht aus Honein's Lexicon, citirt, mit ܡܪܐ ܣܪܓܝܘܣ bezeichnet und oft erwähnt, war in manchen Punkten schon Honein dunkel. So in der Glosse BB's: ܡܪܐ ܐܡܪ ܣܪܓܝܘܣ ܟܕ ܗܘܐ ܐܡܪ ܕܝܢ ܡܣܟܪ ܐܢܐ ܠܡܦܩܘܬܐ ܡܪܐ. Ebenso „vermutet" Rabban unter φῦκος Nr. 175 d, Sergius: summâḳtâ, es sei das, was man „jetzt" ܡܫܪܝܢ nenne. — BB 941: ܫܒܘܩܐ ܕܫܚܘܪܐ ܐܡܪ ܕܝܢ ܕܣܪܓܝܘܣ ܡܪܐ ܠܡܦܩܘܬܐ (σπόδιον).

Sergius ܪܫܥܝܢܝܐ hat uns in seiner Galenübersetzung[3]) einen willkommenen Beitrag zu der Kenntnis der syrischen Pflanzennamen gegeben. Die Uebersetzung enthält Galen, de simpl. med. temp. et fac. XI 789 — XII 158 Kühn d. h. Buch 6—8, die alfabetische Aufzählung der einfachen Heilmittel, ist im 6—7 Jh. copirt, im Brit. Mus. vorhanden und wird von PSm lexikalisch verwertet. Ich kenne aus ihr soviel, als bei ihm bisher (bis ܛ) verarbeitet ist. Viel Neues wird uns die Uebersetzung für Pflanzen nicht mehr bieten, das kann ich auf Grund des bisher Veröffentlichten behaupten. Benutzt habe ich das Bruchstück der Galenübersetzung [höchst wahrsch. d. Sergius], das bei Sachau, Inedita syriaca, abgedruckt ist. Wright ibd.

Eine wichtige Quelle ist die syrische Uebersetzung der G e o p o n i c a: Geoponicon in sermonem syriacum versorum quae supersunt ed. Lagarde 1859, oder wie der syrische Titel lautet:

---

[1]) Starb 873.

[2]) Erste Hälfte d. 6. Jh. Ueber ihn BHebr. Chron. eccl. I 205.

[3]) ܡܐܡܪܐ ܕܣܡܡܢܐ ܦܫܝܛܐ Wright Catal. p 1187.

ܟܬܒܐ ܕܐܓܘܪܓܝܐ ܕܝܘܢܝܘܣ

„Buch der Landwirtschaft von Junius.“

Um die Mitte des vierten Jh. schrieb Vindanionios (od. Vindanios) Anatolios Berytios, ein Syrer aus Berytus, Günstling des Julianus Apostata, mit dem er 364 im Kampfe gegen die Perser fiel, ein Werk über die Landwirtschaft, das aus 12 Büchern bestand. Dieses griechisch geschriebene Buch liegt den Geoponica des Cassianus Bassus, der sein Werk dem Constantinus Pogonatus (st. 685) oder Copronymus (st. 775) widmete, zu Grunde und wurde auch von Palladius fleißig benutzt[1]. Unsere gr. Geoponica sind eine Ueberarbeitung des Werkes von Cassianus Bassus. Des Cassianus oder, was wahrscheinlicher ist, des Vindanionios Geoponica sind in's Syrische übertragen worden. Aus dem Syrischen (s. Nr. 337) wurde das Buch in's Arabische übersetzt; diese Uebersetzung wird von Ibn el Awwâm als das Buch des Junius von der Landwirtschaft citirt. Junius ist aber kein Anderer als Vindan-ionios, wie Rose gezeigt hat.[2]

BB führt das Buch ܟܬܒܐ ܕܐܓܘܪܓܝܐ mehrmals an. Zwei Stellen hat Lagarde gAbh 2 beigebracht, eine mit dem Namen des Vf's, wie unten Nr. 34 (wörtlich citirt), eine ohne Nennung desselben. ܐܘܢܝܘܣ. — BB zu ܣܩܘܡܐ s. Nr. 187 ܐܘܢܝܘܣ, ܘܐܘܢܝܘܣ unter ܦܘܩܘܣ: ܟܬܒܐ ܕܐܓܘܪܓܝܐ ܕܝܘܢܝܘܣ und fast ganz richtig PSm 764 zu ܐܓܪܐ ܕܫܘܬܐܝܬܐ: ܟܬܒܐ ܐܘܢܝܘܣ ܐܝܟ ܕܟܠ ܐܓܘܪܓܝܐ. Daraus ist ohne Weiteres der Junius des Ibn el Awwâm herzustellen, der in den bekanntern Joannes umschlug. Erwähnt ist das

[1]) Daher die häufige Uebereinstimmung des Syrers mit Palladius.

[2]) Ueber das Verhältnis der Geop. des Vindanionios und des Kassianus belehrt Meyer 2_{258}, besonders V. Rose, Aristoteles Pseudepigraphus 1863 S. 268—270, aus dem die obige Uebersicht geschöpft ist. Man vgl. Steinschneider toxic. 494, der im Johannes schon Junius vermutete.

ܟܬܒܐ ܕܐܟܪܘܬܐ noch zu ܗܠܐܛ PSm 1011 u. BB 820: ܘܩܣܛܢܐܘܣ شيء من الفاكهة ܘܡܫܘܚܬܐ ܕܐܟܪܘܬܐ ܟܬܒ womit Geop 74_{13} ܩܣܛܢܐ gemeint ist; κάστανον. Aus derselben Stelle hat er sich ܒܠܘܛ ܕܘܣ aus Διὸς βάλανοι übersetzt oder notirt, wenn es in seinem Texte stand. Wie wenig systematisch er für sein Lexicon arbeitete, zeigt die Auswahl, die er aus den Geop, gewiss wie ihm die Wörter zufällig aufstießen, aufnahm.

Ein كتاب الفلاحة ist BB 763 sv ܦܠܛܘܣ mit einem arab. Excerpte vertreten.

Ueber den Ursprung der syrischen Uebersetzung ist nichts bekannt. (Die Handschrift ist im 9. Jh. geschrieben Lag gA 123.) Ist es Vindanionios'. Werk, das uns darin vorliegt, so wäre die Urheberschaft Sergius' nicht ausgeschlossen. Der Sprachgebrauch weist wenigstens auf diesen hin.

Sergius hat ἄλφιτα mit ܠܚܡܐ wiedergegeben, wie BB berichtet, während dies Wort bei Honein uA. δρακόντιον bedeutet. In den Geop finden wir hierin Sergius' Sprachgebrauch.[1]) S. Nr. 176. Sei-

---

[1]) Zu Sergius' Sprachgebrauch s. u. ܙܪܙܝܠܘܐ Nr. 279, ܕܪܝܫܬܐ 80, ܒܥܘܬܐ 100b, ܠܫܘܐ 179.223, ܒܣܘܪܢܘܬܐ 187, ܒܪܝܬܐ 26 und sonst. Einige Beispiele aus BB: Sergius sagt (ܐܡܪ): [BA: ܫܦܝܪܬܐ ܕܒܣܝܡܐ statt ܒܣܡܣܡܐ vgl. PSm 1382 Z 5] ܐܪܬܐ statt ܓܠܝܙܬܐ 953; ܥܒܥ st. ܐܬܪܗܠ eitern 956 [ܪܗܠ Aphel putrefacere Carm. Nisib. gloss. verfault sein DMG 27 624 — ܪܗܠܐ CNisib.] — ܓܪܦܐ st. ܫܪܘܢܘܬܐ [ܬܐ-] 968. Ferner PSm 964 BB 767 (C 716 ܦܘܡܝܠܐ 473 ܠܦܘܡܝܠܐ?!) ܡܪܝܐ ܕܦܘܡܝܠܐ st. ܡܪܝܐ ܕܗܪܓܐ — PSm 1050 BB 872 ܗܪܓܐ st. ܡܘܬܐ Meist stehen die Glossen bei BB zweimal.

In der Uebersetzung v. Pseudo Aristoteles περὶ κόσμου nennt Sergius Lag Anal 156_{23} ff. ܕܒܠܝܐ ܘܢܝܬܐ ܢܘܛܝܬܐ ܬܪܝܢ ܦܪܘܣܐ ܕܩܠܐ ܦܪܘܓܠܐ ܦܘܪܢܝܬܐ ܗܝܢܘܢ ܕܡܣܩܢ ܥܪܒܝܐ ܫܪܝܬܐ ܘܪܚܐ ܥܪܘܝܐ ܐܪܐ ܕܡܕܒܪܐ ܘܪܚܐ.

nem durch BB bezeugten Sprachgebrauche entspricht auch ܒܘܪܝܐ (ܒܘܪܟܒܐ) Nr. 137 [u. ܦܘܪܝܐ s. 58 167f?] auch ܒܪܘܬܐ 58.

Die Geoponica enthalten einen großen Schatz syrischen Sprachgutes; die Zahl der Pflanzennamen beträgt 176, zu denen die entsprechenden griechischen, die Lag gA 124 ff nachweist, meist vorhanden sind. Ein gutes Zeugnis für die von Lagarde entdeckte und

---

Dass BB Sergius aus Râsain meint, sieht man aus 520, wo er ihn mit der sonstigen Einführung ܡܪܝ ausdrücklich nennt:

ܒܡܫܬܐܕܥܢܘܬܐ ܐܬܘܕܥܬܐ ܡܪܝ ܣܪܓܝܣ ܪܫܥܝܢܝܐ Ebenso 728: ܦܘܗܝܐ ܦܘܗܝܐ ܕܡܢ ܦܘܡܐ ܗܝ ܫܘܒܒܬܐ الفوق ܗܢܘ ܐܝܟ ܕܡܦܩܬ ܦܘܡܐ ܡܢ ܦܘܗܝܐ. وهو الافواق ܗܘ ܕܡܢ ܡܬܬܦܩܢ ܗܘܐ ܕܡܬܦܩܐ ܡܢ ܦܘܡܐ ܦܘܗܝܐ ‖ܦܘܗܝܐ‖ ܦܘܗܝܐ ܗܘ ܗܘ ܕܡܢ ܕܡܬܦܩܢ ܡܢ ܦܘܡܐ ܠܗܘܢ ܗܘ ܐܝܟ ܕܡܠܦܢܘܬܐ ܕܥܕܡܐ ܠܥܢܝܢܐ ܥܡ ܡܠܦܢܐ ܕܡܬܚܙܝܐ ܐܝܟ ܕܐܡܪ ܡܪܝ ܣܪܓܝܣ ܪܫܥܝܢܝܐ. [ܐܬܦܗܝ 2 Kön 4_{35} וַיִּזְרֵר C694 ܦܘܗܝܐ Gähnen, Stöhnen Laud Anecd. IV 82_3]. BB 152 citirt sogar ausdrücklich ein Werk des Sergius, über das man Sachau Ined. syr. p VIII vgl.:

ܐܣܛܪܘܢܘܡܝܐ ܗܦܟܬܐ ܕܣܘܪܝܐ [2 Sam 20_1] ܣܘܢܗܕܘܣ.... ܐܣܛܪܘܢܘܡܝܐ ܗܘ ܕܡܬܦܩܢ ܗܝ ܣܘܢܗܕܘܣ ܕܡܪܝ ܣܪܓܝܣ ܪܫܥܝܢܝܐ [l. mit cod. M. ܕܣܒܝܪ] ܡܚܝܐ ܗܘܐ ܠܗ ܒܐܣܛܪܘܢܘܡܝܐ [II -ܕ-] ܘܡܬܒܥܐ ܠܗ ܬܫܡܫܬܐ.

BB meint wahrscheinlich die bei Sachau abgedruckte Schrift des Sergius, die eine astronomische Erklärung als Anhang zu des Sergius' Uebersetzung von Galen's περὶ κρισίμων ἡμερῶν, enthält. Sach. Ined. p ܡܐff. ...... ܒܐܣܛܪܘܢܘܡܝܐ ܕܣܒܝܪ ܠܡܪܝ ܣܪܓܝܣ ܐܪܝܣܛܘܛܠܝܣ. Das von BB als bei Sergius in der von ihm bezeichneten Schrift häufig vorkommend erwähnte ܐܣܛܪܘܢܘܡܝܐ kommt in der bei Sachau abgedruckten Schrift häufig vor:

ܒܐܣܛܪܘܢܘܡܝܐ p $ܡܒ_{19}$ $ܡܓ_{4\cdot 11}$ bis 13 $ܡܘ_{17}$ $ܡܙ_{6\cdot 11}$ $ܡܛ_{14}$ ܐܣܛܪܘܢܘܡܝܬ p $ܡܐ_2$ und $ܡܗ_{13}$; ܡܢ ܡܘܣܝܩܝ ܕܐܣܛܪܘܢܘܡܝܐ ܒܬܪ ܐܣܛܪܘܢܘܡܝܐ ܗܘܝܘ ܐܝܬܝܗ ܡܫܘܡܗܐ ܗܠܝܢ ܕܡܢ ܗܘ ܡܢ ܟܢܘܫܝܐ ܐܘ ܡܢ ܟܢܘܫܝܐ ܐܣܛܪܘܢܘܡܝܐ σύνοδος. — Auch das Nomen p $ܡܕ_{21}$: ܐܣܛܪܘܢܘܡܝܘܬܐ ܐܝܬܝܗ ܡܫܘܡܗܐ ܗܘܐ ܡܢ ܐܘ [so l.] ܟܢܘܫܝܐ ܡܢ ܡܘܣܝܩܝ. Ebenso ܒܐܣܛܪܘܢܘܡܝܘܬܐ p $ܡܒ_4$ $ܡܛ_{12}$ $ܡܓ_{12\cdot 15}$ $ܡܛ_{12}$.

veröffentlichte Handschrift sind die geringen Varianten des Bruchstückes (Geop 43_{12}—45_{26}) das von Land, Anecdota IV 100 f aus einer anderen Hs abgedruckt worden ist. Dass das fragliche Stück den Geop entnommen ist, hat Nöldeke in der Anzeige des Land'schen Buches im Lit. Centralblatte bemerkt; Land war es entgangen.

Die 176 Pflanzennamen der Geop verteilen sich folgendermaßen. Syrisch, wenigstens syrisch allgemein üblich, sind 100:

Sonst erklärt Sergius häufig griechische Wörter. Beispiele BB 888: ملأ ܚܘܬ ܢܡܘܣܐ zu ܡܝܙܐܢ. 820: ܚܒܫܘܫܝܬܐ ܕܒܪܐ zu „κανθαρίδες". Rabban: ܕܘܢܝܬܐ [Geop 34_{16} ܚܒܫܘ̈ܫܐ κανθαρίδες ε 22_4; ܚܒܫܘܫܝܬܐ βδέλλα Geop. s. PSm]. 846: ܛܟܣܐ zu ܐܩܛܟܣܝܣ ἔκταξις?? [PSm 869: ܛܟ̈ܣܐ zu ܕܐܛܟܣܛܘܢ] BB 746: ܦܘܡܐ ܐܝܟ ܣܘܪ̄ ܠܫܢܐ ܒܡܬܘܪܐ ܗܘܬ ܐܦ ܦܣܘܡܝܘܢ ψώμιον. — 744: ܐܒܐ ܕܡܠܟܐ zu ܦܛܪܝܩܝܘܣ πατρίκιος? 730: ܦܘܠܐ Serg.: ܡ̄ܢ ܡܠܟܐ ܡܐܪܝܢܘܣܘܣ — 761 ܒܦܡܒܪܘܢܐ zu ܦܠܝܪܘܦܘܪܝܐ πληροφορία? Serg. Sach. Ined. p. ܒܣ$_9$ „Grund" [sonst heißt syr. ἀπολογία so] — 850: ܡܪܝܐ ܝܒܐܘܬ Serg. u. BS zu κύριος. 779: ܢܒܝܐ zu ܦܪܘܦܛܝܣܐ II. προφήτης? — 725 ܣܘܦܐ zu πέρας 779: ܣܦܘ̈ܬܐ zu ܦܪܘܣܝܡܘܣ. 783: ܚܘܒܪܐ zu ܦܪܣܒܘܬܐ. 784: ܦܪܨܘܦܐ zu πρόσωπον. ܦܪܨܘܦܢ. 746: ܡܢܘܠܐ zu ܦܘܣܘܣ φῶς. [883 ܩܦܘܦܐ (Jes. 34_{10} ינשוף) = ܒܘܡܐ, ܒܘܒܒܐ. PSm 461 „ܒܘܡܐ BB ܩܦܘܦܐ"] [896: ܡܪܘܦܬܐ ܕܗܕܡ̈ܐ ܐܝܟ ܣܘܪ̄] ܪܘܡܢ ܪܙܐ ܕܗܕܡ̈ܐ. 871 ܩܣܛܪܝܣܝܢܐ καστρησιανοί Sachs Beitr. II 60 ܒܪ ܚܬܘ̈ܒܒܐ — 746 ܥܡܐ ܫܪܒܬܐ zu φυλή. 846 ܬܠܡܝܕܘܬܐ ܬܘܠܡܕܐ zu ܩܛܐܬܝܣܝܣ κατάθεσις ܡܢ ܕܣܘܪ̄ܝ (תלמוד). 782 ܬܘܘܬܐ zu ܦܪܘܛܛܘܣ. 781: ܦܪܘܒܐܬܘܢ ܕܒܠ̈ܐ ܡܢ ܐܡܪܐ ܐܬܘܬܐ ܘܐܝܟ ܣܘܪ̄ ܕܒܠܫܢܗ ܘܐܬܘܗܝ ܗܘܢ . . .

814 ܬܫܘܝܬܐ ܕܡܫܟܢܐ ܕܐܘܪܐ zu κοιτών ܩܘܝܛܘܢ. — 747 ܪܚܡ ܐܒܘ̄ zu φιλοπάτωρ 749 ܪܚܡ ܝܘܠܦܐ φιλομαθής.

ܐܣܐ, ܐܣܦܣܬܐ, ܐܪܙܐ, ܐܪ̈ܐ, ܐܪܝܫܬܐ, ܐܫܟܪܐ,
ܒܘܨܡܐ, ܒܛܡܐ, ܒܨܠܐ, ܒܪܙܠܬܐ, ܒܪܘܬܐ, ܓܦܬܐ,
ܓܪܓܠܐ, ܓܪܓܠܬܐ(?), ܓܕܕܐ, ܓܘܪܐ, ܓܘܙܐ, ܓܘܬܐ, (ܓܘܙܐܢܐ??)
ܓܘܠܒܘܠܬܐ (ܒܠܒܘܠܐ), ܓܘܙܠܐ, ܓܘܪܐ, ܓܘܪܝܠܐ, ܓܘܪܐ, ܓܘܫܢܬܐ,
ܓܕܝܬܐ, ܕܒܠܐ ܕܢ (Uebers.), ܕܘܢܐ, ܕܘܠܐ (?), ܕܝܪܐ, ܕܘܢܐ,
ܕܠܘܚܐ, ܕܪܘܐ ܕܒܪܐ, ܕܪܐ, ܕܪܬܐ (?), ܗܢܘܢܐ, ܗܘܢܐ ܚܠܐ,
ܗܡܘܢܐ, (ܗܡܘܢܐ ܗܘܢܐ), ܗܪܘܢܐ, ܗܘܪܬܐ, ܗܘܬܐ, ܗܘܦܬܐ, ܗܘܬܐ,
ܗܘܠܐ ܕܒܘܠܐ, ܗܪܝܢܐ, ܗܘܢܐ, ܗܒܬܐ, ܗܘܢ?, ܗܘܢ,
ܗܪܝܢ ܗܝܢ (Uebers.), ܚܘܡܐ, ܚܪܐ ܚܡܘܡ, ܚܡܡܐ?, ܚܡܡܐ,
ܚܠܡܬܐ, ܚܠܡܐ, ܚܡܬܐ, ܚܡܪܐ, ܚܠܐ, ܚܪܝܒܬܐ, ܚܒܒ
ܚܘܢܐ, ܚܪ̈ܐ ܚܪܒܐ, ܚܪܒܐ, ܚܪܘܒܬܐ, ܚܪܝܒܬܐ, ܚܪܘܒܬܐ,
ܚܦܦܐ (?), ܚܦܘܪܬܐ, ܚܦܪܐ, ܚܦܪܦܐ (??), ܚܪܡܐ, ܚܠܡܘܢܐ,
ܚܪܡܘܢܐ (?), ܚܪܡܘܢܐ, ܚܪܡܘܢܐ (?), ܚܪܬܐ (??), ܚܘܪܬܐ, ܛܠܐ, ܛܠܐ,
ܛܪ̈ܐ, ܛܘܢܐ, ܛܘܦܐ, ܛܦܛܦܐ, ܛܦܐ, ܛܦܐ, ܛܦܛܦܐ,
ܛܦܛܦܬܐ, ܛܦܦܐ?, ܛܪܦܐ, ܛܠܐ ܕܘܦܐ, ܛܦܛܦܐ, ܛܪܦܐ,
ܛܪܦܐ, ܛܪܦܬܐ, ܛܘܦܬܐ, ܛܘܦܬܐ, ܛܠܬܐ, (ܛܘܦܐ ܛܠܬܐ 16$_2$),
ܛܘܪܬܐ.

Lehnwörter 30: ܐܓܘܢܐ, ܐܣܛܘܪܐ, ܐܠܓܘܪܐ, ܐܢܓܐ,
ܐܢܓܐ, ܐܪܘܐ, ܐܪܘܐ, ܐܪܘܢ, ܐܪܝܓܐ, ܐܪܘܒܐ, ܐܬܘܠܐ,
ܒܪܘܣܐ, ܒܪܘܣܐ, ܒܪܘܢܐ, ܒܪܘܢܐ, ܒܪܘܢܐ, ܒܪܘܦܐ,
ܒܪܘܢܐ, ܒܪܘܢܐ, ܒܪ, ܒܪܘܢܐ, ܒܠܘܦܬܐ, ܒܠܘܦܐ, ܒܦܘܣܬܐ,
ܒܘܣܬܐ, ܒܪܘܢܐ, ܒܘܢܬܐ, ܒܬܐ, ܒܘܢܬܐ, ܒܘܪܐ.

Griechische meist talmudisch und arabisch gleichfalls nachgewiesene Lehnwörter 28: ܐܣܘܪܐ, ܐܣܦܠܢܐ, ܐܣܦܠܢܝܢ,
ܐܣܦܝܪܐ, ܐܣܦܓܐ, ܐܣܦܓܐ, (ܐܣܦܓ), ܐܣܦܝܢ,
ܐܪ̈ܘܢܐ, ܐܪܘܢ, ܐܪܘܢܐ, ܐܪܘܢܐ, ܐܪܘܢܐ, ܐܪܘܢܐ, ܐܪܘܢܐ,
ܐܪܘܢܐ, ܐܪܘܢ, ܐܪܘܢܐ, ܐܪܘܢܐ, ܐܪܘܢܐ, ܐܪܘܢ, ܐܪܘܢܐ,
(ܐܪܘܢܐ) ܐܪܘܢܐ, ܐܪܘ, ܐܪܘܢܐ, ܐܪܘܢܐ, ܐܪܘܢܬܐ.

Griechisch beibehalten sind 18 (20): αἴγειρος (doch s. ܚܘܪܐ, ܚܘܪܐ) ἀμάραντος, ἀρμενιακὸν μῆλον, ἀσφόδελος, ἐλελίσφακος, ἑλένιον, (ἐλλέβορος doch s. ܟܠܒܣܝܐ), ἐνούλιον, ἕρπυλλος, θαψία, καλακάνθη, κάχρυς, κνέωρος, (κόνυζα), (κύτισος), λιβανωτίς, πισσός (πισσάριον), πολύγονον, φιλύρα.

Eine schätzenswerte Quelle ist A ß a f' s des Juden handschriftliches Werk.

Unter dem Namen Aßaf ging manches Pseudepigrafische; uns interessirt hier blos das medicinische Werk, das neben vereinzelten als aramäisch bezeichneten Pflanzennamen, die in den verschiedenen zusammengesetzten Heilmitteln vorkommen, auf p 47 ff cod. Münch. eine Liste von 123 Heilmitteln, meist Pflanzennamen, enthält, die zunächst aramäische, hebräische, griechische, romanische, lateinische, arabische, persische Synonyma und dann Angaben über Beschaffenheit und Wirkung der Heilmittel verzeichnet. Gewöhnlich giebt die Liste nur aram., gr. u. romanische Synonyma, die anderen Sprachen sind seltener. Wo mehrere — welche? — Sprachen übereinstimmen, sagt sie: „in allen Sprachen“. Das Verzeichnis ist von dem ganzen Werke nicht zu trennen [durch das Ganze geht dieselbe Terminologie] und richtet sich nach Dioscorides, dem Nr. 1—24 in der Anordnung folgen, und dessen Artikel teilweise wörtlich, teilweise freier wiedergegeben werden, teilweise anderen Angaben Platz gemacht haben.

Ich habe durch die Güte des Herrn Dr. Steinschneider die Handschrift der Münchener Bibliothek [s. Steinsch. Catal. München Nr. 231 S. 82 [1])] benützt; sie ist von hohem, nicht gut taxirbarem Alter, in schöner Schrift geschrieben und sehr korrekt.

---

[1]) Die Beschreibung lautet: „Perg., 277 f. III Handschr. (ist eine der ältesten); versch. Halbquadr., III stark abgefressen. Ueber die falsche Notiz in Benfey's Orient und Occid. 2, 659, 767 s. Virchow Archiv 39 309; 42 61.

Es unterliegt keinem Zweifel, dass wir es hier mit einer aus syrischer Quelle geflossenen Arbeit zu tun haben. Hai Gaon erwähnt ein aramäisches Buch, das Pflanzennamen aram. u. gr. erklärt [s. Nr. 5 wo das aram. Citat steht und Nr. 36]; darf man von ihm auf Andere schließen, so blieb die syrische medicinische Literatur den Juden nicht unbekannt. Dioscorides ist um die Mitte des 9. Jh. in's Syrische übersetzt worden; ein hebräisches vom syrischen Dioscorides abhängiges Werk kann also sehr wohl in's 10te oder 11te Jh. gehören. Diese Zeit hat Zunz aus Anführungen bei Anderen für Aßaf fixirt. Ges. Schr. I 160.

Die aramäischen Pflanzennamen Aßaf's sind:

אבגר, אדכיר p, אטלג p, איילא, אנקת, אספרגל p, (אפרסמון), אריא,
אתלא, בזר קטונא, בוטסים, בלדור p, בלילג p, בנפשג p, ברוכתא, ברקוקים
gr. arabis., ברותא, בששא, גיושיר p, גלונגידין gr., גרגירא, הלילג p,
הרדפני gr., ואג p, ואטאיי, זופא, זופא רבא, זנגביל p, זערורים arab., חייא לעלמא,
חלבלובא, חלתית p hebrais., חלילקים p, חמטא ?, חומעא, חימצי, חנדקוקא ?,
חסא, ח' ברייא, חרגפוק ?, יברוחא ?, כובא סעירא, כושנין p, זרע כיפא übers. gr.,
כלונתא סימקתא, כלילא דמלכא, כלך, כסוני ?, כסייא דטורא, עיקר כורכמא p,
כרפסא, כ' דמיא, כ' דחמרי, כשכש arab., לופא, לישן תורא, מורא, מזריון p,
מחרי כלבא, ממיתא, מרדגוש p, מרייא, משלהתא דכישמא, ניניא, נגעא,
נישרא, סגי רגלא übers. gr., סחי בארעא, סלקא gr., סומקא, ספלולא, סערא,
סדג p, עוטרפן ?, עיין עגלא, עיריוני, ענבא דתעלא, עוצפור arab., עקר קרחא,
ערא, ערבוזא ?, ערטניתא, פוגלא, פותא ?, פספסתא p, פרפחין ?, פשר אלפא,
פשר שתין, צבר arab., צפר, צררא, צתרא, קיראסיברא ??, קיטופין, קינרול ?,
קינדוש ?, קייסא דבסמא, קלמותא, קני בשמא, קנפא gr., קפר gr., קקולא p,
קורטובא, קורניתא, קראנגר p, קרעא, רומא דארעא, רענין, רקפתא, שבובנא, שבטבטא,
שביתא p, שבלילתא p, שווצרא ?, שושא ?, שושן ברא, שכרונא ?, שמרא,
שער גברא, תודרה p.

Hebr. Bibliographie 12, 85. — I [Pseudo-] Aßaf b. Berachja (s. Hebr. Bibl. 13, 105 Anm. 3) usw."

Hebräische, teilweise die entsprechenden aram. vertretend:

אטד, אזוב, אורן, אורז, אורות, אנס, אגוז, אביונה, אפונים, אלונים, אכרוב, זית, הדס, דרדר, דלועים, דוחן, דודאים, גרגיר, גפן, בוטנים, (אתרוג) אשל, כרישים, כרכום, כוסמין, כמון, הרול, חרוב, חרדל, חטה, Uebers., זנב הסוס, פלפלים, (־ן) סינס, פול, ערמון (עפץ) עולש, ערשה, סנה, נרד, לפת, לוז, קושט, קשואים, קציעות, קצח, gr, קסום, קנמון, קיק, קידה, צנון, פשתן, פקועות, תאינה, שקד, שעורה, שמר, שחלים, שומשמין, שום, בנות שוח, רימון, רתם, תרדים, תפוח, תמכה, תלתל, תות, gr, תורמוס.

Zweifelhaft ist p 115 b לכאב הרחם שורש ייקוטא. 94 b: עשב יהמכתא הנקרא. 51 b. Ibiscus; malvaviscus אטטפסא? (etwa: נטפתא?)

Aßaf hat nicht direkt aus einer griechischen Quelle geschöpft, sondern aus einer aramäischen. Nur in einer solchen oder einer arabischen wurde ἄγριος zu ܒܪܝܐ, ה—ܒܪܝܐ, برى; und Aßaf's חיצוני ist die Uebersetzung von ܒܪܝܐ; so ܢܪܕܝܢ ܗܒܪܝܐ נרד חיצוני Aßaf Nr. 7, זית Nr. 23, אכרוב Nr. 92, מינתא החיצון p 55 a.

Ganz vereinzelt bieten auch Araber und Perser Syrisches. Den syrischen Fremdlingen ist es bei Vullers (Lex. pers.) nicht gut ergangen. Musste sich doch ريما (رنْم ܘܩܪܢܐ רים ראס) dazu bequemen aus „Rhinoceros“ corrumpirt zu sein! Vgl. „Mar Thoma“, nicht erkannt in: مرتوما und Aehnliches.

Aus griechischen Quellen ist zu verzeichnen: ἀδοριοῦ Nr. 5, βήσασα D, διάξυλον D s. Nr. 290, und elardia Ps Apulcius s. Nr. 200 c, μεοῦδα D 519, μπαρτοῦλα Chald. DCge bei Lngk.-τρίφυλλον und φεριπόνιον Lngk 59. Σασᾶ, cod. C. Σαλᾶ D451 = κρίνον also: σοῦσαν. Cod. N. Diosc., zu βρυωνία λευκή: λαλλαβιαρια.

Für die Bestimmung leisten die syrisch-griechischen Synonyma einerseits, die syrisch-arabischen andrerseits die wichtigsten Dienste. Für die griechischen Pflanzennamen habe ich Fraas, Synopsis plantarum florae classicae 2. A [Titelausg.] Berlin 1870, Sprengel's Dioscorides-Commentar und andere Hülfsmittel zur Hand gehabt, die zugleich für den arabischen Dioscorides vielfach maßgebend sind. Ein nützliches Buch ist Lenz, Botanik der alten Griechen und Römer, Gotha 1859.

Arabische Hülfsmittel sind außer Avicenna — s. Verz. d. Abkürzg. — und Ḳazwînî des Abu Ǵafer Aḥmed ibn Ibrahim ibn abi Châlid al Ǵezzâr handschriftliches Buch über die einfachen Heilmittel, s. Verz. d. Abkürzg. — Dazu kommt Ibn el Awwâm in der Uebersetzung von Clément-Mullet — der arabische Text mit der spanischen Uebers. Banqueri's war nicht zu erlangen — und Ibn Baiṭâr in der unzuverlässigen Uebersetzung Sontheimer's, die ich durch den schönen cod. Sprenger controliren konnte. Die inzwischen erschienene Textausgabe (Bulâḳ) habe ich nur noch hie und da eingesehen. Ibn Baiṭâr enthält den ganzen arabischen Diosc. In dem prächtigen Wiener cod. C. des griechischen Diosc., s. S. 29 Z. 3 sind von jüngerer Hand die arabischen Bezeichnungen neben die Pflanzenabbildungen geschrieben.

Die Kenntnis des neuarabischen Sprachgebrauches ist bei dem Conservatismus der semitischen Sprachen und der arabischen Droguisten von der größten Wichtigkeit.

Ich benützte Forskål, Berggren, Husson, Hartmann, was in Reisebeschreibungen, wie Robinson's Palästina, Seetzen usw. zerstreut angegeben wird und die vortreffliche Uebersetzung des Abdallatif von de Sacy, über die Meyer Gesch. d. Bot. 3, 302 urteilt, der Commentar entfalte „eine bewundernswürdige Gelehrsamkeit, verbunden mit einer seltenen Schärfe der Kritik. Auch bei naturwissenschaftlichen Gegenständen beschämt er nicht selten die Naturforscher von Fach“.

Persisch-arabisch-griechische Synonyma schöpfe ich meist aus Vullers, bei dem auch die griechischen Fremdwörter mit wenig Glück behandelt sind. انطونيه [l. يبه] ἐντύβια ist nach ihm aus σόγχος crrpt, اغيرس [αἴγειρος] aus κάρυον, اومالى [ἐλ u. αι]-όμελι aus aquaμελι, اقويلاسمون [l. ὀποβάλσαμον] „aquabalsami" u. dgl. mehr.

Persisches und viel Arabisches hat Du Cange im gr. Glossar, das ein lat. Specialregister der Pflanzen enthält und dadurch das Material zugänglich macht. Pott hat diese aus arabischen medicinischen Quellen stammenden, von DCge zum großen Teile aus dem cod. 1843 verzeichneten, vielfach sehr entstellten Wörter in seinen Zusammenstellungen, Zeitschr. f. d. Kunde d. Morgenl. V. 75 ff. s. bes. S. 58. VII. 91 zuerst behandelt. Gesammelt sind die Pflanzennamen DCge's bei Langkavel, dessen Buch aber nicht in allen Punkten verlässlich ist.

Langkavel bemerkt S. XXIII, er habe keinen Grund dafür auffinden können, warum DCge nicht alle Synonyma des Diosc. aufgenommen habe; er selbst hätte sich aber die Mühe nicht ersparen dürfen, sie alle zu sammeln.

Die Synonyma des Dioscorides sind streitig; ein Teil von ihnen, derjenige, der griechisch oder lateinisch ist, lag zum Teil schon den Syrern und Arabern vor: der arabische Dioscorides (ms. Leyden) enthält statt der griechischen Synonyma arab., pers., syrische. Es ist bekannt, dass Dioscorides, wie andere griechische Aerzte, zu den Stiefkindern der classischen Philologie gehört; man wird sich daher nicht wundern, wenn man erfährt, dass auf seine Synonyma fast gar keine kritische Sorgfalt gewendet worden ist. Die Weigelschen Abschriften, die Sprengel benutzte, erschöpfen die Wiener Handschriften nicht. Dies zeigen schon die Synonyma, die für uns das meiste Interesse haben: die der Ἄφροι.

Die punischen Synonyma des D hat Bochart zuerst behandelt; sein ungewöhnlicher Scharfblick bewährt sich auch hier.

Was Sprengel, Gesenius und zuletzt Blau beigebracht haben, ist von geringer Bedeutung. Ich stelle die Punier im Anhange zusammen. Mein Bruder Moses, auf dessen Genauigkeit ich mich verlassen darf, hat für mich den in der zweiten Hälfte des 5ten Jh. geschriebenen cod. Constantinopolitanus des Diosc. der Wiener kaiserl. Bibliothek (Sprengel: „C“) durchgesehen; ich konnte daher die schon bekannten Punier berichtigen und einige neue mitteilen. (Nachträglich hatte ich Gelegenheit den cod. C noch einmal zu vergleichen und auch den cod. Neapolitanus der Wiener kais. Bibliothek durchzugehen.) Im Ganzen sind es jetzt ihrer 90, eine erkleckliche Anzahl, wenn man bedenkt, dass die Bibel kaum 100 Pflanzennamen enthält. Zu deuten sind nicht alle; für gelungen ist die Deutung nur dann zu halten, wenn auf semitischem Gebiete ein übereinstimmender Name nachgewiesen ist, wie ζερα φοιστ זרע פשת, ιεβαλ יבל, τιτλω תלתן, χαμμαν כמון usw. Blau versuchte es, einige nicht als punisch bezeichnete Synonyma mit Hülfe semitischer Wurzeln für punisch zu erklären: ein gefährliches Spiel. Für mich dient in solchen Fällen als Warnung, dass Dietrich in den Abh. zur sem. Wortforschung S. 56f ܩܘܢܘܪܐ, s. C sv, das aus κόνυζα ܩܘܢܘܙܐ verschrieben ist, für semitisch erklärt hat.

Ich war bestrebt das Material aus den talmudischen Schriften, den syrischen und arabischen Quellen beizubringen und zu verarbeiten. Manche meiner Bestimmungen, auf philologische Combination und auf die maßgebenden botanischen Quellen, wie z. B. Boissier's Flora orientalis, gestützt, sind genügend gesichert, manche, da Pflanzenbeschreibungen von Juden und Syrern niemals beabsichtigt, selten gegeben wurden, schwankend, manche nicht genau genug, weil der Sprachgebrauch sich nicht überall genau fixirt hatte. Das Aramäische ist nicht überall von Fremdwörtern zu sondern; soweit dies anging, ist es geschehen. Den Nachweis findet man im aramäischen Register.

Die Gruppirung des Stoffes ist hoffentlich übersichtlich genug. Die beigegebenen Register werden die Benützung erleichtern und die Controle ermöglichen. Knappheit der Darstellung gebot die Fülle des Stoffes und der Umfang, den das Werk im Gegenfalle gewonnen hätte. Näheres Eingehen auf die talmudischen Stellen musste ich mir versagen. Nur die Palme hat mich zu ausführlicher Darstellung verleitet; man wird ihr den Rang, der ihr damit in unserer Flora angewiesen wird, nicht streitig machen wollen.

Pflanzennamen.

1.

a. ܐܒܓܪ[1]), b. ܥܩܪܐ ܕܐܒܓܪ, c. ܥܩܪܐ ܕܒܝܬ ܐܒܓܪ, d. ܒܝܬ ܐܓܪ [l. ܐܒܓܪ].

Agrimonia Eupatoria L, gemeiner Odermennig.

a. D 535 εὐπατώριον ܐܘܦܛܘܪܝܢ PSm 83 BA. PSm 8 ܐܒܓܪ = ܗܘܦܛܘܪܝܢ BB. *b.* 995 ܗܘܦܐܛܘܪܝܢ BB 706 = اغافت sonst immer غافت = غافث [2]). *c.* PSm 995 ܗܘܦܐܛܪܝܢ. *d.* Galen PSm 479 = ܐܘܦܐܘܛܪܝܘܣ aus ders. Stelle 80 ܘܢ —. PSm corrigirt a g a r nicht. — PSm 22 ܐܓܐܦܬ = اغافت. — BB 705 bar Masewai: ܐܓܐܦܬ غافت ܥܩܪ ܕܛܘܒܢܓ PSm 170 BB ܐܪܓܡܘܢܝܢ (= المغاث [3]) = ܥܩܪܐ ܕܐܒܓܪ) ist crrpt aus ἀργεμώνη, das nach D 536 irrig für εὐπατώριον gebraucht wird. Pseudo Galen de simpl. ad Patern. 80d bei Langk 7 Argemone . . . huius r a d i c e m Graeci Eupatorium dicunt. Vull. I 431 تريامان — تريامان gr. richtig erkannt, nur dass غافت nicht Eupatorium C a n n a b i n u m ist.

Abgâr-Wurz ist nach Abgâr benannt, wie Eupatorium nach Mithridates Eupator. Plin. κε 29. In Syrien nachgewiesen Boissier, Flora or. II 727f.

---

[1]) אבגר Aßaf 100a πράσιον (Nr. 210) לבן מרוביו marrubium, marrobbio, weil εὐπατ. ein Syn. von πράσιον ist.

[2]) Mow 182. IAww II b 253. Bṭ ar. Text II 144 غافث Borggr 827 Agrimonia غافل (?) غافث 849 Eupatorium nur Letzteres. Vull I 107 اغافث 142 اوقطاريون so II 530 غافث zu طباق das aber nach Bṭ aO und II 150 I 208 berberisch ترهلان ist = κόνυζα, die statt Eupatorium gebraucht wurde. Langk 7 γάφετ, γιάφετ; spanisch gafeti, Engelmann, Gloss. des mots espagnols 81

[3]) ? s. Nr. 310 f.

2.

a. ܐܟܘܒ ܪ̈ܥܝܐ אַבּוּב רוֹעֶה – b. חוּטְרָא דְּרָעְיָא ܫܒܛ̈ܐ ܪ̈ܥܝܐ

a. D 496 ἄλισμα = δαμασώνιον Uebers. PSm 205 ܐܠܝܣܡܐ 239 ܐܕܡܣܘܢܝܘܢ 802 ܗܐܕܐܡܣܘܢܝܘܢ = 11 ܐܟܘܒ ܪܥܝܐ. BA 29 شبابة الراعى, صفّارة الراعى BS: عصاة الراعى. Gabriel زمّارة الراعى; dies Bt II 513 = مزمار الراعى = des D δαμασώνιον. Berggr 827 Alisma مزمار الراعى Danach: *Alisma plantago* L, Froschlöffel.

אבוב רועה [nicht רואה] Schabb. 14$_3$ j14$^c_{33}$. b109^b = חומטריא Var. חמטיריא? = חוטרא דרעיא [nicht יחידאה Agg] Maim عصا الراعى Nach den Syrern ist aber ܐܟܘܒ ܪܥܝܐ nicht = ܫܒܛ̈ܐ ܪܥܝܐ.

b. ܫܒܛ̈ܐ ܪܥܝܐ D 507 πολύγονον ἄῤῥεν *Polygonum aviculare* L. Vogelknöterich. Rabban: ܦܘܠܘܓܘܢܘܢ ܐܪܪܢ: ܥܒܠܒܠܬܐ ܗܟܢܐ ܘܫܒܛ̈ܐ ܪܥܝܐ عصا الراعى ونرسيان داروا. Nach Gabriel ܫܒܛܪ̈ܥܝܬܐ بطباط Andere ܦܘܠܘܩܪܦܘܢ l. πολύκαρπον,, ܦܠܝܡܐ lies κλῆμα, ܦܛܐܠܘܢ [μυρτο-] πέταλον od. πηδάλιον, die Syn. des D.

D 508 πολύγονον θῆλυ Rabban ܬܐܠܘ ܦܘܠܘܓܘܢܘܢ = ܫܒܛ̈ܐ ܪܥܝܐ ܥܒܠܒܠܬܐ ܢܩܒܬܐ, عصا الراعى, نرسيان داروا, بطباط, BB 732 u. Exc. Flor. *Equisetum ramosissimum* Desf., Blasser Schachtelhalm. BB 929 BS ܫܒܛܗ ܕܪܥܝܐ = ܥܒܠܒܠܬܐ = ܢܘܩܡ ܕܐܘܪܘܠ Paulos: عصاة الراعى. Ibd: ܥܒܠܒܠܬܐ ܕܒܪܐ: بطباط البرّى, نرسيان داروا, BB: ܦܘܠܘܓܘܢܘܢ ܡܢ ܥܒܠܒܠܬܐ ܕܐܪܥܐܐܪܥܢ ܡܪܓ̄ عصاة الراعى Hier ist برسياوشان s. ܣܡܕܪ ܠܒܕܪܐ, Nr. 223 falsch für برسيان داروا wie nach Vull. I 221, برشيان دارو = نرسيان zu schreiben ist. BA PSm 1250 ܫܒܛܪ̈ ܪܥܝܐ: برسيان داور l. دارو.

بطباط Elias Nisib. PSm aO und BB öfter ist aus ܥܒܠܒܠܬܐ Vull I 248 „syr." = سرخ مرد II 272 = عصا الراعى. Dieses Ǵezzâr im 3. Grad pers. ברסאן דארו, in Afrika חנגר, aber Vull. I 532 جنجر = Bt I 265.

ܫܒܛܒܛܐ Geop 112₆ ܦܘܠܘܓܘܢܘܢ (ܝܕ3₃). Unübers. 102₁₅ ܦܘܠܘܓܘܢܘܢ (ܝܙ5₄) 105₁₀ ܦܘܠܘܓܘܢܘܢ πολύγονον.

שבטבטא ABaf 50ª gr: פוליקונבום πολυγόνατον? [vielleicht steckt darin eher das synonyme, πολύκνημος, πολύκνημον Fl.] 101ᵇ 52ª 53ᵇ richtig: שְׁבַטְבְּטָא = עלסי שדה (?)

D 509 πολυγόνατον BB 706, 748 ܒܘܪܐ ܕܡܣܩ ܠܓܒܢܝܬܐ Bt II 351 كثير العقل l. كثير الرُّكَب = العقد [Dies unter Nr. 148a] ܫܒܛܒܛܐ ܪܥܘܬܐ s. unt. Nr. 315.

عصا الراعى = بطباط Bt II 195 πολύγονον ἄῤῥεν und θῆλυ. Berggr 870 Polygonum عصى الراعى Centinodia d. h. il poligono maschio Langk 89. Plemp. übersetzt zu Avic I 229. 150 beide Syn. mit Polygonum.

Danach ist חוטרא דרעיא, ܚܘܛܪܐ ܕܪܥܝܐ, ܫܒܛܒܛܐ mit Polygonum, Knöterich zu übersetzen.

Fleischer zu Ly I 227a عصا الراعى *Dipsacus fullonum.* Δίψακος giebt Diosc. cod. C. marg., Bt ar. Text I 121 Sonth. Uebers. II 518 mit مشط الراعى Hirtenkamm. *Dipsacus silvester* Mill. s. Nr. 204, heißt verga del pastore, virga pastoris, dem arab. u. syr. Namen entsprechend. ܫܒܛܒܛܐ Bt II 84 شبطباط ganz richtig als Deminutivum von ܫܒܛܐ erkannt: es bedeute syr. عصية. Auch Sonth übersetzt عصى الراعى hier und sonst mit dipsacus fullonum. بطباط ist aus ܫܒܛܒܛܐ verkürzt, s. Nr. 100b.

3.

ܐܪܝܩܐ

Honein: ἐρείκη PSm 21 ثمر العوسج, ورق العوسج Bt Nr. 100. In seiner D Uebersetzung D 114 ἐρείκη δένδρον ἐστὶ θαμνῶδες, ὅμοιον μυρίκῃ, μικρότερον δὲ πολλῷ ist das Wort beibehalten.

ܗܘܢܝܢ ܐܡܪ ܕܝܢ ܕܐܪܝܩܐ[1] ܘܡܘܪܝܩܐ الطرفاء القى (?) ܗ̄ܡܪܝܩܐ ܠܡܘܪܝܩܐ

[1]) S. Nr. 38.

PSm 1052 „tamariscus minor"! Es ist identisch mit dem aO unmittelbar darauffolgenden ܗܪܝܩܐ, was PSm entgieng. Galen, BA PSm 382 ܐܪܝܩܐ, 1054 BA. ܣܝܢܬܐ ܡܪܘܚܬܐ ܗܪܘܣ. العقول, الينبوت التن, ܐܕܪܝܙܐ wird auch ܐܪܘܕܝܙܐ BA PSm 169 الينبوت الحاج sein. [Wahrscheinlich steckt darin eine Corruption von ܐܛܘܕܐ Nr. 104 b. Fl.] Ἐρείκη ist *Erica arborea* L, baumartige Haide. Sträucher mit Nadelblättern oder Dornen wird auch ܐܕܪܝܙܐ bezeichnen.

4.

ܐܢܓܕܢܐ אַנְגְּדָנָא.

Ferula Asa foetida L. *Teufelsdreck.*

a. Pers. انكدان davon انجدان Lag gA 8 Fleischer zu Ly I 278ª Silphium, σίλφιον BA ܐܢܓܕܢܐ PSm D 430 Rabban ܣܝܠܦܝܘܢ ܐܢܓܕܢܐ ܗ̄ ܩܠܗ ܢܨܒܬܗ نبات الانجدان. Die Pflanze selbst im Gegensatz zu ܚܠܬܝܬܐ.

אנגדנא Ab. zara 29ª Targ j 5 M 29_{17} Ly TW = לענה, vgl. Midr. Sam. Anf. Ly I 106ª hat sich falsch אנגדנא notirt; der Artikel ist zu streichen. Raschi: marrube? Doch auch C heptagl. انجيدة = „πράσιον marrubium D 454".

ܪܘܡܝܐ, انجدان رومى BB σέσελι, σεσέλεως ܣܣܠܝܘܣ (?) ܣܝܣܐܠܝܣܘܣ, ܣܝܣܠܐܘܣܐܘܣ PSm 669: ܣܝܣܐܠܝܣܘܣܐܘܢ? BB unter ܪܘܡܝܐ = ܣܝܣܠܐܘܣܐܘܣ, BS: انجدان رومى, الشير, Bt I 96 سساليوس ms., Vull. II 188 ساساليوس „syr." S. noch Nr. 168.

b. ܚܠܬܝܬܐ חֶלְתִּית حلتيت DCgc app. χαλτίθη. Asa foetida, Teufelsdreck. PSm 1296. 934 ܕܡܥܬܐ ܕܣܝܠܦܝܘܢ 1274, 1280 ܚܠܬܝܬܐ. Ar. صمغ الانجدان

D 431 ὀπὸς Κυρηναϊκός BB 657: ܣܝܠܦܝܘܢ ܩܘܪܝ ܣܝܠܦܝܬܘܢ ܐܝܬܘܗܝ ܚܠܬܝܬܐ ܐܘ ܕܡܥܬܐ ܕܦܘܪܣܐ حلتيث. — 850: ܚܠܬܝܬܐ ܗܝ ܕܡܥܬܗ ܕܦܘܪܣܐ PSm 934: ܕܡܥܬܐ ܦܘܪܣܝܬܐ

[dort l. صحّع für صحيع] 1273 ܫܠܛܐ ܩܘܪܝܢܝܐ - ܫܠܛܐ ܗܐ ܪܝܚܐ صمغ الأنجدان 1067 ܗܦܘܣ 82 ܐܗܦܘܣ ὀπός. Ueber cyrenaisches Silphium vgl. Ztschft. f. Ethnol. III 1871, 197 ff.

D ibd. ὀπὸς Μηδικός PSm 934 ܗܦܛܐ ܡܕܝܩܝܬܐ, Συριακὸς id. aus Galen.

חלתית Teb. jom 1_5 Ukz. 3_5 (Sifre II 107, 96[b] Friedm.) Schabb. 20_3 T. 17_3 b 140[a] j 17^c_{67}. „Man rechnete es zu den Gewürzen, denn trotz seines übeln Geruches wird es als Würze an Speisen getan“ Maim. zu Ukz. aO, wo die Uebers. ungenau ist. קורט של חלתית Ab. zar. 2_6 Chull. 58[b] Asa foetida in granis, wie der offizinelle Name lautet.

Berggr.[1]) 857 Laserpitium gallicum حلتيت, انجيدان, اشترغال Bt. I 50 aus D 434 μαγύδαρις ἑτέρα اشترغان BB ܐܫܬܪܓܠ PSm 412 pers. Kameeldorn. Eine Ferula — Art Meyer GdBot 3_{284}. Mandäisch אשתארגאן Sidrâ Rabbâ I 347 = I 106 אשתארגאנא steht neben wohlriechenden Pflanzen.

אלום Teb. jom 1_5 Hai G אילום (Var. אלים sei ἄλιμος gr. מליח) = ar מוחרת l. محروت Bt II 491 I 84 Av 211 = [„μαγύδαρις“ Sprengel Frtg sv.] BB PSm 934 sv ܗܦܛܐ s. ob. محروت schr. ح, Maim. ms. ar. אילום, אלום = انجدان [Uebers. c r r p t אנגרבי, nicht الغربي wie Fl. zu Ly I 280[b]] d. h. „Wurzel einer Art حلتيت.“

5.

ערל אדל ܐܪܘܓܐ.

Lepidium[2]) *latifolium* L. *Pfefferkraut, breitblätterige Kresse*[3]).

BA Nr. 233. PSm 37 = BB 471 zu λεπίδιον: ܠܦܝܕܝܘܢ und 467 zu ܠܦܝܘܢ crrpt.: ܗܘܝܘ ܡܣܟܢܐ ܕܣܦܬܐ ܕܟܠ ܡܒܪܐ ܠܗ

---

[1]) Berggr. und Boethor sv Asa foetida haben auch die vulg. Form حنتيت, die auch Seetzen IV 136 (Fleischer) erwähnt ist.

[2]) S. Nr. 269. — [3]) S. Nr. 339.

ܣܡܡܐ ܕܚܝܐ :657 ليفيديون Gabriel: ܐܪܕܠܐ. ܕܗܘܝܘ ܡܬܝܠܕ شيطرج ܥܠ ܝܕ ܩܒܪ̈ܐ ܦܠܛܐܢܝܬ ܒܡܬܠܐ ܕܦܪ̄ܕ ܘܕܚܘܢܝܢ ܒܡܐܡܪ̈ܐ ܡܬܠܐ ܠܐܪܕܠܐ ܕܗܘܝܘ ܡܬܝܠܕ ܒܓܘ ܕܚܝܐ ܘܗܘܝܘ (l. وهو) الشيطرج ܠܗܦܝܕܝܘܢ :459 Die letzte Glosse ܐܪܕܠܐ ܐܘܟܝܬ ܡܬܝܠܕ شيطرج. wohl die Rabban's D 320, wegen der genauen Schreibung ܠܗܦܝܕܝܘܢ.

„Das Heilmittel, das auf oder an Gräbern wächst" soll Lepidium âdlâ im Buche des Paradieses und in dem des Honein, ܒܡܐܡܪ̈ܐ ܕܡܬܠܐ, metaphorisch heißen. Mîmrê, der Araber miâmîr, (Steinschn. Catal. Hambg. S. 143) sind bei BB des Galen Bücher de compositione medicament. ܡܬܠܐ ܕܡܐܡܪ̈ܐ ܕܠܓܠܝܢܘܣ nennt er sie unten Nr. 259, wo ebenfalls eine „metaphorische" Benennung citirt wird. S. noch Nr. 240. Auch unsere Stelle geht auf die mîmrê des Galen, XIII 350 K, wo aus dem κλινικός des Democrates eine Pflanzenbeschreibung, die nach Galen auf λεπίδιον passt, angeführt wird. Die Jamben des Democrates beginnen: Φύεται .... παρὰ τοῖς παλαιοῖς μνήμασι. Dies hat der syr. Galen wiedergegeben: ܝܥܐ ܥܠ ܝܕ ܩܒܪ̈ܐ. Der Standort trifft für Lepid. lat. nicht zu.

شيطرج, BB PSm 193 zu ܐܪܠܐܐ schr. ܐܪܕܠܐ, nach Berggr Lepidium p 858. Bt II 115 = λεπίδιον D 320 berberisch عُصاب Vull sv u. II 502 II 490 pers. ليذيون, شيتره. S. Nr. 152c.

D 281 γιγγίδιον οἱ δὲ λεπίδιον, 320 λεπίδιον Manche γιγγ. Daher übersetzte Stephanos γιγγίδιον: شاهترج. JAs. 1867 IX 10 Anm. 1 (Bṭ I 265 falsch شامزخ) verweist ihm das ibn Baiṭâr. Gemeint ist wohl شيطرج. BA PSm 706 hat wirklich ܓܝܓܝܕܝܘܢ شهترج BB: شيطرج PSm 54 ܐܘܓܓܝܕܝܘܢ ist danach ebenfalls γιγγίδιον; Paulos erklärt es: شاهترج. Bei D: Syrer: ἀδοριοῦ? (Ob = Nr. 10? Fl.)

אדל T Schebiit 5_{11} j VII 37^{c}_{43} ערל l. ערל 37^{b}_{50} ערלה. Auch Maim. Tum. Ochlim 1_{14} u. Kessef Mischn. z. St. irrig ר. Ukzin 3_{4}

עדל wird eingelegt. Schuch, Gemüse und Salate der Alten S. 60: Das Pfefferkraut, piperella, ist scharf, Plin x 70 „urens“, wird in Salzlake und Milch eingemacht, nach Plin ιϑ 51 nicht ohne Milch gegessen.

Hai G. zur Stelle: עדלא דמי לפוגלא והוי כמוציל (?) ועצרין מיא ושטרין לנרְבא.... עדלא הוא סיטרג דרקונת דהוא ומתפשין רסן Er citirt dies „aus e i n e m (so l.) medizinischen Werke, das alle Pflanzennamen griechisch und aramäisch erklärt“. Die Stelle ist schwierig. דרקונת dürfte zu לוף, das dort in der Mischnah folgt, gehören. Lepidium wird bei D gegen λέπρα, נרבא, mit ἑλένιον zerrieben angewandt. Letzteres, راسن, ist in רסן zu vermuten. סיטרג ist شيطرج. Hai giebt die Var. אדל. Maim. שיטרג so ms. arab. und Glosse RAscher. Aruch: דומה לצנון aus Hai; sein שדוריא ist nicht satureja, das er sv סאה u. חשאי: סטורייא schreibt, sondern des Hai misverstandenes oder verschriebenes שיטרג.

6.

אדן.

(אידן) Schabb. 21 פתילת הָאִדָן so punct. Maim. ms. ar. j: עירניתא b 20b: אחוונא Ms. Münch., RAscher. אחוינא Agg.; nach b: Weidenbast, עמרניתא der ארבתא. Daher Maim. صوفة [1]) Wolle, die auf einem Baume entsteht. עמרניתא das Wollige, hier vom losen Bast.

Gesen. hat damit des Hesych tyrisches ἀδὰ zusammengestellt, das ἰτέα bedeutet. Aramäisch nicht nachweisbar.

7.

ܐܘܣܐ ܕܓܒܢܐ

hat PSm 40 verschrieben aus ܐܘܪܐ ܕܓܒܢܐ Nr. 34.

---

[1]) صوف mand. צופיא Wollflocke Nöld. mand. Gr. 105 „sonst nicht als aram. bekannt“. S. aber Ar. צפא 2.

8.

ܐܕܢܐ ܕܥܘܟܒܪܐ

Uebersetzung dreier Pflanzennamen. Mäuseohr.

a. Das nabatäische, ârâmäische. D 327 ἀναγαλλίς [1]) *Anagallis arvensis* L, Gauchheil. PSm 251 BB ܐܢܐܓܠܠܝܣ: ܐܕܢܐ ܕܥܘܟܒܪܐ ܢܒܛܝܐ اذان الفار النبطى واناخيرا زعم PSm falsch: „secundum Aramæos: myosotis nabatæa". Unübersetzt ἀναγαλλίς Galen und BB, der خيرى, s. ܚܡܝܪܐ, Nr. 1 erklärt und sagt es gebe zwei Arten الديج والدجه (so)? was sich auf D's θήλεια und ἄρρην beziehen muss. PSm aO und 252 Gabriel ܐܢܐܓܠܠܝܕܘܣ bezeichnet die beiden Arten, κυάνεον und φοινικοῦν mit: اسمانجونى und احمر. Auch in der aus D 333 übersetzten Stelle PSm 420 ὀθόννα: μίγμα ἀναγαλλίδος τῆς κυανέας steht اناخاليس, nur dass dort PSm اسما نجونى in zwei Wörter [2]) trennt und mit Hilfe eines pers. نجوان, crocus, auch zu erklären versucht! Gewiss ein wunderlicher Irrtum, zumal er den griechischen Text anführt.

اناخيرا hält PSm für انار كيرا [Nr. 151 c] es ist aber اناكيرا Bt I 96 nabat. = اناغالس (nicht Anagyris). (Hier, wie I 90 اناغالس I Aww II^b 134 Avic 138 l. اناغالس, Vull sv اناغليس ist anagallis beibehalten.) Das nabat. Wort sieht sehr nach einer Corruptel aus „Mäuseohr": etwa ادناعكبرا oder ähnlich, aus.

b. Das Mäuseohr der Griechen μυὸς ὦτα D 334 β 214 = μυὸς ὠτίς. BB 497: ܡܘܣܐܘܛܐ ܐܘܛܐ ܐܕܢܐ ܕܥܘܟܒܪܐ ܪܗܘܡܝܐ اذان الفار الرومى ܡܘܣܐܘܛܐ ܐܘܛܣܝܣ قال جبريل انه عقار يسمى اذان الجراذ [3]) قوته مثل اللبلاب:

D: καθ' ὅλου δύναται τὰ αὐτὰ τῇ ἐλξίνῃ. PSm 211 BB = ܐܠܣܝܢܐ aus Galen XI 823 K ἀλσίνη ἢ μυὸς ὦτα ܐܠܣܝܢܐ ܐܘ ܡܘܣܐܘܛܐ.

---

[1]) Pun. Verzeichnis Nr. 23.

[2]) Sprengel D II 343 اسما سوسن l. اسمانجونى s. Nr. 323.

[3]) جرذ PSm 22 zu ܐܓܪܕ.

c. Uebersetzung von مرزنكوش *Origanum majorana* L. Majoran Lag gA 64. 299. PSm 40 BA BB. — Geop 116_{30} σάμψυχον¹) ܣܡܦܣܘܟܘܢ = ܡܪܕܓܘܫ (κ 2_1) PSm 1110 ܡܪܕܓܘܫ sv ܙܘܦܐ. BB bei Lag. ܣܡܦܣܘܟܘܢ aber 626 ܐܣܡܦܐܣܘܟܘܢ nach Rabban und Paulos ܡܪܕܝܓܘܫ. Für σάμψ. BS andere Schreibungen und مرزنجوش. D 61 σαμψύχινον μύρον ܐܣܡܦܐܣܘܟܝܢܘܢ دهن المرزنجوش. Aßaf 74 p 77ª סמפסיכון, pers. und aram. מרדגוש. arab. سمسق s. Nr. 93 مَرْزَنْجُوش vulg. mardakûš, auch bardakûš Forsk. LXVIII Berggr. 860 Lane sv حبق Bt II 494 I· Aww IIª 277. Langk. 56 μεσρικουσίν, μερδουκους und Aehnliches. S. Nr. 93 b.

9.

אדרא. (ܐܕܪܐ)

ܐܕܪܐ kennt kein syr. Lexicograf. PSm führt es aus BOr, auch bei Knös Chrest. 11_{27} abgedruckt, an: ܐܝܠܢܐ ܕܟܐ ܗܐܕܪܐ = ܢܥܫ ܚܛܟܐ. Ohne hierauf zu verweisen hat er 824 aus BB dieselbe Stelle: ܗܐܕܪ heiße ܢܥܫ ܚܟܐ. Ueber die St. s. Nr. 71. Das Wort ist zweifelhaft und wird vorläufig nur durch das Talm. אדרא gehalten.

אדרא Ly sv R. hasch. 23ª = קתרום, Sanh. 108ᵇ = נופר. j Ket. VII 31^{d}_{37} und daraus Ber. r. 15 p 25 Lpz. = תדהר. Ein immergrüner Baum.

10.

ܐܕܪܝܘܢ.

اذَرْيُون²) vom pers. ازرگون PSm 169 sv ἠριγέρων D 590 (*Senecio vulgaris*, gemeines Kreuzkraut) ܐܕܪܝܘܢ. Nicht bestimmt Meyer 3_{61}, nach IAww. II 268 „buphthalme jaune foncé“. Bei den Arabern

¹) σάμψυχος, σάμψουχον, —ς, σαμψοῦχος.

²) Blau DMG 31 491 aus Ni'met-ullah's pers.-türk. WB آذريون = خطى، مرسين، صارى، گل؟

mit اذربويه verwechselt Avic 129 vgl. Lag gA 10_6 اذربويه aber Plemp, die hebr. Uebers. u. ms. Berl. اذريون.

Langk 74 unter Senecio vulg. ἀζαρίτ, κερὰ (?) ἀζάριον.

11.

ܐܽܫܠܳܐ. אהלא.

a. ܐܽܫܢܳܐ od. ܐܶܫܢܳܐ Kal. u. Dmng 77_{14} Bickell: Lauge. PSm 125 aus Susanna: σμήγματα اشنان BA BB Elias Nisib. Drei Arten: syrischer زاتا اشنان, persischer und wilder. Gabriel und Galen: ܐܫܠܐ (ܐܫܢܠܐ) δορύκνιον, PSm 859 BA = اشنان ܗܘܪܩܢܘܣ, = BB zu ܐܫܢܠܐ: ܗܘܪܩܢܘܣ, doch wohl δορύκνιον? obwohl dies fast unmittelbar darauf aus der DUebersetzung D 569 angeführt wird, aber nicht übersetzt ist[1]). Dort l. ܩܒܪܐ f. ܩܒܪܐ ὄροβος (s. Nr. 170) ܐܫܠܐ ܕܩܣܪܐ = اشنان steht BB PSm zu ܐܢܛܝܠܝܣܘܣ, ܐܢܛܝܠܝܪܘܣ 26, ܐܣܦܘܣ (ܐܣܦܘܣ) 334. اشنان allein zu ܐܪܕܘܣ?

ܡܠܘܚܐ BS bei BB 526 = اشنان [s. מלוח] auch Richt. 9_{45} so genommen: ܒܣܦܪ ܕܒܝܬܐ ([2] ܘܙܪܥܗ ܠܡܠܚܐ ܘܗܦܟܗ ... ([3] ܡܠܘܚܐ. ܐܝܟ ܡܐ ܕܐܡܪ ܚܙܩܝܐܝܠ ... ܠܡܠܚܐ (?) ܐܫܠܐ ܡܠܘܚܬܐ ܕܡܠܚܐ ܐܘ ܕܐܫܠܐ ܐܝܬ البقلة المالحة وهي الباقلى: Für ܡܠܘܚܐ und ܡܠܚܐ hat auch PSm nur unsere Stelle, kennt aber sein oben erwähntes زاتا اشنان dort nicht mehr. C 858 ܡܠܚܐ [aus Ferr., der ܡܠܚܐ hat]. S. b. — Auch nach Bt ist II 532 مُلَّاح ähnlich dem اشنان, wie nach Sergius.

---

[1]) Wie Bt I 419 دروقنيون

[2]) ܣܦܪ ܕܒܝܬܐ BB öfter, obwohl PSm 489 Z 2 nur ein Beispiel hat. Das ist auch die Geschichtsquelle دِيْتُموتقي, ديموتقي Rothstein, de chronographo arabe anonymo, qui cod. Berol. Sprenger. XXX° continetur Bonn. 1877 p 45, wo der arab. Historiker sagt, die Geschichte gehe im Pentateuch und Bet mautbê bis auf Nebucadnezar, von da ab habe er die Chronik ܕܒܪ ܢܘܚܡ benutzt. Rothstein sucht darin ein griechisches Wort auf τύχη.

[3]) BA Nr. 6154 = ܕܒܝܬܐ.

أُشْنان ist Sonth Verz 269 Gattungsname von Salsola. مُلّاح nach Forsk. 69. CIX Suæda baccata. Forsk. Schanginia baccata Moq. Tand. אהלא ܐܗܠܐ danach Salsola.

b. אהלא TSchebiit 5_6 הבורית והאהל (bei Maim. zu Nidda 9_6), Waschstoffe מיני כביסות j 37^b_{27} Schabb. 90ª אהלא (Ms M אהיל. Hai G. Nidd. aO אוהיל b Nidd. 62ª אהלא. Var. חול Schabb. aO, auch Nidda 66ᵇ Z 1 Aruch עפר für חול : אהלא) = בורית was Targ. Job 9_{30} bestätigt. In שונאנא. Schabb. aO, der Erklärung zu אשלג, hat man أُشْنان erkannt.

Nidda 62ª wird בורית mit כבריתא. Schwefel, erklärt, wie Mal. 3_2 כ־ברית Pesch. ܐܝܟ ܟܒܪܝܬܐ. Die Erklärung, Gegenstand einer Discussion, kann nicht mit Ly gestrichen werden. Auch Ar. hat sie sv כבריתא. Hinter dieser Erklärung muss die gestanden haben, die Ar. זתא anführt : מאי בורית זיתא, zweifellos das oben erwähnte ܙܬܐ زاتا Ob wohl dasselbe Wort in der mir nicht verständlichen Stelle Hai G's zu Nidda 9_6 : ואתא steckt?

Eine Salsola-Art ist nach Ar. Erub. 28ᵇ ירקא דקוליא = قلى [ܡܠܚܐ قلى PSm 271 sv ܐܫܢܘܢ]. — בֹּרִית bibl. Pflanzenstoff wie mischnisch. Maim. Nidda 9_6 غاسول. ב' כרשינה s. Nr. 170.

12.

ܐܘܓܐ. אוג (ܣܘܡܩܐ)

a. BA Nr. 286 ܐܘܓܐ = ܐܝܠܢܐ ܕܣܘܡܩܐ شجرة السماق PSm 53 Galen ῥοῦς ܐܘܓܐ. Honein: سماق ܣܘܡܩܐ ܐܘܓܐ D 138 ἐρυθρός. BB 906 ܪܐܘܣ = ܣܘܡܩܐ سماق 911 ܪܘܣ Honein (Rabban) = ܐܘܓܐ ܣܘܡܩܐ auch Gabriel das.

b. BS, PSm aO und BB ܐܘܓܐ = ܐܝܠܢܐ ܕܒܠܘܛܐ, شجرة البلوط, daher auch K. Eine alte Verwechslung von ܪܘܣ ῥοῦς und ܕܪܘܣ δρῦς, das PSm 947 richtig: ballûṭ.

c. = بادروج ocymum BA aO u. PSm. Ob wirklich ܐܘܓܐ für ܣܘܡܩܐ vorhanden war, ist zweifelhaft. Elias Nisib. kennt nur ܣܘܡܩܐ qv.

d. = الثيل والحلفاء K ist ܣܘܡܐ und ܣܡܐ zu verdanken, deren Bedeutungen K ruhig zu ܐܛܠܐ stellt.

Geop 109_{24} ܣܘܡܩܐ ܣܘܪܝܝܐ (ιζ 8_{2} ῥοῦς Συριακός) 70_{26}. — Aßaf 46[a] 55[b] סומקים = רוו. Maim. zu Peah 1_{5} Dem. 1_{1} السمّاق الشامي Daher σούμαχα, σουμάκι und die romanischen zumaque span., sumac frz. „Sumach". Hehn 310. Ǵezzâr im 2. Grad تمتم [D II 409] syr.: סמאקילי Bṭ II 57 سماقلى II 163 طمطم.

און Peah 1_{5} Dem. 1_{1} Ma'as. 1_{2}, die Frucht rot. Kel. 26_{3} TMachsch. 3 Sifra Kedosch. p 87b ed. Weiß. RSchimschon bemerkt in seinem Comm. zur Stelle wie zu Peah es sei nicht קורנ"לייר im Sifracomm. קורטיכל cornouiller, Kornelkirschbaum. Doch hat noch Bertinoro zur St. קורנאלו ,קורניאוליום) corniolo, — li, neben Sumach, das er aus Maim hat. Sumach in Palästina Robinson III 656, 699.

13.

ܐܙܐܕܕܪܟܬ

pers. Lag gA 12. PSm sv. Bṭ I 30 ms: ازاددرخت.

14.

אחוא

targ. beibehaltenes אחו bibl. Samaritaner תלימו ob. S. 1, Geiger, DMG 16, 732 — אחוונא s. ob. אדן. Nr. 6. Weide Schabb. 20[ab]. Ganz verfehlt ist, wenn Kohut sv. an σχοῖνος denkt und daraufhin אחיינא emendirt. — אחווניתא s. Nr. 105 b.

15.

ܚܛܕܐ ܐܛܕܐ אֲטָדָא אטדא.

Rhamnus, Wegdorn.

אָטָד bibl. أطد[1]). ܐܛܕܐ[2]) BB in Tirhân = عوسج PSm sv und 1509 zu ܚܛܕܐ, das demselben Dialect angehört: frische Blätter von ܐܛܕܐ.

---

[1]) Pun. Verz. 18 ἀταδῖν.

[2]) ܐܛܛܐ = ܕܒܪܐ ܗܘܢܐ PSm 132. Vgl. Gen. 50_{10}.

ܗܛܛܐ Geop. ῥάμνος PSm, einmal für κυνὸς βάτος? s. Nr. 219. Bibelübers. ῥάμνος, ἄκανθα. BB 899 ܐܪܡܢܘܣ = ܗܛܛܐ عوسج BS und Rabban D 114. — BB 911 ܪܡܢܘܣ PSm 920 BA ܗܪܡܢܘܣ (so) عليق. Sergius: ܗܛܛܐ für ܨܘܪܛܐ qv.

ῬάμνοςΦ des D ist nach Fraas Rhamnus oleoides L, ölbaumblättriger Wegdorn. ܗܛܛܐ und عَوْسَج bezeichnen mehrere Rhamneen, viell. zunächst Rh. paliurus L Judendorn.

אטד bibl. dass. Der Versuch, von der landläufigen Erklärung abzuweichen, ist Grætz, Monatschr. 21, 390 übel bekommen. Verleitet durch die große Verbreitung, die der Opuntiencactus, *Opuntia ficus indica* Haw. in Palästina wie am ganzen Mittelmeerbecken gefunden hat, — Robinson I 394 III 235. Socin Paläst. 52 — glaubte er in dieser aus Amerika eingewanderten Pflanze, deren arabischer[1]) und neugriechischer Name التِّينُ الافْرَنْجِي Lane 325c Hartmann 176, φραγκόσυκα — den fremden Ursprung noch nicht vergessen hat, das biblische Atad entdeckt zu haben: ein exegetisches Gegenstück zu dem Bilde, auf dem der Opuntiencactus zur landschaftlichen Staffage — der Verkaufung Joseph's gehört. Schouw, die Erde, die Pflanzen und der Mensch 42 Hehn 385 Langk. 75.

Mischnisch. Schebiit 7_5 T. 5_{11} TKil. 3_{15} j V $30^a{}_{56}$ הקנים וההגין והוורד והאטדין — j Ber. VI $10^b{}_{59}$ j Kil. V $30^a{}_{59}$ הקינרס והחלימה והדמוע והאטד.

16.

ܐܛܡܬ

PSm 133 BA كتمت, BB كتمكث — Bt I 56 (Avic 138) اطماط = رتّة I 489, 178 = بندق هندى avellana indica? S. Nr. 23 ܐܘܠܡܛܪܐ. Selig-

[1]) صبارة Opuntia, figuier d'Inde, nopal, Fleischer, Seetzen IV 37. „Wolff, arab. Dragoman 2A. 107: „„syrischer Cactus çabbâra d. h. die Dulderin““. Sonst bedeutet es *Aloe vulgaris* L, übertragen wohl auch Agave americana L.“ Ascherson.

mann Liber fundam. pharm. 1830 p 32 اطط Semen Nymphææ Fructus est similis nuci avellanæ Indicæ . . . .

17.

.אטרוגא, ܐܬܪܘܓܐ, ܬܪܘܓܐ. אתרונגא

Citrus medica cedra.

Pers. أُتْرُج تُرُنج Fleischer Ly TW I 77^b und Ly I 186^b Lag gA 52 daher תרונגא, אתרונגא. Ueber die Frucht Hehn 321 ff. Deutsch: Citronat-Citrone.

ܐܬܪܘܓܐ D 150 τὰ δὲ μηδικὰ λεγόμενα ἢ περσικὰ ἢ κεδρόμηλα, ῥωμαϊστὶ δὲ κίτρια BB 517 Rabban: [ܡܛܪܝܐ] ܘܛܪܝܐ ܟܕܪ̈ܘܡܐ ܟܕܡ̈ܠܐ الاترج ܐܬܪ̈ܘܓܐ ܕܐܡܝܕܝܩܘܢ ܟܕܪܐ ܫܘܪ̈ܝܐ Galen PSm 134 ܡܛܪܝܢ = ܐܬܪܘܓܐ und aus derselben Stelle 1239 ܟܕܪܐ ܫܘܪܝܐ Gal. (VI 617 K) die syr. Uebers. aus XII 77 K.

ܬܪܘܓܐ Neh. 8_{16} Geop 67_7 K. bei PSm: ܟܕܪܐ ܫܘܪܝܐ, ܐܣܦܝܪܓܠܐ(?); auch 1239 hält er ܟܕܪܐ ܫܘܪܝܐ nur für κίτρια ähnlich. Er erklärt: ܡܛܠܡܣܡܘܢ?

Mischn. אתרוג Ma'as. 1_4 2_6 TTerum. 10_2 Me'ilah 6_4 Sukkah $3_{4\cdot5\cdot7\cdot11}$ b 35 j III 53^d von der Tradition für פרי עץ הדר Lev. 23_{40} gehalten. S. LLöw B. Chan. IV 1861_{344}.

Talm. Formen אתרוגא, אתרונגא Ly sv. תרונגא j Gitt II $44^b{}_{35}$ תרונגא Targ. אטרונגא Targ. u. jer. — Hal. ged. Ber. VI דאטרונגא (?) נשך.

18.

ܐܬܪܘܓܝܐ

od. ܟܐ —. BA BB PSm 134 Lag gA 52_{10} باذرنجوية البقلة الاترجية Melissa. باذرنجويه Lag aO, Avic 144 im Mûǵiz und ms Berlin, = Bṭ I 108 Mow. 41. Bṭ = μελισσόφυλλον s. ܦܦܠܐ. Berggr. 862 Melissa باذرنجويه.

19.

איזייא

pl. j Ma'as. $55^{b}{}_{68}$ zweifelhaft, aber nicht griechisch, wie Ly I 62 will. Auch Kohut's ὀξεῖα Ar. sv. ist unbrauchbar.

20.

אִיטָן.

Mischnisch. TKil. 3_{14} — jKil. V $30^{a}{}_{67}$ חיטין — pl. Joma 78^{b} הִיטָנֵי Var. חיטני, daher häufig mit קש של חיטים Weizenstroh erklärt. Hai G. zu Kelim 9_{8} Machsch. 5_{8} hält חשיפה für das talm. חיטָאני = الاسل (אלא שלי). Identisch sind sie aber nicht, da sie TKil. aO neben einander genannt sind: הישיפה [החשיפה] והאיטן והגמי. Es ist jedenfalls ein Riedgras (Cyperacee) oder eine Binse (Juncacee) gemeint; ἰτέϊνον ist gewiss verfehlt. — Das Wort weist nach Analogie von גמי und אשלא ܐܫܠܐ nabat. أَشْلٌ Strick, Tau, wenn dieses mit أسل zusammenhängt, auf das bibl. אֵטוּן aram. אטונא.

21.

אירוסא ܐܝܪܘܣܐ.

Iris, Schwertlilie.

Gr. ἶρις, davon אירוס mischn., ܐܝܪܘܣܐ, ايرسا.

a. PSm 171 Galen, BA BB ܫܘܫܢܐ ܣܘܪܝܬܐ BB: السوسن السمانجوفى l. الاسمانجونى, so hat BB 417 ܐܝܪܘܣ, ܐܝܪܘܣܐ α) ܐܝܠܠܘܪܝܩܝ Ἰλλυρική β) ܫܘܫܢܐ ܚܘܪܝ l. ܫܘܫܢܐ Λιβυκή … λευκή. D 10. BB: ἴρινον D 70 Rabban ܡܫܚܐ ܕܐܝܪܘܣܐ دهن السوسن الاسمانجونى. IAww II^{a} 306 Vull. sv. ايرسا = سوسن آسمان كون.

Aßaf 1 p 60^{a} שושן ברא = ἶρις. Der ganze Artikel des D, fast wörtlich.

b. BS ܐܝܪܘܣܐ, اصل السوسن الاسمانجونى wie bei Aßaf. Iris vorzugsweise die Wurzel, weil diese officinell war.

c. D 581 ἐφήμερον οἱ δὲ ἶριν ἀγρίαν PSm 171 ܐܝܪܘܣܐ, السوسن البرى = ܗܡܪܘܩܠܠܝܣ 1033 ܗܡܪܘܩܠܠܝܣ, ܗܡܪܘܩܠܠܝܣ, ܗܡܪܘܩܠܠܝܣ und vgl. ܗܡܪܘܩܠܠܝܣ wo „sed" سورنجان colchicum aut. zu streichen ist, da ἐφήμερον D aO δ 84 Synon. von κολχικόν ist, das auch βολβὸς ἄγριος heißt: بلابيس aO. S. Nr. 128. PSm 1050 BS ܗܡܪܘܩܠܠܝܣ سوسن ارجوانى ܐܝܪܘܣܐ?

d. ܐܝܪܘܣܐ ܕܒܪܐ D 522 ξυρὶς οἱ δὲ ἶριν ἀγρίαν. Rabban PSm 64 ܐܣܩܘܡܘܪܝܣ, wo man sich das Vermuten erspart, wenn man die folgende Glosse BB's kennt: ܐܣܩܘܡܘܪܝܣ ܗܘ ܓܝܪ ܐܣܩܘܡܘܪܝܣ ܐܚܪܢܐ ܡܛܠ ܕܗܘ ܐܝܪܘܣܐ ܕܒܪܐ. وكذا حكى جبريل

אירוס Kil. 5_8 j V 30^a_{35} = אירוסא bei RSchimsch. zu Ohol. 8_1; Agg. אירסיה wohl אירסה = ܐܝܪܘܣܐ. Aber Maim.: سيسنبر وهو النعنع العريض الورق Die Uebers. noch מינטא menta; Ar. סיסימברו [nicht סוסכירו].

22.

[אלגוסין.]

Schönhak sv und Ly I 80^a „eine Bohnenart" T Ma'as. 3_{14}. Es ist aber unzweifelhaft Corruptel aus אֱלוּ גְּרִיסִין wie man aus dem Zusammenhang sehen kann. j Ma'as. V 52^a_{31} Ar. קלקי steht es richtig.

23.

ܐܠܣܘܪܐ ܐܠܣܘܪܐ אלצרא אילסרא.

Corylus avellana, Haselnuss.

ܐܠܣܘܪܐ Geop. κάρυον ποντικόν = λεπτοκάρυον s. PSm D 157 BB 821 Rabban: ܡܘܙܐ ܦܘܢܛܝܩܐ ܐܠܘܣܐ ܦܘܢܕܩܐ البندق وهو الجلوز. Auch BA Nr. 607 ܐܠܘܣܐ, während Gal. u. PSm ܐܠܣܘܪܐ haben.

Aus ποντικόν wurde פונדק, j Nasir I 51^c_{27} פונדקין, wo der Größe nach aufgezählt sind: Granatäpfel, Nüsse, Haselnüsse, Pfeffer,

Sesam und Senfkörner. Aruch פונדק = גלוז جلوز, ܦܘܢܕܩܐ BB 761 بندق, das. ܦܘܢܕܩܐ ܗܢܕܘܝܐ بُنْدُق هندى ܡܪ̈ܓܐ ܦܘ̈ܢܕܩܐ ܐܝܬܝܗܝܢ ܗܢܕܘܝܬܐ ܘܡܬܟܬܒܝܢ ܗܢܕܘܝܐ ܬܪܬܝܬܐ [lies: ܗܢܕܘܝܬܐ (oder: ܗܢܕܘܝܬܐ) ܬܪ̈ܬܐ].

Bt I 178 489 Mow 135 بندق هندى = رَتَّة Avic 252 رمه, hebr. Uebers. רקה l. رَتَّة s. Nr. 16. — BA BB PSm ܪ̈ܬܐ بندقة wohl بندق. جلّوز im arab. D f. κάρ. ποντ. Journ. As. XV 1870, 141 Anm. — بندق übertragen: Pillen = כַּדּוּרִים s. Steinschn. Maim. Gifte 100_{42}, daraus syr. ܒܘܢܕܩܐ PSm 471 in derselben Bedeutung. Span. bodoque; Dozy et Engelmann Glossaire sv verweist auf de Sacy Chrest. III 68.

אִילְסָרִין wahrsch. אִילְסָרִין nach אילאסרין Var. אלרסין, j. אילצרין T Ma'as. 1_1 3_{14} neben פסטקין wie für פרסקין nach j Demai II 22^b_{69} j Ma'as. I 48^d_{66} zu lesen ist.

Vermuten kann man אילסרין in אלכסין, Ab. zara 14ᵃ Z. 2 Ar. אכלסין, das neben איצטרובלין steht wie אילסרין in der angef. St. — אילסרין kannte man nicht und לוז war neben שקד überzählig, man hielt daher später לוז für Haselnuss. Aßaf 36 p 71ᵃ ליפטוקריאה — אבילני — שמן לוזים.

24.

ܐܢܩܬ ܐܝܠܐ

Astragalus, Traganth

mehrere Arten des im Orient reich vertretenen *Astragalus*, wofür man bibl. נכאת نَكَأة hält.

BB كثيراء Galen für ܛܪܐܓܩܢܬܐ PSm 283. 1508 ܛܪܐܓܩܐܢܬܐ übers. ܟܘܒܐ ܕܬܝܫܐ. 1509: ܛܪܐܓܩܢܬܐ, 1529 ܛܪܓܢܬܐ. Durch C 334 verleitet, hat PSm 1419 τραγάκανθα in ܛܪܐܓܩܢܬܘܣ = كثيرا des BB nicht erkannt, schreibt كثيرا und übersetzt „sæpe, multoties“!

אנקת איילא Aßaf 103 p 82ᵇ aram., = דרקקנתי. 111ᵇ 116ᵇ 172ᵃ

דרקואקנתום = כתירא Steinschn. Donn. 141_{40}. Ǵezzâr im 2. Grad كثيرا صمغ القتاد [nicht קתאר] = Avic 248. Bṭ II 276. — Die Wurzel BB PSm 283 ܟܬܝܪܐܣܛܣ. BB 654 BS: ܩܘܛܣ ܟܬܝܪܐ ܥܩܪܐ ܕܐܣܛܪܓܠܘܣ اصل الكثيرا. 490 BS: ܥܩܪܐ ܐܣܛܪܓܠܘܣ mit derselben Erklärung. — Astragalus Tragacantha L Sonth Verz 285 كثيرا بيضاء = Berggr. 871. 853 Gummi Dracontii كثيرا. 880 Tragacanthum قتاد S noch Vull. II 799 كثيرا Gummi von قتاد II 712. II 880 heißt die Pflanze كم. Astr. Trag. kommt im Orient nicht vor.

25.

ܐܣܐ אָסָא

Myrtus communis, L. *Myrte*.

Talm. אסא = Mand. Syr. — Arab. آس In Syrien und Aegypten, wo sie nur cultivirt vorkommt, مرسين. (Bibl. הדס).

ܐܣܐ Bibelübers. Galen Geop μυρσίνη. BB 504 ܡܘܪܣܝܢܐ (so) Exc. Florent.: nach Sergius ܐܣܐ = ܡܘܪܣܝܢܘܢ? ܡܘܪܣܝܢܘܢ Rabban: آس, und μυρσίνινον D 52 ܡܘܪܣܝܢܝܢܘܢ, so, = ܡܫܚܐ ܕܐܣܐ. Dasselbe (ܕܐܣܐ) BB 408 bei dem daraus errpten ܐܪܣܝܢܘܢ.

Die Beeren ܦܐܪܐ ܕܐܣܐ = حب الاس PSm 583 Z 3, Geop 47_5 $53_{2\cdot3}$ 109_{29}. בנת אסא Hal. gedol. Berach. VI בנות הדס j Orlah I 60^c_{75}.

D 623 μυρσίνη ἀγρία (Geop 47_5 ܐܣܐ ܕܒܪܐ) BB 504 ܡܘܪܣܝܢܐ ܐܓܪܝܐ ܐܣܐ ܕܒܪܐ آس برى ܛܪܦܗ ܕܡܐ ܠܕܐܣܐ ܘܦܬܝܐ ܐܝܟ ܠܫܢܐ ܦܬܝܢܐ ܐܘܟܝܬ ܡܪܝܪܐ ܐܝܟ ܦܐܪܐ ܐܣܛܪܘܠܘܣ ܘܠܘܬ ܘܒܡܨܥܬܐ ܕܛܪܦܐ ܦܐܪܐ ܣܘܡܩܐ ܟܕ ܡܬܒܫܠ ܘܫܒܛܐ (so) [Flor: ܠܕܡܘܬܐ ܠܕܡܘܬܗ] ܠܕܡܘܬ ܫܒܛܐ. D: τὸ μὲν φύλλον (μυρσίνῃ ἔχει ὅμοιον), πλατύτερον δὲ, λογχοειδὲς, . . τὸν δὲ καρπὸν (στρογγύλον nicht gelesen: s. Sprengel z St) ἐν μέσῳ τῷ πετάλῳ περιφερῆ, ἐρυθρὸν ἐν τῷ πεπαίνεσθαι . . κλωνία λυγοειδῆ, δύςθραυστα.

PSm 654 ܠܟܠܒܘܗܝ BB: ܠܟܠܒܐ ܐܬܡܫܚܗ ܕܐܣܐ l. ܕܐܣܐ = ܠܩܪܘܣܛܝܐ.

Targ. u. Talm. s Ly TW u. Ly I 116ᵇ, der unter אסא II Gittin 69ᵃ: אסא כלבא אכסא תרנגלא anführt. Dies nach Ar. u. Raschi: Alter, Hund, Verrückter, Hahn. זקן כלב mit „alter Hund" zu übersetzen ist einigermaßen wunderlich. Levy, der es tut, fügt hinzu: „Auch im Syr. wird ܐܣܐ in der Magie angewandt; vgl. PSm 291". Dieser führt nun aus Norberg eine Stelle an, die aber schon auf des B u x t o r f א ס א II h i n auf etwas „Magisches" bezogen worden ist. So kehrt des Aruch Erklärung auf dem Wege Buxtorf, Norberg, P. Smith wieder zum Ausgangspunkt zurück. Denselben Weg hat die „weibliche Ceder" אשוהא s. S. 60 zurückgelegt.

Die mand. Stelle steht Sidrâ Rabbâ I 110_{10}: ראזא דירהאמתא באסא ניבאר und bedeutet, wie Herr Prof. Nöldeke, der sie mir mitteilte, sagt, wahrscheinlich: „Das Mysterium der Liebe [dh. der Liederlichkeit, so heißt רְחֵמְתָא im Mand.] wollen wir mit Myrte begehen". „אסא, Myrte, steht auch Sidrâ Rabbâ I 106_{17} u. I 346_{20}, neben anderen wohlriechenden Pflanzen".

Bibl. הדס = هدس Gesen. HWB.⁸ sv., wo man mit Verwunderung immer noch liest: „nach Simonis wie salix a saliendo, von eilendem, schnellem Wachsthum?" als ob salix mit salio irgendwie verwandt wäre! הדס ist auch mischn.; halachisch im Feststrauß. Haggadisch gern mit הדסה, dem Namen der Esther, zusammengestellt.

26.

אספרגום

oder 'אס = ἀσπάραγος, der junge als Gemüse gegessene Trieb verschiedener Bäume, Sträucher und Kräuter. Galen de alim. fac. β 58, 59, VI 641 K. bespricht die asparagi verschiedener Pflanzen. Die Reihe e r ö f f n e t der ἀσπάραγος der κράμβη, Kohlkeim, auch κῦμα, cyma genannt. Talmudisch bezeichnet asparagos n u r den Kohlkeim, daher wird Ned. 6_{10} bestimmt: „Wer sich Kohl durch ein

Gelübde versagt, darf auch Kohlkeim nicht essen, wer [aber nur] Kohlkeim sich versagt, darf Kohl essen". Diese Stelle hat den Erklärern Schwierigkeiten bereitet, weil der Gebrauch des Wortes asparagos ihnen nicht bekannt war. TDemai 4_5 wird ebenfalls Kohl erwähnt, כרוב, aus dem man den asparagos herausschneidet.

Spargel selbst wird talm. nicht erwähnt. Asparagus-Wein Ber. 51ª Kidd. 70ª GA der Geon. XI 3ᵇ Berlin, ist wahrscheinlich der Wein, den man mit Pflanzentrieben ansetzt. Plin. ιδ 19_{105}.

Die βλαστοὶ der Bäume, die nach Galen aO cap 60 p 644 den asparagi der Kräuter entsprechen, sind die talmudischen לולבים, Schebiit 7_5 לולבי זרדים והחרובים . . . האלה והבוטנה והאטדין. Galen bezeichnet als die besten βλαστοὶ: οἱ τῆς τερμίνθου, אלה, τε καὶ ἄγνου καὶ ἀμπέλου καὶ σχοίνου καὶ βάτου καὶ κυνοςβάτου (אטדים s. Nr. 15) .זרדים wäre nach der gewöhnlichen Erkl. Weinschoss. חרוב Johannisbrod hat Galen nicht, weil nur die Frucht importirt wurde und auch diese bei ihm als κακόχυμον und ξυλῶδες bezeichnet wird.

BB PSm 316 ἀσπάραγος, Triebe und Schösse, ܦܘܪܓܐ l. ܦܪ̈ܚܐ, der Pflanzen. ܐܣܦܪܓܐ ܕܠܦܬܐ ist γογγύλης ἀσπάραγος D 254.

Syr. ܟܒܫ̈ ܚܒܐ = هليون PSm 554. 1008 sv ܗܘܡܘܦܘܩܐܕܗܘܕܡܘܣ PSm 965 BA: ܗܡܒܪܘܕܘܦܘܣ = ܗܠܝܘܢ = BB PSm 1008 ܗܡܘܦܘܣ. BB 665: ܐܘܪܝܒܐܣܝܘܣ ܗܘ ܣܘܣܝܐ ܐܝܟ ܐܣܦܪܓܘܣ ܐܪܡܘܦܘܣ
.الهليون „Oribasius" ??

PSm 316 BB 114 sv ἀσπάραγος Rabban ܐܣܦܪܓܘܣ = هليون dann: ܡܪܐ ܠܗ ܚܒܪܬܐ zu ergänzen: Sergius ܣܪܓܝܣ nach BB 708: Sergîs nenne ܐܣܦܪܓܘܣ lies ἀσπάρ.: ܚܒܪܬܐ.

BB 853: ܟܒ̈ܫܐ ܕܚܘܝܐ ܚܒܪ من اسماء الهليون ܐܝܟ ܕܡܣܡܪ ܟܒܫ̈ ܚܒܐ ܗܠܝܘܢ ܗܠܝܘܢ ܡܢ ܦܘܪܓܐ ܬܘܒ الجنطيان Das ist بارجوبه = مارجوبه[1] „Schlangenholz" Vull., aber sv هليون falsch

---

[1]) چوبه ܡܪܓܘܒܐ, צבא s. Justi Bundehesch Gloss. — Hai G. zu Kel.

تارجوبه. Dasselbe: ܟܪܚܛܘܣ C 579 asparagus [Ferr. ܟܪܚܛܘܦ crrpt.] Richtig, aber nicht erkannt, PSm 211. ebenfalls BS: ܐܠܝܘܢ [l. ἔλειον] = ܟܪܝܣܦܘܠܝܢ مارسوبج ܣܦܪܓܘܣ. C 579 ist: اسكوم Koreisch, Epist. de stud. Targ. util. p 105 Z 17 אסכום berberisch الهليون شوك. Nach der Anm. d. Herausg. Bargès (berberisch) *Asparagus albus* L. [Munby, Bull. soc. bot. France 1866 p 220 hat dafür arab.: soukoum. Ascherson.]

ܗܠܝܘܢ هِلْيَوْن ist ἔλειος [ἀσπάραγος]; es steht Sachau Ined. 94_{14} bei Galen dafür. Vgl Geop γ 13_8.

ܐܣܦܪܓܐ ܕܠܒܐ Geop zweimal falsch für ܐܣܦܪܓܐ ܕܟܠܒܐ s. PSm.

Anm. Zu ǵintiân bemerke ich, dass es γεντιανή D 341 Enzian ist aber nicht mit ܣܡܡܐ ܕܚܘܝܐ sondern ܣܡܕܪܐ ܕܚܘܝܐ دوآء الحية von BS PSm 664 ܠܓܢܛܝܐܢ wiedergegeben wird, wie Bt I 464. 260. PSm 753 ܠܓܢܛܝܐܐ. BB 657 BS: ܣܡܪܐ ܕܚܘܝܐ = γεντιανή. Mow. 81 [Jâkût IV, 346 Z. 19, Bistânî im Muhit el-M. und Boethor sv gentiane Fl] schreiben: جنطيانا irrig: جنتيانا Sonth. Verz. 273. Aßaf: alle Sprachen גינטייאנא. S Steinschn. Maim. Gifte 76.

27.

אפומלייא

j Ned. VII $40^b{}_{65}$? Vermutungen wie φυλλάμπελον (Ly) ἐπιμηλίς (ʻir David) sind wertlos. Das. Z_{70} אפייה ist dunkel, aber gewiss nicht griechisch wie Ly will. Eher zu עפי bibl. aram., עפייא Pes. 111^b Rabbinow. ܟܒܫܐ ܟܒܫܐ gehörig.

28.

ܐܡܦܝܕܐܩܣܝܘܣ

ein Baum Land Anecd. IV 121 u. Uebers. p 80 „ἀμφιδέξιος“?

15_2 מערוך = טבושאק l. טשובאק (טש = טין Ly II 210 b) d. h. شوبق lignum quo pistor utitur.

29.

ܐܘܪܒܘܒܐ

PSm 366 aus Gal. XI 841 K βουβώνιον = ἀστὴρ Ἀττικός weil es βουβῶνας ܐܘܪܒܘܒ̈ܐ heilt. PSm 299 Gal. u. BB. sv „ἀστ. Ἀττ." auch ܐܘܪܒܘܫܐ BB طباشير [= ܛܒܐܫܝܪ PSm 1424??]

30.

ܐܘܪܒܢܐ אורבנא.

Cyperus (papyrus L Papyrus u. andere Spec).

a. ܐܘܪܒܢܐ Bibelüberss. סוף, גמא, אחו[1]), πάπυρος BA Nr. 1446 البردى او الحلفاء s. Nr. 121 BB 717 بَرْدِىٌ[2]) für ܦܐܦܘܪܘܣ, ܦܦܝܪܘܣ Rabban: ܦܐܦܘܪܘܣ, ܦܦܝܪܘܣ = الريش ܐܘܪܒܢܐ. 769: ܦܦܝܪܘܣ [2]) قراطيس اصول البردى ܘܗܝ ܢܘܪܐܣܗܘ ܕܥܒܕܐ ܠܐܘܪܒܢܐ ܟܪܛܝܣܐ ܗܘ ܕܡܬܥܒܕ ܡܢܗ ܟܪܛܝܣܐ ܘܗܘܝܢ ܐܘ ܒܪܕܐ BB 644 BS البردى ܐܘܪܒܢܐ ܕܟܬܪܐ ܦܐܠܛܐܠܘܛܐ Geop præf Z 24 ܐܘܪܒܢܐ λωτός β 10_6 die Emendation Niclas' z. St. für πλωτοῦ bestätigend. Πάπυρος behält Geop bei 49_{27} 56_{21} $58_{2\cdot19}$ 71_2 76_{21} ܦܐܦܘܪܝܢ, ܦܦܝܪܘܣ — 12_{18} ܦܐܦܘܪܝܢ, $_{20}$ ܦܦܝܪܝܢ. 13_1 (γ 10_7 βούτομος) Job 8_{11} Hex. ܦܐܦܘܪܘܣ. Hai G. Kelim 10_4 גמי = אורכאני aram. = כררי l. ברדי بردى. אורבנא, mischn: אורבן Parah 12_8 Varr. אורכן Hai G., l. אורבן של ארכון(?) שיש [שיפא?] בלשון Hai אורבן: 3 כש .Ar ,אורכן ,רחבן ,רובן רבנן קצב אלברא[قصب البردى .l] בסיית כגון גמי היוצא מן המים והן עושין ממנו מחצלות. Im Uebrigen s Ly sv. Fleischer zu Ly TW I 418ᵇ Etym. √ ארב.

---

[1]) ܣܘܦܐ finis, C 586 „alga, juncus" ist falscher Zusatz von Mich. ים סוף den Syrern vielfach ים סוף Nöld. mand. Gr. 150 Anm. 1, weil ein sûf in der Bdtg. Meertang ihnen unbekannt war; ihr ܣܘܦ ist n. pr. (Nöld.)

[2]) Berggr. 868 Papyrus nilotica et Aegypt. حشيش ورق, قرطاس, بردى, [Auf Malta: bordi Grech-Delicata, Flora Melit. p 38 Ascherson.]

Ueber Papyrus s. Hehn 215 und die Nachweise Langk's 122. Für פפייר Papier und die talm. Benennung נְיָיר — so punct. Ms. Maim. ar. und erklärt כאגד = كاغد: charta — sowie für Erzeugnisse aus Papier s. LLöw, Graphik I 96 ff.

b. גומא bibl. u. talm. Ly sv. גמי talm. Binse, Binsenstrick Kil. 6_9 Maim بردى Bikk. 3_1 Maim. Uebers. גמאם? arab. ms: ברדי. Schabb. 24_5 und oft.

c. חשו, חשיפה. שיפה die LAA schwanken. 'ח TSukk. 1_{10} b 16[a] 20[a] שיפה. 'ח Scheeltot 162 p 44[c] Hai Parah 3_9, daraus Ar. מנג 1. Auch 'ה ist vertreten: Ar. לולב, שף 13, T Kil 3_{14} השופה Var: חשיפה. Unter Binsen oder Riedgräsern genannt. Ly II 124[b] حلفة „Rinde oder abgefallene Zweige der Palme" ist f a l s c h.

d. מ נ ג ist Parah 3_9 nach Hai G. eine Pflanze, die den vorgenannten ähnlich ist. צבתא nach Raschi Ab. zar. 75[b] גמי, לישיקא.

e. Zur Gattung Binse, Juncus, gehört auch:

ܐܰܒܽܘܢܬ݂ܳܐ = اسل Juncus communis Meyer 3_{62}. Bṭ I 36 = σχοῖνος ἐλεία D 544 aber auch بردى. PSm 21. Talm. אברתא ist davon verschieden s. Nr. 93e.

f. ܙܶܠܐ, ܐܙܠܐ

PSm 1125: Job 40_{16} Hex. ܫܥܫܥܐ [8_{11} ܗܘܡܐ?] βούτομος dafür Jac. Edess. ܙܠܐ, das hier und PSm 1072 neben ܐܘܟܣܐ erscheint. BA BB Elias Nisib. الزل الشحى القصب النبطي[1]) ܩܢܝܐ ܫܡܠܝܐ Ns. ܙܠܐ Nöld. Gr. 87. [زلة Forsk LXIX. 121 eine Crucifere.]

g. ܫܥܫܥܐ selbst ist zweifelhaft. PSm 192 ܐܠܐ = قصب شحى wahrscheinlich zu l. ܙܠܐ.

h. כוצלנה Kidd. 62[b] = אגם opp. שחת bedeutet n i c h t „Schilf, Binse, Rohr" Ly.

---

[1]) ܕܣܬܢܐ (دستان pers. Ly. I 443[b]) BA PSm 930 ܕܘܐ eine Hülsenfrucht = الزلة Frtg: Benefactum, Speise, die man vom Tische eines Freundes mitnimmt. So fasst es K, der aO seine Syn. für G e s c h e n k zusammenstellt und 957 zu ܕܫܢܐ (داشن pers.) alle, auch ܕܘܐ(?), wiederholt.

Zu ܢܠܐ: Was ist סליל, eine Röhre? T Mikw. 3 „Messrute" Hai G. zu Neg. 11_9, wo es Spule bedeutet, („canette", kleine Spule von Rohr) Manche: aram. מסתוריתא auch bei Aruch; R. Schimsch u. R Asch. מסתורייתא, das schwerlich etwas Anderes ist als ܡܣܬܘܪܐ BA Nr. 5858 PSm 324 lignum super quod circumvolvitur stamen telæ. [S. dazu ماشوره D. M. G. XII, 1858 S. 333—335 Fl.]

31.

ܐܪܘܛܠ.

PSm 372 BB شابانج dieses Bt I 131. II 79 = برنوف nach Forsk. LXXIII *Conyza odora* = *Conyza Dioscoridis* Desf. BB 933 (C 895 anethum, BB) نج —: l. شابابج: Florent. ܡܣܩܦܐ ܡܪ ܕ ܐܪܘܪܘܛܠ (so) ܕܕܣܩܘܪܝܕ شاشابج l. شافانج [Dozy Suppl. 4, 714 Fl.]

32.

ܐܪܙܐ אַרְזָא.

Zunächst wohl *Pinus Cedrus* L Ceder, dann alle Coniferen, besonders Abietineen. Uebersicht der Bedeutungen:

a) κέδρος, אֶרֶז bibl. Bibelüberss. Galen. BB. Geop 110_7 (ιϛ 18_1) ܦܐܪܘܬܐ ܕܐܪܙܐ pl. masc. 49_{15} κέδρου τὸν κάρπον (ζ 12_9) und ܦܐܪܘܬܐ ܕܐܪܙܐ 113_5 (ιη 15_3) κυπαρίσσου τὰ σφαιρία. — ܣܟܐ ܕܐܪܙܐ 117_{21} zu demselben Zwecke cuneus e robore Plin ιζ 27_{43}.

D 721 οἶνος κέδρινος aus ܣܟܐ ܕܐܪܙܐ = ܩܕܪܝܢܘܣ — صنوبر aus dem man قطران gewinnt. D 722 κεδρίτης οἶνος BB 827: ܩܕܪܐ ܕܣܡ ܒܚܡܪܐ شراب يتخذ بالقطران Unter κύπρινον μύρον hat BB 840 ܡܫܚܐ ܕܐܪܙܐ. D's κέδρος Rabban BB 828:

ܩܕܪܘܣ ܐܝܟ ܐܡܪ ܐܪܙܐ ܗܘ ܕܡܬܟܠܝܢ ܒܗ ܡܢܐ ܕܪܘܫܐ ܫܪܒܝܢܐ
ويسمونه اهل الشام الشربين وهو جنس من الصنوبر يتخذ من خشبه ܟܛܪܢܐ
القطران: ܩܕܪܘܣ من الصنوبر: ܩܕܪܘܢ ܗܟܢܐ ܐܝܟ ܕܐܡܪ ܫܪܒܝܢܐ
الشربين: ܩܕܪܘܣ ܐܝܬ ܕܐܡܪܝܢ ܦܪܝܐ ܐܝܬܘܗ̄ ܘܐܪܘܙܐ ܕܐܪܙܐ
ܐܝܬܘܗ̄ ܕܒܬܠܐ ܩܛܪܢܐ: 888: ܩܕܪܝܢܣ [ܩܕܪܘܣ] ܐܝܟ ܕܐܡܪ̄

ܐܝܬܘܗܝ ܐܪܙܐ ܕܗܘܐ ܡܢܗ ܩܛܪܢܐ الصنوبر الذى يكون منه القطران :826 ܩܕܪܘܣ ܢܨܒܐ ܕܐܪ̈ܙܐ ('ܩܕܪ̈ܘ [κέδροι| ܗܢܘ ܐܝܬܝܗܘܢ ܐܪ̈ܙܐ ܗܢܘܢ ܕܡܬܩܪܝܢ ܩܛܪ̈ܢܐ: Vgl. Schol. zu Ps. 79_{11} Hex.

Es scheint, dass das bibl. אֶרֶז Ceder und *Juniperus Oxycedrus* L. bezeichnet. Letztere ist nach Honein mit κέδρος ܐܪܙܐ gemeint, denn ܫܪܘܝܢܐ شربين und des BS ܫܘܪܒܝܢܐ meinen diesen Baum. S. Nr. 333. Scharf darf man in den mitgeteilten Glossen صفوبر nicht nehmen; man war auch über κέδρος nicht einig. Es ist nach Fraas 260 *Juniperus excelsa* M. Bieberstein, Wachholderbaum, wurde von den Syrern teils für Juniperus, Wachholder (ܒܪܘܬܐ) allgemein, teils für J. Oxycedrus gehalten. Verschiedene syr. Schreibweisen f. κέδρος Middeld. zur Hex. Jes. 41_{19} p 492. Talm. קתרום targ. קדרום.

b) κυπάρισσος Geop 4_9 (β18_4) 66_{30}? 48_{22} Pallad ιχ 14 p184_9 Bip. cupressus.

c) πίτυς Galen. [Zach. 11_2 Hex. Lag. Anal. 156_{26} bei Sergius. Nöldeke] Geop 119_7 ܪܝܛܝܢܐ ܕܐܪ̈ܙܐ ῥητίνη πιτυΐνη (ιε8); 106_{18}. — 69_{30} ܪܘܚܬܐ ܕܐܪ̈ܙܐ. 98_{23} (ιε2_7?) D 90 Rabban BB 747 ܦܝܛܘܣ ܐܪܙܐ ܕܒܪܐ الصنوبرة التى تحمل الصنوبر الصغار المعروف بقمل القريش. D 91 πιτυΐδες ܦܝܛܘܐܝܕܣ: الصنوبر الصغار قمل قريش. D 95 κολοφωνία = ῥητίνη πιτυΐνη καὶ πευκίνη BB 833 ܩܘܠܘܦܘܢܝܐ = ܪܝܛܝܢܐ ܕܐܪ̈ܙܐ (PSm 933) BB 862 ܩܘܠܘܦܘܢܝܐ: صمغ الصنوبر, راتينج

d) κῶνος BB 836 ܩܘܢܘܣ = ܐܪܙܐ صنوبر κων [άρ] ιχ ܩܘܢܐܪܐ = حب الصنوبر D Uebers. zur Unterscheidung von πίτυς, für στρόβιλος und κῶνος: BB 646 ܐܪܙܐ ܕܟܪܐ الصنوبرة التى تحمل الصنوبر الكبار D 721 στροβιλίτης οἶνος: ܡܫܪܒܐ ܕܚܒܐ ܕܐܪ̈ܙܐ ܙܘܢܪܐ ܕܐܪ̈ܙܐ شراب حب الصنوبر الكبار:

e) πεύκη BB 736 Gabriel: ܦܘܩܣ, einer der Namen von صنوبر, Kiefer, dessen Arten griechisch πεύκη und κῶνος (! ܦܘܢܘܣ) sind. 850 zählt er auch πίτυς (ܦܝܛܘܣ, k) unter die Namen desselben.

[1]) LXX: קדרון

Daher sagt er 745 πίτυος ὁ φλοιός: ܦܠܘܝܐܘܣ ܦܠܛܝܐܘܣ so = قشر الصنوبر Geop 119_{12} πεύκινα ܐܪܙܐ ܕܟܝܢ 69_8. Galen: ܦܘܩܐ BB 723 πεύκη [C. 691 ܦܗܘܩܘܣ l. ܦܗܘܩܝܣ]: aus den Geop:

ܐܝܟ ܡܠܬܐ ܕܐܟܪܘܬܐ ܕܠܘܩܘܣ ܠܝܘܢܝܐ ܒܟܬܒ ܕܐܪ̈ܙܐ
ܗܘ ܕܠܐ ܝܗܒܐ ܦܐܪܐ ܒܡܬܐܟܠܢܘܬܐ.

Geop ζ 24_1 πίτυς κάρπιμος. Keine Frucht tragende πεύκη kommen bei Theophr. h. pl. γ 10 den Niclas z. St. anführt vor, in unseren Geop nicht.

f) Geop 52_3 (η,35) ἀρκευθίς.

g) Geop $65_{23 \cdot 24}$ 98_{23} zweifelhaft.

h) ܚܒܬ ܐܪܙܐ = حب الصنوبر BA. BB (aus D?) ܚܒܬ ܐܪܙܐ ܙܥܘܪܬܐ. حب الصنوبر الصغار. Nach einer Ansicht ist ܡܘܪܐ BB 811: ܚܒ̈ܬ ܐܪ̈ܙܐ ܪܘܪܒܬܐ ܘܡܬܩܪܝܢ ܐܣܛܪܘܒܝܠܐ ܐܘܚܕܢܘܬ ܚܒܬ ܐܪܙܐ ܗܢܝܢ ܕܡܬܩܪܝܢ ܐܘܩ̈ܘܢܬܐ ܘܟܘܪܢܬܐ ܕܡܢ ܠܡܐܟܠܬ قمل قريش Piniolen von *Pinus Pinea* L Pinie (eine Kiefer).

i) ܡܘܪܐ hat bei BB mehrere Erklärungen.

α) die schon angeführte: ثمر الصنوبر „in der Tora" Gen. 43_{11} auch حب الصنوبر

β) Same der Libanonceder ܦܐܪ̈ܐ... ܕܘܙܠ ܐܪܙܐ ܕܠܒܢܢ, geht auf Gen. aO; ebenso:

γ) ܚܡܪܐ ܕܐܣܛܘܪܟܐ ܪܛܝܒܐ. „Die gr. Uebers. hat ܡܘܪܐ nicht, sondern ܐܣܛܩܛܐ στακτή LXX dh. ܢܛܘܦܐ ܕܡܘܪܐ" (= BA BB zu στακτή PSm 301, στύραξ 298). Auch das Buch des Paradieses sagt: ܚܡܪܐ ܕܐܣܛܘܪܟܐ. BB citirt Sirach 28_{13}; es bedeute ܚܡܪܐ ܕܟܝܢ ܐܣܛܘܪܟܐ, nach Anderen ܚܠܛܐ, ܕܐܣܛܘܪܟܐ pers. ܡܝܥܘܠ.

δ) ܩܠܦܬܐ ܕܐܝܠܢܐ ܡܢ ܗܢܕܘ, قرفه s. Nr. 292 u. 63 b.

ε) Manche: ܣܘܢܒܠ ܐܘ ܬܘܢܒܠ, auch BB 660 ܣܘܢܒܠ ܘܬܘܢܒܠ ܗ̄ ܡܘܪܐ سنبل وتنبل. Lag gA 51 PSm sv.

ζ) wegen ضرو [?, BB irrig [1]) صرو] BS: عرق شجرة باليمن يقال

[1]) Richtig Nr. 44e BA.

لها الكمكام وتدخل فى العطر dh. des D 38 κάγκαμον, BB 819: ܐܢܫ ܐܡܪ ܕܠܐ ܫܡܗܐ ܠܗ ܡܬܬܐܬܝܐ (so) ܩܐܠܩܐܡܘܢ. Manche sagen, wie BB arabisch sagt, سندروس, Andere صرو (vgl. Nr. 333), das von einem Baume in Jemen, der arabisch kamkâm od. kankâm كمكام كنكام heißt, kommt. „Und diese beiden Namen sind den griechischen ähnlich“.

Daselbst noch ܩܐܠܩܐܡܘܢ, wo Gabriel Dioscorides und Paulus Aeg. anführt. ضرو haben die arab. Botaniker und Lexicogr.; dann ist ܡܘܪܐ wohl Fremdwort.

ϰ) Schamlî hat es für شوكران gefunden. Das war verschriebenes ܡܘܪܘܕܐ. Nr. 326.

ϑ) s. ܗܘܦܩܘܣ Nr. 63 b = oben δ).

אֶרֶז ارز Ceder (und Juniperus Oxycedrus?). Talmudisch dasselbe, in Ermangelung einer besseren Bezeichnung aber auch alle Nadelhölzer; in Folge der bibl. Zusammenstellung Jes. 41_{19} übertragen auf immergrüne Bäume. Geop ια 1, schon von Sachs Beitr. I 181 angeführt, werden 14 immergrüne Bäume genannt, wie Henoch cap. 3: „14 Bäume, welche sich nicht entlauben“. Dillmann z. St. verweist auf Geop aO und sagt: „Das Buch der Jubiläen hat 13 Bäume, welche mit Ausnahme des Mandelbaumes zu den immergrünen zählen . . .; im Testament des Levi cap. 9 wird, wahrscheinlich mit Bezug auf die Stelle des Buches der Jubiläen, von 12 immergrünen Bäumen gesprochen“. Talmudisch 24, ursprünglich wohl 14, Arten j Ket. VII 31^{c}_{34} f Ber. r. 15 p 25 Lpz. Tanch. Terum. 9 p 284 Stettin, der Anfang auch Schem. r. 35 p 261 Lpz. 10 Arten b R. hasch. 23^{a} Bb 80^{b}. Jes. 41_{19}:

1. ארזא־ארז
2. תורניתא־שטה
3. אסא־הדס
4. אפרסמא־עץ שמן
5. ברתא־ברוש
6. ישאנא־תדהר b. j אדרא Tanch. אספינדמון
7. שורבינא־תאשור j פקסינון:Tanch.

Dazu kommen: 9. דולבי־ (א') ערמונים

8. בלוטין j-אלונים daraus b RDime: 10. כסיתא b R Dime אלוים j אלמוגים

בוטמי? 11. b מבליגא־אדרא־קתרום (Ar. זבליגא, זמליגא) — גולמיש [1]) [Sanh. 108^b = גופר]. 12 b. ארונים עריי־ (ערנים) 13 b. בלוטי־אלמונים?

Schabb. 157^a: ארזי ואשוחי nach Raschi männliche und weibliche Cedern. Auf ܐܫܘܚܐ darf man sich aber für die Bedeutung nicht berufen, denn die Bedeutung ist für das mandäische Wort erst aus Buxtorf geholt. Von Herrn Prof. Nöldeke erhielt ich folgende Auskunft: „אשוהא kommt Sidrâ Rabbâ I 265_{12} vor: Gott sprach zu Noah, der die Arche bauen soll: „„tödte Cedern (arzê) vom Lande Libanon und Ašoha's (ישוהיא für ואשוהיא) vom Berge Athûr““ und 380_{11} „„er tödtete Cedern von Harrân und Ašohas vom Libanon““. „Man denkt an die Zusammenstellung von ברושים und ארזים im AT. . . ., so dass אשוחא talm. אשוהא mand. etwa ברוש entsprechen. אשוהא und ארזא kommen noch einmal im Parallelismus vor: SR II 111_{17} ff.“

ܦܐܪ̈ܐ ܕܐܪܘܙܐ פירי דארזא Ab. zarah 14^a als Erklärung zu איסטרובילין (Zapfen und) Kerne der Pinie s. Ly sv. Maim. Ab. zar. 1_5: קצם קריש قضم قريش, die Früchte des kleinen صنوبر, ganz wie BB oben S. 57_{18} und Bṭ II 305. 318 wo mit Avic 251 zu lesen: قضم قريش = قمل قريش, Same von صنوبر الصغار. Hal. gedol. Berach. VI צנובר = פירא דארזא. Kaleb: אצטרובילין = nucili, pignoli, gr. קוקונריאה κοκκουνάρια; die Aerzte: صنوبر. — אסטרובולין u. סנוברין BSira ob. S. 3 Z, 21. 22

33.

ܐܪܝܐ ܕܐܪܥܐ.

אריא Aßaf 81 p 78^b gr. כמומילון χαμαιλέων, mit Verwechslung von chamæleon und chamæmelum, wie beim Plinius Valerianus

[1]) كلميس Vull. sv. Perles Monatschr. 15, 152.

Meyer 2_{410} also für ܐܪܝܐ ܕܐܪܥܐ PSm 378 auch ܐܪܝܐ ܕܥܦܪܐ. 393 BA ܐܪܘܐ = ܐܪܝܐ ܕܥܦܪܐ wohl ܐܪܝܐ zu lesen. BB 707: ܚܢܩܐ ܕܡܬܠܚܡܠܐܢܘ ܗ̄ܘ ܒܥܠܡܝܢ ܕܒܫܡܝܢܐܘܗܝ ܕܡܬܦܠܓܝܢ ܠܘܩܒܠ ܟܫܢܐ. Uebersetzt: ܐܪܝܐ ܕܐܪܥܐ = PSm aO, wo der Schluss der Stelle fehlt. S. Nr. 34. Vgl. ܕܪܝܫܬܐ Nr. 80.

34.

ܚܢܩܐ ܕܐܪܝܐ

Orobanche, Ervenwürger.

Geop 6_7 ܚܢܩܐ ܕܐܪܝܐ = ܐܘܪܘܒܢܟܝܢ β 42 λέοντος βοτάνη, ἣν καὶ ὀροβάγχην Var. ὀροβάκχην, καλοῦσι, wörtlich angeführt BB 703 aus dem ܟܬܒܐ ܕܓܐܘܪܓܘܬܐ: ܚܢܩܐ ܕܐܪܝܐ ܗܘ ܕܩܪܝܢ ܠܗ ܐܦ ܐܘܪܘܒܐܢܟܝܢ. Darauf folgt kurz arab. die Geop. aO beschriebene Procedur. — ܚܢܩܐ ܕܐܪܝܐ PSm 378 BB: ܐܪܝܐ ܕܠܒܘܟܐ nicht „ܐܕܘܐ" PSm 40 ob. Nr. 7. BB 706: ܚܢܩܐ ܕܐܪܝܐ ܐܡܪܝܢ ܕܒܚܐ ܥܠܬ ܠܦܫܠܐ ܘܥܫܒ ܠܫܝܢܐ̈ arab. اسد العدس. Der Schluss der BB-Stelle, den ich oben erwähnte, lautet:

[ܐܪܝܐ ܕܐܪܥܐ] ܘܡܬܩܪܐ ܐܪܝܐ ܕܠܒܘܟܐ̈ ܐܝܟ ܐܦܢ ܕܡܒܠ
ܡܕܗܒܫܢ (?) ܘܩܪܝܢ ܠܗ اسد الفرس [l. عدس] ܐܘܪܘܒܢܟܝܢ ܘܐܡܪܝ
ܒܕܘܟܬܐ ܕܦܫܘܛܐ ܗܘ ܕܐܟܠ ܥܠܬ ܠܒܘܟܐ̈ ܘܡܬܦܪܐ ܕܗܘܐ̈ ܘܡܘܪܝܬ
ܠܗ (?). Dasselbe PSm 93 575 BA sv ܟܘܡܐܪܘܣ. 1068 ܘܪܘܒܐܟܘܣ Rabban: ܐܪܝܐ ܕܐܪܥܐ D 284 ὀροβάγχη οἱ δὲ λέοντα . . . θυρσίνην usw. Daraus Gabriel PSm 477 ܒܘܪܣܝܢ, PSm richtig: θυρσίνη, nur dass nicht D sondern Gabriel zu corrigiren ist: ت für ب. Auch 762 sv ܚܡܠܬܐ جعقيل giebt Gabr. falsch b. Berggr. 867 Orobanche (?) بادروج ܡܕܗܒܫܢ خانق الكرسنة جعفيل dja'afil l. wie oben — kîl.

---

*) Forsk. LXVIII: Orob. crenata = speciosa D. C. arab. *Haluk metabi.* Jetzt *Halûk* (Ascherson).

35.

ܐܫܟܐ ܕܟܠܒܐ

Orchis, Knabwurz, Knabenkraut.

D 473 κυνὸς ὄρχις *Orchis Morio* L Knabwurz Fraas 279. خصى الكلب PSm 407 Galen. 97 aus D aO Rabban. ܠܘܠܝܒܘܠܝܒܘܣܐ l. ܠܘܒܘܠܒܘܣܐ: BB 837 zu ܐܘܪܟܝܣ ܩܘܢܘܣ. PSm 270 zu ܩܘܢܘܣܐܘܪܟܝܣ, ܩܘܢܘܣܐܘܪܟܝܣ?

D 474 ὄρχις ἕτερος = σεραπιάς. PSm (Gal.) 97 ܣܐܪܐܦܝܐܣ und D Uebers. PSm 98 Z 4 die LA πράσῳ bestätigend. Citate bei PSm aus Plin. u. Stephanus Thesaurus sv sind überflüssig. ܐܫܟܐ ist fem. Land Anecd. IV· 41_6 ff. PSm sv und 1012 ܡܠܬܦܪܣܛܘܣ, 1194 sv ܦܣܐ. [Levit 21_{20} citirt B Hebr. Gramm. I 13, 16. Nöldeke.]

36.

ܐܫܟܐ ܕܬܥܠܐ

D 475 σατύριον = τρίφυλλον PSm 407. 1520 Galen ܛܪܝܦܘܠܠܘܢ — ܣܛܘܪܝܘܢ — ܐܫܟܐ ܕܬܥܠܐ C 591 [Ferr.] ܣܐܛܘܪܝܘܢ. PSm 94. BB 626: ܣܐܛܘܪܝܘܢ ܗܝ ܐܫܟܐ ܕܬܥܠܐ ܕܬܠܬ ܛܪ̈ܦܐ خصى الثعلب ܘܐܝܬ ܗܘܝܢ ܐܫܟܐ ܕܬܥܠܐ ܢܩܒܬܐ ܕܟܕ ܠܡ ܛܪ̈ܦܘܗ̇ ܟܕ ܕܘܟܐ ܠܡܣܬܒܪܢܘܬܐ ܘܠܡܫܪܫܪܘܬܐ ܘܡܩܒܠܗ ܠܡܫܬܐ ܘܚܘܪ̈ܝܢ ܘܒܥܘܪܗ ܠܒܘܠܒܘܣܐ ܘܟܕ ܡܘܟܟ ܟܕ ܠܒܪ ܘܣܒܟܢ ܐܝܟ ܡܘܪܐ ܟܕ ܠܓܘ ܕܝܢ ܚܘܪ ܐܝܟ ܒܝܥܬܐ DaO .. φύλλα τρία φέρει .. λαπάθῳ ἢ κρίνῳ ὅμοια . . ἄνθος κρινοειδές, λευκόν. ῥίζαν βολβοειδῆ, ὅσον μῆλον, πυῤῥὰν, τὰ δὲ ἐντὸς λευκὴν, ὥσπερ ᾠόν. ܐܫܟܐ ܕܬܥܠܐ nach PSm 684 zu ܦܠܘܣܩܘܒ = كند سك Lag gA 27. אשכי תעלא Koreisch, Ewald u. Dukes (Beitr.) 121, (Steinschn. in Geiger's jZtschr. I 310) aus dem ספר רפואות — s. oben S. 25 Z. 4. — (ed. Bargès 28 Z 6) zu מרח אשך.

Ǵezzâr im 4. Grad خصى الثعلب pers. הורידאן (l. بوزيدان?)

manche طريعان l. طريفلن s. Vull sv. τρίφυλλον. ܛܪܝܦܘܠܝܢ,[1]) ܛܪܝܦܘܠܝܢ PSm 463. البوزيدان Mow 55, Avic 144 دان — Satyrium album, Bt I 183 eine Art خصى الثعلب, welches Mow davon unterscheidet.

ܐܠܘܓܣ ܟܠܒܐ C. append. (ܟܠܒܐ Druckf. Mich.'s) (PSm 198 ἄλογος ? ?) Satyrium.

37.

ܐܫܟܪܘܥܐ אשכרוע

Buxus sempervirens L *Buchsbaum.*

a) πυξός, شمشار ܫܡܫܝܪ aus d. B. d. Paradieses; die Lexicogrr. PSm 408. Hexapl. Geop. BB 730 πύξινον ܦܘܟܣܝܢܘܢ = ܩܝܣܐ ܕܐܫܟܪܘܥܐ B Hebr. Chron. eccl. III 265_7 BA Nr. 1581 ܐܫܟܪܘܥܐ.

b) Rabban = ساج ܒܪܘܬܐ. Rabban, BB 749 auch φιλλυρέα D 118 ܦܝܠܘܪܐ = ܐܫܟܪܘܥܐ شمشار.

ܒܪܘܬܐ Ex. 27_1 Hex. BB 712 ܒܪܘܬܐ ܡܪ̈ܒܥܬܐ = 853 ܛܛܪܓܘܢܘܢ ܩܝܣܐ = ܫܡܫܝܪ (arab.). 712 ܐܫܟܪܘܥܐ = ܒܪܘܬܐ = ساج, شمشار, BS. ܓܘܦܪܐ. Gen. 6_{14} עצי גופר: ܩܝܣܐ ܕܒܪܘܬܐ Ex. 2_3 תיבת גמא BB: قالوا ساج ܩܝܣ̈ܐ ܕܒܪܘܬܐ ܘܐܡܪܝܢ ܠܗ ܡܐܟܠܬܐ ܘܐܚܪ̈ܢܐ ܫܡܫܝܪ وقالوا العبرانيون بُردى [dh. גמא] من ܫܡܫܝܪܐ ܕܩܝܣܐ ܗܢܘ ܠܐܚܪܢܐ ܡܣܡܐ : 853 ܒܪܘܬܐ ܘܐܝܬܝܗ ܐܝܟ ܕܐܡܪ ܢܘܚܐ (LXX) ܕܦܐܦܝܪܘܢ. ܫܡܫܝܪܐ ܗܘ ܒܪܘܬܐ 958 ܕܒܪܘܬܐ ܗܘ الساج. Hos. 14_9 Hex. ἄρκευθος ܒܪܘܬܐ. Bugat. zu Ps 103_7 Hex. bei Midd. z. St. „der Ceder ähnlich" dh. Juniperus. Ez. $17_{3\cdot22}$ = ארז. Targum ערקא für אחו u. בִּצָּה. Ob ܒܪܘܬܐ „Schilf" nur Ex. 2_3 zu verdanken ist, wo man nach Gen. 6_{14} ܒܪܘܬܐ übersetzte, weil גמא kein passendes Material zu sein schien?? [Vgl. ܒܪܘܬܐ = אע Esra 5_8 und sonst. Nöld.]

---

[1]) BB 424 BS: ܦܪܘܣܬܐ (so) ܥܘܪܐ ܕܦܪܚ ܠܗ ܐܦܪܘܕܝܣܝܣ ܐܦܪܘܕܝܣܝܣ [M ܐܦܪܘܕܝܣܝܣ] ܕܒܪܐ ܠܦܪܘܣܬܐ [M ܦܪܘܣ-] ܘܠܐ ܟܠܒܐ ܘܡܠܟܬܐ C 399 ܦܪܘܣܬܐ?

Große Unbeholfenheit zeigt PSm 594 unter ܚܒܬ ܥܪܥܪܐ BA: ثمرة الساح [l. ساج, ebenso für des] BB ساذج. Dass dies falsch ist zeigt schon BB das.: ܚܒܬ ܕܦܪܢܐ دفران حب العرعر [جرجر ist falsch]. Die Verwirrung, welche durch Verwechslung von ܕܦܪܢܐ und ܕܦܠܦܠ, von عرعر und غار entstand, ist zu beseitigen nach BA Nr. 1537: ܐܪܩܘܬܘܣ ܗܘ ܚܒܬ ܕܦܪܢܐ حب العرعر. PSm 936: ܕܦܪܢܐ دفران عرعر K noch: ܩܕܪܘܣܐ. Difrân „Tanne?" Dillmann, B. d. Jub. c. 21 S. 19. s. Muḥîṭ el-M. sv دفران. عرعر bedeutet, wie bei den Syrern ܥܪܥܪܐ *Juniperus,* besonders *Sabina* L. Lane sv. nach Polak DMG 28, 704 *J. Oxycedrus* Lag. Semitica 30.

c) ערער Jer. 17_6 48_6 Pesch. ܥܪܩܐ. Ich wollte: ܥܪܥܪܐ, sehe aber jetzt, dass ܥܪ̈ܩܐ zu lesen ist = des Symm. auch sonst vertretenem, auf עִירִי anspielendem ξύλον ἄκαρπον (ܐܩܪܦܘܢ PSm 363 = ܥܪܩܐ). Ἀγριομυρίκη der LXX meint ܥܪܐ Nr. 38 μυρίκη. Vulg.: myrice. (עיקר und עקרה Anspielung Ber. r. 71 Rut r. 7.)

ܫܡܫܪܐ شمشار. Die Arche Noah's ܩܒܘܬܐ ܕܫܡܫܪܐ BB 958.

Mischn. אֶשְׁכְּרוֹעַ so Maim. ms. ar. Joma 3_9 بقس sonst אשכרוע Tos. 2_2. Kelim 12_8 פירשע, [so Ar., RSchimsch., bei dem אשכרוע steht, aber פירשע, wie Ar. u. Tosefta die er anführt haben, zu l. ist. R. Asch. פירשע] nach Hai G. dem אשכרוע = פוקסינון ähnlich. Neg. 2_1 von der Hautfarbe, wie πύξινον und ܐܦܘܟܣܝܢܐ PSm. Hai z. St. פוקסינון (פיקסיבין Druckf.). Bb 89^b Verwendung. — Buchsbaum, nicht Ebenholz, wie Ly auch hat.

ܫܓܐ ساج BB 931 = שאגא [1]) L. fil. Fleischer Ly TW II 577 *Tectonia grandis,* nach Anderen bei Fl. aO eine *Juniperus,* Wachholderart, was zum syr. Gebrauche, = ܥܪܥܪܐ, stimmt. ܫܓܐ DMG 8, 836 ein Stab daraus.

---

[1]) Schon Cels. Hierob. I 331. Saadja u. Abulwalîd: ساج [= Tectonia grandis nach Royle bei Forbes Watson, Index of the native and scientific names of Indian and other Eastern economic plants and produits London 1868 p 496 Ascherson].

פוקסינון j. u. Targ. = תאשור. j. Joma 41ª₈ = אשכרוע (של). Samar. Gen. 6₁₄ für גופר: סיסם. Schiffe aus Sesam„holz“ findet Kohn, Monatschr. 14, 176 verwunderlich. Cast. sv denkt an شمشار, vielleicht mit Recht. Es wird aber ساسم sein, das Forsk. XCVI neben (شيشم) Ebenholz und ساج als indisches Holz bezeichnet. آبنوس[1]) halten Manche für ساسم Lane. Dies ساسم ist das bisher nicht erkannte Sasamholz des Arrian, Periplus cap. 36, Geogr. gr. min. I 285 Müller. Große Schiffe ... ξύλων σαντaλίνων καὶ δοκῶν καὶ κεράτων καὶ φαλάγγων σασαμίνων καὶ ἐβενίνων. Das sind des Cosmas Indicopleustes σησάμινα ξύλα Meyer Gd Bot. II 389. 90, und die σησάμινα ξύλα, mit denen nach Diosc. 121 f Ebenholz gefälscht wird. Nicht συκάμινα, wie Sprengel conj., da auch die Araber سيساما lesen Bṭ ar Text I 8 Z 14 und Bṭ sagt: وهو! السام Šišam = Dalbergia Sissoo Roxb.

38.

ܐܬܠܐ

Tamarix L. *Tamariske.*

Bibl. אשל, ar. اثل die zugehörige aram. Form kenne ich nur aus Aßaf 123 p 86ª אשל = aram. אתלא = ברוקים l. μυρίκης. D 113.

اثل Forsk. LXIV. Sonth Verz. 269 *Tamarix articulata.* — Hartmann Nilländer 173 *Tam. nilotica* Ehrb.

אישל hat schon der Chronist für „großer Baum“ gehalten, wenn er 1 Chr. 10₁₂ אלה dafür setzt. Jüd. Quellen und Samaritaner darum Gen. 21₃₃ פרדים. S. Beer Leben Abraham's S. 174. Rapp. Er. Mill. 241.

Syrer: μυρίκη ܚܪܘܒܐ BHebr. zu Jes. 14₈ s. Nr. 3, versch. von ערא (ܚܪܘܐ) ܡܘܪܝܩܐ طرفاء. ܗܘܣܡܐ ܐܝܟ ܡܘܪܝܩܐ ܐܘ ܚܪܘܒܐ ܚܪܘܒܐ غار δάφνη qv. BB 503 ܣܘܪܐ 707: ܦܐܪܐ ܕܐܘܪܝܩܐ ثمرة الاثل واظنه ثمرة الطرفاء ܐܝܟ ܒܪܡܘܣܝܐ

[1]) הבנים bibl. ܐܒܢܘܣ B Hebr. Chron. eccl. III 235. PSm.; ἐβένινοι δοκοὶ talm. אבלינא.

الاثل الكزمازج : ܦܐܪܐ ܕܟܙܡܐܙܓ ܐܝܟ ܟܙܡܐܙܓ̈ كزمازج ثمرة الطرفاء :
ܓ̇ܦܪܐ ܟܦܬܝܬܐ ܕ̄ طرفاء ܘܗܢܘܢ ܟܙܡܐܙܓ̈ ܬܘܒ ܙܪܥܐ ܕܒܪܐ
ܗܢܘܢ ܟܙܡܐܙܓ̈ܐ الكزمازج وهو حب الطرفاء والعذبة : [1])

D 114 ἀκακαλίς θάμνου καρπός ἐστι γεννωμένου ἐν Αἰγύπτῳ ἐοικὼς κατά τι τῷ μυρίκης καρπῷ : [l. ܘܗܘܐ] ܦܐܪܐ ܕܡܒܥ ܠܒܪܐ ܕܗܘܐ ܟܙܡܐܙܓ شبه عدبة ܗܘ ܦܐܪܐ ܕܒܪܐ ܐܬܕܡܝܬ ܠܟܙܡܐܙܓ PSm 356 hat D übersehen und übersetzt falsch.

D 499 κόρις . . φύλλον ἔχει παραπλήσιον τῷ τῆς ἐρείκης [μυρίκης?], θάμνος δ' ἐστὶ εὔστομος, so mit Ald., δριμὺς καὶ εὐώδης BB 843 Rabban: ܩܘܪܝܣ . . . ܐܝܬܘܗܝ ܛܪ̈ܦܐ ܕܕܡܝܢ ܠܕܒܪܐ ܠܡܘܪܝܩܝܣ (?) ܕܚܪܝܦ ܘܗܘܐ ܪܝܚܗ ܘܒܣܝܡܘܬܗ.

Geop 40_{12} ܒܪܐ μυρίκη (ε32_2). Vgl. Nr. 320b. S. Nr. 37c. ܠܟܙܡܐܙܓ PSm 699 جزمازج, ثمرة الطرفاء 1159 ܙܪܥܐ ܕܒܪܐ .غرمازغ des K stammt aus der syr. Umschrift. Pers. كزم = طرفا dav. گزمازك.

39.

ܡܣܡܟ

pers. PSm u. Lag gA 20.

40.

ܡܘܠܐ, ܡܘܠܐ.

PSm 462 BB خزبل Bṭ II 500 اخر مريافلن [neue Ueberschr. hinter مريافلن ms. Berl.] nach PSm pers. (was unmöglich ist)? بوحا ?? Μυριόφυλλον Aßaf 122 מיריופילון. BB 505 الكثير الورق ܡܘܪܝܘܦܘܠܠܘܢ das Wort bedeute: „der Zehntausendblättrige".

41.

ܡܘܠܝܢܐ

a. φλόμος, verbascum, Königskerze. D 595 eine besonders zu Dochten geeignete Art: λυχνῖτις. Φλόμος, Docht genannt, wie syr.

[1]) Ms. غدبة und weiter عدبة l. عذبة Bṭ ar. Text II 118. Sonth II 186.

ܒܘܨܝܢܐ, weil man die Blätter zu Dochten gebrauchte. PSm 473 BA BB: eine wollige Pflanze aus der man Dochte macht, ܦܠܘܡܘܣ. Zum Schluss ܫܒ̈ܪܐ (?) شبث wohl aus K. BA Nr. 2310 dafür البوصين und = BB الافراسيون u. richtig: الشبر BB 757 φλόμος Rabban ܒܘܨܝܢܐ. So übersetzt Honein auch D 597 in dem Art. ἄρκτιον PSm 400: ܐܪܩܛܝܘܢ. Nicht übersetzt ist es D 546 χρυσόγονον φύλλα ἔχει ὅμοια δρυΐ . . ἄνθος δὲ παραπλήσιον τῷ . . φλόμῳ, ῥίζαν ὅμοιαν γογγύλῃ ܟܪܘܣܘܓܘܢܘܢ ܐܝܬܘܗܝ ܛܪ̈ܦܐ ܕܡܝܢ ܠܒܠܘܛܐ ܘܗܒܒܗ̇ ܠܦܠܘܡܘܣ ܘܥܩܪܗ̇ ܕܡܝܐ ܠܫܠܓܡܐ. Zu beachten ist, dass χρυσόγονον vor, ἄρκτιον hinter φλόμος steht. Vgl. Lagarde Semitica 52 ff, die ich soeben erhielt.

ܫܒܪܐ wird Docht bedeuten. BB 931: ܫܒ̈ܪܐ ܕܦܠܘܡܘܣ ohne Erklärung, خُمّ ܫܒܪܐ (eine Pflanze?). Schabb. 20[b] steht שברא für mischn. פתילת המדבר, einen Namen, der eine zu Dochten geeignete Pflanze bezeichnet. (Var. שיברא, שוברא, שבראי.) Die Geonim erklären es für *Peganum Harmala* L. = syr. ܫܒܪܐ Nr. 317; sachlich passt φλόμος, verbascum, ngr. φιτιλεά Fraas 192.191 besser; פתילת המדבר dürfte diese Pflanze meinen und שברא könnte, wenn ܫܒܪܐ Docht bedeutet, übertragen sein wie פתילת המדבר.

Nicht übersetzt ist Physiol. Land IV 38_{21} ܦܠܘܡܘܣ. BB 718 ܐܝܪܐ ܕܐܦܠܘܡܘܣ? Die Araber: بوصير, nicht ن—, Avic 145. Berggr. 881 Verbascum. Bt I 184 lateinisch ثربة سمكة aber im arab. Text I 123 Z 2 بربة شكة = „verbascum".

b. = ܩܛܐ ܐܘܪ̈ܟܐ, قثاء = בוצינא ein babyl. Wort Nedar. 66[b] — opp: קרא Kürbis Ketub. 83[b]. Sukka 56[b] u. Joma 78[a] MsM — auch von Ly angeführt, richtig für: בינוקא der Agg. S. unten 278.

42.

[בורא (ܒܘܪܐ)]

Targ. = שית ist kein Pflanzenname.

43.

ܦܢܐ ܡܠܟܐ [ܡܠܟܬܐ].

Frucht von *Cordia Myxa* L PSm 502 سبستان BB 628 BS سبستان ܣܒܣܛܢܘܢ 630 BS: ܡܠܟܬܐ ܗܘ . . . ܠܣܒܣܛܢܘܢ, دبق in Aegypt. مُخَيَّط, auch jetzt muchêt Hartmann 176 Forsk. LVI LXIII. Bt II 4. 493 falsch مخالط. BB 638 BS σύμφυτον: ܣܘܡܦܘܛܘܢ ܗܘ ܡܠܟܬܐ ܘܐܚܪܬܐ ܠܒܣܬܢܐ السبستان.

PSm: ܦܐܣܐ ܗܘ Alchimisten: زيتون الكلب.

44.

ܒܛܡܬܐ בּוּטְמָא

Pistacia palästina Boiss. *Terebinthe.*

a) بُطْم Robinson Pal. I 346. III 221.

Bibelübers. אֵלָה (ורתם) אֵלוֹן, אֵלָה τερέβινθος — Galen τέρμινθος Sachau Ined. 95_{14} u. PSm. BA BB ܛܪܡܝܢܬܘܣ PSm 1435, ܛܪܡܝܢܬܘܣ 1522 شجرة الحبة الخضراء. Rabban ܒܛܡܬܐ. Der essbare, inwendig grünliche Kern الحبة الخضراء. Daraus macht PSm 1457 ܐܛܪܐܝܢܬܐ „semen oleris hortensis“ 1458: ܐܛܪܝܢܬܐ l. τερεβινθίνη ܚܒܬܐ ܕܒܛܡܬܐ PSm 933 Paulos: اشج ܐܫܓ PSm 404. BB 780 BS: مطبوخ (?) علك غير ܦܪܘܩܛܘܣ ܕܚܒܬܐ ܕܒܛܡܬܐ. φρυκτός? ἄφρ.? PSm 358 ܐܦܪܘܛܪܡܝܢܬܘܣ — ܒܛܡܬܐ, 362 ܐܦܪܘܣ = ܒܛܡܬܐ ܕܗܪܣܝܢܘܣ „sed sec. BS. fructus terebinthi ܚܡܝ بطم“ „pro ܚܡܝ v. ܐܦܪܘܣܝܢ“ s. Nr. 87. ܚܡܝ ist aber Abkürzung von ܚܡܝܣܐ!

בוטמא s. Ly.

b) Terebinthe bibl. אֵלָה mischn. Schebiit 7_5 s. ob. Nr. 26 S. 52. Maim. بلوط dh.: אַלָּה wofür die defecte Schreibung spricht.

בָּטְנָה (בוטנה) Schebiit das T 5_{11} Frucht bibl. pl. בטנים *Pistacia vera* L Pistazie. Die Frucht mischn. פסתקין. Die Pistazie gedeiht in Palästina gar nicht und wenn man die Bdtg Pistazie für boṭnim festhält, so waren sie sicher kein Landesprodukt, sondern wie noch heute, ein aus Nordsyrien importirter Handelsartikel. So Rosen DMG 12, 502. Der südlichste Ort Syriens, wo sich noch gute Pistazien finden, ist Ma'lûlâ. Wetzstein DMG 11, 520. בוטנה scheint ein einheimischer Baum zu sein, während allerdings Pistazien, Stelle ob. S. 49 Z 13, j Demai $22^b{}_{69}$ als ausländische Frucht bezeichnet werden, worauf schon der Name hinweist.

פסתקין, אפסטקין, Samar. ביצטקין Gen. 43_{11}, فستق von ܦܣܬܐ Syr. ܦܣܬܩܐ. Im Edict des Diocletian (Waddington, Édit de Diocl.) Psittacia das heißt Pistacia, πιστάκια Oribasius I 57. Man hielt d. Pistazie für einen Bastard aus Mandelbaum לוז und Terebinthe (בוטמין) ob. S. 8_3. Auch Kaleb berichtet dies. Qazwînî I 261: فستق. . . من تركيب اللوز على حبة الخضراء. Geop ،65 und Nicl. zur Stelle. ܦܣܬܩܐ Geop 75_{15} Rabban BB 753 = D 156 πιστάκια.

c) ܕܫܝܘܠ[1]) ܦܣܬܩܐ Frucht von *Moringa, arabica* Pers. und *M. pterygosperma* Gærtn. BA Nr. 5584 ,ܦܣܬܩܐ ܕܫܝܘܠ حب البان ܡܝܪܘܒܠܢܘܣ PSm 1525 BB: ܦܣܬܩܐ, حب البان : ܐܓܘܙܐ ܕܡܘܪܐ ܕܫܝܘܠ nicht: „البان baccaturis" 435 Galen ܐܟܐܠܘܣ ܕܒܣܡܐ BB ܒܠܘܛ ܒܣܡܐ = ܦܣܬܩܐ ܕܫܝܘܠ und βαλάνινον ἔλαιον D 50 ܡܫܚܐ ܕܦܣܬܩܐ ܕܫܝܘܠ BB noch: ܐܟܐܠܘܣ ܡܝܪܘܒܠܢܘܣ ܘܡܝܪܘܒܠܢܘܣ ܘܦܣܬܩܐ ܕܒܣܡܐ und 753:

ܦܣܬܩܐ ܕܫܝܘܠ ܐܝܟ ܕܡܘܪܐ ܘܡܫܚܐ فستق البان ܘܐܟܪ̈ܐ حب

البان ܦܠܦܠܐ (?) جوز الطيب ܦܠܦܠ ܐܓܘܙܐ ܕܦܣܬܩܐ ܕܫܝܘܠ كسب

جوز من اسماء الغبيراء (?)

D 645 βάλανος μυρεψική. Glans unguentaria s. D II 637. Die Frucht Galen: μυροβάλανος ܒܠܘܛ ܒܣܡܐ. JAww II^b 145

[1]) ܫܝܘܠ ist das hebr. שאול, für welches es Gen. 37_{35} 42_{38} $44_{29.31}$ und sonst durchweg steht. NT = ᾅδης Mt. 11_{23} 16_{18} Luc. 10_{15} 16_{23} Act. $2_{27.31}$. 1 Cor. 15_{55} Apoc. 1_{18} 6_8 $20_{13.14}$.

حب البان = Avic 139 Bṭ I 115 Vull: بان = فستق الهاوية „Hœllen-Fustuḳ = dem syr. Namen.

d) *Pistacia Lentiscus* L σχῖνος D 92 der Baum oder Strauch, aus dem auf der Insel Chios Mastix gewonnen wird. BB 655 Rabban: ܡܣܛܝܟܘܣ.. ܐܝܠܢܐ ܕܨܡܟܐ الشجرة التى تكون من عرقها المصطكى

ܨܡܟܐ syr. wie auch Ǵezzâr berichtet, Mastix. Bṭ II 408 الكيّة, ܐܝܠܢܐ ܕܨܡܟܐ der Mastixbaum. Der Name kommt aber vom Namen der Insel Chios.

D 54 σχίνινον ἔλαιον Rabban: ܡܫܚܐ ܕܦܐܪܐ ܕܐܝܠܢܐ ܕܨܡܟܐ, D 718 σχίνινος οἶνος ܚܡܪܐ ܕܚܡܪ ܐܝܠܢܐ ܕܨܡܟܐ. Dan. 10_{54} Hex. Bugat Not. S. 116 „σχῖνος ist der Baum, der ܨܡܟܐ hervorbringt", wie Bernstein DMG 3, 411 richtig übersetzt. Micha 6_5 Hex. Alii ܡܣܛܝܟܝܢ vgl. 4_8 σχῖνον nach Hieron. S. Field z St.

Aßaf 104 p 83[a] מסטיכין röm. lentiscus, gr. איסקינוס. — מסטכי auch Ber. r. 91 = לט bibl.

לט targ. u. Pesch. 'לו ܒܛܡܐ, mischn. לוטים Schebiit 7_6 ist nicht bestimmt. Maim. شاهبلوط Uebers. castaño, wofür man auch das bibl. Wort hielt. Andere صنوبر, auch bei Bertinoro z. St, aus dem Ly TW sv es anführt. [Er übersetzt es: Zinnober!] Auch für ܒܛܡܐ schwanken die Lexicogr. BA 5183: الضرو[1]) او حب البطم وهو اكبر من حبّة البطم الكبار او (البندق[2] BB 468: ܒܛܡܐ الخضراء اخر ما كبر من حبّة الخضراء مي ܕܦܘܛ̈ܡܐ ܡܢ ܒܛܡܐ: ܒܛ̈ܡܐ ܐܝܟ ܒܪܘܫܘ العِلْك ܗܘܝܘ ܒܛܡܐ ܦܣܬܩܐ الفستق ... ܘܐܚܪ̈ܢܐ ܒܛܡܐ حب الصنوبر وهو اكبر من حب البطم: 470 ܒܛ̈ܡܐ (80) ܐܝܟ ܒܪܘܫܘ ܒܒܛܡܬܐ ܕܪ̈ܘܒܬܐ ܘܐܝܬܝܗ ܕܐܡܪܝܢ ܘܒܗ̇ ܒܒܛܡܐ ܐܝܟ ܗܘ ܕܠܐ ܕܟܬܘܒܝܢ ܒܐܢܫܝܢ ܒܦܘܢܩܘܣ البندق وقالوا الميعة وقالوا الصرو [الضرو I]

---

[1]) Cancamum Nr. 32i. [2]) Nr. 23.

45.

ܒܝܢܐ בִּינָא.

Tamariske?

Gitt. 68ᵇ בינא Raschi u. Ar.: Weide. PSm aus Norberg ܒܝܢܐ ܗܝܪܕܢܐ „salices Jordani"? Aus Bxtf? In Tirhân heißt اثل, Tamarix ܒܝܢܐ BA BB PSm 518 C 592. BA Nr. 2366 خشب الاثل. BS: ثيل ist Corrpt. aus اثل oder ܐܬܠܐ. Ly I 220ᵇ durfte für בינא Korn [= بن Kaffeebohne??] nicht darauf verweisen, denn erstens ist Triticum repens noch lange nicht Korn, granum, zweitens verwirft BB die Erklärung.

46.

[ܒܣܐ ביסא.]

BA BB PSm 546 „Futter" علف Talm. schwankt die LA zwischen כ und ב. Vgl. ܟܣܬܐ כסתא Futter. S. Ly.

47.

[בכא]

bibl. בכאים für بكا gehalten, eine wenig gesicherte, unwahrscheinliche Erklärung. Ar. بكا ist eine Art Balsam[staude?] نوع من البشم anonym. Verz. d. einf. Heilmittel und die Lexicogrr. — j Kil I 27ᵃ₃₇ בכיים in einer dunkeln errpten Stelle?

48.

בוכריא

Schebiit 7₂. TKil. 3₁₂: בכרוייר ,בורכייר neben הלביצין wie Scheb. aO. Auch בנגר „بنجر Beta rubra, rote Rübe" Fleischer Ly 1285 nicht כנגר wie Guis. z St. Man hält es für βάκχαρις, Syr. ܐܟܘܪܘܣ aus D 390 PSm 437. Schwerlich mit Recht.

49.

ܒܠܕܘܪ

بلاذر PSm 89 ܐܢܩܪܕܝܐ 282 ܐܢܩܪܕܝܢ = ܒܠܕܘܪ, ܒܠܕܘܪ = Vull. sv. انقرديا Ǵolǵol im Verzeichnisse der bei D nicht erwähnten Heilmittel Dietz 11. Ǵezzâr im 4. Grad, daher Constantinus Africanus, der erste der im Abendlande „Anacardi" erwähnt, die Früchte des ostindischen *Semecarpus Anacardium* L, welche noch jetzt in Europa nicht ganz aus der abergläubischen Volksmedicin verschwunden sind. Daher das Sprichwort: „Wiederhole, wiederhole, damit du keinen בלדר brauchest". Ozar Nechm. 2 113. Bei den medicinischen Schriftstellern häufig. Aßaf 98ᵃ אנקרדיון־בלדור. Cod. Leyd. Scal. 15 p 2ʳ אנא קרדי 4ʳ אנא קודי — ווכלדרבר Wacholderbeer?

50.

ܒܠܗܐ.

PSm بلجيه = 154 ܐܓܠܐ ܕܒܠܗܐ. [Verschrieben aus ܒܠܓܐ das., s. דקל].

51.

ܒܠܘܛܐ בַּלּוּטָא.

Quercus, Eiche.

بلوط. — Bibelübers. אלון [= Targ. Nsyr. Bibelübers. auch = אלה Jes. 1_{30} 1Chr 10_{12} Pesch: ܒܠܘܛܬܐ] βάλανος, δρῦς. Letzteres Galen, Geop. S noch Nr. 12 b und PSm ܕܪܘܣܘܣ, ܕܪܘܣ, 858 ܕܪܘܣ 947. ܒܠܘܛܐ δρύϊνος das. — BB 784 πρῖνος ܦܪܝܢܘܣ ܦܪܝܢܘܣ. Paulos sagt: ܬܪܝܢ ܕܦܪܝܢܘܣ ܐܝܟ ܐܝܠܢܐ ܕܒܠܘܛܐ ܗܘ ܕܕܟܪܘܬܐ ܛܪܫܐ اصل شجر البلوط الذكر

PSm 1520, 1529, fälschlich zwei Artikel, ܛܪܫܐ ܛܪܫܐ طرش „taub"-unfruchtbar. BA BB Galen = πρῖνος, dieses sonst ܡܡܘܢܐ Jes. 44_{14} Hex. Dan. $13_{54·58}$ Hex. Bug. z. St. Bernstein DMG 4, 204, dazu Fleischer 72

S. 223 سنديان. Geop 70_8 ܣܕܝܢܐ. Diesen Pflanzennamen fand Aqu. in שדים Gen. 14_7 Field z. Hexapl. ad l. Hier. quaest. in Gen. p. 23 Lag. Dasselbe meint Ber. r. 42 p 75_8 Lpz. ע׳ השדים מגדל סדנים. Berühmt ist der Ballûṭ (van de Velde Reise II 90) oder Sindiân des Abraham bei Hebron, Robinson II 717 Rosen. DMG 12, 478. 507, eine *Quercus Ilex* L. od. *pseudococcifera* nach Socin 295. Berggr. 872: *Quercus Pseudosuber* (?) sindijân, qu. vulg. ballûṭ.

Die Eichel mischn. אלון T Menach. 9. T Tahar. 7. Kelim 17_{15} Chull. 12[b] Kidd. 47[a] 83[a]. Angeblich auch אלכסין. s. Nr. 23.

Galläpfel ܥܦܨܐ עפצא ܐܦܨܐ אפצא عفص s. LLöw Graph. Requ. I 152. BB 855 Rabban κηκίς D 137 ܩܩܘܣ = ܐܦܨܐ = 865 crrpt. ܩܠܐܩܘܣ.

Zusammensetzungen mit ܒܠܘܛܐ 1) ܒܠܘܛ ܐܪܙܐ D 449 χαμαίδρυς 726 χαμαιδρυΐτης οἶνος BB 420 ܚܡܪܐ ܕܡܢ ܟܡܐܕܪܘܣ 2) ܒܠܘܛ ܕܗܒܐ. 3) ܒܠܘܛ ܗܘ BB ܦܛܝܢܐ Geop 74_{13} s. Vorbericht ob. S. 20 = 4) ܒܠܘܛ ܡܠܟܐ übersetzt aus شاهبلوط. BB 820: ܒܠܘܛ ܡܠܟܐ ܗܘ (l. ܗܝ) ܐܘܣܛܢܝܬܐ. — Geop 14_{25} ($\gamma 4_4$) 66_{29}: ܦܛܝܢܐ.

52.

ܒܘܠܒܕܐ.

PSm 486 BA ورد الحمار بهار conj. βούφθαλμον. Lag. Symmicta 84 verweist auf „بلام planta generis salsuginosi" Frtg.

53.

ܒܣܡܐ.

بشام בָּשָׂם Balsamstrauch. Aram. ܒܣܡܐ pl. ܒܣ̈ܡܐ Wohlgeruch. Balsamstrauch, auch Balsam selbst, אפורסמא ܐܦܘܪܣܡܐ, ܦܘܪܣܡܐ mand. פּוּרְסְמָא Lag gA 17 trennt בשם von ܐܦܘܪܣܡܐ, aus „dessen Erweichung βάλσαμον ebensogut wie" „aus Verstärkung des so wie so vielleicht zu בם gehörenden hebr. בשם" entstanden sein kann. Βάλσαμον wandert zurück als بلسان (Lag). 'Οποβάλσαμον erscheint als ܐܘܦܘܒܠܣܡܘܢ BS ܐܘܦܒܠܣܡܘܢ BB 760 = ܐܦܘܪܣܡܐ (so) = BS 720 ܐܘܦܘܒܠܣܡܘܢ. Καρποβάλσαμον (?) 889 ܩܪܦܘܒܠܣܡܘܢ = ܡܫܚܐ ܕܐܦܘܪܣܡܐ [ξυλοβάλσαμον?] 853 ܡܫܚܐ ܕܐܦܘܪܣܡܐ 718: ܩܝܣܐ ܕܐܦܘܪܣܡܐ = 891 ܩܪܦܘܒܠܣܡܘܢ [καρποβ.?]. 738 ܦܘܪܣܡܐ das C aus Sirach 24_{15} nachweist. ܦܘܪܣܡܐ auch Euseb. Theop. IV 10 lin. 3 an der Marc. 14_3 ܢܪܕܝܢ entsprechenden Stelle.

Talm. אפורסמא für עץ שמן ob. S. 59 l Z. Ly sv. Ber. 43ᵃ משחא דאפרסמא ebenso משחא די פורסמא Sidrâ R. I 217_{21}, nicht: פורסמ(א)א. Var. פורסמא wie mir Herr Professor Nöldeke unter Hinweis auf Euseb. Theoph. mitteilte.

Talm. אפלסמון, אפרסמון ist aus der aramäischen Form אפורסמא und der gräcisirten בלסמון entstanden. ܒܠܣܡܘܢ ist bloße Umschrift des gr. Wortes. Zu erwähnen ist BB 914: ܪܝܚܘܫܐ ܡܫܚܐ ܕܐܦܘܪܣܡܐ دهن البلسان Balsamöl. Ly TW combinirt damit ריחוש = מְנִית ed. Ven. [A r. חש]: דיהוש? Die Bedeutung „Frucht eines gewissen [Balsam-] Baumes" hat er sich zurecht gemacht aus C 826 μύρον pec. myrobalsamum.

54.

ܒܨܠܐ.

Allium Cepa L. *Zwiebel.*

בָּצָל bibl. بصل. ܒܨܠܐ κρόμμυον Galen Sachau Ined. 96_7 Geop 98_6 104_5 (ιζ 19) 111_2. 112_6 BB 893 zu ܩܪܘܡܝܘܢ, 889 ܩܪܘܡܝܘܢ K PSm 569 als Syn. ܒܘܠܒܘܣ ܠܦܩܪܐ. 463 BA ܒܘܙܐ (K ܒܘܙܐ̈) = ܦܘܐ, بصل BB ibd ܒܘܙܐ wahrscheinlich pers. پياز Vull. sv. Fleischer DMG 20 (330) 612. — PSm 476 ܒܘܙܐܙ od. ܒܘܙܐܙ = ܒܨܠܐ? Kann nicht dasselbe pers. Wort sein.

بصل ist auch Zwiebel in allgemeinen Sinne, wie in „Zwiebelgewächs"; man kann daher sagen بصل الثوم bulbe d'ail.

D 314 βολβός PSm 688.466 BA ܒܘܠܒܘܣܐ, ܒܘܒܐ (? s. ob. ܒܘܒܝܐ?) ܒܠܒܘܣܘܣ, ܒܘܠܒܘܣܐ, بصل الدرى, النسف [K السيف] BB بصل الزيز [was PSm auch für الدرى will,] الحدقة, ܒܒܙ ܟܘܟܒܬܐ ἐμετικός [Fraas: *Ornithogalum nutans* L] 529 BB: بصل الزيز, بصل برى, خس(?) zu ܒܠܒܐܘܣ, BB 707 BS البصل البرى ܒܨܠܐ ܕܒܘܠܒܘܣܐ Vull. I 257 بصل الذئب od. بصل الزيز = بلبوس.

Σκίλλα Geop $51_{11\cdot27\cdot29}$ 71_2. $58_{20\cdot27}$ 84_{27} 102_{10} 105_0 113_{30}: ܣܩܝܠܐ. — 119_{10} ܣܩܝܠ. 71_{10}: ܣܩܝܠܘܣ. D 315 *Scilla maritima* L. Meerzwiebel Galen, Sachau Ined. 97_{11} f ܣܩܠܘܐ l. ܣܩܝܠܐ. PSm 318 ܐܣܩܝܠ BB 671 [l. عنصلان]. غضلات ܐܣܩܝܠ ܒܪ̄ ܣܩܝܠܠܐ عنصل ويسمى اسقيل ܗܢܘ ܐܫܪ بصل الفار Dasselbe Lane sv. عنصل JAww IIª 373. D 710 σκιλλιτικὸν ὄξος. ܣܩܝܠܠܝܛܝܩܘܢ ܐܫܪ ܗܢܘ ܚܠܐ ܕܐܣܩܝܠ. D 711 σκιλλ. οἶνος ܚܡܪܐ ܕܐܣܩܝܠ. D 318 παγκράτιον BB 716 Rabban: ܦܐܢܩܪܐܛܝܘܢ . . ܐܢܫܐ ܟܕܝܢ ܕܐܝܬܘܗܝ ܒܨܠܬܐ ܒܘܠܒܘܣܐ اسقيل نوع فيما بين الزيز العنصل.

ܦܢܩܪܐ BA 4781 ܒܨ̈ܠܐ ܙܥܘܪ̈ܐ ܕܒܡܕܒܪ̈ܝܢ. BB 443 ܦܢܩܪܐ بصل صغير. C 426 führt Michaelis BA an ohne zu sehen, dass C eine Zeile. vorher schon cepula hat.

ܓܢܓܒܝܬܐ BB 956: بصل الززى ܒܪ̄ ܒܨ̈ܠܐ ܚܘܪ̈ܐ ܕܡܬܩܠܝܢ ܒܘܠܒܘܣܐ wohl dasselbe was بصل الزيزى. Ein frappantes Beispiel treuer Tradition bietet: שמכא Schabb. 110^b שמכי פרסאי Raschi: Zwiebeln. Kiddusch. 52^b מזא דשמכי. ירקא ist erleichternde, falsche LA, schon Hai G. vorliegend zu Kelim 9_8; Ar. מזא neben der richtigen. Arach. 19^a שמכי Ketüb. 60. כמכא והרסנא Ar. u. Alfasi: שמכא? In Essig eingelegt Hal. gedol. Ber. VI 5^d Zolk.

בָּצָל mischn. und talm. häufig. Teile s. Nr. 336. Die hohlen Schafte בני בצלים Ukz. 2_8 TNedar. 3, die Zwiebeln selbst, wie es scheint nur die, die man um Brutzwiebeln zu erhalten im Felde lässt, heißen Zwiebelmütter אמהות Peah 3_4. j III 17^c_{43} Rab: פודגרא.

(sv RSchimsch , Ag: 'פור'), Samuel צומחתא. j Maas. I 49 $^{a}{}_{57}$ zu 1_6 משיפקל : מן דו יורים פודגרא (RSchimsch. פונדרא). — Brutzwiebeln?

Arten: כ' הכופרי: Ned. 9_8 Kil. 1_8 j Erub. 20^c neben בני המדינה. Terum. 2_5 j Dem. 22$^c{}_{60}$ ובצלים הכופרים l. ובצלים הנמכרים ובני המדינה וכו'. „Dorfzwiebeln?“ [ܟܦܪܝܐ ??] s. הסריסים.

כ' של רכפא Maas. 5_8 j 52$^a{}_{30}$ כל שעוקצו נמעך לתוכו oder: כל שאין לו אירם Tos. 3_{14}.

כ' הסריסים Schebiit 2_9 j 34^a זרע' דלא עבדי בוצלייא כופרייא. Ar. בצל Tossaf. R. h. 14^a: קופראי. Also „Dorf“zwiebeln die keinen Samen tragen.

כ' הקיצונים TSchebiit 2_8. Schebiit 5_4 j 36^a קייטינאי (קייטנאי) Sommerzwiebeln.

55.

בְּצַלְצוּל.

Kil. 1_3 nächstverwandt mit בצל j: פללגולה. Ar. u. Or zarua: פגלגולה, der Form nach wahrscheinlicher. Ar. denkt 1) an das ar. פוגלא فجل Rettig, was nicht angeht; 2) בצל של יער wilde Zwiebel = Maim.: "בצל המדבר" wilde Zwiebel, [nicht: „die in der Wüste wächst“ Ly] „vielleicht Deminutiv, تصغير, von בצל“. Für die Form ist das gewiss richtig; auch Fleischer Ly I 279^a erklärt sie für Deminut. — Lonsano Ma'ar. פלגולה.

56.

ܒܨ̈ܠܐ ܕܟܢ̈ܐ.

PSm 575 aus Versehen sv ܒ݂ܨ̈ܠܐ was Lag. Symmicta 118 berichtigt. Bei BB steht der Art. vor ܒܨܠܐ. „Jeschu Bocht erwähnt sie unter den Mitteln für die Harnblase[1]) und sagt: ܕܟܢܐ

---

[1]) ܫܠܦܘܚܝܬܐ Lag. verweist dafür auf Geop 105_{22} ܫܠܦܘ̈ܚܝܐ (ιζ29_1 φλυκταῖναι) 111_3 (ις13_1 κύστις). S noch PSm 378 Z 19 vu. 702 Z. 1 = مثانة. ABaf 6^a שלפוחית הנקרא השתן מקוות נבל. 14^a שלפוחית שהיא נבל מקוות

[ܟܡܪܐ: H] ܟܡܪܐ ܗܘܦܐ ܗܘ ܕܡܦܫܩ ܘܫܒܪܗ ܠܩܘܦܣܐ ܕܡܥܐ ܕܡܬܢܬܐ.

Gegen κύστεως διακοπή wird D 540 ἵππουρις Schachtelhalm empfohlen, auch Gal. XI 889. Doch passt die Beschreibung nicht. Auch giebt es gerade für Krankheiten der Harnblase viele Mittel.

57.

ܟܘܪܢܐ

bar Serapion PSm 606. Vielleicht mit Novar. zu l. ܟܘܪܢܐ s. ܟܕܘܢܐ?

58.

ܟܪܘܬܐ.

Artemisia L.

Die verschiedenen Arten der Artemisia sollen hier zusammengestellt werden. Vgl. Boissier III 360 ff.

1. *Artemisia Dracunculus* L. Kaisersalat, Estragon. طرخون South. Verz. 281. Berggr. 847 = Dracunculus esculentus, Estragon Dietz 14: Ǵolǵol im Verzeichnisse der bei D fehlenden Heilmittel. Meyer 3_{365} bemerkt zu ταρχόν aus Simeon Seth, dass Rauwolf die Pflanze unter dem Namen tarcon in den Gärten von Aleppo angebaut fand. Daraus ohne Anführungszeichen Langk 73. Mow. 169. Avic 182 Bṭ II 156. Vull: ترخون — طرخون — انكريزى. Falsch ist: حوران gr. = طرخون, ترخون „Arum[1]) dracunculus" „ἄρον?" bei Vull. Gemeint sind Haurân und Trachonitis! Kaleb Afendopulo sv טרכון = פלטרו[2]), ein Bastard aus Zwiebeln und Flachs. Ueber ṭarḫun noch Wetzstein DMG 11, 521. Talm. und syr. nicht vorhanden. Auch deutsch Dragun.

המים Talm. s. Ar. sv. Die talm. Identification von שלפוחית, טרפחת und אם möchte ich nicht vertreten.

1) ܠܘܦܐ. 2) pilatro, piretro ist ܚܡܨ ܛܘܪܐ = طرخون جبلى Nr. 240. Die Verwechslung mit طرخون rügt Bṭ aO, sie ist aber nicht selten in med. Schriften.

2. *Artemisia judaica* L. Hartmann, Nilländer 173 شيحة, شيح = Sonth. Verz. 279 Robinson Pal. I 138. Sprengel D II 506 Meyer 3_{77} aus JAww. (Nach Lane 1628[b] auch Absinthium Ponticum = *Artem. pontica* L.) Syr. ܫܝܚܐ C 898 ܫܝܫܐ 606 aus Nov 134 [so l. f. ܫܝܫܝܐ]. شيح ist den syr. Lexicogrr. geläufig, wird aber für mehrere Arten gebraucht. D 369 γ24 σέριφον *Artemisia maritima* BB 632 الشيح ܫܝܫܐ. Bibl. שִׂיחַ Job 30_4 nach Wetzstein Reiseber. 41 = شيح. Vgl. DMG 24 (1870) 234. Hitzig z. St. will darum שִׁיחַ; man sieht aber aus ܫܝܫ, dass שׂ richtig ist. — Langk. 72 DCge σίχ, σούχ, σύχ.

ܫܝܫܐ شيح = steht PSm 602 sv βρυωνία aus BS. Ich kann nicht glauben, dass BS βρυωνία mit ἀβρότονον verwechselt habe, und vermute, dass in βρυωνία eine alte Corruption aus ܒܪܘܬܐ vorliegt. BS wird unter diesem Worte nicht angeführt, was dafür spricht, dass sein Artikel an die unrechte Stelle geraten ist. Doch kann man bei der Art und Weise, wie BB arbeitete, auf argumenta e silentio kein Gewicht legen.

3. *Artemisia* [*abrotonum* L. Stabwurz[1]), zarter Beifuß?] D 370 γ26 ἀβρότονον ἄρρεν BB 10: ܐܒܪܘܛܘܢܘܢ ܐܪܣܢ ܡܪܓܝܣܘܢ ܒܪܘܬܐ ܢܣܩܠܐ ܗܢܘ. ܕܗܘܢܝܓ وقال حنين فى تفسير [Lag gA 34 corr. ܕܗܘܢܝܓ, M ܕܗܘܢܓ] ديسقوريدس القيصوم PSm 948 nach cod. M: „male Lag. ܕܗܘܢܝܓ“ das cod. H wirklich hat. Lag. hat übrigens nicht wie PSm angiebt ܕܗܘܢܝܓ, sondern ܕܗܘܡܢܝܓ درمنه pers., hergestellt, das auch in ܕܗܘܐܡܢܦܬܓ = شيح ܒܪܘܬܐ PSm 944 stecken wird.

Galen, den man sich bei PSm an zwei Stellen holen muss 20. 615. ἀβροτ. ἄρρεν ܒܪܘܬܐ ܢܣܩܠܐ = ܐܒܪܘܛܘܢܘܢ ܕܟܪܐ, θῆλυ ܢܩܒܬܐ. Also wie BB aus Sergios angiebt. BB 211 ܒܪܘܬܐ ܢܣܩܠܐ ܗ̄ܘ ܫܝܫܐ ܢܣܩܠܐ شيح ارمنى D 62 ἀβροτόνινον Rabban: ܡܫܚܐ

---

[1]) שטבא וורין abrotanum Cod Leyd Scal 15 p 2r (14. od. 15tes Jh.).

ܕܒܪܘܬܢܐ Oel aus قيصوم. Honein giebt also, wenn die arabische Erklärung von ihm herrührt, ἀβρότ. mit kaiṣûm wieder. Doch meint BB nicht diese Stelle, sondern die entsprechende des arab., von Honein revidirten, Dioscorides.

Geop 108_{17} ܒܪܘܬܢܐ = πόλιον 110_{24} $111_{(3)27}$; = ἀβρότονον 109_{30} ($\varsigma 9_2$). Auch Aßaf hat beide Erklärungen 47ᵃ⁽ᵇ⁾ ברוכתא = פוליום, 172ᵃ פוליום 51ᵇ ברוכתא = אפרוטנון. Das gr. Wort allein 57ᵃ „alle Sprachen". Steinschn. Donn 136_{23}. BB noch 10. 211 ἀβρότονον κεκαυμένον ܒܪܘܬܢܐ ܕܡܟܡܪܐ ܟܒܘܪܐ, شيح محرق, قيصوم. Eine Probe Karmsedinâjâschen Sprachgefühls und PSm'scher Aufmerksamkeit ist 590: ܒܪ ܒܪ̈ܬܐ plur. ܒܢܝ ܒܪܬܐ = قيصوم!! Genau so gut wie das bei ihm von Lag. nachgewiesene ܒܪ ܢܫܬܐ für ܒܪܢܫܬܐ.. ܒ oder ܒܪ ܟܘܪܐ für ܒܪܟܘܪܐ dh. ܢܟܘܪܐ und ܒܪ ܦܢܝܐ 594 (ܒܪܦܘܪܘܣ) porphyra. قيصوم Berggr. 825 (Artemisia) abrotonum قيسوم [so Ǵezzâr Steinschn. aO] قيطوم l. قيصوم angeführt Baudissin zur arab. Uebers. des Job 20_{18} LXX wo es für στρύχνον steht s Field, Hexapl. z. St. - Meyer 3_{82} aus JAww. Qazwînî I 293 l. Z. قصيوم l. قيصوم = pers. بوى ماران Avic 248. [Vullers بوى مادران, ارطاميسيا, syr. arab. شويلاء] BB 855 قيسوم قيصوم ܩܝܣܘܡ. BA BB PSm 177 ܐܩܣܡܘܣܘܣ mit ders. Erkl., wohl dasselbe. PSm 79 ὄσυρις [1]) nach Schamlî: قيسوم ܩܣܡܘܣܐ verschrieben oder verwechselt.

---

[1]) Das. die DUebers. aus D 621 ܐܘܣܡܣܘܪܘܣ. PSm führt D an, ohne zu bemerken, dass die syr. Stelle ihre Uebersetzung ist! D sagt es sei φρυγάνιον μέλαν Rabban: ܟܘܡܐ ܐܝܬܘܗܝ ܠܗܕܐ ܡܠܦܢܐ ܕܝܠܢ PSm: „sec. præceptorem nostrum ܟܘܡܐ; est autem parva et nigra". Col. 1170 wird auf diese Stelle für ܟܘܡܐ = φρύγανον verwiesen. Wo blieb das peccavi? Lane sv حبق 3) حبق الراعى Common artemisia or mugwort البرنجاسف oder البَرَنْجاسف البرنجاسف Bt I 125 بربجاسق [so, nicht ساق—] شويلاء بلنجاسف

[Berggr. 875 Santolina, Garderobe قيسوم اننة Forsk LXXIII Kacjsum = Santolina fragrantissima Forsk.]

4. *Artemisia* [vulgaris L] B e i f u ß [campestris L Feldbeifuß] D 463 γ 117 PSm 377 ܫܘܒܨܪܐ Nov. 126 برنجاسف [so l.] Geop 104_{22} ܫܘܒܨܪܐ (ιζ 21_2) ἀρτεμισία S. Nr. 167 f. BB 941: ܫܘܒܨܪܐ الابلنجاسف التفاحى [l. ܣܘܡܩܐ; cod. H ܣܘܡ] ܝܘܪܩܐ ܘܣܘܡܩܐ والقيصوم ܫܘܒܨܪܐ البلنجاسف وقال مسيح الشصورا (so) حشيشة تنبت على جوانب الحقول والسواقى لونها بين الخظرة [خضرة] والغبرة لها رايحة طيبة ولها زهرة صفراء Uebers. C 932. BB PSm ܐܡܒܪܘܣܝܐ sagt: ܣܘܡܩܐ ܝܘܪܩܐ ܫܘܒܨܪܐ PSm übersetzt: ܫܘܒܨܪܐ quæ pallidi subflavique coloris est البلنجاسق et تفاحى Es ist aber aus D 465 βότρυς πόα ἐστὶν ὅλη μηλίνη ... πολλὰς ἔχουσα μασχάλας, τὸ δὲ σπέρμα ὅλοις τοῖς κλωνίοις περιπέφυκε. Die Uebersetzung BB 427 ܐܝܟ [l. ܒܘܛܪܘܣ] ܒܘܛܪܘܣ ܥܣܒܐ ܗܝ ܕܐܝܬܝܗ ܣܘܡܩܐ ܘܣܓܝܐܐ ܡܣܬܥܪܦܢܘܬܐ ܙܪܥܗ ܕܝܢ ܠܟܠܗܘܢ ܣܘܟܐ ܡܫܬܘܫܛ [l. ܣܘܟܐ]. Μηλίνη تفاحى ist natürlich nicht Name der Pflanze. BB PSm 465 Z 1 spricht über βότρυς (عنقود) = ἀμβροσία, citirt Dγ119 und bemerkt nicht, dass D selbst das Synon. βότρυς ἀρτεμισία dazu giebt. Botrys, auch ἀμβροσία und ἀρτεμισία, ist Chenopodium Botrys L Traubenkraut, ἀμβροσία hält man für Ambrosia maritima L. Die Syrer verstehen darunter eine Artemisia s. u.

5. *Artemisia absinthium* L, schwerlich von Art. pontica unterschieden, Wermut. Beide fehlen in Syrien Boiss. aO.

Berggr 831 Artemisia سويلا etc. BB PSm 534 ܒܠܝܛܘܣ, BB (C 707) ܦܠܝܛܘܣ ܗܢܘ ܒܠܢܓܣܦ بلنجاسق.

ܫܘܒܨܪܐ BB [ܫܘܒܨܪܐ ܫܘܒܨܪܐ Forrar.] = שׁוּבְצְרָא talm. so ist zu punct. nach Bṭ II 113 شواصرا = 517 sv مسك الجن [سواصرا Druckf.] Bṭ sagt dort nicht wie bei Sonth. steht جعدة sei شواصرا, was falsch wäre, sondern Letzteres heiße auch مسك الجن. „Misk Olii" = A. annua Boiss. III 371.

D 367 ἀψίνθιον ܐܦܣܢܬܝܢ Galen. BA BB PSm 348 — wo K alles Bittere beibringt, ܦܣܘܟܐ, ܡܪܝܪܬܐ, حنظل — افسنتين[1]), bei den Arabern auch اسفنط Ǵavâl. sv u. Sachau z. St. Geop 10_{22} 44_{7} ܐܦܣܢܬܝܢ 47_{29} 48_{4} 58_{27} Wein damit angesetzt, — 97_{29} 99_{21} 102_{28} 113_{6}. Der pharmaceutische Name „herba Absinthii“ BB 688 BS: ܚܒܘܦܐ ܕܐܦܣܢܬܝܢ نبات الافسنتين ونواره.

Talm. אפסינתין Ab. zar. 30ª. j Ter. VIII 45^{c}_{27} פסתינון l. nach j. Ab. z II 41^{a}_{22} פסינתטון ἀψινθίτης οἶνος DaO und 724. AGaf אפסינתיאה = lat. אישינצו Steinschn. Donn. 144_{64}. — Wermut, bibl. לענה, targ. גידא ܓܕܕܐ PSm 652 u. Ly WBB. Antonius Rhetor p 122ª ܡܪ̈ܝܪܬܐ ܘܓܕܕܐ ܕܡܪܝܪܘܬܐ.

6. *Artemisia maritima* L Seebeifuß, in Syrien nicht nachgewiesen, wohl aber A. fragrans Willd. in Cappadocien Boiss. III 366 D 369 ἀψίνθιον θαλάσσιον, τινὲς δὲ καὶ σέριφον καλοῦσι, ὅπερ πλεῖστον ἐν τῷ περί Καππαδοκίαν (Ταύρῳ) ὄρει γεννᾶται BB 654 Gabriel شيح, σέριφον ܣܪܝܦܘܢ ܣܪܝܦܘܢ, so, davon sagt D: انه قد يسميه قوم الافسنتين البحرى وينبت فى جبال قابادوقيه

7. *Artemisia arborescens* L Sonth Verz. 279 شيبة = Artemisia. Forsk. LXXIII In Palästina Boiss. 373.

Vielleicht gehören zu σέριφον folgende Glossen: BB PSm 319 ܐܣܣܣܘܪܐ [ܐܣܣܣܘܪܐ] شيح ܥܡܠܐ ويقال له البوق ܘܡܬܩܪܐ ܠܗ ܒܠܫܢܐ ܐܪ̈ܡܝܐ ܐܝܟ ܕܡܬܬܩܪܐ ܬܘܒ ܣܦܪܘܢ ܘܦܪ̈ܘܐ ܕܒܠܫܢ ܠܘܪܝܛܝܐ ܕܠܫܒܐ. BB 757: ܦܠܦܠ ܐܝܟ ܕܡܬܩܪܐ ܒܣܘܪܝܐ ܗܘ ܕܡܬܩܪܐ ܠܗ ܒܠܫܢܐ ܐܪ̈ܡܝܐ ܐܝܟ ܕܡܬܩܪܐ ܘܐܝܬܝܗ ܣܦܪܘܢ ܘܐܪܡܝܐ ܐܣܣܘܠܝܐ ܡܬܩܪܐ ܠܗ ܘܕܘܟܝܐ ܦܪ̈ܘܐ ܠܘܪܝܛܝܐ ܕܠܫܒܐ ܕܒܬܘܬܝܐ ܕܡܢ ܠܡܠܝܬܐ [?] 668: ܣܦܪܘܢ ܐܝܟ ܕܡܬܩܪܐ ܘܡܘܣܝܐ ܒܣܘܪܝܐ ܕܡܬܥܒܕܝܢ ܦܠܦܠ ܘܡܬܩܪܐ ܠܗ ܐܪ̈ܡܝܐ ܐܝܟ ܕܐܡܝܪܐ ܕܒܬ ܡܠܬܐ ܡܬܩܪܐ ܠܗ ܘܕܘܟܝܐ ܦܪ̈ܘܐ ܠܘܪܝܛܝܐ ܕܠܫܒܐ. C 615 ܦܠܦܠ (falsch), „s. ܦܠܦܠ“?

---

[1]) Bt I 59 = خترق nicht خترف I 354, s Vull sv der I 726 noch: خنجل hat.

8. Zu 4. ܫܘܙܪܐ Art. vulg. in Mesopotamien Boiss. 371 talm. שְׁוּצְרָא Sukk. 12^b pl. שווצרי [neben שושא qv] Ar. שוצרי (ms Hochschule) Alfasi שוצארי Aßaf 72 p 77^a שווצרא. Raschi zu Sukk. aus R. Machir: ארבא שקורין פלקירא eine Erklärung, die höchst wahrscheinlich aus Aßaf stammt. Dieser sagt: שווצרא, griech. ברוניפום, wächst an Flüssen, riecht gut [talm.: riecht schlecht], hilft gegen alle Krankheiten des Kopfes, wenn sein Saft in die Nase getropft wird und ebenso angewendet gegen פלג d. h. griechisch Paralysie. Auch die Flöhe tödtet es, und heißt darum herba pulicaria (אירבא פוליקירא).

ברוניפום finde ich nicht; ob es wohl aus βότρυς crrpt ist? Vielleicht βρεφόνια Synon. zu κόνυζα policaria (D 468) (Langk 68 der hinzufügt „?βριφοῦγα Diosc.", bei dem aber 469 Z 4/5 φε-βριφοῦγα steht! Pulicaria D 563 ἔρβα πουλικάρια. Der gelehrte Nachweis über pulicaria b. Langk. stammt aus Meyer 2_{297}.) פוליקריאה, ms. פוליקאריאה Maimonides, Pirke Mosche 45^{ab}, lat. Uebers.: eupatorium?

Zu פלג = פרליסיאה bemerke ich, dass es in medic. Schriften sehr häufig ist, [irrig dafür חצין? Hebr. Bibliogr. XIII 134 f] = ܦܠܓܐ Nov. bei C 705 Paralysis. Apoplexie B Hebr. Chron. eccl. III 221_3. 301_{12}. 327_{22} فالج der Araber wird von Ġavâlîḳî ed. Sachau mit Recht aus syr. فالغا erklärt. PSm ܐܢܦܦܠܓܐ παράλυσις فالج ܡܫܪܝܘܬܐ ἡμιπληγία. C 706 ܦܠܐܓܘܢ. Schon talmudisch פלג nach Ar. גרד I כאב חצי הראש. Doch wohl nichts, als πληγία mit willkommener Anlehnung an Teil, Hälfte ܦܠܓܐ ἡμι-πληγία. Ar. meint ἡμικρανία. (PSm ܐܡܝܩܪܐܢܝܐ = ܦܠܓܘܬ ܪܝܫܐ.)

59.

ܒܪܘܬܐ בְּרוֹתָא, בְּרָתָא

Cypresse.

Bibl. ברוש, ברות. Targ. ברותא, ברתא — ܒܪܘܬܐ, بروتا des Saadja ist nicht „arab. mit aram. Endung" $Gesen^8$. sv sondern das aram.

Wort selbst. ܒܪܘܬܐ s PSm 607 über dessen Artikel man bei Lag. Symmicta 89 das Nötige findet. Die Syrer: ابهل, das auch GA d Geon. Berlin 42 a f dafür steht. ابهل s Lag gA 7. Phœn. Es ist gewiss nicht rätlich auf die bei Gesen[8]. ausgesprochene Vermutung, שורבן [l. שורבין] ܫܘܪܒܝܢܐ assyr. survan sei durch Metath. aus ברוש entstanden, einzugehen. Man hat an ܫܪܘܝܢܐ سرو vergessen, das [neben شربين, welches allerdings aram. Lehnwort ist s. Nr. 333] die Verschiedenheit des ܫ zur Genüge beweist.

ברוש Tanchuma Teruma 9, 284 Stettin erklärt: אלטין ἐλάτη, Mußafia richtig Fichte, pinus. Ly I 83^a g a n z verfehlt: P a l m e. Auf ܐܠܛܐ darf man sich aber nicht berufen, denn 1) bedeutet es PSm 204 الغرب ܚܠܦܬܐ Weide, 2) ist es zweifelsohne aus ܐܝܛܐܐ ἰτέα, verschrieben, da ܚܠܦܬܐ nicht pinus und ἐλάτη nicht salix bedeutet. ܗܠܐܛܝ, ἐλάτη PSm 1011 s. ܩܕܪܐ.

60.

[גביא]

hat kein Erklärer für eine Pflanze gehalten Ly I 293^a lZ „Name einer Pflanze. Schabb. 110^a גביא גילא nach Raschi: אלום, Alaun (?) Menach. 42^bu מגביא גילא“ Alaun ist keine Pflanze und Aruch s. מגביא, von Ly übersehen, hat auch Schabb. aO מגביא und erkl. אלשב אלומי = شب Alaun wie sv. צרף [ܡܘܪܘܦܐ Novar. شب PSm 301 Z6. Geop 49_1 στυπτηρία ($ζ9_1$) $100_{7.10}$] Ly I 324^b sv גילא Name einer Pflanze. Ber. [l. Men.] 42^b nach Raschi Aloë od. Alaun (?) Uebrigens ist die LA an beiden Stellen unsicher.

61.

ܓܓܝܓܐ

μελισσόφυλλον PSm 648 Galen. DUebers. sv βαλλωτή. BB: ܡܠܝܣܘܦܘܠܠܘܢ ܓܓܝܓܐ النحل ܗܘ ܕܝܢ ܚܘܒܫ ܓܓܝܓܐ ܕܕܒܫܐ

الالعيه ܬܪܢܓܐ dh. اللاعيه Gabriel: μελισσόφυλλον = عشب النحل BB PSm لاعيه Melisse = BA Nr. 2706 اللاعيه الكرسنه. Was K hat, ܚܒܫܪܐ, ܚܡܨܐ usw., gehört zu ܓܠܠܐ, ܓܓܠܠܐ.

62.

גונמי pl.

Ar. aus Horaj 13^a, [Var. גלימי = Agg.] sagt: Aramäisch nenne man גונמי eine ausgeartete, harte, ungenießbare Art von Hülsenfrüchten. Ly denkt an ܓܘܒܢܐ, aber an der Richtigkeit der LA גונמי kann man nicht zweifeln und die Bedtg. muss aramäisch vorhanden gewesen sein. (ܓܘܒܢܐ passt so wenig wie ܦܘܒܢܐ Geop 115_{20} κύαμοι, crrpt?) Wohl Vull. زازومك phaseolus لوبيا?

63.

ܓܘܙܐ

Nuss.

a. pers. گوز, arab. جوز ܓܘܙܐ — bibl. אֱגוֹז armen engoyz, babli auch אמגוזא *Juglans regia* L, Wallnussbaum. Bibl. s Winer sv. Robinson III 294, 427, 539, — Lag gA 25.

Mischn. אגוז Nuss. [der Baum Schir ha-Schir. r. 51] אגוזה Peah 1_5. Ma'as. 1_2. $T.1_1$. Aufbrechen, knacken פצע Schabb. 17_2 $T.13_{16}$ u. sonst. Nachtisch, besonders Kindern als Leckerei: Sangen (geröstete Aehren) und Nüsse קליות ואגוזים B. mez. 4_{12} אגוזים תמרים וקליות TPesach. 10_{11} $b119^b$ אגוזין ולוזין j Pes. $X37^b$ vorl. Z $b109^a$ Knös Chresth. syr. 49 verspricht man den Kindern ܓܘܙܐ ܘܠܘܙܐ ܘܩܠܝܐ. Wie anderwärts, auch bei den Römern, vor der Braut gestreut Semach. 8 TSchabb. 8 b Ber. 50^b und sonst. Im Uebrigen: LLöw Graph. Requ. 187. Symbol. Bedeutung[1]) in ברכת בתולים Hal. gedol.

---

[1]) Auch der Nussgarten des HL wurde symbolisch auf dasselbe bezogen, worauf man den „verschlossenen Garten" deutete. MRBuck, Medicinischer

Ketub.: ברוך אתה ה' אמ"ה אשר צג אגוז בגן עדן שושנת העמקים וכו' Die äußere Schale (Leifel), auch die Blätter, Färbemittel Schebiit 7_3 Schabb. 9_6 Eduj. 7_4. Die Schale Brennmaterial TBeza 3_9 Nussöl in Medien das einzige TSchabb. 2_3 b26ᵃ.

Arten 1. אגוזי פרך Orlah 3_7 Pesikta de RKah. XI s Graph. aO, aber schwerlich Ortsname, vielmehr von פרך, leicht zu zermalmende Schalen. انفرك von Nüsse, die sich durch Reiben im Gegensatz zum Knacken aufmachen lassen: hat Fleischer zu Ly TW II 574 nachgewiesen „digitis fragile putamen" der Piniole Plin ιε10_9. Also Butternuss. (Neugr. leicht zerbrechliche Mandeln: ἄφρακτα Ausland 1878 Nr. 11 p 204.) Maim. zu Peah 4_1 חליקי אגוזים sagt גוז אלפרך جوز الفرك. 2) בינונים Nüsse von mittlerer Härte. 3) קטרונין?

ܓܘܙܐ Geop 22_9 $23_{23\text{-}25}$ 49_{22} 52_{17} 66_{29} 73_{12} 90_{25} D 158 κάρυα βασιλικά BB 821 Rabban: ܓܘܙܐ ܡܠܟܝܐ ܕܐܬܩܪܝܬ ܗܟܢܐ ܕܡܠܟܐ ܕܦܪܣܐ ܐܝܬܝܘܗ ܡܢ ܦܪܣ ܓܘܙܐ الجوز Verschrieben 814 ܐܪܕܢܐܘܢ, ܐܪܕܢܐ = ܐܪܕܢܐܘܢ 821 جوز شجرة.

ܓܘܙܐ ܗܢܕܝܝܬܐ BB 618 BS ܢܪܓܝܠ, نارجيل, نارنج [l. رانج] Bt II 544. نارگيل Zfd K V 82 und C. Muller Prolegg. zu Geogr. gr. min. CVIII. Cocosnuss. جوز الهند Nux indica ist meist Cocosnuss, doch manchmal auch Muscatnuss.

b. ܓܘܙܒܘܝܐ Lag gA 25 BB BS: شاكوز Florent: خازكوز BB 964 BS ܓܘܙܒܘܐ bei Lag. = ܓܘܛܝܩܘܣ, dieses PSm sv. und 1162 ܓܘܛܝܩܘܣ, alle aus skr. ǵâtikoça nach Lag. Pott ZfdK V, 83. Frucht von Myristica moschata L, Muscatnuss, arab. جوز بوا vulg. جوز الطيب Hai zu Ukz. 3_6 zu ראשי בשמים: גוז בואה Maim: גוז אלטיב. Die Syr. erklären ببساس. Dies kehrt wieder: BB 811 الدرقية [?] ܓܘܙܐ ܕܩܘܩܘܡܘܣ

Volksglauben und Volksaberglauben aus Schwaben, Ravensburg 1865 S. 35 „Nuss ist symbolisch so viel als vulva, woher zu verstehen was Nussaufschlagen bedeutet". Die Nuss der Eulogie ist vielleicht vom Nussgarten des III. unabhängig. Vgl. Plin. ιε 24.

البسباسه. Exc. Flor. sv μάκερ D 110: μάκερ φλοιός ἐστι κομιζόμενος ἐκ τῆς βαρβάρου ὑπόξανθος: ....[1]) ܒܣܒܐܣܐ ܗ̄ ܡܢ ܒ̄ ܕܐܝܬܘܗܝ ܩܠܦܐ ܡܠܦܦܬܐ ܗܝ ܕܐܝܬܝܗ ܡܢ ܗܢܘܢ قرفه ܒܣܒܐܣܐ ܘܡܬܩܪܝܐ ܡܢ ܦܪܐ ܠܗ ܩܠܦܐ ܕܒܣܒܐܣܐ ܗܝ ܐܡܪ ܕܐܝܬܘܗܝ ܡܠܦܦܬܐ ܒܟܪܡ ܒܒܝܬܐ [ܒܪܒܪܝܬܐ] ܕܡܠܝܐ ܠܣܘܒܒܘܬܐ ܘܕܒܟܐ ܕܗܘܐ ܕܠܗ ܡܢܝ ܣܘܪܝܐ ܡܠܦܦܬܐ ܘܐܪܐܒܝܐܝܬ قرفه ܩܠܦܐ ܕܝܢ ܐܝܟ ܕܡܥܠܒܝܢ ܣܘܟܠܐ ܗ̄ ܕܡܪܝܢ ܠܗ ܐܪ̈ܐܒܝܐ الضرو [ܐܠܠܪܘ] ܐܝܬܘܗܝ ܣܓܝ ܡܢ ܡܠܦܦܬܐ: Maim. Ukz. 3_5 בסבאסה, بسباسة Bt I 137 409 = دار كيسه Avic 162 دار خيش S. Nr. 295 Plemp. Darkesia. Ǵezzâr im 2. Grad בסבאסה — דארכיא pers. [l. דארכיסא] „macis". Anon. Verz. d. einf. Heilm. ms des Herrn Dr. Stern: دار كشنة = النسباسه = جوزة الطيب ورق. Langk. 46 πεσπές usw.

64.

ܓܙܪ̈

Daucus Carota, L. Möhre

pers. كزر arab. جزر[2]) Hartman Nilländer 177. גזר Hal. Gedol. Ber. VI Rand: שטונקי [pa] stinaca Perles Monatschr. 8 159.

BB جزر بستانى ܒܘܣܬ̈ܢܐ ܗ̄ ܓܙܪ ܕܓܢܬܐ.

Σταφυλῖνος = δαῦκος war als ܐܣܛܦܠܝܢ PSm 301 Gal. Geop. auf aram. Gebiete, weniger auf arabischem [اصطفلين Bt I 55 ist = جزر im Dialekt von S y r i e n; Sontheimer sinnlos „Nuss" جوز], eingebürgert, wie das Talm. beweist. BB 643 erklärt Rabban σταφυλῖνος geradezu mit ܐܣܛܦܠܝܢ und fügt hinzu: الجزر البرى والبستانى ܓܙܪ. K hat daher PSm aO mit Recht dazu ܒܪ̈ܝܬܢܝܐ ܒܘܣܬ̈ܢܝܐ. Jenes s. ob., dieses PSm 1382 Gal. BA. K übrigens hat BB cod. II 354

[1]) S. Nr. 37i. [2]) Vull siser pastinaca. I 933 دوقوس δαῦκος der Same; die Wurzel كزربرى قاقل شش شقاقل PSm 1406 ܫܩܩܠ.

ebenfalls ܦܘܣܝܣܬܐ الجزرى ܠܘܚ ܕܒܪܐ, bei cod. M, daher bei PSm., fehlt die Glosse.

PSm 850 sv δαῦκος, der Same, wie Vull aO, ܦܘܣܝܣܬܐ ܠܘܚ ܕܒܪܐ aber 802 sv ܐܘܩܘܣ: ܦܘܣܝܣܬܐ. So wird für des BS ܦܘܣܝܣܐ in der Bedtg. zu lesen sein, da er ܦܘܣܝܣܬܐ, die Anderen ܦܘܣܝܣܐ[1]) nicht kennen.

D 281 καυκαλίς *Pimpinella Saxifraga* L Bibernell, οἱ δὲ δαῦκον ἄγριον Rabban BB 816 ܐܘܩܘܩܠܝܣ ܐܚܪܢܐ ܕܐܡܪ ܕܗܘ ܦܘܣܝܣܬܐ ܕܕܒܪܐ نوع من الجزر البرى [Das, nicht γογγύλη ist Vull. ترخر قوقالس.] 717 unter p: papalis, wie natürlich: Gabriel: قال جبريل عن جالينوس وفولوس ان قوما يسمونه ܕܘܩܘ وحكى عن ديسقوريدس ان فافاليس غير الدوقو Galen. XI 15 K.: καυκαλίς. ἔνιοι δὲ τοῦτο δαῦκον ἄγριον ὀνομάζουσιν Paulus Aegin. ζ 733 Caucalin alii daucum silvestrem appellant. Freilich hat D bei uns dasselbe.

אסטפניני wächst in Palästina j Demai 22^{c} j Challah 60$^{a}_{6}$ איסתפניני$_{7}$ Druckfehler איסטנינותיא El. Fulda richtig: איסטפ׳. Ly hat daraus einen besondern Art. gemacht, der zu streichen ist. Es soll Bastard von זרגון Weinrebe und לפת Rübe sein ob. S. 8_{2}: man dachte an σταφυλῖνος-σταφυλή.

D 281 γιγγίδιον *Daucus Gingidium* L, Gingidium? s. ob. Nr. 5 גנגידין j Pesach. 29$^{c}_{7}$ Erkl. zu תמכה. Pes. 2_{6}, das in Babylon als aram. תמכתא vorhanden war. Clément-Mullet zu JAww. II^{a} 251 vergleicht damit ein zweifelhaftes تمك. Maim. ms. ar. אלסרים سريس der Uebersetzer richtig „eine Art עולשין, die aber in Gärten wächst"; σέρις هندبا JAww II^{a} 146. Raschi marrubo [wie zu אגרי S. 36] Ar. cardo, Andere מרוי״ו marobbio.

---

[1]) Fleischer Ly II 208^{a} Z 7 vermutet für חפורה junge Saat Metathese aus חרופה von خرف. Zur Gewissheit wird dies durch ܦܘܣܝܣܐ, Gras, das noch keine Halme hat: ܕܠܐ ܠܚܡܫܐ ܩܛܪ ܩܢܝܐ ܕܥܣܒܐ PSm 1380.

65.

ܓܦܬܐ (ܓܘܦܢܐ) גופנא.

Vitis vinifera, Weinstock.

Bibl. גפן Arab. جفن, gewöhnlich كرم PSm 764. Geop für κισσός 44_{21} ܙܪܥܐ ܕܓܦܬܐ ܕܡܬܩܪܝܐ ܩܝܣܘܣ. Der Weinstock auch ܣܡܬܐ Geop 17_{25} 38_{10}. 13_{25} ἄμπελος. 23_{8} $42_{13\text{-}14}$. 57_{17}: ܩܝܣܘܣ = ܣܡܬܐ ܕܟܬܒܬܐ. 2 K 18_{31} Hex. Ez. 19_{11} Hex. C 627 DMG 27, 621. PSm 1441 l.9 inf. und die Belege C Nisib glossar. auch u v a aus Ephr. III 607[c]. BB ܣܡܬܐ und 627 ܣܐܡܬܐ = كرمة. Beide Formen unten. Dasselbe ist Vull. شَنّة, سَنّة, = انگور uva.

ܟܪܡܐ = bibl. כרם, Weinberg, Weingarten, Weinrebe, Weinstock. K bei PSm aO und Geop 104_{11} ܙܪܥܐ ܕܟܪܡܐ. ἄμπελος 13_{26}. Auch im Bundehesch ist كرما der Weinstock p 64_{12} Justi.

דָּלִית mischn. bibl. nur pl דָּלִיּוֹת ܕܠܝܬܐ nicht ܗ دالية. Mischn. u. syr. der Teil des Weinstockes der auf Bäumen emporläuft. BS PSm 905 sagt dies ausdrücklich: Zweige des Weinstockes ܟܪܡܐ die auf Bäume „steigen" ܣܠܩܝܢ und nicht beschnitten werden. ܕܠܐ דָּלָה Kal: heraufziehen, schöpfen talm. Hifil hinaufleiten vom Weinstock u. dgl. Im Gegensatze zu דלית Maim. zu Peah $4_{1\text{-}2}$ دالية heißen die kurz gehaltenen, vineæ humi projectæ Col. de arb. 4 Varro α8 vineæ humiles et sine ridicis ut in Hispania, רַגְלִיּוֹת od. רוֹגְלִיּוֹת sing. רוגלית j Peah VII 20^{c}_{57} (so ist f. den pl. רוגליות zu lesen mit RSchimsch.) 7_{8}. Auf den spanischen Brauch bezieht sich Maim. zur Stelle: Geop. nennt jene ܣܡܬܐ ܡܠܝܬܐ δενδριτίδες, arbustivæ 32_{21} 36_{3} opp. ܫܦܦܐ[1]) ܟܪܡܐ χαμαίζηλος (ε2_{14}) χαμῖτις $28_{28\text{-}29}$ 35_{25}. 13_{10} (γ1_{5}). BB ob. S. 19 aus dem Buch der Landwirthschaft des Junius — unserem Geop — ܓܘܦܢܐ ܕܕܠܝܬܝܬܐ wahrsch. ܕܕܠܝܬܝܬܐ. Es steht aber im Geop. nicht.

---

[1]) Geop 67_{2} ܫܦܦܬܐ ܕܦܠܝܓܢ χαμαιδάφνη.

Weinstöcke auf Pfählen, die oben verbunden sein konnten, Varro aO jugatæ vineæ bilden den ערים Peah 7_8 T. Peah$_3$ Ende. Kil. 6_1 ff. Eduj. 2_4 Maim.: عريش. עריש HL1_{16} erklärt sich aus den عرايش Lauben aus Baumzweigen, die in mehreren Gegenden Palästinas auf den Dächern stehen und in denen während der 6 heißen Monate die Leute schlafen Wetzstein Zeltlager 89 DMG 6, 215. S. Delitzsch z. St.

Teile. Schöße ܫܘ̈ܟܐ Job 14_7 15_{30} Ps 80_{12} (יונקת) Ezech. 17_6 (פארת) Geop 75_9 (ι23$_7$ ῥίζαι) BB 702: ܫܘ̈ܟܐ ܕܓܦܬܐ شجون عروق الشجر اغصان ܘܐܝܟ ܒܩܘܢܩܢ̈ܐ ܕܓܦܬܐ ܐܝܟ ܫܘ̈ܟܐ[1]) ܢܝܬܐ ܕܓܦܬܐ ܘܐܝܟ ܟܢܦ̈ܐ كف الكرم Damit gehört zusammen ענקוקלות pl ʻOrlah 1_8 j. z. St: unreif gebliebene Beeren. Scheeltot: zarte Ranken der Weinstöcke = קנוקנות S. Ar. sv.

Flüchtig seien erwähnt ארכובה Peah 7_4 Kil 7_1 ܒܪܟܬܐ Geop 34_{19} ὦμος; כתף an der Traube mischn. פרכיל Ukz. 1_3 TTem. IV Ab. z. 4_2 u. s. ܪܙܒܘܢ radix vitis Lag. gA 81 raz + bun. זרגון Rebe, Ranke, Fleischer Ly I 564. — Traube אשכול — סגולא ܣܓܘܠܐ Geop 17_{27} 18_{23} 38_{19} 100_{27} u. s. פסיגה TPeah 3_{11} u. s. Erwähnt sei targ. טוטליתא nur pl. טוטלוותא Ly sv jedenfalls = ܛܛܠܝܬܐ syr. ἐπιφυλλίς. DMG 13 58 Land IV 43_3 Aphraates' letzte Homilie heißt so mit Bezug auf Jes. 65_8. PSm. Beere ܥܢܒܐ (عنب ענב bibl.) Geop 17_{26} 22_3 u. s. Stadien der Reife בוסר ܒܣܪܐ PSm. Geop. 38_{19} ῥάξ s. unter Nr. 78. ܒܣܠܬܐ unter Nr. 335. Blüte סמדר Gitt. 3_8. Novar. 291 ܣܡܕܪ[2]) BB فقاح الكرم ܦܩܥܐ. PSm ܐܘܢܢܬܐ οἰνάνθη Gesen. de BA BB II 22. Kerne ܦܪܨܝܢܐ BB فرصين [= فرصيد] Geop. 23_5 37_{23}

---

[1]) κλήματα Geop 18_{23}.

[2]) HL$2_{13\,15}$ ܠܓܦ̈ܢܐ ܡܣܡܕܪ̈ܢ Symm.: ܡܣܡܕܪܢ. Ein Nomen BB 666 ܡܣܡܕܪܢܘܬܐ ܕܗܘ ܡܣܡܕܪܘܬܐ ܗܝ ܕܗܘ ܡܣܡܕܪܢܘܬܐ ܥܢܒܐ نويد (?) ܡܣܡܕܪܢܘܬܐ غرسه ܢܘܪܐ ܕܢܨܒܬܐ ܢܘܪܐ نويد.

38₂₀ 57₂₉ 94₂₅ 70₃₀ 114₁₆. צמוק Bikk. 3₃ j Ned. 41ᵃ فرزين [פרצן] BB عجم الزبيب — Spätlinge סתוניות TBer. 4₂ b 38ᵃ Geop. 59₁₆ ܥܢ̈ܒܐ ܣܬܘܢܝܬܐ דרדבניות Ab. zar. 2₇ j: דמדמניות j Bikk. I 63ᵈ₆₃ לבלוניות Lonsano, Ma'arich, sagt: Beeren, die von Trauben fallen und wie Rosinen aussehen, heißen arab.: דמדמון. Stellen Ly. Aruch versucht cerasi حب الملوك unterzubringen.

Most targ. מירת V ירת ܬܝܪܫ ירש wo C 388 richtig ܡܐܪܬܝܪܬܐ hat. Jesaja 19₂₆ PSm 1309 ܚܡܪܐ ܡܐܪܬܝܪܬܐ od. ܡܐܪܬܝܪܘܬܐ. Klarer Wein צלול opp. עכור²) Novar ܨܠܝܠܬܐ عكر opp. صليف ܨܠܝܠܐ [=سليف?] צלל opp. עכר TNidda 3 j 50ᵇ₁₇ j Ket. 25ᵇ₄₁ Druckf. עבר. צלל j Ter. 45ᵇ₇₀. ܨܠܝܠܐ ܚܡܪܐ PSm 1309. — שמרים Hefe שמרא ܛܠܝܬܐ C Nisib gloss. — דורדיא درد Ly. Gemischt מזוג ܡܙܝܓܐ ungemischt חי ܚܝܐ „roh" BA Nr. 4940 [l. ܚܝܐ] ܠܐ ܡܙܝܓܐ ܐܡܪܬ ܚܝܐ ܠܐ vgl. 3841 3942.

Zusammensetzungen mit ܓܘܦܢܐ.

a. 1 Ἄμπελος λευκή .. 2 βρυωνία .. 3 ὀριοστάφυλον .. 5 ἀρχέζωστις .. 4 ψίλωθρον .. 6 ἄγρωστις .. 7 κέδρωστις D 673.

1. ܓܘܦܢܐ ܚܘܪܐ BA Nr. 2808 الفشرا PSm 765. BB 676 ܣܡܬܐ ܚܘܪܬܐ ܐܝܟ ܕܒܪܘܐܢܘܣ ܗܘܐ ܐܠܦܫܪܐ 627 [= هزار كشان]³) = 2 ܣܡܬܐ ܢܨܒܬܐ ܒܪܘܐܢܝܐ - ܐܠܦܫܪܐ — هزار كشان, كرم ابيض — ܣܡܬܐ ܚܘܪܬܐ bei Lag gA 38 Nr. 96 der ܐܠܦܫܪܐ in ܐܠܦ ܫ̈ܪܐ zerlegt, = dem pers. Namen, فاشرا aber aus Weglassung des vermeintlichen Artikels erklärt. PSm hat Lag's Artikel übersehen, greift daher mit rührender Ausdauer zu „Ibn Bait. II 242", ändert auch beharrlich كشان in جشان فاشرا wird auch Vull. sv. vgl. I 229 برونيا für syr. erklärt.

2 ܒܪܘܐܢܝܐ PSm 602. Beibehalten auch D 608 κακαλία . .

²) Monatschr. 7, 452 ἰχώρ!

³) Suche man in des Apulej. Cap. 67 Bryonia . . Syri Hugadessi.

φύλλα φέρει λευκά, εὐμεγέθη, καυλὸς δὲ ἐξ αὐτῶν μέσος, ὀρθός... ἄνθος ἔχων ἐοικὸς βρύῳ ἢ ἐλαίᾳ Lac. und Sarac: βρυωνία. BB 821: ܘܐܡܘܠܐ ܐܝܟ ܕܝܢ ܛܪ̈ܦܘ ܕܗܘܐ ܚ̈ܘܪܝܢ ܘܪܘܪ̈ܒܝܢ ܘܩܢܝܗ ܒܡܨܥ ܬܪܝܨܐܝܬ ܒܬܪܟܢܝܬܗܘܢ ܘܗܒ̈ܒܗ ܕܡܝܢ ܠܒܪܘܐܢܝܐ.

3. steckt wohl in ܐܦܘܦܘܢ. 4. unter dem Vorhergehenden und BB 760 ܦܠܘܛܪܝܢ. ܒܪܐܘܢܝܐ ܥܡ̈ܪܐ ܕܒܪ, كشان الفشرا, 5. ܐܝܓܪܘܣܛܝܣ. 6. ܐܓܪܘܣܛܝܣ Lag aO Ueber den mislungenen Artikel agrostis des PSm s. man Nr. 141.

D 676 ἄμπελος μέλαινα.

ܓܘܦܢܐ ܐܘܟܡܐ BA 2808 فاشر شتين. PSm 764. 242 sv... ܐܘܟܡܦܠܡܘܣ BB. ܣܐܬܐ ܐܘܟܡܬܐ = ܦܫܪ ܫܬܝܢ كرم اسود كرمة الاسود ܒܪܐܘܢܝܐ ܢܨܒܬܐ. — فاشر شتين Vull: „syr." شش بندان شش بندان سياه دارو; jenes s. Lag aO: ششبندان Bt II 243 crrpt شبشيدار ms. سپندار, und فاشرشين l. شتين.

Aßaf 18 p 67ª der Reihenfolge nach Dα 20 p 36 βρύον entsprechend: שתין [l. ־ר] לפשר אלפא דומה [l. ־ר] פשר. p 105ᵇ פשר שתין = איקסיטא ליטון 170ᵇ dasselbe = איקסינטא ליטים. Doch 40 p 72ᵇ הגפן הלבן.

ܓܘܦܢܐ ܕܒܪܐ BA BB Gal ἄμπελος ἀγρία Galen XI 826 K. D 672. s PSm 764. ܓܦܬܐ ܕܒܪܝܬܐ = גפן שדה.

ܐܘ̈ܒܫܬܐ (אובשים.) σταφίς. Galen PSm 353 Geop 11_{18} (β33_2 σταφυλή?) 23_{10} (ε 52 περὶ σταφιδοποιΐας ܥܢ̈ܒܐ ܘܐܘ̈ܒܫܬܐ. 100_3 BB 646 zu زبيب ܣܛܦܝܕܐ, 521 BS ܥܢ̈ܒܐ = ܐܘ̈ܒܫܬܐ ܝܒ̈ܝܫܬܐ [Flor. ܐܪܘܬܐ ܘܡܒܣܡܬܐ]. BA 5871: ܥܢ̈ܒܐ ܐܘܒܫܬܐ ܡܒܣܡܬܐ ܕܐܪܙܝܢ. Ebenso ar. ميس.

ܐܘ̈ܒܫܬܐ ܕܛܘܪܐ Frucht von *Vitis vinifera var. silvestris* L (Labrusca) Galen PSm 353 ἀγρία ἀσταφίς. Geop σταφίς ميويزج BA Nr. 1330 C 495 ܒܣܡܝܢܠ l. ܒܣܢܝܠ. Vull. انشالا [lies: افشالا] syr. = مويزك = زبيب الجبل Vull sv ميويزه convolvulus? Lag gA 63_{24} PSm 294 ܐܣܛܐܦܝܣ. Bt I 517 زبيب الجبل = حب الراس I 281,

91

= pers. ميوبزج so ms. u. ar. Text, [nicht دوبزج] und II 542. Avic. 209. Mow. 258. Falsch Frtg sv und Berggr. 878 Staphisagria ميوبزج. Gezzâr im 2. Grad حب الراس: מירבזג l. מיוזג. Aus Ersterem wurde χαροῦρας DCge. ἀγριοσταφίδα, fehlt bei Lang K. 32, der nur χάβαρ, aus demselben Worte errpt, hat.

65.

ܥܡܪ ܠܓܘܦܢܐ עמר גופנא.

Gossypium, Baumwolle.

Mischn. צמר גפן. Kil 7_2 TSchabb. 10_2. Von der Form der Blätter benannt. ܥܡܪ ܠܓܘܦܢܐ BA 4768 قطن PSm 765 und wie PSm 870 erkannt hat BB falsch zu διάμετον durch Verwechslung von قطب und قطن. BB 700 ܥܡܪ ܩܘܢܐ ܩܘܛܢ ܗܦܘܙܗ ܦܠܓܝ القطن بجوزه dh. panbah npers. Baumwolle Windischmann Zor. Stud. 109 daher βάμβαξ ngr. βαμβάκι, bombyx, Langk 18. C 522 aus ܥܡܪ ܠܓܘܦܢܐ zusammengezogen ܥܡܪܓܘܦܢܐ — wenn es richtig ist. Angeführt von Fleischer zu Sachau Ġavâlîkî 137 zur Erklärung von مرعزا = ܥܡܪ ܚܠܐ[1]).

· ܥܡܪ ܩܘܢܐ BB 441 unter k: قطن ܥܡܪܩܘܢܐ. — 761 μπόμβυξ?: ܦܡܦܘܡܠܘܣ ܐܝܟ ܥܡܪܩܘܢܐ حشيشة يضاء ܕܠܗܘܢ ܥܡܪ ܠܓܘܦܢܐ القطن.

Der Samen enthält fettes Oel, nach Ar. משחא דקוא (קאוא) Schabb 21^a [Koreisch ep. de stud. Targ. ed Bargès: בוצא = קן (arab.) oder كتان.]

66.

ܓܪܓܝܪܐ גַּרְגִּירָא.

Eruca sativa Lmk. Rauke.

Mischn. גרגיר, talm. גרגירא, גרגילא, גלגילא. جرجير (Hart-

[1]) Den Widerwillen gegen Zusammensetzung hätte das Wort überwunden,

mann Nill. 177 Lane sv جرجير بستانى) Maim. z. Mischnah und Syrer zu ܓܪܓܝܪܐ PSm 59 ܐܘܙܘܡܘܢ 56 ܐܘܪܘܙܘܡܘܢ, 990 ܗܘܙܘܡܘܢ, 775 aus Gal. Geop $91_{6\cdot 14}$ 92_4 98_5 εὔζωμον D 282 Aßaf 65 p 75ᵃ גרגירא hebr. u. aram., איזומון. Name von den runden Körnern, Fleischer zu Ly I 436ᵇ, vielleicht, doch minder wahrscheinlich, davon, dass man den Samen zur Aufbewahrung mit Essig oder Milch in Kügelchen, τροχίσκους, formte, DaO. Bibl. אורת hielt man für gargîr, weil es die Augen erhellt (מאירות) Joma 18ᵇ (Pirka de R ha Kadosch 30ᵃ 41ᵃ 19ᵃ.) Schabb 109ᵇ. Plin. κ 49 putant subtrita eruca si foveantur oculi, claritatem restitui. Ueber die talm. sonst angegebene Wirkung (מרבה הזרע) DaO Plin ιϑ 44 concitatrix Veneris, ähnlich κ 49. Salax Ovid Rem. am. 799 Col. ι 372 109: Incitet ut Veneri tardos eruca maritos. Galen VI 777. Gitt. 69ᵇ gegen כירצא חיורא, einen Magenwurm, empfohlen. Plin. aO bestiolas omnes innascentes corpori arcet. Man aß Blätter und Samen Ma'as 4_5 wie von der Kresse. — גַּרְגִּיר nicht גרגר[1]) ist zu schreiben. Ly richtig geschieden, nur das Schebiit 9_1 גרגר של אפר nicht „ein Senfkorn (?), das auf der Wiese wächst“ ist, sondern wie Sukkah 39ᵇ, Maim. ms. ar. u. A. גרגיר Wiesenrauke. j. falsch: גרגיר (שבנהרות) של אפר aus dem Vorhergehenden wiederholt. Maim. جرجير الفحصى (פחצי) Uebers.: של מדבר. Raschi אורוגא הגרילה באהו [eruca auch אירוגא.] Wahrscheinlich جرجير البرى der Araber, *E. longirostris* Uechtr. JAww. IIᵃ 301 Lane sv. Auch D erwähnt die wilde Art. — جرجير Kazw. I 277 = الايهقان Vull. I 153 Frtg. zu جرجر برى [l. جرجير] = Bt arab. Text. I 71. —

---

wie שנרסין Elfenbein Fleischer zu Ly TW II 579a und das entsprechende ܫܢܓܪܣܝܢܐ.

[1]) גרגר Beere, Korn. גרגר מלח Menach. 1_2 Tob. jom $1_{3\cdot 4}$ TSchabb. 2_8 — גרגר יחידי Peah 7_4 Tahar. $3_3 10_5$ ג' אחד Ukz. 1_5 wo alle 3 Ms Maim ar. גרגר. Schabb 6_5 Ms Maim. ar: וּבְגַרְגֵּר. Hai zu Ukz 2_2 aus TTahar.

67.

ܓܪܓܪܢܝܬܐ.

Melilotus, Süsz- od. Honig-Klee und Trigonella specc.

a. ܓܪܓܪܢܝܬܐ גרגרניות = הנדקוקא, חנדקוקא, ܗܢܕܩܘܩܐ حندقوق D 600 λωτὸς ἥμερος eine Art Melilotus die Syr. u. Ar. حندقوقاء das nach Ǵavâl. nabatäisch ist, arabis. حندقوق, aus dem aram. حندقوقاء, حندقوقى Fleischer Ly I 431ᵇ den man sehe. Vull. فوقو انده = لوطوس, طريفلن, „syr.": حباقا I 612 (?) Honein hat bei D für λωτὸς: ܓܪܓܪܢܝܬܐ حندقوق BB = ܠܘܛܘܣ PSm 774. ܗܢܕܩܘܩܐ nur einmal bei BB. Eine zweifelhafte Form ܓܪܓܢܝܬܐ BA BB PSm 690. 765 K zu ܥܒܠܬܐ ܣܘܪܐ weil BA dies mit حندقوق (?) erklärt. 1159 ܓܪܓܪܢܝܢ. Aßaf 62 p 74ᵇ aram. חנדקוקא, alle Sprachen מילילוטום. 102 p 82ᵇ חנקוקא = מלילוטום.

D 458 1 τρίφυλλον 2 ὀξύφυλλον 3 μινυανθές 4 ἀσφάλτιον 5 κνίκιον eine Kleeart. Uebers. PSm 1520. Honein behält das Wort bei, während BA BB auch dieses ܓܪܓܪܢܝܬܐ حندقوق wiedergeben. Gabriel hat die gr. Synon. 2 ܛܪܝܦܘܠܘܢ, ܛܪܘܦܘܠܘܢ [Berggr. 867 oxytriphyllon وكسيتريفيلون, حندقوقا] 5 BB 764 (p) ܦܠܣܘܢ. Aus Galen PSm ܐܘܟܣܘܦܘܠܘܢ, ܬܪܝܦܘܠܘܢ, ܡܐܢܘܠܘܢ, ܐܣܦܠܛܝܘܢ (185.311) = ܓܪܓܪܢܝܬܐ.

Bṭ wirft Honein vor, er habe λωτὸς in seinen Bedeutungen nicht gehörig geschieden I 337. Das ist nicht gut möglich, da Honein λωτὸς Klee ܓܪܓܪܢܝܬܐ, den Baum aber ܠܘܛܐ wiedergiebt Nr. 229 und sie ausdrücklich unterscheidet.

b. [Mischn.] נרגרניות j Erub. III 20ᵈ₁₈ j Peah 21ᵃ₅, b Erub. 28ᵃ, beide Talmude halten es für הנדקוקי, zweifellos mit Recht. ד steht durchaus fest. Ber. 57ᵇ — Kallah 16ᵃ₁₇ Coronel. Pirḳa de R. haḳad. 28 Schœnblum. Agg. 'נודנוד b. Erub. Aruch verweist auf das arab. Wort, und giebt als zweite Erklärung קולײנד"רו culiandro, = Raschi: אלײנדרא wegen גַּד Coriander — man las also ד d. Lonsano, 94

Ma'arich verweist auf Matthioli [s. Sprengel D II 622], der loto d'Egypto (Melilotus offic.) für ḫandakûk erkläre, nicht trifolium, Klee. Auch er führt die Erklärung צירייש cérises an, die Raschi Ber. aO giebt, der also das Wort in zwei Bedeutungen nimmt. Aendern darf man das franz. Wort nicht [Fleischer Ly I 432ª Z_1 will „cierges"] da die Bedeutung Kirschen (Nr. 105 d) für גדנדניות bei den Casuisten feststeht. Ich will nur anführen: Kirschkerne, גרעיני גודגדניות, die man in Deutschland aß, weil es sich darauf gut trank, GA מהר"ח א"ז 38 p 12ᶜ und Alphabet des ben Sira Nr. 23, ob. S. 3, wo es durch cerasi wiedergegeben ist. Ob diese Annahme berechtigt ist, bleibe, obwohl ich sehr an der Bedtg. Kirschen zweifle, einstweilen dahingestellt. Hingegen behaupte ich, dass trotz der Autorität aller handschriftlichen Ueberlieferung — auf die Varr. des b Sira wird man kein Gewicht legen — das syrische Wort, an dem man nicht zweifeln kann, uns berechtigt anstatt גדנדניות überall גרגרניות herzustellen. Eine durchgängige Verschlechterung von r in d und umgekehrt ist nicht beispiellos [1]).

Der medische ḫandakûk הנדקוקי מדאי pl Erub aO der für genießbarer galt, wird μηδική D 286, *Medicago sativa* L., Luzerne sein, wofür syr. ܐܣܦܣܬܐ steht. BB = ܒܪܗܘܣܐ الرطبة = 491 ܒܪܗܘܣܐ فصفصة رطبة. ܐܣܦܣܬܐ = τρίφυλλον D Uebers. PSm

---

[1]) Am bekanntesten ist als Beispiel hiefür ציבחר, das uns in dieser auch von Massoreten gebrauchten (s. Frensdorff's Ausgaben), errpten Form so geläufig ist, dass Frankel zum j ציבחר in ר" änderte. Richtig ist ציבחר Ar. ms. Luzzatto, Pinsker bab. Punkt. 174 Targ. HL 3_4 Lag. Nœldeke Ns Gr. 270 mand. 117. ר Pesikta 93ª Anm. 228 Buber. Midraschim durchaus ר zB. viermal Echa r צריה הוי p 111_8 Lpz. Im j kann man die Verschlechterung verfolgen: d hat Krotosch. Dem. $24c_{54(55)}$ Ket. $30d_{52}$ Joma $43d_{26}$, Beza $63a_{25}$ Ta'an $66b_9$ – $c_{3 \cdot 13 \cdot 14}$. Job. $12d_{21}$. r für d der ed. Vened. Schabb. $6d_{60}$ Erub $25a_{10 \cdot 12}$. r Krot: Ber. $3b_{10}$ Peah $20d_{45}$ bis Sanh. $20b_{53}$ bis. — Aehnlich ist יְרוֹדָא richtig Ges. Thes. sv תנים : ירורא, falsch Ly sv einer ganz schlechten Etym. zu Gefallen. Vgl.

1529 Z 11 f. Geop 102_{30} (ιζ 8_1) μηδική. 110_4 (ιζ 9_4). Ebenso Aßaf 60 p 74[b] טריפולון־בספיסתא. Doch auch allgemein für Grünfutter = اسپست Vull sv Fleischer Ly I 129[a] = שחת. „Asp-ast“ = Rossnahrung Nöld. DMG 32, 408 Lag. Semit. 46 f.

כליל מלכא ܟܠܝܠ ܕܡܠܟܐ Melilotus Geop 48_{17} (ζ24_4 μελίλωτος) BB 439 = اكليل الملك 496 ܡܠܝܠܘܛܘܣ ܐܝܟ ܢܨܒ ܟܠܝܠ ܕܡܠܟܐ D 388. Araber ebenso. Griechische Umschreibungen d. arab. Wortes Langk 2. Aßaf 53 p 73[b] כלילא דמלכא = ארטימוסיא ἀρτεμισία? Gezâr اكليل الملك = שאהבשר [l. שאהפסר = שאה אפסר, Königskrone, zusammengesetzt aus شاه u. آفسر] = شجر الشيخ wie Aßaf?

כליל מלכא Ketub. 77[b]. Ly II 339[a] falsch nach Landau; richtig 533[a].

68.

ܚܘܝܬܐ ܕܢܗܪܐ

den Aal will ich besprechen, um zu zeigen, dass BB mit der Sorgfalt, die ihm PSm zuwendet, nicht verwertet werden kann und dass er, um nach allen Seiten hin erschöpft zu werden, eine specielle Behandlung erheischt.

BB PSm 785 erklärt: الرماهى ܘܡܬܩܪܝܐ ܫܠܝܚܐ ܕܠܚܘܝܬܐ

Nr. 145. In Gefahr war קופר j Ber. $5c_{34\cdot 59}$ j Ter. $46a_{27}$ j Bm $8c_{59}$ und sonst, Ber. 44[b] (ר) Hal. ged. Ber. VI. Or zarua I 182 p 57[b] und sonst oft, weil Buber zur Pesikta 164^b_3 für ר Midraschstellen beibringt. C 787 „ܩܘܦܐ herinaceus, spinosus; frustum carnis Nov.“ gehört zu ܩܘܦܕܐ 1) Igel Pesch. = קפוד قنفذ PSm 1192 sv. ܩܘܦܕܐ K ܐܟܝܢܘܣ dh. ἐχῖνος BB zu ܩܘܦܪܐ: ܩܘܦܕܐ 2) arbor ingens et procera? 3) ܡ ܕܒܣܪܐ Fleischstück. Das erwähnte ܩܘܦܐ heißt nur[1]) Affe [Pesch קף, Geop 41_2 PSm 634 Sergios = γαλῆ قرد nicht قدر — so l. f. قدر PSm 634 Z 5].

[1]) Balken = targ. קופא = talm. Berach. 56[b] קפא דיקא ausdrückl. קפא = כשורא.

„*Forte sit origanum fluviatile et legendum* ܩܘܪܢܝܬܐ ܕܢܗܪܐ“ mit einem Seitenblicke auf den viel misbrauchten Ibn Baiṭ. II 504, der unglücklicher Weise ein مرماخوز (s. Nr. 193) an die Hand giebt. PSm zeigt hier, dass er von seinem Artikel ܓܘܪܢܝܬܐ 659 = ܐܢܟܠܡܘܣ = مرمىج keine Kenntnis hat; dass ihm noch nichts bekannt ist von ܐܠܚܪܒܐ (1125) مرماهيج, مرماهى, von 273 ܐܢܟܠܡܘܣ wo er das pers. Wort nicht versteht und ܗܢܟܠܡܘܣ 1029: ἔγχελυς [Frtg. sv كلس]. Da man nicht des BB 1000 Folioseiten im Gedächtnis behalten kann, ist man, will man ihn herausgeben oder bearbeiten, verpflichtet, arab.-pers. Register zu ihm anzulegen. Solche hätten PSm in den Stand gesetzt, die Stellen, an denen مرماهى vorkommt, bereit zu haben.

Was nun ܓܘܪܝܕܝܬܐ, ܓܘܪܢܝܬܐ betrifft, so sind es Verschreibungen aus * ܓܘܪܝܬܐ, das nach dem talm. גוריתא Aruch, Fleischer Ly I 432[b] und dem nach Fleischer aus dem Aram. entlehnten (قريث) جِرِّيث [auch جِرِّى = مارماهى Lane 401[b] 404[c] „ein Fisch ohne Schuppen, den die Juden nicht essen“] vorhanden gewesen sein muss. Dasselbe ist ܓܘܢܝܬܐ mit dissimil. r oder eine ältere Form, von √ ܓܪܪ?

ܐܠܚܪܒܐ ܐܠܚܪܬܐ ist صِلَّوْر Syn. von Aal, oder, da der Artikel BB's doch in Unordnung geraten ist, crrpt aus * ܐܠܚܡܐ = talm. צלכחא, Ar. sv. Hal. gedol. Dagim, Aal. „Phalangium“ was nach BB ܐܠܚܪܒܐ bedeutet ist zu lesen: ܐܠܚܪܬܝܐ BB 715 zu ܦܐܠܢܓܝܘܢ = رُتَيْلاء, auch ܦܐܠܢܓܝܘܢ Rabban, ܦܐܠܢܓܝܐ BS.

69.

[ܗܒܩܐ]

„ulmus“ PSm 810 alter Fehler, schon bei BA [richtig 3047], von K aufgenommen, aus: ܒܩܐ—ܕ ܐܝܠܢܐ = شجرة البق also ܒܩܐ [nur Novar. ܒܩܐ, بَقّ entsprechend, talm. בָּקָּא Fleischer Ly I 287[b], [6]] Auch

811 ܗܕܘܩܘܐ 2) u. ܗܕܒܘܡܐ 2) sind zu streichen. ܗܕܒܘܡܐ 850 PSm conj. ܗܕܒܘܡܐ ist zweifelhaft. Ulme s. Nr. 71.

70.

ܕܕܝ

δᾳδίον Kienfackel Geop 11_{29}. 119_{12} ܐܪܙܐ ܕܒܝ ܕܕܝ ܩܘܣܡܐ δᾳδία πεύκινα (ιε8) 73_6 74_3: ܥܒܫܠܐ ܩܘܣܡܐ ܕܟܝ ܕܕܝ. 69_8: ܕܕܝ ܕܟܝ ܥܒܫܠܐ ܐܪܙܐ PSm 824. ܗܐܕܝ 801. Arab: داذى (so) ngr. δαδί, aus d. Fihrist Chwolson Ssabier II 249. Die talm. Form suche ich in דרנין j. Rhasch. II $58^a{}_{17}$ = עצי שמן ein pl. zu *דרין — j Schabb. $4^c{}_{18}$ דרינון Ar. [Krot: 'דר] ist danach zu lesen דר(י)נין [Erklärung zu לכש (לוגישא) Ar.: .לגש nicht griech.; b 20^b = שוכא דארזא meint: ܕܕܝ ܕܒܝ ܐܪܙܐ]. Gewiss nicht δρύϊνον, wie man sonst meint.

71.

ܕܕܪܐ.

Ulme.

Geop überwiegend statt ballût 10_{21}, besonders als ܕܕܪܐ—ܗ aus δρῦς, δρύϊνος 25_1 38_{29} $39_{7\cdot12}$ 45_{20} 49_9 $52_{12\cdot14}$ 61_{21} 69_{18} 75_4 (84_{17}). Zu sprechen ist ܕܕܪܐ BA: ܕܕܪܐ 3047 = pers. دردار Ulme, des Gleichklangs halber im Geop für δρῦς gesetzt, sonst πτελέα. So Galen PSm 824 — eine bemerkenswerte Abweichung vom Sprachgebrauche des Geop. Honein D I 110 ܦܛܠܝܘܢ = دردار, ܕܪܕܪܐ شجرة لبق BB 743. 744 πτελέϊνος: ܦܛܠܝܐ ܗܘܝܘ ܦܛܠܝܘܢ ܕܐܝܠܢܐ ܩܘܣܡܐ ܕܪܕܪܐ قال جبريل انه شجرة البق وهو الدردار ويسمى باليونانية ܦܛܠܝܐ. Hier steht die volle Form dard[â]râ, oben wird für dardâ zu lesen sein ܕܪܕܪܐ. Persisch u. arab. finde ich nur دردار, doch kennen die syr. Lexicogrr. auch ددار BA 3047, welchem die syr. Form entspricht. [Angelus a St. Jos. Gazoph. 258 ديدار verschriebenes ددار? Nöld.]

دردار wörtlich = شجرة البق Ulme South Verz. 276 Berggr. 882 [851 Fraxinus excelsior L., auch nach Munby derdâra.] Mow. 160 Avic 159 261 Bt I 416. Die Gallen der Ulmen enthalten mückenartige Tierchen θηρία κωνωποειδῆ D 110 f die den pers. arab., in's Syrische als ܐܝܠܢܐ ܕܒܩܐ übertragenen s. Nr. 69 Namen lieferten. Es ist sehr zu verwundern, wie das persische dardâr in der 8. Aufl. des Ges.'schen HWB neben dem semitischen דרדר stehen bleiben konnte. Schon Celsius II 136 hatte die Sache richtiggestellt.

BB, daher K, auch ܕܪܗܐ, wie oben aus BB [Honein] angeführt worden ist und ܕܪܪܐ; für beide wird ܕܪܕܪܐ oder dardâr zu lesen sein. Wie fatal die Aehnlichkeit von ܕ u. ܪ, ܗ und ܪ ist, sieht man aus PSm 825 „ܕܪܕܘܡܐ adolescentuli" das in dem Thesaurus denn doch nicht, wenigstens nicht ohne Verweisung auf das richtige ܕܪܕܘܡܐ̈ 946 stehen sollte.

Mit Ausnahme des δρῦς im Geop., erkenne ich für ܕܪܕܪܐ und ܕܪܕܐ nur die Bedeutung Ulme an. BB spricht PSm 825 Z 5 f viel über das Wort. Es soll bedeuten a) ܒܠܕܪܐ شجرة البق [BA 3047] lies mit BA u. K نبق, das aber unfraglich nur Schreibfehler[1]) für بق ist. Nur darauf beruht des PSm „3) zizyphus lotus" und es ist verlorene Mühe, für diese Bedeutung eine besondere Punktation zu suchen. BB 853: شجرة النبق ܒܠܕܐܪܐ C 808 „arbor culicaria" also بق! Ferrar. richtig ܒܠܕܪܐ arbor ex qua viscus conficitur دبق! Diese Verwechslung veranlasste K, der seinen BB ehrlich durchgearbeitet hat, uns für dardâr eine neue Bedeutung zu geben, die er auch unter ܕܒܩܐ s. ob. Nr. 69 mit ܒܩܐ durcheinanderwirft. Auch das Synon. ܛܘܦܐ stammt aus BB (C 953): ... ܛܘܦܒ ܘܩܘܒ̄ شجرة البق dafür hat cod II: ܡ̄ ܛܘܦܒ ܐܝܠܢܐ ܕܒܩܐ „in einem cod. ferner ...." Stammt ܛܘܦܐ aus dieser Stelle, so ist es mit ihm schlecht bestellt.

[1]) Vull. بتيليا — سده — دردار — I 41 اغال پشه „lotus arbor" Meninski's kommt von verwechselten بق und نبق.

BB schließt den Satz mit dem arabisch geschriebenen ددار ab und fährt fort: „Andere erklären rîš ʻâbâ ein Baum [?ܡܣܡܣܐ] der als erster im Baumgarten pardêsâ oder am Flusse gepflanzt, [bewirkt, dass] alle um ihn gepflanzten Bäume [ܐܝܠܢܐ] üppiger treiben“. Aus dieser Stelle hat PSm, da das oberwähnte daddâr in cod H mit syrischen Buchstaben geschrieben ist, — ein Versehen, dem man bei dem Umstande, dass er aus einem karšûnischen Codex abgeschrieben ist, der seinerseits wieder aus einem in Neskhi geschriebenen copirt wurde, öfter begegnet, — einen besondern Artikel gemacht (824 ܕܕܐܪ) ohne zu bedenken, dass der Anfang der Erklärung „Andere ܐܚܪ̈ erklären“ bei ihm keinen Sinn giebt. BB will gar nicht ددار [ܕܕܐܪ] sondern ܕܕܪܐ und seine Erklärung ist Reminiscenz aus der oben Nr. 9 bezeichneten Stelle. Ist die LA ܕܐܕܪܐ der BOr richtig [BA: ܕܘܕܪܐ = ܪܒܥ ܟܘܒܐ PSm 946 Z 3 vu] und hat nicht ܕ—ܕܕܪܐ gestanden [od. um dem ܐ gerecht zu werden ܕ—ܕܐܕܪܐ] so ist Genitiv ܕ irrig zum Stamme gezogen. — BB noch: Andere: ein Holz das man anstatt Wachs ܡܫܘܚܐ ohne Oel brennt. PSm verweist hiefür auf ܕܕܫ.

Zur Verwirrung des Artikels dardâr trägt bei, dass דַּרְדַּר, bibl. und mischn., ܕܘܕܪܐ auch arabisch ist. K gebraucht دردار PSm 947 Z 2 in diesem Sinne, und Petermann Reisen I 74 berichtet ausdrücklich دردر lebe in dieser Bedeutung noch. Es wächst in Galiläa häufig und dient Bauern als Nahrungsmittel, (Schwarz d heil Land 317) zu mehr als buchstäblicher Erfüllung des Fluches Gen 3_{18}. Kôs und dardar ersetzte man talmudisch durch Artischocken und Cardonen, und die spätere Kabbalah hat es nicht unterlassen Cardonen (oder Artischocken) besonders für die Trauerzeit vor dem 9ten Ab angelegentlich zu empfehlen: denn es bestehe ein Nexus zwischen dem Südenfall, seiner Dornenstrafe und der Zerstörung des Tempels. (Palaggi, Moed lekol chaj IX, 28) Kôs und dardar sind nemlich sowohl nach jüdischer als nach christlicher Ansicht nach dem Sündenfall erschaffen. Dornnamen s. ܣܝܓܐ, ܣܘܪܛܒܐ. D 116 παλίουρος *Paliurus australis* Gärtn. BB 716 Rabban ܦܐܠܝܘܪܘܣ ܗܘܕ̈ܪܐ ضرب من العوسج S. Nr. -- Futter Schebiit 7_1 החוחים והדרדרים talm. דרדרא Ly.

72.

ܗܡܣܟܐ דּוֹחִינָא.

Panicum, Hirse.

Bibl. דֹּחַן Ezech. 4_9 دخن Es liegt kein Grund vor, des Ezech. dôchan für Sorghum vulgare Pers., Mohrhirse zu halten[1]), der nach Italien erst zu Plinius' Zeit kam. Etymologisch lässt sich die Benennung auch für die gemeine Hirse rechtfertigen, indem auch diese meist braun ist [miglio nero, rosso, bianco] also recht gut „rauchfarben" heißen kann. Auch μελίνη ist nicht Mohrhirse.

Die Syrer geben folgende Uebersetzungen.

Panicum italicum L Kolbenhirse ἔλυμος Galen ܐܠܘܡܘܣ PSm 199. D 241 οἱ δὲ μελίνην PSm 1016 ܡܠܝܢܘܣ, ܡܠܝܢܢ, ܡܠܝܢܝܢ BA ܗܡܣܟܐ دخن nur K auch ܦܪܓܐ. PSm 834 BB ܗܡܣܟܐ: ܕܡܝܐ ܠܩܢܓܪܘܣ l. ܠܩܓܪܘܣ aus D: κέγχρῳ ὁμοία. Ez. aO. 27_{17} f. פַּנַּג?

Panicum miliaceum L gemeine Hirse. ܦܪܓܐ. Jes. 28_{25} Hex. Geop 5_{19} 23_3 114_{13} BB 827 „κέγχρος" ܗܡܣܟ الجاورس ܦܪ̈ܓܐ ܚܝ̄ ܐܟܪܘܢ ܢܣܚ Das. auch جوارش. 660 n i c h t χόνδρος ܦܪܓܐ ܩܢܕܪܘܣ ܠܩܓܪܘܣ ܢܣܚ جاورس. Dasselbe aus ܚܝ̄ ܒ̄, der alte Codex ist nicht immer der bessere, unter ܩܢܕܪܘܣ. 774: ܦܪ̈ܓܐ ܚܝ̄ جاورس صحيح الدرة ܕܩܓܪܝܐ ܩܢܕܪܘܣ ܐܝܟ ܩܓܪܝܛܘܣ حنين وابن سرو κεγχριαῖος. Hoffentlich erlässt uns der Thesaurus die Artikel ܩܢܕܪܘܣ, ܩܢܕܪܘܣ, ܩܢܕܪܘܩܘܣ, ܩܢܕܪܐܘܩܘܣ.

D 472 κραταιόγονον . . . φύλλα ἔχει ὅμοια τοῖς τοῦ μελαμπύρου . .

---

[1]) So entscheidet sich auch Hehn 452.

καρπὸν δὲ ὅμοιον κέγχρῳ BB 887. 855 ܕܘܚܢ ܐܝܟ so ܡܢ ܐܪܝܣܛܘܛܠܝܣ ܚܛܬܐ ܕܟܘܪ ܗܦܘܚܝܗ ܕܕܡܝܢ ܠܓܘܫܐ ܦܐܪܘܗܝ ܕܝܢ ܕܕܡܝܢ ܠܦܪܘܓܐ [l. ܠܦܪܘܓܐ]: ܡܢ ܐܪܝܣܛܘܛܠܝܣ هو نبات ورقه مثل ورق الحنطة وثمره مثل الجاورس C 828 „cuius folia ܠܓܘܫܐ mespilis? [?] similia et fructus a v i u m pullis.“!

جاورس ist überall zu schreiben Lag gA 27 pers. گاورس = دخن Nešwân bei Wetzstein Dreschtafel 281. *Panicum miliaceum* bezeugen die Lexica Lane, Vull., doch nicht ohne Schwanken nach den nächstverwandten Arten. JAwwam II[a]77 Anm. = ذُرة vulg. دُرَّة [= ارزن Lorsb. Arch II 37 Wetzst. aO „wohl mit Hirsen dasselbe Wort“]. Langk 123 Holcus sorghum L τζροῦ osttürk. ṭaru = ذرة, τζαβὰρ σιτηχινέ جاورس الهندى κέγχρος ἰνδικός. Sorghum in Aegypten Dura beledi, in Syrien Durra maçri.

„Milium, herba milii“ steht [aus Ferr.] C 738 zu ܦܪܬܘܬܐ BB 791: ܡܢܝܢܬܐ ܕܠܝܬ ܗܘܝܘ ܡܢܝܢܗ حصيصة جزء صغير Atom. [ܦܪܬܘܬܐ Krume Nöld ns Gr 101 = ns ܦܪܬܘܬܐ.] Der gute Ferrar. hat aus ܡܢܝܢܬܐ ein ܦܘܢܬܐ herausgelesen. [Verschieden davon ist ܦܘܪܬܘܬܐ ἀπορία Sachau Ined 7_1 Anton. Rhetor ms. f. 89^b = dubitatio. Wright Catal. 876^b. Ebed Joshu Ktaba de Pardesa ms. Berol. p 20^v ܦܘܪܬܘܬܐ ܗܝ ܡܢܐ ܕܡܬܝܕܥܐ ܠܡܫܟܠܢܘܬܐ ܡܬܩܪܝܐ ܡܥܒܕܢ ܘܠܐ ܢܦܠ ܐܢܫ ܕܐܢܫܐ ܢܚܙܐ: ܢܦܠ ܒܦܘܪܬܘܬܐ. — Dazu ܐܬܦܪܬܬ BH Chron. eccles. III 5_{14} Abbel. u. Lamy. Ephr. I 73c]. Talmudisch steht דוחן ständig in einer Reihe, die eine zwischen Getreide und Hülsenfrüchten stehende Gruppe bildet: הָאוֹרֶז וְהַדּוֹחַן וְהַפְּרָגִים וְהַשּׁוּמְשְׁמִים Reis, Hirse,? und Sesam. Schebiit 2_7 Challah 1_4 Mechilta Bo 8 p 9^a_{27} 8^b_{12} Friedm. ב״ Weiß. Sifre I 146 p 45^b. 110 p 31^a. II 105 p. 95^b und sonst. ܪܘܙܐ ܘܕܘܚܢܐ nebeneinander PSm 834. דוחן دخن Maim., Andere מיל ,מיליי״ miglio, הירשא Hirse[1]). Ob

[1]) Dies Isaac Tyrnau in seinen Minhagim; er sagt aber, es könne auch tatárka טאטערקא, Buchweizen, darunter verstanden werden.

die Mischnah unter דוחן Sorghum, Mohrhirse — nicht Meerhirse — versteht oder die gemeine Hirse oder Holcus Dochna Forsk. d. h. *Penicillaria spicata* Willd. lässt sich schwerlich entscheiden. Vorläufig kann man bei der Mohrhirse bleiben. Schwieriger ist פרגין(ם), syrisch die gemeine Hirse. Talmudisch erklärt es die Tradition einhellig für: Mohn.

Mohn wird in Palästina wenig gebaut, mehr in Syrien, hat aber aramäisch keinen einheimischen Namen (ܟܫܟܫܐ s. Nr. 151). Es wäre nicht allzu auffallend, wenn er in den talmudischen Schriften übergegangen wäre, wie andererseits erklärlich wäre, dass man in dem Nachbar des ölhaltigen Sesams, in Ermangelung genauerer Kenntnis der Hirsearten, den Mohn gesucht hätte.

Es ist gewagt hier der Tradition zu widersprechen; darum will ich noch Folgendes hervorheben:

a) So sehr Mohn und Sesam zu einander gehören, so hat doch auch die Aufeinanderfolge von Hirse und Sesam nichts Auffallendes. Behandelt doch Dioscorides die vier mischnisch verbundenen Pflanzen fast genau in derselben Reihenfolge. I 239 β 117ff: ὄρυζα [118 χόνδρος] 119 κέγχρος 120 ἔλυμος 121 σήσαμον. Gewiss ein interessantes Zusammentreffen!

b) Wenn Pesach. 35ᵃ, wo von einem Teige die Rede ist, פרגין und Sesam fehlen, so liegt darin nicht etwa der Beweis, dass man Mohn unter 'פ verstand, sondern nur eine schadhafte Ueberlieferung der Baraitha die nach Mechilta aO zu ergänzen ist. Sesam bietet keine Schwierigkeit, denn er wird ein wenig geröstet mit Zucker und Reismehl zu Kuchen gebacken.

פרגים ist also mit Hirse zu übersetzen, wie das entsprechende syrische Wort.

ܟܘܢܬܐ כּוּנָּתָא.

Triticum Spelta L Spelz, Dinkel ζέα, ζειὰ D 238 [Bṭ II 207 علس = زاا I 515 = span. اسفالته espelta so l. für اسعاليه السفاليه

103

ܕܐܪܐ PSm 1071 ܕܗܪܐ[1]) 1086, ܕܐܪܐ 1116. = ܟܘܢܬܐ[2]) جاورس دخن (زوان, ذره) Gabriel جلبان Schamlî الذرة, cod M: الكثيب BA 4644 ܟܘܢܬܐ ܗܘ ܕܡܢ ܐܪ̈ܙܐ ܕܗܘܐ ܒܡܬܐܟ̈ܠܬܐ ܐܣܛܘܡܟܘܣ ܘܡܟܠܬܐ ܡܢܘܣܩܝܣ ܠܣܘܟܐ. BB ܟܘ̈ܢܬܐ الكنيث الجلب والذره جهجندام الجاورس Abgedruckt Lag gA 24, nur dass ܓܗܓܢܕܡ karšûnisch ist, da ܓ mit Punkt geschrieben ist u. cod M wirklich جهجندم hat wie BA auf den Lag. verweist und BB PSm 1510 sv ܙܝܐܘܣ. cod M zu ܟܘܢܬܐ: ܐܝܟ ܒܪܫܝ̈ܬ ܕܟܠܝܢ ܠܚܛܐ ܒܪܡ ܕܡܬܩܪܐ ܘܡܥܒܪ ܒܪ ܚܛ̈ܐ ... ܡܢ ܕܘܟܐ.

Honein ζειά ܟܘܢܬܐ D 488 φάλαρις BB: ܐܦܠܘܪܝܣ ܐܝܟ ܪܒܝ ܟܡܣܐ ܐܝܬܝܗ̇ ܣܡܝܕ ܩܘ̈ܫܐ ܕܡܠܝܠܝܢ ܘܕܟܝܢ ܡܥܘܣܗ ܘܡܬܦܪܣܗ ܠܟܘܢ̈ܬܐ, وقال جبريل ܐܦܠܘܪܝܣ:

Honein gebraucht ܟܘܢܬܐ auch für G r a u p e. D 239 lässt χόνδρος, alica, aus zweikörnigem Spelt bereiten. Dies wird RDime sagen wollen, wenn er חילקא durch (ܟܘܢܬܐ) כונתא erklärt; schwerlich hat man dieses Wort auch für Graupe gebraucht. M. kat. 13[b].

ܟܘܢܬܐ כונתא Targ. Pesch. = כֻּסֶּמֶת, כֻּסְּמִים Arab. BA كنيث Abulwalîd كنيث nicht كثيب BB, كنيب ders. PSm 1014 Z 3 كنيب Bt II 404 Frtg IV 62[a] = ὄλυρα eine Speltart BA s. Nr. 328 = ܠܘܪܐ Nr. 5159. ܐܘܠܘܪܐ = ܟܘܢܬܐ, ذره, oder دخن oder كنيث. PSm 66 ܐܘܠܘܕܐ aus D, 67 aus Gal. 68 ܐܘܠܪܐ.

Χόνδρος Getreideart כנדרוס Kusari I 64 p 170 Cassel. = خندروس Avic 275. Mow 144 = كندم رومى. Bt I 396. JAww Meyer 3_{69} حوشاكى. Ferrar. ܟܪܝܣܐ C 440 Zea.? Graupe, χόνδρος PSm ܐܠܝܩܘܣ 1014 ܐܠܝܟܣ ἄλιξ. = חילקא talm.

جلبان soll Gabriel für ζειά gesetzt haben. Das ist, da gilbân

[1]) Ganz schlecht ist was Ly I 390[a] aus seinem TW wiederholt „vgl. ܪܗܐ hochaufschießen und ܪܗܐ milium". „Hochaufschießen" ist des C misverstandenes e x t u l i t und das zweite Wort ist griechisch.

[2]) Verlesen aus خنّى s. Nr. 233.

Lathyrus sativus L [nach Delile Descr. de l'Egypte H. N. II 70 und Aschers.] bedeutet, unmöglich. BA bietet dafür ein willkommnes جلب, das ich nur noch aus JAwwam Meyer 3_{84} كلبا (wohl pers. ?) „eine speltähnliche Getreideart" kenne. Es muss aber in der Bedeutung Spelt vorhanden gewesen sein, da auch talmudisch כוסמין durch גולבא pl. wiedergegeben wird. Niemals aber konnte ein Talmudist unter כוסמין, das stets unter den Getreidearten, nie unter Hülsenfrüchten genannt wird, eine Hülsenfrucht verstehen. Was ich hier behaupte ist unumstößlich sicher und wird dadurch bestätigt, dass das hebräische, nachbiblische Aequivalent des arab. كرسنة nicht כוסמין ist sondern in der regelrechtesten Form der Lautentsprechung כרשנה od. כרשינה. Ich hebe dies hervor, weil Wetzstein, Lagarde und Fleischer die Verwechslung befürwortet haben. Levy aber hat sehr gefehlt, wenn er zu גולבא, das כוסמין erklärt, als gleichbedeutend גילבונא [גולבינא ist falsch] setzt. Dies Wort, dem Lautbestande nach ganz genau = جلبان, das Maim. zu Kil 1_1 und Ar. sv פול dafür setzen, steht j Kil. $27^a{}_0$ als Erklärung zu einer Hülsenfrucht: פורקדן Nr. 127 c. Ueber כרשינה spreche ich zu Nr. 170. Ueber כוסמת sei hier das Nötige gesagt. [Ich bekenne mich durch die hier gelieferten Beweise von der Verschiedenheit der beiden Gewächse vollständig überzeugt. Fleischer.]

Es giebt keine talmudische Tradition, die כסמין = كرسنة setzt, und kann keine geben. Ich muss zunächst Maimonides gegen den für einen Talmudisten schwerwiegenden Vorwurf, er habe die beiden sehr verschiedenen Pflanzen verwechselt, in Schutz nehmen, und freue mich, dies tun zu können.

In seinem Commentar zu Schabb. 20_3 steht nemlich zu gerechter Verwunderung: karšînîn d. h. arabisch kirsanna, ist hebr. kussemet und ist ein Viehfutter. Aehnlich Schabb. 1_6 wo man die verzweifelte Anstrengung der Tossafot des Jomtob Lipmann Heller nachlesen kann, des Maimonides Ehre zu retten. Im arabischen Texte des Mischnahcommentars steht aber כוסמת nicht; die Verwechslung fällt also dem Uebersetzer zur Last.

Spelt, kussemîn, Challah 4_2 als eine Art Weizen bezeichnet, ist eine der fünf Getreidearten, die immer beisammen erscheinen; ja wo man es nur auf die häufigen, gangbaren Getreidearten abgesehen hat, nennt man Weizen, Gerste und Spelt כוסמין (Challah 1_1 Pesach. 2_4 Schebuot 5_3 — und oft.) Ich hoffe, dass man einsehen wird, es sei einfach verboten, hier vom durchaus feststehenden mischnischen Sprachgebrauch abzuweichen, zumal כרשין, bisher nicht beachtet die Möglichkeit von כוסמין = كرسنة ausschließt.

D 239 τράγος, dem χόνδρος ähnlich, Graupe. Rabban sagt darüber PSm 1509: Es ist ܐܠܝܩܣ, die Griechen, dh. nicht D, bei dem das Wort noch nicht vorkommt, nennen es ἄλιξ. An einer andern Stelle sagt Rabban: es ist eine Art ܟܘܪܣܬܐ [Graupe]. Ferner sagt er τράγος D 543. PSm hat „τράγος" erkannt, wusste aber weder hier noch 1510 ܛܪܓܝܐܘܣ von der Bedeutung Graupe. ܛܪܓܝܐܘܣ = ܓܪܝܣܐ PSm aO und 1509 richtig τράγιον und τράγιον ἄλλο D 542 aus der Uebers. An erster Stelle noch: BS ܛܪܓܝܘܢ ܩܘܣܡܐ ججندم ܟܘܪܣܬܐ ܟܘܪܣܬܐ (?). — Talm. טרגים ist längst erkannt. Vull. طراغيس verzeichne ich, weil er es nicht erkannte und weil es das i der zweiten Silbe bestätigt.

Unklar ist ܛܪܓܝܢܐ oder ܬܪܓܝܢܐ PSm 399 K = ܐܪܣܘܬܐ = ܐܪܣܢܐ[1]) ܛܪܓܝܢܐ ܪܘܚܐ und verweist ohne 2 Sam 17_{19} הריפות, das in ܐܪܣܘܬܐ vorliegt, anzuführen auf die betreffenden Artikel um 1524 zu ܛܪܓܝܢܐ wieder zurückzuverweisen.

Es steht bei BB in folgender Stelle: ܪܘܚܐ كشك ܕܗܘܐ ܡܣܪܘ ܐܪܣܘܬܐ ܘܚܫܠܐ[2]) الهشل ܟܘܪܣܬܐ ܘܣܘܠܬܐ

---

[1]) talm. ערסנא.

[2]) talm. חושלא, אושלא PSm 1056 ܚܫܠܐ = ܚܫܠܐ ارسان 1404.

ܒܠܠܗ ܪܗܒܢܐ ܐܝܟ ܒܪܝܫܬܐ ܐܪܝܣܠܐ ܒܟܠ ܗܝ ܗܘ ܕܪܟܝܒ ܕܠܬܪܝܢܗ ܗ
الشعير المرضوض المقشر او الحنطة المقشورة وشىء قليل من الخضير ܘܕܒܬܘܪܐ
ܟܐܫܟܬܐ كشك ܘܠܫܡܠܐ ܘܣܡ ܬܪܥܡܠܐ ܒܠܬ ܘܣܬܘܬܐ ܒܬܢܘ ܪܘܡܐ
ܟܐܫܟܬܐ: [كشك] ܒܥܝ ܘܗܘ ܕܪܝܫܠܐ ܗ ܒܬܘܪܐ Letzteres, ܪܘܡܐ
steht bei uns 2 Sam. aO. bei Wiseman Horæ syr. I 254 mit de Glosse: ܗ̄ ܫܪܝܐ ܕܬܒܘܪܐ.

73.

ܕܘܠܒܐ דולבא.

Platanus orientalis L. *Platane.*

دُلب Bibelüberss. = ערמון ἐλάτη PSm 907 s. Lag. Semitica 60, ebenso talmudisch oben S. 60 πλάτανος. Auch Galen. BB 755. 758. 807: ܦܠܛܐܢܘܣ[ܘ] ܒܝܘܢܝܐ ܕܘܠܒܐ دلب ܦܠܛܐܢܘܣ ذكر جبريل ان اسم الدلب باليونانية ܦܠܛܐܢܘܣ: ܨܢܕܠ صندل . . . دلب صنار من اسماء الدلب: ܦܠܛܢܘܣ . . . ܕܘܠܒܐ: Die Erklärung Platane gehört nur zu ܨܢܕܠ = [صنّارا, Bt II 139. I 422 = عيثم — nicht عشم — aus] pers. چنار [s Lag gA 31_{14}] Lane 902, Petermann Reisen II 171, nicht auch zu ܨܢܕܠ, صندل = چندل skr. čandana Pott Z f d K V 80. Sandelholz. Weißes ܐܣܦܝܕܐ PSm 313 = ܣܢܕܠ ܚܘܪܐ ܕܡܬܩܪܐ = ܐܣܦܝܕܪܘܢ, صندل ابيض *Santalum album* L. und *Pterocarpus santalinus* L. fil. Sandelholz. PSm 726 ܨܢܕܠ weiß und rot ܠܣܢܕܠܐ ܚܘܪܐ ܠܣܢܕܠܐ ܣܘܡܩܐ.

ערמון = דולבא wurden öfter für Kastanie gehalten. BSira 12.

74.

דמוע

(mischn.) j Ber VI 10^b_{59} j Kil. VII 30^a_{60} מין דשא?

75.

ܕܘܢܒ ܣܘܣܝܐ.

Uebersetzung von ἵππουρις PSm 925 ذنب الخيل ܐܦܦܘܪܝܣ ذنب الفرس. Aßaf 49ª איפוארים = זנב הסום. Langk 126 Equisetum ζαναχ πουλχατ, σαναχ πουρχαϊ lies ζάναπ ούλχαϊλ.

76.

ܕܢܘܒ ܥܩܪܒܐ.

D 683 σκορπίουρον Syn. zu ἡλιοτρόπιον (τὸ μέγα und μικρόν) PSm 925 D 685 σκορπιοειδὲς βοτάνιον . . σπέρματα [ἔχον] οὐραῖς σκορπίου ἐμφερῆ, βοηθεῖ δὲ καταπλασσόμενα σκορπιοπλήκτοις BB: ܣܩܘܪܦܝܘܐܝܕܝܣ ܐܝܟ ܙܪܥ ܗ̄ ܕܡܐ ܥܩܪܒܐ ܒܣܡܐ ܐܝܬܘ̄ ܕܕܡܐ ܠܗ ܠܕܘܢܒܐ ܕܥܩܪܒܐ ܘܡܥܕܪ ܠܡܢܟܬܐ ܕܥܩܪܒܐ Nicht hieher gehört: ܕܢܘܒܬ ܥܩܪ̈ܒܐ [so] ܒܣܡܐ ܗܘ ܕܟܒܐ ܥܘܩܪܐ ܕܒܥܩܪܒܬܗ ܠܚܘܠܐ Aus der DUebers., ich finde aber die Stelle nicht.

77.

ܕܢܕܠܐ.

Ceterach officinarum Willd. *Ceterach*.

Eigentlich das Tier scolopendra s. unter ܡܐܐ ܪ̈ܓܠܐ Nr. 207.

D 480 ἄσπληνον = σκολοπένδριον = σπλήνιον [حشيشة الطحال Bt I 309 Vull I 99] BB PSm 925 اسفار ܣܩܘܠܘܦܢܕܪܝܘܢ 315 ܕܢܕܠܐ اسفارد ܐܣܦܠܝܢܘܢ. BB 669: sv „σκολοπένδριον" = ܕܢܕܠܐ. Nicht übersetzt. Galen, Honein D 491 λογχῖτις ἑτέρα . . φύλλα ἀνήσιν ὅμοια σκολοπενδρίῳ BB 463 ܠܣܩܘܠܘܦܢܕܪܝܘܢ ܐܝܬܝܗ̇ ܦܛܪܝܣܗ ܕܗܘܐ ܕܡܟܢ ܠܣܩܘܠܘܦܢܕܪܝܘܢ [Bt II 441 لنخيطس اخر]. Aßaf 121 p 86ᵃ alle Sprachen איספלינין سقولفندريون Mow. 151 Av 223 hebr. 74 (Rand: العقربان) Bt II 31 in Spanien: عقربان II 302. Bergr. 839 Ceterach, Vraie Scolopendre اسقولوفندريون العقربان حشيشه und [Bt I 309 حشيشه الدوديه = ام اربعة واربعين wie PSm aO] حشيشه الدوديا. D 481 ἡμιονῖτις = σπλήνιον, φύλλον ἀνίησιν ὅμοιον δρακοντείῳ — ܠܘܦܐ — οὔτε δὲ καρπόν, οὔτε καυλόν, οὔτε ἄνθος φέρει. Die Uebers. steht ohne Verweisung auf D PSm 156 ܐܝܡܝܘܢܝܛܝܣ. Galen ܗܝܡܝܘܢܝܛܝܣ PSm sv. Scolopendrium Hemionitis. —

Scolopendrium *vulgare* Sm Hirschzunge D 456 φυλλῖτις Bt II 272 فيلطس φύλλα ἀνίησιν ὅμοια λαπάθῳ . . οὔτε δε καυλόν κτλ BB:

ܦܘܠܝܛܘܣ ܐܝܟ ܐܦ ܒܫܡܐ ܗܕܟܢ ܠܪ̈ܦܘܣܐ ܠܡܣܒܪܢܘܬܐ ܒܕܠܐ ܩܘܢܐ ܐܦܠܐ ܗܒܒܐ ܐܦܠܐ ܦܐܪ̈ܐ ܒܫܢܬܐ.

דַּנְדְּנָה Schebiit 7, neben לוּף הַשּׁוּטָה. Var דנדנא, falsch j. דנרנה. Maim نعنع. Aruch wird nur in der Uebersetzung citirt (מינטא), nicht von Maimonides, der ausschließlich arabisch erklärt. In den arabischen Handschriften steht nirgends ein spanisches Wort. Die Erklärung menta, Minze befriedigt nicht.

Als Vermutung ist vielleicht Folgendes beachtenswert.

לוף הישוטה könnte Hemionitis sein, dessen Blätter nach D wie ܠܘܦܐ sind: das daneben genannte דנדנה dann: ܕܢܕܢܐ, das darauffolgende עקרבנין auch Erub. 2_6 j. ערקבנין Ar. ערקבלין wird ohnehin عقربان *Ceterach* off. hier vielleicht *Scolopendrium* vulg., erklärt. Auch Pes. 39ª, wo aber die Erub. 26ᵇ gegebene Erklärung: דדיקלא [חרוייתא] אצוותא zu חרחבינה geraten ist. Hai G. Ar.: „Eine sehr dicke Pflanze, an der wie Nadelköpfe sitzen; arabisch אטן (?)“ — Eine am Fuße der Palme wachsende, sie tödtende Distelart heißt عكرش. [Akriss in Algerien Festuca cæspitosa Desf. Munby Bull. soc. bot. Fr. 1866. Nachtigal hörte Akresch für ein Stachelgras, wahrsch. *Vilfa spicata* P. B. Ascherson.]

78.

ܕܩܠܐ. דְּקָלָא.

Phœnix dactylifera L. *Dattelpalme.*

Mischn. דֶּקֶל (دقل) bibl. תמר. نخل. Biblische Nachrichten und literar. Nachweise Winer RWB. Schenkel Bibellex. Rosenmüller Bibl. Naturgesch. 297. Talmudische Nachrichten gesammelt LLöw Graph. Requ. I 78. — Allgemeines: Hehn 180.

Die Mischnah unterscheidet mehrere Arten von Datteln. RMeïr nennt Ab. zar. 1_5 drei: חצב, דקל טב [j. חצד oder חצר $39^d{}_{52\cdot53}$] ניקלבס [vielfach verschrieben; Ar. u. j. meist ניקלוס]. Schon die babylonische Gemara klagt, wie man sehen wird, mit Recht über die Dunkelheit der Stelle 14^b_m. — דקל טב gute Datteln. Nicht Palmbäume.

חצב, wenn 'כ richtig ist, wohl خَضْبَة pl. خَضْب, خصاب. Kamûs bei Lane palm-trees. b erklärt קשבא = ܩܣܒܐ BB 869 ܩܣܒܐ قسب ܐܪܒܢܝܬܐ ܩܣܒܐ ܗܘ ܐܘܪܒܢܐ قسب C 837 arundo mellita, dactylus siccus, Novaria. BB 993 ܬܡܪ̈ܐ ܥܦܘܨܬܐ ܐܝܟ ܕܐܪ̈ܒܢܐ ܩܣܒܐ قسب herbe [1]) Datteln. Die Erklärung arbânê beruht auf Identificirung von قسب und قصب, die auch Aruch sv und Maimonides zur Stelle sich zu Schulden kommen lassen und auf der die Nachricht von der Erwähnung des Zuckerrohres in der Mischnah fußt. Talmudisch ist קשבא Dattel s Ar. und Tossafot z St. An ܐܘܒܢ ܗܦܠܐ PSm 367 ob. ist nicht zu denken.

ניקלבס hat Buxtorf erkannt als die Dattelart des Nikolaos aus Damascus: Augustus hat sie nach Nikolaos, von dem er sie erhielt, benannt. Athen. ιδ 652 A Pauly, Realencycl. sv Nicolaus 3, Plin ιγ 9 § 45 Sicciores ex hoc genere nicolai, sed amplitudinis præcipuæ, quaterni cubitorum longitudinem efficiunt. Sie werden auch im Edict Diocletian's erwähnt. Waddington Ed. de Diocl. p. 17 verweist auf die von Mommsen angeführte Descriptio totius orbis cap 18.: Nikolaum vero palmulam invenies habundare in Palestina regione in loco qui dicitur Hiericho; similiter et Damasci minores palmulas sed utiles. Auch Isidorus Orig. XVII 7 hat das Wort. Der j. Gemara sind sie wohlbekannt. In einem Mittel gegen eine Mundkrankheit [צפרונא babl. צפרינא s. Perles Monatschr. 24 362 der j. übersah und צפרינא mit einem pers. zafar — vgl. ܙܦܪ̈ܐ PSm — vergleicht] sind Dattelkerne גלעינין דתומרין Par. st. 'גר' דתמ, nach der genaueren Tradition „Nicolaus"-Kerne נקלבסין j Ab. z. II 40^d_{33} j Schabb. XIV 14^d_{32} ניקלבס. Sie

[1]) قَسْب = التمر اليابس De Sacy Abd. p 118 la datte sèche.

waren als vorzügliche Sorte zu Geschenken geeignet j Ber VI 10^c_{33} נקלוסין, wurden gezüchtet j Dem. II 22^c_{11} und bildeten einen Handelsartikel j Ma'as. scheni IV 54^d_{16} ניקלוסיא. Erwähnt sind sie Bamidb. r. 3 p 371 Lpz. dafür M. Ps. 92 irrig מקולסין.

Babli gesteht, die nicolai nicht zu kennen und bringt ein palästinensisches Zeugnis bei, nach welchem נקלם = קורייטי[1]) ist. Nun ist aber sicher, dass letztere, [καρυωτὸς φοίνιξ des Strabo ις 2_{41} καρυῶτις des D 140], von römischen Schriftstellern zuerst bei Varro [rr β 1 p 164 Bip.: non scitis palmulas caryotas in Syria parere in Judæa in Italia non posse] erwähnt s Hehn 189, bei Plin ιγ 9 § 44, von den nicolai verschieden sind und es ist klar, dass der Berichterstatter, R Dime, die fremdartigen Namen verwechselt hat. Caryotæ sind nach demselben Bericht im j = חצב 39^d_{58}. Die Angabe wird bestritten, indem חצר als besondere, חצדא genannte Art bezeichnet wird.

Der Verkauf der genannten Arten an Heiden wird untersagt, weil die caryotæ — wohl auch die andern — an den Saturnalien und besonders an den Kalenden ein beliebtes Festgeschenk der Römer waren. Pauly sv. Man vermisst in der Mischnah die Erwähnung einer Sorte, die den chydæis des Plinius entspräche, wenn die nicht in חצר stecken. Das Etymon das Plin. darin findet, χυδαῖος, wird wohl eigene Erfindung sein, willkommen, weil daran das geistreiche Aperçu sich knüpfen ließ: ιγ 9_{46} Quos ex his honori deorum damus **chydæos** a p p e l l a v i t J u d æ a, gens contumelia numinum insignis.

---

[1]) Auch j. קוריוטה nicht 'קר. Ebenso Berach. 50[b] קורייטי, wo es ein Getränk bezeichnet. Cariotum ist der lateinische Name für dibs دبس, während die Dattel aus der es gemacht wird cariota, caryota heißt Apic. 34 ed. Schuch Heidelbg. 1874 A n m. — קלוון von Landau Ar. sv hiehergezogen (zu נקלם) ist von Buber zur Pesikta 93[a] Anm. 229 richtig gestellt. Seine Corr. von חר דקל des Ar. in חר חקל bestätigt die Hschr. Zacuto's: חר חקל ר"ל שדה.

Es werden in Babylon noch persische und aramäische Dattelpalmen unterschieden; jene ist wertvoller als diese, ihr Fleisch trennt sich vollkommen vom Steine, während es bei der aramäischen Dattel zum Teil daran haftet. B. kamma 59ª Schabb. 29ª Ar. קשבא u. ארם. Babli erwähnt noch תאלא s Ar. nach Boehmer, [Kezad ma'arichin Berlin 1855 p 52] des Arrian Ind. VII 3 τάλα skr tâla *Borassus flabelliformis* L. Palmyra = Palme. Vgl. Vull. sv تال und تار. C Müller zu Arrian aO verweist auf Ritter Erdk. V 854 Lassen, Ind Alt I 264. — Sukkah 3_1: צני הר הברזל eine Palmart, über die Wiesner Monatschr. 3 281 und Scholien 2 217 Verschiedenes beigebracht hat, das nochmaliger Untersuchung bedarf. צנייתא Palmen Ber. 31ª s Ar.

In der Naturbetrachtung der talmudischen Zeit spielt die Palme eine hervorragende Rolle und wenn die Minutien der Halachah uns mit den einzelnen Teilen der Palme, mit ihrer Pflege und Verwertung bekannt machen, führt die Haggadah eine Reihe von Bildern vor, die, von biblischen Andeutungen ausgehend, aus eigener Anschauung belebt und ausgeführt werden.

Im Anschlusse an Ps 92_{13} bewegt sich die Haggadah hier gern in der Gegenüberstellung von Palme und Ceder. Die ursprünglichste Fassung dieser Ausführungen liegt, wie ich von meinem Lehrer, Herrn Dr. Isr. Lewy weiß, in der Barajta der 32 Middot des R Elieser Nr. 21 vor: Der Fromme blüht wie die Palme, ist aber nicht wie sie, die keinen Schatten spendet und aus der kein nutzbares Gerät verfertigt wird, sondern wie die Ceder auf dem Libanon, Schatten spendend und nutzbringend. Weiter ausgeführt ist die Parallele in Ber. r. 41 p 71 Lpz. Bam. r. 3 p 371 Lpz. Midr. Tehill. 92 Jalk II 119ᵈ Tanchuma Bam. 15. Ber. r. ist nach Bam. r. zu corr. Was die alte Barajta vom Schatten sagt, wird so gefasst, dass das hoch über die Erde sich erhebende Laubdach der Palme, das seinen Schatten in große Entfernung wirft, ein Bild des Lohnes der Frommen sei, der aus der Ferne — des Jenseits — winke. Dass die Palme keine Geräte liefere wird auf Grund einer Nachricht aus Babylon bestritten und berichtigt. Vgl. Plin. aO § 39. Haggadisch verwertet sind vorzugsweise: 1) Die Höhe und der schlanke Wuchs der Palme; ohne Krümmungen[1]) und Auswüchse strebt sie himmelan. So der Fromme. 2) Ihr Herz[2]) ist geradeaus nach dem Himmel gerichtet, wie das des Frommen 3) und wie seines ungeteilt Gott angehört, so hat auch sie nur ein Herz. 4) Sie treibt abgehauen nicht wieder aus der Wurzel, אין גזעו מחליף, während der Fromme sich verjüngt wie die Ceder (Ta'an. 25^a_u). 5) Schwer, wie die langsam wachsende Ceder und Palme sich ersetzt, wird der Platz des Frommen ausgefüllt, wenn er aus dieser Welt scheidet.

6) Die vielbewunderte Liebe der Palme ist ein Vorbild der Liebe des Frommen zu seinem Gotte, nach dem er sich sehnt, wie die Palme nach dem fernen Geliebten.

Eine eigene Klasse bilden die Symbolisirungen des **Palmzweigs** (das heißt der Blätter nach botan. Sprachgebrauch) insofern er als Bestandteil des Feststraußes am Hüttenfeste in allen Perioden der jüdischen Kanzelberedsamkeit einer bevorzugten Beachtung teilhaft wurde. Man könnte an den „vier Arten" des Feststraußes die naive Frömmigkeit des Midrasch, die Geschmacklosigkeit der späteren Deraschah und die leider weitverbreitete Flachheit der modernen Predigt verfolgen und durch eine lange Reihe von Beispielen belegen.

---

[1]) עקומים Ar. ms. Hochschule: עוקמי gegen עומקים d Agg d Ar. עקום vom Palmzweig Sukk. 32^a עוקם opp פושט j Erub. 20^a_{70}. Mech. Beschall. Anf. מעוקם opp במישור $22d_{18}$. עוקם צוארו Tanch. Teze 6 Pes. r. 12 מעקמת דרכיה Schem. r. 9 p 213_{20} Lpz עקמומית דרך j Ab. z. 40^a vorl. עוקמן Sifre II 308 p 133^b Friedm. entsprechend: עקש. Das מעוקל opp. מכוון. — ܥܩܡܐ. S. d. WBB.

[2]) לב Palmhirn s. u. S. 117.

Teile der Palme. Es ist uns, vorzugsweise aus Babylon, eine Reihe von Bezeichnungen erhalten, die hier zusammengestellt werden soll.

אפקותא, אפקתא Sukkah 13ª. Niddah 24ª nach Raschi Seitenschösse, die die Palme zu Anfang treibt.

Für Zweig gilt bibl. כַּף pl. כפות Sukka 32ª כפי דתמרי. Schwerlich für Zweige in שיצים שבכפים j Schabb. 4^a_{62} j Bezah 62^a_{23} eher die 2 verstümmelten Fruchtfächer, die nach Nachtigal in Fezzân sîs heißen. Dieselben zwei Wörter TSchebiit 7_{16} Pes. 53ª ohne dass der Sinn sich feststellen ließe. שצים wie aus der Stelle j Bezah, auf die mich Herr Dr. Lewy verwies, hervorgeht, eine Art schlechter Datteln. In demselben Sinne שיצי pl M. kat. 10ᵇ = شيص, schlechte Datteln, die keinen Stein haben = صيص, شيش. Letzteres Vull. II 470ᵇ als arab. شنش, das Vull. nicht fand. Schr. شيس.

לולב frischer Zweig überhaupt. Palmzweig (eig. Blatt) חָרוּת Sukk. 32ª pl חריות 4_6 [doch nicht vom „Vertrocknen, Versengen“: Ly II 107ᵇ] חָרוּתָא syr. ܚܪܘܬܐ K PSm Zweig der Palme und ähnlicher Bäume, = ܣܦܣܦܬܐ, ܣܒܣܒܬܐ[1]), ܐܠܠܬܐ, سعفة. Danach, wie Field zur Stelle bemerkt, Symm. Gen. 40_{16} βαΐνά für חרי [das mischn. auch Gebäck bedeutet und nicht mit Ly zu bezweifeln ist. Nur b. hat חררין. Mischn. חרי Bezah 2_6 Eduj. 3_{10}] s Raschi z St. Ar. אחרי. Βάϊον midr. באיין Ly I 187.

Die Rippen der Palmblätter שיזרי חריות eig. Wirbelsäulen. שיזרה j Sukk. 53^c_{52} wie Spindel der Achre שדרה של שבולת Ukz 1_2 —, Ms Maim ar. שזרה, die beiden Formen wechseln oft — TPeah 3_{11}: Spindel der Traube opp. Blütenstiele פסינין. Brennmaterial: jSchabb. III 5^c_{67} שיזרי חריות [wie קני וחרייתא Rohr und Palmzweige Pes. 82ª und Palmstiele Parah 3_9] Ly II 107ᵇ hat daraus שִׁיזְרֵי und für כנסת das. 'כ verlesen und lässt den j. einen blühenden Unsinn sagen, was

---

[1]) ܣܒܣܒܬܐ C 595 Nov 289 ist Druckfehler.

ihm nicht widerfahren wäre, hätte er die Stelle im Zusammenhang vor Augen gehabt. Palmzweige gebraucht man zum Dachdecken [Robins. Pal. I 272] Ber. r. 41. Bam. r. 3 סיכוך. MTehill. 92 falsch סוכה mit Uebergehung des dunkeln שפעת קורות über das man eine Vermutung LLöw Graph. Requ. I 217 Anm. 325 findet. Zum Liegen oder Sitzen [wie jetzt in Aegypten käfigartige Gestelle aus den Blattrippen, قفص] Schabb. 125ᵇ 50ᵇ [שנדדן von נדד abschneiden, auch vom Abschneiden der Früchte vom Baume = جد Ly sv aus Ar.: נדד steht richtig TSchabb. 10_{17} u. TMaas. 2_{14} nach den Berichtigg. נדר wie die Agg immer haben TBer. 4_{21} Bm 89ᵇ] j Schabb. $7^{a}_{16\cdot 28}$ נדע. Midr. Koh. מעוות 150_{6} Lpz. — j Schebiit II 33^{d}_{50} הוון משקין דקל״א בכנישתא חדתא וחרוותא eine dunkle Stelle. Vielleicht ist folgende Uebersetzung die richtige: „Man sprengte [im Sabbatjahre, da man nicht wie sonst begießen durfte] die Dattelbäume [junge Dattelbäume müssen begossen werden] mit neuen [חדתא] Besen und Palmstielen [über die man das Wasser laufen ließ]. ܟܢܫܬܐ Besen [PSm sv ܐܣܩܘܦܐ BHchron. eccl. III 265_{10} ܟܢܘܫܬܐ Var. ܟܢܫܬܐ] = Arab. مكنسة [1]) Jes. 14_{23} Maim zu Ukz 1_{3} כמטאטא׳ם مكنسة. Es müsste * בכנשתא heißen. כנישתא = Besen ist sonst nicht nachweislich [und kann auch aO etwas ganz anderes bedeuten und חרתא dittographirt sein.] aber כָּנַשׁ fegen ist talm. bezeugt Ly sv aus Bmez. 85ᵃ. Palmzweig נודמא (נ׳) Ar. u. Ly sv, nicht blos abgeschnittene, wie ܣܥܦܐ. Die am Stamme sitzenbleibenden Blattblasen כרבא كَرَب [2]). Der Knoten, den die gegenüberstehenden Einfügungen der

---

[1]) كناسة ist das ägyptische Wort für das syrische مكنسة s Boethor udW. Balai. Fleischer, Seetzen IV 462 Z 9 vu — Kunāse, Kehricht, Wortspiel zur Beschimpfung der Kenise Kirche: Delitzsch Jesaj. 5_{23}.

[2]) Man sehe Fleischer zu Ly I 557ᵃ lZ., wo die Bedeutung aus dem Arab. zuerst nachgewiesen ist. Derselbe Teil scheint mit אופתא [versch. von ܚܨܦܐ] Sukk. 32ᵃ gemeint zu sein. Ar. אפי 1: עיקר הריות של דקל. Chull. 105ᵃ אופי דאופי פתכא Bm 30ᵇ Ar. פתכא: ein Bund Palmzweige. Ber. 44^{b}_{u} אופי פרסייתא.

Blättchen bilden: תיימת. So nach der richtigen Erklärung von Jehudai und Hai Gaon. [Scha'are Simchah RJs. Giath I 102 Manhig 66] Sukkah 32ª BKamma 96ª תיומת. — תיימת = Knoten neben קשר wird gesichert durch j Schabb. VII 10^{c}_{39}.

Palmblättchen הוצא ܚܘܨܐ خوص mand. עוצא Nöld. Gramm. 61. [Fleischer, wie S. 115 Anm. 2.] s PSm sv. ܚܘܨܐ und ܛܪܓܢܐ 1508 und 1518 [ṭerjânâ wird von PSm ohne Verweisung an zwei verschiedenen Stellen behandelt!] Für das talm. הוצא genügt Bk 96ª und Sukkah 32ª לולבא דסליק כחד הוצא „ein Palmzweig, der in ein Blättchen, nicht in zwei ausläuft" Hai Gaon Scha'ar Simch. aO 101 Manhig aO. — Ein angebliches ܢܘܨܐ = Palmblättchen s. Nr. 72 Ende.

קוּרָא ܩܘܪܐ mischn. קוֹר der Gipfeltrieb, das Kopfmark oder Hirn der Palme, Palmkohl, eine weiße, fleischige, süße und schmackhafte Substanz, gut beschrieben von Maim. zu Ukz 3_{7}: קור הו ראס אלנכ̇לה̄ ויסמ̇י אלג̇מ̄אר [אלגמ̄אר 1 ms] והו עור אביץ̇ רכ̇ץ̇ [רכ̇ין] יקטע מן אעלי אלנכ̇לה שבה אלג̇בן אליאבס Hai Gaon z St: פי' קור קורא כל' רבנן ובטיית גומ̄אר so ist zu lesen. Die Syrer: BB 841. 737: ܩܘܪܐ ܠܒܐ ܕܕܩܠܐ شحم النخل الجمار: ܠܚܡܬܐ ܕܕܩܠܐ لب النخل ... الغمار: ܐܝܟ ܕܒܓܡܪܐ ܩܘܪܐ ܕܕܩܠܐ شحم النخل وهو الجمار Es wurde gegessen, doch nimmt man es, da der Baum einmal ausgeschnitten stirbt, gewöhnlich nur von wilden Bäumen; daher konnte man annehmen, ein Dattelbaum werde nicht in der Absicht, dass sein Hirn gegessen werde, gepflanzt. Ber. 36ª j. 10^{b}_{56}. Der Umstand, dass Palmhirn und der Blütenstand der Palme [כפניות] keine Früchte waren, bot der halachischen, auf Feststellung der richtigen Eulogie bei ihrem Genusse ausgehenden Klassification einige Schwierigkeit. Man bestimmte, dass beide in die Kategorie der Früchte nicht gehören. TMa'as. scheni

---

Dafür spricht الخوافي Lane 777c The palm-branches next below the قلبة, which latter are the branches that grow forth from the heart of the tree.

116

1_{14} TUkz. 3 bei RSchimsch. zu 3_7 Erub. 28ᵇ. קור וכפניות auch sonst beisammen erwähnt TSchebiit 2_{21} j 35ᶜ, f.

Der ܠܒܐ لب entsprechende Ausdruck לב hat sich, weil er willkommnen Doppelsinn, bot in haggadischen Stellen erhalten Ber r 41 p 71 Lpz. Jalk. II 119ᵈ Ps. Nr. 845. Bam. r. 3 p 372_4 Lpz. Tanch. Bam. 15 p 490 Stett. vgl. Sukk. 45ᵇ.

ܢܒܪܐ נְבָרָא Fasergewebe am Grunde des Blattstieles, wie grober Zwilch, welches den Gipfel des Baumes ganz bedeckt. Für dieAusspr. Hai G. zu Ukzin 3_2 נבארא aus Schabb. 90ᵇ wo Ms M. נברא hat.

PSm 34 ܐܣܦܪܘܠܐ = ليف, K auch ܟܫܡܐ [Nov. = ليف 289. Geop 17_6 γ 5_9 σπάρτος aber wohl σπάρτον Seil, BA 6150 = ܢܒܪܐ = ܢܦܠܐ. PSm 372 [ohne Verweisung] ܐܘܦܘܠܐ mit ders. Erklärung. BB hat ليف zu ܟܫܡܐ und ܢܦܠܐ eine Form, die nach Nöldeke gesichert ist aus Barh. gr. I 22_{14}. ܢܦܠܐ[1]) steckt in ܐܘܦܘܠܐ und dem errpten ܐܣܦܪܘܠܐ und ist = ܢܒܪܐ. Die Herkunft des Wortes ist mir nicht bekannt. Mit çnâvare zend. Sehne, Darm darf man es schwerlich combiniren (Justi sv.); eher kann man an Vull. II 885 كبار, Strick aus ليف [dieselbe Erkl. II 187 zu سازو] Frtg. IV 62: كنبار[2]) Strick aus Cocosnussfasern nach Ḳam. denken, das jedenfalls in ܐܢܒܪܐ, ein dicker Strick zum Feldmessen, vorliegt, wobei k = ܐ auffällt [s. PSm sv. wo K (!) es =

---

[1]) Ein Wort ܢܦܠܐ steht PSm sv. ܐܣܦܟܐ.

[2]) Dozy-Engelmann Glossaire p 245: „Cairo pg., fr., cairo, angl. coir, koir, kyre (les fibres de la noix de coco, dont on se sert aux Maldives pour en tresser du fil avec lequel on coud les navires). En arabe ce mot s'écrit قنبار, قنبر ou كنبار, que l'on prononce Kimbâr, cambar ou combâr; voyez M. Wright, Glossaire sur Ibn Djobair p. 29 f et M. Defrémery, Mémoires d'hist. orient. p 295, n. 2.“

ܩܘܒܪܪܐ setzt, also an انبار (s PSm ܐܟܒܪܪܐ u sv ܐܘܠܝܐ denkt da BB erklärt: ܐܚܒܘܪܐ [?ܐܢܒܪܪܐ] ܕܐܢܒܪܪܐ [?]ܚܒܠܐ ܩܘܒܪܪܐ ܡ̄ܝ. ܟܘܪܐ ܕܗܢܠܐ. C 773 hat ܩܘܒܪܪܐ catena, funis, chorda?]

Dass كنبار ein Strick aus Cocosfasern ist, erfuhren wir aus Kamûs. Erub. 58ᵃ wird etwas Aehnliches berichtet. Es wird ein Strick aus אפסקימא [אפסי' und אפסיקמא] erwähnt, d. heiße: נרגילא (نارجيل Cocosnuss) und dieses, nach anderer Ueberlieferung jenes, sei דיקלא דחד נברא. Den Ausdruck דיקלא דחד נבארא gebraucht Abai Schabb. aO.

Die Bedeutung von נברא geben die GA der Geonim bei Aruch sv folgendermaßen: Zwischen den Blattstielen hat die Palme etwas einem groben Stoffe (כנד עבה) ähnliches, das wie ein Gewebe ist und zu Stricken verarbeitet wird. Je näher dem Hirn umso feiner ist es . . . es umgiebt das Palmhirn und der oberste Teil ist zart wie dieses, heißt daher נברא בר קורא.

תור TSchabb 9_{31} תורי דקל j 11^b_{25} b 90^b Ar. תר 9: Unterhalb des Netzwerks sind am Palmhirn Fäden [גידים ms. so, nicht גררים Agg] mit denen man nähen kann . . Dies ist das ריתא womit R. Huna sich umgürtete [als er um Wein zur Sabbatweihe zu kaufen seinen hemjân verpfändet hatte. Var: ריתאה s Ar sv. Megill. 27^b. Ly I 431^b ohne den Zusammenhang zu kennen: „R. Huna band Reisor".] צורי Ab z 75^a u. nach Raschi u. Aruch: Palmzweige.

סיב Faser überhaupt, auch ציב, Hai zu Ohol. 18_1 ليف (aramäisch) = צבתא Ar. סב den man vergleiche. סיבא Vaj. r. 22 p 164 Lpz, סיב Bam r 3, 372_{12} Lpz סיבים Ber. r. 41 zu Stricken.

Die Blütenscheide, spatha מתחלא Ber 36^b, der Blütenstand, die Rispen, Datteltraube כופרא Pes. 52^b = כפניות mischn. Orlah 1_9 Ukz 3_7 sg. חדא כפוני j Bk 5^b_{72} eine einzelne Rute, von der Rispe abgeschnitten.

כופרא ܟܦ̈ܦܪܐ BA PSm 687 falsch gufra (s. auch sv

ܠܓܘܦܐ ܕܕܩܠܐ) mand. נופארא Nöld. Gr. 112 die Syr: طلع جفرى كفرا, [Nachtigal I 124: g r a u a] Hai G. ebenso טלע arab., auch R Chananel zu Pes. aO, wo so zu l. für סלע. طلع ist die Blütenrispe (mit dem essbaren Kolben) oder auch mit der Scheide, (auch die Scheide allein) Lane.

מְכַבֵּד TSchabb. 7, od. מכבֶּדֶת Hai Ukz 1, pl. מְכַבְּדוֹת j Pea 18ª$_{60}$ (pt. act. von כָּבֵּד fegen, kehren Ber. 8, Ter. 11, Bezah 2$_{7}$) Die Traube der Palme, die völlig aussieht wie ein Besen und holzig ist. Hai: سعف التمر צעף אלתמר und ריכבא דהוצי. Auch Ar sv.

ܣܝܣܢܐ סִיסָנָא C punctirt so, nach dem talm. סִיסְאני richtig. Bmez. 67ᵇ Schabb. 110ª סיסאני Var. סיסני Die Bedeutung ergiebt sich aus: ܣܝܣܢܐ ܕܕܩܠܐ ܗܢܘܢ ܕܗܘܝܢ ܒܗܘܢ ܣܓܝܐ ܘܬܡܪ̈ܐ ܒܗܿ ܕܬܠܝܢ ܬܡܪ̈ܐ ܐܝܟ ܒܣܓܠܠܐ ܕܠܗ كباسة[1]): ܣܝܣܢܐ ܕܥܢܒ̈ܐ ܗܢܘܢ ܕܗܘܝܢ ܠܡܥܒܪܬܐ عاليج الكرم.

Novar 289 شمراخ[2]) = ܣܝܣܢܐ [s Frtg.] BB dies arab. Wort geradezu für ܣܘܓܠܐ Traube s. כופר . . Danach ist ܣܝܣܢܐ Rispe, Dattelrispe = [Trauben]-Kamm, Traube, obwohl ܣܝܣܢܐ ܕܥܢܒ̈ܐ nach BB Ranke (علوج) sein soll, cirrhus, die man mit ܡܥܒܪܬܐ vergleichen kann, um zu sagen, sie sei fadenförmig. Bibl סנסנים ist also ebenfalls mit Dattelrispe zu übersetzen. Es ist dasselbe Wort wie ܣܝܣܢܐ. Wer die erstangeführte talm. Stelle nachliest wird sehen dass diese Bedeutung auch für sie passt.

קיבורא s. Ar. קבר 4 קִיבּוּרָא דאהיני Sanh. 26ᵇ$_{u}$ Bb 5ª. קיבורא Chull. 78ª Ar. (Agg כבס) der Blütenstand mit den Blüten oder unreifen

---

[1]) كباسة ist = عذق كبير, عِذْق aber = قِنْو von der Dattelpalme, und = عنقود von dem Weinstock. Die beiden Wörter عذق und قنو werden aber auch selbst wieder schlechthin durch كباسة erklärt, so dass die wesentliche Synonymie derselben feststeht. Fl.

[2]) Prosper Alpin. bei de Sacy Abdall. 74 Vocant arborem d a o h e l (دقل) et r a m u m cui appensi sunt dactyli samarrhich (شماريخ plur.)

Früchten. Eigentlich vom Blütenknäuel gesagt, denn ܩܘܒܪܐ[1]) קיכורא Ar. קבר 3 ist Knäuel. [Hai zu Kel. 10_4 פקעת, aramäisch קבורתא arab. كُبَّة so l. בוכה. 11_6 פיקה = פקעיות = קיבורייתא. 17_{12}. Ohol. 7_4.]

כובסא כְּבָסָא כּוּבְּסָא Schabb. 67ª Chull. 78ª (Ar. קיכורא) Makk. 8ª כבאסא (Ly II 289 hat die Stelle mit dem crrpten גרמא d. Agg für גדמא des Ar. über das er selbst sv berichtet. Uebrigens bedeutet weder גרמא noch גדמא „Holzstange", sondern Letzteres, wie ja der Zusammenhang erfordert, Palmzweig s. ob. كِبَاسَة, s. ob. BB zu ܟܒܫܬܐ 119_{13} Dattelrispe, Dattelkamm.

Das Befruchten hieß הַרְכָּבָה = Pfropfen, הרכיב ܐܪܟܒ رَكَّب II. he set it or fixed it in another thing. Ly I 494ᵇ. In Babylon nicht nötig? דיקליא דבבל דלא צריכין מְרכבא j Jeb $15^a{}_{16}$ j Ket $29^a{}_{48}$. Vulg. ar. ذكّر.

[ריכבא דדיקלא Bb 83ᵇ 62ᵇ Bm 108ᵇ Ar. רכב 1. רכב של תמרה TKil 1_{10}.? Vielleicht ein auf die Erde gelegter Stamm, der Wurzel schlägt. Plin ιγ 8_{36} in Assyria ipsa quoque arbor strata in solo umido tota radicatur, sed in frutices, non in arborem.]

Die männliche Blüte, mit ihrem Kolben, wird gegessen s Lane sv طلع was Ar. נסן, wo das Verfahren beim Befruchten beschrieben wird, berichtet. Die männliche Palme oder Blüte heißt ניסני Agg und Hal. gedol.: גיסחני pl.

Die unreife Frucht hat arabisch für die verschiedenen Stadien ihrer Entwicklung eine Reihe von Namen. s. d. WBB sv. بسر. Dieses בוסר wird aram. (בוסרא ܒܘܣܪܬܐ, ܒܘܣܪܐ,) nicht von der Dattel gebraucht. Aram. ist: ܚܠܠܐ [= خلال?] PSm 1167 = بلح بسر. BA PSm 1166 falsch ܚ̈ܠܠܐ, oben S 119_1 BB ܚܠܐ in der Erklärung zu sisânâ ist opp. zu ܬܡܪ̈ܐ: „Dattelkämme sind das, woran unreife und reife Datteln hängen, nachdem die reifen abgefallen sind".

---

[1]) PSm sv ܩܒܘܪܬܐ 7. col. 713 S. Nr. 278. [1]) s. unten.

Dies ܐܗܝܢܐ ist ܐܗܝܢܐ zu sprechen, denn es ist das talm. אהיני[1]) pl. TSchebiit 7_{14} Pes. 53ª [Ly I 35ª unreife Frucht besonders Feige, wie er תמר öfter irrig wiedergiebt] Hai G. bei Ar. תמר erklärt חומרתא דחינוניתא: Datteln und andere Früchte, die zu reifen beginnen heißen aramäisch חינוניתא. Diese Stelle hat Ar. אהן im Sinne mit: וכל בוסר בלשון תלמוד אהיני. Auch Zemach G. GA d Geon ed Berlin 42ª erklärt [שליקי] אהיני סליקי Ab. zar. 38ᵇ: unreife, geröstete Datteln (פגי תמרה), die بسر مطبوخ (so בוסר מוטבוך) heißen. Hal. gedol. Ber. VI: אהיני אישתנו על ידי האור. Raschi giebt für אהיני immer תמרים Chul. 46ᵇ Sukk. 35ᵇ קיבורא דאהיני s. ob. Die Traube mit der unreifen Frucht: כבשה דאהיני [s. כבסא] j Bk VI 5^{b}_{74} j Bb V 15ᵇ [Ly falsch: Eingemachtes von Feigen] Zweifelhaft ist אהיניות בכורות [אחיניות Druckf.] j Dem I. 22ᵈ.

נורקא, das ist die besser bezeugte LA für גוהרקא, ist nach dem Nachtrag Fleischer's Ly I 432ᵇ Z 11 ff. غوره — غورك pers. eine unreife Traube, Dattel, Olive. Aßaf 46ª hat die genau der pers. entsprechende Schreibung נורך und erklärt: Saft von unreifen Trauben: עסים הענבים החמוצים.

דוריות Ber. r. 85 Ende, s LLöw Graph. Requ. I 219, erklärt Lonsano, Ma'ar. sv بلح (כאלה). Ber. r. 43 p 77_{16} Lpz hat dafür כתבים ... דורונות während Ber. r 85 כותבות daneben hat, das Oth emeth auch für כתבים herstellt. Ly I 387 verweist auf Midr. Schir ha-Sch. כרם 33ᶜ Amst. 65_{26} Lpz: דורוניות und erklärt δωρεά?

Dunkel bleibt אלבנין[2]) Midr. Schir ha-Sch. אמרתי אעלה 60: „Die Palme trägt mindestens drei אלבנין (אילנין). Abun bar Chisdai sagt bei ihm zu Hause nenne man אלבנייא — סנסנייא also Frucht-

[1]) Wohin gehört باهين botri constantes dactylis semimaturis et maturis, und اهان scapus racemi dactylorum, quum viridis est.

[2]) אלבינא Ly aus j Meg. II 73ª u gehört nicht damit zusammen. Bemerkenswert ist die wunderliche Etymol. Ly's es sei „אל" בינא „zur Bezeichnung des Collectivs" vorgesetzt!!

rispen. — Ly unsinnig: [Die Palme trägt mindestens] drei „Weihrauchbäume“! Für אלבנין die Parallelstelle Bam. r. 3 p 372_9 Lpz אנבינין (אנבונין Amst. 180^c) Midr. Tehill. 92 אוכוכלין, Jalk. II 119^d Z 17 dafür אנבובין. LLöw Graph. Requ. I 217 Anm 317 verweist darauf, dass die Frucht der Palme dreifächerig, aber häufig durch Fehlschlagen einsamig ist. Aber der Midrasch bezeichnet 3 als ein Minimum. An βάλανος balanus Plin $9_{42 \cdot 48}$ woran mich Herr Dr. Lewy erinnert, ist auch schwerlich zu denken. PSm 531 BA ܒܠܘܛܐ = ܒܠܘܛ ܕܡܠܟܐ ist βάλανος, errpt., 532 Z 3 ܒܠܘܛ ܕܡܠܟܐ aber φοινικοβάλανος! Dasselbe ܒܠܘܛ ܬܡܪܐ = خلال, بسر (Novar 289) بسر ܒܠܘܛܐ ܬܡܪܐ und BB 869 ܦܘܠܣܐ ܬܡܪܐܝܬܐ ܘܪܘܡܝܬܐ Cast: نغلة? Was ist קנואקאולע arab. Hai Ukz. 3_7?

תוחלא Chag. 15^b s. Rabb. z St. der Sache nach = شغل Datteln deren Steine nicht hart werden = شيص. Sprachlich entspräche שיחלא, das aber sachlich nicht passt. תמרי תוחלני unreife Datteln deren Kern man aussaugt, מצץ, wie Tebul jom 3_6.

Frische, reife Datteln im Gegensatz zu trocknen reifen: רוטבות תמרה TPeah 1_7 j I 16^c_{43} richtiger רוטבי תמרים. Sg. רֹטָב opp יבישה TChull. I (RSchimsch. zu Ukz. 2_2.) ܬܡܪ̈ܐ ܪܛܝܒܬܐ [wie auch تمر رطيب = رطب bei Lane. Fl.]: رطب Nov. 290 תמרים רטובים Teb. jom 3_6 opp. יבישות. Sg. ניקורי רוטב TKelim Bm 5 (RSchimsch. 27_5) jMa'as I $48^d_{51 \cdot 54}$. Ukz. 2_2 גלעינה של רוטב der Kern [der noch weich ist] der unreifen Dattel [Ly: „feuchte Feigen“].

Die reife Frucht תמרה (תמר) ܬܡܪܐ BB. تمر ܬܡܪܐ Nov. 290. Geop 52_{17}.

תמרה Dem. 1_1 TPeah 7_{16}. המכבד של תמרה Ukz. 1_3 pl תמרים Dem. 2_1 Ma'as. 1_2 Teb. jom 3_6 der Baum: Peah 1_5 u. sonst pl תמרים Sg bibl. תמר (ebenso mischn? auch) תמרה Kel. 16_2 Später (Midrasch) unterscheidet man תמר Frucht, תמרה den Baum wie אגוז u. אגוזה Ber. r 41 p 71 Lpz.

Talm. תמרא od. תומרא pl תמרין, תומרין ob. S i 10 aus j. תומריא mand. pl. Nöld. m. Gr. 18 und 173 führt ܬܘܡܪܐ aus Geop. præf. Endo und Gitt. 70ª (תמרי) an, die zu ܬܘܡܪܬܐ und תומרתא Sotah 49ª (jenes Land Anecd. II 106) gehören, also = mischn. תמרה. Denom. von תמר ist nach allgemeiner Annahme תָּמַר s. Joma 2_6 j 41ª b 38ª¹) תָּמוּר TJoma 1_{16} j 40ᵇ b 28ᵇ gerade aufsteigen wie die Palme. [Verschieden davon ist ܥܛܪܐ BB دخان Rauch, ܗܠܒܘܫܬܐ ܥ̄, ܗܬܘܪܐ ܥ̄, dessen ܥ sich aber mit ת nicht versöhnen lässt; es kommt von ܥܛܪ, wegtreiben.]

כותבת die getrocknete Dattel. Joma 8_2 17_{12} TJoma 4_3 b 79ª j $44^d{}_u$. Die Bedeutung ist sicher, die Etym. dunkel. חלל die Höhlung, die in der reifen Dattel dadurch entsteht, dass der Kern, anfangs eine weiche Eiweißmasse, in ausgereiftem Zustande hornartig wird und dann einen kleineren Umfang hat: er ist laxe distans vom Fleische, Plin. ιγ 7_{33}. Aehnlich חלל Ukz. 2_8. — pl. כותבות Sukk. 2_5.

Der Dattelkern: גרעינה od. גלעינה Kallah 15ᵇ Coronel: ר u. ל sei unsicher, nicht wie Schabb. 77ᵇ ע und א. Besser vertreten ist ל Orlah 1_8 s. Rabbinow. Ukz. 2_2 pl. גלעינים Schebiit 7_3 TTerum. 3_{15} ms ל : ב = 10_1 j IX $47^d{}_u$ j Schabb I $4^b{}_{46}$ II $4^c{}_{33}$ TSchabb. 9 j VIII $11^b{}_{30}$ b 90ᵇ 29ª. Der Sg ist גלעינה [ms. Maim ar. meist גלענה] nicht גלעין wie ihn Ly ansetzt, wie ביצה, חטה, סנה, שעורה. תמרה — תמרים, שעורים, חטים s. Böttcher § 715 ζ und die Anm. 1) zu § 714 c) α) wonach das dem arab. nom. unit. analoge Bildungen sind. Ly hat גרעינה auch noch das Unrecht angetan, es mit κάρυον zu combiniren. Es heißt syr. ܓܠܥܝܬܐ pl. ܓܠ̈ܥܝܐ BA 2970: = ܓܠܥܝܢܘܬܐ ܗܬܡܪܬܐ. 2951 النوا ܓܠܥܝܢܘܬܐ ܘ ܓܠ̈ܥܝܐ. Bei PSm nachzutragen. ܓܠܥܝܢܘܬܐ ܓܠܥܝܢܘܬܐ wie ὀστέον unten Nr. 279.

Talm. קְשִׁיתָא pl. קשייתא Kern Schabb. 29ª Joma 76ᵇ. Oliven-

¹) Als Reminiscenz, ausschmückend מתמרים ועולים Ber. r 45 p 81 lZ Lpz.

kerne ק' דזיתא Ab. z. 28ᵃ ק' דאסנא das. = ܦܣܘܬܐ BB 897 النوا das ܠܚܦܘ̈ܪܐ ܕܕܒܪ ܦܣ̈ܘܬܐ نوا التمر ܘܦܣ̈ܘܬܐ ܕܬܡܪ̈ܐ ܦܣ̈ܘܬܐ حبّ القطن. PSm 300 ܐܣܛܐܠܐ = ܦܣܘܬܐ lies: ܐܣܛܐܗܐ ὀστέα vgl. ܐܣܛܐܐ, ܐܣܛܐܘܢ.

Der Teil des Stieles, der an der Frucht sitzt, heißt Stempel חותם[1]) Ukzin 2_2 [nur hier mit der Var. חותל schon bei Hai G.] von einer Weinbeere Tahar. 10_5. Toß. 11 bei Maim z St. Hai zu Ukz. R Schimsch. das. החותם ist nach RSchimsch aO zu lesen TChul I für הזיתים also: החותם טמא ביבשה וטהור ברוטב נרעינה טמאה ברוטב וטהורה ביבשה. Früchte, die vom Baume gefallen sind: נובלות pl. besonders von Datteln Ber 6_3 b dazu 40ᵇ Orlah 1_8 נובלות תמרה. Zum Abschneiden der Früchte stieg man, wie noch jetzt alle Reisenden erzählen, mittels eines Seiles, das תובליא. arab. راقول, حابول heißt auf den Baum Plin ιγ 7_{29}. s. Ar. Wenn man die Datteln nicht frisch aß, wurden sie zum Ausreifen und Trocknen aufgeschnitten und in die Sonne gelegt. Solche hießen פצעילי תמרים Schabb. $45^b{}_0$ Ber 40ᵃ, פיצולייא j Bezah 62ᵇ 1 Z uᶜ j Maʿas $49^b{}_{43}$.

Zusammengepresste Datteln: Aruch sv חתל: חיבוצא Ketub $80^a{}_0$ Ar. Bm $99^b{}_0$ Agg. חֲבִיצָא [חַבִּיצָא ܚܒܝܨܐ ist falsch bei Ly f ܡܚܒܨܐ] De Sacy Abdall. p 107 hat schon das talm. Wort zu خبيص gestellt. Ausgepresste Datteln Ketub. das. שיגרא = نجير the dregs of pressed unripe dates, which ar mixed with dried dates in making the beverage called نبيذ, or pressed grapes from which the juice has run, and of which the dregs remain. نجير (ثغير wie er schreibt) hat Maim. ms. ar. Tahar 10_8 die Trestern, die nach dem Auspressen der Weintraube übrig bleiben. Kelim 9_5 zu נפת: Oliventrestern ثجير الزيتون.

Dattelhonig, mischn. unter Honigarten im Vordergrund stehend דבש תמרים Ned. 6_9 TBer 4_2 Sifre II 297 j Bikk I 63ᵈ Syr.

[1]) ܚܬܡܐ — Nr. 179 ܚܬܡܬܐ θυσάνια.

ܕܘܒܫܐ دبس. Die Unterscheidung von ܕܘܒܫܐ Trauben = ܕܘܒܫܐ Bienenhonig wird Erfindung des K sein.

Dattelwein שכר תמרים, שכר D 718 φοινικίτης BB: ܫܟܪܐ سكر = نبيذ Man weichte ausgepresste Datteln, um Wein zu machen ein (שורין). Σικέρα s DCge sv und sv χουμέλι col 1758 ist nach Hieron. alles Berauschende, außer Wein. BB:

ܫܟܪܐ ܗܘ ܟܠܗܘܢ ܕܡܫܬܟܪܝܢ ܠܒܪ ܡܢ ܚܡܪܐ ܫܟܪܐ
ܡܬܥܒܕܝܢ ܐܝܟ ܐܢܘܢ ܕܡܢ ܬܡܪ̈ܐ ܘܕܡܢ ܫܥܪ̈ܐ ܘܕܡܢ ܬܐܢ̈ܐ:

سكر ist Lane 1391b ein Getränk aus Datteln und كُشُوث.

Aus den vielen Erzeugnissen der Dattelfaser sei als aram. erwähnt: שיחלא דהוצי =. כפיפה מצרית Ar. sv aus Hal. ged. Schabb. 23 p 20c Kstpl. — so l. Hai zu Kel. 26, für שמלא דהוצי — Durchschlag, Seiher ܫܝܫܠܐ Lag prov 75: مُنْخُل aus مسحل Frtg. שישורא ܫܝܫܘܪܐ ein kleiner Strick Ar. sv. BB 950: ܫܝܫܘܪ̈ܐ الخوص المضفور لعمل الزبل. K bei PSm 1225 falsch? ܦܘܡܓܐ = ܫܝܫܘܪܐ Hai zu Kelim 16_3 דורים = שישורא ein Gürtel וורשכי = pers. برشك Vull I 221b ar. חזאם حزام[1]) wie mir Dr. Kohut als richtige Erklärung und LA aus Aruch דר 6 mitteilt.

דקורא, דיקולא Korb s Ly I 421b Fleischer das. 443b.

An diætetischen Regeln für den Genuss der Datteln fehlt es nicht. Plin. ι γ 9_{60} sagt, man esse Datteln so lange, bis Gefahr droht: ut finis mandendi non nisi periculo fiat. Das hat Ula, dem in Pumbaditha oder Sora ein Korb, (tirjân), Datteln vorgesetzt wurde, dem aber der anfangs begehrenswert erscheinende „Honig" übel bekam, erfahren. S. LLöw Graph. Requ. I 81. Ihr Wert als Nahrungsmittel wird Ket. 10b (Joma 18a) gewürdigt. Sie werden als Mittel gegen Diarrhöe empfohlen, was auch Fraas 277 tut.

Nachtrag: BB 797: ܓܠܓܐ ܗܘ ܡܢ ܫܡܪ̈ܐ ܗܢܕܘܝ̈ܐ ܣܡܘܪܢܝܬܐ ثمر هندى [l. تمر].

[1]) Von Gesen. ist mit diesem Worte כוח zusammengestellt worden. Syr. ܣܒܠܐ.

79.

ܕܩܢܐ ܕܬܝܫܐ.

Uebersetzung von τραγοπώγων.

D 284 PSm 940. 1509 ܠܚܝܬܐܠܬܝܣ = لحية التيس nach Bt = ذنب الخيل daher hat PSm 925 zu ἵππουρις beide arab. Syn. Bt II 432. 301. 103 wo شقراص zu l. gr. kistos nicht kissos. Bt sagt Honein habe κίστος D 119 α 126 Cistus, Ciströschen irrig لحية التيس übersetzt. Dies Wort steht für ὑποκιστίς. D das. α 127 PSm 82. 803. 998 BA ܕܩܢܐ ܕܬܝܫܐ und ܡܣܟܢܐ ܡܠܟܐ. Mesich (طراثيث[1] PSm 82. 1509 ܐܠܛܪܬܝܬ Avic. 183 Bt II 157 Berggr. 855 Hypocistis. 841 Cistus. طراثيث [טראטיט הנקרא זקן התיש Sim. b. Zem. Duran Mag. Abot Livorno 1785 fol. p. 36^b] لحية التيس. Letzteres Av. 199 cistus, Mow. 235 = ὑποκιστίς. Simon Januensis: ciseos (cistos) kissos = taratith gehört also zu κίστος nicht zu κίσσος Hedera helix wo Langk 36 es hat. Plin. κδ 48_{81} hat cissus u. cistus nicht verwechselt, was gegen Fraas 113 anzumerken ist. Das Syn. τρωγοπώγων (so) für κίστος D 120 Cistus creticus L und andere Specc. von denen das Ladanum kommt, führt wie mir scheint auf die Erklärung des Namens τραγοπώγων لحية التيس für Cistus und Hypocistus. Ladanum, ehemals officinell, jetzt nur noch zu Rauchwerk, lässt D in Uebereinstimmung mit vielen Anderen so gewinnen, dass man das Harz von den Bärten der den Strauch abweidenden Ziegen sammelt. Ueber dies Bärte, die Herodot γ 112 für die Hervorbringer des Ladanums hielt, geht der Weg zu τραγοπώγων, κίστος und Cistus.

---

[1]) Tarathit bezeichnet wohl *Cytinus Hypocistis* L. Tertûth jetzt in verschiedenen Gegenden bald Hydnora abyssinica A. Br., bald *Cynomorium coccineum* L, bald Cistanche lutea Lk. et Hfmg., sämmtlich Cytinus ähnliche Wurzelparasiten. Ascherson, Verhndl. d. bot. Ver. Brandenbg. XX (1878) p. L.

Κίστος schreibt D, κίσθος Gal., Paulos Aeg., Hesych [auch Plin κδ 48_{81} κς 31_{49}] Sprengel D II 401 irrt aber wenn er für ت der Araber قسط anführt, denn das ist ܩܘܫܛܐ קושט qv Costus, während die Ar. κίστος mit ϑ قستوس schreiben. Daraus sieht man auch, dass Verschreibung in قسوس, Avic 247 sehr leicht war.

Auch die Syrer schreiben ϑ ܛ BB 854: ܩܘܣܛܘܣ ܚܣܝ نوع من العوسج وهو ايضا اللادن ܠܕܢܐ ܗܘ ܚܣܡܐ ܗܢܘܢ ܕܝܠܗ ܗܢܘܢ ܠܗ σσ 854 ܩܘܣܩܘܣܘܣ ܐܘ ܐܚܪܢܐ ܕܚܘܠܐ نوع اخر من العليق Ladanum BB 753 Gabriel: ܩܘܣܩܘܣ: lies قستوس gr. = لادن = 872 ܩܘܛܣܘܣ 458 ܠܕܢܘܢ = ܠܕܢ, ܠܕܢܐ لادن und gr. ܠܐܕܢܘܢ Gezzâr im 1. Grad syr: לאדיה l. לאדנא. BB 853 ܩܘܠܩܐ ܐܢܓܠܝܐ ܗܐܕܘܢ ܗܘܢܐ ܗܟܘܢ ܗܢܘܢ ܠܕܢܐ شجرة يكون منها اللادن Bt II 409 لادن Av. 198 Maim zu Kerit. 1, חלבנה Manche fälschl. לאדין. Talm. לודנא Ket. 77^b. Bibl. לט?

Κίστος D 126 = κίσθαρος = κίσσαρος[1]) θάμνος ἐστὶν ἐν πετρώδεσι τόποις φυόμενος . ἄνθη ἄρρενος ὥσπερ ῥοιᾶς[2]) ἐπὶ δὲ τοῦ θήλεος λευκά. Δύναμιν δὲ ἔχει στυπτικήν. BB 854. ܐܘ [l. قستوس] ܩܘܣܩܘܣ ܩܘܣܛܘܣ ܚܣܝܢܐ وهو جنسان الواحد ذكر والاخر انثى ويقال له تامنوس ينبت فى المواضع الحجريه والذكر احمر كالورد والانثى[1]) ابيض وقوته مقبضة

In diesen Stellen ist keine Spur einer Uebersetzung durch لحية التيس, die also auf hypocistis gegangen sein wird.

80.

ܙܪܒܝܬܐ.

BA ܙܰܪܒܺܝܬܐ BB ܙܪܒܝܬܐ BA 1) ܐܣܦܝܕܢܝܬܐ = مازريون

---

[1]) Mit wenig Glück hat Bernstein DMG 4 206 in κίσσαρος ܩܣܪܐ — Jes. 55_{13} Hex. für στοιβή — gesucht.

[2]) Plin. κδ 48_{81} rosaceus. Aber im folg. cap. vergleicht D die Blüte des hypocistis ebenfalls κυτίνῳ ῥοιᾶς. Solche Blüten hat Cistus in der Tat. [Wetzstein hat für *Cistus villosus* L einmal غبرة, einmal قريطة, krêta, aufgezeichnet. Ascherson.]

BB 2) آذريويه? 3) ܐܘܟܡܬܐ ܚܘܪܒܬܐ = ܣܘܪܒܝܐ 4) ܡܠܘܐ ܕܗܘܪܒܐ ܘܠܐܪܒܬܗ. 5) BB 420: ܚܘܪܒܬܐ ܡܬܩܪܝܐ ܟܐܡܐܠܝܘܢ ܟܐܡܐܠܝܘܢ ܣܘܪܬܐ [Cbrd: ܘܡܫܪܪܬܐ] ܘܡܫܪܬܐ ܣܘܪܬܐ [Cbrd: ܡܫܪܪܬܐ] ܡܫܪܬܐ ܐܦ ܐܘܟܡܬܐ ܚܘܪܒܬܐ ܡܫܐܠܝܢ .ܐܘܟܡܬܐ BB PSm: ²) ܘܡܫܪܝܐ [ܘܡܦܪܬܐ H] ¹) ܘܡܫܪܬܐ ܚܘܪܒܬܐ ܡܪܐ ܦܢܪ̄ كاشم²) ܒ̄ ܡܢ ܘܡܠܟܬܡܢ ܬܘܒ ܘܡܠܠܐܢܘ ܚܘܪܒܬܐ ܠܐܟܦܣܛܘܣ³) [dort³) ܚܘܪܒܬܐ].

D 354 κροκοδείλιον⁴) ὅμοιόν ἐστι τῷ μέλανι χαμαιλέοντι: BB 890 ܡܪܘܩܘܕܝܠܐܢܘܣ ܐܝܬ ܐܦ ܗܟܢܐ ܠܚܘܪܒܬܐ ܐܘܟܡܬܐ ܘܐܬܚܙܝ ܚܙܝܪܐ ܡܟܪܟ ܗܟܢܐ ܠܚܘܪܒܬܐ ܘܡܬܦܟܦܟ ܗܘܠ ܡܢ ܡܘܪܟܐ.
Daraus ist, da die Syrer doch blos übersetzen, ersichtlich, dass ܚܘܪܒܬܐ od. ܚܘܪܒܬܐ das Tier χαμαιλέων bezeichnete. Dieses BB 420 leider blos: حيوان له مرارة ܟܐܡܐܠܝܘܢ. Arabisch: حِرْبَاء.

Nr. 1) oben مازريون gehört zu χαμελαία mit der von Bṭ mehrfach gerügten Verwechslung. Nr. 3) Helleborus verdankt die Erwähnung nur den analogen Arten: schwarz und weiß. Nr. 4) „Bernstein“ (Lag gA 53)?

81.

ܗܦܪܬܐ) ܗ̤ܦܪܐ דִּשְׂרָא.

שִׁיפּוֹן mischn. zu den 5 Getreidearten gerechnet, aber wenn nur die wirklich üblichen genannt werden sollen [Weizen, Gerste und Spelt] nicht miterwähnt. Kil. 1_1 Tos. 2_8 Chall. 1_1 Pes. 2_5 b 35^a Men. 10_7 b 70^{a}[5]).

„Man hat“, sagt Wetzstein, „mit Unrecht gezweifelt, dass šîfôn der Hafer sei, denn auch im Arabischen heißt er šûfân; dass er aber jemals in Palästina oder Syrien als Getreide cultivirt

---

¹) C 440 ܡܫܪܬܐ chamaeleon. Daher? ²) S. Nr. 168. ³) S. Nr. 196.

⁴) فروقود يلاون Bṭ II 253 (f).

⁵) Kelim 9_8 gehört hieher, nicht zu שִׁיף pl. שִׁיפִין wie Hai G irrig annahm, weil er so, nicht שִׁיפּוֹן las. Unrichtig, weil dort kein Plural stehen kann.

worden sei, ist durchaus unwahrscheinlich, obschon er im Ostjordanlande viel wildwachsend vorkommt". Dreschtafel 281. Vgl. Socin 50, der berichtet, Hafer komme in Syrien nur wild, in unbrauchbaren Sorten vor. Danach ist שִׁיפוֹן D 620 σιφῶν شوفان Berggr. 833 auch سيوان Avena nigra.[1]) Das daneben als vierte Getreideart genannte שבולת שועל Menach. aO שבילי תעלא wird Aegilops L Walch sein. D aO σιφώνιον. Menach. aO שיפון -- דישרא [gewiss nicht S p e l t Ar. u. Ly] = ܗܕܝܫܪܐ PSm 26 zu αἰγίλωψ ܗܕܝܫܪ̈ܐ دواسير [Pl. wie ܟܘܣܡ̈ܢܐ ܕܘܣܢܐ?] BA Nr. 153 ܗܕܝܫܪܐ PSm 255 „αἰγίλωψ" ܒܒܪ ܗܕܝܫܪܐ und BB 424: ܒܒܪ ܗܕܝܫܪܐ ܗ̄ܘ ܐܝܓܝܠܘܦܘܣ? PSm 860 ܗܕܝܫܪܐ, ܗܕܝܫܪ̈ܐ دوسر Bt I 461 Ar. 159 Berggr. 850 Festuca, fêtu. Danach hätte man in Babylon שיפון für Aegilops gehalten. Raschi: seigle Roggen, שבולת שועל Hafer.

82.

הובאי.

Targ. für שמיר, קוץ, מלוח s. Ly TW I 191 Dornstrauch.? Vgl. ܣܘܒܠܐ? Mit כובא ist das Wort nicht zusammenzustellen Monatschr. 15 153.

83.

ܡܚܡܟ.

PSm 991. Lag. gA 38. skr.

84.

ܗܠܝܠܓܐ

pers. هليله Mow. 13 اهليلج Pott ZfdK VII 103 Terminalia Chebula Retz. ܗܠܠܓܐ PSm falsch: rectius ܗܠ̈ܝܓܐ. PSm 1013 ܗܠܝܠܓܐ grün und schwarz, von K mit ܗܠܝܓܐ zusammengeworfen. Aßaf 31[a] חלילקים = 41[b] מורובלנין. 90[a] u. sonst: הלילג Steinschn. Donn. 145_{68} Hal. gedol. Ber. VI הלילקי?

---

[1]) Sifin nannte man mir in der Oase von Dachel und in der kleinen Oase Andropogon annulatus Forsk. Ascherson.

املج Myrobalani Emblici Fruchtschalen von *Phyllanthus Emblica* L., BB 950 ܥܡܪ ܐܡܒܠܓ l. ܥܡܪܐ ܡܒܠܓ ܫܝܪ شير املج pers. آمله.[1])

Die dritte Art: مليلج *Terminalia Bellerica* Roxb. Alle drei Myrobolani genannt, gehörten im Mittelalter zu den unentbehrlichsten Droguen und kommen einzeln und beisammen unzähligemal vor. Heutzutage werden sie höchstens als Gerbematerial nach Europa gebracht, im Orient aber noch viel gebraucht.

85.

הרגנין

[הוגנין, חרגינין] Pes. 39ª eines der Bitterkräuter. Man hält es für ὀρίγανον. Soll es griechisch sein, so ist sachlich ἠρύγγιον möglicher, für welches die Tradition das daselbst genannte חרחבינה hält. — j Kil. I 27ª₃₈ [ה]רוגייני gehört nicht her, ist aber unerklärt.

86.

ܗܪܕܘܦ הרדוף.

Nerium Oleander L., *und andere Species Oleander.*

PSm 1050 = دفلى [aus ῥοδο-δάφνη wie man allgemein annimmt; jetzt دفلى nach Lane auch *Laurus nobilis* L, nach Sonth. Verz. in dieser Bedeutung mit dem Zusatz رومى] = pers. ܚܪܙܗܠ Lag gA 61 خرزهره[2]) Eselsgift, schon Pott ZfdKV 78. PSm 1525 ܣܡܐ ܕܚܪܙܗܠ aber cod. Cmbrdge, den PSm nicht anführt, ܚܪܙܗܠܐ. Vull: سم الحمار.

Ῥοδοδάφνη hat seinen Weg in's Arab. gefunden; im Syrischen und Talmudischen erscheint es in der obenstehenden Form, im Punischen nach D's Nothis ganz unverändert [pun. Verz. Nr. 68].

---

1) Seligmann Liber fundamentorum pharmacologiae 1830 p. 23.

2) خر nicht wie Ly II 282ᵇ schreibt كار ist auch כר in כר הזר נווני. Sanh. 98ª wie man schon längst erkannt hat. כ (ܟ) = خ muß man sich merken, denn es ist bei Juden und Syrern ständig.

II 578 νήριον . . ῥοδοδάφνη . . ῥοδόδενδρον. BB 604 ܢܝܪܐܘܢ, Rabban: ܢܝܪܘܢ, ܪܘܕܘܕܐܦܢܐ übersetzt — ܪܘܕܘ wie auch Sir. 24_{16} Lag. schreibt. [Walton: ܪܘܕܘܕ] Geop 44_{11} (= Land Anecd. IV 100_{23}) ܪܘܕܦܢܐ, 45_5 ܪܘܕܘܕܦܢܐ = BB 905. Νήριον hat PSm nicht erkannt in ܡܐܪܝܘܢ und ܡܐܪܝܘܢ 438. BB 619: ܢܪܕܡܘܢ ܡܢ ܠ الدفلى ܐܪܕܐ ܕܦܠܐ ܪܘܕܘܕܦܢܐ ܢܪܕܘܡܦܪܐ? Crrpt 905 ܪܘܕܦܝܠܘܣ.

הירדוף Sukk. 32[b] giftig, daher nicht zum Feststrauße geeignet. Nach Raschi: weil — wie in Wirklichkeit der Fall — die Blätter spitz zulaufen. [Ly sv „stachelig“; das sind sie nicht]. הרדופני kann nur ῥοδοδάφνη sein (und ist die Uebergangsform zu הירדוף) Chull 3_5 b 58[b] Tos. 3 trotz Tosafot z St. wie in Mechilta 2 M 15_{25} p 45^b_{15} Friedm.[1]) u. Targ. z St. — Gen. 30_{37} J ארדפוי l. ארדפני. Es ist geradezu peinlich, wenn man zu dem Fehler ארדפוי bei Ly TW liest: „Die Form ist wie מוי u. a.“! Fraglich ist blos Pes. 39[a] הרדו', הרדפנין. — Lonsano Ma‘arich: = دفلى, span.: ארילפא, adelfa, das aus الدفلى entstanden ist. Schweinfurth hat aus Chartûm die Aussprache Tifleh notirt; so schreibt auch Delile.

87.

ܓܡܐ.

وصّ وَجّ *Iris pseudacorus* L. Wasserschwertlilie.

Lag gA 40_{27} BA Nr. 3386. PSm 1067. Salmas. Hyl. Iatr. 36. S. noch Nr. 44a. Berggr. 826 Acorus, calamus aromaticus offic. اكر, ايكر, عرق الايكرواج = „اقارون“ Vull. (I 149: ἄκορον.) hat allerlei Formen. Urspr. wohl ware.

88.

ܘܪܕܐ וַרְדָא.

Rose (Blüte).

Das Wort nicht semitisch Curtius[4] 353 Hehn 434 Fick,

---

[1]) Schem. r. 23 p 238_9 Lpz ירדינון falsch (?) aus קרדינון Jelamdenu (Aruch קרדון).

Sprachcinheit 1873 S. 368. Mischn. וֶרֶד wie Ms Maim [illegible] punct. Schabb. [illegible] — Talm. וורדא.

ܢܨܒܬ ܘܪܕܐ Sirach 24_{14} φυτὰ ῥόδου oder wie der urspr. Text gehabt haben mag. Darauf geht BB 708: ܢܨܒܬ ܘܪܕܐ ܗܝ شجرة الورد هي بهارة هي ܢܣܒܠܬܐ ܕܘܪܕܐ ܗܝ شجرة مريم

ܘܪܕܐ Geop 14_3 22_3 44_{18} 65_{28} 95_{11} $96_{18\cdot23}$ ῥόδον. ܡܫܚܐ ܕܘܪܕܐ 109_{11} TDemai 1_{27} שמן וורד j Schabb. $15^a{}_2$ = ῥόδινον ἔλαιον D 55 PSm ܪܘܕܝܢܘܢ 999. Rosenwasser ὑδρόσατον PSm 978 ܗܘܕܪܘܣܛܘܢ u. ܐܗܕܪ = ܓܠܒ — ܓܘܠܒ — جلاب = گل + آب julapium giulebbe it. julepe sp. julep fr. رساطون Sachau zu Ġawâlîḳî 34. Talm. in der corrupten Stelle j Schebiit VII $37^b{}_{37}$ f.

BB ῥοδόμελι 907 ܪܘܕܘܡܐܠܝܢ, ܪܘܕܘܡܐܠ. D 124 ῥοδίδες, Pastillen, Rabban ܩܘܦܠܐ ܕܪܘܕܝܢ ܕܡܬܩܪܝܢ ܒܘܪܕܐ ܡܬܩܛܡܢ. D 718 ῥοδίτης οἶνος ܚܡܪܐ ܕܘܪܕܐ: ܪܘܕܝܛܝܣ ܐܘܝܢܘܣ.

BB 925 BS: بزر الورد ܙܪܥܐ ܕܘܪܕܐ.. ܢܘܫܐ ܕܘܪܕܐ s. Nr. 162c ܘܪܕܐ ܕܚܡܪܐ = ܦܘܪܐ ܦ s. Nr. 151 a ܘܪܕܐ ܕܫܡܝܐ = ܘܪܕܐ ܒܘܪܕܡܐ = بهار PSm falsch pæonia aus Bt II 585 — Talm. s Ly.

89.

ܘܪܣܐ.

PSm 1070 ورس *Memecylon tinctorum* Willd. nach Sprengel. Meyer 3_{289}.

90.

ܘܪܬܢ.

Geop 42_{11} = ܦܪܘܣܘܦܝܛܝܣ προσωπῖτις (ε 48_4 u. Nicl. z St.) = „*Arctium Lappa* L" Langk. 76 μπαρδάνα, βαρδάνα, Bardana. Parduna Meyer 3_{406}.

91.

ܐܠܝܘܕܪܘܢ.

Geop 67_3 ein Baum: PSm Druckf. ܐܠܝܘܕܪܘܢ.

92.

ܙܘܢܐ.

Lolium spec. L. *Lolch.*

Mischn. זונין[1]), talm. זונייא pl. syr. aus dem Griechischen, dem eine syrische Form ܙܘܢܐ zu Grunde liegt, zurückentlehnt. ܙܘܢܐ, [die Form weist, wie Lag. Semitica 63 zeigt, auf √ זן,] haben theol. Schriften aus Matth. 13, daher zumeist in dem der Parabel entsprechenden Sinne. PSm 1117 Aphraat. 150, ff und sonst. Die Syr. geben dafür زَوَان (زُوَان، زُوَّان) und شَيْلَم BB 949: ܥܠܘܒܕܐ ܗܘ ܥܠܘܒܕ ܙܘܢܐ شيلم. PSm 3: ܗܪܐ ܐܐܪܐ 1048 = ܥܠܘܒܕܐ so l. C 917 f. ܥܠܘܒܕܐ und ܐܪܐ 167 = ܥܒ̈ܠܕܐ (so), = συλέυ. farina lolii DCge Langk 126.

D 538 φοῖνιξ *Lolium perenne* L. φύλλα ἔχει ὅμοια κριθῇ . . στάχυν δὲ ἐμφερῆ τῇ αἴρᾳ BB Florent.: ܦܘܢܝܩܣ ܐܝܠܘܩܘܢ ܗ̄ ܒܣܡܐ ܐܝܬܘ̄ ܘܕܡܝܢ ܠܦܘܣܟܗܝ ܠܡܣܪ̈ܩܐ ܘܫܒ̈ܠܐ ܐܝܬ ܠܗ ܐܝܟ ܕܥܒ̈ܠܕܐ. Der Zusatz ἡ βοτάνη dient zur Unterscheidung von der Palme. PSm ܐܪܘܡܠܝܘܢ = شيلم? Eine Lolchart ist angeblich auch ܐܬܒܠ, oder = Unkraut?? PSm 422. Syr. od. arab. Vull: زُغَيْدًا s. Lane ein Korn unter Weizen = رعيدا Bt I 499: Etwas wie Lolch.

זונין der nächste Verwandte des Weizens Kil. 1, unter den gemischt er vorkommt TTerum 6_{10} und ist eigentlich blos degene-

---

[1]) Dass ich keine überflüssige Arbeit mache, indem ich den Pflanzennamen eine genaue Untersuchung widme, wird die Ratlosigkeit, in der man sich den talmudischen Pflanzennamen gegenüber häufig auch da befindet, wo die Quellen leicht zugänglich sind und genügenden Aufschluss geben, zur Genüge dartun. Wünsche, Dr. Aug., Neue Beitr. zur Erläuterung der Evangelien aus Talmud und Midrasch, Göttingen 1878 S. 165 zu Mt 13_{25}, sagt über zônin: „Nach dem Aruch bedeutet das Wort: schwarze Körner, welche nach den Glossatoren als Futter für die Tauben dienten. Nach Maimonides ist es eine geringe Weizenart, welche wegen ihrer Verwandlung in der Erde zônin, die Treulose, genannt wird. Raschi versteht darunter eine Roggenart."

rirter Weizen, wie man mit Griechen und Römern annahm, Sifra Kedoschim j Kil. Anfang Ber. r 28 Ende, und durch den Anklang an זנה begründete. Simon b. Zem. Duran Magen Abot Livorno 1785 fol. p 36[b] führt dies ebenfalls an: Weizen artet in Lolch aus der שילם [شيلم] heißt. Er ist Menschen schädlich, wird darum nicht gegessen Ter. 2_6 wird aber als Taubenfutter benützt j Kil. 26^d_{66} Geop ιδ 1_5 Tauben, 7_3 Hühnern, denen Col. κ,4 lolium decoctum geben lässt.

Abr. b. Dav. zu Sifra יול = prov. juelh, Lonsano Maʿar. נויי״ו ital. gioglio span. joyo. Aruch גרוולו viell. נקרא יולו.

93.

ܙܘܦܐ.

a. Bibl. u. mischn. אֵזוֹב, زوفا, ܙܘܦܐ zûpâ Joh. 19_{29} Harkl. Bernstein verweist auf Barhebr. gramm. metr. 32 Z. 9 genauer ܙܘܦܐ ܝܒܝܫܐ. Die unglückselige semitische Schrift konnte οἴσυπος, Klunker (baumelnde Kothklümpchen in der Wolle der Schafe) D 204 Plin. κθ 10 nicht von ὕσσωπος unterscheiden, und so kam es, dass man schließlich auch οἴσυπος, Klunker, ܙܘܦܐ, زوفا nannte, und durch den Zusatz رطب ܪܛܝܒܐ von ὕσσωπος ܙܘܦܐ ܝܒܝܫܐ زوفا يابس unterscheiden musste[1]). PSm hat dies nicht beachtet, und übersetzt hyssopus aridus, desiccatus, siccus.— virens, recens, wie denn auch Sontheimer's Bt I 53 vom trockenen Hyssopus spricht. PSm 994: ܗܘܣܘܦܘܣ ,ܗܘܣܘܣܘܦܘܣ = ܙܘܦܐ ܝܒܝܫܐ ,زوفا يابس und ܐܘܣܘܦܘܣ 79, ܗܘܣܘܦܘܣ: ܙܘܦܐ ܪܛܝܒܐ زوفا رطب Klunker. 1062 ܘܣܘܦܘܣ: ܙܘܦܐ ܪܛܝܒܐ nach Rabban mit der arab. Erklärung aus DaO also nicht „hyssopus, verba tamen arabica pertinent ad οἴσυπος“, dafür 312 ܐܣܘܦܘܠ aridus, desiccatus 1060 ܙܘܒ وزب

[1]) Berggr. 866 Oesypus „Isopus, Humida“ زوفا رطب — Die Pflanze: زوفا 855: Hyssopus 875 Satureja thymbra. Sonth. Verz. 277 Hyssopus offic. Der arab. Name ist aus dem Aram. entlehnt.

hyssopus siccus, schr. hyssopus aber 316 ܐܣܘܦܘܣ hyssopus virens, recens schr. œsypus. Richtig d. Lexicogrr. PSm 1110 — ܙܘܦܐ Geop 119_{14}. 1 Kön. 4_{33} liest Ephr. I 455 F so für ܠܙܘܦܐ der Pesch., das die Lexicogrr. schon so kennen BB 463: ܠܙܘܦܐ ܕܢܦܩ ܒܐܡܬܐ BS: ܙܘܦܐ ܡܬܝܠܕ ܕܐܪܥܐ ܥܠ ܐܡܬܐ[1]). Ohne Weiteres ܙܘܦܐ zu lesen, was wegen אזוב des Textes dringend geboten scheint, verhindert blos, dass JAww. Meyer 3_{85} und Bt II 449 ein Sempervivum kennen, das لوفا heißt.

Aßaf 88p 80^{d} aram. זיפא רבא gr. ὀρίγανον, saturoia.

b. Mischn. Arten: רומי(ת)י, מדברי(ת)י, כוחלית, אזוב יון Nega. 14_{6} Parah 11_{7} Tos. 11 Sifre I 124, 43^{a}, I 129, 46^{a} Mechilta $11^{b}{}_{9}$ Friedm. Der „griech." Schabb. 14_{3} aber ein Wort אזביון s. u.

כוחלית Hai zu Neg. aO כְּחָלֶת daraus Ar. איזוב שיש בו צבע כמו כחל: כוחל:

Stehende Reihe bilden הסיאה והאזוב והקורנית Ma'as. 3_{9} Schebiit 8_{1} TKil. 3_{12} Ukz 2_{2} u. Tos. bei RSchimschon. TSchabb. 15_{12} TSchebiit 5_{10} j VII $37^{b}{}_{59}$:

1. סיאה = צתרה 2. אזוב — איזובָא 3. קורנית — קורניתא. b Schabb. 128^{a}:

„ צתרי „ אברתא „ קורניתא = חישי.

c. Schabb. 109^{b} אזוב: Drei Erklärungen 1) אברתא בר המג, אַזְבְּיוֹן Ms. Maim. ar. אזוב יון, = אברתא בר הינג) 2) מרוא חיורא qv 3) שומשוק zu welchem die Bestimmung, die Ysopstengel, die rituell verwendet werden sollten, müssten je 3 Blütenköpfe haben, passe, was richtig ist da שומשוק سمسق, *Origanum majorana* L, Majoran rundliche Blütenähren zu dreien (bis fünfen) an der Spitze der Zweige trägt. Σάμψυχον s. Nr. 8 c.

Nach der Umgebung in der אברתא erscheint, auch Ab. zara 29^{a} neben צתרי, kann es nicht wie Bernstein DMG 9 875 wollte ܐܒܪܬܐ sein. Sachs' abrotonum [s. ܒܪܬܐ] geht aus sprachlichen Gründen nicht. Da בר המג und בר הינג, die Epitheta, jeden-

[1]) S. Nr. 175.

falls persisch sind [پرهنج species frumenti Fl.] wird es auch אברתא sein. Es ist ابار, Vull I 65 „thymus, origani spec., saturcia; thyme, wild marjoran“. [Auch Kohut vergl., wie ich aus dem inzwischen erschienenen Aruchhefte ersehe, dies persische Wort, wirft es aber in e i n e n Topf mit ἀβρότονον.] בר המג und היגג [הגג Ms M., Aruch] בר? — Was ist ἀβαρύ (Majoran) Hesych.? Maim. erklärt [gegen צתרי des b.] אזוב durch صعتر s. Uebers. Nega. aO אריגנו (so l.) origano. S. d. rabb. Comm. zu Exod. 12_{22}.

94.

ܙܘܦܬܐܦܪܝܕ.

Lag. gA 42 PSm 1112. 1146 pers. جفت آفريذ „als Paar geschaffen“ Dozy DMG 23, 190 für das Sontheimer'sche „der geschorne Ehegemal“ Bt I 250. Mow. 82 — ܙܘܦܪܐ ist zweifelhaft, es hat dieselbe Erklärung wie das oben Genannte; زوفرا hat zwar Vull., aber in anderer Bedeutung s. PSm 1146.

95.

ܙܝܬܐ. זֵיתָא.

Olea europea L, *Oelbaum*,

Bibl. זית = Mischn., pl. זתים [defect. wie ê häufig, besonders wo Vocalbuchstaben sich häufen, daher nicht „höchst auffallend“ Ly. Tos. ed. Zuck. hat übrigens זי'] Amm. Marc. bei Pott Et. Forsch. II 234 zaita, arab. زيتون, das Oel زيت.

Stellen PSm 1119. Auch die Frucht, Olive, heißt hebr. und aram. so. Geop præf 28. 14_{18} 15_{17} 18_{29} 19_{27} 20_{1} 67_{7} 68_{18} ܗ̄ ܡܫܚܐ 50_{3} ܗ̄ ܡܪܩܐ 10_{24} ܙܝܬܐ ܕܟܢ præf 28. 4_{8} 9_{22} 35_{12} $44_{8\cdot26}$ 48_{24} $50_{8\cdot12}$ 69_{4} u. sonst, ἀμόργη, amurca.

ܙܝܬܐ ܕܒܪܐ NT. BA BB مازريون. Geop 84_{17} ἐλαία ἀγρία (ϑ10_{7}). Κότινος BB 832 ܘܩܘܛܝܢܘܣ ܐܝܟ ܕܐܡܪܝ̄ ܐܝܬܘܗ̄ ܚܡܡܐ ܕܒܝܬ ܗܘܘ ܐܝܟ ܕܗܘ ܕܒܝܬ ܟܐܦܐ ܕܐܬܬܠܝܢ ܗܘܘ.

ܐܕܪܘܩܪܝܐ = ܕܡܥܬܐ ܗܢܕܝܬܐ PSm 400: 401 ܐܕܪܘܢ „Credo ܐܪܝܐ esse ῥοή, sed quid sit ܐܕܪܘ nescio". Das Ganze ist zweifellos: δάκρυον od. pl. l. ܐܕܪܘܩܪܐ D 135 τὸ δάκρυον τῆς αἰθιοπικῆς ἐλαίας PSm 933 Honein: دمعة الزيتون الحبش ܕܡܥܬܐ ܗܢܕܝܬܐ ܟܘܫܝܐ Αἰθιοπικὴ ist vielleicht 995 ܣܘܡܣܝܡܘܣ, نوع من الزيتون. Wahrsch. aber δρυπετής. Plin. ιε1$_6$.

Der Oelbaum stammt aus Palästina und Syrien Hehn S. 44: „Der Oelbaum ist, wie der Feigenbaum, ein Gewächs des südlichen Vorderasien, das in seiner eigentlichen Heimat unter den dort wohnenden semitischen Volksstämmen frühe veredelt und durch Kultur zu lohnendem Fruchtertrage gebracht wurde. In allen Teilen des Alten Testaments finden wir das Oel zu Speisen, bei den Opfern, zum Brennen in der Lampe und zum Salben des Haares und des ganzen Körpers in allgemeinem Gebrauch." Im talmudischen Schrifttum wird der Oelbaum, die Olive und ihr Oel häufig erwähnt. Man sehe LLöw Graph. Requ. I 82. Genannt werden die Oelbäume von Neṭôfâ, Sifkhôn und Bêšân [صعع Beth šeân]: בישני שפכוני נטופה. Es ist ganz unzweifelhaft, dass das Ortsnamen sind. Neṭôfâ ist bibl. בית נטופה ist im Midrasch vielfach verschrieben, und wird als בית שופרי, בי טרפא, בית טופת, בית תופת von Neubauer 128 und Ly var. locc. zur Bereicherung der Geographie Palästina's verwendet.

Oliven, die man zu Oel verwendet, heißen זיתי שמן, solche die gegessen werden: קלופסין. Diese sind wertvoller und größer Ar sv Colum ε8: omnisque olea major fere ad escam, minor oleo est aptior.

קלופסין TTer 4$_3$ [נ' falsch] = Ar. [קילפסין Druckf.] der aus j 41$^a{}_{19}$ כלופסים citirt, mein ms Zacut's כלוכסין, j Agg כלוכסין l. כלוכסין. TTer. 3$_{15}$ neben essbaren זתים לאכילה.

Oliven zu Oel זתים Ter. 1$_9$ auch נכתשין[1] gepresste werden im Gegensatze zu eingelegten, (זיתי כבש 2$_6$), נכבשין genannt. Man

---

[1]) כתש für das Auspressen der Oliven Schebiit 4$_9$ 8$_6$ TMenach. 9 und s.

legte Oliven ein Ter. 10_{16}. Plin $\iota\varepsilon 3_{16}$: „Auch in Aegypten geben die fleischigsten wenig Oel; die äußerst kleinen aber in Decapolis in Syrien — vielleicht gerade die aus Beth Seân der Mischnah — nicht größer als eine Kapper (nec cappari maiores), empfehlen sich durch ihr Fleisch. Es werden daher zum Essen die überseeischen, obschon ihr Oelgehalt geringer ist, den italienischen vorgezogen; in Italien selbst aber die picenischen und sidicinischen. Sie werden vorzugsweise in Salz oder, wie die andern, in amurca (Gæscht, Oelschaum) oder sapa (Mostmuß) eingelegt; manche, colymbades, schwimmen auch im eigenen Oele; diese werden auch zerquetscht (franguntur)[1]) und mit frischen wohlschmeckenden Kräutern eingemacht.“ Dies colymbas, κολυμβάς (auch κολυβάς, κολυμπάς) ist קלופס. Uebrigens widersprechen sich aaO Mischnah u. Tos.; jedenfalls kann man nicht sagen es stehe קלופסין für זיתי כבש der Mischnah, was Ly I 338 tut, wenn man sich die Texte nicht erst dazu zurechtlegt, was hieher nicht gehört. Ueber אנורי Aguron oleum Meyer 3_{370} s Perles Monatschr. 3, 426 21, 369. Ly I 25ᵃ ist der Artikel misglückt. מור אנורי wird II 55ᵃ zurückgenommen.

Hier erwähne ich עץ שמן bibl., talm. אפרסמא? ob. 59 l. z. Jes 41_{19} Sym.: ξύλον ἐλαίου ܩܝܣܐ ܕܡܫܚܐ אעין דמשח targ. عود الزيتون. Saadja عود الدهن. Sir. 24_{13} 50_{10} ܩܝܣܐ ܕܡܫܚܐ, dafür gr. κυπάρισσος Tanchum zu 1 Kön 6_{33} ed. Haarbr.: Terebinthe بطم, in der Medizin الحبة الخضرا da es n e b e n dem Oelbaum genannt ist und in Palästina außer diesem nur die Terebinthe Oel liefert.

96.

זנגביל ܙܢܓܒܝܠ.

Zingiber officinale Rosc. *Ingwer.*

زنجبيل Z f d K. VII 127 Sachau zu Gawâlîkî. Aus dem Gr. sind umgeschrieben ܙܢܓܒܝܪ, ܙܢܓܒܝܪܐ, ܙܢܓܒܝܪܝܢ, ܙܢܓܒܝܠܐ und BB

[1]) פצע Schebiit 4_9 פצוע Ter. 10_7 Ma'as 4; Orlah 3_8 נתפצע.

637 ܩܘܢܕܝܛܘܢܙܢܓܒܪܘܣ = ܙܢܓܒܪܘܣ Talm. s Ly, aber „Zimmt“ z. streichen, u. ז' רטיבא Pes. 42[b] nicht „feuchter Ingwer“ sondern „conditum zingiberis“, frischer, mit Zucker eingemachter Ingwer D 301. — C 808 ܩܝܢܒܪܝܣ cinnabaris nicht zingiber. 787 ܩܢܒܝܠܐ zingiber?? [BB 853 العجل جميعا??] C 306 ܙܢܓܒܪܘܕܪܐ hat Ferr. zengebîl gelesen zu haben geglaubt für جلنجبين s. PSm. גינברא (גו') Ar. sv hält man mit Recht für dass. — Formen für zingiber Langk. 102.

97.

ܙܘܪܢܒܕ, ܙܪܢܒܕ.

Lag. gA 17. PSm 1114. 1156 ohne Verweisung. Langk. 101 *Zingiber Zerumbet* Rosc. زرنباد.

98.

זרע כיפא.

Lithospermum.

Aßaf 66 p 75[a] aram., פרמאטום σπέρματος, röm. saxifraga das Meyer 3_{633} in 4 Bdtgen nachweist, deren Eine Milium solis d. h. *Lithospermum officinale* L ist. BB 472? قلة ܩܠܩܘܛ ܩܠܩܘܛ ܠܝܬܘܣܦܪܡܘܢ D 488 λιθόσπερμον.

99.

ܙܪܫܟ.

Berberis spec. L. *Berberitze.*

Lag gA 47 BB 853 BS ܦܘܩܐ ܕܙܪܫܟ.. ܦܘܩܐ ܕܐܟܣܘܩܢܬܘܢ so زيرك زركيه ثمر العليق عيدان الامير باريس PSm 224 ܐܟܣܘܩܢܬܘܢ: ܦܘܩܐ ܚܪܘܒܐ [l. ܦܘܩܐ] PSm meint زرشك; falsch. 231 ܐܟܣܘܩܢܬܘܣ? BS زيرك derselbe zu ܐܟܣܘܩܢܬܘܣ 1162 ܙܪܫܟ زيرك BB 425 ܦܘܩܐ ܚܪܘܒܐ = ܐܟܣܘܩܢܬܘܢ [M: ܚܪܘܒ —] = ὀξυάκανθα und wie er erfuhr: ثمر العليق. ’Oξυάκανθα D 116. عليق combinirt wie D 117 zu κυνόσβατον Syn: ὀξυάκανθα, in welchem die Araber nach ngr. Sprachgebrauche Berberis suchten Bṭ I 70. D II 398. Sim. Jan. bei Langk 35.

Vull: زرشك, زارج, سرشك, انبرباریس, امبرباریس, sehr oft: امیرباریس verschr. so Berggr. s Pott Z f d K V 77. — S. Nr. 197.

100.

ܠܒܠܒܐ.

BA 3620 ܠܒܠܒܐ. Auch ܠܒܠܒܐ? Daraus arab. لبلاب حلبلاب (Vull. sv) a) ܠܒܠܒܐ ܪܒܐ κισσός *Hedera Helix* L. Epheu PSm 1181. BB 850 ܩܣܘܣܘܣ 765 ܩܣܘܣ Gabriel: اسم اللبلاب العريض وهو الاكبر. In der D Uebers. öfter so: ܩܝܣܘܣ, ܐܦܣܘܣܘܣ PSm 516 βήχιον, σμίλαξ, περικλύμενον.

Beibehalten ܩܣܘܣ Geop. = ܟܘܒܬܐ qv Mischn. קִסּוֹס Kil. 5_8 Sukk. 1_4 Sifre II 140, $102^a{}_{29}$ Ohol. 8_1 j Kil. $30^a{}_{55}$ = קיסוסא. Nach Boissier Flora or. II 1090 wächst H. Helix im Libanon (und heißt türk. sarmaschik). Nach Hai zu Ohol. in den GA d Geonim rabbinisch: הילבאנא wohl ܠܒܠܒܐ. Maim. لبلاب Uebers: coriola (= corrigiola) ebenso קוריאולא Steinschn. Catal. Berlin p 138 auch قربولة Vull sv. l. قريولة = Bṭ II 412.

Roman אידרא, אדרא, אינדא, אילרא (so Ar.) יידרא يذره Bṭ yedra span. edera, ellera it. يذره Vull. Aßaf 175ᵃ קיסום = אידירא 111ᵃ = עץ הסבך 106 p 83ᵇ סיסום l: ק׳.

BB 854: اللبلاب الشجرى = حبل المساكين. Jenes Kazw. I 296. Berggren 848 Elatine لبلاب = Vull I 118 zu الاطينى, neben عَشقَه. Dieses und لبلاب bedeuten bei den pers. Lexicogrr. Schlingpflanzen überhaupt, stehen daher zu كشوث, قفر, ارغج, غـاك, سيان, سن ميويزه, نوبيخ. لبلاب jetzt *Dolichos Lablab* L. s. לוביא, übertragen wie σμίλαξ.

Epheu als Gartenpflanze Kil. aO will Mussafia durch נר־קסום erklären. Doch ist קסום richtig, obwohl auffallend bleibt, wie es neben Iris und Lilie, in einer Kategorie mit diesen, stehen kann.

140

Man zog Epheu gern in Parks und Gärten s. Günther, die Ziergewächse und ihre Cultur bei den Alten I Bernburg 1861 Gymn. progr. S. 14: In Grotten Theocr. γ 14. ι 46. Propert. ε 4_3 Diod. Sic. κ 41., auf Gräbern Virg. Cul. 404, als Bekleidung auf Baumstämme und zur guirlandenförmigen Verbindung höherer Bäume Plin. Ep. ε 6_{32}. Epheukränze Plin HN ιε 4 ις 35_{63} der [jüd.] Priester Tac. Hist ε 5.

Wegen ܣܡܝܠܐܟܐ ܪܘܥܐ füge ich ein:

BB 518 (unter m) ܣܡܝܠܐܟܘܣ ܗ̄ ܐܝܠܐܘܣܐ ܣܡܝܠܐܟܘܣ ¹) ܚܪܘܣܬܐ ܒܡܒܘܥܐ ܐܝܬܘܗ̄ ܕܡܬܟܪܟ ܥܠ ܐܝܠܢܐ ܗܘ ܪܚܦ²) ܠܥܠ[ܘܠܬܚܬ ܘܦܐܪܘܗ̄ ܕܟܪܐ ܠܣܘܓܠܐ ܘܟܕ ܒܫܠ ܣܡܩ ܘܡܣܘܡ ܘܡܣܪܐ ܠܣܘܢܝܐ ܕܟܝܢ ܘܚܠܝܦܘ̄ ܠܦܪܝܩܠܘܡܢܘܢ so ܣܡܝܠܐܟܘܣ: ܐܝܠܢܐ ܗ̄ ܣܡܝܠܐܟܘܣ ܚܪܘܣܬܐ ܒܡܒܘܥܐ ܐܝܬܘܗܝ ܕܪܚܦ ܥܠ ܐܝܠܢܐ ܐܝܟ ܗܘ ܕܒܪܒܘܣܝܘܣ ܘܚܠܝܦܘܗܝ ܕܟܝܢ ܠܣܡܝܠܐܟܐ ܪܘܥܐ: [ܣܡܝ̈ܠܐܟܐ :Flor] D 621 Σμίλαξ τραχεῖα .. περικλυμένῳ ... βάτος .. ἑλίσσεταί τε περὶ τὰ δένδρα ὡς ἄνω καὶ κάτω νεμομένη[2]). καρπὸν δὲ φέρει βοτρυώδη .. πεπανθέντα δὲ ἐρυθρόν. Smilax aspera L auch μίλαξ bei Dichtern neben Epheu Günther aO 15 zu Kränzen Plin ις 35_{155}. — D 622 Σμίλαξ λεία [l. ܠܝܐܐ] ὅμοια κισσῷ τὰ φύλλα ἔχει .. ἑλίσσεταί[2]) περὶ τὰ δένδρα ὥσπερ ἡ προτέρα. *Convolvulus sepium* L. Zaunwinde.

BB 725 περικλύμενον ܐܝܟ ܢܦܩ ܠܐܟܡܢܘܣ ܐܝܬܘܗ̄ ܒܪܘܢܐ ܘܗܘ̈ܦܪ ܦܪܝ̈ܩܠܘܡܢܘܢ] ܘܕܟܝܢ ܠܣܡܝܠܐܟܐ ܪܘܥܐ ܘܡܘܢܐ ܐܦ ܦܐܪܘܗ̄ ..... [حبريل] قال so ܦܪܝܩܠܘܡܢܘܢ :754 : ܐܝܠܢܐ ܥܠ ܕܡܬܟܪܟ!! D 515 .. θαμνίσκος ἐστὶν .. ἔχων φυλλάρια ὑπόλευκα κισσοειδῆ.

Auch Arab. بارقلومانون Bt I 120. Vull. I 212 بربوسيوس ? — C 710 ܦܠܘܣܐ convolvulus?

---

¹) PSm 1230 aus Galen: ܚܪܘܬܐ .. ܟܡܠܐܟܘܣ wahrscheinlich zu l. ܚܪܘܣܬܐ.

²) νεμομένη u. ἑλίσσεται? ܪܚܦ ܥܠ ܐܪܥܐ Land Anecd. IV 69_{14}. ܪܚܦ (ܪܚܦܐ) Bar Hebr. Ms Berol. Peterm. giebt dafür زحف. ZDMG 14, 683.

Als Epheuart wird bezeichnet ܟܪܒܠܟ pers. Lag gA 20 aus Av. 150 بادشقان wie er für فان — will: hebr. פ aber Plemp u. ms Berlin. بدسغان (g) Bt I 125 ك oder ق. Auch Vull sv. غ pers. گ. Nach Boissier, Flora or. II 1090 heißt *Hedera Helix* L. persisch Pitschek, پیچك.

b. ܠܒܠܒܐ ܡܬܟܪܟܢܝܬܐ D 534 ἑλξίνη *Convolvulus*[1]) *arvensis* L. durcheinandergeraten mit D 582 ἑλξίνη-παρθένιον-σιδηρῖτις-ἡρακλεία-ἀσυρία [περδίκιον] s. Nr. 271 PSm BB ܐܣܘܪܝܐ, ܐܣܘܪܝܐ ἀσυρία?? ܐܪܝܬܣ ܐܪܩܠܝܘܣ BA ܐܪܩܠܝܘܣ, ܐܪܩܠܝܘܣ, ܠܒܠܒܐ, لبلاب σιδηρῖτις? ܣܝܕܪ PSm 535 ἐλειτίς?? 1016 ܣܝܕܪܝܛܝܣ — ܦܪܕܝܩܘܢ περδίκιον, ܐܪܩܠܝܘܣ, ܐܪܩܠܝܐ, = ܠܒܠܒܐ ܡܬܟܪܟܢܝܬܐ BB 720: ܦܪܕܝܩܘܢ ܐܝܟ ܕܐܡܪ ܚܘܢܝܢ ܗܘ ܕܡܘܕܟܐ ܙܓܘܓܝܬܐ ܘܗܝ ܟܠ ܟܬܠܐ: und ܦܪܕܝܩܘܢ = ܦܪܕܝܩܘܢ — ܣܝܕܪܝܛܝܣ; aus Gabriel: ܦܪܕܝܩܘܢ ܘܦܪܬܢܝܘܢ περδίκιον u. παρθένιον [ـسون—] und 660: من اسما اللبلاب الذى يوكل so ܐܪܩܠܝܘܣ. 725 فرديقون ܦܪܕܝܩܘܢ erkl: ܗܘ ܡܘܕܟܢ ܕܡܘܕܟܐ ܠܙܓܘܓܝܬܐ ܘܗܘ ܕܡܘܕܟܐ ܙܓܘܓܝܬܐ. Galen XI 874 zum Abreiben von Glaswerk. Arab. حشيشة الزجاج Av. 178. Bt 308 Berggr. 868 *Parietaria officinalis* L.

Ἑλξίνη wurde اقسين Berggr. 843. Sonth. Verz. 269 Convolvulus, petit liseron, wie ἐλαιόμελι اومالى [=اقواملى „aquameli" Vull.] und vieles Andere.

Sergius nannte ἑλξίνη: ܥܠܬܐ Nr. 171 ܠܒܠܒܐ hat PSm aus Gal. für: λινόζωστις.

ܠܒܠܒܐ und لبلاب bezeichneten gewiss allerhand Schlingpflanzen von √ ܚܒܠ חבל حبل benannt. Wie لبلاب aus حلبلاب ist بطباط aus ܒܛܒܛܐ geworden Nr. 2 Ende.

An Convolvulaceen wäre noch zu erwähnen *C. Scammonia* L., Purgirwinde, deren verhärteter Milchsaft aus Einschnitten der

[1]) Convolaceen der in Frage stehenden Flora findet man bei Boissier, Flora Or. IV 84 ff. Diagnoses plantarum orientalium nova series 1 Nr. 11 p 81 ff.

Wurzel fließend das orientalische Purgirharz oder Scammonium, ein seit Hippocrates berühmtes, neuerdings im Ansehen gesunkenes, heftiges Purgirmittel. سقمونيا. *Cressa cretica* L [nach Forsk. u. Delile ندوة] D 482 ἀνθυλλίς. PSm 286 ܐܢܛܘܠܠܝܣ aus Gal., das Z 1 aus der D. Uebers.

101.

[ܚܒܬܐ.]

Spreu, dürres Reisig[1]) nicht PSm 1171 „planta quædam aquatica حلفاء arundo epigeios Bait I 375“ Nov. „nasturtium aquatile“ C 274 sondern حلفاء gilt bei den syr. Lexicogrr. genau soviel als غثاء, هشيم, قماش S. Nr. 121.

102.

ܚܡܨܝܐ. חַפְּצָא

BA BB ܠܘܒܝܐ لوبيا חפצא besser bezeugt als 'חפ Ar.'s, muss gegen Aruch, den עפצא, אפצא verleitete, eine Hülsenfrucht sein. Chull. 52b.

103.

ܚܘܒܫܐ. חַבּוּשָׁא.

Apfelart.

ܚܘܒܫܐ PSm 1187 „1) planta ex cuius radice caules et rami multi succrescunt Quatr.“ Das klingt, als wollte man ܚܘܒܟܐ erklären, es wird darum gestattet sein, vorläufig an dem Wort zu zweifeln. 2) pl تفاح BA. BB pers. سيب = ܣܘܪܐ ܦܪܣܝܐ [Nsyr. ܚܘܒܫܐ Apfel]. BB 524 ܡܠܐܟܐ ܣܘ̈ܪܐ ܣܘܪܐ تفاح ܘܡܟܬܡܪܢ ܚܘܒܫܐ ܬܘܒ T Ter 7_{13} חובשין ודרמסקניות Var. עובטין l. עובשין. [j45^d_{30} ענבים·ואובשים?] TUkz. 1 bei R Schimschon 1_4 עוקצי העובשים יהתפוחים והאתרוגים.

---

[1]) BB 818 BS: قذاة, هشيم ܓܠܐܢܒܟܬܐ ... ܘܩܠܐܡܣ καλάμη. Man sehe Nr. 111.

הבושא talm. Ket. 60ᵇ Beza 26ᵃ Raschi, Ar., Maim's Uebers. zu Kil., er selbst nicht, = פרישין Quitten; mit Recht von Lonsano, Ma'arich, abgewiesen. Sie werden, was bei Quitten nicht der Fall ist, roh gegessen. Es ist, wie syr., eine Apfelart. Plin. ιε 9_{38} kennt eine Quittenart, die roh gegessen wird, j führt פרישין pl., das er für Quitte erklärt, geradezu etymologisch auf פריש לקדירה „nur für den Kochtopf bestimmt[1])“ zurück, was, obwohl Spiel, zeigt, dass Quitten gekocht wurden.

Quitten, *Cydonia vulgaris* Willd. heißen ܐܣܦܪܓܠܐ איספרגלין سفرجل.

Mischn. פריש (an pirus zu denken ist kindisch) TSukk. 2_{10} b 31ᵃ pl פרישין Kil. 1_4 Ma'as. 1_3 Ukz. 1_6 j Kil. 27^a_{33} j Ma'as. 48^d_{69} = (פריש לקדירה) איספרגלין Hai Maim. سفرجل Kaleb nach אייבא arab. [Vull به, بهى Quitte]. Pers. آبى ספרגלים BSira 5 פארישין BSira Var.? Provenc. codoing, ital. cotogna קודוניא pl. קידויש, קויידונץ, קודונץ, קודונייץ Kaleb ngr. קידוניאה κυδώνια. Span. Lonsano bei Asulai, Kikkar leadân [מיבבריליות im Ma'arich] מימבריאוש, מימבריליוש[2]) = Kaleb membrillo pg marmelo von melimelum, μελίμηλον Geop ι 20, im latein. melimelum fiel damit μαλόμελι zusammen, daher Quitte und Quittenmuß. Aßaf 30ᵃ אספרגלים — קידוניון gr. 42ᵇ איספ' = קוטנייא.

'Or zârû'a II 13ᶜ כרישין Druckfehler für פ'. Harkavy, Jud. u. slav. Spr. S. 58 hat das nicht bemerkt und sucht für das erklärende קרוכי die Bedeutung „Lauch“. Im böhm. WB finde ich Quitte kdoule, kdule, also vielleicht קדולי zu l. Böhm. auch kutna also viell. קודני.

Kaleb erklärt ספרגלים seien verschieden von פרישין und הבושים, denn diese sind = חמישיות (an anderer Stelle חמשיות) =

---

[1]) Plin. ιε 17 . . e vino et aqua coquuntur et atque pulmentari — Gemüse — vicem inplent, quod *non alia* præter cotonea et struthea.

[2]) Crrp. סירואילאש Zedah le derech 114b. Steinschn. Catal. Berlin p 139 מילסטוניאה = חבושים.

mespila. Dies המישת kenne ich nur noch aus dem Alfabet des BSira Nr. 26 als חומישניות mit der ital. Erklärung mespoli . . . מֵיסְפִּילִי קְרוֹינְיֵאלִי. Es steht bei Kaleb zweimal, und zwar neben הבושים aus dem es also nicht verschrieben sein kann, und ist ein rätselhaftes Wort; vgl. Nr. 229c. ܐܣܦܪܓܠܐ سفرجل PSm 316 Gal. Geop 24_1 (: 28) 67_7 76_{12} 115_8 κυδώνια. BB: στρούθια. D 148 BB 518 zu ܩܘܕܢܝܐ ܟܠܒܐ [l. ܩܘܕܢܐ] D 715 κυδωνίτης BB 830 ܡܠܝܡܠܘܢ ܐܘܢܡܠܐ = ܐܣܦܪܓܠܐ ܕܩܘܦ ܡܚܒܐ D 714 μηλόμελι BB Florent: ܡܚܡܠܡܠܐ ܕܩܘܦ ܣܦܪܓܠܐ ܕܗܒܝܐ ܘܕܒܫܐ. j Ma'as. I $49^a{}_{20}$ מילימילה μελίμηλα s. ob. so l. auch T Ma'as 1_1 für תפוחי מי נפלה.

104.

ܚܘܚܬܐ חָגָא

a. pl. (falsch: ܚܘܚܐ) ܚܘܚܐ BA Nr. 3642 حاج, ينبوت[1]), شوك 3654 ܚܘܚܬܐ = ܚܘܚܐ (?) BB's ܩܘܚܬܐ entspricht حوج, talm. היגא, היגתא: (mand. pl. האגיא) حيج Fleischer zu Ly I 556^b „von √ חוג, حيج rings einschließen," weil zur Einfriedigung von Saatfeldern gebraucht. Neben dieses Wort „ἄκανθα" zu stellen, wie Kohut Aruch sv. tut, ist zum Mindesten überflüssig. حاج gilt für Hedysarum alhagi [hagi = حاج, gi schrieben die Latinobarbaren für g.] Bt = عاقول, dieses Hedys. alh. Forsk. 136. Hartmann 173 und Andere. Boissier Flora or. II 558 *Alhagi Maurorum* DC (*A. manniferum* Desv.)

Bedeutung. ܚܘܚܬܐ a) Galen. u. Hex. κόνυζα [נעצוץ Targ. Est. II 27 היגתא Ly TW.] das Geop 111_{28} (:n 2_5)$_{25}$ ܟܟܠܐ l. ܟܘܢܐ [115_{11} = ib 17_4 κόνυζα??] nicht übersetzt, da 10_{30} ܟܠܐ ($\beta 27_9$) κόνυζα zweifelhaft ist. BB 832 ܚܘܚܬܐ [l. ܩܘܢܘܙܐ] ܩܘܢܘܙܐ شوك الخرنوب. b) BB ܡܪܝܪܬܐ ܐܝܠܢܐ ܕܦܘܪܐ ܕܗܘ ܐܝܟ [ܡܪܝܪܬܐ] ܡܪܝܪܬܐ

—

[1]) S. Sergius ܡܪܝܣܛܝܩܐ Nr. 304. Der ar. D f. κόνυζα Salm. hyl. 112. Saadj. Jes. 7_{19} נהללים ينبوت. Paulus „culta arbor" falsch.

ينبوت ,شوك (c. ܗܘܙܐ ܠܒܘܫܘ ܚܣܟܐ ܕܟܢܒܘܫܘ ܦܪ̈ܚܘ ܥܡܠܟܐ اظنّه الخرنوب s. ob. und BB 707 BS اصل الينبوت . . ܚܡܪܐ ܕܚܣܟܐ.

b. ܐܘܙܡܐ איזמא ܗܘܙܡܐ היזמא [Perles will: pers. هيزم Holz Monatschr. 16, 297??] fem. = عاقول alle Syr. BA BB Elias Nisib. Erstere noch ينبوت ,حاج (s. Nr. 3) *Alhagi Maurorum* Dc. ein Kameelfutter, daher ܟܘܣܐ ܕܓܡܠܐ BB 426, dieser = عاقول. Gr. ܡܘܩܩܢܬܘܣ PSm „μυάκανθος" ??, worauf in Chorasan das Manna fällt. PSm 1003 ܗܘܙܡܐ = ܚܩܘܠܐ (Nr. 227) عاقول, حاج, هزمى Var. خزمى BA Nr. 4609 neben anderen Dornnamen ܐܘܙܡܐ. Es dürfte nicht gelingen ܗܘܙܡܐ und ܚܣܟܐ zu sondern. — Etym.?

Talmudisch stellt sich die Sache folgendermaßen:

T Kil 1_{11} איזמא [1]) ein Kraut, $_{12}$ אגא ein Baum d. h. Strauch. Auf beide kann כשות Nr. 171 gepfropft werden. Danach GA d Geonim ed Lyck p 18 היזמתא ein Kraut (עשב), הגתא ein Strauch. Aruch היזמי = סנה, היגי = קוצים ist unbestimmt, dürfte aber umzukehren sein.

כשותא Cuscuta wächst Erub. 28ᵇ auf היזמתא und stirbt, wenn die Mutterpflanze abgehauen wird. Schabb. 107ᵇ u. wächst es auf היזמי והיגי. Eine كشوث Art die auf حاج wächst pers: خنكو Vull. vgl. c. „Bier" שכר mit كشوث erwähnt Lane; Ketub. 77ᵇ wird aus היזמתא ein „Bier" gebraut — wie man annimmt aus den כשותא der darauf wächst. Ly falsch „Lupinen, die in Dornsträuchern wachsen".

Mischn. הָגָה (א—) fem. ein Dornstrauch. Als solcher auch T Kil. 3_{15} bezeichnet. הקנים [2]) והחגין והוורד והאטדין = Erub 34ᵇ הָגִין ms M. היגין j Kil. 30^{a}_{56} אָגִין T Schebiit 5_7 הָאָגָא עיקר הוורד־עיקר [הוורד l. für הרוב nach j 37^{b}_{24}] היגתא Targ. נעצוץ Ly TW (הגתא, היגיתא).

---

[1]) Agg crrpt אומאומא schon von El Wilna corr., von Ly aber, mit einer dornenvollen Erklärg. aus dem gr. Wörterbuch, aufgenommen. Auch היזמתא ist gr.!! I 461_b.

[2]) Ly I 17_b „Stangen" wie immer falsch für Rohr.

היזמי והיני B k 81ª u. sonst s Ly. Der Strauch ist bis 3′ hoch, buschartig, daher konnte man sagen, Palmen sehen aus großer Entfernung aus wie hag-Sträucher חֲנַיָּיא j Rh. 58ª₂₁ Ly sv. Daraus wurden Ber. r. 38 p 66₂₈ Lpz כאלו הגבים nach 4 M 13₃₃.

c. Schabb. 110ᵇ₀ חרנוגא דהינתא רומיתא (Ar. 'ה) Bb 83ᵇ הֵינֵי רומייתא = ܚܝܢܐ ܪܗܘܡܝܐ BB PSm 1190 römische ḥag Sträucher. Näheres ergiebt sich nicht.

„Romitha" sagt Ly I 495ª nach Raschi, aber der meint nicht „Romitha" sondern „die Römische" viell. Griechische [*Alh. Graecorum* Boiss.?] .חרנוגא wird خنكو sein, das auf הינתא حاج wächst und ist nicht gr. Man vgl. Nr. 171. Etwa * חננוגא?

Eine Dornart ist:

d. חרק bibl. u. mischn. — talm. u. targ. חרקא aus dem bibl. חרק. Sprachlich identisch ist das von Celsius verglichene حدق [Nr. 142 a] *Solanum cordatum* Forsk 47 حدقة „prunelle d'œil" I As. 1870 XVI 299. — Ein komischer Irrtum ist ܚܕܩܐ ܕܚܡܦܪܐ Var. ܚܕܩܬܐ = حدق PSm 445 „forte sit melongena etc." Es ist Micha 1₁₀ בבית לְעפרה Pesch: ܒܚܕܩܬܐ ܕܚܡܦܪܐ] Col. 493 PSm selbst aus BB: „Städtename".

105.

ܦܪܣܟܐ.

Ich schicke voran:

a) *Amygdalus persica* L., Pfirsichbaum D 150 μηλέα περσική, die Frucht μῆλον περσικόν. Galen, Geop ι 13 ff. περσικόν. Persicum allein Apic. § 167 Schuch, duracina persica § 26 aus Meyer 2₂₄₇. Δωρακινὰ als besondere Pfirsichsorte Niclas ad Geop. lc. woraus ῥοδάκινα ngr ῥοδακινέα רודקינא Kaleb, Fraas 68 Druckf. — κεά.

[Περσέα, ein noch nicht ermittelter Baum, Lag Anal 156₂₄ ܦܪܣܝܐ.] s. Nr. 121.

Περσικόν ist syr. nicht aufgenommen, dafür talm. häufig.

פרסקין, אפרסקין sg. פרסק, פרסיקא j Peah 20^{a}_{61} [1]). mischn. פרסקים nach Kil. 1_4 nah verwandt mit dem Mandelbaum, aber doch, was die Botanik bestreitet,[2]) heterogen. Man pfropft Pfirsich und Mandelbaum aufeinander Col. 𝔍 15 Geop aO. Maim zu Kil. אלפוך, so, l. الخوخ Uebers. פירשגש persigo span., prov. persegas. Maim. sagt: Pfirsiche sehen, so lange sie klein sind, zu Anfang ihres Wachstums, wie Mandeln aus. Text der Uebers. corrpt: ובשהין נגמרין סימן נקראין בערב ענאב wie auch Kaleb falsch hat. Es liegt ein Uebersetzungsfehler vor; ענאב gehört zum unmittelbar folgenden שזפין. Kaleb noch: vulgær שפטלו شفتلو = فرسك s. u.

Περσικόν BB 726 BS: الخوخ ܕܘܪܐܩܝܐ so ܦܪܣܝܩܘܣ. Μηλέα περσική 518:

ܡܠܐܠܘܣ ܗܘ ܦܪܣܝܩܘܣ ܐܝܟ ܒܡܣܪܐ ܕܘܪܐܩܝܐ ܦܪܣܝܩܐ
ܡܫܠܠ [Flor. بغفلد] الخوخ وهو الشعز [Fl. الشُعر] ܗܐܝܟ ܢܨܒ
ܡܠܐܠܐ ܡܦܪܣܝܩܝܐ ܚܘܪܐ ܦܪܣܝܩܐ ܕܐܦܝܛܘܡܘܣ ܕܘܪܐܩܝܐ الخوخ
PSm 1239 ܚܘܪܐ ܦܪܣܝܩܐ = الخوخ ܕܘܪܐܩܝܐ, 859 Galen. Geop 13_{23} ($\gamma 1_4$) 117_{14} (: 14) $76_{1\cdot 19}$ = ܦܪܣܝܩܐ 66_{29} BB شفطلوج pers. ob. aus Kaleb شفتالو

Syr. war also δωράκινον üblich geworden; Ǵavâlîkî weiß schon nicht, ob دراقن syr. od. gr. ist; bei Vull. دراقن „syr." Bt I 417. Arab. und pers. Lexicogrr. = خوخ wie die Syrer. Lautlich = ܚܘܚܐ [H einmal ܚܘܚܐ] das aber nicht Pfirsich bedeutet, und bei keinem der syr. Lexicogrr. mit ܕܘܪܐܩܝܐ wiedergegeben wird. [K zähle ich nicht unter die Zeugen, die zu vernehmen sind]. Nur BB, nicht BA giebt dafür خوخ, das der Arab. 2 Kön. 14_9 blos aus dem Syrer herübernimmt, der seinerseits חוח, hebr., beibehalten hat. ܚܘܚܐ ist Pflaumenbaum, in der angef. Bibelstelle aber wie gesagt nur das beibehaltene hebr. חוח Dornstrauch. Dies bibl. חוח ܚܘܚ

[1]) Dam.$_{69}$ u j Sotah $17b_{24}$ $24b_{55}$ פנקריסין, פנקרסין schwerlich Pfirsich oder gar = קפריסין Kapper. Vgl. LLöw Lebensalter 260.

[2]) Ascherson Verhndl. d. bot. Ver. Brndbg XX, LII.

und das خوخ ܚܘܚܐ Pflaume halte ich für durchaus verschieden. *Prunus spinosa* L. Schlehe ist von Celsius I 478 für das Arabische ohne Beweis angesetzt, um Dorn und Pflaume zu vermitteln.

Neusyr. ܚܘܚ̈ܐ ist aus dem Arab. neu aufgenommen, wenn es Pfirsich bedeutet.

خوخ ist 1) = اجاص Prunum Berggr. 871 2) Malum Percum, pêche 861. Lane 820[b]. In Aegypt. chôch Pfirsich, barkûk Pflaume.

b. ܚܘܚܐ Pflaumenbaum, ܚܚܐ (sing.?) die Pflaume BA Nr. 3701 ܚܚܚܐ falsch, pl ܚܚ̈ܐ PSm 1243 اجاص. Dies arab. Wort PSm 1386 BS: zu ܚܘܪ̈ܢܝܬܐ?? — Galen. PSm 1244. BB 841 Rabban = D 153 κοκκυμηλέα: ܐܝܠܢܐ ܕܚܘܚܐ BS κοκκύμηλα: ܚܘܚ̈ܬܐ ܘܚܘܚ̈ܐ PSm: ܚܘܚܬܐ richtig.

Pflaume: ܚܘܚ̈ܒܢܝܬܐ BB. BA 3819 ܚܚܐ = اجاص, القرصه, = ܚܘܚ̈ܒܢܝܬܐ = ܚܘܪ̈ܬܐ. Arab. فرنيه nur K. — ܚܘܚܢܬܐ Geop 13_{23} δαμασκηνά (γ 1_4 f ι 39) 25_1. 66_{30} $76_{1\cdot12}$ BB unter R 899 اجاص ܐܕܪܡܣܩܢܐ C 868 „afline Bohem. Russkowie“! l. δαμασκηνά = PSm 920 = ܚܚ̈ܐ, „schwarze Pflaumen“. 803 Galen: ܕܐܡܣܩܢܐ.

Ueber die Verbreitung der Pflaume s. Hehn 275 ff.: Rom und was von ihm abhängt hat προύμνη, προύμνον als prunus usw beibehalten; Byzantinern und Neugriechen diente die edelste Sorte, δαμασκηνὰ, aus dem auch Zwetschke entstellt sein soll, zur Bezeichnung der Culturpflaume überhaupt, Erwähnt Col ι 404 D 154 Plin ιε 12. Nichts als ܚܘܚܢܬܐ ist: אֲחְוָנִיתָא j Ber. $10^{cd}{}_1$ b. 39^a hat dafür: דורמסקנין Agg. דורמסקין also in Uebereinstimmung mit δαμασκηνά, wie die Syrer geben. S. B. kamma 116^b. Ganz merkwürdigerweise steht auch ben Sira Nr. 24 für אחוניות in Einer Handschr: דורמיסקין „prugna“. Hoffentlich wird man die verkehrten Angaben der Lexicographen hiernach berichtigen. דורמסקין Ar.: اجاص, عيون البقر Beide Bṭ II 227 I 16 Lane 2215[b] דורמסקניות TDemai 1_8 TTer. 7_{13}. דרמסקינא j Schabb. $4^a{}_{48}$ = j Beza $62^a{}_{19}$ דורמסקנא.

Waddington Édit de Diocl. p 17 zu damascena sicca des Edicts: „Des pruneaux; la prune de Damas était aussi cultivée en Italie, où on la faisait sécher au soleil (Pallad. Novbr. ζ 16). Le mot damascenum, comme carica pour la figue, désignait aussi une prune quelconque. Athen. β 33. Geop. ι 73. Le nom est conservé en Angleterre, où les prunes appelées damsons sont fort estimées“.

חוח Schebiit 7_2 חוחא talm. ܫܘܫܟܐ BA Nr. 3701 PSm 1219 auch = حرشف. 1222 BB ܫܘܫܠܟܐ [l. ܫܘܫܟܐ] 1211 ܫܘܫܟܐ BB, الثيل الحرشف الحلفا [l. ܫܘܫܟܐ] PSm druckt ܫܘܫܠܟܐ, ܫܘܫܟܐ, ܫܘܫܟܐ ab, ohne zu merken, dass er dasselbe Wort vor sich hat! Unzweifelhaft ist ܫܘܫܟܐ richtig = חוח, die Bedeutung aber bedenklich. حرشف ginge noch mit Rücksicht auf die Stacheln der Artischocke. ثيل —s ܢܚܠܐ — und حلفاء —s ܣܠܘܦܐ — Gras, Gesträuch شجرة ضعيفه ist vielleicht blos für die Bibelstelle geraten. K trägt unter ܐܘܓܐ wegen ܫܘܒܟܐ auch die Bdtg. حلفاء الثيل ein. Die Durcheinanderwerfung von ܫܘܒܟܐ und ܫܘܫܟܐ rührt von Merwâzî her. K hat zu ersterem das Syn. ܢܚܙܪܐ gesetzt, weil er diese Bedeutung in حلفاء, ثيل fand.

Targ. חוח: סילוא Ly TW Fleischer zur St. II 570: سلاء Dorn, Stachel, Haken. Auch vom Dornstrauch. Mand: סיליתא Dorn, Angel. BB: ܦܣܠܘܟܐ = ܟܘܒܐ, شوكة, سلاء „aramäisch“. Die Glosse habe ich DMG 31 537 mitgeteilt.

c. *Prunus Armeniaca* L Aprikose, vulgärarab. mišmiš.

Μῆλα ἀρμενιακά D 150 die Früchte. PSm 1238 ܚܘܚܐ ܐܪܡܢܝܐ = ܒܪܩܘܩܐ, مشمش lies: ܐܪܡܢܝܩܐ wie Galen hat und PSm 392 ܙܪܕܐܠܘܓ ܐܪܡܢܝܩܐ ܒܪܩܘܩܐ ܪܘܡܢܝܐ, مشمش = زردآلو [BA ܡܠܟܐ ܕܒܣܡܢܐ gehört zu ἀρωματικόν!] BB 911: ܪܘܡܢܝܐ ܕܒܪܩܘܩܐ = ܙܪܕܐܠܘܢ — مشمش زردالوج Lag gA 44. Kaleb: זרדלוריש = ברִיקוקה — Für Mišmiš hat Vull. app. zend. ein aram. مشمشا, der Dialekt von Ma'lûlâ ܡܫܡܫܬܐ. Sonst nicht aram.

Βερίκοκκα (aus præcocia s. Langkav. 5) Geop 13_{23} ܐܪܡܢܝܩܐ

150

PSm 620 ܒܪܩܘܩܐ aus K ܒܘܚܐ ܐܪܡܢܝܐ (l. ܚܘܚܐ). Falsch ܒܪܩܘܩܐ in ܒܪ ܩܘܩܐ zerlegt PSm 595 BB 841: . . ܒܪܩܘܩܐ ܐܝܟ ܦܪܚ ܠܫܡܫܢܝܬܐ ܗܘ المشمش l. ܠܫܡܫܢܝܬܐ. AßaF 31[a] ברקוקים. Maim. برقوق zu אגס.

d. *Prunus Cerasus* L. Kirschbaum.

Κερασέα, κερασία Geop 13_{23} 14_{26} $19_{27\cdot29}$. 58_{18} 60_{28} 67_{2} 76_{13} ff. ܩܪܣܝܐ. D 147 κεράσια BB Rabban 828 شبه النبق . . ܩܪܐܣܝܐ ܕܕܡܝܢ ܠܚܡܪܐ (l. ܠܚܡܪܐ) 856 Gabr. ܩܪܐܣܝܣ قراسيا = BS 828 ܩܪܐܣܝܣ. das: القراسيه (?) ܩܪܐܣܝܐ ܡܢ ܚܘܪܐ. Arab. auch قراصيا. Maim ms ar. Ukz. 2_2 ص 1 ms: س. ܚܘܪܐ gehört zu αἴγειρος. Wie ein Baum ohne semitischen Namen am Jordan seine Heimat haben soll, wie die nabatäische Landwirtschaft meint, Chwolson altbabyl. Lit. 64 Anm. 112, ist schwer abzusehen. — נורדגיות s. Nr. 67 b.

106.

ܚܘܟܐ.

Ocimum Basilicum L.

ܚ PSm 1221 aus BH. und Elias Nisib. zufällig angeführt PSm 54 Z 1. sonst: ܚܘܟܐ, wogegen حَوْك spricht. BA BB El. Nisib: باذروج = حوك auch Bt I 110 = ريحان DMG 23 195 Forsk. LXVIII. Sonth Verz. 276 Lane sv = شاهسفرم. Jetzt spricht man: Rihân. Vull: حوك — باذروج — اوقيمون I 14 — بستان افروز I 162.

D 283 ὤκιμον Rabban PSm 1067 ܚܘܟܐ܂, D 62 ὠκίμινον ܟܟܟܐ ܕܚܘܟܐ Des BA ܘܩܝܡܝܢܘܢ hat Mich. — C 238 — zu ܘܩܝ hinaufgelesen und klagt bei der Gelegenheit über die tenebræ der Glossographen. PSm 88 sv „ὤκιμον" Rabban: ܚܘܟܐ ܐܝܬܘܗ̄ ܕܕܡܝܢ ܛܪܦܘܗܝ ܠܚܘܟܐ ܘܢܘܒܗ ܐܘܟܡ ܘܠܡܟܟܟܢܝܐ ܕܟܐ aus D 527 ὠκιμοειδὲς φύλλα μὲν ἔχει ὠκίμῳ . . . μελανθίῳ. Nicht Honein spricht also minus adcurate, sondern PSm. Das BA BB ܐܘܩܝܡܘܢ = ܐܘܟܐ.

Die D Uebersetzung hat ὤκιμον = ܒܣܘܡܐ PSm 360 Z 2; πυκνόκομον .. PSm 1006 sv. ܦܘܩܢܘܩܘܡܘܢ. D 682 λινόζωστις = παρθένιον ἔχει τὰ φύλλα ὅμοια ὠκίμῳ, πρὸς τὰ τῆς ἑλξίνης, ἐλάττονα δέ. κλωνία δι(α)-γόνατα, μασχάλας πολλὰς .. κινοῦσι κοιλίαν BB 470. ܠܝܢܘܙܘܣܛܝܣ so ܐܝܟ ܕܝܢ ܐܡܪܝ ܕܒܣܘܡܐ ܐܝܬܘܗܝ ܕܗܢܘܢ ܛܪ̈ܦܘܗܝ ܠܒܣܘܡܐ ܘܣܘܟܝܬܗ ܣܓܝܢ ܬܪ̈ܬܝܢ ܒܪ̈ܟܐ ܘܫܚܝܡܢ ܘܡܣܓܝܢ ܫܒ̈ܛܘܗܝ ܘܡܥܒܕ ܟܪܣܐ. 469: ܠܝܢܘܣܘܪܘܣܛܘܣ (l.: لينوزوستوس) اسم الحشيش يسمى [omC] اللبلاب باليونانية وناس يسمونه ܦܐܪܬܢܘܢ M] ܦܐܪܬܢܘܢ C ܦܐܪܬܢܘܢ فارتنون l.] اصغر اللبلاب وله اغصاب مضاعفة.

Βασιλικόν war unschwer zu erkennen PSm 548 in ܒܣܝܠܝܩܘܢ syr.: ܐܣܦܪܡܗܝܢ ܪܝܚܢ pers. شه سفرم. Der syr. Name ist zu l. ܪ̈ܝܚܢ nach رَيْحَان, der pers. ist schon erwähnt worden; ܐܣܦܪܡܗܝܢ vielleicht ܫܦܪ̈ܡܐ.

حَبَق كرمانى — شاه اسپرم auch ضَيْمران = ريحان = شاهسپرم Vull. Lane: شاه سپرم ,شاه سفرم basilroyal. = الكرمانى oder حبق الصعترى BB 928: ܫܗܣܦܪܡ ܐܘܟܝܡܘܢ ܐܝܬܝܗ ܨܝܕ ܡܢ ܚܒܩ (?) شاهسفرم ܐܚܪ̈ܢܐ ܚܒܩܐ ܕܡܘܪܝܣ. ܣܒ̈ܝܢ ܘܠܐ ܫܦܝܪ. Hal. gedol. Ber. VI 8[c] Cstpl. שאה איספרם.

Zu اسپرم سفرم gehört אספרמקא ܐܣܦܪܡܩܐ Riechkraut Lag. gA 65 ספרם־ק. Kal. u. Damnag 77_{21} ܐܣܦܪܡܩܐ, auch ܩܐ— 110_6 PSm 1110 Z 7 vu ܣܦܪܡܩܐ schon Lag. aO. DMG 30 768 31 538. Mand. wie mir Hr. Prof. Nœldeke mitteilt תאספראמכא Sidrâ Rabbâ I 106 und das.: עתאספראמכא Norberg PSm 425 ܐܬܣܦܪܡܩܐ „asparagus“. Die Bdtg. ist Norberg'sche Erfindung.

بابونج = ܒܣܘܡܐ ist verschrieben aus باذروج

D 390 ὤκινος, eine Art Ocimum Uebers. PSm 360 ܐܘܟܝܢܘܣ ܒܣܘܡܐ ܕܡܕܡܐ ܠܒܣܘܡܐ ܕܡܬܩܪܐ ܒܣܝܠܝܩܘܢ. Nach PSm 317 ist auch ܐܣܦܪܡܐ ein Art Ocimum. In Wahrheit: wohlriechende Pflanze überhaupt BB 668. رياحين ܪ̈ܝܚܢܐ BA Nr. 4474 ܐܣܦܪܡܐ ܒܣܝܡܐ.

ܐܣܦܪܡܐ ܕܛܘܪ̈ܐ [*Teucrium polium* L grauer Gamander?] πόλιον PSm das. BB unter πόλιον جعدة = ܗܘܪܝܢ. Rabban aus D 459. PSm 962 vermutet = ܗܐܪܒܐ.

جعدة Polium montanum Berggr. 870. = فوليون Vull. Av. 153 Mow. 80 JAww. 3_{65} Bt I 249.

ܦܠܝܬܗ semen ocimi C 710 aus BB PSm 1159 ܒܙܪ ܦܠܝܬܗ BA: ܦܠܬܗ = بزر فليجه PSm corr. „فلنجه Bait. II 261“ ?

C 281 aus Nov 281 „ܣܘܟܐ Cichorea“ (كاسنى) Da Elias Nisib. es bei PSm nicht hat, wird es nur aus ܣܘܟܐ verschrieben sein.

BB 966 ܥܒܪܘܣ ܐܝܬ ܒܗ ܕ ܘܐܡܪܘ ܐܣܦܝܪܐ̈ ܕܡܠܟܘܬܐ ܘܚܠܦܝܢܐ ܕܒܕܚܠܐ ܗܘܝ ܗܝ ܕܠܐ ܕܡܠܟܘܬܐ ܘܒܣܡܝܢܐ سليمن ريحان وهو المرو Lies: ܒܣܡܝܢܐ.

107.

ܚܘܪܐ.

Populus, Pappel.

Λεύκη (לבנה) Hos. 4_{13} (תדהר) Jes. 41_{19} Hex. حَوَر Arab. Geop 19_{27} 54_{28} $67_{1 \cdot 8}$ (πίτυς ι 3?) 99_{27} (ιε 2_{20}) PSm 1228 BA حور = BB [dort l. für ܚܘܪܐ — ܕܚܘܪܐ!]

حور alle Pappeln Sonth Verz. 274 „Bocthor u. d. W. Peuplier und Wetzstein DMG 11 478 Anm. 5“: Fleischer zu Ly TW I 422[b], daher tautologisch حور ابيض *Populus alba* L. Forsk. LXXVII. Berggr. 870. حور weiß ist arabisch nicht geläufig, aber doch vorhanden. Αὔαρα Steph. Byz. „syr. u. arab.“ s Krehl Relig. d. vorislam. Arab. S. 52 und die Zusammenstellung über Αὔαρα C. Müller zu Arrian Peripl. c 19 Geogr. gr. min. I 272. —

Für ܚܘ̈ܪܐ 1) PSm aus Galen. Λευκῆς Galen XI 58 K. Wenn man schon citirt, so soll man lieber Galen., dessen Uebersetzung man excerpirt, als D 450 anführen. 2) κλῆθρα aus Lag Anal 156_{26}.

ܚܘܪܐ ܪܘܡܝܬܐ αἴγειρος الحور رومى. PSm 1232 ܚܘܪܬܐ ܪܘܡܝܬܐ. 27 ܐܝܓܝܪܘܣ, auch Geop., 55 ܐܝܓܝܪܘܣ, 137 aus K: ܐܝܓܝܪܘܣ, ܐܝܓܝܪܘܣ ܟܪܘܐ „vide an sit ἡ καρύα“. Es ist aber nichts als αἴγειρος und ein aus حور verlesenes: جوز [Hôr rûmî ist die Weiß-, fürisî die Schwarzpappel. Wetzst. aO] das K dann syrisch umschreibt. Ebenso falsch 316 sv ܐܣܦܪܐ und Vullers I 108 اغيرس = جوز رومى „κάρυον"; lies: حور رومى αἴγειρος, der Baum aus dem كهربا gewonnen wird, wie auch unter حور رومى richtig steht.

Avic. 153 steht جوز رومى unter gim, doch rührt die Verwechslung nicht von Avic. her, da noch Gerard von Cremona es unter حور hat, wie Plempius sagt.

ܚܘܪܬܐ Galen für Λεύκη. — 'Ελάτη ist nach Junius im Geoponicon eine Art ܚܘܪܬܐ PSm 1011 BB ܗܠܐܛܐ. Gemeint ist Geop. β 8_4: Λεῦκαι καὶ ἐλάται. [Unser syr. Text fängt β 9 an.].

Gabriel sagt BB 666 zu ܦܘܦܠܝܢܐ oder ܦܘܦܠܝܐ es sei: شجرة الحور = gr. ܠܘܩܐ λεύκη?

C 753 „ܢܓܪܐ populus nigra"?? Geop. 23_3 ܦܘܦܠܐ (δ 15_9 αἴγειρος =) 97_{17} (ιβ 41).

108.

ܚܙܙܬܐ

Λειχήν, *Flechte,*

als Hautausschlag[1]) und Pflanze. D λειχὴν ὁ ἐπὶ τῶν πετρῶν, οἱ δὲ βρύον καλοῦσι. BB 469 خزازة الصخر ܕܟܐܦܐ. ܚܙܙܬܐ ܠܥܦܐ [? l. خزازة [470: ܐܝܟ ܐܝܟܢܐ ܕܥܠ ܟܐܦܐ ܚܙܙܬܐ ܗܝ ܠܝܟܝܢܘܣ ܦܛܪܘܢ ܠܝܟܝܢܘܣܦܛܪܘܢ. حزاز الصخور. Dasselbe λειχὴν ὁ ἐπὶ τῶν πετρῶν ist auch BB 468: ܕܟܐܦܐ ܚܙܙܬܐ ܐܢܛܝܦܛܪܘܢ ܠܐܝܟܘܣ. Dasselbe gilt von ܐܢܛܝܦܛܪܘܢ PSm 268, das also nicht „ἀντίβρυον" ist. 1239 aus Galen:[2]) ܚܙܙܬܐ

---

[1]) Λειχῆνες ἵππων D 184 Rabban BB 469: العرن ܕܣܘܣܝܐ ܚܙܙܬܐ C 285: „ܚܙܙܬܐ ܣܘܣܘܬܐ" ist sein eigenes Syrisch aus der angeführten Stelle. BB 470 حزاز الخيل

[2]) Sergius nennt die Krankheit Lichen (ܚܙܙܬܐ قوباء) ܓܪܕܘܬܐ (ܓܪܒܘܬܐ) BB PSm 779 und gebraucht ܚܙܙܬܐ 1) für ܐܟܡܘܬܐ ܕܕܡܐ [auch 964 Z 14 vu zu: ἐκχύμωσις sugillatio, sanguinis sub cute effusio; wie dort für ܗܘܡܘܣܦܩܣܝܣ zu lesen nach Field Otium Norvicense II 20] 2) für ܡܘܟܐܬܐ BB 838 3) für ܪܥܘܬܐ BB 921. — PSm 1239.

ܦܩܘܥܐ ܠܒ ܕܡܘܫܐ ܗܘ BA [الصغر l.] الخزاز الذى على الصبر. BB PSm 691 ܓܘܙܓܢܕܡ — ܚܙܝܬܐ ܕܦܩܘܥܐ — جوز جندم — گوز گندم Mow 78 Av. 152 Bt I 274?

חֲזָזִית [od. חֲזָזִית wenn ܚܙܝܬܐ besser bezeugt wäre], Hautflechte [„Hautpustel" Ly sv ist zu streichen] חֲזָזִיתָא nicht die Pflanze, auch Sukka 3_6 nicht. חזיז Erub 28[b] neben כשות könnte die Pflanze meinen, gilt aber sonst von zartem Gras und Hal. gedol. Ber. VI 7[d] Cstpl übersetzt auch die angeführte Stelle חפוראי s Ly sv u sv חזין, das crrpt ist, obwohl auch Hal. ged. es hat. „Junges Weidegras, von a u f b l ü h e n d e m Getreide" übersetzt Ly falsch und ohne Sinn um seine unzulässige Etym. zu stützen. Es gehört zu √ خز Fleischer zu Ly II 202[b] Z 3 ff und auch das bibl. חזיז ist nicht der glänzende, sondern der durchbohrende Strahl, zu √ خز gehörig: Gesen[8]. sv.

109.

ܚܙܘܪܐ.

Pirus Malus L. *Apfel (Frucht).*

חֲזוּר [חַי׳, חִיזּוּר halte ich für irriges Umschlagen in die geläufigere Pi‘‘ûlform vgl. סַבּוּר und סִיבּוּר].

PSm 1238 μῆλον Pesch. u. Hex. Geop 14_7. 20_5. 22_3. 23_{18}. $24_{6\cdot11\cdot27}$. 47_{15}. 50_{27}. $59_{24\cdot26}$. 75_{17}. 99_{10}. 115_8. Μηλέα ܐܝܠܢܐ ܕܚܙܘܪܐ Galen.

ܚܙܘܪ ܒܪܐ u. חזור בר s: ܚܙܪܙܪܐ. ܚܙܘܪܐ ܟܠܒܐ s. אטרונא. ܦܘܪܛܩܐ s. ܡܘܫܐ. ܚܙܘܪܐ ܕܡܘܫܐ s. ܚܙܘܪܡܘܫܐ. C 270 ܡܠܚܙܘܪܐ aus Ephr I 84 l. ܚܙܘܪܐ.

תַּפּוּחַ تفّاح sind nicht aram., obwohl Vull. app. zend. توفا hat. Das hebr. Wort bezeichnet trotz der verschiedenen Deutungen, die es erfahren — Tristram 334 versteigt sich bis zur Aprikose — den Apfel. Höchstens kann man zugeben, dass bibl., vielleicht nur in poetischer Sprache, auch die Quitte mitinbegriffen war. Mischnisch heißt tappûach nur Apfel, Kil 1_4 TTer 8_8 und sonst, Quitte mit einem gewiss hebr. Namen פְּרִייש [s. 162]. חַזּור ܚܙܘܪ ist zunächst etwas kugelförmiges, sphærula, globus, = ܚܙܘܪܬܐ ܚܘܪܟܬܐ ein kleiner — runder — Haufen, genau wie תפוח Tamid $2_{2,4}$. Abazar. 4_8 und Fersenrundung, Ballen, Pesikta 36[b] Buber und Parallst .. תפוח עקיבו של. von תפח anschwellen, sich dadurch runden opp צמק einschrumpfen j Ter. II 41^d_0 u. œ. ܚܙܘܪ, ܚܙܘܪܐ, תפוח[1]) sind فعّول wie ܚܠܘܠ, ܚܣܘܣ; פריש eigentl. فعيل (Vgl. فُعّال حماض)

Apfelwein TBer. 4_2 T Ab. z. 5 יין תפוחים und sonst. חמרא סיפא Hal. ged. Ber. VI سيب Apfel (Perles Monatschr. 8, 159).

110.

חירזא oder חיזרא.

Dornzweige, die man zwischen Rohr durchflicht um Felder einzuhegen. So die traditionelle Erklärung. Hai G. bei Aruch: eine Dornart, die in Babylon häufig ist und אלחזר خزر heißt. Das liest Ly II 34 falsch خيزران. Denn 1) schreibt Hai خ ausnahmslos כ֗, in Drucken כ. 2) schreibt er כיזוראן, für خيزران, das er natürlich nicht für eine „Dornart" hält, sondern dafür, was es ist.

כיזראן, richtig bei RIsGiath Scha'are Simchah I 54, unrichtig כווראן Hai zu Kel. 22_{10}. 10_6: כיווראן 14_5. Er hat es zu שעם Var שגם aO u. Joma 78[b] Sukk. 20[b] denom. שַׁגַּם? Kel. 22_{10}. Zu 10_6: כמין כיזוראן עץ הוא והוא רך ואינו משתבר בין לח בין יבש ועושין כמנו כלים hätte man auf Kork beziehen können, nur dass ich nicht weiss wie Hai sagen konnte: שעם, Kork, sei dem Bambusrohr ähnlich. خَيْزُرَان Fleischer zu Ly II 202[b]f eine Art Rohr, zu der auch das Bambusrohr gehört. Bt I 404 Ǵolǵol Dietz 12 Arundo farta, flexilis. Sonth Verz. 275 Canne d'Inde. Berggr. 833 Bambou, canne, roseau des Indes. — חיזרא für خَيْزُور, خيزران zu halten wäre erlaubt, wenn nicht خزر des Hai Gaon doch vorhanden gewesen sein musste.

---

[1]) ܬܦܘܚܐ تنوم Nr. 267 פקועה 278.

Sprachlich und sachlich gehört hieher BB 691 ܓܢܘܪܬܐ: ورق القصب. Ueber עזרד, das es nicht giebt, s. 229.

Etwas wie Rohr, arundo, oder juncus scheint auch ܚܐܪܐ PSm 1168 nach Qatr. zu sein. Die Stellen sind zu unsicher, um hier ein sonst unbekanntes syr. חורא (ܐ für ܘ) zu suchen.

111.

ܚܛܬܐ חִטְּתָא.

Triticum, Weizen. [1]

Bibl. mischn. חִטָּה zu √ חנט حنط Fleischer zu Ly II 203[a]: rot, rötlich, braunrot, rotbraun werden Arab: حِنْطَة [gew. قَمْح].

ܚܛܬܐ PSm 1251 πυρός, σῖτος Pesch. Gal. uA. Geop 2_{20} 3_{15} 8_{1} $10_{22 \cdot 25 \cdot 29}$ 22_{30} 41_{18} 70_{17} 108_{25} 116_{10} BB 746 BS zu ܦܘܪܘܣ 678 ܒܒܘܪܐ. الحنطة البُرّ الطعام. Pers. ܓܢܕܘܡ كندم PSm 749.

PSm 231 ܠܒܐ ܕܚܛܬܐ ἄμυλον das PSm in ܐܡܘܠܘܢ ܐܡܝܠܘܢ nicht erkennt, wohl aber in ܐܡܝܠܘܢ 69. = شير جندم [„Milch“, fast wörtlich: ܫܘܡܢܐ ܕܚܛܬܐ Deut 32_{14}] und نشا = Berggr. 828 Amylum Av. 215 Bt II 554 aus D 242. talm. עמילן.

Mischn. חִטָּה, heller לבנה und rötlicher שחמתית[2]) opp אגורי Bb 5_{6}, j: שמתית. Bb 84[a] Bk 96[a] Chull 55[b] j Peah 17^{a}_{30} fj M. scheni 44[d] j Ter. 41^{d}_{0}.

---

[1]) Ein ܠܡܙܒܢ = triticum giebt es nicht. Was Michaelis C 468 beibringt, gehört zu den lächerlichsten Irrtümern dieses im Syrischen nicht allzustark beschlagenen Mannes. BA Goth. des Hoffm. sagt ܠܡܙܒܢ ܒܒܘܪܐ und meint den Infin. von ܙܒܢ. „Weizen zu kaufen“: لامتيار الحنطة!! Die Conjectur Michaelis': ܒܡܙܒܢ, unter ʿAin als besonders Wort aufgeführt, ist folglich zu streichen und hätte nicht sollen Middeldpf irreleiten, der zur Hex. Job 8_{12} sagt: „βοτάνη syr. ܒܙܒܢܐ h-l. et Jes. 66_{14}. Michaelis p 468 ܠܡܙܒܢ scripsit, sed correxit ܒܡܙܒܢ. Cf p 657. Syrus hexapl. ubique simplici ܙܒ (ganz richtig) exaravit!“ Zu ܒܙܒܢܐ Nr. 141 Anm.

[2]) Zu √ ܫܚܡ ישחם سحم

Erwähnenswert ist was mit Bezug auf Job 31_{40} „so möchte statt Weizen Gedörn aufgehn und statt der Gerste Unkraut“, Jalk. Job 919 R Hôšajâ sagt: Die Schrift giebt hier eine praktische Lehre (למדתך תורה דרך ארץ): Ein Feld, das voll Dornen ist, taugt zu Weizen, eines voll Unkraut, zu Gerste. Die syrische Bauernregel lautet dem entsprechend: „Im šibrik (Dorn)-Boden glänzt das Gold“ d. h. es ist vorzügliches Ackerland Wetzst. Dreschtafel 286. Dass der jüdische Landmann sehr wohl auf die Beschaffenheit seines Ackers zu achten wusste[1]), lehrt Schabb. 85^a; zu Gen. 36_{20} Dies sind die Söhne des Se'ir החורי die im Lande wohnen ישבי הארץ wörtlich „die auf der Erde wohnen“ wird gefragt: „Wohnt denn die „ganze Welt“ („alle Welt“) im Himmel?“ Es will aber sagen, sie sind mit der Bodencultur יְשׁוּבָהּ של הארץ vertraut gewesen und wussten zu sagen: dieses Joch taugt zur Oelpflanzung, dieses zu Wein, jenes zu Feigen: החורי anspielend auf ריח: sie rochen die Erde, חִוִּי sie kosteten sie, wie die Schlange (חויא), um ihre Güte zu beurteilen.

---

[1]) Moses giebt den Kundschaftern Jelamd. b Ar. חרסית. Tanch. Schelach. 6. Bamidb. r. 16 p 469_{27} Lpz den Auftrag Num. 13_{20} den Boden Palästina's zu untersuchen um zu erfahren ob er fett oder mager sei. Sind die Steine (— so Bam. r. — Jelamd: die Steine und Schollen) hart של צונמא so ist der Boden fruchtbar, die Früchte fett, sind sie aber thonhaltig של חרסית [κεραμῖτις γῆ Geop $\beta 5_3$ figularis creta oder ἀργιλλώδης ibd. und $\varepsilon 1_3$ (syr. 26_{19}) ܚܘܪܝܬܐ λευκάργιλλος $\varepsilon 26_{10}$ (syr. 38_1) kein guter Boden] so trägt der Boden magere — שמן opp. רז Num. aO. Ebenso שמן opp קל Sifre II 39 p $78^a{}_1$ — Frucht.

Zu צוּנָּמָא BB 80^1 ܐܝܟ ܨܘܢܡܐ, ܨܘܢ̈ܡܐ الرُّخام حجر الصَّوّان ܨܘܢ̈ܡܐ ܠܒܗ ܩܫܐ ܐܝܟ ܟܐܦܐ [Job. 41_{15}] بنت ايوب مثل الحجر الصُّلب الأصمّ ܐܝܟ ܨܘܢܡܐ ܗܘ ܕܠܐ ܡܬܦܫܚ لاصم ܨܘܢܡܐ, الرخام, رخام. Marmor (auch Alabaster) صوّان harter Stein, Feuerstein, auch Kiesel und Granit, Fleischer Seetzen IV 452 Z 16, صلب Wetzstein, חרסית unfruchtbare Thonerde M. scheni 5_1 Bk69^a. TBeza 3_{13} b 34^a. — ܐܘܪܓܢ syr. als Fremdwort PSm 91 sv. ὄργανον.

Die Achre שׁוּבְלָא ,שִׁבּוֹלֶת (Nr. 316); Spindel, rhachis, שִׁדְרָה ,שִׁזּוֹרֶת oben S. 114. Spelze, gluma לְבוּשׁ. Granne, arista pl מַלְעִין Ukz. $1_{2\cdot3}$ Ms Maim. ar. 573 מַלְעֶן. 574 מַעְלָן mit Var. מַלְעֶין. 572 richtig מַלְעִין u. TUkz. bei RSchimschon zu 1_4. Chull. 119^{ab} מַלְאִין sg. מַלְאִי Hai = arab. סַפָּה سفا [1]), die Syrer zu ܡܠܥܘܣܐ Granne [DMG 27 619 PSm 286 zu ἀνθερίκη = اطراف السنبل, شعاع السنبل] PSm sv. Maim.: السفايه [Var. السافيه] هى الشعر الاسود الاحرش الذى فى رأس السنبل Das schwarze, rauhe Haar an der Achrchenspitze. Auch סָאסָא Ar. sv, und זָאזָא Granne [Ly I 507 ungenau: „Spitze der Achre", „Achre eines Halmes".] PSm 1285 = ܥܘ̈ܢܝܐ ܕܫܒ̈ܠܐ BA. Geop 3_{28} PSm 654 Z 1. ܥܘ̈ܢܝܐ Bickell, CNisib. gloss. arista aus Ephr. — Arab. سنان Vull. II 325. Schale des Korns קְלִיפָּה Chull. 119^{ab} Men. 70^b Schale der Frucht, Schale überhaupt TSchabb. $12_{8\cdot14}$ Schebi. 7_3 Ma'as. 1_2 M.scheni 1_3 Orlah 1_8 3_{1-5} Schabb. 7_4 9_5 21_3 und sonst oft.

Halmknoten: ܡܩܛܪܢܘܬܐ DMG 27 619. ܩܛܪܐ 623. קִטְרָא u. קֶשֶׁר BB 886: ܥܘܩܕܐ [عُقَد =? * ܩܛܪ̈ܐ] ܩܪ̈ܐ ܩܛܪ̈ܐ ܘܩܛܪ̈ܐ ܕܩܢܝܐ ܐܘܟܝܬ ܩܘ̈ܪܐ ܕܥܘܩܕܐ القصر والقصران هو عُقَد التِّبْن [1])
Für ܩܘ̈ܪܐ ܕܥܘܩܕܐ des BB wäre zu vergleichen قصر nach Frtg. radices et reliquiæ arborum aut palmarum [„اصول" d. h. nicht Wurzeln, sondern Wurzelstöcke, Stammenden, welche nach dem Fällen der Bäume in der Erde stecken bleiben. Dem ܩܘ̈ܪܐ entspricht القَصَر in den bei Freytag vorhergehenden Anwendungen. Cuche giebt als gemeinsprachlich: Grosse paille قَصْرِين. Fl.] Vgl. unten Nr. 200 b عقد Wetzst. Del. Jesaja 7[illegible].

ܩܛܪܘܬܐ steht für Halmknoten BB:

ܩܛܪ̈ܐ [illegible] ... ܩܛܪ̈ܐ [illegible]
[illegible]
[illegible]

---

[1]) PSm 930: ܣܦܝ̈ܐ [illegible] داس — سبل سفى Granne. PSm verweist auf Bait.: سنبل Vull. [illegible] Jatamansi!!

... ܘܐܬܐܬܐ ܡܢܝܚ ܠܗܘܢ ܗܘ ܕܡܢܝܚ ܠܒܪܢܫܐ ܕܡܬܚܒܠܐ
ܘܡܬܪܘܡܝܢ ܘܡܬܒܗܬܝܢ ܒܩܪܒܐ. ܒܡܠܟܐ ܐܝܟ ܗܘ ܕܡܫܬܒܚܝܢ
ܒܩܠܝܐ ܘܒܬܘܪܬܐ: ܘܩܘܫܐ ܐܢܬ ܕܠܒܘܫܐ ܐܢܬܘܢ ܘܩܠܝܢ
ܐܬܡܫܬܥܬܐ ܕܠܗ ܚܒܪܝ ܘܩܘܫܐ.

Stroh קש قش ܩܫܐ ܩܝܫܐ. ܩܐܫܐ. targ. קַשָּׁא.

ܩܝܫܐ (so punct.) Geop 97_{20} φρύγανα (ψ 41_2) 54_{14} Lag gA 53_{23}.
Aeltere Fem. Form ܩܝܫܬܐ C 836 Mich: Jes. 33_{11} 41_2, ܩܫܝܫܬܐ (συλλαξ) Nah. 7_{10} Hex. C 773 ܩܫܐܫܐ. BB:

ܩܝܫܐ ܗܘ ܡܐ ܕܛܐܦ ܥܠ ܐܦܝ ܡܝܐ ܒܝܘܡ ܕܡܬܥܠܝܢ ܘܡܬܦܪܣܝܢ
ܩܝܫܐ ܕܟܠ ܢܘܩܒܐ ܘܩܦܘܢ ܕܡܢ ܥܠ ܦܘܡ ܡܝܐ ܘܫܩܝܐ
ܣܠܩܐ ܥܠ ܐܦܝ ܡܝܐ ܘܗܘ ܡܫܬܡܥ (?) ܩܝܫܐ ܕܡܬܩܪܐ ܘܐܚܪܢܐ ܩܫܐ
القماش الذى يجى على زحمة [?وجه FL.] الماء فى المدّ واخر القشّ.

PSm 992 steht aus dem ܟܠ ܕܡܬܩܪܐ zu dem Worte ܩܡܘܫܬܐ (?) eine ähnliche Erklärung: es werde jedes ܩܡܘܫܬܐ: ܩܝܫܐ genannt?

קש bibl. u. mischn. Stroh, auch Spreu. Mischn.: auch Stroh und reifer Halm an dem noch die Achre sitzt und in der Achre das Korn. قشّ, Fleischer de glossis habicht. 37, in Syrien: „de culmis nondum demessis" opp. تبن תבן ܬܒܢܐ [ἄχυρα PSm 177 Geop. $2_{19\cdot 20}$. Physiol. p 4 Tychs. Jes. 11_7 65_{25} u s. Middeld. zu Hiob 21_{18} Hex.] Lag. aO hält wunderlicher Weise קש für pers. كاه (???) [Etymologisch hat das echtsemitische Wort mit dem pers. كاه gewiss nichts zu schaffen. Fl.]

ܒܝܬܐ ܕܚܒܪܬܐ ausdrücklich als Bezeichnung des D 332 für ماميران PSm 1251, der aber blos „Bt II 487" aufführt. D: χελιδόνιον τὸ μικρόν, οἱ δὲ πυρὸν ἄγριον ἐκάλεσαν. PSm 434 χελιδόνιον ܟܠܝܕܘܢܝܘܢ und dgl. Verschrr.

117.

ܚܝ ܠܥܠܡ.

Uebersetzung von ἀ[illegible]ζωον, *Sempervivum.*

PSm 1253 Gal. [illegible]op. [illegible] 4_4 10_{23} $91_{8\cdot 16}$ ميشغبهار رحى العالم = ܐܝܙܘܢ BA. BB 521 [Flor: ܡܝܫܓܒܗܪ ܐܝܙܘܢ]

ميشكبهار حيّ العالم ܡܝܫܟܒܗܪ. ܐܝܟ ܒܚܘܪ̈ܐ ܚܝ ܠܥܠܡ. Davon weiß PSm 1254 Z 2 noch Nichts, tappt darum im Register des Baitar herum. Lag gA 63: pers. mêš-i bahâr Vull. sv. [Ursprünglich persisch هميشه بهار oder mit älterer Form هميشك بهار, Immerblühend. Eine andere Benennung ist هميشك جوان, Immerjung. Fl.]

Das große, kleine und ein drittes ܐܝܙܘܐܢ BB PSm 3. ܐܝܙܘܘܢ 46: D 584 ff: ἀείζωον τὸ μέγα, μικρὸν und τρίτον εἶδος.

Aßaf חי״א לעלבא 52 p 73ᵇ. 47ᵇ איזון = סמפרביבא. 93ᵇ סַמְפְּרֵיבִיבוּלא [ital. sopravvivolo = *Sempervivum tectorum* L.]

DUebers. BB: ܣܛܪܛܝܘܛܝܣ ܐܝܟ ܡܢ ܐܘ ܗܘܦܐ ܙܘܢ ܐܝܙܘܐܢ ܗ̄ܘ ܣܛܪܛܝܘܛܝܣ ܕܡܝ̈ܐ ܟܠ ܙܒܢ̈ܐ ܛܦܝܢ ܗܘ̈ܝ ܘܕܠܐ ܥܩܪ ܚܝ̣ܐ ܠܥܠܡ ܘܠܥܠ ܡܢ ܡܝ̈ܐ ܠܐܦ ܥܠܝܗ̇ ܚܡܪܐ ܘܟܠܒܘܗܝ ܐܢ ܘܡܬܩܪܝܐ ܐܣܛܪܛܝܘܛܗ ܗܟܢܐ قال جبريل تفسيره الشُّرطيّ: ܣܛܪܛܝܘܛܝܣ ܐܝܟ ܡܢ ܐܘ ܟܠܝܘܦܘܠܠܘܣ so ܗ̄ܘ ܣܛܪܛܝܘܛܝܣ ܕܐܝܟ ܛܪ̈ܦܐ. ܐܝܬܝܗ̇ ܫܘܛܐ ܐܝܬܘ̄ܗܝ ܙܥܘܪܐ ܘܕܡܝܢ ܛܪ̈ܦܘܗܝ ܠܓܦܐ ܕܦܪ̈ܘܓܐ ܘܗܒ̈ܒܘܗܝ ܚܘܪ̈ܝܢ ܘܙܥܘ̈ܪܝܢ ܘܛܠܠܗ ܐܝܟ ܕܫܒܬܐ شجرة مريم:

D 393 Στρατιώτης ὁ ἐπὶ τῶν ὑδάτων . . . Ὠνόμασται δὲ διὰ τὸ ἐπινήχεσθαι τοῖς ὕδασι καὶ χωρὶς ῥίζης ζῆν. Φύλλον δὲ ἔχει ἀειζώου ὅμοιον. Στρατιώτης ὁ χιλιόφυλλός ἐστι θαμνίσκος μικρὸς . . ἔχων τὰ φύλλα ὅμοια νεοττοῦ πτερῷ . . ἄνθη λευκά, μικρὰ . . καὶ τὸ σκιάδιον . . . ἀνήθου τρόπον.

Wegen des Syn. ἀείζωον ἄγριον erwähne ich τηλέφιον D 337 Uebers. Rabban, PSm 1459 ܛܠܦܝܘܢ 1420 ܛܠܝܦܝܘܢ Galen, wo wieder statt auf Galen XII 140 K. auf D aO verwiesen wird. Auch die Araber طيلافيون (so) Avic 186 Bt I 164.

An Crassulaceen wird noch erwähnt:

Sedum Cepaea L D 495 κηπαία ἐμφερής ἐστιν ἀνδράχνῃ BB: ܩܦܐܝܐ [l: ܩܦܐ] ܕܡܝܐ ܠܚܘܠܚܐ ܕܒܩܠܐ ܠܕܪܕܪܐ ܐܝܟ ܗ̄ܘ

Umbilicus erectus DC u. andere Arten Nabelblatt D 586 Κοτυληδών .. φύλλον ἔχει ὥσπερ ὀξύβαφον[1]) περιφερὲς . . κοῖλον BB unter s.: ܩܘܛܘܠܝܕܘܢ so ܐܝܟ ܐܦܢ ܗܘ ܕܥܒܕܐ ܠܢܩܘܪܬܐ ܒܡܫܚܐ ܟܣܘܐ ܐܝܟܢܐ ܐܝܟ ܢܩܘܪ̈ܬܐ ܐܝܟ ܕܡܫܚܠܦܝܢ ܘܛܪ̈ܦܘܗܝ ܕܠܠܫܢܐ D 587 Κοτυληδών . . ἕτερον εἶδος κοτυληδόνος . . ἔχον φύλλα ὡς γλωττάρια . . οἱονεὶ ὀφθαλμόν ἕνα μέσον περιγράφοντα, ὥσπερ τὸ μεῖζον ἀείζωον BB: ܩܘܛܘܠܝܕܘܢ ܐܚܪܢܐ ܐܝܟ ܐܦܢ ܐܚܪܢܐ ܐܚܪ̄ ܗܘ ܩܘܛܘܠܝܕܘܢ ܕܕܡܝܢ ܛܪ̈ܦܘܗܝ ܠܠܫܢ̈ܐ ܘܐܝܬ ܒܡܨܥܬܗܘܢ ܐܝܟ ܥܝܢܐ ܕܡܩܦܬܐ [l: ܕܡܩܦܐ] ܒܡܨܥܬܐ ܐܝܟ ܕܒܗܘܢ ܗܘ ܠܟܠܗ ܦܠܓܐ ܪܒܐ: Vull. قوطوليدون — حى العالم = قدح مريم = κῆπος Ἀφροδίτης, acetabulum Veneris.

113.

ܣܡܟܐ.

Urtica. Brennessel.

Geop 115_{28} κνίδη $ιδ22_4$. Sonst ψώρα Gal., Lexicogrr. fem ܚܡܘܬܐ = PSm 1265 ܐܵܟܠܵܐ und dieses 1072 scabies 1377 = ܣܘܚܦܐ. Es ist also dieselbe Uebertragung, wie wenn Aßaf 118 p 85[a] זאטאיי zâtâjê steht als aram. für קנידא = röm. לורדיקא [l'ortica!] u. hebr. חרול s. Nr. 127[d]. = قُرَّيْص = حُرَّيْق קורייץ, חורייק. Nesseln auch: ܒܢ̈ܬ ܢܘܪܐ بنات النار. PSm 592 ܒܙܪܘܪܐ: بزر الجزك od. الحوك? Etwa zu l. حريق? S. noch: ܡܪܝܪܘܬܐ unt. Nr. 304.

Raschi hält חילפא für Nesseln „orties" Schabb. 152[a] Chul. 62[b] 110[a] Bm 23[b] Sanh. 44[a]. Warum? — قُرَّيْص *Urtica urens* L = انجره Sonth Verz 269 Frtg I 117[b] Z 14 قريص Druckf. C 808 Nov: ܩܢܝܕܘܣܬܐ κνίδη Vull: انالیقى [اقاليفى] كرنه, بنات النار, كشت, ساسار „syr" = الابجره [l. انجره].

---

[1]) Ὀξύβαφον acetabulum bestimmt die Bdtgen von ܩܘܒܥܬܐ die PSm 1079 hat, vgl. 1360 ܢܩܘܪܬܐ 1) Näpfchen, 2) Maß, κοτύλη (sonst ܩܘܛܝܠܐ DMG 25 675 Geop. 103_{25} 108_{30} u. ܩܘܛܐ Geop. 17_4 37_{18} 39_1) Mikw. 10; קָבוּרִית schalenförmige Vertiefung am Boden von Gefäßen, nach aussen concav. S. Hyrtl S. 155.

114.

ܦܠܛܢܐ.

Uebers.? von γάλιον . . γαλάτιον D 590. PSm 634 ܐܓܠܝܘܢ; die Uebers. aus D.

115.

ܚܠܒܢܝܬܐ חֶלְבְּנִיתָא.

Galbanum von Ferula galbaniflua Boiss. et Buhse[1]).

PSm 1275. ܚܠܒܢܝܬܐ BA 3886? 1) ܨܡܥܒܪܬܐ الصمغة, بارزد[1]) 2) ܩܢܝܬܐ, القنّة D 437 χαλβάνη BB, Gabriel: ܐܠܒܐܪܙ ܚܠܒܢܝܬܐ قنّة البارزد لبن فلحلاح [l. قلملاح] ينبت فى سوريا ويسميه ناس ܡܛܘܦܝܘܢ. D: ὀπός ἐστι νάρθηκος ἐν Συρίᾳ γεννωμένου ἣν ἔνιοι μετώπιον καλοῦσι. Dies μετώπιον cod M des BB aO gar: قنطاريون geworden auf der Rückkehr in arab. Schrift (kn ܩܢ aus ܡܛ); dasselbe ist ܩܛܘܦܝܘܢ PSm aO, und BB 742 قنه ܦܘܛܝܢܛܝܢ, 747 aus Gabriel: ܦܛܘܦܝܘܢ [Vullers: ماطونيون]. Solche Dinge erhalten im Thesaurus Freiplätze! BB:

ܚܠܒܐ ܕܐܝܬܘܗܝ ܚܠܒܢܝܬܐ ܕܕܒܪܬܐ[2]) ܐܝܬܘܗܝ ܕܐܝܠܢܐ

ܕܕܒܪܐ ܠܡܒܣܡܢܘܬܐ ܕܡܬܩܪܝܐ [1])ܒܪܙܕ بارزد وهو قنه مِن ܟܠܐܟܠ. —

Geop 42_5 ܘܚܠܒܢܝܬܐ 44_5 = ܚܠܒܢܐ [nicht ܡܠܒܢܐ Land IV 102_{10}]. 111_{24}. قنّه = syr. بارزد Ǵezzâr Steinschn. Donn. 142_{48} Maim. Gifte 104_{69}. Das wohlriechende Galbanum ist Storax, Fleischer zu Ly II 205^a IZ = مَيْعَة. Die syr. Lexicogrr. unter ܐܣܛܘܪܟܐ und ܐܣܛܘܟܐ; das übelriechende ist Galbanum, das einen eigentümlich widerlichen Geruch hat, jetzt قَاوَشَق. Bibl. הלבנה. Targ: חֶלְבְּנִיתָא oder חֲלָבְּ׳. — Was ist ܚܒܫܐ PSm 535 قناه „Ferula communis"?

---

[1]) Boissier Flora or. II 988 wird angegeben es heiße vulgo Kassnih [? Kasni ist pers. Cichorie] oder Boridscheh, das ist بارزد und ܒܪܙܕ des BB. pers. بِرزَد od. بيرزد.

[2]) ܕܕܒܪܬܐ? Fl.

116.

ܚܠܒܝܨܐ.

Ornithogalum, Vogelmilch?

خلبيص, BA Nr. 3885 u K. خلبصيص, das zu ܚܙܘܪܐ Alle haben PSm 1382. 99 sv „ὀρνιθόγαλον“ ܚܙܘܪܐ. K identificirt ܚܠܒܝܨܐ und ܚܙܘܪܐ. Mit Recht?

Mischn. חַלְבִּין Schebiit 7_2 חַלְבִּיצִין so Ms Maim ar für חלבצין j $37^b{}_{63}$ חלביצין für ביצי נץ חלב Wurzeln (Knollen?) der in der vorhergehenden Mischnah erwähnten Pflanze נץ החלב. חלביצין ist auch TSchebiit 5_5 TKilaj. 3_{12} für ה־לביצין zu schreiben. — נֵץ החלב auch Ukz. 3_2 Maim, المقدونس „Petersilie“ = Kaleb: מקידונישי oder קודימנדו μακεδονίσι oder μαϊδανό (?) Fraas 147. Kaleb hat die Syn. zu einer Ueberschrift: חצא (?) Hai G. zu Ukz. حرشف Artischocke? s. Nr. 167 h.

117.

חלחלוחין.

TPeah 1_7? Vgl. S. 173_{25}?

118.

ܚܠܝܛܬܐ.

? BA K griechische Gerste شعير رومى Bt I 396 = χόνδρος Mow. 114 كندم رومى. Vgl. Nr. 4^b.

119.

ܚܠܡܠܐ.

oder ܚܠܡܠܐ = ἐρύσιμον D 297 قلياق PSm = ܚܠܡܠܐ Paulos, aber Rabban ܚܠܡܠܐ = ܛܘܕܪܝܓ تودرى توديج. Letzteres Sonth. Verz. 272 u Bt I 217 = Erysimum. Galen: ܐܪܘܣܝܡܘܢ unübers. PSm 373 BB PSm 1282 Gabriel: ܚܠܡܠܬܐ حليانا (vgl. Nr. 195, 2) [lies حليانا also ܚܠܡܠܐ] بلياق = ܗܪܘܣܝܡܘܢ.

Hier liegt Verwechslung oder falsche Identification von ἐρύσιμον und ὅρμινον vor, denn zu letzterem giebt Rabban ܠܘܪܕܘܢ und die Uebers. aus D 476 es sei ἐμφερὴς πρασίῳ τοῖς φύλλοις, ܠܦܪܐܣܦܘܣ l.: ܠܦܪܐܣܝܘܣ usw., was weder Lag gA 48, der die Stelle deutsch übersetzt (falsch: Lauch, πράσον) noch PSm 98 der an serapias denkt, bemerkt hat. Gabriel's Stelle wird unter ܠܘܪܕܘܢ wiederholt PSm 1440 وردى gr: ὅρμινον „ܐܘܪܡܝܢܘܢ" aus اورمينون dem πράσιον ähnlich usw.

Aßaf 64 p 75ª תודרה aram., = gr. רודדון.

120.

ܫܒܒܬܐ

Anchusa.

a. [tinctoria L = *Alkanna tinct.* Tausch.] Ochsenzunge. Rabban behält einmal das gr. ἄγχουσα bei, PSm sv ܐܢܟܘܣ, übersetzt aber sonst immer ܫܒܒܬܐ D 523 ἄγχουσα = ὀνόκλεια PSm ܐܢܟܘܣܐ. ܫܒܒܬܐ = شنّجار, خسّ الحمار, man sagt, auch خطمى. Ebenso 272 ܐܢܟܘܣܐ, 260 ܐܢܟܘܫܐ und sv ܫܒܒܬܐ u. ܐܘܢܘܟܠܐ und Gabriel crrpt: ܐܘܢܘܦܠܐ nicht „ὀνόφυλλος" wie PSm., auch ܐܘܢܘܟܠܐ u. Vull I 133 انقليا. PSm 1325 ܣܡ ܫܒܒ = خسّ الحمار meint nicht: „sonchus oleraceus[1]) Bt I 367 sed althaea ficifolia BB sub ܫܒܒܬܐ 1284" sondern anchusa.

D 524 ἄγχουσα ἑτέρα ܐܚܪܬܐ ܫܒܒܬܐ = شنجار = ܐܘܢܘܟܝܠܝܣ ὀνοχειλές.

Auch die Araber geben خالوما als syr. für Anchusa Bt II 108 f. [nicht حا] = Vull I 646. — شنجار (dh. شنكار Mow. 161) = حميرا [auch Vull sv هوقيلوس dh. ὀνοχειλές] خس الحمار = 1 492 رجل الحمامة. Avic 133 خس الحمار hebr. חזרת החמור unter ابو جلسا, ms. Berlin noch richtig: انخوسا, obwohl die Lexicogrr. s. Vull. ابو خلسا unter ابجوسا geben.

---

[1]) Auch 1284 falsch so. Das ܕܡܣܪܐ ܣܘܣܐ l. ܣܘܣܐ.

b. Es soll auch خطمى dh Althæa bedeuten. Warum ich das nicht glaube, werde ich zu ܚܠܦܬܐ Nr. 308b sagen, das neben ܕܟܠܒܬܐ = ܚܠܡܬܐ gesetzt wird. Allerdings hat auch Berggr. 829: Anchusa: سمغه, صبغ الختمى, شنجار, خسر [l. خس] الحمار d. h. wie die Syrer: صبغ الخطمى. [خطمى Althæa, s. Lane, S. 768, Sp. 1; Seligmann, Liber fundamentorum pharmacologiæ, I, S. 73; Bocthor: Althéa, Guimauve, خطمية — خطمى u. A. Fl.]

c. Gesen. HWB8 wird gesagt ܚܠܡܬܐ bedeute Portulak. Das ist nicht wahr.

d. ܚܠܡܬܐ = حماض hat BB nicht. Dieses heißt ܚܡܥܡܥܬܐ. Sollte Verwechslung vorliegen? Vull. حليمو Wurzel von حماض البقر

e. Ly II 61 behauptet es bedeute Melde. Das ist nicht der Fall. Am allerwenigsten aber ist es ἅλιμος [s. meine Anmerkung zu Ly I, S. 280, Sp. 2 unten. Fleischer] „ein salzähnliches" [Levy] Gewächs. חלמית Kil. 1_8 Tos. 3_{12} ist = ܚܠܡܬܐ Anchusa, Ochsenzunge, חלימה ist davon verschieden j Ber. 10^b_{59} j Kil. 30^a_{59}, und schwerlich ἅλιμος.

f. K (PSm 1342) hat unter ܣܦܘ̈ܦܐ [aus BB's ܣܦ̈ܦܐ خطمى?] folgende schöne Synonymik zusammen notirt: ܚܠܡܬܐ, ܕܟܠܘܟܐ, ܚܠܦܬܐ, ܐܢܟܘܣܐ, حماض, صمغ الخطمى, خس الحمار usw. C 314 [aus Ferr] ܣܦܘܦܐ cicer.

g. BB 947 ܫܢܓܪܐ ܐܡܪ ܒܪܣܪܦܝܘܢ ܗ̄ ܚܡܪ ܐܬܢܐ̄ شنجار 949: ܫܢܓܪ ܡܢ ܐܢܕܪܝܣ ܕܕܡܐ ܠܥܩܪܬܐ ܘܐܟܘܬ ܘܡܫܒܒܒ ܘܡܫܒܒܒ: ¹)ܠܫܘܡܒܪܬܐ ܕܕܡܐ ܗܘܐ ܘܫܘܐ ܙܘܓܐ ܗܘܐ

121.

ܚܠܦܐ.

a. ܚܘܠܦܐ Schilfrohr Geop præf 24: ܡܢ ܩܢܝܐ ܘܡܢ ܚܘ̈ܠܦܐ ܘܡܢ ܐܘܪܒܐ ܘܡܢ ܟܬ̈ܝܐ β 10_6 . . ὁλοσχοίνων ἢ καλάμου πλωτοῦ ἢ βάτου. Niclas' Emendation ἢ λωτοῦ für πλωτοῦ wird durch den

¹) Saum, Wurzel DMG 27, 623 — ns. cincinnus Hoffmann gloss.

Syr. bestätigt. ܚܘܠܦܐ entspricht κάλαμος wie $12_{18\cdot20}$ (γ 10_7) 13_2 — Hiob $40_{17(22)}$ Hex. ἄγνος (בִּצָּה). Die Lexicogrr. führen diese Bdtg. nicht auf, aber K hat ܚܠܦܐ = ܐܘܪܒܐ = حلفاء, ريش, بردى also aus BB zu ܐܘܪܒܐ. Zu lesen ist wohl ܚܘܠܦܐ (فُعْل); PSm ܚܘܠܦܐ. Es ist = حَلْفَاء in Aegypt. Forsk. LXI *Arundo epigeios* Forsk. non L, [Fl. zu Ly TW I 425[a] wo die doppelte Funktion der √ חלף nachgewiesen ist]. *Poa cynosuroides*, Retz = *Leptochloa bipinnata* Hochst. Hartmann Nilländer 172. Hiob Uebers. 8_{11} [Pesch. ܐܘܪܒܐ] ed. Baudissin حلفاء. Edrîsî, Meyer 3_{300}. حلفاء, worauf schon hingewiesen wurde, steht syr. geradezu neben هشيم, ثيل u. dgl. in der Bdtg. φρύγανα, Spreu, Kaff. S. Nr. 101.

b. Talmudische Pflanzennamen, die hieher gehören, hat Ly II 62 schlecht gesondert. Zu حلفاء ܚܠܦܐ od. ܚܘܠܦܐ gehört als Schilf, Riedgras: Kelim 17_{17} eine Matte aus קנים oder חֲלָף Hai G, daher Ar., Maim. حلفاء, חלפא. Maim. l. חילף. TSukka 1_7 חֲלָף b. 20[a] Ar. חילף = Sotah 49[b]. Agg. חלית. חולית. eine schwer zu beseitigende LA. Hieher gehört TBkamma II j $3^a{}_4$ שברו החילפין וקירטמו הירק.

Sukkah 34[a], eine Weidenart חילפא גילא und חלפתא [gehört n i c h t zu Schilf حلفاء, wie man aus der Stelle leicht ersehen kann] = ܚܠܦܐ خِلَاف BB [wie Sukkah aO ערבתא als besondere Art] = ܚܪܒܬܐ und ܚܠܦܐ [pers. كدو ms II, PSm ܚܪܒ — dh. غَرَب = بَدَهْ]

Zweifelhaft ist: כלילא דחילפי Schabb. 152[a] Jalk. Koh. 189$^c{}_0$.. Schabb. 77[b] חילפי. Wir haben also fest zu halten 1) חֲלָף (חילף) ܚܠܦܐ ܚܘܠܦܐ حَلْفَاء Schilf, Riedgras 2) ܚܠܦܐ ܚܠܦܐ (?) חלפתא (גילא) חילפא خِلَاف Weide.

Zu خلاف sagt BA: „ohne tešdîd" weil man wegen des syr. chellâfâ geneigt ist chillâf zu sprechen; die der arab. entsprechende Form wäre ܚܠܦܐ.

c. Die Unklarheit vermehrt K PSm 1288 πτερίς, Farnkraut: ܚܠܦܐ = ܢܥܪܐ qv سرخس, خلاف und BB PSm 947 δρυόπτερις

ܚܠܦܐ, خلاف. — Chull. 110ª wachsen חילפי auf weggeworfenen Traubentrestern, und die Bedeutungen Schilf und Weide gehen nicht an. Farnkraut, wenn syrisch gesichert, ginge eher.

d. BB 644 ܘܐܡܪܝ (خلاف) حلاف ܚܠܦܐ ܒܝ ܨܦ̄ [— ܣܡ] ܣܘܠܬܣܡ ܐܦܝ ܒܣܡܬܐ ܕܟܦܪܐ ܕܟܝܪܘܩܠܝܬܐ يشبه الهندبا البرى D 514 στοιβή..... στύφει. *Poterium spinosum* L. —?

c. Klarer ist חילפא דימא = ܚܠܦܐ ܕܝܡܐ σχοῖνος = اذخر auch ܚ̇ und ܚ̈. BB 655 ܟ̄ ܨܦ̄ ܚܠܦܐ ܕܝܡܐ ܗܘܐ ܣܩܘܛܝܢܘܣ ܗܘܒܟܐ ܕܡܠܚܐ ܕܒܪܐ وزاد المروزى BB: ܗܘܒܟܐ ܕܡܣܝܢܘܣ = ܚܠܦܐ ܕܝܡܐ also die Blüten von Juncus odoratus, Schœnanthum: d. i. *Andropogon Schœnanthus* L Σχοίνου ἄνθος = σχοίνανθος [schon Galen s. Sprengel D II 354] übersetze man, da σχοῖνος = ܡܠܚܐ ܕܝܡܐ hieß, mit ܡܠܚܐ ܕܗܘܒܟܐ ܕܝܡܐ = ܚܠܦܐ ܕܝܡܐ = חילפא דימא Ber. 43ᵇ Gitt. 68ᵇ. Diese sind also Schœnanthum zu übersetzen. Rosmarin verdankt die Ehre, hergezogen worden zu sein, seinem „marin" = ימא. Unerlaubt ist Levy's Auskunftsmittel: „Rosmarin = Weide, salix rosmarinifolia". So etwas darf man nicht drucken lassen.

f. ܫܠܘܦܐ PSm 1288 aus Galen ܦܪܣܐܐ περσέα Gal. XI 97 K.?? S. ob. Nr. 105.

BB hat aus D 165 περσέα δένδρον ἐστὶν ἐν Αἰγύπτῳ: ܦܪܣܝܐ ܐܝܟ ܒܣܘܪܐ اللبخ ܘܐܡܪܝ ܐܦܝ ܦܪܣܝܐ اللبخ تكون بمصر Lies لَبَخ Sprengel ad l. Frtg sv. Bt II 412 [bei Freytag zweimal unrichtig vocalisirt, l. لَبَخٌ und لَبَخَةٌ. Fl.]

122.

ܚܘ̈ܒܒܐ

[auch BB so, nicht ܚܘܒܒܒܐ] حمخ? od. حمل [l. حمك?] Bäume ohne Frucht, schattig, in Edessa häufig. PSm 1303.

123.

ܚܡܡܐ. חֲמָמָא.

Amomum.

Mischn. חמם neben Costus Ukz. 3_5 (Nidd. 51ᵇ) Sifre II 107, 96ᵇ חימום. Hai, Ms Maim. ar. Agg חמם, jErub. 25^d_4 הכושת והחכם l. חמם.

ܚܡܡܐ = حماما PSm 1298. 226 ܐܡܘܡܘܢ = ܚܡܡܐ, 69: ܐܡܘܡܘܡܘܢ Aßaf 12, 64ᵇ חממא = אמומון aus D א 14 auch חמאמא (arab.).

Es dürfte für sicher gelten, dass hebr. חמם, syr. ܚܡܡܐ, ar. حماما nicht erst aus griechischer Hand zurückgewandert sind. Wie es mit der Lagarde'schen Ableitung aus „h a m a h a o m a der leibhaftige Haoma, so gut wie haoma" gA 177_{15} steht, kann ich nicht beurteilen; den Eindruck großer Wahrscheinlichkeit macht sie nicht.

Maim. دارصينى = Hai דארצ׳ינו = קנמון Zimmt Nr. 292. Hai führt noch die Erklärung: זנגבילא an = אפלתא nach: הימלתא Ber. 36ᵇ „die aus Indien kommt". Man wusste nichts Bestimmtes über Amomum; ebenso wenig wissen wir etwas Sicheres. Costus und Amomum sind wie in der Mischna bei Diosc. nebeneinander behandelt הימלתא ist das oben S. 139_3 erwähnte conditum zingiberis.

124.

ܚܡܡܐ ܕܒܪܐ.

C 304 [aus Ferr.] lilium silvestre. Nicht bei PSm; vielleicht aus ܫܘܫܢܐ?

125.

ܚܘܡܥܬܐ

Rumex, Ampfer.

חומעא Aßaf, حُمّاض hebr. wäre * חמוץ punisch ἀμοῦτ s Verz. 4.5ᵃ BB 454 حامض ܚܘܡܥܬܐ ܕܐܘܟܣܠܦܣ l. حُمّاض pl. ܚܘܡܥܬܐ

[K's Sing. ܚܡܥܨܘܨܝܬܐ ist zu verwerfen] PSm 1306 λάπαθον aus Galen. BA Nr. 3926 حُمَّيْضًا حُمَّيْضَة حُمَّاض woraus bei PSm falsch syr. ܚܡܝܨܐ. D 237 λάπαθον in der Uebers. immer ܚܡܥܨܘܨܝܬܐ pl. s. S. 62_{29}.

PSm 164 ܐܘܟܣܘܠܐܦܐܬܘܢ aus Galen; aus 1306 ist aber ersichtlich, dass das Wort mit ܚܡܥܨܘܨܝܬܐ ܒܪܝܬܐ übersetzt ist. Ist man schon der verkehrten Ansicht, dass jedes mit syrischen Buchstaben geschriebene Wort ein Anrecht auf ein — Grab im Thesaurus habe, denn es wird nie darin gesucht werden, so muss man zum Mindesten auch die syr. Uebersetzung dazustellen, wenn man nicht irreführen will.

Aßaf 55[b] חומעא aram., — לפטא gr. λάπαθα.

حماض, Lane: حُمَّاض, حميض Hartmann Nilländer 178 *Rumex acetosa* L. Sauerampfer. In Aegypten cultivirt Forsk. LXV.

126.

ܪܝܒܣܝܬܐ.

Rheum, Rhabarber.

راوند صينى pers. rêwand = ܪܘܢܕ ܨܝܢܝܐ = BB 899 ܪܐܘܢܕ ܨܝܢܝܐ, 915 ܪܘܢܕ = ܪ̈ܘܢܕ Gabriel: الراوند 911: ܪܘܢܕ ܦܘܢܛܝܩܘܢ ܐܝܟ ܦܠܢ ܣܘܪܝܐ [l. ܡܪܬܟܐ] ܡܪܬܟܐ[1]) ܐܘܪܒܢܘܬܐ BB noch 899 ܚܡܪܐ ܕܪܝܒܣܝܬܐ C 670. Lag gA 82 — *Rheum palmatum* L. und *Rhaponticum* L. Rhabarber über den man Pott ZfdKV 68 sehe. Langk.: ῥαβαντι τζίνη; ζαραβαντι τζίνη ist ζα falsch: زراوند s. Nr. 225.

Ob PSm 926 ܕܢܕ ܨܝܢܝܐ = دند صينى wirklich „croton tiglium" ist? Ueber „dend de la Chine" s. de Sacy Abdall. 75 ff Kern von *Jatropha Curcas* L oder *Croton Tiglium* L. BB 853: ܣܡܐ ܕܡܫܝܚܘܬܐ

[1]) So, falsch, auch BB [C 486], doch auch richtig ܡܪܬܟܐ. PSm 951, obwohl er مُرداسنك kennt, unter √ ܡܪܬܟ!! Das. مُرتك, مرداسنج BA Nr. 4500 zu ܒܨܒܝܐ مرتك, ܡܪܬܟܐ =. BB Talm. מרתכא Lag gA 64.

ܐܝܟ ܕܒܣܘܪ̈ܝܐ ܗܘܝܐ ܠܥܡܪܐ ܕܦܠܛܬܐ ܗܢܝܢ ܕܠܡܥܡܗ خشب الزند او الدند

ܪ̈ܝܒܝܣܐ *Rheum Ribes* Gran. dorniger Rhabarber.

BA Nr. 4480 ܢܩܫܗ .الريباس يَعْمِيصًا kennt Bṭ II 603 als syr. Namen für ريباس Vull sv C 845 ܪܐܒܣܘܣ. PSm 99 ܐܘܪܡܝܠܐ [crrpt aus ܪܐܘܣ ܡܘܠܐ] = ܪܝܒܝܣܐ ريباس. Bṭ hat nicht يغميصا [Sonth.] wie auch Vull. sv falsch hat. — ܢܦܟܐ C 558 Rhabarbarum. Ebed Jeschu sagt im K'tâbâ de Pardêsâ in einem Gedichte, das in jedem Wort ein ain hat (ms. or. Berol. Peterm. 14 fol. 81[b]): ܢܦܟܐ ܚܒܪ ܓܡܥ ܡܦܚܓ und erklärt in seiner Erläuterung zu dieser Stelle: ܢܦܟܐ: ܪܐܘܢܕ ܘܡܣܒܪ̈ܢܐ ܗܘܘ ܙܪܐܘܢܕ. Er meint راوند, für das er irrtümlich زراوند schrieb. BB 613 ينفقس البيض ,يفقّس will impf. von ܦܩ conterere, C Nisib. gloss. = فضّ פצץ sein: ܢܦܩܣ. BHebr. ms. or. Berol. Peterm. 19: ܦܩܣܐ ܡܢ ܢܦܩܣ ܦܩ ܦܩܟܐ .رض ضرب C 967 ܐܬܦܬܩܣ انفقس.

127.

ܚܡܨܐ חִמְּצָא.

Cicer arietinum L *Kicher.*

a. Ar. حِمَّص mand: הימצא Noeld. Gr. 120.

ܚܡܨܐ ἐρέβινθος PSm 14 Gal. Geop. 3_{18} 4_{20} 35_{21} 36_{3} 48_{22} (Pallad. cicer.) 49_{10}. 52_{12} 97_{27}. 102_{6}. 107_{26} ܩܡܚܐ ܕܚܡ̈ܨܐ ܐܪܘ̈ܒܐ 111_{8} (ις 14_{1}): ἐρεγμός. ܚܡܨܐ allein bedeutet nicht ἐρεγμός, weder Geop aO noch bei Galen, den PSm. 369 anführt:

ܐܪܓܡܘܣ ܕܐܝܬܘܗ̈ܝ ܚܡܨܐ ܐܘ ܠܒܘܒܐ ܐܪܘܒܐ d. h. ἐρεγμὸς aus [l. ܡܢ oder: ה] Kichern. Erklärt ist es 1050 دقيق الباقلّى او كشك — ܣܚܘܓܝܣܘܣ. Die Bdtg. ist bei PSm zu streichen.

حمّص Kicher und „Emesa" haben K zu Falle gebracht: PSm 1049 hat er die Stadt zu ܣܘܬܘܣܝܢܐ, was PSm wunderbar findet, ohne sich dessen zu erinnern, dass er 367 dem C den Fehler

ܐܘܪܝܣܛܘܦܘܠܝܣ mit Emesa übersetzt zu haben nachgewiesen hat. 1307 druckt er ohne Bemerkung aus K ab: ܣܒܝܪ ܥܡ ܕܟܘܬܝܬܐ ܐܘܪܝܣܛܘܦܘܠܝܣ ܕܗܘ ܐܦܪܝܣܘܣ.

Galen. XI 876 K κριοί ܩܪܝܘܢܐ ? = ܐܪܘܒܝܬܐ ܚܡܨܐ, 877 ἐρέβινθος ἄγριος ܚܡܨܐ ܕܒܪܐ

b. Talm. pl. חימצי Ly. Aßaf 56ᵇ האפונים השחורים = חימצי = gr. ארבינתין Mischn. אפונים pl. Ly I 138 Ms Maim ar אֲפוּנִין Schabb. 21_3 Maim. das. und Peah 3_3 Teb. j. 1_6 حمص = Aruch, Kicher. Ly falsch: Bohne. Kaleb: נחוט [pers. نخود; türkisch wie نحود oder نحوط, nohud oder nohut ausgesprochen Fl.] نحوط Blau aus einem türk.-arab. Dialekt: nochut, Kichererbse. PSm 367 ܢܩܘܫ ?? = ἐρέβινθος.

Arab. jetzt حُمُّص Hartmann Nill. 178 Forsk. LXX Maarich, חומץ, span. גרואנסוס garbanzos Dietz³ II 135

אֲפוּן ist lautlich = أَفَان Frtg 144ᵇ ein Kameelfutter?

Kil. 3_2 אפונים הגמלונים große Kichern Maim. الحمص الكبير „denn גמלאה bezeichnet aram. alles Große" [Ar. sv]; das. א'השופין glatte Kichern. Maim. الحمص الأملس Uebers. חלקים.

c. Dialektisch, [nach Avic u Bt in Irak] ܩܠܝܬܐ ܕܠܚܡ heißen ܚܡܨܐ auch: ܛܪܡܘܣܝܬܐ od. ܛܪܡܘܣܐ; Manche ܩܠܝܐ, BB ܩܪܘܐ = BB 890 ܩܪܘܐ ܩܠܝܬܐ ܕܠܚܡ حمص. Ns. ܛܪܡܘܣܝܬܐ „pea-nuts" d. i. هرطمان Bt. II 570 = جلبان Avic 163 [Druckf. هزار طمان] Bt. II 296 قرطمان in Irak = جلبان *Lathyrus sativus* L (Hartmann 178). Dies meint, wie Guisius, dessen Commentar zu Zeraîm bei Weitem das Beste in der Surenhus'schen Mischna ist, z. St. sagt, Maim., wenn er Peah 5_3 6, Kil. 1_1 Teb. jom 1_2 טופח durch: קורטומין wiedergiebt. [Nicht καρδάμωμον wie Sprengel Gd Bot I 178 oder قرطم, wie Ly.] Hai. giebt für dasselbe טופח גולבאן, جلبان, das Maim. für das nächstverwandte פורקדן der Mischna hat. S. 105 Man sieht هرطمان [ق] und جلبان kreuzen sich. Ich

172

glaube, am Ehesten dürften richtig sein: פורקדן — גילבונא — جلبان *Lathyrus sativus L*, gemeine Platterbse, טפח قرطمان [j. מילותא od. מיליתא?] Ar. ערבולו (?) ervilia dh. *Lathyrus cicera L* rote Platterbse. Sicher ist blos, dass zwei Lathyrus-Arten gemeint sind.

Zu L a t h y r u s gehört:

d. ܚܘܪܠܐ abs. ܚܘܪܠ bibl. חרול Spr 24_{31} Targ. nur das. חורלא حرلى ?, خُلَّر. Geop 18_6 λάθυρος ($\gamma 10_6$) 116_9 ($\iota\delta\ 1_6$) für dasselbe, nicht wie Lag. prov. 78 wollte: f. ὄροβος, denn dort entspricht λαθύροις ܚܘܪܠܐ, ὀρόβῳ ܟܫܢܐ, τίλει ܦܠܦܠܬܐ, πίσῳ (o), φακῇ ܛܠܦܚܐ, σίτῳ ܚܛܐ. Danach hat Ferrar. „cicerculae" Recht gegen PSm e r v u m, ervilia. Die Lexicogrr: = كشنى (?), شلطيث حرلى, ܫܠܛܝܬܐ in Aegypt جلبان . BS: ܒܝܬ ܥܘܪܒܐ هرطمان, K: ܦܘܫ̈ܢܐ BB 455: ܠܐܬܘܪܘܣ ܛܠܘܦܚܐ ܐܘܟܡܐ عدس مر اسود . PSm 62 ὦχρος *Lathyrus cicera L*, ܐܘܟܪܘܣ = ܡܟܝܪܐ Bt. BBnoch ܫܠܛܝܬܐ جلبان ܚܘܪܠܐ — 365 ἄραχος eine Art Wicke, „ähnlich den ܚܘܪܠܐ" 991 ܩܘܠܘܡܘܣ = ܫܠܛܝܬܐ, شلطيث هرطمان, „sed BB avena" zu str.; ἔλυμος kann nicht gemeint sein. خُلَّر die Arab. = فول od. جلبان od. ماش. Dasselbe Wort wie ܚܘܪܠܐ ist هُرول, Vull. II 1450 dem ماش ähnlich = مُلك 1211 = جلبان. חרול bibl. ist nicht Brennessel und gehört nicht zu √חר, sondern eine *Lathyrus*-Art Nöld. mand Gr. 55. Talmudisch nicht vorhanden; als bibl. Reminiscenz spät midraschisch zB. Pirke de REliezer XXX p 52_{16} der unpaginirten ed Lmbg 1867: חרולי המדבר.

جلبان Lathyrus hat BA zu ܡܠܣܠܐ lathyrus, nicht pisa PSm 1270. K giebt dazu was er für Lathyrus gesammelt hat: ܦܘܫ̈ܢܐ, (Nr. 253ᵃ) ܒܝܬ ܥܘܪܒܐ ܫܠܛܝܬܐ.

ܦܘܫ̈ܢܐ BB 740 هرطمان. PSm 607 ܒܪܘܡܘܣ βρόμος هرطمان Rabban ܦܘܫ̈ܢܐ جلبان فوشادى; ob trotz βρόμος Lathyrus? هرطمان قرطمان und خرطمان wie Bt I 362 für خرطال zu lesen ist, = βρόμος

Avena. خرطمان ist die von Syrern aufgenommene Form. Des Thomas a Novaria 277 Fœnum græcum (Nr. 258) ist حلبة für حلبان.

128.

ܒܢܕܝܪܠܡܬܐ.

Colchicum spec. Herbstzeitlose.

Bibl. חֲבַצֶּלֶת BB 834 ܩܘܠܟܝܩܘܢ Rabban D 581 κολχικόν: ܒܢܕܝܪܠܡܬܐ ܣܘܪܢܓܢ السورنجان الشامى. Ἑρμοδάκτυλος PSm 392. 1052 die Blüte vgl. 33 sv ܐܪܐ = ܠܥܒܘܒܬܐ ܕܒܪܒܪܬܐ lies ܠܥܒܒܬܐ dh: اللعبة البربرية, so ist Avic. 200 für البرى mit Plempius zu lesen. Im Uebrigen s PSm 1308 der Gesen. den Gefallen hätte erweisen können. „בצל + חמיץ" nicht mehr zu erwähnen. D. ibd. Syn. ἐφήμερον, οἱ δὲ ἶριν ἀγρίαν PSm 1033 bis = ܐܝܪܘܣܐ, برى سوسن.

Berggr. 853 Hermodactylus سورنجان, اصابع هرمس. Sonth. Verz. 275. Iris tuberosa, l'hermodacte خميره. Berggr. 842 خانق الكلب? Herbstzeitlose, jetzt pers. Neujahrsrose گل نوروزيه Petermann Reisen II 252.

PSm als zweite Bdtg aus K: „fel reptilium venenosum" ܡܪܝܪܬܐ ܕܟܪܟܪܬܐ ܕܪ̈ܚܫܐ ܣܡܡܐ. Falsch. Es heißt: „Gift". K wusste, dass Colchicum giftig ist, und wiederholt blos was BA zu ܙܗܪܐ, das Lehnwort aus dem Pers. ist, sagt. PSm 1091 Lag. gA 41, Fleischer zu Ly I 561[a] für talm. זיהרא. ܡܪ̈ܪܬܐ ist Gift und Galle.

129.

[ܕܒܚܐ] ܚܢܩ ܕܐܒܐ.

Aconitum, Eisenhut.

خانق الذئب BA λυκοκτόνος PSm 1323. BB 837 ܩܘܢܝܛܘܢ Land Anecd. IV 82_{15} ܐܩܘܢܝܛܘܢ. D 575 ἀκόνιτον d. Stelle s. PSm 358. BB 446 ܠܘܩܘܛܘܢܘܣ ܐܝܬܘܗ̇ ܩܛܠ ܕܐܒܐ ܐܟܪܝܢ ܦܪ̈ܕܝܣܐ ܗܘܝܘ ܐܣܩܝܠܠ ܘܟܪܟܐ ܕܚܢܩ ܕܐܒܐ ܟܕ ܐܣܩܝܠܠ. Zu σκίλλα PSm 174

318 ܐܣܩܝܠܐ ܩܛܠ ܕܐܒܐ بصل الفار اسقيل D 574 παρδαλιαγχές BB ܦܐܪܕܠܝܐܢܟܣ — خانق النمر — ܚܢܩ ܢܡܪܐ PSm 1323. BB 847 — ܩܛܠ ܕܐܒܐ خانق الذيب, und ܩܛܠ ܟܠܒܐ قاتل الكلب Nr. 279 Aconitum pers. بيش, Av. 147, das Gegenmittel بيش موش, بوحا „Antithora, napelli mus“ Plemp. Pott Zfdk V 79. PSm 522 ܟܘܢ ܩܘܢܝܘܢ gegen κώνειον, das der Verwechslung mit ἀκόνιτον auch sonst nicht entging Lag gA 176.

130.

ܚܣܝܬܐ חַסָּא.

Lactuca, bes. sativa L, *Lattich, Gartensalat.*[1])

ܚܣܝܬܐ BA Nr. 3998 PSm Galen pl ܚܣ̈ܐ Geop 92_3 98_4 115_{24} θρίδαξ خس BB 674 Rabban ܬܪܝܕܐܩܣ = ܚܣܐ. 1000: الخس ܬܪܕܝܢܐ ܟܣܡܣܡ̈ܐ lies: ܬܪܝܕܐܩܣ = ܚܣܐ [Ferrar. richtig] Aus dem Schreibfehler ܬܪܕܝܢܐ machte Cast. 971 mit Hülfe des mischnischen תרדין „blitum, beta fatua“. Das ist zu streichen. Man sieht, es waltet über der aramäischen Lexicographie kein günstiges Geschick. Sachs Beitr. I 107 spinnt den Faden weiter und knüpt תרדין an θρίδαξ an!

Aßaf 93[b] 100[a] חסא = מרולין μαρούλιον [Kaleb: חזרת = מרולי u. פיקרומרולי ngr μαροῦλι, πικρομαροῦλι.] 48[a] פידריקס l. תרידקס aram.: חסא ברייא.

חֲזֶרֶת pl. חֲזָרִים so richtig ms. Maim ar Kil 1_2 das. חזרת الخس الجبلي גַלִּים Maim. — Pes. 2_6 10_3 pl Ukz 1_2 2_7 Ab.zar 3_8

[1]) Boissier, Flora or. III 805 Lactuca cretica Desf. in Syrien und Palästina. 806: L. tuberosa L. fil. in Syrien 809 L. Scariola L. Syrien, Mesopotamien, bei Aleppo, Damaskus, Sinai-Halbinsel am Sanct Katharinenkloster. β sativa Damaskus, Aegypten, forsan a plantis cultis elapsa. 829: L. Orientalis Boiss. in Syrien bei Damaskus, so auf dem Libanon, bei Jerusalem, am Sinai. Sehr verbreitet P. 810: L. saligna L. in Syrien, Mesopotamien, Babylon, Persien, Aegypten.

TJoma 4_3 TTer 4_5[1]) Pes. 39ª = חסא Als Bitterkraut. Die Samaritaner benutzen als Bitterkraut מרור zu ihrem Pesachopfer eine *Lactuca*-Art, die unsrer *Lactuca virosa* ähnlich ist. Petermann, Reisen I 239. II 470. Zu חסא s. Ly und Nr. 137.

Es macht blass, mehrt Würmer und Samen und ist schlafbefördernd. P. de Rhakk. 29, 73ᵇ خس Hartmann 177 Khazz, Sonth. Verz. 275 خص Lact. sat. In Mesopotamien خس Salat Meyer 3_{70}. Auch Maim. ms arab. כץ, gewöhnlicher כס.

131.

חפריתא

j Schebiit 37^c_{38} ? ?

132.

ܚܪܘܒܐ. חָרוּבָא.

Ceratonia Siliqua L. Johannisbrodbaum.

Misch. חרוב, خَرُّوب. Κεράτια Luc. 15_{16} PSm 1365 D 147 Rabban BB 828 الخرنوب وهو الخروب الشامى ܣܘܪܝܐܝܬ ܚܪܘܒܐ ܕܦܩܘܪܐ = الشامى 855 Gabriel ܣܘܪܝܐܝܬ. 828: ܣܘܪܝܐܝܬ ܘܝܘܢܐܝܬ ܩܪ̈ܢ ܐܝܠܠܐ ܕܚܪ̈ܘܒܐ اعنى قرون الخرنوب das.: κερατωνία خرنوب الشوك خرنوب النبطى. DCge χαρρούβα. [Luc. 15_{16} Cureton hat für ܚܪ̈ܘܒܐ : ܚܪ̈ܘܒܐ ܕܟܟܐ.]

Talm. s LLöw Graph Requ. 1 86 Peah 1_5 2_4 6_5 Dem. 2_1 Schebiit 4_{10} $7_{5\cdot7}$ Ter. 11_4 Ma'as $1_{3\cdot6}$ 3_4 Ukz. 1_6 BBathr. $2_{7\cdot13}$ neben שקמה nicht unter die Fruchtbäume gerechnet Lewy Progr. 35. Er muss geimpft werden, soll er essbare Früchte tragen Hehn 335, der ihn darum als Produkt menschlicher insbesondere semitischer Kunst und Mühe bezeichnet. Bbathr. $4_{8\cdot9}$

Man unterschied nach den Ortschaften, an denen sie wuchsen, drei Arten. 1) חרובי שיטה Sifre II 105, 95^b_{21} j Ma'as. 48^c_{64} ראב״ד

---

[1]) Lies nach ed Wilna: החזרים והכרישים והלפת והכרוב שדרכן להשתמר שני ימים תורמין עליהם ב׳ ימים.

zu Sifra, RSchimsch. ibd. und zu Ma'as. 1_1. Jalk. שוטה. Sifra Bechukk. 3p 115ᵃ Weiß שקמה.

2) צלמונה 3) נידורה, נדורה, נרידה, נירודא ibd. נרודא Ber. r. 79p 147_4 Lpz Ar. נרידא (נרו׳) Ma'ar. נרודא. Buber z. Pes. 88ᵇ.

Bt I 354f erwähnt 3 Arten 1) صيدلانى 2) سابول ms.: شابونى 3) die dickste, aus der Honigsaft gewonnen wird.

Der Baum חָרוּבִיתָא mischn. חרובית j Sota I 17^b_{20} j Peah VII 20^a_{66} Midr. Sam. XIII. XXVII. Bam. r. 9p 406_{16} Lpz. Pes. r. IV. Kil. 1_2 neben פול המצרי qv als nächstverwandte Art aufgeführt. Nach j z St hier nicht Johannisbrod, sondern eine persische Art der ägyptischen Bohne, deren Schoten dem Johannisbrod ähnlich sind. (כמין פול [ה]מצרי פרסי הוא. Ein eigentümliches semitisches Sprachgefühl bekundet Levy, wenn er daraus macht: „Eine Art der ägyptisch-persischen Bohne".)

133.

ܦܠܦܠܐ.

PSm 1366 قُلْقُل, حب القلقل Mow 94. Av. 179 Bt I 282. II 312. S. S. 180_{19}.

134.

ܚܪܕܠܐ. חַרְדְּלָא.

Sinapis, Senf.

Mischn. חַרְדָּל خَرْدَل. ܚܪܕܠܐ NT σίναπι; Galen νᾶπυ. BA BB sv, dieser 476 ܣܢܐܦܝܣ ܗܠܝܢ ܚܪܕܠܐ ܡܪܐ ܢܦܫܬܐ, nicht mit der Galen-Uebersetzung übereinstimmend. BA 4041 schreibt Hoffmann ܠܦܬܐܦܘ lies: ܢܐܦܘ [n für j auch 4518 in ܡܚܪܫܬܐ zu l.] BB 651 zu ܣܝܢܐܦܝܘܣ σινήπεως خردل, Rabban, D 293σίνηπι = νᾶπυ: ܢܐܦܘ ܣܝܢܐܦܝ = ܚܪܕܠܐ = BB 587 ܢܐܦܘ, auch Gabriel; das.: ܢܐܦܘܣܝ [l. ܣܝܢܐܦܝ] ܡܢ ܕ̄ ܕܐܝܬܘܗܝ ܚܪܕܠܐ ܬܘܪܝܐ ܐܠܩܠܝ ܗܘܐ ܡܢ ܣܘܪܝܐ ܗܘ ܡܣܟܢܘܬܐ ܘܐܝܬ ܐܝܟ ܠܝܘܢܝܐ ܬܠܝܬܝܐ ܕܡܬܩܪܐ

ܚܪܕܠܬܐ ܘܚܫܟܐ اقول الحُرْف والرَّشاد من ܢܐܦܘ ܣܝܢܦܝ ܢܦܘܣܝܢܦܝ 661 BS: ܣܝܢܦܣܘܢ = ܚܪ̈ܕܠܐ d. h. νᾶπυ = σίνηπι, weißer und roter (brauner) Senf und eine dritte Art ܚܪܕܠܬܐ PSm 585 BB ebenfalls خردل, doch steht auch dort حرف (Nr. 339) daneben. Geop 98_{18} 117_1 ($\varkappa 2_1$ σινώπιδος).

ܣܦܝܕܐ sinapis alba C 612 [aus Ferrar.] ist pers. سپيد.

ܚܪܕܠܘܢܐ BA BB القنابرى [قناء برى ist Schreibfehler]. Das arab. Wort PSm 471 = „βουνιὰς“ neben غملول [das. βουνιὰς ܠܦܬܐ ܕܒܪܐ] und 309. 319 = ܣܩܠܦܝ̈ܕܐ zu „ἀσκληπιὰς“, das bei Galen nicht übersetzt ist. BB 707 دواء ܒܪܝܐ ܕܐܣܩܠܝܦܝܐܕܝܣ ܐܝܟ ܦܘܠܘܣ منسوب الى اسقليفياديس.

غملول = قنابرى Bt II 238. 318. Nach Berggren 847 Draba قنّا برّى = حرف مشرفى harf moucharfi.

Schuch, Gemüse und Salate, 64: Dem Senfe ähnlich ist λαμψάνη, lapsana, auch rapistrum, welche ein Gemüse aus Blatt und Stengel liefert, das aber nahrreicher und dem Magen dienlicher als Ampfer ist. D 259 Varro γ 16_{25}. Col ιβ 7_1 Plin ιθ . 71 κ 96. Junge Triebe in Salzlake eingemacht Col. u. Plin. aO. Entweder Ackersenf oder besser Hederich, Ackerrettig, oder grauer Senf, dessen blühende Stengel noch heute unter dem Namen λάψανα τοῦ βουνοῦ zu Gemüse abgebrüht werden, der in Apulien noch lampsana heißt und ebenfalls ein Gemüsekraut ist.

D's λαμψάνη, *Sinapis incana* L, grauer Senf BB ܠܐܡܦܣܐܢܐܣ: ܚܪ̈ܕܠܐ ܕܕܒܪܐ خردل برّى صحّحه حنين.

חרדל s Ly. Peah 3_2 Kil. 1_2 auch ägyptischer, 1_5 לפסן entfernter mit Senf verwandt. لفسان, لسان — 2_8 Schebiit 9_1 TSchabb 15_8 Schabb. 20_2 Kel. 14_8 מסננת של ח׳ Sieb [davon NT σινιάζω]. Uebrigens s. man den Artikel Senf in Schenkel's Bibellexicon.

135.

חרחבינה.

Pes. 2_6 b. 39[a] Bitterkraut. TSchebiit 5_3 ebenfalls neben תמכה. Die Blätter essbar. Alfasi u Maim nach ihm القَرْصَعْنَة [1]) [Agg אלקרצינה] ms. Maim. hebr. Berlin 567 fol. und ms. arab. 567 quarto אלקרצענה = RAscher. [Mit قرظ, das Ly II 109[a] beibringt und Fleischer II 208[a] 458[b] bespricht, hat es aus sachlichen und sprachlichen Gründen nichts zu tun] Bt II 287. 289 = بقلة اليهودية = شوكة يهوديه II 114 = شوكة ابراهيم = „Abulfadli" bei Celsius I 167. = Vull sv قرصعنه. Im arab. D 363 steht für ἠρύγγιον, Eryngium, Mannstreu: قَرْصَعْنَة = قَرْصَنَة, deren Blätter roh und gekocht und zudem in Salzlake eingemacht gegessen werden. Blau hat das arabische Wort glücklich wiedererkannt im punischen χερδὰν. s pun. Verz. 84—5. — Von *Eryngium*-Arten wächst nach Boissier Flora or. II 820 ff in Syrien: E. Barrelieri Boiss., daselbst und bei Jerusalem E. glomeratum Lam. (arabisch: ʿUd el Kuzm). In Syrien, im Libanon und Antilibanon: E. falcatum Laroch. Im Libanon: E. Heldreichii, im Libanon und Antilibanon: E. Billardieri Laroch. In Syrien, Palästina, Mesopotamien, Aegypten: E. creticum Lam. In Aegypten: E. campestre L.

Syr. PSm 962 Galen ܐܝܪܘܢܓܝܘܢ 169 ܥܘܠܬܐ ܕܝܗܘܕܝܐ [(?) so l. mit 1051] BA قَرْصَنَة, فوتنج جبلى BB بقلة اليهوديه und sv ܐܪܘܢܓܝܘܢ und 159 ܐܪܢܓܝܘܢ قرصعنه. S. unten.

Der Beiname jüdisch kommt geradezu von dem Gebrauche, den die Juden am Pesachabende von diesem Kraute machten. Auch *Sonchus [oleraceus* L(?)], ähnlich verwendet, heißt so, wie nach Schiltê ha-gibbôr. 90[a] der Ethrog in Deutschland „Judenapfel" hieß, vom Gebrauche der Juden, ihn am Laubhüttenfeste zum Feststrauße zu

[1]) Ein syr. ܩܘܪܨܥܢܐ? Nr. 304.

nehmen. Die Benennung ist jedenfalls unschuldiger als die einiger Pflanzen, die deutsch den „Juden“ enthalten. Judenkirsche (Physalis Alkekengi L.) ist eine Kirsche, die keine Kirsche, Judennuß eine Nuss, die keine Nuss ist; Judenpilz und Judenschwamm (Boletus luridus) und Judenhut (Impatiens Noli me tangere L) verewigen das Andenken der mittelalterlichen jüdischen Spitzhüte, und Judendorn (Zizyphus vulgaris Lam., aber auch Z. Spina Christi Wild.) für Christdorn ist schwerlich eine volkstümliche Beherzigung dessen, dass auch der Heiland „ein Jude gewesen ist“. Judenpappel — von der Hutform? — und Judenrute (Sarothamus scoparius Koch) wird auch nicht ohne Tendenz benannt sein, ich kenne aber den Grund nicht. Judenbart (Saxifraga sarmentosa L. fil.) heißt wegen der herabhängenden fadenförmigen Ausläufer so. Vgl. Nr. 319.

חרחבינה selbst wird man in Ermangelung einer verlässlicheren Erklärung für Mannstreu halten können, die jedenfalls als Bitterkraut benutzt wurde. ܚܠܚܠܐ steht syr. PSm 139. 169. für ἠρύγγιον, und ist vielleicht doch nicht = ܚܠܚܠܐ. Nr. 147.

136.

ܚܘܪܒܩܐ. (ܚܘܪܒܩܐ)

Helleborus, Niesswurz.

خربق, doch wohl Fremdwort wie Nr. 133, nicht mit Hoffmann gloss. zu Arist. herm. 175ª unter √ ܚܪܩ, ܚܪܩ خرق حرق zu setzen. Pott Z f d K V 79. PSm 1366 Galen ἐλλέβορος; ܚܘܪܒܩܐ. Geop. BA BB Elias Nisib. BHgr I 24, 6.

Geop 4_{16} ܒ. Aßaf 120, 85ᵇ חרגפוק = אליפרום מילנוס. ܐܠܒܘܪܘܣ Geop 44_{28} 45_3 Land Anecd IV 83_{10}.

BB 444 BS الخربق ܚܘܪܒܩܐ ܟܫܘܦܐ (mit k.) 883 BS dasselbe zu ܟܫܘܦܐ (mit: k.) K PSm 1366 ܟܫܘܦܐ kašûfâ danach zu berichtigen. PSm 195 BB ܟܫܘܦܐ. C 429 ܟܫܘܦܐ distinctus albo et nigro, soll heißen: helleborus albus et niger.

137.

ܚ̈ܫܐ חָשָׁא.

Thymus, Thymian.

حاشا. — ܚ̈ܫܐ Galen θύμος PSm 1391 und 867 wo PSm ein Genit. = ܕ verkennend das Wort als ܕܚܫܐ unter ܕ einreihte!

BB 981 ܬܘܡܘܣܐ ܚܬܝ ܚ̈ܫܐ الحاشا وهو التومع والقزوّح. Die arab. Syn. sind dunkel 1) قزوح ,قروخ ,قروح ,قدوخ ,قدوح 2) توضع ,تومع ,توجع PSm vermutet تومس? Vull. ثومس, I 611 حاشا eine Art پودنه = ترمس l. تومس. Mehr ist auch I 439 Z 7 ترمس ترمش — nicht θέρμος — schwerlich. D 709 θυμοξάλμη BB 981 ܬܘܡܘܟܣܐܠܡܝ ܗܘ ܛܠܝܐ ܕܡܠܚܐ ܚܠ ܕܢ̈ ܡܠܚܐ ܘܚ̈ܫܐ.

Sergius nennt θύμος ܙܡܒܡܘܪ̈ܐ BB aO ܬܘܡܒܘܣ Rabban: ܙܘܦ̈ܐ ܘܚ̈ܫܐ wohl: ܙܡܒܘܪ̈ܐ? Geop ܙܡܒܘܪ̈ܐ 98_{19} (ιε 2_5 θύμβρα?) 99_{27} (ιε 2_{16} θύμος) 100_{20} 101_{14} = Sergius!

Talm. חָשַׁאי [חָשָׁא?] = קורנית qv Schabb. 128ª Maim. Schebiit. 8_1 קורנית: حاشا وهى من انواع الفوذنجات. Auch Mussafia u Celsius I 423 haben das talm. Wort richtig mit حاشا identificirt.

Ly II 122 hat sehr zur Unzeit Lust verspürt von der Tradition abzuweichen und verglich خس „Laktuke". Sein Irrtum ist umso gröber, als er das talm. Aequivalent von خس: חסא vorher behandelt hat.

138.

ܛܘܦܐ.

ܛܘܦܐ BB lies ܛܘܦܐ, denn es steht dabei die Uebersetzung Rabban's aus D 467 τύφη, *Typhae* spec., Rohrkolben, was PSm 1446 entgangen ist, der darum ܛܘܦ̈ܐ damit zusammenwirft und zu einer Pflanze macht. In der Uebersetzung ist für ܠܩܘܡܝܪ̈ܐ zu l. ܠܩܘܦܝܪ̈ܐ nach κυπερίδι Nr. 221.

139.

ܛܠܣܦܘܪ.

Lag gA 50 طالسفر Mow. 170 Bt II 147. Ǵezzâr im 2. Grad.

140.

ܛܠܦܚܐ. טְלָפְחָא טְלוֹפְחָא.

Lens esculenta Mnch. *Linse.*

ܛܠܦܚܐ Bibelüberss. Gal. Geop 4_{24} 116_9 und Andere: φακός. Dem neusyr. ܛܠܘܦܝܚܐ ähnlich zeigen die Syrer Neigung ܛܠܘܦܚܐ zu punctiren. So BB zu ܦܘܪܐ عدس. Das. عدس جليلي ܛܠܘܦܚܐ ܦܘܪܐ .. ܦܘܪܐ Daraus Ferr., C 686, ܦܘܪܐܛܠܦܚܐ „τευττοφάκη“ irrig zusammengelesen. ܛܠܘܦܚܐ PSm 1496 BB unter ܐܛܠܙ und BB 455 ܠܐܦܛܘܪܝܢ oben S. 173_{14}. BB 745 ܦܠܝܦܘܣܦܘܣ ܡܢ ܐ ܦܠܝܦܘܣܦܘܣ عدس جبلي ܛܠܘܦܚܐ ܕܛܘܪܐ. — D 621 πολύγαλον θαμνίον ἐστὶ σπιθαμιαῖον ἔχον φύλλα φακοειδῆ: ܦܘܠܘܓܐܠܘܢ ܗܘ ܫܒܛܐ ܐܝܬ ܠܗ ܛܪܦܐ ܕܡܝܢ ܠܛܠܘܦܚܐ.

Bibl. עדשים. Mischn. עֲדָשָׁה عَدَس besonders als Maßbezeichnung und Gefäß. TSchabb 4_7 TKel. bm 3 TErub. Ende. Tahar. 10_8 עדשות. — עדשים TTahar. 11 Ende u. RSchimsch. aO. Hai zu Kelim 15 führt schon das analoge gr. פקוס an. Belege für lens und lenticula Rœnsch, Itala u Vulgata 2A 316. Auch טלופחא wird so übertragen Ar. sv. — Aegyptische Maʿas. 5_8. Plin xv, 31 hat zweierlei ägyptische Linsen. Zum Todtenmal Brüll, Jahrb. I. Bb 16^b. j Ber. 6^a_{24}. Daher nahm man an, Jakob habe Linsen gekocht, weil Abraham's Todestag gewesen sei. P de REliezer XXXV p 64.

ܛܠܘܦܚܐ ܕܒܪܝܐ BB عدس مر = جلجوية. PSm 724 جلجونية = ܛܠܦܚܐ ܙܥܘܪܐ = عدس الضغار. BB:

ܐܚܪܢܐ[3]) ܐܦܣܝܢܬܝܢ ܗܘ ܐܝܟ ܗܿܝ ܕܐܡܪܝܢ ܐܝܬ ܕܡܣܩܢ ܠܗ[3]) ܦܘܠܝܘܢ ܕܡܩܕܡ ܐܢܬ ܐܡܪ ܐܠܐ ܡܛܠ ܕܗܘܝܐ ܐܝܟ ܗܕܐ ܕܛܠܘܦܚܐ ܕܐܦ ܗܿܝ ܕܚܡܝܡܐ ܠܗܘܢ ܕܡܝܬܘܣ ... ('ܦܠܝܦܘܣ لان بزره حاد الجانبين كالفاس

ܐܝܕܘܣܩܪܘܢ ܦܠܩܝܢܘܣ¹) ܗܘ ܠܒܠܘ̈ܟܐ ܕܒܪ̈ܝܐ ܘܡܫܬܟܚܒܗ ܬܘܒ ܒܪܘܣܪܐ¹) : ܐܝܕܘܣܩܪܘܢ ܐܝܟ ܗܘ ܕܒܚܡܨܬܐ ܦܠܩܝܢܘܣ¹) ܐܘܣܝܬ ܢܛܠܝܐ ܘܡܫܬܟܚܐ ܕܥܕܬܐ ܠܒܠܘ̈ܟܐ ܕܒܪ̈ܝܐ ܠܐܣܩܠܘܣ ܐܝܬܝܗ ܘܫ̈ܟܠܐ ܕܐܦ ܠܚܡܨܐ ܘܗܪܟܢܝܐ ܠܛܠܝܐ ܬܪ̈ܝܫܐ يقال له عَدَس مُرّ D 477 ἡδύσαρον = 1) πελεκῖνος θάμνος ἐστὶ φυλλάρια ἔχων ἐρεβίνθῳ ὅμοια . . . τὸ σπέρμα πυῤῥὸν ὅμοιον πελέκει ἀμφιστόμῳ. 2) Φύεται δὲ ἐν κριθαῖς καὶ πυροῖς. 3) Gehört zu ἡδύοσμος PSm. 4) Daraus PSm 583 ܒܪ ܒܪܘܪܐ. — Galen 974 ܗܝܕܘܣܩܪܘܢ unübers.

ܠܒܠܘܟܐ ܕܒܪܐ ἐλελίσφακος Gal. BB falsch in φακός getrennt, wie PSm richtig. ܐܠܝܣܦܩܘܣ PSm 205. Geop 98_{20} ($\iota\varepsilon 2_6$) 112_{20} ܛܘܪܐ ($\iota\eta 13_2$ ὄρειος) PSm ܠܠܝܣܦܩܘܣ und 73 Z. 7.

ܠܒܠܘܟܐ ܕܒܪܐ s. Nr 175. — Was ist PSm 653: „ܓܕܝܪܐ ܕܒܪܐ lens, herba عدس ܐܒܪܐ ܕܓܕܝܪܐ BA.“ BA Nr. 2724 ܓܕܝܪܐ ܕܒܪܐ arab.: غدير.

141.

ܢܒܠܐ יַבְלָא.

Cynodon Dactylon Rich. *gem. Himmelsschwaden.*

abs. ܢܒܠ punisch ιεβάλ s pun. Verz. 51. Falsch: ܢܒܠܐ PSm 16_{23}.

ܢܒܠܐ genauer ܢܒܠܐ ܕܫܒܠܐ BA 283 4372 الثِّيل od. الثيل¹)

D 528 ἄγρωστις BB: [ܡܢ] ܐܓܪܘܣܛܝܣ ܐܝܬ ܗܘ ܦܐܪܘܣܛܘܣ ܕܝܢ ܢܒܠܐ ܕܛܘܪܐ ܦܐܪܐܐܘܣܛܘܣ نوع اخر من الثيل يكون ܒܐܦܪܐܐܘܣܛܘܣ: ܐܓܪܘܣܛܝܣ ܢܒܠܐ الثيل وقال مسيح ܐܓܪܘܣܛܝܣ ويعرف بالنجم وقال جبريل (ان) الثيل اسمه باليونانية ܐܓܪܘܣܛܝܣ وجاء به مرة اخرى فى اسمآء الهزاركسان [ܡܢܐ]: ܐܓܪܘܣܛܝܣ ܡܢ ܕܐܪܘܣܛܐ ܗܘܐ ܢܒܠܐ ܕܛܘܪܐ ܫܒܝܒܠܐ ܕܒܪܐ. ܘܒܪܐ ܐܚܪܢܐ ܘܢܒܠܝܢ [ܠܫܢܐ زونبريج [PSm ܐܓܪܘܣܛܝܣ ܐ̄ ܐܝܟ [ܡܢ] ܡܠܝܡܠܝܐ ܢܒܠܐ ܕܛܘܪܐ ܒܠܝܡܠܝܐ نوع اخر.من الثيل. PSm 32

¹) BB immer تيل.

druckt die Stelle nicht ab, excerpirt sie aber auf höchst ungeschickte Weise. Für den „Parnassos“ verweist er auf D 129 „Parnassia palustris“ ohne zu merken, dass er es mit Bruchstücken der D Uebersetzung zu tun hat. Er kommt zu dem falschen Schlusse: Latius tamen apud Syros patere videtur ἄγρωστις. Das ist nicht der Fall. Gemeint ist D 528 ἄγρωστις, 529 ἡ ἐν τῷ Παρνασσῷ γεννωμένη, 530 ἡ ἐν Κιλικίᾳ γεννωμένη. Gabriel erwähnt ἄγρωστις noch einmal unter den Syn. von ἄμπελος λευκή, nach D 673 worüber PSm bei Lag. gA 39 Belehrung gefunden hätte.

ثيل und ثجم[1]), نجيل [vulg. نجير = yerva Dozy Engelmann p 22] Bt I 234 II 550 *Panicum Dactylon* L., gemeiner Himmelsschwaden = Sonth Verz 287 نجيل *Digitaria Dactylon* Pers. dh. *Cyn. Dact.* Rich. = Forsk LX negîl. Dasselbe ist ἄγρωστις Fraas 302, nicht *Triticum repens* L Queckengras, an dessen Stelle jenes im südlichen Europa die officinelle Graswurzel, Radix Graminis, liefert.

Danach ist ܝܒܠܐ, יבלא, wo es eine bestimmte Pflanze bezeichnet, der Himmelsschwaden [so bei Galen und den Lexicogrr.], wo es in verallgemeinerter Bedeutung steht, Gras, Quecke [so Geop $17_{29\cdot30}$ 18_3, wo es neben ܓܪܝܣܬܐ steht].

D 529 καλαμάγρωστις μείζων ἐστὶ κατὰ πάντα τῆς ἀγρώστεως Rabban:
ܩܐܠܐܡܐܓܪܘܣܛܝܣ ܐܝܬܝܗ ܙܢ ܡܢ ܝܒܠܐ ܕܩܕܡܝܐ ܙܢ ثيل اكبر من الاول
dh. größer als die vorhergehende agrostis.

Talmudisch bedeutet יבלא dasselbe. Was davon gesagt wird, entspricht dieser Bestimmung. D 529 lässt die Wurzel zerquetscht, λεία, auf Wunden legen; nach Plin κδ 118 dient der Wurzelabsud ad vulnera conglutinanda; das Kraut selbst leiste zerquetscht, tusa, denselben Dienst und schütze Verletzungen vor Entzündung. Vgl. Galen. XI 810 K. Ab. zarah 28ª verharschen Wunden (פרעתא sg.) wenn man גירדא דיבלא [גרידי] Zerquetschtes, wörtlich Abgeschabtes von der Wurzel des Himmelsschwadens, auf sie legt. Der Ausdruck

¹) PSm 27 Z 7 = ܟܒܒܪܐ.

kehrt in einem babylonischen Sprichworte wieder, welches besagt, es müsse Jeder nach seiner Weise bedient werden. „Dem Weintrinker setze man Wein, dem Ackersmann aber קמי רְפוקא[1] גירדא דיבלא so Bam. r. IX 406₂ Lpz 58b₆ Wilna aus Sotah 10a: גרידיא דובלא, eine zweifellos schlechte LA, von Ly I 372 unbegreiflicherweise vorgezogen und mit der auf Rechnung von דְּבֵילָה, דְּבֵילְתָא Feigenkuchen zu setzenden, rein aus der Luft gegriffenen Uebersetzung: schlechte, unreif abgefallene Feige, versehen. Der Artikel דובלא ist also zu streichen. Auch Sot. aO ist גריוא] דיבלי] von ‘En Ja‘kob und Zacuto bezeugt. Letzterer giebt als Varr. zu des Ar. „גריוא דחלפי = נדישי דשאים“ [nicht גרישי, גריפי] noch גריוא דהבלי. Essbar ist nach Galen die Wurzel von agrostis, die dem Ackersmann beim Ackern oder Umgraben häufig genug zu schaffen machten — quas aratrum frequenter evellit, wie Vegetius, ars veterin. κ 56 p 283 Bip., von graminum radices sagt — um uns das Sprichwort erklärlich zu machen. Es kann der Sache nach nur von der Wurzel die Rede sein und גרידא ist vielleicht so zu nehmen. Ar. גרד 3 aus Erub. 19b גורדייתא דקני [Agg. גודרי'] „Rhizom — Wurzel — von Schilfrohr, aus dem viele Rohre entspringen“. Raschi: „Rohre, die aus einem Wurzelstock an der Erde wachsen und oben auseinandergehen[2])“.

Vom Rhizom des Himmelsschwadens ließe sich der Ausdruck ebensogut gebrauchen, wie von einer Arundo, nur dass גרידא in der erstangeführten Stelle nicht das bedeuten kann. — Gitt. 68b gegen דמא דריישא: Ein Riedgras, Schœnanthum und Himmelsschwaden: חילפא חילפא דימא ויבלא. Plin. aO efficacissime capiti contra dolores adalligatur.

---

[1]) Ar. רפק: Ta‘an 23a רחיק ist Druckf. Zacuto fügt hinzu Bm 76b 1 Z לרפקא Men. 87a טפי ריפקא [ביה nicht] דרפיק ליה: Graben.

[2]) Das giebt Ly I 357b falsch wieder mit: „Der Stamm einer Stange, in welchem nämlich nach unten zu mehrere Stangen verbunden sind, die oben auseinandergehen.“

Zur Not konnte man aus den niederliegenden Stengeln ein Aushilfsgeflecht zu Versöhnungstag-Sandalen machen, Joma 78^b: בְּקַ־יַּבְלִי, wie die Construction dringend erfordert nach בר־הוצי, בר־היטני, ist zu lesen; daraus crrpt בדבולי (Hal. gedol.) בדקולי, בדיקולי, בדיקורי. Rabbinow. z St.

Kelim 3_6 יבלית zum Verschmieren von Thonbütten und anderen Thongefäßen (שטופלין בה הפטסין. TKel. B k 3 auch RSchimsch. z St: הקְנונים הגדולים שטופלין ביבלית ובאדמה. Schon Ar. פטסין: griech., Weingefäße, welche durchlassen [שחלין, durch die der Wein durchschlägt] . . . קנקן ist länglich, πίθος rund). Manche halten יבלית für eine Lehmart, Andere, auch Hai Gaon, für eine Pflanze. Hai erklärt sie heiße aramäisch יבלא, hebräisch חצוב (Kelim aO., Ar. יבל חצב 3. גרד 1.) arab. חייל lies תייל تيل. Man kann es verwendet haben, wie man etwa nach Oken den runden Stengel von Cassyta filiformis in Wasser zerreibt bis er zu Brei wird, gesiebten Kalk dazu tut, dass er zäh werde, um zum Bestreichen und Verpichen von Schiffen zu dienen.

חצוב [חצב Ar., Maim. Comm. u ms. ar.] Kil. 1_8: Feigenzweig [Ableger] und חצוב sind heterogen: jener Baum, dieses Kraut. TKil. 3_{16} חצב. TSchabb. 15_8 u. Parallst. u. Ber. r. 31 Ende חצובות Gazellenfutter. Zur Einfassung von Aeckern oder zur Abgrenzung j Peah 16^d_{55} Bb 56^a, verhindert Grenzverrückung Beza 25^b. Aruch s. Epheu geht nicht an, denn Epheu heißt קסוס. Ich halte mich an des Hai G. Erklärung: Himmelsschwaden oder etwas ähnliches, vielleicht des D calamagrostis, „in Babylon an Wegen wachsend". Der Wurzelstock ist, einmal vorhanden, schwer auszurotten, und wächst er einmal auf der Ackerscheide, so wird er, wenn man über ihn wegackert, neutreibend im Getreide die alte Grenze bezeichnen.

Sprengel Gd Bot I 181 bat auf *Calystegia sepium* RBrown geraten und von da aus ist es mit einem keltischen σουβίτης, Epheu, verglichen worden s. Pott Z f d K V 64. Im Geop. steht für ἄγρωστις ܢܓܪܝܬܐ 8_{21} ($\beta 21_5$) $12_{1\cdot3}$ ($\gamma 10_7$) f 17_1 ($\gamma 5_7$) — 17_{29} 18_3 52_{10} 104_{10} ($\iota\zeta 20_2$) 115_{25} Edrîsî, Meyer 3_{294}, „Garasthos = نجيل“.

LXX Hos. 10_4 ἄγρωστις [Hex. ܥܩܒܐ]. Hieron. z St. beschreibt die Pflanze.

ܬܒܢܐ ܕܓܡ̈ܠܐ = σχοῖνος. Galen, Sachau Ined. 95_{15} unübers. ܣܟܘܢܘܣ. Geop 110_{10} ($\iota\varsigma 18_2$) ܡܫܚܐ ܕܣܟܝܢܘܣ ܕܐܬܥܒܕ ܥܡ ܡܫܚܐ ܕܙܝܬܐ σὺν ἐλαίῳ σχινίνῳ syr. sinnlos: σχοινίνῳ; 119_{15} ܡܫܚܐ ܕܣܟܝܢܘܣ wahrsch. σχίνου für σχοίνου gelesen und daher nicht übersetzt; s Niclas zu $\varsigma 7_1$.

D 30 σχοῖνος BB 654 ܣܟܘܢܘܣ ܗܝ ܐܣܛܘܟܝܣ ܐܝܬ ܕܐܡܪ ܣܟܝܢܘܣ ܬܒܢܐ ܕܓܡ̈ܠܐ ܐܕܚܪ Vull. سخيلس, سخينوس („syr.“) اذخر, كوركيا PSm 690 ܟܘܪܟܝܐ = ܣܟܝܢܘܣ, = ܟܘܪܟܐ 692 u. BB 706 اصل الاذخر ܩܢܝܐ ܕܟܘܪܟܝܐ daraus C 367 ܟܘܪܟܝܐ gramen marinum. BA Nr. 4374 الاذخر ܬܒܢܐ ܕܓܡ̈ܠܐ BB 408 ܬܒܢܐ ܕܓܡ̈ܠܐ الاذخر حشيش ܡܪܥܝܬܐ ܕܓܡ̈ܠܐ النيل BA Nr. 4373 ܬܒܢܐ ܕܓܡ̈ܠܐ ܡܪܥܝܬܐ. Σχοῖνος BB 637 حشيش اذخر ܣܟܝܢܘܣ ܣܟܘܢܘܣ. S. 175 c.

D 544 σχοῖνος ἑλεία BB 654 Genitiv, wie sonst, aus d. Ueberschrift: ܣܟܘܢܘܣ ܐܝܠܝܐ ܐܝܬ ܕܐܡܪ ܣܟܘܢܘܣ ܗܝ ܕܐܓܡ̈ܐ (ܣ)ܣܟܘܢܘ نيل اجامى([1])

Ὀλόσχοινος PSm 991 ܐܘܠܘܣܟܘܢܘܣ Gal. 669 BA ܠܐܣܟܘܢܘܣ = اذخر nach PSm aus ܟܠܐ und σχοῖνος hybrid zusammengesetzt. Ich halte das Wort für crrpt aus ܣܟܘܢܘܣ [ܐܘ]. Auch die anderen Beispiele für eine Composition mit ܟܠܐ beweisen Nichts. — Aßaf איסקינוס 97 p 82ᵃ.

اذخر Aßaf 14 p 65ᵇ אדכיר, alle Sprachen איסקיננתוס [= 47ᵃ 56ᵇ etc.] Schœnanthum, Squinantum, Sqwinanti, in allerlei Schreibungen bei den mittelalterlichen Pharmacologen, kam von *Andro-*

---

[1]) Danach ist Sprengel D II 355 zu entscheiden: اجامى kommt wirklich von arundinetum, denn es ist blos Uebers. aus dem Gr.

pogon laniger Desf. und *Andropogon Schœnanthus* L, ist aus unseren Pharmacopœen verschwunden.

BB hat 408 noch: ܝܒܠܐ ܡܫܪ̈ܪ ܗ̣ܘ ܒܡܐܡܪܗܘ d. h. wohl: „jablâ ist [in der vorher angegebenen Bdtg.] bestätigt". C 365 „ܝܒܠܐ ܡܫܡܪ̈ genus quoddam radicis, *syringa* (?)"

Zum Schlusse sei erwähnt: ܫܒܠܐ σχοῖνος PSm sv aus Cyr. = Jer. 8_8 ܚܒܠܐ nicht etwa aus ܝܒܠܐ errpt, sondern σχοῖνος in der Bedeutung Strick genommen.

142.

ܝܒܪܘܚܐ. יַבְרוּחָא.

يَبْرُوح, das die Araber für syr. erklären[1]).

a. BA 4379: ܝܒܪ̈ܘܚܐ ܕܥܡܠܐ الباذنجان خربق = BB 408 Nov. 278 Melanzani. BB ܡܐܢܕܪܓܘܪܐ ܗܘ ܝܘܪܐ ܘܝܒܪܘܚܐ PSm 433 hat باذنجان erkannt, ܝܒܪܘܚܐ nicht. Das erklärende باذنجان ist *Solanum melongena* L. Lane 145b = Hartmann 178 der باذنجان الاسود hat (احمر: S. lycopersicum). Synn. Bt I 116 أُنَب, مَغْد, وَغْد — Kam. bei Lane. حدق I 296 Lane 532a *Solanum cordatum* ob. Nr. 104 d

b. *Mandragora officinarum* L. (= *vernalis* Bert.) *Alraunwurzel.* ܝܒܪܘܚܐ Pesch. Hex. Targ. = דודאים μανδραγόραι Land Anecd. IV 83_{13}. Die erotische Wirkung kennt auch das Elefantenweibchen, das. 44_{25} im Physiologus.

D 570 μανδραγόρας BB 481 Rabban ܝܒܪܘܚܐ = اللُّفَّاح = يبروح 534 dass. zu ܡܫܪ̈ܪܐ ܠܚܘܪܐ mit dem Zusatz ܗܘ ܡܫܡܫܢܐ. 628:

[1]) Jos. bell. ζ 25 erwähnt die Wunderpflanze Baaras, die man allgemein für Mandr. hält. Da Βαάρας neben dem Ortsnamen Βαάρας genannt ist, kann es kaum aus jabruch erklärt werden. „Zonaras (Ann. VI p 308) und Plycas (Ann. III p 278) kannte ebenfalls die Pflanze Βάαρ oder die ῥίζα Βααρῖτις ἡ φλογοειδής (flammæ similis)" Seetzen IV 379. Man denkt für den Ortsnamen an בער, also בוערת. — Nach Simon b. Zemach Duran Mâgên 'Abôt p 35b geht jabruch (יאברוח „arab.") im Wasser unter. Boissier IV 291 Mandr. arabisch: „Rabouhe."

ܡܘܣܩܘܣ من اسماء اللفاح Lag gA 67: سايزك arabis· سايزج Vull sv. Bt II 3 Talm. סביכון richtige LA סביסק = דוראים Sanh. 99ᵇ. BB 408 اللفاح ܗܘܪܓܐ ܣܘܪܓܐ ܗܡܦܠܐ ܝܒܪܘܚܐ. Ephr. I 84 D lässt sie mit Recht ebenfalls apfelähnlich sein. BA 4380 ܝܒܪܘܚܐ ܗܘܪܓܐ = ܗܘܪܓܐ ܣܘܪܓܐ = ܥܒܝܪܐ = ܐܪܟܐ ܚܠܒܐ = ܗܡܦܠܐ ܣܘܪܓܐ. BB 453 ܠܐܛܪܘܦܘܣ ܡܢ ܠܐܛܪܘܦܘܣ ܨܒܬ حب البيروح ܦܬܘܪܐ ܝܒܪܘܚܐ [l. ܨܒܬ]. — Berggr. 862 Mandragora يبروح, لفاح loughâ'h l. لقاح. Aßaf 100 p 82ᵃ דוראים = יברוחין = מנדרגורא. Im Allg. s. man Fl zu Seetzen IV 284 Wetzstein zu HL und Koh. 439 ff. Unger, Botan. Streifzüge 3, 10 ff in Wiener Akad. Ber. mathem. naturw. Cl. 1858, XXXIII 310 ff. [Ang. a St. Jos. 211 Mandragora: شابرج قاطانقى (so) مهرگیاه = „Liebestrank“, der übliche Name. Nöld.]

143.

ܝܣܡܝܢ יְסָמִין.

Jasminum, Jasmin.

ܝܣܡܝܢ ܐܝܣܡܦܘܪܐ الياسمين وهو لونين ابيض واصفر. BA 4474 ياسمين. Vull.: ياسم, ياسمن, huzv. יאסמין Arab. Ġolġol Dietz 12 Sonth Verz 288. Meyer 3_{88} Avic 188 Bt II 591. Sachau zu Ġavâlîḳî S. 69. Talm. יסמין Schabb. 50ᵇ. Jasminöl, משחא דיסמין Hal. ged. Bezim. — Mand. יאסמין Sidrâ Rabbâ I 106_{17} Ebed Jeschu PSm 162 neben Lilien und Myrten ܐܣܡܝܢܐ [DMG 29 529. 536. Nöld.] „jasminum“. Im cod. Berol. Petermann 14 des K'tâbâ d'pardêsâ lautet die Stelle p 33ᶜ ܘܡܘܣܩܘܣ ܕܗܘ ܕܟ ܗܝܒܪܘܚܐ ܚܒܪܐ ܕܣܡܝܢܐ [Cardalis p. 62 Nöld.] — Hal. gedol. Ber. VI סימלק — יסמין.

144.

ܝܪܒܘܙܐ יָרְבּוּזָא.

Blitum virgatum L. Erdbeerspinat, Beermelde.

Mischn. יַרְבּוּזָא يربوز (pers.) ܝܪܒܘܙܐ PSm 1164 (535_6 i) βλίτον Galen. BB: بقلة اليمانية JAs. 1870 Janv p. 50 blète, arrochefraise, Blitum virgatum L = يربوز JAww II[a] 151 Bt I 154 II 600 يربورج l. ms. يربوز Ms. ar. Diosc. Paris hat zu يربوز nach de Sacy Abdall. 41 die Randnote: es heiße in Afrika so, aber in Syrien جربوز. Ms. Bait Paris hat nach de Sacy das. die Randnote ܒܠܝܛܘܣ ܐܕܐܛܘܦܘܣ ܙܪܒܘܙܐ. — Es ist der Uebergang von anlautendem Jod in ج einerseits, von ج in ז andrerseits. PSm 535 ܒܠܝܛܘܢ βλῖτον D 260 PSm 583 ܒܙܪܒܘܙܐ getrennt in ܒܪ ܒܘܙܐ [S. 79 Z. 13 l. ܙܪܒܘܙܐ] wahrsch. crrptes يربوز ירבוז Schebiit 9, הירבוזין [1]) השוטין Maim. اليربوز العريض الورق ירבוזא j Kil. 30^a_{30} = j Orlah 61^b_{34} — ירבוזין j Ma'as. 52^a_{56} RSchimsch. zu 5_8 זרבונין crrpt trotz syr. zarbûzâ Fl. zu Ly II 445[b]. *Blitum virg.* Boiss. IV 905 im Libanon und in Kurdistan.

145.

ܓܐܘܪܐ.

Ferula spec.

יְרוֹאַר aus (?) pers. جاور — گاور Vull. II 947 BA 4511 ܓܐܘܪܐ, ein Baum, dessen Milchsaft, *Opopanax,* medicinisch verwertet wird = ܚܠܒ ܓܐܘܪܐ [2]) جاوشير, Wurzel ܥܩܪܐ ܕܓܐܘܪܐ. BB 417. 715. 716: ܥܩܪܐ ܕܓܐܘܪܐ اصل ([3]من الادويه ܚܠܒ ܓܐܘܪܐ الجاوشير [ܒܠܚܕܐ ܕܓܐܘܪܐ [PSm ܦܐܐܘܦܘܢܐܩܣܩܠܦܘܢ[a] ܦܐܐܘܦܘܣ[b] ܦܢܒܪܝܢ ܥܡ ܕ ܢܨܒ نوع من حشيشة الجاوشير ܦܐܐܘܦܘܣܘܪܐܩܠܐܘܢ[c] ܥܡ ܐܘܪܝܬܐ ܠܡ ܥܩܪܐ ܦܩܠܦܘܢ ܐܦܩܠܦܘܢ ܢܨܒ ܐܝܟ ܦܐܐܘܦܘܣ[a]: حشيشة الجاوشير ܕܓܐܘܪܐ ܐܠܐ ܐܝܟ ܕܦܘܣܛܘܪܘܢ ܐܕܥܐ ܐܣܪܐ قيل انه جاوشير وانما هو نوع اخر منه. ܦܐܐܘܦܘܣ ܐܝܟ [..] ܒܪܘܣܝܢ ܐܕܥܐ ܐܣܪܐ ܬܠܬܐ ܕܓܐܘܪܐ ܕܟܠܐ ܠܐܘܟܐܪܐܘܣ نوع اخر يشبه الاقحوان ܦܐܐܘܦܘܣ ܐܪܐܘܠܝܢ ܐܝܟ ܢܨܒ ܓܐܘܪܐ ܐܘܦܩܬ ܕܟܪܘܟܐ ܢܣܒܬܐ ܕܟܠܗ ܒܬܘܟܢ ܚܠܒ ܓܐܘܪܐ ܕܗܘ ܒܪܐܝܐ ܘܒܬܘܪܐ ܐܦܘܦܘܢܘܢܣ شجرة الجاوشير. [ܐܦܘܦܘܢܘܢܣ زوهلشير جاوشير 349 PSm]

---

[1]) Nach anderer LA והשוטין eine besondere Pflanze (?).

[2]) Aus گاورشير جاورشير. [3]) C 386 „principia medicinæ!"

D 399 a πάνακες Ἀσκληπιόν b π. Χειρώνιον . . φύλλα ἀμαράκῳ ἐμφερῆ . . c π. Ἡράκλειον . . ἐξ οὗ ὁ ὀποπάναξ συλλέγεται D 396.

PSm 438 ܟܐܪܘܪܐ BA, die Wurzel nach Gabriel ܟܐܪܘܐ lies „يارورا“ ܝܪܘ̈ܪܐ. Aber ܒܪ̈ܪܐ سكبينج PSm ist zu l. ܒܪ ܟܘ̈ܟܪܐ BB unter ܐܦܛܪܘܢ(?) PSm 339 = شقبينا, سكبينج und BB 625 sv „σαγαπηνόν“ = 630 سكبينج, سقبينا, ܒܪܟܘ̈ܟܪܐ. Gabriel aus D 434 σαγαπηνὸν ὀπός ἐστι πόας ναρθηκοειδοῦς.

راتينج شجرة شبيهة باللفاح und aus Galen XII 117 K ὀπός ἐστι θερμός: سخن علك. — لفاح ist crrpt aus: قلملاح = ܩܠܡܠܡܐ.

Sagapenum ist das Gummiharz einer orientalischen Umbellifere, wahrscheinlich einer *Ferula.* DCge σικβινίτζα fehlt Langk 40, der andere Verschreibungen anführt. Sein σεραπίων, σεράβιν = Seraphinum. Dies steht nach Flückiger noch in der Pharm. Witenbergica von 1741 für Sagapenum. סרפינון Donnolo, Aßaf u A s Steinschn. Donn. 147_{84} Maim. Gifte 104_{68}.

Aßaf 55 p 73ᵇ גיושור (جاوشير), daraus אפופינקוס. 51ᵇ אפופינקון Steinschn. Don. 136_{21} τζαβουσήρ, γεύσιρ, ζευσίρ, ζευσήρ Langk. 40. ܝܪܘܪܐ C 386 „gummi medicum arboris cuiusdam“. Woher? L: ܝܪܘܪܐ?

Wie verhält sich ܝܪܘܪܐ zu dem Tiernamen יְרוֹרָא S. 95 l. Z. ܝܪܘܪܐ? Land Anecd. IV 43_{27} = Sirenen (? s dag. ܣܪܘܪܐ PSm 1068) PSm 589 ܒܪܬ ܝܪܘܪܐ. Wright, Fragm. of Kalilah we Dimnah ה Z 25 und 9 Anm. 4 ܒܠ ܝܪܘ̈ܪܐ = ܒܠ ܕܡܘ̈ܢܐ = ܒܠ ܛܘܪܘܣ. Sirenen PSm 1138 ܣܝܪܢܘܣ BB 653 ܣܝܪܢܘܣ, ܣܝܪܢܠܘܣ ein Tier . . . nach Bar Chatim eine Meerpflanze نبات البحر; lies aber بنات البحر. Vgl. Ly II 446.

Mischn. ירואר ein Bitterkraut, neben עסום וטורא von RMeïr genannt; nach RJose sind טורא und עסום identisch (אחד הוא) und gleich: ירואר; nach Anderen: ist מר = ירואר ??

146.

ירענה.

TSchebiit 5_6 j VII $37^b{}_{26}$ היירענין unter Pflanzen die Waschstoffe liefern [מיני כביסות] El Fuld יירעין. Schabb. 90ᵃ Nidd. 62ᵃ

לעונין s. unter תרדין, weniger gut bezeugt und wahrsch. Verwechslung.

Anklingend ist يَرْنَاء Cyprus, eine Pflanze mit der gefärbt wird. s. כופר׳. = حنّا Bt II 600. Vull. حنّا = برنا und sv اران.

147.

ܛܘܒܠܐ.

Euphorbiae specc. Wolfsmilch.

= يتّوع [1]), „eine Pflanze mit adstringirendem Milchsaft, die viele Arten hat" BA Nr. 4538. — BB 418 ܛܘܒܠܐ ܫܒܒܠܐ ܫܒܒܪܐ ܐܝܬ ܠܗ ܘܫܒܒܠܐ ܐܕܫܐ ܗܘܐ الازريون مّ [2]) العشر ܣܠܒܐ ܕܛܘܒܠܐ ܐܝܟ ܦܠܠܘܣ الحلبلوب [II: الحليوب] لبن الحلبلوب [II wie] [vorher ܛܘܒܠܐ اصناف اليّتوع :[984:] ܛܝܬܘܡܠܝܘܣ ܣܝܓ ܙܪܥܐ من اسمآء الشرم السبعة . ܛܘܒܠܐ ܫܒܒܠܐ. ܛܝܬܘܡܠܝ ܨܢܝ ܛܝܬܘܡܠܝ [718:] ܦܪܐܠܝܘܣ حكى جبريل عن ديسعوريدس انه اسم من اسمآء النوع الثالث من اليتوع باليونانيّة [720:] ܦܪܐܠܝܘܣ ܘܦܪܐܠܝܘܣ حكى جبريل انه من اسمآ اليّتوع [3]) [739] ܦܠܡܒܒܐ ܐܝܟ جبريل من اسمآء اليّتوع [3]) [451:] ܠܐܬܘܪܝܣ ܕܡܣܩܘܪܝܘܣ ܐܝܟ ܕܡܣܩܘܪܝܘܣ حبّ المهدانه وهو المعشوقة وقال جبريل لاتوريس اسم ماهودانه وهو ܠܗܘܕܐܢܐ ܕܡܣܩܣ [?ܕܡܣܩܣ] باليونانيّة وبعض الناس يعدّه فى انواع اليتوع :[455:] ܠܐܬܘܪܝܣ ماوندانه ماهوندايغ ܘܐܝܟ ܪܒܐ ܘܐܦ ܗܘܐ ܒܛܘܒܠܐ ܕܒܒܠܐ ܕܒܒܠܐ ماهودانه [ماهوندانه M].

PSm 1274 ܚܠܒܐ ܕܛܘܒܠܐ und 1273 ܚܠܒ ܕܒܐ, nur حلبوب حليوب. D 651 τιθυμάλων εἴδη ζ . . παράλιος 657 λαθυρίς . καταριθμοῦνταί τινες καὶ αὐτὴν ἐν τοῖς τιθυμάλοις.

---

[1]) „لُبَيْنَة heißen in Syrien alle Wolfsmilcharten" Rosen bei Fleischer, Seetzen IV 108.

[2]) Asclepias gigantea Seetzen IV 108 (Fleischer) w. das. 358.

[3]) Ms. bis اللّتوع.

ܬܕܒܐ C 391 l. ܬܘܒܐ. Die 7 Arten JAww II[a] 375 Vull sv يتوع, der die vierte لاعيه in لاغيثه sv od. لاغيثه nicht erkennt. Sein احلب ديا sv ist ohne Zweifel ديا: ܚܠܒ ܕܝܐ.

حلبلوب wird durch Aßaf 49 p 73[a], der uns den aramäischen Namen erhalten hat, gesichert: כמרוס, aram. חלבלובא = תיתומלוס = כלדריטוס [Steinschn. Donn. 142_{49}], deutlich zu √ܚܠܒ (Milch) gehörig. PSm 178 BB: ܐܘܦܘܪ ܒܝܘܢ = εὐφόρβιος.

ܬܘܒܐ τιθύμαλλος Geop 99_5 (ιε 2_{12}) 99_{20} 110_{20} 117_{29} (ι 51_9). شاهولانه heißt λαθυρίς im arab. Diosc. Berggren 857 Lathyris, Epurge. — Mow 249. Av. 210 Bt II 459 Kazw. I 298 = حب الملوك das pers. C heptagl شاهودانه heißt.

شبرم, شِبِرم Mow. 159 Av. 229. Bt Euphorbia II 79. D 655 κυπαρισσίας = χαμαίπιτυς BB 420 aber χαμαιλεύκη: ܐܒܪܩܠܝܣܘܣ. قال انه شبرم والشبرم عندى من انواع المازريون Dagegen gehört zu D 610 χαμαιλεύκη s. Spr. ad loc. ποιεῖ πρὸς ὀσφύος ἀλγήματα ἐν ὕδατι λεία πινομένη BBibd: ܐܒܪܩܠܝܣܘܣ ܚܢܝܩܬܐ ܕܟܠܒ ܕܡܥܕܪܐ ܠܟܐܒ ܚܨܨܬܐ ܟܕ ܡܬܐ ܒܝܬ ܟܕ ܡܫܬܩܝܐ ܒܗ ܥܒܝܕܐ:

Für ܚܨܨܬܐ pl ܚܨܨܐ = ὀσφύς Middeldpf zur Hex. 2 Kön. 1_8 pag 403 BA Nr. 3733. C 393 „ܚܨܨܬܐ (so) quinque ex vertebris dorsi BB" ist falsch excerpirt und verschrieben aus BB, jetzt PSm 1311 ܦܩܪܬܐ [vgl. ܦܩܪܐ 1313, ܦܪܣܐ 1350], wo gesagt wird, an der Hüfte (ܚܨܨܬܐ) lägen 5 von den Wirbeln des Rückgrats.

Berberisch تاكوت Euphorbia Vull. — Bt I 201 Frtg. I 182[a]. تاكون bietet vielleicht den Schlüssel zu dem punischen νοκου βάτ. S. pun. Verz. 65.

148.

ܟܘܒܐ כּוּבָא.

Dorn.

كُبّ. ܟܘܒܐ neben ܒܚܙܐ [وَغْر Gesen.] Bt 4484 eine Art والدردر . . والحُرش . . 4609. عكرش, اشب, دَغَل, حلفا Arab. Syn. ينبوت¹) [?l. ܐܝܣܘܕܐ] ܐܣܘܕܐ ܘܐܦ عاقول = والحاج ܠܘܬܗ ܒܚܙܐ ܘܐܦ ܟܘܒܐ ܘܗܪܘܪܐ. لغيل Fast dasselbe hat BB 415 ܒܚܙܐ الدغل الحلفاء هو الاشب . . العكرش والعيل هو الغيل من الشوك Hos 10_4 ראש (ἄγρωστις) ܒܚܙܐ Geop. præf. 14 φρύγανα [sonst ܚܒܒܙܐ zB. 36_{28}] λεπτά. Nov. 282 دَغَل. Pesch קמשונים²) und שמיר ושית ܟܘܒܐ ܘܒܚܙܐ Targ. יַעְרָא Dorngesträuch, nicht „Walddickicht", Ly TW, trotz 2 Chr 9_{16} wo das hebr. Wort beibehalten ist.

ܟܘܒܐ Pesch. שָׁמִיר קוץ; ἄκανθα Geop præf 13 (ܓ 10_2) 36_{28} (ε 29_5) 115_{28} (ιδ 22_4) wo zwar ὑπὸ κνιδῶν ἤ τινος ἀκάνθης ܡܢ ܟܘܒܐ ܘܠܐ ܡܢ ܣܘܟܐ, doch gehört, durch die andern Stellen gesichert, ἄκανθα zu ܟܘܒܐ κνίδη zu ܣܘܟܐ, nicht wie Lag gA 54_{15} sagt: ܟܘܒܐ stehe „für κνίδη in den Geopp."

Es ist das allgemeinste Wort für Dornstrauch, daher: ܐܝܟ ܐܢܫܐ ܕܟܘܒܐ [arab. gebrauchen die Syrer شوك, ينبوت (bibl. שֻׂכָּה, שִׂכִּים) als gleichwertig] und ܟܘܒܢܝܐ ἀκανθώδης Nr. 154. 182. BB 425: ܟܘܒܐ شوك غيل . ܟܘܒܐ ܘܗܪܘܪܐ الينبوت الحاج وهو العاقول [M: قال ܡܣܡܠܠܝܢ] الشوك والحسك [M: وقال اخر] الغيل العرش . . ܟܘܒܐ شوك. In der Erklärung ܐܪܥܐ ܕܡܟܒܠܢ אֶרֶץ כָּבוּל BA Nr. 4578. 1528. PSm 398. BB 423 steht ܟܘܒܐ = الاشبة الحسكة.

C 782 ܣܘܒܐ, spina l. ܟ. ܣܘܒܐ Wasserbehälter DMG 27 623 ist das ܟܘܒܐ (K) das Lag gA 54 für skr. kumba, κύμβη

¹) = *Prosopis Stephaniana* Spr. Boiss. II 634.

²) קִמּוֹשׁ kimmôs nicht —ś hat Bär Jes. 34_{13} Hos 9_6 aus guten Hss und Duran Magen Abot 3 f 58ᵇ. Ein Sg קמשון Ges. sv. war nicht vorhanden. Nöld. Mand. Gr. S. 169.

„Humpen“ erklärt, arab. كوب kûb, talm. כובא Ly II 301b. Talm. כִּיבָּא Sanh 70a auf bestimmte Weise zubereitetes Fleisch كَبابٌ Frtg und كُبَّة. Dagegen כבא, syr. plur. ܟܒ̈ܒܐ Geop 44_{15}, 61_{9}, 82_{29}, zu √كبا, daher كُبَة Auskehricht. BB ܟ̈ܒܒܐ [M: ܟܒ̈ܒܐ]. — Bei סרוקנין — כובא דארעא Ber. 37b einem Gebäck, ist Bdtg und Abltg zweifelhaft; ܟܘܒܠܐ K PSm sv [illegible] beweist, dass es von √ كَبّ kommt und von der Kugelform benannt ist. כבב brennen, ist in Ableitgn nicht vertreten.

كُبّ Fleischer zu Ly II 282b DMG 3 95 f Lane. כוב hebr. Dorn ist aus der einen Stelle Ber. r 49, 48d Amst. 90_{17} Lpz nicht für gesichert zu halten. כובין s. Pesikta 93a Buber Anm 225 neben דרדרי. Im Uebrigen s. Ly.

Arten von ܟܘܒܐ:

a) ܟܘܒܐ ܚܘܪܐ BB 425 شكاع اقول انه [ب]اذاورد لانه ابيض وهذا اصح [:459] ¹) ܠܠܘܩܐܩܐܢܬܘܣ ܟܘܒܐ ܚܘܪܐ شكاع : ܠܠܘܩܐܩܐܢܬܐ ܐܝܟ ܣܘܠܝܡ ܗ̄ܘ ܚܘܪܐ ܟܘܒܐ (so) ܐܪܒܥܐ ܕܒܩܕܡ ܘܕܟܘܒ̈ܪܗ ܟܒܐ ܠܦܣܟܢ̈ܐ ⁵) [l. ܠܦܩܦܟܢ̈ܐ] ܗܘܐ ܕܟܠܗܝܢ. [:453] ܠܐܣܟܝܐܣ [!] قال جبريل انه من اسمآء الشكاع حكاه عن ديسقوريدس ويسميه اخرون ²) فولوغوتاطوس so واخرون ⁴) السعناس [l. الاسخياس] واخرون ³) فولون وقال فولوس يسميه قوم ²) كثير الركب واخرون ⁴) عرق النسا وقال فى موضع اخر هو اسم اللادن [:731] ³) ܦܘܠܘܢ زعم جبريل انه من اسمآ الشكاع ايضا D 361 ¹) λευκάκανθα = ²) πολυγόνατον [Paulus Aeg. ζ p. 745 polygonatum] = ³) φύλλον — ⁴) ἰσχίας [Paulus: ischias] [PSm 726_{21}] ταύτης ἡ ῥίζα ὅμοια ⁵) κυπείρῳ. Bt II 445 لوقاقنثا Langk 78 σουκκαϊ شكاعى, das auch Matthioli mit Suchaha meint, [nicht شوك D II 497] Av. 258.

b) Ἄκανθα λευκή D: باذاورد daher schwankt BB bei ܟܘܒܐ ܚܘܪܐ, das sowohl des D λευκάκανθα als sein ἄκανθα λευκή sein konnte. Ersteres übersetzt wörtlich „ܟܘܒܐ ܚܘܪܐ“, letzteres PSm 356 الباذورد الشوك الابيض ܐܩܐܢܬܐ ܠܘܩܐ ܟܘܒܐ ܚܘܪܐ.

باذاورد Moww 40 Av 140 Bt I 110 70. II 114: اقتا لوقى hat in syrischer Umschrift dem Lexicographen Karmsedinâjâ und seinem Bearbeiter PSm Unheil gebracht. Mit leicht begreiflichem Irrtum hat ein Abschreiber aus ܒܐܕܐܘܪܕ, die dritte Silbe für arabisch haltend, ورد ܒܐܕܐ herausgelesen. Darin hat der gute Maronite Georgios unser Wort nicht erkannt und sein Artikel ܒܐܕܐ wirft ein sehr bedenkliches Licht auf seine Urteilsfähigkeit. BA erklärt PSm 433 ܒܐܕܐܘܪܕ für ܟܘܒܐ ܚܘܪܐ und das fatale ورد ܒܐܕܐ: ورد ابيض, الشوك الابيض [K noch ܣܘܠܒܐ, ܣܘܠܒܐ ܟܘܒܐ ܚܘܪܬܐ blos wegen ܟܘܒܐ]. PSm ist, da er seinen Quellen zum Opfer fiel, zu berichtigen; er dachte in seiner Verlegenheit an βάτος, das aber ܒܐܛܘܣ geschrieben wird. An dem Artikel ist noch auszusetzen, dass sub 2) die Verweisung auf ܒܪܐ = בַּר fehlt und sub 4) angeführt wird: „Laud. CXXIII 88 v" wo ܒܐܕܐ sensu incerto stehe in dem Satze: ܐܝܟ ܒܐܕܐ ܡܬܚܫܒ ܐܠܗܐ „Deus in mente concipitur ut ܒܐܕܐ", das wird aber heißen: Gott wird begriffen wie in einer Idee [ܐܝܕܐܐ]! [Oder ܒܪܐ Nöld.]

Hierher gehört noch BB: ܟܘܒܐ ܚܘܪܐ ܐܘܒܐܕܐ [l. ܟܘܒܐ] ܟܘܒܐ ܒܝܬܐܪܐ باذاورد يشبه الهندبا ومع نباته شوكة وهو ابيض زعم قال يعقوب القسيس ان اسمه الشكاع ܟܘܒܐ ܚܘܪܐ باذاورد وشوقع ܡܢ ܕ ܥܪܒܝܐ und PSm 991 ܠܘܩܐܩܢܬܐ ܗܘ باذاورد l. λευκάκανθα.

c. ܟܘܒܐ ܥܪܒܝܐ s. Nr. 99.

d. BB ܟܘܒܐ ܝܗܘܕܝܐ [ܝܗܘܕܝܐ] ܕܐܟܢܬܐ ܦܛܝܬܐ [l. ܟܘܒܐ] ܟܘܒܐ الشوكة اليهودية PSm 356 ܐܟܢܬܐ — ܟܘܒܐ ܚܘܪܐ Honein ܦܛܝܬܐ ܕܝܗܘܕܝܐ, Gabriel ܡܠܐܡܦܘܠܠܘܢ ܐܓܪܝܐ ܐܟܢܬܐ D 359 ἄκανθα — μελάμ-φυλλον-παιδέρως und das. ἀγρία ἄκανθα. Vor ܦܛܝܬܐ wird ܡܠܐܡ einzusetzen sein: μελάμφυλλον.

e. ܟܘܒܐ ܡܨܪܝܐ أمّ غيلان وقال مسيح القَرَظ يقال له الشوكة المصريّة وتسمّى شجرة السَّنْط ويخرج منها صمغ وهو الصمغ العربيّ والقرظ الذى لهذه الشجرة يطحنوه ويدبغون به الجلود ويصلح ايضا القَرَظ للحبر الاسود بدل العفص

PSm 62 ἄκανθα ܐܟܢܬܐ: ܐܪܡܘܢܐ ܕܒܪܐ, Frucht جلنار, ܦܪܬܐ [l. ܦܪܬܐ]; genauer 434 sv βαλαύστιον und BB 718 ܦܪܚܐ ܕܪܘܡܢܐ ܕܒܪܐ جلنار مصری, ܚܣܠ allerdings nicht „fructus mali punicæ" s. Nr. 310. PSm 356 Gal. ܐܟܢܬܐ ܐܓܘܦܛܝܐ, die Frucht BB ܩܪܛܐ جُلنار. — ام غيلان = سَنْط Acacia nilotica Del. Forsk. LXXVII. — Hartmann, Nilländer 167 Sonth, Sunth, Çanth; auch Sontheimer Verz. 280 صَنْط Bt II 291 Forsk. صنت, قرض, l. قرظ. Sant egyptisch s. Gesen Thes. = שִׁטָּה. Ins Aram. nicht gedrungen, targ. aus d. Bibl. SchirhaSchir r. עד שהמלך p. 18_{15} Lpz אעין דשטים und angeblich שִׁטַּיָּא Schem. r. 6 Ende 211_{11} Lpz, Jelamdenu bei Aruch.

قرظ, die Frucht vom Sant. Das arabische Gummi fließt aus mehreren *Acacia*-Arten. Talm. קומא, קומוס S. Graph. Requ. I 161. In die Tinte, حِبْر ܕܝܘܬܐ, tat man nach Maim. Gummi; in seinem Recepte סמג = صمغ, wie BB. s. Graph. Requ. aO. Meyer 3_{316} behauptet mit Recht, die Araber haben *Acacia vera* Willd. u. *nilotica* Del. nicht unterschieden und beide mit sant bezeichnet. Ac. vera = ἀκακία; dies bezeichnet auch den Saft der unreifen Schote über den Pott ZfdK V 77 zu vergl. ist. Dieser Saft: ܚܡܪܐ ܕܩܪܛܐ Nov. 124 رُبّ القرظ PSm 356 ܐܩܩܝܐ = 934 ܥܨܪܬܐ ܕܩܪܛܐ, اقاقيا.

---

[1]) Braun, Zeitschrift f. Ethnologie 1877 S. 308: „Die Nil-Akazie (*Acacia nilotica* Del., ἀκάνθη Αἰγυπτία und Spina ægyptia der griechischen und römischen Autoren), welche in Aegypten noch heute den altägyptischen Namen Çant führt, war im Altertume nicht minder verbreitet, als heute. Ihr festes und zähes hellrotes Holz nimmt eine schöne Politur an und ist in Aegypten das einzige einheimische zum Schiffbau geeignete, obwohl seine außerordentlich krummfaserige Textur, die höchstens 3 M. lange Stücke zu schneiden gestattet, eine ganz eigentümliche, von Herodot, β 96, mit gewohnter Schärfe charakterisirte Technik erfordert. Die Rinde und die perlschnurförmigen Hülsen sind sehr reich an Gerbstoff und letztere werden unter dem Namen Qarrad zur Lederbereitung, wie auch zu arzneilichen Zwecken benutzt." Acacia vera und nilotica werden auch von Bentham als synonym betrachtet. Aschers.

nicht „gummi acaciæ arboris“ Nov. Berggr. 825 رب القرظ — اقاقيا von سبط soubouth l. سنط. Talm. אקקיא Gitt. 69b Mußafia: Succus acaciæ veræ [Ly falsch: Schote des Akazienbaumes], gegen Blutflüsse. Auch zum Schwarzfärben; zum Gerben aber, wie BB ob. erwähnt, nimmt man die unreifen Hülsen von *Acacia nilotica*.

BB: ܡܟܒܘܬ ܐܘܩܒܢܬܐ ܡܬܩܪܐ ܠܗ ܡܩܝܡܢܘܬܐ ܘܢܦܩ ܡܟܒܘܬ: ܐܘܩܒܢܬܐ ܐܘܟܪܢܘ [?l. ܐܟܪܢ] ܘܡܟܪ ܐܝܟ ܕܐܩܩܝܐ ܡܢ ܬܡܪܐ ܗܘ ܕܦܐܪܐ ܕܐܩܩܝܐ ܗܘ ܡܢ ܐܘܩܒܢܬܐ ܗܘܐ ܐܝܟ ܚܣܝܪܘܬܗ.

ܐܩܩܝܐ = der Baum selbst PSm Galen., BB 718 Paulos: ܦܐܪܐ ܕܐܩܩܝܐ ثمرة الاقاقيا. Ἄκανθα nicht ἀκακία ist zu l. für ܐܩܐܢܬܐ PSm 329$_5$.

g. Zu ܩܘܒܐ gehört noch: ἀκάνθιον Gal. ܐܩܐܢܬܝܘܢ PSm 356. BABB ܩܛܢܐ قطن D 359, βαμβακοειδής, daraus Honein, der auch für ܩܛܢܐ richtig: ܚܒܪܐ ܠܩܘܦܐ (S. 92) hat. Mittel gegen ܐܘܦܝܣܬܘܛܘܢܝܐ ὀπισθοτονία (PSm 356. 79). BA 122. 6575.

h. BB ܩܘܒܐ ܕܢܓܪܐ ܕܚܕܒܪܐ ܘܚܕܒܪ ܩܘܒܐ Distel für den نداف Krämpler. S. S. 92$_{18}$.

i. כובא סעירא Aßaf 108 p. 84a aram. = hebr. קוצה, origanon אוריגנון. 106a קובשעיר = אריגיאון, in der angebundenen Hs קובס עיר = אוריגון Eryngium?

j. ܣܘܠܐ (ܣܘܠܒܐ) الشوك PSm 1275. K auch sv ܣܝܓܐ und ܟܪܟܐ.

k. Λευκάκανθα D 457 Syn. von φαλάγγιον = φαλαγγίτιον, κλῶνές εἰσι . . . διεστῶτες ἀπ' ἀλλήλων· ἄνθη λευκά, παραπλήσια κρίνῳ BB 715 ܦܠܐܓܝܘܢ ܗܘ ܚܫܝܫܬܐ ܕܩܕܡ ܕܡܫܟܚܐ ܕܠܚܠܚܐ ܘܦܪܘܫܐ ܡܢ ܫܘܪܐ ܦܘܠ ܣܘܣܢܐ ܕܚܘܪܐ ܕܡܬܩܪܐ ܠܒܘܟܢܬܐ وقال جبريل . . ܦܠܐܓܝܛܝܘܢ ܐܘܟܐܘܩܐܘܢ. Aus arab. Schrift, corrupt.

l. קוץ bibl. mischn. Dorn allgemein (denom. נִתְקַנֵּין Schebiit 4$_2$ Ar. קץ 2.) pl. קוצים Kil. 5$_8$ in Arabien Kameelfutter j 30$^a_{64}$ 26$^d_{57}$ b Schabb. 144b. Daher verhöhnt ein trauerndes Kameel die Juden, die im Brachjahre ihm seine Disteln (חוחים) aufgegessen haben.

Gegen דלריא[1]), Diarrhöe, wird empfohlen: ירק של קוצים Mass. Kallah I Coronel. p 3ᵇ. Agg: ארקין של קוצים sicher nicht Riemen oder mildernd „Geflechte von Dornen" Ly I 174ᵃ. Gitt. 70ᵃ für קוצים: דרדרא d. h. nach Abaj: מוריקא דחוחי Saflor? von Disteln d. h. von dem Distelgewächs *Carthamus tinctorus.* Etwas Aehnliches will wohl ירק של קוצים sagen.

149.

ܚܝܪܝ

Cheiranthus spec. L. *Goldlack.*

Wohl auch *Matthiola* mehrere Species Levkoie. Pers. خيرى arabis. خيرى. In der D Uebers. für λευκόϊον BB 459 aus D 471, doch nur die erste Art, λευκόν, ist excerpirt: ܣܡܡܐ ܚܘܪܐ. D 395 unter μῶλυ neben ἴον ܒܢܦܫܐ und D 614 unter ἀντίρρινον ܐܢܛܝܪܝܢܘܢ PSm. Aus Gabriel ist die zu D aO gehörige Stelle PSm 145, doch schreibt PSm ܚܝܪܝ (aus cod. M) nicht ܚܝܪܘܢ wie Lag. gA 60₂₄ wo die Stellen zum ersten Male nachgewiesen sind. Auffallend bleibt nur ܚܝܪܘܢ = ܪܘܚܒܐ[2]) Nr. 308. Auch Anagallis s. Nr. 8 soll ܚܝܪܝ, PSm 251 Z 8 vu aus dem karšûnî des cod. M: خيرج bedeuten, Lag aO.?

PSm 805 ܚܝܪܝ خيرى ܕܐܪܫܝܫܓܢ (BB), 801 BA ܕܐܪܫܝܫܓܢ, ist nicht wie PSm will دارشيشغان, s ܣܡܣܘܠ Nr. 193 b und 290.

---

[1]) Ly I 410 = דרריא 428 Diarrhöe, wie die Zusammenstellung נוסא ודלריא Sifre II 1, 64ᵇ Anm. 26 LAd ms. Friedm. u. Pesikta 131ᵃ Buber zeigt. נוסה ist Erbrechen, nicht „Gliederlähmung" Ly I 313 zu נוס = √ܓܫܐ جشاء.

[2]) Es ist als pers. bezeichnet und kann nicht aus حبّازى verschrieben sein, wie man meinen könnte, da die Verschreibung sehr leicht ist und wie es scheint auch vorkommt. PSm 1005 ܐܝܒܝܣܩܘܣ aus D 492 ἰβίσκος خبّاز خطمى برى, 1045 ܐܝܒܝܣܩܘܣ = خيرى wahrsch. zu l. خبّاز ἰβίσκος. Dasselbe Wort bedeutet auch شندروس Sandarax? Ἰξός geht nicht.

خيرى Mowaff. 110 JAww. II[a] 256 Cl.-Mullet: Cheiranthus in genere, der gelbe: Ch. cheiri. Ebenso Meyer 3_{71} aus JAww. Im arab. D für λευκόϊον μήλινον Frtg aus Gol. und Bt I 403 [Forsk. LXIX *Matthiola incana* R. Br. منتور] Berggr. 858 Leucoium خيرى, منثور, die auch JAww., Lane sv, Vull sv لخنيس gleichgesetzt sind. — منثور Sonth Verz 286 Cheiranthus incanus (= *Matthiola inc.* R. Br), منثور Leucoïum luteum Fleischer' de gloss. I 46. *Cheir. cheiri* kommt östlich nur bis zum griechischen Archipelagus vor.

Aus der DUebers. ist noch zu erwähnen:

BB ܐܟܡܐܘܢܝܘܣܘܣܘܣ ܛܪ̈ܦܐ ܕܕܡܝܢ ܠܩܘ̈ܠܐ ܘܡܘܣܛܘܡܘܢܝܬܗ ܥܡ ܐܪܥܐ[. . .] ܕܕܡܝܢ ܠܒܘܚܠܝܢ ܨܚܚܐ جبريل D 610 χαμαίκισσος . . φύλλα ἔχει ὅμοια κισσοῖς [πυροῖς cod C u. Plin] κλωνία . . ἀπὸ τῆς γῆς Lücke ἄνθη λευκοΐοις ὅμοια Plin. κδ 84 alba viola.

D 450 Λυχνίς . . ἄνθος ἐστὶν ὅμοιον λευκοΐῳ, ἐμπόρφυρον δὲ . . Λυχνὶς ἀγρία ܠܘܟܢܝܣ ܐܝܬ ܐܦ ܗܘ ܗܒܒܐ [l. ܗܒܒܐ] ܒܡܕܡ ܕܕܡܐ ܠܚܘ̈ܪܐ ܠܨܒܥܐ ܕܐܪ̈ܓܘܢܐ زهر يشبه الكيرى [so] بلون الفرفير ܡ̈ܢ ܦܘܩܒܠܐ سراج قُطْرُب: ܠܘܟܢܝܣ ܐܓܪܝܐ ܐܝܬ ܐܦ ܗܘ ܗܒܒܐ ܕܕܡܐ ܠܗܘ ܕܠܘܩܘܝܘܢ

سِراج القُطْرب Bt II 14 Av. 220. sirağ el Koṭrub = Koṭrub-Leuchte. Berggren 860 Lychnis, Flammula, Passefleur, Passerose منثور برى, سراج القطرب.

150.

[כלבידא]

ist ein Fisch Ly II 336, keine Pflanze, wie Schönhak wollte, denn סלקירא des ElFuld ist falsch j Peah 21^{a}_{3} כלקורא = כלבודא j Erub. 20^{d}_{16}. Am Rand des j aO wird angegeben סלקורא sei syrisch ein Fisch; das ist aus C 601 ܣܠܩܘܪܐ „σίλουρος" D 180 verlesen!

151.

ܟܠܢܝܬܐ כלניתא

wörtlich: Bräutchen, demin. von ܟܠܬܐ.

a. D 323 ἀνεμώνη, *Anemone*, Windröschen, zunächst wohl *A.*

coronaria L. Kranzwindröschen. D I 466 γεράνιον PSm 665 ܓܪܐܢܝܘܢ hat Honein ܟܠܝܠܬܐ sing? BB 438 ܟܠܝ̈ܠܬܐ ܘܟܠܝ̈ܠܬܐ شَقَائِق النعمان. ܕܢܥܡܢ ܘܘܪܕܐ ܕܕܡܝܐ 440: ܬܘܒ ܒܪܐ ܟܠܬܐ [l. ܐܢܝܡܘܢ] ܐܢܡܘܢ ܗܘܘ ܕܡܝܐ ܠܘܪܕܐ. Ebenso PSm 256 ܐܢܝܡܘܢܝܢ und noch شَقَرَة „n. unit. zu شَقِرٌ“ [nicht „sg.“], 963 zu ܚܡܪܐ ܕܝܠܝܬܐ (ܟܠܝ̈ܠܬܐ) 156 ܐܢܡܘܢ l. ܐܢܡܘܢ: ܘܪܕܐ ܣܘܡܩܬܐ, ܕܝܠܝܬܐ wo das Fem. falsch ist. 1068 ܘܪܕܐ ܕܒܪܐ und 270 Gabriel ܐܢܝܡܘܢܝܢ mit den errpten Synn. ܐܠܡܢܘܢܝܣ, ܐܢܡܘܢܝܣ ἠνέμιον? Vull I 133 انقون ايقون gr. rosa fœtens ist auch انمون Bṭ II 585 ورد منتن = انقون (so) I 91. سقيق النعمن l. شقائق النعمان Berggr. 829 neben ارغامونى Anemone coronaria et pusilla S. Lane 1578ᶜ Bṭ II 100 = شقر 103.

D 325 ἀργεμώνη ܐܪܓܡܘܢܝܢ PSm 367 wo die Stelle Rabban's BB cod M 200 fehlt: ܐܪܓܡܘܢܝܢ شقائق النعمان البرى ܘܐܝܟ ܢܫܪ ܚܡܝܬܐ ܕܟܘܪ ܐܝܬܘܗܝ ܟܠܗ ܗܘ ܕܡܫܟܘܢܐ ܠܗ ܟܠܝ̈ܠܬܐ lies: ܠܟܠܝ̈ܠܬܐ d. i. D: ὅλον μέν ἐστιν ὅμοιον ἀγρίᾳ μήκωνι· τὸ δὲ φύλλον ἔχει ἀνεμώνῃ ὅμοιον. *Papaver Argemone* L ارغامونى Bṭ I 28 Berggr. 830 Argemone, Papaver spinosum.

Aßaf 67 p 75ᵇ כלונתא סימקתא. Same מיקנום. Blüte rot, gegen Augenleiden. Daraus Opium אופיון מיקנום. 54ᵃ כלינתא דגני = gr. ספברים. 48ᵃ כלונתא = פפווארין = אנאמינוס. — Aßaf hat also hier כלונתא, aber 101 p 82ᵇ כשכש als aram., = מיקנום = פפאברי; die Syrer ܟܠܝܠܬܐ Anemone, von den Alten zu den Mohnarten gezählt. Es wird also syr. wilden Mohn bezeichnet haben, zu dem man Anemone rechnete, die ngr. ἀγρία παπαροῦνα heißt und schon bei D das Syn. μηκώνιον hat.

b. קרמית TChallah 1_1 TPesach 1_{29} b. 35ᵃ j 29^b_{15} j Chall. 57^a_{63}

[1]) Anu'omân ist arabisirt aus ἀνεμώνη: Dozy—Engelmann, Glossaire de mots esp., etc., p 373, nach Slane, Ibn Khallicân II 57. Lagarde sieht umgekehrt in dem gr. Worte ein Lehnwort aus dem arabischen النعمان. Semitica p. 32.

ist dunkel. b erklärt שיצניתא, genauer: שיצניתא דמשתכחא ביני כלניתא, eine Pflanze [שיצניתא angeblich = شونيز??] die unter כולנייתא (so l. Ar.) wächst. Ar. כולנייתא = „papaver פפאביר eine Pflanze, die rund und kugelförmig ist (ככדור Orzaru'a I 65 §. 215 Challah) und die Samen enthält“: d. h. Mohnkopf. „Andere: מוקלי“ ms: מנקולי Raschi מק = Zacut, ms Ar., Mohn.

Aruch und Raschi geben dieselbe Erklärung, die wir aus Aßaf erfahren. Zemach Gaon bei Zacut ms. sv 'שיצני sagt zu קלניתא lies 'כ: חטים שלא נתמלאו יפה, eine Erklärung, die zu שיצניתא gehören wird, das nach der zweiten Erklärung Ar. sv חטה דקה ist. Das Wort hängt wohl mit شيص שיץ schlechte, kernlose Datteln (S. 114_{12}) zusammen.

Mit קרמית wusste schon RChananel z St Pesach. nichts weiter anzufangen, als die Erub. $22^a{}_0$ erwähnten קרמי דאנמא zu combiniren (קורמי). Eine Pflanze قَرَم, die im Meere wächst s. Bt II 296, wo für للل nach ms. كندلا II 405 zu l. = شورة II 114 = اشْرَار I 46; nach Kam. Frtg II 463^b شُورَى. Beide Namen hat Forsk CV. 37 für die neue, Sceura marina benannte Gattung, die aber *Avicennia officinalis* L. ist, deren Früchte ungenießbar sind, deren Kerne aber auf den Tisch der Eingebornen kommen, nachdem man ihnen die Bitterkeit durch Einweichen und Kochen genommen. Das könnten die קרמי דאנמא sein. قُرم Kam. bei Frtg. Ben Sira's Alfab. Nr. 18 קרומים pl., eine Frucht, deren Inneres (kann auch auf den Kern gehn) gegessen werden kann. Vielleicht قُرْم.

c. ܟܠܝܠܢܝܬܐ ist nicht Mohn [1]). Dieser ist unter dem griech.

---

[1]) Ueber *Papaver* in Syrien und Palästina s. Boissier Flora or. I 110 ff., besonders 110 *P. hyosciamifolium* Boiss. et Hausk., 111 *P. Libanoticum* Boiss., *P. umbonatum* Boiss., 113: *P. Rhoeas* L., drei Varietäten, 112 *P. clavatum* Boiss. et Hauskn. und 116 *P. glaucum* Boiss. et Hauskn., beide bei Tchermelik in Syrien. 117 *P. hybridum* L. nnd 118 *P. Argemone* L, beide in Syrien und Palästina.

Namen μήκων ܡܩܘܢܐ bekannt. Geop 98_8 103_{25} ܫܠܒܐ ܕܡܩ̄ (Land IV 82_{16} 83_{15}) 110_{30} (ις 20_1). BB 520:

ܡܩܘܢܐ خشخاش ܡܩܘܢܐ ܐܝܬ ܕܐܝܬ ܡܩܘܢܐ 1) ܒܝܬܝܐ

2) ܕܕܒܪܐ الخشخاش البستاني والبرّي: 3) ܡܩܘܢܝܘܢ الافيون وهو عُصارة

الخشخاش الاسود: 4) ܕܡܩܘܢܐ ܩܪܢܐ [1) ܩܪܢܝܐ .l] خشخاس اخر

ܡܩܘܢܝܘܢ ܩܪܛܝܛܝܣ ܐܝܬ ܕܐܝܬ ܡܩܘܢܐ ܩܪܢܐ [ܩܪܢܝܐ] ܕܩܦܠ

ܐܟܘܪܗ ܐܝܟ ܩܢܪܐ (2 ܕܬܠܬܠܬܐ ܩܪܢܐ ܘܐܬܩܪܝ ܘܙܪܥܗ نوع من

الخشخاش معقّد الثمرة اسود الحبّ: 5) ܡܩܘܢܐ ܐܪܩܠܝܘܢ خشخاش هرقلى

[ܐܪܩܠܝܘܢ PSm 171] ܐܝܬ ܕܐܝܬ ܘܐܦ ܡܩܘܢܐ ܐܦܪܘܕܝܣ :[829].

6) ܡܐܕܘܢܝܘܢ ܗܢܘܢ ܕܝܢ ܕܡܩܘܢܐ [:830] ܡܐܕܘܢܝܐ ܣܓܝ

خشخاش ܗܘ ܕܡܩܘܢܐ [:482] ܕܡܩܘܢܝܘܢ ܣܓܝ ܕܡܩܘܢܐ ܘܙܪܥܗ ܐܦܪܘܕܝܣ

ܬܘܕܡܩܘܢܐ ܕܫܥܠܐ الخشخاش [:912] 7) ܪܥܘܬܐ ܫܘܥܠܐ ܘܐܬܩܪܝܐ ܐܝܬ

ܒܪܝܬܐ ܗܘ ܕܡܩܘܢܐ خشخاش ابيض واسود:

PSm 934 ܕܡܩܘܢܐ ܕܪܥܘܬܐ = افيون 1274 ܫܠܒܐ ܕܡܩ̄ 977 ܗܪܩܠܝܘܢ 1206 ܐܦܪܘܕܝܣ : ܫܥܠܐ ܕܡܩܘܢܐ D 554: Μήκων 1) ἥμερος 2) ἀγρία 557. 3) μηκώνειον nicht = افيون 558. 4) κερατῖτις . . καρπὸν [ἔχει] καμπύλον, ὥσπερ κέρας, ὅμοιον τῷ τῆς τήλεως· ὅθεν καὶ ἐπωνόμασται . . σπέρμα δὲ μικρόν . . 559. 5) ἀφρώδης = Ἡράκλεια [Galen XII 74 K PSm 350 ܐܦܪܘܕܝܣ = ܪܥܘܬܐ [3]) Bt I 370 خشخاش زبدى 552 ῥοιάς ܗܪܩܠܝܘܢ ܐܦܪܘܕܝܣ : [4]) ܫܥܠܐ ܕܡܩܘܢܐ

[1]) Gabriel PSm sv ܩܪܢܝܬܐ : خشخاش الاقرن Bt مقرّن.

[2]) Für θυλάκιον D 480 Uebers PSm 257 Z 4 vu sv ܐܢܕܪܘܣܩܘܣ l. ἀνδρόσακες : ܟܘܫܪܐ. Dies Geop 104_{15} pl. ἐσχάραι (ιζ20). S. noch Nr. 310.

[3]) Aqu. Hos. 10_7 (קֶצֶף) ἐπίζεμα. Es gehört zu √ رغى ܪܥܘ. رُغوة, spuma lactis: ἀφροσέληνος PSm 351 رغوة القمر = زبد ; ἀφρόνιτρον : ܪܥܘܬܐ ܢܬܪܐ das. ἀφρώδης ܪܥܘܬܢܐ. ܪܥܘܬܐ 159 sv ἰνδικόν. ܪܥܘܬ ܝܡܐ 67 = ἀλκυόνιον. S. Nr. 175. ܪܥܘܬܢܝܬܐ τὸ ἀφρῶδες Lag. An. 142_7.

[4]) ܫܥܠ ܫܥܠ سعل husten, שיעול Ar. sv גנח wo שיעל steht, Jes. Pick z St: von Tischbi corrigirt: שיעול und das bedeute Husten. ܫܥܠܐ سُعال PSm

203

C 867 [Ferrar.] Opium. رمّان السّعالي eine Mohnart Bt I 503. 369 pers. انار كيرا (Nr. 8) Husten-Granatapfel. Von der Aehnlichkeit des Mohnkopfes und des Granatapfels, die auch Aruch hervorhebt, oder aus dem Gleichklang von ῥοιᾶς und ῥοιά. Der Mohnkopf heißt κώδεια, κωδύα, κώδυον, κωδία, ob. 6, C 788 [Ferr.] ܩܘܕܝܐܐ falsch, 782 ܩܘܕܝܐܐ papaver. Man machte daraus, wie noch jetzt, ein Schlafmittel gegen Husten D 555 Z 2, Galen XIII 37 ff K, besonders 45 Z 15: ἡ διὰ κωδυῶν. Das ist ܕܝܩܘܕܝܘܢ, ܕܝܩܘܕܝܐ, دياقودا PSm 872, dem Galen entgangen ist. Nach Galen ist in ܐܪܛܪܝܩܝ, ܐܪܛܪܝܩܐ trotz رئس الاطبا ἀρτηριακή zu vermuten, denn ἡ διὰ κωδυῶν scil. ἀρτηριακή gehört unter die Heilmittel, die Galen im angeführten Buche als ἀρτηριακή bezeichnet.

Opium DMG 23 280 ܐܦܝܘܢ PSm 83, wo K sich durch Verwechslung von Opium und Mohn — der allerdings ngriech. ἀφιώνι heißt — hervortut und 339 ܐܦܝܘܢ, أَفْيُون od. أ Saft des schwarzen, ägyptischen Mohnes BA und Lane sv. Aegypten hat das Opiummonopol für den Orient. Kommt doch schon das vielerklärte homerische νηπενθὲς Od. δ 219 ff, das man auf Opium bezieht, aus Aegypten.

Die jüdische Tradition hält פרגין oben S. 103 für Mohn.

Maim. Challah 1_4 خشخاش כשכאש, sol. zu Schebiit 2_7 f. שכאיש nach ms. = Aruch, der noch slavisch [1]): [מקו [פי׳מקום בלשון כנען][2]) R Schimschôn, Or zaru'a I 33ᵇ § 216 Challah: מקוביצה makowica poln., mokowice böhm., Harkavy die Juden und die slavischen Sprachen S. 54 Nr. 20, S. 43 Nr. 2, Mohn.

---

872 sv ܕܝܩܘܕܝܐ, 378 Z 11. Hal. gedol. Teref. שעלא. Daher βήχιον PSm ܒܝܟܝܘܢ: ܫܥܠܐ سعال. ܫܥܠ Geop 110_{16} (:ς11) βήττειν ܫܥܠܬܐ 104_{20} (:ζ21). Dionys. 116_6.

[1]) Nachweise über שפת כנען Steinschn. Catal. Münch. 162 Anm. 2. Jeschurun deutsch, II 128 Anm. Kohut, Aruch p. VII.

[2]) מקו Raschi Rhasch. 13ᵇ.

jAb. zar. $40^d{}_{11}$ אופיון.

ܪܘܦܐ ob. 7) BS. Mohn. Ich kenne nur ܪܘܦܐ Sommersprossen C 859, K PSm 1479 sv ܠܠܘܦܐ : ܪܘܦܐ vgl. Galen PSm 1161 ܪܘܦܐ und die Lexicogrr. [ܪܘܦܐ „sandalia“ K PSm 1475 sv ܠܠܘܦܣܪܐ?]

Verwandt mit ܪܘܦܐ ist viell.: ארופתא BK 47[b] Bb 20[a] Ar., Agg. אפרותא dissimilirende Correctur wegen ܐܪܘܦܬܐ إِرْزَبّة ארופתא Hammer. Pes. 39[a] הרזיפא bitter, aber nicht giftig. Ist nicht „aprisium“ Schierling. Brüll Jahrb. I 206.

ראש ist nicht Mohn[kopf] trotz der sehr natürlichen, schon homerischen Uebertragung von κώδεια auf Menschenhaupt Il. Ξ 499 f Θ 306.

Zum Schlusse sei erwähnt: ἀργεμώνη nach Sprengel *Papaver Argemone* L, steifer Mohn ارغمونى Vull sv = ماميثا und sv ماشيا (??dasselbe =) ماميتاى سرج od. سرخ sv اشياف ماميثا für syr. erklärt = Glaucium. Dies geben die Syr. PSm ܓܠܘܩܝܘܢ mit شياف ماميثا wieder. Galen behält das gr. Wort bei. 722 ܓܠܐܘܩܝܘܢ BA ܡܡܐܝܬܐ BB: (Carm. Nisib. 20_{14} C 490. 477.) ܡܡܝܬܐ oder ܡܡܐܝܬܐ BS, Paulus, Rabb. γλαύκιον dessen Saft ܫܝܦܐ ܕܡܡܝܬܐ heißt, d. h. des D γλαύκιον 441; die Pflanze selbst nennt D nicht, sondern sagt, sie wachse in Hierapolis in Syrien und habe Blätter wie der Hornmohn, bei dem D 559 sagt, man halte ihn irrig für die Pflanze, aus der glaucium gewonnen wird. Nach Boissier Flora or. I 119 wächst in Syrien außer *Glaucium corniculatum* noch: Gl. Aleppicum Boiss., *Gl. luteum* Scop., *Gl. leiocarpum* Boiss.

Glaucium kommt von *Glaucium corniculatum* L., *phœniceum* Crantz; indess bezeichnet ماميثا auch *Glaucium luteum* Scop. = *Chelidonium glaucium* L = μήκων κερατῖτις des D das großblütige Schöllkraut. So Meyer 3_{86} aus JAww Berggren 852 Glaucium, Pavot cornu اقرن شقيق, ماميثا. Aßaf 51[b] Alle Sprachen ממיתא.

---

[1]) ܫܝܦܐ ܣܡܩܐ شياف (שִׁיָּפָא) Salbe von שוף ܫܝܦ اشيافات شاف PSm 55_8 139_{11}.

152.

ܟܡܘܢܐ כַּמּוּנָא

Cuminum cyminum L, *römischer Kümmel*, auch: *Pfefferkümmel*.

a. Bibl. und mischn. כַּמֹּן كَمُّون punisch χαμ.αν. Etym. dunkel. „ܟܡܢ salivit, sale condivit“ ist nicht gesichert genug, um darauf eine etym. Erklärung zu gründen, wie es bei Gesen. geschieht. Wie in der punischen Form — soweit die Schreibweise verlässlich ist — fehlt in der westwärts gewanderten, κύμινον, cuminum die Verdoppelung des **m**. So kam das Wort zu den Germanen [ahd. chumin, chumil, mhd. komel, kommel, kommil, kuemmel mit secundärer Verdoppelung, die dem betonten kurzen u (o) zu verdanken ist] und Slaven [k m i n, das im Ungarischen, das den doppelconsonantischen Anlaut nicht verträgt, kemény (kömény) wurde, mit Umbildung nach dem Adj. kemény, hart]. Span. alcamonias, alcomenias, port. alcamonia الكمونى Dozy et Engelmann Glossaire p. 425.

ܟܡܘܢܐ Jes. $28_{25 \cdot 27}$ Mt 23_{23} Geop. 11_{30} 18_{6} 98_{7} $111_{5 \cdot 10}$ ܕܒܪܐ ܟ̄ 44_{9} κύμινον ἄγριον. BB ܟܡܘܢܐ ܟܘܡܫܐ ܐܝܬ ܫܘܫܡ [: 440] كمون كرمانى ܟܡܘܢܐ كمون ايضًا السّنون [M : المنسوب] باللّغة العالية [: 835] ܩܘܡܝܢܘܢ ܐܝܡܪܘܢ ܐܝܬ ܕܐܡܪ ܒܟܡܘܢܐ ܕܓܢܬܐ الكمّون البستانى : ܩܘܡܝܢܘܢ ܐܓܪܝܘܢ الكمّون البرّى. ܩܘܡܝܢܘܢ ܐܓܪܝܘܢ ܐܠܠܐ ܐܝܬ ܕܒܪ نوع مى الكمون البرّى [: 893] ܦܪ̈ܕܘܢܐ ܐܝܬܝܘܦܝܬܐ ܟܡܘܢܐ ܦܪܕܘܢܐ كمون كرمانى D 407: κύμινον ἥμερον, αἰθιοπικόν, ἄγριον 408, ἕτερον εἶδος ἀγρίου. ܟܡܘ̈ܢܐ PSm 879_{2} كَمُّونى.

PSm 300 ܐܣܛܦܝܣܘܣ, ܐܣܛܦܝܣܘܣܘܣ [l. αἰθιοπικός] كمون هندى ,كرمانى ܟܡܘܢܐ ܗܪܘܝܐ [M wie öfter ܕ̇] l. ܗܢܕܘܝܐ, ܐܣܛܦܝܣܘܣ كمون برّى : طَفْلَه u. sv. كمون = زيره Vull. II 170 زيره pers. قرمنيج ,زيرج pers. زيرهٔ صحرانى

כמון Demai 2_{1} in Palästina eine besondere Art; j z St auf Cyprus (קיפרוס) eine mit gekrümmtem Samen. Ciminum siriacum 206 erwähnt Apicius 33 und 105 ed. Schuch neben äthiopischem und libyschem. כמונא Schabb. 110^{b}_{o}. כמון Ter. 10_4 Schabb. 19_2 b. 134ª Chilluf Minhagim von J. Müller Wien 1877/8 (Sonderabdruck aus Haschachar) S. 41 Nr. 46: zur Beschneidung.

b. כרויא ܟܪܘܝܐ كَرَوْيَا Carum Carvi L, d. gemeine Kümmel.

D 406 Κάρος BB 821 ܡܐܪܘ BS u. Gabr. ܟܪܘܝܐ كراويا = Nov. 277 so l. f ܟ: „anctum". كراويا = pers. قرنباد Ġezzâr; Vull sv. — تقرده, تقرِدَه [? Lane sv: تقدة], ناُنخواه [dieses, Ammi Nr. 200, schon nach D 409 mit cum. æthiopic. verwechselt]. Maim. كرويا zu Kil. 2_6 zu קרבם, wie er für קנבם liest. Carvi frz. nprov. nach Dietz vom arab. كرويا beeinflusst.

Geop. 51_7 ܟܪܘܝܐ (ς 14_1 γλήχων) = 116_{29} (ϰ 2_1 4_1). B Serapion PSm 606 ܟܪܘܝܐ Nr. 57 viell. ܟܪܘܝܐ? — BB 483 ܟܪܘ ܐܣܛܪܘ. 651 ܣܘܣܘܢ = كراويا schwerlich D 271 σίον Avic. 223 سيون so f. [سير] Viel. σίσων D 405 Sison Amomum =? talm. סיסין Gitt 69ᵇ Ber 44ᵇ Ab. zar. 29ª Ar. = פולין; פוליאול Raschi. — כרויא Ab. zar. ibd.

Πλατοκύμινος, (-ν) Langk. 41. ABaf 117 p 85ᵇ = סיסילין „alle Sprachen": = gr. פלאטוקימינוס. 115ª פלטוקומינון.

c. ܟܡܘܢܬܐ ܕܒܪܐ BB 820.

ܐܦܣܘܣ ܚܝ ܟܡܘܢܘܬܐ ܕܒܪܐ ܘܟܡܘܢܬܐ ܕܒܪܐ
ܟܬܡܪܐ ܘܐܝܬ ܗܝ الحشيشة التى بين الشعير كمون برى ܘܐܝܬ ܗܘ ܐܡܪ
— ܐܦܣܘܣ ܟܡܘܢܬܐ ܒܥܡܐ ܘܕܒܪܐ ܠܚܘܪܬܐ ܘܗܝܟܢ
ܐܪܓܢܝ ܘܚܬܝܬ ܡܢܗ ܘܡܠܟܐ وقال جبريل وجدنا فى نسخة اخرى
انه الشهدانج [?] .برى [: 562] ܟܡܘܢܘܬܐ ܕܒܪܐ ܗܘ ܚܝ كمون برى:
[: 846] ܐܦܘܠܘܢܝܘܣ ܐܢܬ ܟܡܘܢܘܬܐ ܕܒܪܐ كمون برى

D 599 Καπνός . . οἱ δὲ καπνὸς ὁ ἐν ταῖς κριθαῖς — nicht bei Paulus Aegineta — οἱ δὲ μαρμαρίτης . . βοτάνιόν ἐστι θαμνοειδές, κορίῳ ἐοικός . . τὰ δὲ φύλλα λευκότερα καὶ τεφροειδῆ . . ἄνθος πορφυροῦν. Es

207

ist *Fumaria offic.* L, Erdrauch und andere Spec. Diese heißt sonst [1]) شاهترج ܫܐܗܬܪܓ Lag. gA 82 dh. شاه تره = ܝܪܩܐ ܕܡܠܟܐ = بَقْلَة المَلِك. Lane 236ᵇ Forsk. LXX. Berggr. 851. — Καυκαλίδες??

153.

ܟܡܬܪܝܐ (ܟܘܡܬܪܝܐ)

Pirus communis L. *Birnbaum.*

Mischn. אַגָּס إجّاص إنجاص إنجاس im Dialekt von Syrien Birne Fleischer zu Ly I 22ᵃ, Lane sv. Bei den syr. Lexicogrr.: Pflaume S. 149. Sg: der Baum j Kil I 27^a_{39} TKil. 1_4 עונס wie die Tos. immer schreibt. Pl. Baum u. Frucht. Stehende Reihe bilden *a)* Kil. 1_4 *b)* Ma'as. 1_3 *c)* Ukz. 1_6 *d)* T. Schebiit 7_{16} [העונסים] die folgenden Obstarten: האגסים והקרוסטומילין הפרישין והעוזררין. Daher TUkz. 3 bei RSchimsch. zu 3_7 für עולשין zu lesen: עונסים.

Zu אגס Hai קומתורי, كُمَّثْرى, كُمَّثْرَى, Hartmann Nill. 176 Kumitrah Maim: *a* אנאץ إجّاص vulg. ברקוק (Uebersetzer: מודיינס moriegas, enparsigas), während er Birne *a b c:* כמתרי vulgär אנעז hat; schr. mit ms. אנגאץ. Maim. zu Teb. jom 1_1 ist كمثرى mit אגסים wiedergegeben, gegen Maim.'s Erklärung, und daher אנגאץ (אנאץ) weggelassen. אגס = Birne ist gesichert, da als nächstverwandt crustumina pira erwähnt sind. BSira Nr. 4 pera.

ܟܡܬܪܝܐ Geop. 14_7 (γ 3_9 ἄπιος) 22_3 24_{14} f $59_{24\cdot25}$ 67_3 74_{21}. BB 441 Honein ܟܡܬܪܝܐ كمثرى = BA K ܐܢܒܪܘܕܐ: ܟܘܡܬܪܝܐ, ܟܡܬܪܝܐ PSm 339 ܐܦܝܘܣ, 340 ܐܦܝܘܣ. 191 Galen: ܐܟܪܐܕܘܣ, ܐܟܪܐܕܘܣ ἄχρας = ܟܡܬܪܝܐ ܒܪܝܐ. BB 782 BS: كمثرى ܟܘܡܬܪܝܐ.. ܦܢܒܪܘܕܐ C 727 Pyrus BB. — „tubera esculenta F" aus كمثرى ein كماة (Nr. 244) verlesen?

In ܐܢܒܪܘܕܐ, ܦܢܒܪܘܕܐ scheint pers. امروت امرود Vull. I 121. 124 انبرو, Zenker: انبرود, آرمود Birne zu stecken. Bait II 388 كمثرى,

---

[1]) Vgl. Nr. 5.

als ausgezeichnete Art شاه امرود „Kaiserbirnen". Langk 8 neben ἀχρούστατα (اجاص) ἀχροῦτ, ἀχροῦ. Kaleb zu אגס: vulgär ארמוט = peras ἀπιδιά אפידיאה. S ob. S. 3_1.

Wo das fremde ܟܡܬܪܐ كمثرى hingehöre weiß ich nicht.

Die 70 haben ἄπιος für בכאים 2 Sam. $5_{23 \cdot 24}$. 1 Chr. $14_{13 \cdot 14}$.

קרוסטומילין[1]) קרוסטומיל Crustuminum pirum nach Sprengel GdBot. I 180 Col. ε10_{18}. ψ10_4 — mia Virg Georg β88. Stellen S. 208_{11}. Auf Birnbäume gepfropft aO u. j Kil. $27^a{}_{38}$. TKil. 1_4. — Pesikta 187^b Buber: שקדים תמול lies קרוסתומלין?? Das. ואגא ספק??

154.

ܟܣܣܐ

Uebersetzung von D 358 ποτήριον . . θάμνος ἀκανθώδης . . . BB 729 Rabban: ܦܘܪܬܘܢ ܟܣܣܐ كاس ܕܐܬܟܢܫܘ ܡܢ ܡܕܡ ܡܕܡ ܦܘܣܡܐ ܕܡܕܡܐ ܠܫܥܐ ܕܐܓܪܐ.

155.

ܟܘܣܒܪܬܐ כּוּסְבַּרְתָּא

Coriandrum sativum L. *Koriander.*

(ܟܘܣܒܪܬܐ[2]) كُزبَرتا Vull. app. zend, mischn. כּוּסְבָּר — كُسْبَرَة, كُزبَرَة ngr. κουσβαρᾶς. Pesch. = גד, Geop 88_5 109_8 117_{13} κορίανον Ephr. I 256^c. Wiseman Hor syr. I 127 der die St. anführt, glaubt Ephr. zerlege das Wort in ܟܠ ܡܣܒܪܬܐ weil es ihm unbekannt gewesen sei. Es ist aber lediglich Wortspiel, für die talmudische Haggadah, die dem Manna — גד = כוסבר — die Eigenschaft beilegt, nach jeder beliebigen Speise zu schmecken, zurechtgemacht. (Auch גד wurde auf הגדה, die das Herz des Menschen erquickt[3]), gedeutet).

---

[1]) BSira Nr. 30.

[2]) Oben Nr. 152^c.

[3]) מושך לב האדם Mechilta Beschall. p 60 Weiß. Chag. 14^a u. Par. Vgl. Sifre II 317 p 135^b Friedm.: אלו הגדות מושכות לב אדם כיין.

BB: ܒܙܪܐ [: 417] كبرة كسفرة كوزبرة ܟܘܣܒܪܬܐ [: 430] ܘܟܘܣܒܪܬܐ ܐܝܟ ܫܘܫܢ الكسبره 830 ܩܘܪܝܐܢܘܢ [-ܪ-] ܟܘܣܒܪܬܐ كُسْبَرة ܩܢܝ ܦܠܝܛܪܘܢ ܩܘܪܝܐܢܘܢ so ܦܠܝܛܪܘܢ [: 843] ܩܘܪܝܐܢܘܢ ܐܝܟ ܕܝܢ ܟܘܣܒܪܬܐ كُزْبَرة كسفرة .. ܘܐܚܪܢܐ ܩܘܪܝܐܢܘܢ .. ܩܘܪܝܘܢ ܕܟܝ اسماء الكزبرة: 759 ܦܠܝܛܪܘܢ ܩܢܝ ܟ ܩܘܐܪܝܢܘܢ so ܕܗܘ ܟܘܣܒܪܬܐ ܟܝܣܢܝܙ كسبر ܩܢ ܟ ܦܠܝܛܪܘܢ ܩܘܪܝܐܢܘܢ : ܠܩܘܢܘܢ ܐܝܟ ܒܩܘܪܒ ܗܘ ܗܟܢܐ ܕܟܘܣܒܪܬܐ بزر الكزبره : M 682 ܦܠܝܛܪܘܢ ܬܘܒ ܟܘܣܒܪܬܐ.

C 176: „ܟܝܣܢܝܙ“ [aus ܟܝܣܢܝܙ errpt.] „Coriandrum“ stammt aus dieser Stelle [im Append. d. Heptagl. ܟܝܣܢܐ] PSm hat die Stelle nicht gefunden und hat darum das Wort nicht aufgenommen. Es ist pers. gišnîz, kišnîǵ, das Lag gA 52 erwähnt, DCge Langk. 42 κισυνήτζι.

D 410 κόριον ἢ κορίαννον. Dafür ܟܘܣܒܪܬܐ BB 973: ܐܬܐܠܝܛܪܘܢ ܐܝܟ ܕܝܢ ܓܡܝܐ ܐܒܩܐ ܕܗܟܝ ܦܐܬܐ ܠܟܘܣܒܪܬܐ تالیانطرون دیسقوریدس عن جبریل ܘܡܬܚܙܐ ܠܡܕܪܝܐ ܗܘܢܘܢ. D 591 θάλικτρον φύλλα παραπλήσια κορίῳ ἔχει . . καὶ καυλίον πηγανίου πάχος. Gal. θαλίκτρον, Plin. $\kappa\zeta$ 112 Thalictrum . . caulem papaveris. ܡܕܪܝܐ = מזרה ventilabrum PSm 943.

Punisch γοίδ = גד hebr. Lag. aO will es auf armen. ginz zurückführen: auf dasselbe wird von ihm auch כוסבר zurückgeführt: ginz aber = koriandertragend. Für die von Hehn 135 angenommene Identität von גד und gith = Schwarzkümmel wird man sich schwerlich erwärmen.

כּוּסְבָּר Ms Maim. ar. כֻּסבר Kil. 1_2 neben כוסבר שדה wildem Koriander. [*Bifora testiculata DC.? Aschers.*] Tristram 440 hat Koriander im Jordantale wild gefunden, nach Boissier Flora or. II 920 wächst *Cor. sativum* in Galiläa. Schebiit 9_1 כ' שבהרים Ms Maim. ar.: כ' של הרים. Ma'as. 3_9 4_5 Dem. 1_1 Maim. الكزبرة. כוסברא j Dem. $21^d{}_5$ f. Zerlegt כוס ברתא 210

A. zar. 10^b. Den Augen schädlich Pes. 42^a. Schabb. 109^a. — Erkl.: romanische = culiandro ob. Nr. 67, Bertinor., צוליאנדרי, אולייגדרא Kaleb, der gr.: קולנדרו = culantro sp. κολίανδρον. *L* für *r* (coriandr.) ist im Mittelalter fast allgemein, nach Meyer 3_{363} zuerst bei Simon Seth um 1075.

156.

ܟܣܢܐ ܕܡܠܟܐ.

BB 443 ܐܝܟ ܕܒܡܠܠܐ ܕܦܪܣܝܐ شهدانج, und 933 ܫܗܕܢܓ Lag gA 82 شاهدانه Königskorn: Hanfsame nach Avic. u. Bt II 79 = قنب = Berggr. 837 Cannabis. Ǵavâlîkî شَهْدانَج = arab. تَنُّوم.

Hal. gedolot Ber. VI p 5^a Zolk: כיסאני לשנא דרבנן דמיקרו שאהדנג ואינון קינבדים: das. 5^c_a שהרנג. -- TBer. 4_4. 5_{12} כיסנין Ar. Erub. 29^b כיסאני Ber. 41^{ba} Hai G. bei Aruch ein Gebäck — etwa wie Cakes.

AGaf 116 p 85^{ab} כסוני aram., gr. קימבלידא — röm. אירבא גרסולא Ein Kraut mit runden Blättern, einer dicken Wurzel, gegen Hämorrhoiden und Diarrhöe.

Verschieden davon ist ܟܣܝܬܐ (talm. כסיתא) BB 443 ܟܣܝܬܐ (?) ܟܣܝܬܐ cod M: ܟܣܝܬܐ ܕܒܚܪܐ ܗܘ ܒܣܕ ܡܘܪܓܢ . . المرجان ܗܘ البسد المرجان darauf: ܟܣܝܬܐ. 829 ܡܘܪܓܢ -- ܟܣܝܬܐ, „persisch ܟܣܝܬܐ“ dh. بسد = مرجان Coralle Clément-Mullet, Essai sur la minéralogie Ar. JAs 1868 Sonderabdr. S. 173.

BB 447 BS ܩܘܪܐܠܝܘܢ = ܒܣܕ ܟܣܝܬܐ? 841 „κοράλλιον“ Rabban ܟܣܝܬܐ lies ܟܣܝܬܐ und 843: ܐܝܟ ܐܢܫܝܢ ܕܐܡܪܝܢ ܟܣܝܬܐ ܐܝܬܝܗ ܡܢ ܟܣܝܬܐ ܕܡܬܝܠܕܐ ܒܝܡܐ ܡܬܩܫܝܐ ܘܗܘܝܐ ܟܐܦܐ. PSm ܗܘܐ ܐܢܛܝܦܐܬܐ ἀντιπαθές. ܟܣܝܬܐ ܐܘܟܡܬܐ [l. ܟ].

קרולין jSchabb. 10^a_m — 1 Kön $10_{11,12}$ (אלמגים) ܟܣܝܬܐ ܕܩܘܪܠܝܢ Urmia; Lee: ܟܣܝܬܐ = Ephr. I 466. Sachs I 141 *ܟܣܝܬܐ wegen talm. כסיתא — gewagt.

157.

כסייא דטורי

Aßaf 85 p 79ᵇ aram. כסייא דטורי, gr. טראגון τράγος, τράγιον?

כסייא דטורי אם יוכת עליהו עד צאת מימיו יערב בדבש ויוטח בתוך העינים יבהיקם ויאיר אותם ויסיר הלובן, ואם תשקה ממנו לכל סם שימות בו האדם ימליט. ויועיל לכליות ולעוצרי השתן ויפוצץ האבן וכו'.

158.

ܟܦܐ ܕܒܪܐ.

? BB PSm 1033 Z 6 vu zu ἐπιμήδιον, Gabriel: حزمة البرى. Die Erklärung ist aus D 520 oder Gal. XI 876 K. Aus Gal. PSm ܐܦܝܡܝܕܝܘܢ. Avic. 139 افيميديون (so l.) Bt I 65. Berggr. 848 Epimedium افيغيديون Schreibfehler.

159.

ܟܘܦܪܐ כּוּפְרָא.

Lawsonia alba Lam.

Bibl. كفرة כֹּפֶר nach Delile Descr. de l'Eg. Hist. nat. II. 60 noch in Nubien, dasselbe κύπρ -ος cyprus. Wächst jetzt noch in Engedi Tristram 339 Robins. II 441. 536. Boissier Flora or. II 744.

Pesch. wie hebr. BA 4657 BB 430 ܟܘܦܪܐ الحِنّاء nach Lane 654ᶜ auch حُنّان. ܟܘܦܪܐ حنّاء ويكون القفر [so] ܡܢ ܓܠܠܐ ܩ ܦܘܠ ܛܪ̈ܦܐ ܕܟܘܦܪܐ ܟܘܦܪܐ ورق الحنّاء ܡܫܚܐ ܕܟܘܦܪܐ ܟܘܦܪܐ ܛܪ̈ܦܐ حنّاء مكى 840: ܟܘܦܪܘܢ ܣܦܪܐ حب الحنا ܣܦܪܢܝܬܐ ܟܘܦܪܐ ܩܘܦܪܝܢܘܢ ܐܠܝܘܢ ܡܫܚܐ ܕܟܘܦܪܐ دهن الحنّاء. D 117 κύπρος und κύπρινον ἔλαιον. אֶשְׁכּוֹל הַכּוֹפֶר HL 1,14 ܣܓܠܐ ܕܟܘܦܪܐ BB 629 = شمراخ عذق.

حنّاء neusyr. ܚܢܐ, mand. Nöld. Gr. XXXII הינא. Hal. gedol. Ber. VI 8ᶜ Cstpl 5ᵈ Zolk: אשכל הכפר = חיני רטיבא. — Vgl. Nr. 146.

Bibl. כופר = mischn. Schebiit 7_6 כפר, כופר Maim. حنّا, Manche قرنفل auch Aruch: girofle גרופלי, ein Anachronismus, da *Caryophyllus aromaticus* L. in der Bibel nicht vorkommen kann.

Trotz حنّان = حنّا bleibt es sehr gewagt יְהֻנּוּן, יְהֻנּוּנָה Ms. Maim. ar. יְהֻנּוּנוֹת Schabb. 5_4 b 54^b, חֲנוּנָה j $7^c{}_{10}$ mit حنّاء zu combiniren Ly II 83^b Fleischer dazu 207^a. Talmudisch wird berichtet: „Man nimmt ein Zweigelchen [Span قصم קיסם] von dem Baume חנון, tut es dem Schafe in die Nase damit es niese und die Kopfwürmer damit abgehen." Sachliche Parallele bietet nach Wiesner, BChananja Forschungen Nr. 9 col. 140 Colum ζ 5 p 303: at si molesta pituita est, cunclæ bubulæ vel nepetæ silvestris surculi lana involuti naribus inseruntur, versanturque, donec sternutet ovis." Natürlich irrt Wiesner, wenn er יהונה in „cunela" sucht.

BB 721 BS: الحنّاء الفاغية . . . ܦܩܢܐ.

160.

[כִּפַּת הַיַּרְדֵּן]

Kerith. 6^a will eine Pflanze sein. — ܟܦܬ ܚܘܪܢܐ herba odorata, cuius radix thus redolet Ferr." C 430. (ܚܘܪܢܐ??) Vgl. כפת המרחין TDemai 1_{29}?

161.

ܟܪܘܒܐ. כְּרוּבָא.

Brassica oleracea L. *Kohl.*

Κράμβη ܟܪܘܒܐ Geop. $35_{27\cdot28}$ (ε 11_3) 47_{30} (ζ 24_1) κάμης Pallad.: gumen, comam s. Niclas ad l. Syrer: κράμβης. 91_8 98_6 103_6. BB: ܟܪܘܒܐ ܡܪܟܒܝܬܐ ܟܪܘܒܐ [:893] صحيحه جبريل كرنب ܟܪܘܒܐ [445] ܡܣܩܠܐ ܡܪܐܢܐ ܕܐܝܬ ܟܪܘܒܐ ܕܟܬܝܐ ܡܪܐܢܐ ܕܟܪܘܒܐ [:887] كرنب برّي ܟܪܘܒܐ كرنب: ܡܪܐܢܐ ܐܣܦܪܓܘܣ ܐܝܟ ܓܢܬ كرنب بستاني ܐܝܟ ܟܪܘܒܐ ܕܓܢܬܐ

[: 888] ܡܪܐܟܒܝܢ ܐܝܟ ܐܚܪܢܐ ܟܪܘܒܐ ܒܝܡܡܝܐ كرنب بحرى قال جبريل ܡܪܐܟܒܝܢ ܬܐܠܐܓܠܝܐ [: 893] ܡܪܟܒܬܠܣܝܐ ܟܪܘܒܐ ܕܝܡܐ ܘܡܢ ܟܪܘܒܐ ܡܬܐܟܠܢܐ [: 445][1] ܟܪܘܒܐ ܕܒܪܝܐ حبّ العروس : ܟܪܘܒܐ ܕܝܡܐ ܗܢܘ ܢܝܠܘܦܪ نيلوفر.

D 262 κράμβη ἥμερος, 263 ἀγρία, 264 θαλασσία. Fraglich PSm 451: ܟܪܘܒܐ ܕܕܒܪܐ : ܟܒܠܛܘܣ, ܟܒܠܛܘܣ.

Mischn. כרוב wechselt oft mit אכרוב. Die mss. Arab. des Maimonides schreiben fast durchgehends אכרוב, wie j Bezah V $63^a{}_{13}$ Aßaf 90 p 80^b und 33^a hebr. אכרוב. 92 p 80^b אכרוב החיצוני [dh.: ܟܪܘܒܐ ܕܒܪܐ] אגריוקרמבין Kil. 1_3 Schebiit 9_1 Ter. 10_{11} של בעל — של שקיא. — Nedar. 6_{10} s. ob. Nr. 26. Ukz. 2_7.

Orlah 3_7 Ukz. 1_4 שרשי קולסי הכרוב mss. Maim. קלסי אכרוב nach RChanan'el Ar. נפס 1 Kohlstengel, nicht Köpfe, also nicht κῶνος Fl zu Ly TW II 576^a sondern καυλός, caulis, das ja auch in den romanischen Sprachen die Bezeichnung für „Kohl" liefert: cavolo it., col span., caul prov., chou franz. Schabb. 8_5 קלח של (א)כרוב.

Kaleb: כרוב كرنب, قنبيط, קלאם = كلم [s Vull. sv. und كرنب, كرم] קולי coli.

Hier ist zu erwähnen قَرْنَبِيط καρναβίτι neugr. Forsk. XXIX. *Brassica oleracea botrytis*, Blumenkohl Forsk LXIX. Sonth. Verz. 283 chou-fleur, Hartmann 177 Sachau zu Ǵavâlîkî قُنَّبِيط Vull. = كلم رومى Etym. dunkel; κραμβίδιον? Fleischer bei Sachau aO: κράμβη. كرنب. — Mischn. תרובתור j. = כרוב דקיק: Kusari II 64 S. 170 Cassel כרבתור wohl falsch. Aruch אלקרנבים, Kaleb: קונבים, neugr. קונופידי κουνουπίδια Fraas 121 Blumenkohl.

---

1) S. Nr. 253c.

162.

ܟܘܪܟܡܐ כּוּרְכָּמָה.

Crocus sativus, L. *Safran.*

Sk. *kunkuma,* pers. *karkum* Lag gA 58: כרכום s. u. a. BB 844 κρόκος: زَعْفَرَان Rabban. = 890 ܡܘܪܩܘܢ, ܡܘܪܩܘܡܘܣ. Das.: ܡܘܪܩܘܠܝܢ ܐܝܟ ܢܨܪ ܡܫܚܐ ܕܟܘܪܟܡܐ دهن الزعفران ومعه ذكر دهن اظفار الطيب ودهن الزند [l. الزبد] ܡܫܚܐ[1] ܕܛܦܪܐ دهن الاظفار دهن الميعة [431:] ܟܘܪܟܡܐ ܗܘܐ ܡܘܪܩܘܢ ܟܘܪܟܡ زعفران ܟܘܪܟܡܐ ܡܬܩܠܩܠܐ ܐܝܟ ܩܠܝܐ ܕܒܥܠܬܐ زعفران وقال بعضهم حديد يوتى به من جبل اسود بقيلقيا : ܟܘܪܟܡܐ ܕܫܡܝܢܐ ܐܝܟ ܕܒܩܝܠܝܩܝܐ ܗܘ ܩܪܘܐ زعفران شعر.

D 39 Κρόκος, der beste κωρύκιος in Cilicien. — 67 κρόκινον ἔλαιον . . . Schluss: ἀναλογεῖ δὲ αὐτῷ καὶ τὸ λεγόμενον βουτύρινον καὶ ὀνύχινον[1]) καὶ στυράκινον.

ܟܘܪܟܡܐ PSm 9_5 inf. Geop. $48_{3.5}$ 109_{11} 119_{16} 65_{29} κρόκος (ι 1_3) ܣܘܡܩܐ ܟܘܪܟܡܐ 50_{18} (ζ21). Opp. ܣܘܡܩܐ Weinfarbe ܙܪܓܐ zwischen rot und ܟܘܪܟܡܐ PSm 1154. Ebed Jeschu Ktaba d pardêsa d'eden ms. Berol. p. 34[r] ܟܘܪܟܡܢ ܣܡܩܘܬܐ = ܙܪܓܐ. Pesch. und Targ. כרכם u. אהלים. Targ j Lev 15_{19} זעפרנא. Aßaf 22. 67[b] כרכום = קרוקין.

b. Mischn. כרכום TMa'as. Scheni 1_{14} „er hat blos Farbe [Tanja §. 18], keinen Geschmack". Er wurde gebaut, man hatte ganze Saffranfelder Bb 81[a] jBer. 5^d_5 jBb 15[a] jNasir 56^b_0 שדה מליאה כורכמין vgl. jSanh. 20^c_{10} Midr. Rut r 5 Anf. p 78_{29} Lpz Midr. Sam. 20. Niddah 2_6 כקרן כרכום rötlich, verschieden erklärt. Hal gedol.: die hornförmige Kurkuma-Wurzel: arab. כורכום. — Denom. כִּרְכֵּם Kelim 15_2 22_0 מכורכם (Tanch. wajjechi 10 p 153_2 Stett.) נתכרכם von der

---

[1]) PSm 71 ܐܘܢܘܟܝܘܢ ὄνυχες falsch: „vasa quibus conservabantur unguenta اظفار الطيب quod vix intelligens Bernst. reddidit *ungues odorati.*" Bernstein hat aber Recht.

Sonne gebräunt Schir ha Schir. r. אל תראני 13_{42} Lpz, eigentlich nur: vor Scham „saffrangelb“ werden j Peah $15^c{}_{12}$ j Kil. $32^b{}_{39}$ j Ketub. $35^a{}_{45}$ j Sanh. $19^a{}_{52}$ Schha Schir. r. כשושנה 21_{55} Lpz Jalk. Kön. Nr. 176 Jalk. Sam. 162, und sonst. ܟܘܪܟܡܬܐ PSm 682 sv ܟܘܪ.

c. כורכמא רישקא od. כ׳ דרישקא ܕܪ̈ܘܫܩܐ ܟܘܪܟܡܐ BS. oben 215_{10} Blüte (ܘܪܕܐ?), Safran شُعْر Crocus Frtg. aus Kam.[1]) [NB aus dem fehlervollen Calc. Kamus; die richtige Form ist شُعَر von den haarförmigen Staubfäden so genannt. Fl.] Der dunkle Beiname dient vielleicht urspünglich zur Unterscheidung von Kurkuma. BB BS: ܘܪܕܐ ܪܘܫܩܐ = بزر الورد [2]) -- Bb 16^b Ar.: ככוהלא sv פוך s. Tosafot z. St. 38^a Bm 107^b Schabb. 110^a Hai G zu Kelim 15_2 aramäisch heißt כרכום : כורכמא רישקא [so RSchimsch. nicht 'כ'רו] = زعفران. Targ HL 4_{14} רישק so citirt Aruch כוריקא und Tosafot aO. Aruch sv.: רישקא — $_{13}$ רישקין für נרד, נרדים. ܪܘܫܩܐ und רישקא sind nicht mit Sicherheit zu bestimmen. BS, der allein uns das syr. Wort erhalten hat, giebt es einmal mit ܘܪܕܐ, einmal scheinbar mit بزر wieder. Man ist versucht, anzunehmen, die erste Glosse, ob. S. 215_{10} habe gelautet: [für ܘܪܕܐ] ورد ܗ̄ܘ ܕܪ̈ܘܫܩܐ ܟܘܪܟܡܐ الزعفران? Safranblüte, der eigentliche Safran, die Narben (stigmata). Dass ܕܪ̈ܘܫܩܐ ܟܘܪܟܡܐ Safran bedeutete, können wir BS und Hai Gaon ohne Weiteres glauben.

ܟܘܪܟܘܪܐ زعفران BA 4864 BB 448 BS: [M. ܪܐ-] ܟܘܪܟܘܪܐ ܟܘܪܟܡܐ الزعفران. Vielleicht der κρόκος κωρύκιος des D?? Aßaf 70, 76^a aram. עוצפור = gr. כוריקון קרוקון Crocum corycium Solinus c 38 p 49 D.

d. ܥܨܦܘܪܐ *Carthamus tinctorius* L [3]) Saflor. BB 451.

---

[1]) Berggr. 845 Crocus sat. شوى schawi?? [Entstellung von شعر Fl.]

[2]) C 878 falsch ܘܪܕܝܣ. Sein ܪܘܫܩܐ jaculatio BB: رمى السَّهْم وهو رشق.

[3]) Boissier Flora or. III 709 f: C. tinct. L.: Habitat in Aegypto, Assyria, Persia, Zacyntho ubi colitur, hinc inde inquilinus factus, ex India? Abyssinia?

ܡܥܨܦܪܐ ܕܒܝܬܐ [ܕܒܝܬܐ l.] القرطم. ܡܥܨܦܪܐ ܕܒܪܐ قرطم برى
ܡܥܨܦܪܐ ܕܐܓܪܝܬܐ ܐܝܟ ܕܐܡܪ ܦܘܠܣ ܕܒܠܫܢܐ ܝܘܢܝܐ ܕܗܘܦܪܩܠܝܛܐ ܐܬܐ
ܗܘ ܕܡܬܩܪܐ [:869] ܩܢܩܘܢܘ ܕܝܢ ܡܥܨܦܪܐ قُرطم ܘܗܘ ܕܡܩܪܐ
وحكاه جريل ايضا ܩܢܩܘܢܘ so : [:836] ܐܩܢܩܘܢܘ ܐܩܢܩܘܢܘ ܕܝܢ
ܡܥܨܦܪܐ ܕܕܒܪܐ من اسمآء القرطم البرى [:868] ܩܢܩܘܢܘ [ܩܢ. l.]
القرطم BA 4889: ܡܥܨܦܪܐ ܕܕܒܪܐ ܘܕܥܒܝܬܐ القرطم البرى . . . الاهلى.

D 680 κνίκος 445 ἀτρακτυλίς = κνίκος ἀγρία *Carthamus lanatus* L. Fraas 206 PSm 134 Galen. BA BB ܩܢܩܘܣ ܕܒܪܐ 22 ἀγρία κνίκος crrpt. C 438 ܩܘܩܢܘܣ Orobus l. ܩܘܩܢܐ. ܡܥܨܦܪܐ Carthamum. — Nov. 277 = عصفر, قرطم. Galla Ferrar. aus عصفر — عنص verlesen. PSm 40 ܐܛܪܩܛܘܠܝܣ = ܩܢܩܘܣ ܕܥܒܝܬܐ ܩܘܢܩܘܣ? Auch die arab. Erklärung ist dunkel. جنجل وهو حب السمنة [1] (Hartm. 177 Ǵangal, convolvulus, spec. mit essbaren Knollen. Bt. I 205 humulus lupulus [???]) جرضيص ܕܟܠܒܝܐ? Berggren 832 Atractylis قرطم برى Bt II 293. S. De Sacy Chrest. I 269.

In der D Uebersetzung ܩܘܢܩܘܣ = κνίκος D 520: Μήδιον . . ἔχει φύλλα ὅμοια σέριδι [nicht ἴριδι] ἄνθη πορφυροειδῆ . . καρπός . . ἐοικὼς κνίκῳ ῥίζα σπιθαμιαία βακτηρίας ἔχουσα πάχος BB 516: ܡܕܝܘܢ ܛܪܦܘܗܝ ܐܝܟ ܕܣܪܝܣ ܘܫܘܫܢܘܗܝ ܕܡܬܩܪܝܢ ܐܪܓܘܢܝܐ ܦܐܪܘܗܝ ܐܝܟ ܕܡܥܨܦܪܐ ܠܡܥܨܦܪܐ ܘܥܩܪܗ ܐܝܟ ܙܪܬܐ ܘܥܒܝܐ ܐܝܟ ܕܚܘܛܪܐ ܗܘܐ ܕܫܒܛܐ.

Die Blumenkronen des Saflors enthalten einen doppelten Farbstoff. ܢܘܪܐ ܕܡܥܨܦܪܐ ܦܩܘܥܐ PSm 963 زهر القرطم, عصفر = ܐܢܬܐ ܕܡܥܨܦܪܐ [nicht ܡܥܨܦܪܐ PSm 1378] und ܨܒܥܐ الخريع = ܡܥܨܦܪܐ.

---

oriundus." Er weist aus Syrien S. 707 C. flavescens L und S. 710 C. cœruleus L., aus Syrien und Palästina S. 707 C. glaucus β Syriacus M B., γ tenuis M B und 708 C. nitidus Boiss, nach.

[1]) BB zu ܛܘܠܦܣ : حب السمنة وهو الجنجلان s. Nr. 267.

ܩܘܪܛܡܐ ܕܩܘܪܛܡܐ = بيوستيج — daraus C 336: ܟܢܝܩܘܣ cnicus (so, nicht crocus) — المريق = ܡܪܝܩܐ PSm 1367 BA 4046: ܡܪܝܩܐ.

חָרִיעַ talm. erklärt j Kil. $28^a{}_{34}$: מוֹרִיקָא Ǵavâlîkî 139 Z 15 المُرَيِّق = عصفر. Bt II 512 l. so für مريو .מוריקא targ. für כרכם wird danach nicht Crocus sondern Saflor bedeuten, der jedenfalls mit מוריקא דחוחי Gitt. 70ᵃ gemeint ist. Das קורטמי דחרי (Var. חחי, חורי) ist zweifelhaft Ly II 103ᵇ Z 4 vu Krokusteile [lies: Saflor] usw. — Saflor מוריקא Schabb. 110ᵇ Chull. 47ᵇ. Gewürz: Bezah 14ᵃ.

Mischn. חריע Kil. 2_8 TMaʿas. scheni 1_{13} Var. חריעא, חרוע בנות חריע Saflorkerne, חלות חריע auch Ukz. 3_5 j Chag. $79^c{}_{24}$ j Pes. $29^d{}_{47}$ Sifre II 107 p $96^b{}_{11}$ חַלַּת sg. Hai G. מוריקא דבינו قُرْطُم (קורטום). Ar. sv אסטס: חלות חריע Blüte von Saflor, קורטמים, aramäisch מוריקא, arabisch عصفر. Nicht (Ly) „Kuchen, die man aus zerstampften (Saflor) Pflanzen bäckt," — eine wunderliche Uebersetzung! — sondern, wie Guisius zu Kil. aO gezeigt hat, die κοπτάρια, kleine Kuchen, die man aus Saflorsamen mit verschiedenen Ingredienzien vermischt, machte, D 681, um sie vor der Mahlzeit zu essen, da sie erweichend wirkten. Maim. zu Ukz. חלות ח' القرطم قُرْم Saflorsamen (der in Aegypten gegessen wird) חריע allein die Pflanze, عصفر. Aehnlich wird das τρίμμα sein das Ber. 28ᵃ aus קורטמי bereitet wird: d. i. aus Saflorsamen.

קורטמא (قرطم Langk 79 κουρδούμ) Pes. 42ᵇ ist Saflorsame, nicht cardamum DMG 17 680 Delitzsch, ܩܘܪܛܡܐ C 829 aus BB Carthamum, cnicus. Nur aus قرطم? ܩܘܪܛܡܐ Dornen belegt Nœld. mand. Gr. 39 Z 1 aus Barh gr. II 117 unter Vergleichung mit ܩܘܪܛܐ.

Dem חריע ܚܪܝܥ steht خريع gegenüber. Doch kennen die Araber: احريض Bt I 18 = خريع مريق بهرم بهرمان 183 = عصفر II 195. Vull. إحريض — عصفر, كاجيره كازيره [auch Kazw. I 292 قرطم — كازير — عصفر: danach ist also חריע خريع aus d. Aram. entlehnt, wie مريق, und حرض *חרין ܚܪܝܢ anzusetzen?

Für عُصْفُر erklärt Maim. nach einer Ansicht קוצה Schebiit 7_1 neben חריע geht das nicht gut. Schabb. 9_5 T 10_7 איסטים וקוצה ופואה, auch TMa'as. Ende zu ergänzen aus j. 52^a_{63} Nidd. 50^a Bk 101^b Pes. 56^b — TPara 8 bei RSchimsch. 9_5.

ܩܘܠܡܘܣ ܕܟܡܐ ܕܒܫܝܟܐ [ms. ܒܫܝܟܐ] ماء العُصْفُر BB 429 ܘܪܕܩܐ = ܘܪܕܩܐ ܕܥܨܦܘܪ BA PSm 1155 ܩܘܠܡܘܣ الزردق 433 الزردق عصفر Saflorgelb. زردك زرد pers. gelb. عصفر ist einmal in عصفور verschrieben, und PSm macht daraus nach Lag. gA 47 „zurd, name of a bird": „passer avis quæ forte flaveola, Angl. yellowhammer; *quod magis probo.*" Gewiss sehr ungeschickt. Dass ein Syrer einmal ܥܨܦܘܪ sagen konnte, geht aus Aßaf hervor, der עוצפור als aramäisch bezeichnet, und dass die Syrer mit زردق Saflor bezeichneten zeigt die erstangeführte Glosse. Danach ist ܘܪܕܩܐ 1086 zu berichtigen und C 667 ܥܨܦܘܪ galla, der es falsch für עפצא gehalten. ܩܘܠܡܘܣ ist χυλός; pers. زرداب Saflorsaft.

ܟܘܪܟܡ ܥܩܪ ܟܘܪܟܡܐ العروق الصفر Curcuma longa L. Gilbwurz. BB: [:438] ܟܠܝܕܘܢܝܐ ܐܝܟ ܕܐܡܪܝ ܥܩܪܐ ܕܟܘܪܟܡܐ ܦܪܣܝܐ ܕܝܢ ܟܘܪܟܡ ܗܘܐ ܠܗ ماميران [:437] ܟܠܝܕܘܢܝܐ ܥܩܪܐ ܕܟܘܪܟܡܢܝܬܐ ܕܗܘܝܘ ܟܘܪܟܡ دَروج [M ܗܘܐ ܠܗ] ماميران [:425] ܟܠܝܕܘܢܝܘܢ ܐܬܐ ܥܩܪ ܟܘܪܟܡܐ ماميران ܬܪܝܢܘܢ ܗܢܘ ܟܐܘܢܛܝܐ عروق الصباغين ܟܠܝܕܘܢܝܘܢ ܕܝܘܢܝܐ ܟܠܝܕܘܢܝ الماميران [:532] ܟܠܝܕܘܢܝ ܗܘ̄ ماميران قال جبريل ويسى باليونانية ܟܠܝܕܘܢܝܘܢ وتفسيره الخَطّافى لانه ينبت فى زمان مجئُ الخطاطيف واذا مطى (st مضى) زمان الخطاطيف ذبل ويسميه بعض الناس حنطة برية [:845] ܩܘܬܐܐ حكى جبريل عن ديسقوريدس انه من اسماء الماميران وهو العروق واخرون السوسنة [:858] ܩܠܝܕܘܢܝܘܢ ܕܗܘܝܘ ܩܠܝܕܘܢܝܐ وهو الماميران الصينى [:844] ܩܘܪܩܘܡܐܘܢ ܠܐ ܐܝܟ ܕܐܡܪܝ العروق الصفر التى يصبغ بها [:706] ܥܩܪ ܟܘܪܟܡܐ ܗܘ̄ الوردیون اغافت ܗܘ̄ ܕܐܓܪܝܢ ܥܩܪܐ ܣܝܪܝܩܘܢ ܥܩܪܐ ܗܕܐ.

Aßaf 54ª עיקר כורכמא aram. = gr. שלידוניון. 43ᵇ שילידוניון — שורש עין כרכום. 44ᵇ עצי שורש כרכום = שלידוניון. — D 332 χελιδόνιον τὸ μικρὸν οἱ δὲ πυρὸν ἄγριον PSm 434 ܐܟܠܝܕܘܢܝܘܢ crrpt. 1251. ܚܠܝܬܐ ܙܥܘܪܬܐ. D 330 χελιδόνιον τὸ μέγα = κρατεία: قرتيا daraus قوتيا = ܩܘܪܛܝܐ C. 789 „ܩܘܪܛܐ Chelidonium minus BB“ Die etym. Erklärung von χελιδόνιον D 331.

ماميران Chelidonium majus JAww IIᵇ 114 Vull. خاليدونيون = (Bṭ I 346. Av. 275) دوآء الخطّافى = دواى پرستوك — بقلة الخطاطيف — Bṭ II 188 عروق الصّباغين das große und kleine Chelidonion pers. jenes زردجوبه (Frtg. زردجوش [entschieden falsch; زردجوب, persisch زردچوبه d. h. Gelbholz. Ebenso der türk. Kâmûs unter الهُرْد, giebt als Bedeutung زردچوب an. Fl.]) = هُرْد II 570 كركم. Mâmîrân aus China auch Bṭ, der wie BB — Honein — sagt, die Meisten nennen das kleine Ch. mâmîrân.

Syrer und Araber verstehen unter Chelidonion τὸ μέγα nicht Chelidonium majus, sondern *Curcuma longa*, für welche *mamiras* des Paulus Aegineta ebenfalls gehalten wird: vgl. Meyer 2, 420. كركم = هُرْد Bṭ II 370 nach Gâfekî des D chelid. majus Golgol, Dietz 15: كركم eine aromatische, indische Wurzel von den Syrern Hord genannt. Sonth Verz. 284 كركم curcuma longa. Langk. 29 Chelid. maj. κούρκουμ, ζατατζαου خطاطيف, μεμηρέν, μαμηρέ gehört also nicht dahin.

Auch des HL כרכום kann füglich nur die indische Pflanze sein, nicht Crocus. Gesen.[8] sv: „Curcuma, Gelbwurz, indischer Safran (Crocus sativus)“ ist falsch; schr. Curcuma [longa] Gilbwurz oder Crocus sativus, Saffran.

163.

ܪ̈ܓܠ ܐܪܢܒܐ.

Uebersetzung von D 519 λαγώπους . . φύεται . . ἐν πρασιαῖς BB 443 Rabban:

ܠܐܓܘܦܘܣ ܣܡܡܢܐ ܐܝܬܘܗܝ ܕܢܒܥ ¹)ܒܡܫܩܝ̈ܬܐ ܪ̈ܓܠ ܐܪܢܒܐ قال جبريل ان اسم الارنب باليونانية ܠܐܓܘܦܘܣ وحكى عن ديسقوريدس انه بين المساكب وقد مضى ذكره.

Bt II 411 لاغبوس Berggr. 856 رجل الارنب ,لاعوين laouin lies لاغوبن wie Bt ms hat.

1) Geop 89_3 HL 6_1 Sym. Aqu. — مسكبة The higher, or highest rivulet, or small channel for irrigation, from which the other rivulets or small channels are supplied with water. Lane. Die Bdtg Beet [— Bett engl. bed, ungar. ágy, Beides] geht nicht auf سكب = سبك שפך sondern auf שכב ܫܟܒ zurück und ist aram. Lehnwort, das nach BB dem Dialekte Syriens, dem die Araber mit Recht Aramaismen vorwerfen, Ǵavâlîkî 97, angehört. BB 568 ܡܫܩܝܬܐ مشاير الزرع واهل الشام يقولون مشكبة [l.?] مسكبة (¹) مساكب وكذا ابن سروشوى. Für مشارة Beet JAww. II[a] 58, talm. משר BB 458 ܡܫܪܬܐ مشارة. Talm. אננא.

164.

ܪ̈ܓܠ ܒܘܪܐ.

Uebersetzung von κλινοπόδιον D 446 θαμνίον ἐστι φρυγανῶδες . . τὰ ἄνθη ὅμοια ὡς κλίνης ποσίν BB 860 ܩܠܝܢܘܦܘܕܝܘܢ ܐܝܬ ܗܘ ܐܬܡܢܝܘܢ ܢܒܩܬ̈ܐ ܕܕܡܝܢ ܠܓ̈ܠܝܠܐ ܕܪ̈ܓܠ ܒܘܪܐ ܘܡܬܩܪܝܐ ܐܫܬܟܚܬܗ ܪ̈ܓܠ ܒܘܪܐ.

---

¹) Gewiss; Cuche, Dictionnaire arabe-français, S. 260, unter dem Stamme سكب, als gemeinsprachlich „Semis مساكب pl. مسكبة" Fl.

165.

ܪܓܠ ܩܡܨܐ.

رجل الجراد PSm 1157 ܙܘܪܢܒ زرنب 1560 crrpt ܙܘܪܢܒ. — زرنب ist zweifelhaft. Meyer 2_{416}.

166.

ܪܓܠ ܥܘܪܒܐ.

Uebersetzung von κορωνόπους D 273 πρόμηκες βοτάνιον κατὰ τοῦ ἐδάφους ἐστρωμένον BB ܩܘܪܘܢܘܦܘܣ ܐܝܟ ܕܥܠ ܒܥܣܒܐ ܐܪܝܟܬܐ [844] ܕܟܠ ܐܪܥܐ ܫܛܝܚ ܒܗ ܐܝܟ ܕܡܬܦܫܛ ܫܡܗ ܪܓܠ ܥܘܪܒܐ [: 737] ܩܘܪܘܢܘܦܘܣ [!!قورونوفوس] ذكر جبريل انه اسم حشيشة تعرف برجل العقعق او كراعه [: 889] ܩܘܪܘܢܘܦܘܕܘܢ ܐܝܟ ܩܘܪܝܢܘܣ ܪܓܠ ܥܘܪܒܐ رجل الغراب.

Die D Uebersetzung s PSm 67 Z 3 und D 614 κατανάγκη . . φύλλα ὡς κορωνόποδος . . κεφαλάς . . καρπὸς ὅμοιος ὀρόβῳ . . Τὸ δὲ ἕτερον μήλου μέγεθος:

ܘܐܝܬܝܗܝܢ ܐܝܟ ܗܠܝܢ ܕܢܨܒܬܐ ܐܝܬܝܗ̇ ܬܪܬܝܢ ܐܚܪ̈ܢܝܬܐ ܕܫܘܐ ܒܡܫܚܬܗܝܢ ܡܢ ܗܕܡܝܢ ܛܪ̈ܦܐ ܠܗܕܡ ܪܓܠ ܥܘܪܒܐ ܘܪ̈ܫܘܗܝ ܘܦܐܪ̈ܗ ܠܗܕ̈ܡܝܐ ܐܝܟ ܗܘ ܕܡܢ ܐܝܟ ܚܘܪܐ ܠܗܘܝܐ ܐܚܪܬܐ ܘܛܪ̈ܦܐ ܕܗܕܡܝܢ ܠܚܘܪܬܐ ܘܦܐܪ̈ܗ ܦܘܢܝܩܘܢ ܕܗܕܡܐ ܠܫܥܘܪ̈ܐ [ὡς ἐρέβινθον . .].

Das Asulan. φοινικοῦν das auf ἐρέβινθον folgt las also auch der Syrer: ܦܘܢܝܩܘܢ.

167.

ܟܪܦܣܐ כְּרַפְסָא.[1])

Apium graveolens L *Selleri, Eppich.*

Mischn. כרפס كَرَفْس Lag. gA 61.

---

[1]) PSm 743 sv ܠܘܩܣܬܐ citirt aus Sanct. Vit. 198 v. ܠܘܩܣܬܐ ܕܟܪܦܣܐ und 750 Z. 19 inf. dieselbe Stelle aus BA, der sie aus ܬܘܠܡܕܬܐ ܕܣܪܦܝܘܢ, gewiss nicht „Serapion", anführt.

a. Geop 17_{19} (γ 6_6) σέλινον 92_4 98_4 ܝܪ̈ܩܐ ܕܟܪܦܣܐ 48_{23} 111_3 PSm 1159 BB 450 Honein كرفس ܟܪܦܣܐ C [aus Ferr.] ܣܐܠܝܢܘܢ D 411 σέλινον κηπαῖον.

b. D 412 ἐλειοσέλινον BB ܟܪܦܣܐ ܕܢܗܪܐ كرفس النهرى 471: ܠܝܢܘܙܘܣܛܝܣ ܗ̄ܘ ܟܪܦܣܐ ܕܢܗܪ̈ܐ ܣܠܝܢܘܢ ܗܘܝܘ ܟܪܦܣܐ [C ܟܪܦܣܘ] ܣܠܝܢܘܢ ܗ̄ܘ كرفس نهرى. Λινόζωστις geht nicht.

c. D 415 σμύρνιον *Smyrnium perfoliatum* Mill. kleiner Pferdseppich BB: ܣܡܘܪܢܝܐܘܢ ܗ̄ܘ كرفس برى ܣܡܘܪܢܝܘܢ ܐܝܟ ܟܪܘܡܣܐ كرفس رومى ܘܐܝܟ: ܐܦ ܠܣܡܐ ܐܚܪ̈ܢܐ ܕܟܪܦܣܐ ܕܟܪܐ ܕܫܘܐ ܡܣܪܡܪ̈ܢ جنس من الكرفس وهو الى طبع الادوية اقرب ويسميه اخرون سلينوس وقال جالينوس انه اقوى من الكرفس واضعف من الفطر [اسلينون].

D: φαρμακώδης. Gal XII 128 K σμύρνιον . . σελίνου μὲν ἰσχυρότερον, πετροσελίνου δὲ ἀσθενέστερον. Hieher BB 658 BS ܣܡܪܢܝܘܢ [Cast 303 الكرفس [الرومى.

d. D 414 ἱπποσέλινον PSm 280 ܐܝܦܘܣܘܣܠܝܢܘܢ: ܟܪܦܣܐ ܪܒܐ ܕܢܚܐ ܒܒܪܓܐ = ܟܪܦܣܘܣܘܣܐ l. ܟܪܦܣ[ܐܕ]ܣܘܣܐ.

e. D 412 ὀρεοσέλινον PSm 99 من اسمآء الكرفس الجبلى Vull. I 140 اوداساليون. Berggr. 866 Oreoselinum كرفس جبلى ,بقدونس جبلى.

Ueber apium, σέλινον, s. die reiche Zusammenstellung bei Günther, Ziergewächse 23.

f. D 271 σίον τὸ ἐν ὕδασιν Sium lancifolium MB, Wassermerk. BB: [:647] ܣܝܐܘܢ ܗ̄ܘ كرفس المآء [:648] ܣܝܘܢ ܐܝܟ ܟܪܘܡܣܐ ܢܒܥܬܐ ܕܡܬܬܒܥܬܐ ܗ̄ܘ الغُريدا (?) ܣܝܘܢ ܐܝܟ ܢܣܝܒ ܘܟܪܦܣܝܘܢ ܐܝܬܘܗܝ ܢܒܥܬܐ: ܣܝܘܢ ܐܝܟ ܐܦ ܟܪܦܣܐ ܕܥܠ ܡܝ̈ܐ قُرّة العين ܗܣܝܘܢ [drüber: ܣܝܘܢ] ܠܒܛܣ هو قرّة العَين دوآء وهو الكرفس على المآء [:801] ܡܘܣܘܪܝܐ ܦܪܣܝܐ ܣܝܣܢܒܪܝܘܢ ܗܘܝܘ ܢܒܥܬܐ الصدى. Boiss. II 889.

Aßaf 95 p 81[b] סיון, röm. סינקובי, aram. כרפסא דמיא.

223

Vull. سلينون Blätter wie نعنع aber größer, = جرجير, كرفس الماء, الماء, قرة العين meint D 272 σισύμβριον das auf σίον folgt. Dieses ist in der D Uebersetzung zu σισύμβριον ἕτερον mit ܟܪܘܦܣܐ ܕܥܠ ܡܝܐ = قُرَّةُ العَيْن [1]) wiedergegeben. قُرَّةُ العَيْن = كرفس الماء Berggr. 876 Sium berle [865 = رشاد الماء Nasturtium aquaticum, Cresson], Avic 249 Sium = Bt II 283 nicht: „Veronica Anagallis“, welche D gewiss nicht meint und welche auch die Syrer und Araber nicht unter σίον verstehen. Sium ist dem syr. arab. Namen entsprechend ngr. νεροσέλινα.

صدى, صَدَأٌ Rost BB PSm 1104 zu ܙܢܓܪܐ BA PSm 320 zu ܐܣܛܘܡܘܡܘܣ ܐܣܛܘܡܘܡܘܣ 319 ܐܣܛܘܡܘܡܘܣ = ܫܘܚܬܐ ܕܦܪܙܠܐ. 142 Z 5 zu ἰὸς σιδήρου neben ܙܢܓܪܐ. ܫܘܚܬܐ Rost belegt Nœld. mand Gr 63, mand שותא V ܫܚܬ rosten. ܫܚܬܐ finde ich sonst nicht.

Im Geop. steht ܡܘܪܝܪܐ für ἀρτεμισία. S. ob 80_5; Sergius kann es nicht gut für Rost gebraucht haben, ܝܘܣ ἰόν?, da er diesen nach BB 937 [1]) ܫܘܚܬܐ ܕܢܚܫܐ ܐܝܟ ܐܣܛܘܡܘܡܘܣ ܘܢܘܪܐ ܗܘ [2]) ܙܢܓܪܐ زنجار ܗܘ ܚܘܪܬܐ anders nennt. ܫܘܚܬܐ dürfte daher aus ܫܝܚܐ ob. 78_4 Artemisia entstanden sein und BB hätte nach ܫܘܚܬܐ die arab. Uebersetzung: Rost gegeben. [3])

---

[1]) Lane 2215ᵃ = wodurch das Auge abgekühlt, erfrischt wird مَا قَرَّتْ بِهِ العَيْن = ἀνάψυχις, refrigeratio, refrigerium Rönsch Itala u. Vulgata ² 321 Talm. קורת נפשׁ, קורת רוח j Ber. 7_6ᵈ vu. ܦܘܪܓܬ ܪܘܚܐ C 822. Curet. Spicil. 43_5. 48_2.

[2]) D 754 ἰὸν ξυστὸν ærugo rasilis PSm 777 führt D u. BB aO an, nur dass er nicht hätte ܚܘܪܬܐ zu dem masc. ܫܘܚܬܐ setzen müssen. Doch wurde ܬܐ von Syrern schon irrig für Fem.-zeichen gehalten. Nöld. mand Gr 161.

[3]) Ich glaube, dass die Sache sich so verhält, wie ich im Texte behauptet habe; dann muss man sich aber die Verwechslung von ܫܝܚܐ und ܫܘܚܬܐ für die Würdigung der Zuverlässigkeit BB's merken. Bei dem großen Umfange, den BB's Arbeit hat, ist es nicht zu verwundern, dass er Einzelnes

g. D 413 „πετροσέλινον" *Petroselinum hortense* Hoffm., Petersilie. BB [: 724] . . ܟܪܦܣܐ ܕܫܘܥܐ كرفس الصخر واقول ان الاعراب يسمونه كرفس الحمار ܘܐܝܟ ܗܢܐ ܐܦ ܟܪܦܣܐ ܠܗ ܫܘܥܐ [ms ܫܡܝܐ] ܕܡܬܩܦܐ ܫܡܝܐ ܕܡܬܩܪܐ ܐܦ ܦܛܪܘܣܠܝܢܘܢ فطراسالينون ܗܘ ܟܪܦܣܐ ܛܘܪܝܐ : ܦܛܪܘܣܠܝܢܘܢ ܡܢ ܛܪܐ [ܐܬܐ .l] ܟܪܦܣܐ ܕܛܘܪܐ بزر الكرفس الجبلى قال جبريل تفسيره بزر الكرفس الصخرى.

Aßaf 118 p 85ᵇ כרפסא דחמרי aram. [BB: die Araber nennen es so] = איזמירנין, פטרוסילינון. 56ᵇ פטרוסילינון-אזמרנייא = σμύρνιον, das in Cilicien πετροσέλινον heißt D 415. Aßaf מורא 45ᵇ = איזמירנון ist aber σμύρνα; dasselbe ist μούρ, bei Langk 42 irrig unter *Smyrnium perfoliatum* Mill. — Steinschn. Donn. 146_{78}.

D sagt von der Petersilie: φύεται ἐν Μακεδονίᾳ Aßaf 119 p 85ᵇ: פטרוסילינון מקידוניקון Ngr. μακεδονίσι, Arab. بقدونس, بغدونس Forsk. LXIV. Berggr. 868, Delile 58 genauer مقدونس Bt II 527. Fraas 147.

K PSm 1226 zu ܡܩܕܘܢܝܣܐ — بارشين بطرشيل?? PSm: petroselinum.

h. כרפס Schebiit 9_1 TKil 1_1 הכוסבר והכרפס (so) j Schabb. $10^a{}_{36}$. Maim كَرَفْس Kaleb: אבי. قراوز קראוו apio, שלינו gr. σέλινον.

Ab. zar. 28ᵃ כרפסא בטילא Raschi אפיא (Sukk. 39ᵇ) 38ᵇ בּוּרָא דִּכְרַפְסָא Ly I $209^a{}_{11}$ II $154^b{}_{17}$ TW I $391^b{}_{18}$ falsch Carbasus. Ketub. 61ᵃ כרפסא Aruch Landau falsch כרפסתא.

Πετροσέλινον war, wie Honein ob. Zeile 4 berichtet, ins Syrische aufgenommen. Auch im j [s. S. 8_2] ist פיטרוסילינון beibehalten: es soll Bastard aus Selleri und Fenchel sein, שומר וכרפס. כרפס ist Selleri, *Apium graveolens*, כרפס שֶׁבַּנְּהָרוֹת Schebiit 9_1, dem Namen nach كرفس الماء *Sium latifolium*, nach dem j z St $38^c{}_{57}$ = πετροσέλινον.

Ukz. 3_2 Schebiit 7_2 נין החלב Maim. القدونس Kaleb zu חצא(?)

übersah, namentlich bei Worten, die er, wie ܡܘܪܩܐ, nur aus Honeins Lexicon, kannte das ihm für Sergius' Sprachgebrauch als Quelle diente.

arab. מגדנוז = פרשיל persil, gr. קודימנדו, מקידונישי μακεδονίσι, μαίδανο türk. معدنوس ma'danos. Petersilie? Fraas 147. Hai Gaon حرشف S. Nr. 116.

168.

ܦܪܣܝܐ.

BA 4881 dem ܐܓܠܣܐ ähnlich, كاشم s. Nr. 174. So l. BB 450 für الخاشم. Dieses (Vull. = انجدان رومى) Sonth Verz. 285 Seseli Berggren 858 كاشم رومى Ligusticum, Seseli offic. Mow. 150 كاشم رومى = سساليوس = Bt II 336 λιγυστικόν [1]) nach Fraas 145 *Laserpitium Siler* L, Laserkraut.

BB: الكاشم ܠܒܝܫܛܝܩܐ ܦܬܝܐ ܡܢ ܡܦܪܣܝܐ C 949 nach Avic 194 Ligusticum. PSm 1441 ܛܘܪܕܘܠܝܘܢ, (so) τορδύλιον, nicht erkannt. D 404 Rabban: ܦܪܣܝܐ ܕܒܪܐ, كاشم برى, cod H, nicht bei PSm ܦܪܣܝܐ, richtig. Auch Vull. hat طرذيلون nicht erkannt; die Erklärung will heißen: [رومى] انكدان des D aO σέσελι κρητικόν. *Tordylium off.* L.

ܦܪܣܝܐ auch Nr. 80.

169.

ܟܪ̈ܬܐ כרתי. [2])

Allium Porrum L, *Lauch*.

كَرَّاث كُرَّاث כְּרֵישָׁה nach Fleischer zu Ly TW I 428b auch „πράσον“ (پراصه türk.), dem die gr. Etymologen ausweichen. Vgl. das σ für ש ث pun. Verz. 76. Sing. ܟܪܬܐ fem. Geop. 93_1 ein Porree. = Kopf. Plur. Pesch. u. Targ. Num 11_5 חציר πράσον Geop 92_{14} 97_{12} 98_5 110_{22} PSm 242 ἀμπελόπρασον aus Gal. u. D 289 كُرَّاث الكرم ܟܪ̈ܬܝ ܕܟܪܡܐ, PSm ܟܪ̈ܬܝ falsch. BA Nr. 4884

---

[1]) BB 469 ܠܝܒܘܣܛܝܩܘܢ حكى جبريل مع ليوسطيقون.

[2]) Man kann überzeugt sein davon, dass das Aramäisch der Juden hebraisirt war; aber dass man gegen Dinge, wie Doppelung des r sich sperrte, glaube ich nicht. כְּרָתֵי hat schwerlich je ein Mensch gesprochen für כַּרְתֵי.

BB 451 الكراث ܟܪ̈ܬܐ 774: الكُرّاث ܟܪ̈ܬܐ ܕܝܢ ܐܝܟ ܦܪܐܣܘܐ وصحّحه حنين πράσα.

717: ܟܪ̈ܬܐ 891: ܦܪܐܣܐ ܡܛܪ̈ܐ ܟܪ كرّاث ܘܟܪܣܪ̈ܐ ܦܪܣܘܢܝܢ ܗܢܘܢ ܦܪܐܣܘܐ ܗܘ ܟܪ̈ܬܐ ܦܠܢܝܬܐ ܐܝܟ ܟܪܣܪ̈ܐ الكرّاث واهل الشّام ومصر يسمّونه قِرط Frtg. aus Kam.: قِرط: كُرّاث المائدة.

D 287 πράσον . . οἱ δὲ κεφαλωτόν BB 828 BS: ܩܦܠܘܛܐ ܗܘ ܟܪ̈ܬܐ ܫܡܝܢܝܬܐ كراث الشامى وهو القفلوط [:883] ܩܦܠܘܛܐ ܟܪ ܟܢܕܢܐ ܕܟܪ̈ܬܐ كرّاث شامى.

Auch Bt: قفلوط = كرّاث شامى aus d. nabat. Landwirtschaft.; vgl. den Artikel كرّاث II 363 ff. قلقوط ist Druckf. Ebenso Vull sv., der noch كُندنا s. BS ob. Zeile 3. — Κεφαλωτόν „Nagel, der einen Kopf hat" BB ibd: ܩܦܠܘܛܐ . . مسامير und 890 zu ܩܪܦܣܐ wird gesagt: ܟܕ ܡܢ ܣܦ̈ܝܐ ܘܩܦܠܘܛܐ ܗܢܐ ܕܐܡܪ ܠܗ ܐܝܟ ܠܠܒܠܒܐ ܐܘ ܕܚܒܘܫ̈ܬܐ مسامير كبار.

קְרֵישָׁה der Form nach Demin., Schabb. 8_5 punct. Ms. Maim. ar. $j9^d{}_{70}$ Machschir. 1_5 u. Tos. 1 pl קְרֵישִׁים Schebiit 7_1 8_3. Fördert die Verdauung Ber. 44^b vgl. Erub. 56^a Pirka de R. hakadosch p. 18^a Schönblum. Bb 2_{10}. Kil. 1_2 כרישים וכרישי שדה ms. Maim. ar. כרשי كرّاث Ukz. 3_2 כ׳ שדה كرّاث الفحص (das. ירקות שדה بقول الفحص). j Kil. $27^a{}_{24}$ כרישים = כרתי, כרישי שדה = קפלוטין schwerlich mit Recht, da die Mischnah Ned. 6_9 קפלוטין nennt. Tos. 3 j $39^d{}_{46}$ כרישה umfasste nicht überall auch קפלוטין mit. Num. 11_5 Onk. כרתי, jer. קפלוטייא. Maim.: كرّاث الشامى Uebers. Ned. aO שם הכרתין שבארץ ישראל, mit Palästina übersetzt er شام: קפלוט also wie BB und Bt: syrischer Lauch. M. scheni 2_1 קפלוטות كرّاث الشامى [so übersetzt cod. C. des Diosc. am Rande πράσον] = = החציר הנעשה בארץ הצבי, ungeschickt ist Ukz. $1_{2\cdot3}$ كرّاث المشهور بالشامى mit הקפלוטות הם כרתי המפורסמים übers. Für כראת des Maim. die Uebers. immer כרתי. Sg קפלוט TMa'as. sch. 1_{17} nicht ־ים — j Ter. $47^a{}_{44}$ und Parallst. — b. Chull. 97^b. — aram. קפלוטא ܩܦܠܘܛܐ

j Schebi. $37^a{}_7$ j Ber. $10^c{}_1$ [dafür b 34^a כרוב] קפלוטין j Dem. $22^d{}_{24}$ קפלוטייא s. ob. Targ.

Raschi פורייש, פוריש porées pl., altfranz. neben porrée = porreau. Hippeau im afr. Glossar.

כרתי ob. S. 227_{19} b Ab. z. 10^b Gitt. 69^b תְּלָת נְטוּפְיָיתָא אֲיִצְּרָא דְּכַרְתֵּי drei Tropfen Lauchsaft = ܥܨܘܪ̈ܐ עֲצָרָא wie Ar. auch aO liest. Ly I 154^b Z 4 vu falsch: drei Tropfen von ausgepresstem Lauch. כרתין j Schabb. $10^a{}_{36}$.

כַּרְתָן Ber. 1_2 Sukk. 3_6. כרתינין —ון j Sukk. $53^d{}_{39}$ Ar. aus Jelamd. ܦܪ̈ܣܐ ܟܪ̈ܬܢܝܬܐ .كراثى grüne Vorhänge BH carm 72_4 schlecht gebildet nach πράσινον plur. כַּרְתָנִין Targ. Est. 1_6: Lauchfarben.

Bibl. חציר. auch Kelim 17_5 TKel. Bm 6 חציר גבע. Neub. Geogr. 264 weiß nichts von der Tos.-Stelle, die er später selbst anführt! Die Tos. sagt ausdrücklich גבע sei eine samaritanische Ortschaft.

170.

ܟܘܫܢ̈ܐ

Viciae spec. bes. Ervilia[1]) Lk., *Linsenwicke, Erve.*

כַּרְשִׁינָה كرسنه pers. كشنى Lag. gA 59 der nachzulesen ist.

Geop. für ὄροβος ܟܘܫܢܐ 35_{21} [so lies f. ܒܟܘܫܢܐ, ε 11_1] 49_{11} 77_8 91_4 102_6 (ιζ 3_1) 104_{21} 105_2 106_{14} 107_{26} $108_{18 \cdot 26}$ 110_{16} 115_{24} 116_{10}. 47_{18} ܡܫܚܐ ܕܟܘܫܢܐ Pallad. ιχ 14 p 182_{19} Bip. ordeaceum. Zu ὄροβος PSm 1068 ܐܘܪܘܒܘܣ. 90 ܐܘܪܘܒܘܣ – ܟܐܫܢܐ lies ܟܘܫܢܐ, auch C 438 l. so für dass. S. Nr. 11 a. Schrœter DMG 24 279 f. BA 4675 ܟܘܫܢ̈ܐ كسن BB كشن, كشنى, كرسنه = Nov. 139; aber vorher هرطمان. Aßaf 93 p 81^a זרע כושנין gr. אורובין ar. כרסנא. 32^a 52^b כושנים. Aus كرسنه span. Alcarcena. Ὄροβος ist אריש, אירש اريس = כרשין bei Steinsch. Maim. Gifte 104 Anm. 65.

[1]) Die in Syrien heutzutage kursennah genannte Leguminose ist nach den von Dr. Kersten mitgebrachten Proben *Vicia Ervilia* Lk. Ztschr. f. Ethnologie IX (1877) 304 Anm. Boissier, Flora or. II 595.

פַּרְשִׁינָה Bechor 6_1 — כרשינים Schabb 1_5 20_3 ms. Maim. arab. פַּרְשָׁנִין (so) כַּרְשָׁנִין arab. كرسنة Ohol 17_1 M. scheni $2_{2.3}$ Eduj 1_8 ms. Maim. hebr. כרשני = ms. Maim. ar. M. scheni aO Challa 4_9. — כרשינה ist in *b* und *j* allein bezeugt, כַּרְשָׁנָה ist arabisirende Schreibweise des Maim. Das Wortspiel כרשנא n. pr. u. כרשינה kommt dafür nicht in Betracht Ester r. והקרוב 211_0 Lpz. Sie bilden das vorzüglichste Futter Geop. 102_6 für Hornvieh TTer. 8_3 und waren das gewöhnlichste Futter TMeila 1 TAb. zar. 7 TUkz. 3 j Chall. 60[b] Sifre II 318 Bm 90[a]. — Meila 3_6 Ter. 11_9 (Tos. 10_7) fünfmal, Maim. dreimal כרשני. Mehl daraus (טחין) TDemai 1_{24} j 22^a_{45} TTer. 10_5 Geop. 110_{16} 47_{18}. — Bechor. 37[b] כרשינה = הינדא Ar. הנדא? Zur Fälschung von Pfeffer s. zu Nr. 258.

Ueber die Verwechslung von כסמין und كرسنة s. ob. Nr. 72.

בִּיקְיָא ܒܝܩܝܐ بيقيه βίκιον, biciæ im Edict des Diocletian Waddington Édit de Diocl. p. 9 Wicke, zunächst wohl *Vicia sativa* L, gemeine Wicke.

Nach Wetzstein, Dreschtafel 280, werden in Syrien zwei Wickenarten gezogen: kursenna, *Vicia Ervilia*, und bîkîa. Dieselben sind in einer fehlerhaften Stelle j Challah 60^b_{28} . . ביקיא במנעליהן[1]) יצאת עמהם מאלכסנדריאה beisammen genannt. Beide, wie in Syrien noch jetzt, nach Wetzstein aO 283, Viehfutter TUkz. 3 TMa'as 3 Ende j 52^a_{53}. Quadrupedum causa seruntur Plin. ι. 50. 'Αράκην καὶ βίκιον ἐν λιμῷ ἐσθίουσιν ἄνθρωποι Oribas Coll. Med. I 34. Waddington aO 'Αράκη Galen unübersetzt ܐܪܐܩܐ PSm 829 BA BB ܐܪܐܩܝܢ = ܒܝܩܝܐ 521 ܒܝܩܝܐ = حب يشبه الكرسنة.

In Mesopotamien wird jetzt nach Ainsworth vorzugsweise „Vicia Nissoliana" cultivirt und heißt kursenna. Meyer 3_{83}. Nach Ascherson ist dies keine orientalische Pflanze. Die mesopot. Kursenna ist wohl doch mit der syr. identisch.

---

[1]) Zum Ausdruck: j Schabb. XIX 16^d_{70}.

171.

ܟܫܘܬܐ כְּשׁוּתָא.

Cuscuta [1]),

pers. کُشوث, daraus ܟܫܘܬܐ arabis. كَشُوثَاء, كَشُوثَى, كَشوث, mischn. כשות.

BB كشوث ܟܫܘܬܐ 854 BS كشوث ܟܫܘܬܐ . . ܣܘܣܠܝܐ. 896: ܟܫܘܬܐ ܣܡܬ ܗܦ̈ܝܙ ܗܕܢܐ ܠܠܟܘܡܐ ܘܡܣܬܪܓ ܠܡܪܚܘܩ. ܐܟܪܙ ܕܟܫܘܬܐ ܕܟܒܫܘܬܐ. Nah. 1_{10} Hex. ܟܫܫܬܐ σμῖλαξ will Bernstein DMG 4 212 dieses ܟܫܘܬܐ setzen. Das Wort ist dunkel; den Schluss der Glosse verstehe ich nicht. ܘܡܣܬܪܓ ܠܡܪܚܘܩ heißt: „es rankt weithin". [קשות Nr. 278 hat aram. ܩ: ܩܫܘܬܐ].

Sergius gebrauchte ܟܫܘܬܐ für ἑλξίνη oben Nr. 100 b. — Der Same von كَشوث nach Vull. sv. syr. دينار.

Mischn. כשות, talm. כשותא wächst auf verschiedenen dornigen Gewächsen אנא היזמא (הנא) s. oben Nr. 104 b und vgl. das. c, ja wird auf diesen kultivirt, wie aus dem Verbote des „Pfropfens" auf den Einen und der Erlaubniss desselben auf den Andern hervorgeht. Man tat den כשות an den Palmwein und züchtete ihn in Babylon — doch auch in Palästina — zu diesem Behufe [2]). Die talmudische Nachricht bestätigt die folgende Notiz des Plinius

---

[1]) Kurdisch heißt nach der Etiquette in Kotschy's Iter cilic. Kurdicum 1859 Nr. 289 *Cuscuta planiflora* Ten.: kozkou.

[2]) Anmerkung von Prof. Ascherson: Von der Kultur einer Schmarotzerpflanze ist gegenwärtig weder im Orient noch sonstwo etwas bekannt. Prof. Haussknecht schreibt über *Cuscuta*: Von Weinbereitung aus *Cuscuta* ist mir nichts bekannt. Cultivirt wird nirgends eine *Cuscuta*, da dieselben überall so gemein sind, dass man sie für cultivirt halten könnte. In Assyrien und Babylon habe ich dieselben oft weite Strecken überziehen gesehen z. B. auf *Alhagi*, *Glycyrrhiza*, *Echinops*, *Centaurea*, *Convolvulus*, *Vitex Agnus castus* und Anderen besonders *Rosa Eglanteria* L und *Rubus sanctus* Schreb.

ιγ 46, an deren Richtigkeit man mit Unrecht gezweifelt hat. Der Uebereinstimmung wegen gebe ich die ganze Stelle. Plinius sagt: „Nicht zu übergehen ist eine Pflanze, die in **Babylon** auf **Dornsträucher** gesät wird *(seritur in spinis)*, weil sie nur da gedeiht, wie die Mistel *(viscum)* nur auf Bäumen; [sie wächst] aber nur auf dem Königsdornstrauch *(spina regia)*. Es ist wunderbar, dass sie an dem Tage, an dem sie darauf gesät wird (iniectum est), sprosst — sie wird zu Aufgang des Hundsterns gesät — und äußerst schnell den Baum (arborem, האנא „ein Baum" d. h. perennirend! s. oben) überzieht. Condiunt eo vina (שכר) et ideo serunt."

Gemeint ist unzweifelhaft eine *Cuscuta*[1]), nach Prof. Haussknecht und Ascherson: *Cuscuta monogyna* Vahl. die nach Haussknecht so „massenhaft auftritt, dass man sie wagenweise sammeln könnte", oder die weniger verbreitete *Cuscuta chinensis* Lmk. (= *Cuscuta ciliaris* Hohenacker), worüber Boissier, Diagnoses plantarum orientalium novarum, Series secunda Nr. 3 (Lips. 1856) p. 129 sagt: C *flavescens*, caulibus *tenuiter filiformibus*, floribus in umbellulas 3 - 7 flores basi squamâ albâ triangulari suffultas dispositis etc. etc. Habitat *ad ramos Alhagi sp.* parasitica circa *Mossoul.* Nach Boissier, Flora or. IV 115 ff. finden sich in den Euphratländern noch: C. *planiflora* Ten., C. *brevistyla* A. Br. Hai G. Ar. sv beschreibt sie als eine Pflanze wie gelbliche Fäden aussehend, deren Wurzel in der Erde ist, die aber auf hîzmê pl. genannten Dornsträuchern leben, oder „eine goldähnliche Pflanze, die fadenförmig Dornen überzieht." Die Farbe wird neben Saflorfarbe und Eigelb genannt, in den Schlachtvorschriften des RJonah ed Coronel Wien 1871 p. 26ª falsch קשות = פלוכיא (? ? Nr. 190). Es wurde zum Palmwein שכר benutzt,

[1]) Das Wort Cuscuta ist wie Cassyta aus كشوث entlehnt.

was auch die Araber taten. Hopfen war zu Raschi's Zeit schon zu allgemein beim Bierbrauen (שכר) verwendet, um nicht im talmudischen כשותא gefunden zu werden. Raschi erklärt denn auch כשות immer durch הומלון. Mk 12^b Schabb. 107^b und sonst, Bm 42^b. Das. כיסי soll nach Sar Schalom Gaon nicht gehörig von fremden Kräutern gereinigte *cuscuta* sein, durch deren Zusatz der Dattelwein nicht gut wird.

Raschi hält folgerecht Gitt. 69^a הומרתא דכשותא für die kugelförmige Hopfenblüte: doch sind auch die Blüten von Cuscuta knäuelförmig (capitato — glomeratus). Ly II 78^a falsch: Blumenkelch des Kostus. Uebertragen ist כשות: gelbliche Fädchen, Flaumhaare. כשות של קשות „Flaum der Gurke", deren Kelch und Blume behaart ist Ukz. 2_1 Maim: الزغب الذى على القثوس عند قطعه. Schon Hai G: زغب الخيار so l. (gegen Ly II 428 u. 459 a l. Z.) im Comm. für זגב אלביאר Ar. זגב אלנואר = Hai zu Mikw. 9_4 zu כשות של קטן. Ar. erklärt פרח nach dem falschen نوار. כשות של קטן ist زَغَب pulli et infantis lanugo et crines apparentes.

172.

ܟܬܢܐ כִּיתָּנָא.

Linum (usitatissimum L) *Flachs.*

Pesch. פשתה, λίνον = Geop. 3_{16} 5_{26} 6_2 (β 40) ܗܼܕ ܐܘܡܢܘܬܐ 47_{27} 50_{14} 52_5 53_6 111_1 $92_{12.29}$ ܗܼܕ ܙܪ̈ܥܐ 100_{19} ܗܼܕ ܙܪܥܐ ܘ λινόσπερμα 110_{29} بزر الكتّان PSm 1159 Galen = λινόσπερμον. Jos. 2_6 פשתי העץ (λινοκαλάμη) ܩܢ̈ܝ ܟܬܢܐ. — BB كتّان oft auch verschr. كتّان [452] ܟܬܢܐ كتّان ܡܢ ܟܬܢܐ ܢܦܩܬ [Ex. 9_{31}] طال وبزّر [: 470] ܠܝܢܘܢ ܟܬܢܐ ܒܛܢܐ ܡܢ ܕ كتان ܠܝܢܘܦܣܘܣ [ܦܣܘܣ .M. ܣܘܣܘܣ .l] ܒܒܨ ܟܬܢܐ صانع الكتّان. ܠܝܢܘܣܦܪܡܘܢ قال جبريل ان بزر الكتان اسمه باليونانيّة ܠܝܢܘܣܦܪܡܘܢ : ܠܝܢܘܣܦܪܡܘܢ ܙܪܥ ܟܬܢܐ ܒܛܢܐ بزر

الكتّان ܒܙܪ̈ܘܗܝ ܗܘ. ܠܝܢܘܣܦܪܡܘܢ ܒܪ ܒ̈ ܙܪܥ ܕܟܬܢܐ بزر كتّان
[:428] ܡܘܠܝܢܪܝܢ ܐܝܟ ܡܘܦܪܘ̈ܬܐ ܗ̄ ܗܘ ܙܪܥ ܕܟܬܢܐ لُعَاب البزركتّان
[:442] ܟܢܝܬܐ كُبَّة القُطن او كتّان [ܟܢܝܬܐ ܥܙܠ̈ܐ ܕܟܬܢܐ :M]

Λινάριον, λινοποιός, gemeint ist, wie so häufig mit den „græco-syrischen“ Eindringlingen LXX, Jes. 19_9 ܚܫ̈ܚܬ ܟܬܢܐ vgl. Kelim 16_6 עושי פשתן; λινόσπερμον. Χυλάριον von Leinsamen wie BS BB 439 ܡܘܠܝܢܪܝܢ ܕܦܠܓܠܬܐ mucilago fœni græci C 417 — لُعَاب الحُلبه — ܡܐ̈ܢܐ ܕܟܬܢܐ in astronomischem Sinne: λίνον الخيط PSm 1220. — ܫܝ̈ܦܐ ܕܟܬܢܐ linteum 1225 und mit irrig zum Stamm gezogenen Præfix ܡܫܝܦܐ ܕܟܬܢܐ von PSm aus BA ohne Arg aufgenommen. — Ebed Jeschu Kt. dPardêsâ ms Berol. 13r ܦܪ̈ܟܐ ܕܟܬܢܐ Leinwandstück. Zu perkâ DMG 27_{623} PSm 273_{24}.

כיתנא targ. פשתה. Talm. Nedar $48^b{}_1$ Schabb 20^b Chull. 51^b u. j Sanh. $20^c{}_{73}$ u. sonst. כִּיתָן targ., u. j M scheni $56^d{}_{4\cdot5}$ Chull. 85^bf כיתניה.

Bibl. פשתה pl פשתים pnn. φοιστ = fist פֵּשֶׁת hebr. פֵּשֶׁת Mischn. sg. פִּשְׁתָּן pl. פשתים Kil. $2_{2\cdot7}$. פשתנו M Kat 2_3 pl Kil. 9_1. Wortspiel mit פישון Ber. r. 16 p 27_7 Lpz. Flachs so wie er gerauft wird, pl. הוצני פשתן Ar. הוצני Maim. חצני Peah 6_5 قبضات الكتّان Uebers. קני פשתים. Auch TSchebiit 4_{19} schwankt ה' u. ח' Var. הושני ח'. Talm. ה' besser bezeugt. הושנין d. Tos. erscheint Sukk. 12^b neben dem richtig הוצני und verursacht Schwierigkeit; es ist blos Variante; j Sukk $52^b{}_{64}$ richtig nur: הוצני פשתן — אניצי פשתן. Sprachlich ist הוצני dunkel, aber ganz verfehlt ist es Ly I 459^b zu הוצא Palmblatt gestellt „mit eingeschaltetem נ“ dh. ein Plural wie ܡܕܝܢ̈ܬܐ, ܡܕܝ̈ܢܬܐ usw., was man nicht annehmen kann, da sachlich kein Zusammenhang herzustellen ist. Guis. vermutet z. St.: חָצֶן Ps. 129_7 und חֹצֶן, so viel als bei dem Ausraufen auf einmal umfasst wird.

Flachsbunde אניצי פ' Ned 7_3 TSchabb 15_4 Var. עניצי Bm 2_1. T Kel. Bk 4 עניץ של פשתן so l. für עציץ, עצין.

173.

ܠܘܒܝܐ לוביא.

Phaseolus, Dolichos, Vigna. Bohne.

BB 716 ܦܐܣܝܠܘ حب اللوبيا. 658 Rabban ܣܡܝܠܐܩܘܣ ܗܝ ܠܘܒܝܐ لوبيا D 285 σμῖλαξ κηπαία ἧς ὁ καρπὸς λόβια. — D 251 φασίολος. لوبيا = σμῖλαξ auch Bt II 444 Berggr. 869 Phaseolus, Haricot. Jetzt ist lûbieh[1]) Same von *Vigna nilotica* Hook. = *Dolichos nilotica* Del. Hartm. 178 *Dol. Lubia* Forsk. LXX. Sonth Verz. 285 Span. alubias. ܠܘܒܝܐ ܗܢܕܘܝܐ: BB 658:

ܣܡܝܠܐܩܘܣ اى طكسون: ܠܘܒܝܐ ܗܢܕܘܝܐ ܘܐܝܠܢܬܐ ܐܝܠܢܐ
ܕܕܡܝܢ ܛܪ̈ܦܘܗܝ ܠܗܝܠܐܛܐ ܘܦܐܪ̈ܘܗܝ ܚܒܒܝܢ ܐܝܠܢܐ ܗܘ
ܛܐܘܟܣܘܣ ܘܦܛܐܘܟܐ ܘܦܐܪܦܪܘܣܐ ܕܡܠܠܬܗ ܩܛܠ زعم انه لوبيا
هندى: ܣܡܝܠܐܩܘܣ وتفسيره القوس ܐܘ ܣܩܘܛܘܣ حكى جبريل انها
شجرة يسمّيها قوم ܛܘܡܝܠܘܣ واخرون ܛܘܡܐܠܘܣ فاما الروم يسمّونها
ܦܐܩܣܘܣ (so): ܛܘܡܝܠܘܣ ܘܛܘܡܐܠܝܣ [l. ܠܘܣ] حكى جبريل
عن ديسقوريدس انه شجرة يسمى ايضًا ܣܡܝܠܐܩܣ وتفسيره القوسى التوسى(?)

„Gabriel ibn Bocht Jeschu" giebt den Anfang des Art. τάξος D 577 PSm 1420 ܛܐܩܣܘܣ, was dort nicht vermerkt ist. Σμῖλαξ οἱ δὲ θύμαλον, Ῥωμαῖοι δὲ τάξον καλοῦσι. Δένδρον ἐστὶ παραπλήσιον ἐλάτῃ τοῖς φύλλοις καὶ μεγέθει, في كبرها Gabr., ἐν Ἰταλίᾳ φυόμενον . . . Hühner, die sie essen πνίγεται suffocantur, conj. πιαίνεται. [ܚܒܪ ܐܝܠܢܐ Hülfe leisten DMG 27 495_{12} PSm sv.] „Wer im Schatten [der in Narbonien wachsenden] sitzt oder schläft, wird . . . getödtet." — „Bogen" geht auf vermeintliches τόξον für τάξος!! Auf lubia führte wohl das gemeinsame σμῖλαξ. Taxus ist Eibe.

---

[1]) *Lubiâ* ist der allgem. Ausdruck für B o h n e. *Dolichos Lubia* Forsk ist die in Aegypten am häufigsten cultivirte, *Vigna nil.* eine seltene wilde Art.

174.

לְבוּנְתָא ܠܒܘܢܬܐ.

Weihrauch.

Bibl. לְבוֹנָה لُبَان λίβανος. Geop $109_{19.9}$ ις 5_1 ܠܒܘܢܬܐ — ܠܒܢܘܛܘܣ λιβανωτός. Pesch u. Targ. Nov 139 كاشم? [Es ist bei Nov. hier, wie auch anderswo, eine Verschiebung eingetreten, wodurch das zu „كندرلبان" gehörende ܠܒܘܢܬܐ zu „Laserpitium كاشم" s. Nr. 168 gekommen ist. Fl.] — D 85 Λίβανος mehrere Sorten: σύαγρος ... ὁ σμιλευτός ὃν ἔνιοι κοπίσκον καλοῦσι, μικρότερον καὶ κιῤῥότερον ὄντα. Gabriel PSm 1004 ܐܣܡܝܠܐܘܛܘܣ: لاخضر الصغير, Mauche ܩܘܦܝܣܩܘܣ: ὁ σμιλευτός .. κοπίσκος. BB 475 قال جبريل هو اسم الكندر ܠܐܒܢܘܛܘܣ باليونانية وهو اللبان والكندر المُدَحْرَج ¹) يسمّى سواغروس واخر يسمى هيسمولوطوس الذى يدعوه اناس قوفيلسوس [κοπίσκος!] الصغير الحبّ الاخضر ونوع اخر ابيض يسمّى ܐܡܘܡܝܛܝܣ ²) واذا علك لان بطنًا كالمصطكى ويغيّر الكندر كله بعلك الصنوبر المسمى ܦܝܛܘܢܣ [l. فيطوس] [:632] ܛܪܝܡܢܛܘܣ حكى جبريل انه من اسمآء الكندر وهو ⁴) الذى يُقطع قطعًا مربعة ويطرح فى جرار حتى يتدور فاذا عتق احمر ويسمى سواغروس: D. ¹) στρογγύλος ²) ἀμωμίτης .. ἐν .. τῷ μαλάσσεσθαι ἐνδιδοὺς ὡς μαστίχη. Δολοῦται δὲ πᾶς λίβανος τῇ πιτυίνῃ ῥητίνῃ ... Vorher ⁴) τέμνοντες γὰρ αὐτὸν εἰς τετράγωνα σχήματα καὶ βάλλοντες εἰς κεράμεια, κυλίουσιν ἕως ἂν ἀπολάβοι τὸ στρογγύλον σχῆμα, χρόνῳ δὲ ὁ τοιοῦτος ξανθοῦται.

לבונה mischn. Ab. zar. 1_5 Kerit. 6a. — לבונתא wird Schabb. 50b Aruch עפר richtiger sein als לבינתא Ziegel.

175.

ܠܒܟܐ.

a. Jes. 19_7 BH Schol z St Tullbg p 14 = ܛܘܚܠܒܐ BA 5155 ܠܒܟܐ ܗܒܠ ܕܥܠ ܡܝܐ ܗܘ ܛܘܚܠܒܐ ܘܣܘܪܐ BB 464 طحلب, auch الطحلب

ܛܚܠܒܐ [*masc.* BH. gr. I 213_{22}] BS: ܝܘܪܩܐ ܢܘܚܐ ܕܥܠ ܡܝ̈ܐ. Ueber ܪܘܒܚܬܐ Schaum ob. Nr. 151 BB 657 ܛܚܠܒܐ ܦܪܐ ܡܢ ܪܝܫܗ ܫܥܒܬܐ ܘܡܘܪܝܩܐ ܗܘܝܢ ܦܪܝܢ ܠܗ الأشنة : ܡܠܬܐ ܕܡܝ̈ ܕܒܗ ܠܘܚܐ طَحْلَب [: 717] ܐܦܘܡܘ ܠܠܦܣܘܢ ܕܢܗܪܐ ܡܝ̈ ܦܐܘܡܘ ܐܘܣܒܘ ܠܘܢ ܠܗܠܝܐܢܛܠܘܢ ܐܝܟ ܢܦܝ ܠܠܦܣܐ ܕܥܠ ܡܝ̈ܐ ܕܐܬܝܐ ܠܢܘܚܐ ܡܝ̈ܐ ܕܥܠ ܡܝ̈ܐ ܠܐ ܪ̈ܘܒܐ الطحلب ويقال عَدَس الماء [: 736] ܦܘܡܘܡܘ ܡܝ̈ طحلب ܘܡܝ̈ ܪܘܒܐܪܐܢ وكذا ذكر جبريل انه رويداران وقال مرّة هو العَدَس الذى يوكل او الذى يكون على الماء:

D 583 Φακὸς ὃς ἐπὶ τῶν τελμάτων εὑρίσκεται ἐπὶ τῶν στασίμων ὑδάτων, βρύον ὂν ... *Lemna,* Wasserlinse. Vgl. Nr. 330.

ܦܠܬܘܪܐ Geop 44_{13} = ܦܣܝܠܘܬܪܘܢ psilothrum Pallad. α 35_{8} bei Nicl. Geop ιγ 15 annot. 5. ψίλωθρον eine Salbe zum Haarvertilgen.

Berggren 857 Lenticula palustris عدس الماء طحلب. 843 Corallina, Brion, Mousse marine طحلب, كورلينا, كشة العروس. — Lane: طُحْلُب[1], طُحلَب = عَرْمَض, نُور المَاء, Vull II 115 زَبَر آب. Ein Pflanzenname اوع kommt Forsk CXXI vor: *Turia leloja?*

b. PSm 1479 ܠܠܦܣܘܢܐ Galen. BA ܠܠܦܣܘܢ ܕܡܝ̈ܐ = ܥܢܒܝܐ ܕܡܝ̈ܐ — طحلب K noch: ܚܠܒܝܬܐ, ܝܘܪܩܐ, ܢܘܚܐ. Ebenso 1015 K zu ܚܠܒܝܬܐ, das BA BB nicht kennen.

c. ܝܘܪܩܐ[2]) BA. BS. = mischnisch ירוקה שעל פני המים الخضرة

---

[1]) Mow. 171. Av 183 Bt II 152 (aus D 583). 186. 190.

[2]) Ueber den Unterschied zwischen ܝܘܪܩܐ wildwachsendes [so steht es BB: ܥܣܒܐ ܐܝܟ ܕܒܪܝܬܐ ܝܘܪܩܐ ܕܡܫܬܟܚ] [d. heißt الخضرة ܝܘܪ̈ܩܐ ܕܠܐ ܡܙܕܪܥܝܢ ܕܡܝ̈ܐ ܕܡܢ ܡܝܬܘܬܐ ܕܡܝ̈ܐ الخُضْرة التى على الجرار]. Eine Erklärung, die sehr an die b. talm. Erklärung für ירוקה streift. Man vgl. für das Wort: שחת. ܩܠܬܐ ist ein Gefäß κεράμιον Geop $22_{4\cdot 6}$ (ια 18_{6}) vgl. (γ 5_{3}) 15_{11} Klg Dmg $55_{2\cdot 3\cdot 4}$ vgl. Nr. 93. — Honein, 236

(على الماء[1]) BB PSm 605 = طحلب Schabb 2, j: כיתן דמיי Wasserflachs, b 20b אוּקְמָתָא דהריצי das Schwarze (Ar. אוכמותא l. אוּקְמוּתא) in Wassergräben ist es nicht, sondern אוכמתא דארבא „das Schwarze, das sich an Schiffe oder Tröge ansetzt" — irgend ein Holzschwamm oder Pilz? ܥܘܒܝܐ ܕܡܝܐ C 902 ulva BA u K oben.?

d. Man wird am Besten tun, all diese Ausdrücke mit Wasserlinse zu übersetzen. Wie weit man Algen, Tange und Lemnaceen unterschied, wissen wir doch nicht mehr. Auch die flora classica hat die Algen und Tange nicht in's Klare gebracht, weil den Alten, wie jetzt noch dem nichtbotanischen Sprachgebrauche, hier Vieles durcheinanderfloss, was getrennt bleiben müsste. Φῦκος hat die D Uebersetzung; oben 236_6 ist mit ܦܘܩܘܣ φυκός gemeint.

ܦܘܩܘܣ ܬܐܠܐܣܣܝܘܣ ܐܝܟ ܗܘ ܦܘܩܘܣ ܒܝܡܡܐ BB 736
ܣܪܓܝܣ ܕܝܢ ܡܦܫܩ ܠܗܕܐ ܦܘܩܣܛܐ[2]) ܦܘܩܣܬܐ [l. ܦܘܩܣܬܐ] ܘܐܝܬܝܗܘܢ
ܗܝ ܕܝܢ ܫܚܡܬܐ ܕܡܢ ܠܐܩܐ ܐܘܟܡܐ ܙܪܥܐ ܘܛܠ ܥܡܘܪܐ ܘܠܐ

D Uebers.: ἄγριον λάχανον ܝܪܩܐ ܕܒܪܐ s ob. S. 16 Anm. b. ܝܘܪܩܢܐ ܕܒܪܐ das. Anm. c.] und (ירק) ܝܪܩܐ im Garten wachsendes Kraut Nœld. DMG 30 771. „Für λάχανον steht nur Luc 11_{47} ܥܣܒܐ, Curet. ܝܘܪܩܢܐ, Philox. ܝܪܩܐ." BB 454 BS بقول ܝܘܪܩܢܐ ܠܐܟܐܢܐ. 863: ܡܠܘܚܝܐ ܥܣܒܐ ܕܟܢܝܫܐ ضعيفة [l. خضرة] حُطرة ܘܚܒܝܒܝܬܐ C. 801 ramus, baculus hat irrtümlich ܚܘܛܪܐ im Sinne für خضرة. Allgemeiner ist ܥܣܒܐ, Gras. So BB 975: ܐܬܐܪܐܐ ܗܘ ܥܣܒܐ ܐܝܠܢܐ ܕܟܝܢܐ ܡܢ ܐܪܥܐ ܐܝܟ ܡܢ ܒܠܚܘܕܝܗ̇ ܡܬܝܠܕ ܘܠܐ ܡܢ ܢܨܒܬܗ ܢܒܥܐ ܐܪܥܐ ܕܒܪܫܝܬ ܙܪܥܐ ܘܠܐ ܙܪܥܐ ܚܕܐ ܡܠܬܐ: ... ܐܬܐܪܐܐ ܕܡܬܝܠܕ ܐܝܟ ܗܘ ܣܦܪܝܢܐ ܗܘ ܚܡܝܡܐ ܕܠܚܡܢ ܘܚܢܢ ܡܢ ܐܘܚܕܢܐ ܕܡܫܠܡܘܬܐ ܠܡܫܠܡܘ ܘܡܕܡ ܕܙܪܥܐ ܙܪܥܐ ܙܒ: العُشب البزر:

[1]) Simon b. Zemach Duran Mâgên 'Abôt Livorno 1785 fol. p. 36^a erklärt: אלטחלאב הוא ירוקה שעל פני המים שהזכירו חז"ל

[2]) Daraus C 605.

[742 :] الحميرا [ms سرانيه] وقال جبريل وهو بالسريانيه ܕܒܪܝܬܢܝܬܐ[1])
ܦܘܩܘܣ ܐܡܪ ܐܢܐ ܕܡܬܩܪܐ ܕܒܪܝܬܐ ܠܗ ܦܘܩܘܣܝܬܐ
[ܦܘܩܘܣܝܬܐ] ܣܡܩܐ ܗܘܝܐ ܕܒܬܘܠܬܐ ܗܘܐ ܣܪܢܓܐ[2]) سرنج

D 592 φῦκος θαλάσσιον · · φυόμενον πρὸς τῇ γῇ, εὐανθὲς ἄγαν καὶ ἄσηπτον. Honein hat Sergius' Uebersetzung sich nicht angeeignet; wahrscheinlich fand er die Uebersetzung nicht berechtigt. Sergius gebrauchte sie wegen φῦκος rote Schminke, die im Orient wie mischn. פיקוס und sein Denom. פִּקֵּס zeigen, unter dem fremden Namen Eingang gefunden hatte. Die Erzeugnisse des Meeres, Seetang, Schwamm (ספוג denom. סָפַג) Koralle und Perle, haben mehrfach fremde Namen.

e. Geop. 71_{10} κόχλακες ܟܐܦܐ ܕܝܡܐ ܥܒܪ̈ܐ [cf. Job. 8_{17} Hex.] = ܢܒܓܐ ܕܝܡܐ ܥܒܝܬܐ der Lexicogrr. zu ܢܒܠܐ ܕܝܡܐ haben oben Nr. 141. Theophr. hpl $\delta 6_1$: φῦκος ὅμοιον τῇ ἀγρώστει (ܢܒܠܐ) zeigt vielleicht den Zusammenhang der Bezeichnungen.

f. Geop $71_{17 \cdot 23}$ ܒܡܒܪ̈ܐ ܕܝܡܐ φυκίοις τοῖς ἀπὸ θαλάσσης ἐκβρασσομένοις (ι 29_3).

176.

ܠܘܦܐ. לופא.

Pesch. s. oben Nr. 93. PSm 4 ܐܐܪܘܢ, 94 ܐܪܘܢ = ܠܘܦܐ ܢܒܛܐ ,ܠܘܦܐ ,لوف السبط ,ܦܝܠܓܘܫ ,ܠܘܦܐ (فيلكوش) فيلجوش = الفيل اذان 858 ܕܪܩܘܢܛܝܘܢ 943 ܕܪܐܩܘܢܛܝܘܢ. BB 463 الجعد ܠܘܦܐ اللوف, das. السبط اللوف ܠܘܦܐ ܢܒܛܐ und ܠܘܦܐ ܐܝܟ ܕܐܡܪܝܢ ܚܠܦ ܕܪܘܢܬܐ [ܐܪܘܢ] ܐܪܘܢ ܐܘܟܡܬ ܠܘܦܐ ܗܢܘ. 749 ܦܝܠܓܘܫ Syn. von lûf. D Uebers. für δρακοντία oben Nr. 77. Aßaf 75 p 77^b לופא = דרקונטיון

---

[1]) ܪܒܢܝܬܐ Rabban BB 652 στύψ ܦܘܩܘܣ. Geop 41_{19}.

[2]) سرنج Kam. Frtg ein Heilmittel bes. auf Wunden.

(= 48ᵇ54ᵇ53ᵇ49ᵃ) PSm 954 aus Galen und Sachau Ined. 97_{12} unübersetzt ܕܪܩܘܢܛܝܘܢ.

D 310: Ἄρον, Syrer λούφα, auch δρακοντία, Cypern: κολοκάσιον. Galen. Sachau Ined 97_{11} ܐܪܘܢܘܣ ἄρον PSm aus Galen ܐܪܘܢ 372 unübers. BA BB ܠܘܦܐ ܫܒܛܐ لوف السبط PSm: لوف البسيط Bt II 446. Es ist aber سَبَط Berggren Arum arisarum od. Dracunculus major dh. *Dracunculus vulgaris* Schott., wie des Bt بسيط (richtig?) D 311 Ἀρίσαρον PSm 381 Gal. ܐܪܝܣܐܪܘܢ 382 BB ܠܘܦܐ ܦܠܓܘܣܐ — اللوف الجعيد BB 463: ܠܘܦܐ ܦܠܓܘܣܐ فيلجوس وهو اللّوف BB fügt hinzu: ܐܬܘܪܐ ܣܓܝ ܠܗ ܢܘܦܐ النوب B 593: اقول ܢܘܦܐ حشيشة بالموصل يعمل منها كشك ويسمى النوب وحكى انها حشيشة الفلفل Âtûr = Mosul PSm 420 f.

ܦܫܝܛܐ سَبَط schlicht, vom Haar, non crispus [nicht ܫܒܛܐ. Für ܦܫܛ ἐλαύνω von Metall: treiben, strecken Jes. 41_7 Hex Middeldpf z St. שָׁבָם verwandt mit بسط ܦܫܛ פשט] [denom. von ܫܒܛܐ „Stab“ Nöld.] opp. ܦܠܓܘܣܐ kraus [so l. C 669 für جَعْد ܦܠܓܘܣܐ, ܦܠܓܘܣܐ, ܦܠܓܘܣܘܬܐ].

فيلكوش، پيلگوش Kazw I 297 لوف. Vull sv. دراقيطس, Wurzel von لوف. Berggr. 831 *Arum Arisarum* L سَبَط, لوف, الصواخه lies الصراخه die Schreiende, denn sie schreit zu Pfingsten, wer sie hört stirbt im selben Jahre JAww IIᵃ 306 Bt II 446. Berggren 847 Dracunculus minor لوف جعد, Dr. maior لوف, لوف الارقط, لوف الارقط, سبط. (Dr. esculentus s ob. Nr. 58.) Bt: δρακοντία μεγάλη Arum. dr., لوف البسيط, صراخة; ἄρον andalus. صاله lies صاره اللوف الصغير II 120 = Vull. sv صاره andalus.

Berggr. 831 اذان الفيل, ارون, Arum = Bt I 23 Arum Colocasia اللوف الكبير, قلقاس.

Sergius, der wie oben angeführt, in der Galenübersetzung dracontion und aron unübersetzt beibehielt, tat dies, weil er ܠܘܦܐ

nach BB 463 für ܫܬܝܬܐ (שְׁתִיתָא = ἄλφιτον, oft, zB. Rut 2_{14} Pesch u. Hex.) gebrauchte: ܠܘܦܐ ܐܝܟ ܕܪܡܝܢ ܠܫܬܝܬܐ ܪܘܐ Nun hat zwar die Galenübersetzung für ܐܠܦܝܛܐ: ܡܫܚܐ ܕܣܡܝܕܐ PSm 217 also nicht BB's Angabe entsprechend, doch das Geop. hat ܠܘܦܐ wirklich für ἄλφιτα. 41_{22} (ϵ41_2) 44_{29} (ιγ4_1) 45_3 (ιγ5_2) 45_7 = ܐܠܦܝܛܐ 104_{16} (ιζ20_5) 105_{24} (ιζ29_2) 115_6 116_2 117_2.

לוף mischn. Fl. zu Ly II 533, eine *Arum*-Art, Zehrwurz, am Ehesten *maculatum* L. oder *orientale*. Ter. 9_5 Peah 6_{10} Schebiit 5_2 Tos. 4_2 Schabb. 18_1. j Schebiit 35^d_{55} היא לוף היא בצלים: „Für Zwiebeln gilt dieselbe Bestimmung wie für Zehrwurz". Maim. hat das misverstanden, erklärt lûf aaOO mit Bezug auf den Jeruschalmi für eine Zwiebelart und hat es offenbar für verschieden von لوف gehalten. Die Wurzel ist ausdauernd Scheb. aO Tos. $4_3 2_2$ Kil. 2_5 — TMa'as 3_{10} הלוף והקולקס j Erub 20^c_{64}. Der Same nicht essbar זרע לוף העליון Ma'as. 5_8 (= j 48^c_{61}) j 52^a_{56} emend.: זרע הסילון של לוף richtig Maim. z St: העליון. Aruch סלין auch aus T Ma'as. R Schimsch. הסלולין?

Eingelegt wurden Zehrwurz, Senf und Wolfsbohnen TSchabb. 9_9 TMscheni 1_{13} und Blätter von לוף השוטה[1]. Hai zu Ukz. 3_4 Lûf ist der Colocasia ähnlich und hat breite Blätter; der wilde שוטה noch breitere. Raschi Ned. 48^b לופינא lupine?? Ar. sv. לוף weist die Erklärung seines Bruders, der luf und kolkâs für identisch hielt, zurück. R Daniel citirt aber: in den palästinensischen Büchern, בספרים של א"י, stehe לשמם, arabisch קלקאס, so. Darin scheint السلط zu stecken.

קולקס قُلْقَاس *Colocasia antiquorum* Schott. K PSm 529 zu ܩܘܠܩܣܝܐ : ܩܘܠܩܘܣܘܣ BB 862: شىء من النبات [dh. قلقاس] ܩܘܠܩܐܣ :يتغدى به نحو اصول السلق. Auch Josef ha Kohen der Karäer berichtete dem Kaleb Afendopulo: kolkâs wachse [wie noch jetzt] viel in Aegypten,

[1] S. die gewagte Vermutung Nr. 77.

habe Blätter wie Mangold סילקא und werde in Aegypten alle Tage gekocht wie „bei uns" — in Constantinopel — Mangold oder Rüben (לפת).

Plin. xx 51: Die Aegypter freuen sich der Geschenke ihres Nil so sehr, dass sie aus den zu verschiedengestalteten Gefäßen geflochtenen Blättern der Colocasia sehr gern trinken. Von Nelumbium speciosum-Blättern berichtet Strabo ιζ 1_{15} dasselbe. j Schebiit 34^b_3 j Ned. 40^b_{63}: man darf Colocasia-Blätter עלי קולקסייא im Sabbatjahr nicht zu Trinkgefäßen verwenden, denn sie sind Gazellenfutter. Ly hat I 339ª d St. misverstanden und אסור לגמות בהן מים „die Pflanzen Wasser einsaugen lassen" übersetzt, obwohl schon Bxtf sv קולקס auf Plin verweist. — j Ned. aO wird es zu den מיני(?)אפומלייא gezählt neben פלוליה?? ,מסרולה ,נבעה — Sg. קולקס j Peah 16^c_{47} — j Schabb. 37^b_{41} קורסייה =? קורקסייא = קולי.

177.

ܢܦܬܐ. לִפְתָּא.

Brassica Rapa L. *Rübe.*

Geop. γογγυλίς 35_{28} 36_5 91_6 (ιϐ 7_1) 92_{19} $93_{1\cdot15}$ (ιβ $22_{1\cdot2}$) 98_5. Galen Sachau Ined. 96_7 hat ebenfalls γογγυλίς ܢܦܬܐ, während nach BB Sergius dieses für ܢܘܦܘܣܐ νᾶπυ gebrauchte. Ob Sergius νᾶπυ in der Bedeutung von napus kannte? Lag gA 238 Anm. 8 führt aus Hesych. λάψα γογγυλὶς Ἡσύχιος an und erwähnt „syr. ܠܦܬܐ, emph. ܢܦܬܐ". Aber לפת pl. לפתות, denom. לַפֵּת und لفت, zeigen, dass es masc., √ לפת ist. BB 476 لفت, شلجم; Ebenso Land Anecd. IV 102_{10}. Aßaf 69 p 76ª hebr. לפת, syrisch: גלונגידין, röm. rapa. Auch talm. ein vom Accus. gebildetes נורגלידא Ber. 56ª 39ª נורגלידי = ליפתא j Ber. 10^a_{27} ראשי לפתות.

لفت, nach Ascherson jetzt: *Brassica Rapa* Sonth Verz 277. DMG 11 520 Hal. gedol. Ber VI שלגם شلغم = شلجم γογγύλη غنقيلى Vull. Kaleb: לפת شلغم od. شلجم napus נאבוש.

ܠܦܬܐ ܕܚܙܝܪܐ BB = ܢܒܥ ܓܪܓܠܐ نبع برى شلجم, 924 ebenso zu ܢܒܥ ܓܪܓܠܐ. C 841 zu diesem aus Ferr. ܓܠܘܐ l. ܠܦܬܐ. D 255 βουνιὰς PSm 471 ܒܘܢܝܐܣ, ܠܦܬܐ ܕܚܙܝܪܐ, 500 ܒܘܢܝܕܘܣ d. h. بونيدوس 461 لفت برى D Uebers aus D 608 βούνιον PSm 471 ist von βουνιὰς zu trennen. Ebenso D 609 ψευδοβούνιον BB 764 ܦܣܝܕܘܒܘܢܝܘܢ

ܐܦܣܝܕܘܒܘܢܝܘܢ ܐܝܬܝܗ̇ ܕܡܬܐ ܕܠܦܬܐ ܕܒܪܐ ܚܙܝܪܐ ܕܝܘܢܝܐ ܠܒܘܢܝܘܢ ܐܝܟ ܝܘܢ

Galen: ܒܘܢܝܘܢ. D 608 βούνιον = ἄρκτιον PSm ܐܪܩܛܝܘܢ also so zu lesen, nicht ἀρκτικόν, für welches die syr. Uebers. auch bei Galen ἄρκτιον liest. Erst bei Gabriel ist βούνιον und βουνιὰς verwechselt; er sagt daher ἄρκτιον sei لفت برى.

Des BB ܐܪܩܛܝܘܢ ist, was PSm nicht bemerkt, obwohl er dasselbe Wort aus Galen anführt, des D 597 ἄρκτιον. Das dritte ἄρκτιον des BB stammt jedenfalls auch aus der D Uebersetzung: ܚܝܠܐ ܕܒܗ̇ ܐܪܩܛܝܘܢ... ܚܝܠܗ̇ ܣܓܝ ܡܢ ܐܝܬܝܗ̇ ܐܪܩܛܝܘܢ ܕܐܟܘܢܝܐ „vis major in ea cuius color cyaneus“ soll heißen: „Sie hat größere Kraft als die blaue“.

Wenn PSm 472 zu βούφθαλμον ܠܦܬܐ ܕܚܙܝܪܐ steht, so beruht das auf Verwechslung von ܥܝܢ ܓܪܓܠܐ und ܢܒܥ ܓܪܓܠܐ.

לפת mischn. Kil. $1_{3.9}$. 3_1 Ma'as. 5_2 Chul. 7_4 Kel. 9_4 Ukz. 1_4.

178.

לשישית.

T Kil 3_{12} T Scheb. 5_6 — j 37^c_8 שלישושית?

179.

ܠܫܢ ܐܡܪܐ.

Plantago, Wegerich.

Nur Uebersetzung von ἀρνόγλωσσον? Der syr. Name ist ܠܫܢܐ, doch steht leššân 'emrâ fast zu oft, um es als blose Uebersetzung betrachten zu können, und wird durch لسان الحمل[1]) gestützt, das [mit

[1]) JAww. IIa 311 Forsk. LXII. *Plant. major* = Sonth Verz. 286, Berggr.

dem pers. گاوزبان Nr. 182] aber ebenfalls als Uebersetzung angesehen werden kann. BB 478:

لغ ܐܪܢܓܠܐ ܗܘ ܕܡܫܬܡܗܐ ܠܫܢ ܐܡܪܐ لسان الحمل ويقال له اذان الجدى ܗܘܝܢ ܦܘܪܐ [ܠܗ II] ܡܣܪܝܢܘܣ ܐܪܢܘܓܠܘܣܐ [ܠܠܫܢܐ l] ܠܥܡ ܐܪܢܓܠܐ [:467] ܠܫܢܐ ܗܘ ܠܥܡ ܐܪܢܓܠܐ لسان الحمل. [M ܘܠܫܢܐ ܦܘܪܐ ܠܗ ܡܣܪܝܢܘܣ ܠܥܡ ܐܪܢܓܠܐ:] [:473] ܠܫܢܐ ܦܬܝܐ ܦܬܝܬܐ لسان الحمل جاء به شملى عن حنين: 930 ܡܫܬܡܗܐ ܐܪܢܒܐ ܣܪܝ ܕ ܗܘ ܕܝ ܡܫܬܡܗܐ ܗܠܥܡ ܐܪܢܓܠܐ:

D 268 ἀρνόγλωσσον *Plantago asiatica*, großer Wegerich PSm 372 ܐܪܢܘܓܠܘܣܘܣ 393 ܐܪܢܘܓܠܘܣܘܣ = ܠܫܢܐ, ܠܫܢܐ ܦܬܝܬܐ — ܫܒܥܐ ܐܠܥܝܢ ἑπτάπλευρον [Bt II 570 „بهلو هفت“ pers.!] 145 ܐܪܢܓܠܘܣܘܣ ܐܪܢܓܠܘܣܘܣ BA لسان الحمل? C 457 aus Ferr. ܠܫܚܐ BB ܠܫܢܐ. — D 514 Κλύμενον καυλὸν ἀνίησι τετράγωνον, ὅμοιον τῷ τοῦ κυάμου, φύλλα πρὸς τὰ τοῦ ἀρνογλώσσου, θυσάνια (fimbria) δὲ ἔχει ἐπὶ τοῦ καυλοῦ εἰς ἄλληλα νεύοντα. BB 858 ܩܠܘܡܢܘܣ ܐܝܟ ܐܦ ܐܩܠܘܡܢܘܣ ܐܝܬ ܠܗ ܩܢܝܐ ܡܪܒܥܐ ܕܡܐ ܠܕܦܩܠܐ ܘܛܪܦܐ ܠܕܠܥܡ ܐܪܢܓܠܐ ܘܬܪܡܘܢܐ ܐܝܬ ܠܗܘܢ ܥܠ ܩܢܝܐ ܕܦܢܝܢ:

ܠܚܟ 1K18$_{38}$ Micha 7$_{17}$ Ps 72$_9$ Jes. 49$_{23}$ (s. BH schol. ad. l. Tullbg.) لحس Nöld. ns. Gr. 35. לחך لحك. Davon pt. ܠܚܟܐ der Leckende = die Zunge? und ἀρνόγλωσσον? Wie ܒܠܘܥܐ der Verschlingende = Schlund.

180.

لغ ܟܠܒܐ

= BB 836 aus „κυνόγλωσσον“ لسان الكلب. — Geop 114$_{20}$ αἶρα ܠܥܡ ܟܠܒܬܐ = ܐܘܪܘܣ 114$_{18}$ = ܐܘܪܘܣ (ἰδ7$_3$) S. oben Nr. 92. Ascherson hörte *lisân el-kelb* in der kleinen Oase für *Plantago major* L.

---

870 noch اذان الجدى. Bt II 435 I 327 خمخم Vull. زبان بره. Aus lisan al-hamal wurde in Spanien c a r m o l! Dozy Engelmann glossaire 250. [Der Vergleich des Plantago-Blattes mit einer Zunge liegt so nahe, dass Semiten und Griechen selbstständig darauf kommen konnten. Aschers.]

181.

ܠܫܢ ܨܦܪܐ.

BB لسان العصافير Land Anecd. IV 102_{16} ܠܫܢ ܨܦܪܐ ܚܡܝܡ ܒܬܠܬ
ܡܢ̈ ܬܠܬ ܡܢ̈ ܕܪ̈ܓܘܣ ܘܪܛܝܒ ܘܒܬܠܬܐ ܕܪ̈ܓܐ ܗܘܝܐ ܬܠܝܬܝܐܝܬ:
heiß im 3. feucht im 3. Grad. Lingua a v i s, nicht c a p r i.

182.

ܠܫܢ ܬܘܪܐ.

Aus dem Griechischen übers. BB 478 لسان الثور, 978 Gabriel ܬܘܓܠܘܣܘܣ [l. بو entstanden aus Verwechslung von arab. b und ṭ.]. Wo BB sagt واظنه تصحيف فانى وجدته فى باب البا بوغولوسون PSm 463 ܒܘܓܠܘܣܘܣܘܣ (so l.) 676 ܒܘܐܪܐܘܣ „vox corrupta f. ܒܘܪܐܐܘܣ“ 690 ܠܫܢ ܬܘܪܐ. Es ist nicht crrpt, sondern pers. گاوزبان Kazw I 294 كاوزوان Av. 194 Bṭ II 339 nach Vull sv حمحم auch لسان الحمل. Cod. C. des Diosc. am Rand zu βουγλ. كَنْگر برى.

ܠܫܢ ܬܘܪܐ — ܘܬܘܪܬܐ PSm 1164? — Aßaf 51ª לישן תורא — בונלוסון. 155ª: לינגווא בואי — לשון שור. Land Anecd. IV 102_{14} ܠܫܢ ܬܘܪܐ.

Gabriel's verschriebenes tuglossum hat C 951 gedankenlos aufgenommen, obwohl der tashîf hier schon für BB oder einen Abschreiber zu grob war. Vielleicht entschließt sich PSm doch noch, soweit es tunlich, uns in den folgenden Buchstaben mit Dingen dieses Kalibers zu verschonen und die griechischen, blos transcribirten Wörter zu den entsprechenden Syrischen zu sammeln. Jedermann wird auf Gabriel'sche Fehler ebensogern verzichten, wie auf die besondere Aufführung von griechischen Wörtern aus den 70, die zu den betreffenden syrischen gestellt werden müssen. S. ob. S. 13.

Βούγλωσσον D 611 Bt I 190 بوغلصين. Forsk. LXII Sonth Verz 285 لسان الثور = *Borago officinalis* L.

Aus der D Uebers. BB 891:

ܦܪܝܣܣܝܘܢ ܐܝܬ ܠܗ ܕܡܝܢ ܛܪ̈ܦܘܗܝ ܠܕܠܫܢ ܬܘܪܐ ܡܟܝܢ ܠܚܘܪܬܐ ܘܟܘ̈ܒܢܝܢ ܒܣܦܝ̈ܗܘܢ ܘܪ̈ܫܝ ܓܘܠ̈ܝܗܘܢ ܐܪ̈ܓܘܢܝܢ D 604 Κίρσιον Var: κρίσσιον so las wohl Honein: ܦܪܝܣܣܝܘܢ . . . τὰ δὲ φύλλα βουγλώσσῳ ἐμφερῆ . . ὑπόλευκα, ἀκανθώδη τοῖς πέρασι . . . κεφάλια ἀκροπόρφυρα . . .

183.

ܡܓܓܐ.

BA 5343 eine essbare Hülsenfrucht (Nov C 481 legumen quoddam = ماش) BB ماش ܡܓܓܐ ܘܐܦܘܢܐ ܐܝܟ ܦܣܣܩܘܣ. מני Hal. gedol. VI 5$^{c}_{u}$ Zolk. neben בקילי بقلى als Hülsenfrucht. Bt. II 490 مج — ماش 465 Phaseolus Mungo = I 71 [اقطن aktin in Jemen ms.] اقطين in Syrien mâš. Berggren 863 Mungo ماش Druckf: ماشر mâschr. Meyer 3_{86} aus JAww Phaseolus Mungo = 295 Dolichos Mungo. JAww. II^{a}67 Vull. ماش Phaseolus radiatus, Phaseolus „Max": ماش Russel bei De Sacy Abd. 119. — ܡܓܓܐ = مج = ماش. Zakarja hält es für πίσσος oder πίσος. Geop 5_{18} ist dies ($\beta 13_3$) nicht übersetzt ܦܣܣܩܘܣ = ܦܣܣܪܝܢ πισσάριον Laugk. 4. Benjamin of Tudela p. פט und I 137 schreibt: מוך.

ספיר(?) Kil 1_1 nächstverwandt mit פול Bohne; jer: פישונא Maim. ماش Meerbohne, *Phaseolus Mungo*. פישונא = ماش entspricht dem aus Zakarja angeführten. ספיר = ὄσπριον ist sehr schlecht und bliebe besser ungesagt.

Aruch צפורין angeblich = ספיר aus TMachschir, 3, hat also die Stelle schon corrupt gelesen, die R Schimschon Machsch. 6_2 richtig gibt. Es ist der Stadtname Sepphoris צפורי. Die Tos. spricht von den Einwohnern von Sepphoris und führt dann fort: בראשונה היה גריס של פול ושל טופח של ציפורי [תוס׳ : ושל צפורין] טמא מפני ששורין אותו במים בשעה שגורסין אותו קבלו עליהם אנשי צפורי שלא יהו עושין כן Graupenbereiter von Sepphoris צפורי גָרוֹסֵי j Pes 30^{d}_{21} j M k 81^{b}_{68}.

נְרוֹם weist auf Kal: נְרַם gräupeln in unserer Stelle und TTebul jom 2 bei R Schimsch. 2_3 נְרָסָה.

184.

[ܡܘܠܐ]

C 488 arbor quædam [Ferr.] oder Weinheber. Der Baum ist aus سحارة — شجرة erwachsen. BB Exc Flor.: ܡܘܠܐ ܗ̄ ܣܚܐܪܐ ܕܢ̈ܫܐ ܕܡܬܩܛܡܝܢ ܒܗ ܢܒܪ̈ܐ ܒܪ ܣܝܦܐ ܘܐܣܬܘܠܝܬܗ ܒܡܬܘܡܬ ܘܦܐܪܐ ܡܕܡ ܘܡܫܚܐ ܐܝܬܘܗܝ ܡܢ ܚܘܪܐ ܘܐܝܬ ܠܗ ܒܪܝܫܗ ܐܟܡܘܬܐ ܐܘܟܠܬܐ ܘܟܡ ܩܛܪ ܐܝܟ ܠܒܝܫ ܐܟܡܘܬܐ ܡܣܟܢܘܬܗ ܠܐ ܐܟܠܝܢ ܠܗ ܘܠܐ ܢܦܫ ܡܢܗ: ܘܦܐܪ̈ܐ ܠܢܫ̈ܐ ܕܩܪܝܢ [karšûni ܣܚܐܪ̈ܗ] سحارة

185.

ܡܘܪܐ. מוּרָא.

Gummiharz von *Balsamodendron Myrrha* Ehrenb.

Pesch Targ מוֹר σμύρνα Ex. 30_{23} Ps 45_8 Spr 7_{17} IIL 1_{12} 3_6 $4_{6 \cdot 14}$ $5_{2 \cdot 6 \cdot 14}$ Est 2_{12} — Mt 2_{11} Mc 15_{23} Joh 19_{39} — Geop 48_3. 49_{28}. 99_{28} (ιε 2_{20}) 103_{24} (ιζ 15_5) $109_{19 \cdot 26}$. 115_5 117_1. D 78 σμύρνα BB 658 ܣܡܘܪܢܐ [f. ܠܐ] ܡܢ ܡܘܪܐ ܡܪ. ܣܡܘܪܢܘܣ ܡܢ ܕܘܟ ܣܡܘܪܢܐ ܐܪܡ̈ܐ ܥܡܡܐ ܣܡܘܪܢܘܣ: [504]: ܡܘܪܪܘܣ ܐܘ ܡܘܪܪܐ [ܡܘܪܐ ܐܝܟ ܢܦܫ .Flor] ܢܦܫܐ ܘܡܫܚܐ ܐܝܬ ܠܡܝܢܐ ܕܗܕܝܢ ܠܡܘܪܘܣܐ: ܡܘܪܘܣ ܘܡܘܪܐ نبات اصله طيب الرئحة ويشبه ورقه وفقاحه صهروا كذا قال جبريل عن ديسقوريدس D hat 7 Arten Myrrhe. Das Folgende ist aus D 603 μυῤῥὶς Kerbel, Scandix, οἱ δὲ μύῤῥαν .. ἔοικε κωνείῳ. —

Zu bemerken ist, dass man כּוֹר עֵבֶר, auch Sprengel z St, mit des Dγχβιρέα irrig combinirt hat. Arrian periplus c 24 Geogr. gr. min. I 275. Müller z. St. [ἀβειρμιναία nach D geändert] hält dies für einen Ortsnamen. Des Plin ιβ 35 Myrrhensorte Dusiritis (so) ist mit dem arab. Götternamen Dusares combinirt worden von Krehl, Relig. d. vorisl. Ar. 53.

186.

ܡܙܪܝܘܢ.

Aßaf 48 p 72ᵇ aram. מוריון (lies מזריון) gr. לימפיאדום — = ܡܙܪܝܘܢ مازريون. BB: من ܡܡܠܐܐܘܢ :441 مازريون ܡܐܙܪܝܘܢ :479 اسمآ المازريون ܡ̈ܢ ܡܡܠܐܐ ܘܢܘܬܐ ܕܒܪܐ (¹ܕܗܘ ܡܙܪܝܘܢ. :420 ܟܡܡܠܝܘܢ مازريون ܘܬܡܢ ܟܡܡܠܝܐ ܡܙܪܝܘܢ :706 ܚܡܪܐ ܕܒܪ̈ܝܐ ܐܝܟ ܒܪܣܦܪܐ ܘܬܡܢ ܟܡܡܠܝܐܘܢ اقول اصل المازريون :868 ܡܠܦܪܝܘܢ so ܐܝܟ ܒܪ ܣܦܪܐ ܡܫܚܐ ܕܦܪܕܬܐ ܕܡܠܝܘܬܐ دهن يتخذ من بزر المازريون — ܕܡܫܚܐ ܠܦܪܦܝܣ من أسمآء المازريون: D 663 χαμελαία *Daphne oleoides,* Bergseidelbast. Bṭ I 346 خامالاا sagt χαμαιλέων und χαμελαία werden in Folge der Aehnlichkeit ihrer Namen verwechselt; letzteres sei مازريون II 460. Berggr. 840 Chamelæa معزرون, زيتون الارض (so). Die von Bṭ erwähnte Verwechslung liegt in BB's Glossen vor; auch Vull خماليون = مازريون سياه.

Landau conj. Pes. 107ᵃ für מי זריון schlecht مازريون.

مثنان Vull. sv. syr., = كرمدانه = مازريون. Es steht Bṭ II 488 für θυμελαία D 664 *Daphne Gnidium* L, dessen Frucht κόκκος κνίδεως pers. كرمدانه. Κνίδειον ist Z 10 ܡܠܦܪܝܘܢ (so). Οἶνος θυμελαΐτης PSm 74 ܬܡܡܠܝܐܘܬܐ BB 981 Gabriel aus Paulus: ܬܡܡܠܝܐ nennen Manche ܟܡܡܠܝܐ (Paulus Aeg. ζ 737 Coccos cnidios semen est thymelææ, non chamelææ, ut quidam opinati sunt), Andere ܦܘܪܘܣ ܩܢܝܣܛܪܘܢ D: πυρὸς [ἄγνη], κέστρον, ܩܢܝܘܪܘܢ aus قنيورون = κνέωρον, τῷ σπαρτῷ λίνῳ . . παρόμοιον: شبيه بالكتان الذى يزرع.

---

¹) So l. PSm 893 Z 5 für ܕܒܪܐ ܒܪܝܬܐ.

187.

ܒܡܠܝܐ. מילא.

Fraxinus[1]), *Esche.*

Μελία. מילין sg. מילה, nicht[2]) מילת Midd. 3_7 Erub. 3^a s Rabbinow. z St. — TSchebiit 7_{11} j IX 38^d_{61} b Pes. 13^a: סימן להרים מילין סימן לעמקים דקלים סימן לנחלים קנים סימן לשפלה שקמים. Das ist eine gutbeobachtete Zusammenstellung. Die Esche, Fraxinus ist ein Gebirgsbaum. Aus der Eschenrinde zieht man einen Schreibstoff, den mein Vater Graph. Requ. I 159 im talmudischen מי מילין nachgewiesen hat: Schabb. 104^b Gitt. 19^a j Schabb. XII 13^d_{36} j Gitt. II 44^b_{19}. Falsch Ly III 102. Die Esche wuchs also in Palästina, hat aber dennoch, wie es scheint, auch syr. keinen Namen. Honein sagt, μελία D 108 sei ihm unbekannt BB 496 ܒܡܠܝܐ ܐܝܬ ܕܐܡܪ ܐܝܠܢܐ ܕܠܐ ܡܬܝܕܥ ܐܠܦܒܝܬܐ ܠ Im Geop. des Junius waren sie erwähnt — Geop. erwähnt μελία mehrmals s. Niclas' Index sv, — in unserem steht die Stelle nicht. BB 497: ܒܡܠܝܐ ܐܝܬ ܐܢܘܢܝܣܘ Flor.] ܘܐܢܘܢܝܣܘ ܗܘܝ̈ܬ ܐܝܟ ܐܡܪܝܢ ܐܝܠܢܐ ܕܓܠܐ ܡܬܝܕܥܐ ܐܝܬܘܗܝ ܚܠܦܬܐ ܕܟܢܘܫ ܒܡܠܝܣ ܘܕܡܝܐ قصب الرماح. Vull. hat das Wort in „ماليا arbor tenuis et procera ex cuius ligno hastas et sagittas conficiunt "nicht erkannt. Esche zu Lanzenschaften homerisch N 715 μείλινα δοῦρα, so dass μελίη allein Lanze heißt II 143.

D 108 μελία bei Bt II 496 unter مران behandelt, obgleich dies nach Bt κρανία ist, *Cornus*[3]) *mas* L Kornelle, Plemp. zu Av 210

---

[1]) *Fraxinus oxyphylla* M. B. und *Fr. Ornus* L. wachsen auf dem Libanon. Boissier Flora or. IV 40.

[2]) מלין ושובלין TOhol. 17 bei RSchimsch. zu 18_5 Bäume? Was sind עלי מילת TSchebiit 5_3?

[3]) *Cornus*-Arten gibt Boissier, Flora or. II 1092 aus Syrien, Palästina und Babylon nicht an.

ميران l. murrân cornus. Der Artikel D 153 steht Bt II 287 قرانيا BB 887:

ܡܪܢܝܐ ܗܘ ܐܝܠܢܐ ܕܡܪܢܝܐ شجرة المرّان ܐܝܟ ܐܚܪܢܐ ܐܘ ܟܡ

ܡܪܢܝܐ المرّان وتحمل ثمرا شبيها فى شكله بالزيتون ويكون اولا اخضر [اخضر]

ثم يحمر اذا نضج وفى طعمه حلاوة وقبض ما :

C 832 übersetzt die Stelle: eine o l i v e n ähnliche Frucht, anfangs grün, zur Zeit der Reife rot; ihr Geschmack ist süß und adstringirend.

Geop 70_6 ܩܢܝܐ = ܩܪܢܝܘܣ ($\iota 87_3$) κρανέας.?

Auch die Kornelle dient zu Lanzenschaften. Virg Georg β447 bona bello cornus. ܡܪܢܝܐ, wie die Schreibweise zeigt, arabisches Fremdwort; doch war sicher * ܡܪܢ vorhanden. Davon ܡܪܢܝܬܐ מוֹרָנִיתָא „aus Kornelle gemacht" dh. Speer BB 816 zu ܐܩܛܪܘܢܝܩܐ [κατρονική??] Sergius ܡܪܢܝܬܐ (so) حَرْبَة, مُرّاق kurzer Speer. Der priesterliche Hirtenstab heißt so BHebr. Chron. eccl. Abbel. u. Lamy III 138_2 315_3 331_{11} (337_3 steht dafür ܚܘܛܪܐ). PSm 437 βακτηρία ܡܪܢܝܬܐ مُرّان beweist, dass ܡܪܢܝܬܐ מוֹרָנִיתָא falsch ist; ed U r m i a punct. denn auch richtig ܡܪܢܝܬܐ 2K 11_{10} (חנית) = B Hebr. Gr. I 24_{23} und BB cod Flor. oben 217_{21}, wo es für βακτηρία[1]) steht. Targ. f. תדהר pl. מוֹרָנִין Hai G Neg. 2_1 מרון. מורינין = Maim.? Ebenso RSchimsch., doch Ar. אשכרע und מרן 2 hat מוֹרָנִין, ed. Ven. I bei Ly TW מוֹרָנִין, was den sg. מוֹרָן für den Baum ergäbe, während ܡܪܢܝܬܐ מוֹרָנִיתָא das Erzeugnis wäre. Doch ist מוֹרָנִין nicht sicher genug. Fleischer Ly TW II 569[ab] verweist auf κρανεία Speer wie μελίη und giebt die Ableitung: √ مرن „zäh, hart und zugleich elastisch sein". √ מרן ist hebr. aram. nicht nachweisbar.

188.

.[ܡܪܝܣܐ]

Norberg „zea majzum". Nicht möglich. [Ich weiß nicht, was Norberg meint. Nöld.]

---

[1]) Für βακτηρία Jer. 48_{17} Psalm. 23_4 Hex.

189.

ܡܝܫܐ.

Celtis, Zürgelbaum.

BA 5868 ein großer Baum mit Früchten wie Myrtenbeeren. ميس. BB 521: ܡܝܫܐ شجرة تحمل بلّوطا وعفصا ܐܝܠܢܐ ܕܡܥܒܕ ܩܪܡܘܙܬܐ ܢܦܠܬܐ ܡܢ ܐܝܠܢܐ ܘܫܡܗ ܥܠ ܐܝܠܢܐ ܗܢܐ ܘܡܬܩܪܐ ܠܗ ܘܡܝܫܡܝܫܐ يقال ان القرمز يسقط من هذه الشجرة وقال مسيح اسمها شجرة التميس. K PSm 54 Z 4 neben ܐܝܠܢܐ ܕܒܠܘܛܐ, ar. nur شجرة البلّوط מייש TMenach. 9 Tamid 29^b^ Brennholz neben אלון. [Tos. noch ein überzähliges סתירה?] Ber. r. 72 Anf. für דודאים.

ميس steht für λωτός den Baum D 152 *Celtis australis* L Zürgelbaum (Nesselbaum) = Meyer 3_{87} aus JAww. Celsius I 20. s. DMG 16, 588 und Rosen, DMG 14 637 ميس mês Celtis Orientalis. Lag gA 64_2 Koptisch mêš. — ܩܪܡܘܙܬܐ قرمز PSm 1115 wird aber von *Quercus coccifera* L gesammelt. Coccus tinctilis κόκκος βαφική D 541 BB Gabriel: دودة القرمز .. so ܩܘܩܘܣ ܒܐܦܝܩܘܣ دودة الصّاغين = C 769 ܙܘܪܩܐ = قرمز BB 812, der noch: BS: ܙܘܪܩܐ ܕܨܒܥܐ .. دود القرمز. C 766: ܙܘܪܩܐ ܙܘܪܩܐ. —

ميس Alizier, Elsbeere Sonth Verz. und Boethor bei Dietz[3] II 93 Engelmann 53 zu span. almez. — Berggr. 859 Lotus, trèfle sauvage ميس، حندقوق Verwechslung der verschiedenen Lotus. s. S. 94.

190.

ܡܠܘܟܝܐ.

Corchorus olitorius L, *Meluchia.*

ملوخيا Hartmann 178. Forsk. LXVIII. von μολόχη, Malve. Boissier Flora or. I 845: In Creta „Machlia" (?Maluchia?) Geop. 94_3 μαλάχη (ψ12). 101_{29} ܡܠܘܟܝܢ ܕܒܪܐ ἀγρία μ. 118_{28} (ιε6_1) ܡܠܘܟܝܢ ܕܒܪܐ Galen PSm 155 Z 15 ܡܠܘܟܝܐ, Galen Sachau Ined. 97_6 DMG 30 357 μολόχιον. Vor der Verwechslung mit מלוח

hat schon Rosenmüller 115 gewarnt; vgl. Fleischer Ly TW II 568[a] ملوخيا Mow 250 Av 212 Bt II 532. Falsch bei Berggr. 854 zu Halimus, Portulaca marina neben بقلة بحرى ,هليموس. Mußafia combinirt damit מלכניקי Agg מלכ׳ j Schabb VI 8^{a}_{68}. — Es wächst in den Tropen überall. Boiss. aO. „Corchorus ist im Oriente und in Aegypten beliebtes Gemüse und wird der Alten κόρχορος corchorus sein. Theophr. hpl ζ 7_2 Nicand. Ther. 626. 864 Plin xx 89 alexandrini cibi herba . . . Bernhardy ad Suid. II 351. coll. 221". Man sehe De Sacy Abdall. p 40 f. — מלוכיא ob. S. 231 l. Z.

191.

ܡܠܝܫܘܐ.

Viola, Veilchen.

DMG 29_{516} D Uebers. ἴον, Geop 87_{13} (ϑ 27_1 ἴννουλα??) BB ܘܢ s. Lag gA22: pers. بَنَفْشَه, arabis. بَنَفْسَج JAww II[a] 270 Ǵavâl. sv u. Sachau z. St. Armen. Lag. manovšak, Moses aus Choren's „Manouschag“ Meyer 3_{336} ist dasselbe. BB 738 بنفسجى ارغوانى ܐܪܓܘܢܝܬܐ ܦܘܪܦܘܪܘܣ. Der Beiname von ἴον ist πορφυροῦν D 607. [Türkisch منفشه und بنفشه; Walach., Alban., Neugr. mit M, s. Rössler, die griech. Bestandt. im Rumänischen 599. Nöld.]

192.

מַעֲלֶה עָשָׁן.

Eine Pflanze, die zum Räucherwerk genommen wurde und das Aufsteigen des Rauches beförderte. Kerit 6[a] T Joma 1_7 $2_{6\cdot7}$ b 53[a] 38[a] j 41[a] j Schekal. 49[a] Sifra achare môt 81[b] Weiß.

193.

ܡܪܘܐ מָרְוָא.

Origanum Maru und andere Arten.

مَرْو, mand. מארוא Sidrâ Rabbâ I 106. 347. BB 559:

[a] ܡܪܘܐ ܡܢܝ ܕ ܐܘܪܚܐ ܠܫܡܫܐ ܗܘܢ ܣܦܐ [b] ܐܘܪܡܢܝܩܘܢ

ܘܐܡܪܘܐ ^c ܘܕܡܚܐܪܘܢ ܘܐܡܪܘܐ ܗܘ ^d ܚܘܪܐ ܕܒܠܣܦܝܩܘܣܐ ܗܘܡܪܘܡ ^e ܐܡܪܘܐ ܡܪܡܚܘܙܐ [C. ۱—] فطح زعم اقول انّما هو المرو وهو الخزامى والمرماحوز ومنه اخر مرو بزر مرو ^f ريحان[1]): a) C 853 hat die Stelle falsch zu den vorhergehenden ܡܪܡܚܘܣ gelesen, und hat falsch ܘܡܪܚܐܪܘܢ, ܗܘܡܪܘܡ . . ^b) kehrt BB sv nicht wieder, während die anderen alle noch einmal behandelt sind; ich suche es in ܐܪܕܫܝܪܢ Nr. 149 = خيرى? Vull. اردشيران eine Art مرو. Bt اردشيردار? so ms. Sonth. ازد. Nov. 280: ܡܪܘܢܐ = الصيتران الخزامى

^c) PSm 918 wo für ܕܡܪܘܪܐ zu l. ܕܡܪܘܢܐ. Bt مرو دارون

^d) ܚܘܪܐ ܡܪܘܢܐ ܚܘܪܐ מַרְוָא חִוָּרָא Sabb. eine der Erkl. für אזוב Raschi: Salbey, Salvia. Das weiße Maru, Eigentum der Sonne, Bundehesch, Windischmann zor. St. 109. PSm 953 ܗܘܡܪܘܡ خزامى Vull. دارمك = مرو سفيد [= زَغْبَر]. Bt دَارمَا. Aßaf 77 p 77[b] aram. מרייא, gr. לוליספקום — s ob. Nr. 140 — סלבייא. 109[b] סםלבייא = ליליספקום, also marvâ, denn das meint marjâ Salvia, wie Raschi. Ob aus Aßaf?

^e) ܡܪܡܚܘܙܐ — مرماحوز [cod. C. des D am Rand zu μάρον] BB 659 σαμψυχον ܣܡܦܣܘܟܘܢ so. BS dass. zu ܣܡܦܣܘܟܘܢ und PSm 997 zu ܣܡܦܘܣܘܢ, ܣܡܦܘܣܘܢ, ܣܡܦܣܘܢ. — Mand. Sidrâ Rabbâ I 106. 347 מארמאהוז Gitt. 69[b] Z 2 נֵיוְיָא דמרמהון Agg. הי—, viell. ז— zu lesen. مرماحوز nicht خ Bt II 504.

^f) Vull. Frtg. عشرق = بزر المرو. — خزامى das weiße Marum Bt. I 365 nach Sonth Verz. 275 خُزامة Lavendula spica u. a. Arten.

مَرو s. noch Nr. 106 — ܡܪܘܢܐ s. noch 296.

194.

מרפייתא

j. Ma'as. I 48^{d}_{71}?

---

[1]) Bt II 502 f. مرو JAww. II[a] 285 حَبَقُ الشُّيوخ Lane 503[a] auch رَيْحَانُ الشُّيوخ Marum.

195.

ܡܪܝܪܬܐ. מְרָרִיתָא.

1. BB 560 [a] ܡܪܝܪܬܐ ܡܢ ܣܪܝܣ ܕܚܩܠܐ ܠܛܪܟܫܩܘܢ :564. ܡܪܝܪܐ ܠܛܪܟܫܩܘܢ حنظل زوان ܘܐܝܟ ܡܪܘܪܬܐ ܕܢܩܦܐ ܠܚܣܐ ܕܕܒܪܐ ܐܝܟ خس برى 632 : [b] ܣܪܝܣ ܡܢ ܕܩܘܠܩܣ ܘܩܛܪ هندبا ܗܢܕܒܐ ܘܡܪܘܪܬܐ ܕܢܩܦܐ ܘܡܪܘܪܬܐ ܕܣܪܝܣ ܐܟܙܢ ܡܪܝܪܬܐ ܠܛܪܟܫܩܘܢ: ܣܪܝܣ ܠܛܪܟܫܩܘܢ وجبريل يقال الهندبا 767 : [c] ܩܘܠܩܣܐ ܐܝܟ ܡܪܘܪܬܐ ܠܚܘܬܐ ܗܝ ܕܡܢ ܠܛܪܟܫܩܘܢ ويقال طهلنج: 429 : [d] ܟܘܢܕܪܐ ܐܝܟ ܢܣܒ ܟܣܟܠ؟: ܟܘܢܕܪܝܠܐ ܐܓܪܝܐ ܕܡܢ ܕܣܪܝܣ ܕܕܒܪܐ نوع من الطرخشقوق [M] (ܡܢ .l) ܕܗܘ ܟܘܢܕܪܝܠ ܘܠܐ ܐܓܪܝܐ طرخشقوق] وكذا قال جبريل انه نوع من الطرخشقوق [II طرخشقوق] 637 : [e] ܣܘܢܟܘܣ ܐܩܢܬܘܕܣܛܪܘܢ ܡܢ نوع من الهندبا البرّى يوكل وكذا قال جبريل: ܣܘܢܟܘܣ اسم بعض الهندبا البرّى: 644 : [f] ܐܩܢܬܘܕܣܛܪܘܢ ܩܝܟܘܪܝܘܢ قال جبريل انه نوع من الهندبا 849 : [g] ܩܝܟܘܪܐ حبال واخرون صنف من الهندبا 869: ܩܝܟܘܪܝܘܢ ܐܝܟ ܢܣܒ ܟܣܟܠ ܕܢܩܦܐ ܚܣܐ ܕܕܒܪܐ ܘܩܠܩܘܪܝܢ عصارة الهندبا:

D 275 [b] σέρις سريس = هندبا JAww. IIᵃ 146 (πικρίς, κιχώριον) *Cichorium Intybus* und *C. Endivia:* هندبا ܚܣܐ ܕܒܪܐ ܛܪܟܫܩܘܢ [d] D 276 χονδρίλλη *Chondrilla juncea* Knorpelsalat, Manche: εἶδος σέριδος ἀγρίας auch BA 4643 zu ܟܘܢܕܪܝܠ, also: σέρις ἀγρία: طرخشقوق ܚܣܐ ܕܕܒܪܐ übers. [e] D 274 σόγχος PSm 1054 Z 7 ܣܘܢܟܘܣ so — [f] ἀκανθωδέστερον — *Sonchus oleraceus, arvensis.* [g] Κιχώριον auch PSm 1202 Z 1 für ܩܝܟܘܪܐ. Zu σόγχος BB: ܣܘܢܟܘܣ ܐܝܟ ܕܐܡܪ يعرف بالاسم النبطى ܗܪܩܠܝܐ? PSm 1054 ܗܪܩܠܝܐ. Vull. كاسنى صحراى — هرقلوه s. هرقلوس. —

2. ܡܪܝܪܬܐ[1] (πικρίς), מרריתא sind also etwas wie Cichorie, Sonchus, Chondrilla und verwandte Gattungen, vielleicht ܛܪܟܫܩܘܢ

[1] [So l. BA 6660 für ܡܪܘܪܬܐ. Vgl. das. 6739. Nöld.] PSm 591 aus Galen ܡܪܝܪܬܐ ܕܒ = lathyris s. Nr. 293.

wie Lag. und Clément = Mullet zu JAww. IIa 357 vermuten *Leontodon* „*taraxacum*" Löwenzahn. Berggr. 876 Sonchus. طلخشقوق. — ܛܠܚܫܩܘܩ ist karšunî. طرخشقوق von Lag gA 52 für pers. erklärt تلخ جكوك تلخ چكوك, ܛܠܚܫܩܘܩ, تلخ چوك, Vull. I 547 = يعضيد كاسنى. Nur ist (s. ob.) ܛܪܫܩܘܩ eine wirkliche Form, die da erscheint, wo BB syrisch erklären will. So PSm 53 ܐܡܘܪܘܢ, [BB neben ܐܡܝܪܘܢ wofür PSm 247 nur Bernstein's unbrauchbare Vermutung, es sei = מרוא (talmudisch) beizubringen weiß. Es ist ἄμυρον, — DCange ἄμυρον καὶ ἄφεδρος ἡ ἀτρακτυλίς —, über welches Dozy-Engelmann Glossaire 166 sagt: Almiron span. — Chicorée sauvage: اميرون Nach Mostaʿînî heiße hindibâ barrî: ʾamîrûn, das auch Bait. hat. Ibn al Haššâ bezeichnet es als maghrebinischen Namen des hindibâ barrî. Dozy hat das griech. Wort darin erkannt. Auch ܐܡܘܪܘܢ ist aus ܐܡܝܪܘܢ corrupt. Dasselbe ist الاميرون des Ibn Awwâm IIa 354, das Clément-Mullet unübersetzt lässt und Banqueri in isopyron ändern will.] 1529 sv ܛܪܫܩܘܩ طرشقوق sv ܛܠܝܚܐ (vgl. Nr. 119) und BB 725 sv ܚܣܐ ܒܪܝܐ bei den Persern nach Sergius und Honein ܛܪܫܩܘܩ, BA Nr. 4643 und PSm 1202 BA, K zu ܚܣܐ. Wenn PSm aO sagt طرشقوق stehe in der WBB nicht, so gibt er einen neuen Beweis dafür, dass er von den späteren Buchstaben keine Kenntnis hat: wenn Jemand unter ܛ einen besondern Artikel ܛܪܫܩܘܩ hat, so ist es schwerlich zu viel verlangt, dass er unter ܛ von ihm schon Kenntnis habe. Auch طلخشقوق PSm 1328 unter ܛܠܚܫܩܘܩܐ u. BA Nr. 3992 muss man nicht in طرخشقوق ändern wollen.

c. ܛܠܝܦܐ auch PSm 53: ܛܠܝܦܐ? Das. noch: ܛܠܚܫܩܘܩܐ, ܐܪܘܠܐ, ܛܪܘܦ ܛܠܝܦܐ, طهليرج, طهليدج, ܛܠܝܚܐ. Dieses „حليانا" steckt vielleicht in „syr." هلفيا Vull sv. = كاسنى, Cichorie. Nichts als Cichorie ist auch „die der Kornblume ähnliche

254

blaue Blume", die guli kasni — گل کاسنی — heißt bei Petermann Reisen II 227. 249. 253 „Pseudo-Kornblume". [طهل ist Nebenform von طلخ طرخ „herb, bitter" Nöld.]

مروريه Bt II 512 = علث, يعضيد 603.

3. Auf ܗܢܕܒܐ oder ܗܢܕܒܝܐ geht das talm. und arab. הנדבא هندبا und das griech. ἐντύβια zurück. Vull. انطونيا lies يا — also n i c h t aus σέγγος [!] errpt. App. zend انكوبا ist schwerlich mehr.

Man nimmt an, *Cichorium Endivia* L, das für die durch Kultur entstandene Abart des bei Jerusalem und in Syrien[1]) wildwachsenden *C. divaricatum* Sch. gehalten wird, stamme aus I n d i e n. Lagarde hält Semitica 61 هندب für „eine echt semitische (Lagarde psalterium Hieronymi 158) Weiterbildung von هدب, wie bei Avicenna . . . . . die Augenwimpern heißen". Die syrische Form ܗܕܒܐ welche Lagarde entgangen ist, spricht für semitischen Ursprung des Wortes, der mir aber, von Lagarde's Ableitung abgesehen, nicht gesichert zu sein scheint.

Τρώξιμον, τρώξιμα Salm. Exercit. Plin. 898 ܛܪܘܟܣܝܡܘܢ PSm 1521 K: ܨܡܚܐܪܐ [ܨܡܚ] ܗܢܕܒܐ BA ܛܪܘܟܣܝܡܘܢܐ, ܛܪܘܟܣܝܡܐ von PSm 1510 nicht erkannt, 1521 vergessen, 262 zu ܐܢܛܘܒܝܐ (Geop 98_6) ܛܪܘܟܣܝܡܘܢ ܛܪܘܟܣܝܡܘܢ: „v i d e num sit θριδαξ"! Synonn. das. ܗܕܒܐ, هندبا ,قشنيج [d. h. كاشنيق Lag. aO.,] pers. كاسنى BB 705 BS. عصارة الهندبا ܚܡܝܪܐ ܕܛܪܘܟܣܝܡܘܢܐ.

علك κονδρίλη Bt. aO Vull صحراتى كاسنى עולתא mischn. עולשין pl. Ms. Maim ar עלשין Kil. 1_2 Schebiit 7_1 Pes. 2_8 TSchabb. 1_{12} b. 102^a — j Kil. I $27^a{}_{23}$ j Pesach. II $29^c{}_7$ עולשין = טרוקסימון. עולשי שדה = עולתין. עולשין אנטובין (griechisches Fremdwort!) [b 39^a הינדבי (die vielleicht nicht erst aus dem griechischen

---

[1]) Beide wachsen in Aegypten wild. Ascherson hörte dafür in Aeg. *silis* (d. i. σέρις), *mággede, abn rukóbb, hindib. Silis* heißt auch *Urospermum picroides* Desf.

zurückgewanderte Form des Wortes)] und יסיחלי[1]), ein dunkles Wort. —

Τρώξιμον טרוקסימון ,טרב׳ Ly II 192ᵇ — עולתא vgl. Ar sv שדה u. עולשי ist also wohl *Cichorium divaricatum,* Cichorie, עולשין, טרוקסימון, אנטובין, הינדבי, יסיחלי *Cich. Endivia,* Endivie.

196.

ܡܪܪܬ ܟܐܦܐ

BB 564 ܡܪܪܬ ܟܐܦܐ ܗ̄ܝ ܟܡܐܦܝܛܘܣ 420: ܟܐܡܐܦܝܛܘܣ ܡܪܪܬ ܟܐܦܐ [H: ܐܪܘܚܐ] كمافيطوس وبالسريانية مرارة الحجر كما قال جبريل. ܦܘܪܝܣܘܣ ܦܪܐ ܠܗ ܕܪܥܬ[ܐ].

D 500 χαμαίπιτυς. Beibehalten: D Uebers. PSm 286 Z_2. S. Nr. 80.

197.

ܡܪܪܬ ܦܝܠܐ.

Lycium, Saft und Extrakt von *Berberitzen und Rhamnus infectorius* L.

BB 565 ܠܘܩܝܘܢ قال انه حُضُض هندى: ܠܘܩܝܘܢ فيلزهرج حضض ܗ̄ܝ ܡܪܪܬ ܦܝܠܐ ܬܘܒ ܐܢ: ܚܠܒܐ ܗܘܐ ܗ̄ܝ ܕܡܬܬܣܝܡ ܡܢ ܕܪܥܐ ܘܐܣܝܘܬܐ ܕܒܠܬܐ ܡܢ ܡܪܒܐ. ܘܬܠܬܝܬܐ ܗܘ ܕܡܬܬܣܝܡ ܡܢ ܠܒܘܢܐ ܕܐܠܐܝܐ ܘܡܬܬܣܝܡܐ ܣܒ ܣܒ [l. ܣܘܣܘܣ] ماميثا زعم: ܡܪܪܬ ܦܝܠܐ ܗ̄ܝ ܐܝܟ ܕܐܡܪܝܢ حُضُض. Dieselbe Stelle ausführlicher PSm 1162 unter ܕܪܥܐ. — ܡܪܪܬ ܦܝܠܐ ist Uebersetzung von فيل زهره Elefantengalle [-gift] Vull sv u لوقيون „syr." = فيلزهرج

---

[1]) Nicht יסיח־לי nach j Pes. aO u Asulai kikkar leadan z St. Sonst ist סח לי richtige Redeweise. T Joma 2_7 b 39ᵃ Ber. 51ᵃ bis j Sota 19ᶜₘ Erub. 21ᵇ שח לי j Schek. 49ᵃ. הסיח לי Mechilta 45ᵃ$_7$ משיחין לו 72ᵃ$_{33}$ Friedm. u. sonst. הסיחו Midr. Sam. Anf. סח ist mischn., nicht blos talm. Vgl. Delitzsch zu Job. 12_8 שיח לי. Für Cichorie kennt Delile p. 72 *schikurieh,* das aus d. Franz. chicorée entlehnt ist.

Bt II 450. 272. Av. 238 Kazw. I 261. Daraus gewinnt man حضض Berggr. 860 Lycium, Oxyacantha neben فيلزهرج, خولان χέλευ, χαυλέν, φαϊλαζαχχαράτ Lngk. 13 Pott ZfdK V 76 خولان Av. 172. Bt. I 400 311 Saft des حضض *Rhamnus infectorius.* Das Präparat verstehen die Syr. unter λύκιον ܩܠܐ ܦܫܐ ܕܟܘܪܬܐ حضض. Es gibt 3 Arten [„ܥܘ:“ S. PSm aO?] 1. Aus ܐܘܥܢ, ܗܘܥܢ. Lycium, der Strauch, = Oxyacantha; ὀξυάκανθα = Berberis ܐܘܥܢ Nr. 99.

2. Das indische Lycium D 126, auch Arrian im Periplus. Noch jetzt in Indien aus verschiedenen Berberitzen gewonnen. Meyer 2_{88} Mow. 188. حضض هنديست, حُضَض, زَهْرَج, فيل.

3. Das „vom Berge der Araber gebrachte“ Lycium, das chudchud d. h. hudud حُضُض heißt. Bei PSm steht für ܕܟܘܪܬܐ: ܕܟܘܪܬܐ und PSm verstand: „vom Berge der Araber, der chudchud heißt“. Sein böser Geist hieß ihn gerade hier gewissenhaft die Glosse BB's verwerten und so bereichert er 1218 Arabien's Geographie um einen „ܣܘܕܣܘܕ 1) Nomen montis Arabum BB sub ܐܘܥܢ“. „2) id quod حضيض sc. حصيص ܣܘܕܕ ܛܘܪ ܣܘܕܣܘܕ BB, sed حصص ܠܘܩܝܣܘܢ ܘ ܣܘܕܕ BA. Valet حضيض pes montis, sed حصص .. rhamnus infectorius Bt I 311.“ Die Stelle gehört zu den Perlen des Thesaurus. حضض ist für ܣܘܕܕ (= ܣܘܕܣܘܕ) حضيض zu lesen, ܠܘܩܝܣܘܢ ist λύκιον, in γλαύκιον verschrieben, wie oben, durch BB beanstandet, ماميثا glaucium zu lycium gestellt ist.

198.

مشجونا

Bt II 39 ms. für مسجونا, syr. = سجسونه, سلسونه lies nach ms.: سكنبويه سجنبويه aus der nabat. Landwirtschaft. Meyer 3_{75} rät auf Pfeffer (??) Mow. 155 سَنْجَفْوِيَه. [Persische Form ungefähr سنكبويه

Steinkrug“? Sollte das syr. Wort ܟܒܝܫܘܢܐ „Kleine Salbe“ sein? Nöld.] Vgl. ܟܒܝܫܘܢܘܬܐ Nr. 326.

199.

ܢܘܪܬܐ.

Ranunculus, Hahnenfuss.

BB 598 BS = كنكج كفنيكج كبيكج ܢܘܪܬܐ PSm 434 ܢܘܪܬܐ zu ܒܐܛܪܐܟܝܘܢ βατράχιον 514 ܒܛܪܟܝܘܢ (so l.) نوره ܢܘܪܬܐ = 669 ܠܐܣܛܪܩܘܢ lies βατράχιον النوره nicht „calx viva ܢܘܪܐ ὄστρακον“! 640 ܠܐܣܛܪܩܘܢ = ܢܘܪܬܐ, ܗܠܠܬܐ [PSm sv auch ܗܠܠܬܐ] BB ein: ܣܡܡ. ·K PSm 649 Z 2 ܢܘܪܬܐ Gras C 542 „ܢܘܪܬܐ flos, foenum, stipula [vermeintliches نَوْره od. نُوَّار] herba pec. ranunculus كبيكج“. [Nûrtâ Barh. gr. I 33₄ = ܗܒܒܐ Nöld.]

Viell. ܢܘܪܬܐ des BB zu trennen von ܢܘܪܬܐ, doch ist dies = نَوْرَة Blüte (?) bei BB نُوره punct. wahrscheinlich richtiger nach talm. נוּרִיתָא.

بطراخيون Vull. I 249. Bt I 151 II 85 الضفادع 343 كبيكج = Berggr. 343 ranunculus. PSm 1092 ܗܪܘܫܟܣܝܢ = كاسكيج l. كبيكج?

תיאה neben חלתית Ukz 3_5 Sifre II 107 p 96[b]. Teb-jom 1_5 Mss. Maim. ar. תיה, תייה = j Chag. 79^c_{24} תייה = j Erub. 25^d_4. תיה Ar. sv חלתית, תיאה sv אלום. Maim Teb. j. Wurzel von حلتيت, Ukz.: انجدان. — TChul. 3 תיאה zwischen הרדפני u. חלתית b 58[b] (תיעה) = עיקרא מרירתא nicht : מריד׳, Hai zu Teb. j ע׳ דמילתא l. דמרירתא. Aruch: עיקרא דנוריתא (nûrîtâ), „Wurzel einer Giftpflanze“, dh. ܢܘܪܬܐ *Ranunculus*, Hahnenfuß, dessen Arten, bes. *sceleratus*, sich durch große Schärfe, teilweise durch heftiges, ätzend scharfes Gift auszeichnen.

In Syrien und Palästina ist *Ranunculus* durch mehrere Arten vertreten. So z. B. *R. calthæfolius* Jord. in Syrien, auch bei Jerusalem, ebenso *R. Asiaticus* L. Auf dem Oelberg: *R. Hierosoly-*

mitanus Boiss. In Syrien: *R. Cassius* Boiss. und *R. Damascenus* Boiss. u. *sceleratus*. Man vgl. Boissier Flora or. I 24. 31. 36. 30. 48.

200.

ܢܝܢܝܐ. נִינְיָא *Ammi* und ܢܢܥܐ נַנְעָא *Mentha*.

BB 479 ܐܡܐܘܣ ܡܢ̈ ܟ̄ ܢܢܥܐ نعنع ܘܐܠܝܐ ܗܘܐ ܢܢܥܡܘܢܐ

نانخواه :482 ܐܡܐܘܣ ܡܢ̈ ܟ̄ ܢܝܢܝܐ ܢܝܢܝܐ (نانخواه [1]) ܘܡܠܟ ܙ ܗ ܡܢ̈

ܐܢܝܣܘܢ :608 ܢܢܥܐ ܡܢ̈ ܟ̄ من اسماء النانخواه ܘܡܬܩܪܐ ܢܝܢܝܐ نانخواه:

Schwerlich richtig vocalisirt PSm 223 sv ܐܡܐܘܣ: ܢܝܢܝܐ und 229 lin. 8 ܢܝܢܝܐ nach BB. Ǵezzâr im 3. Grad نانخه, griechisch סנכא, die alte lat. Uebers. richtig: ammi, syrisch סבנא d. h. سنا lies نينيا das Vull. sv. als syr. hat = نانخواه II 1287ª = نان خواه, نانخواه, نانوخيه ammi, anisum aliudve semen: طالب الخبز, nicht الخير Bt II 543, = نانخواه Av 216 Mow 260 Berggr 828 Ammi, semen Ameos. Nînjâ geht wohl auf den pers. Namen zurück.

Aßaf 95ª ניניא = אמיום, 45ᵇ שנינית l. ניניא = ננכואה, = אמיום. 32ª מנייא l. ניניא — ננכוואה — so אמיאום l. ameos. DCge ἄμι-ναvοῦχα. D 409 Ἄμμι Ammi, bei den Droguisten Ameos, von semen ἄμεως.

b. ܢܢܥܐ Mt 23_{23} Luc 11_{42} ἡδύοσμον Geop 98_{4} *Mentha, Minze*.

BB 608 = نعنع. 519 Honein ܕܡܫܠܚܐ = نعنع PSm 138 Rabban „ἡδύοσμον“ ܢܢܥܐ 989 ܐܝܕܘܐܘܣܡܘܢ, ܗܝܕܘܣܡܐ, ܢܢܥܐ, ܐܘܕܘܣܡܘܢ 1051 ܗܝܕܘܣܡܐ Ebed Jeschu ܢܢܥܐ, Galen ἡδύοσμον = ܗܝܕܘܣܡܐ = BA ܗܝܕܘܐܣܡܐ, K ܗܝܕܘܣܡܐ, ܗܝܕܘܐܣܡܐ Vull. sv هيزارما syr. = نعنع lies هيرزاما = ܗܝܕܘܣܡܐ. Ob aus dem griechischen ἡδύοσμον entstellt? PSm 918 ܗܕܡܫܠܚܐ l. μίνθη.

jSchabb VII 10^{a}_{37} נענע Ar. sv und sv מנתא: כוסבר כרתין כרסם נרגן[י]ר טרוקסימון כשומין נענע. [j בשומין Landau falsch כשותין]. Die volle

---

[1]) C 549: ܢܝܢܝܐ 1) funiculus cannabinus [Rœdiger, Chrest. Gloss.] Geop. 24_{22} 2) Semen quoddam esui aptum.

Form; sonst נגעה j. Ma'as. 52^a_{36} (Var. כועה) j Ned. 37^d_{67} כנעה j Schebuot נגעה 34^d_{44}. j. berichtet, sie habe einen vierkantigen Stengel — wie ja alle Labiaten. Sie macht aber darum keine Ausnahme von der Regel, „dass es nichts Viereckiges in der Natur gebe", denn sie ist „voll Knoten", מלא קטרין, dh. Stellen an denen die Blätter sitzen. R Chananel erklärt קטרין an einer andern Stelle, zu Pes. 74ª mit Bezug auf Bäume: der Ort, an dem Aeste und Zweige wachsen. Vgl. oben Nr. 111 S. 159_{15} j hat also נגעא ܢܢܟܐ. Zweifelhaft ist נוניה j Ned. 39^c_{04}.

c. אַמִּיתָא [1]) TSchabb $15_{12(13)}$ הָאַמִּיתָה [Zuckermandl, הַאמִיתַה, hat durchweg Kâmes verkannt und für Patach gehalten; wer hebr. Handschrr. kennt, wird wissen warum.] b. 128ª נִינְיא — 140ª נינייא[2]) zu אמיתא der Tos. aO_{13} [und $_{15}$ wo es bei uns in der Tos. mit Recht fehlt]: in einen Kressensalat getan. Gitt. 69ᵇ gegen צירחא דליבא [so liest auch Ar. sv u. נניא Druckf. צירתא] esse man נִינְיא, Pfefferkümmel (כמון) und Sesam. Ab. zar. 29ª gegen איסטומכא דליבא Pfefferkümmel, Kümmel (כרויא), ninjâ, Teufelsdreck, Satureia capitata und eine Thymus Art (אברתא). Es ist nicht Minze sondern *Ammi* gemeint, das neben Pfefferkümmel genannt weniger auffallend als Minze ist. Dass אמיתא = ניניא nicht Minze sondern Ammi ist wird man zugeben, wenn man Folgendes bedenkt: 1) nînjâ ist niemals Minze,

---

[1]) Was ist חמיתה TKil 3_{12} Var חמיטה [= TSchabb aO ??]. — Was הומתי כי ממרו Gitt. 69ª? Aruch הומתי pilatro. [ܐܡܡܐ ܩܘܦܛܝܩܘܢ l. ἄμμι τὸ κοπτικόν. Nöld.]

[2]) Wünsche, Neue Beiträge zur Erläuterung d. Evangg. aus Talm. und Midr. Göttingen 1878 S. 291 citirt (zu Matth. 23_{23} ἡδύοσμον) die angeführte Stelle: „Unter die Kräuter (שלחים) [l. Kresse, שחלים], welche man am Feiertage zerrieben hat, darf man am Sabbath Oel, Essig und auch Minze (אמיתה) tun und sie mischen. Was ist אמיתה? Antwort: נינייא". Nach der im Text gegebenen Erörterung wird man künftighin die Stellen über נענע, nicht aber die über ninjâ zu der neutestamentlichen Stelle anzuführen haben.

sondern ausnahmslos Ammi نانخواه. 2) D 409 sagt vom Ammi, das auf Kümmel, Dill, Pfefferkümmel folgt, es werde von Manchem irrig für æthiopischen Kümmel gehalten. Die Nachbarschaft in den talm. Stellen weist also auf Ammi. 3) nân'â ist mit nînjâ auch von manchen Syrern verwechselt worden, obwohl die Wörter nicht verwandt sind. 4) אַפִּיתָא ist nicht μίνθη, sondern die semitische Form, aus der das griechische „Ἄμμι" entlehnt ist. Die Var. zu Tos. aO: חַפִּיתָא zeigt uns die echte Form des Wortes, worunter babli, nach dem einstimmigen Zeugnisse der Syrer über ninjâ nicht Minze, sondern ganz richtig Ammi verstand, wenn er es mit ניניא erklärte. Dieses החמיתא steht als Variante bei Hai G. zu Ukz 1_2 für המינתא (neben פינם). אמיתא aus Schabb. hat R Schimschon z St. neben אמינתא (Ar.) das Correctur ist, wie מיתנא wo das nûn an falscher Stelle steht (s. Tosaf. Jomtob) ebenfalls. — j Dem. $22^c{}_{67}$ מינתה dürfte mentha meinen.

d. Ammi DaO Plin x 58 cumino simillimum, auf das alexandrinische Brot gestreut (daher: نانخواه) und unter die condimenta getan. Apicius lässt zu einem sal conditum 29 ed. Schuch (α 27) nehmen: Salz, Ammoniak, weißen Pfeffer, Ingwer, Ammi, Thymus, (Satur. cap.) Apium. Ammi ist, nach Sprengel D II 522: *Ammi copticum* L = *Ptychotis coptica* DC — *Fenchelmerke.* Man wird vielleicht auch dieses unter חמיתא (א) u. ניניא zu verstehen haben, vorzugsweise aber *Ammi majus* L., das nach Boissier Flor. or. II 891 in Syrien, Palästina, Mesopotamien, Babylon, Aegypten wächst. Auch Ammi copticum weist Boissier aus Aegypten, Mesopotamien, Assyrien nach.

e. BB 923 gibt noch einen Namen für die Minze. Die Stelle hat Abbé Martin aus dem BB cod. der Propaganda in Rom mitgeteilt JAs. 1872 XIX 475:

ܐܘܦܬܐ ܗܝ ܚܘܪܝܬܐ [II ܚܘܪܝܬܐ] ܘܐܡܫ [H ܐܡܫ] ܒܓܠܠܠܐ

ܗܕܒܫܘܢ̈ܐ H] ܗܕܒܫܘܢ̈ܐ:] ܪܩܘܬܐ [ܪ̈ H] النعنع وقال مسيح صحلب

nur H]: مسيح ان اسم النعنع] رَاقُوثَا هو النعنع:

„Raqoutha, dans la sainte Ecriture“ [falsch: ܨܬܪ = in einer Hs] „signifie une chose vile. Dans le dialecte de Mossoul on appelle ainsi la menthe. Messih Sahlab (?) a dit que raqoutha signifiait la menthe.“ صحلب, fehlt in cod. H., und ist mir sonst nicht vorgekommen. — راقوثا und falsch رافوثا Vullers = پودنه, نعنع. Vgl. רקפתא.

201.

ܦܝܦܐ.

Capparis spinosa L.[1]), *gem. Kapperstrauch.*

قَبَّار, كبر, ܦܦܐ, קפרים — ܦܦܐ ܦ̈ܦܐ סְּךָחָא —. اصف: צלף = لصف

ܐܢܣܘܦܘܦܘܬ̈ܘܣ ܡܢ ܐܝܟ ܦܦܐ ᵃ BB 820 mischn. נִצְפָּה = الكبر وحكاه جبريل ايضًا: 843 ᵇ ܩܘܦܘܣ ܐܢܦܠܘܣ .. من اسمآ الكبر: ᵇ ܩܘܠܠܝܬܐ فيما حكى جبريل عن ديسقوريدس من اسمآ الكبر: 30: ⁱ ܐܘܠܘܦܘܛܘܢ ܐܘ ܐܘܠܘܦܘܛܘܢ حكى جبريل عن ديسقوريدس انه من اسمآء الكَبَر واخرون يسمونه ᵈ تفاحة الغراب ᵉ وثوم الحيّة ᶠ وعنب الحيّة 820 ᶜ ܐܘܦܝܘܣܛܐ حكى جبريل انه من اسما الكبر وقوم يسمّونه ᵈ تُفّاحة الغراب ᵉ وثوم الحيّة ᶠ عنب الحيّة: 973 ᵍ ܐܠܘܦܘܣ فيما حكاه جبريل عن ديسقوريدس من اسمآ الكبر:

Alle Syn. des Gabriel PSm 1518 ⁿ ܩܦܦܐܪܝܘܣ. Ich schalte die Varr. des cod H ein: D 318 περὶ ᵃ καππάρεως, οἱ δὲ ᵇ κυνόσβατος ᶜ καπρία ܐܘܦܝܘܣܛܐ ܐܘܦܝܘܣܛܐ aus فافريون ᵈ κόρακος μῆλον ᵉ ὀφιόσκορδον, φυλλοστάφυλον lies nach ᶠ und Plin. ιγ 44 ophiostaphylen, s. S. 263$_{17}$ ᵍ θαλλία ʰ πετραία فطرا ! ⁱ ὁλόφυτον auch PSm 260, doch mit ὑπνωτικὸν zu-

---

[1]) Boissier Flora or. I 420 führt mehrere Varietäten auf. In Syrien und Mesopotamien *C. spinosa* β *canescens*, in Damascus: ε *parviflora*, am todten Meere, auf dem Sinai: γ *Aegyptia*.

sammengeworfen II: ܐܝܘܢܝܛܘܣ [j] ἰωνίτης PSm 260 ܐܘܢܝܛܘܣ II: ܐܣܘܟܠܘܪܘܢ [k] ὀλιγόχλωρον lies ἀείχλωρον nach: الدائم الصُفرة [l] ἀκόνιτον? [m] ἱππομανές ܐܝܦܘܡܐܢܝܣ [n] τριχομανές. Die Synonn. der „Propheten“, Römer und Punier kennt Gabriel nicht. BB setzt hinzu, er habe alle Synon. auch als besondere Schlagwörter behandelt وقد فرّقها فى مواضعها من هذا الكتاب. Leider tut PSm das auch.

Honein gebraucht also, das ist der langen Stelle geringer Ertrag, ܩܦܪ = κάππαρις, durch das Fehlen der Determination deutlich das Fremdwort kennzeichnend. BB 862 hat es ebenfalls: ܡܩܠܦܬܐ ܕܥܩܪܐ ܕܩܦܪ ܐܝܟ ܦܘܠܘܣ لحاء اصل الكبر[1]). Das Fremdwort ist der gebräuchlichste unter den Namen der Kapper: Koh. 12_6 Pesch. Hex. Geop $5_{25 \cdot 28}$ 110_{12} (ις 18_4) Aßaf 49^b aram. קאפר so = קפרים, אביונה. 47 p 72^b: אביונה = 51^a קפר. BS hat es als Erklärung zu dem aramäischen Namen. BB 615 ܒܪܩܐ ܐܝܟ ܡܢܨܪܬܐ ܩܦܪ 781: ܦܪܥܐ ܐܝܟ ܡܢܨܪܬܐ ܒܪܩܐ ܕܡܬܩܪܐ ܩܦܪ الكبر ورق الكبر واقول ثمر الكبر وهو الصحيح. Dazu BB 884:

ܩܦܪ ܒܝܘܡܐ ܕܒܝܫ ܡܬܒܥܐ ܗܘ ܦܪܥܐ ܙܢܝܐ ܕܥܘܒܫܐ ܡܢ ܥܩܪܐ ܕܩܦܪ ورد الكبر ܡܘܡܠܬ ܗܝ ܦܪܥܐ:

Daraus verstehe ich soviel, dass ܩܦܪ Kohel. aO Kapperblüte bezeichnet [ob ورق des BS richtig ist?] C 819: ܩܦܪܐ verres (Nov. 236, κάπρος) 2) citrinus cucumis [Ferr.]? ܩܦܪܐ germen [aus ܦܪܥܐ ܙܢܝܐ = βλάστημα Sachau Ined. $95_{1 \cdot 2 \cdot 4}$ Galen, das aber hier nicht als Bdtg. von kappâr auftritt!] Uva lupina s. Solanum [irrig nach عنب الحية vgl. ܥܢܒܐ ܕܚܘܝܐ] ܩܘܦܪܐ pix Judaica [gewöhnlich ܩܘܦܪܐ] Simia [lies ܩܘܦܐ].

ܩܦܪ Kapperstrauch und Blüte hat, wie das ebenfalls aus κάππαρις entlehnte كبر, كَبَّار, vulgær قُبّار — Ǵavâlîkî 132_5 u Sachau z St.,

---

[1]) Die Schale der Kapperwurzel ist ein drastisches Purgativ.

Wetzstein, Delitzsch HL u. Koh. 451 — die einheimischen Bezeichnungen so sehr in den Hintergrund gedrängt, dass wir die (von Cast. übergangenen) Wörter ܦܪܘܟܐ und ܦܪܚܐ nur von BS erfahren, der sie mit ܨܦܪ wiedergibt. Für ܦܪܚܐ an der zweiten Stelle oben Zeile 12 gibt BB keinen Gewährsmann an.

ܦܪܘܟܐ mischn. נִצְפָּה اصف Dem. 1_1 transpon. aus צלף Kapperstrauch. Dieses Schabb. 150[b] (30[b] u) — j Schabb. $15^b{}_1$ dafür נצפה. Benannt von √ ܦܠܓ spalten, vom Klaffen der Samen oder vom Aufspringen der reifen Frucht wie شُفَلَّح nach Wetzst. von فلح die aufspringende, berstende Frucht, wie[1]) ebenf. nach Wetzst. 437 f פֶּלַח הָרִמּוֹן der Spalt des in völlig reifem Zustande seine dicke Schale sprengenden Granatapfels, wofür geradezu ܦܠܓܐ ܕܪܘܡܢܐ steht. Nr. 310.

ܦܪܚܐ („Blüte" s. Nr. 334 Anm. 2) talm. פרחא die Blüte Ber. 36[ab] der Kapper.

Ma'as 4_6 der Strauch: צלף[2]) Blütenknospen קפרים, קפרס, Samenkapseln אביונות. j 51[c] קפרס Knospe, ביתא Frucht [„Blumenkelch" Ly I 198 falsch]. Die Frucht steht auf einem $1^1/_2$" langen Stiel, der über die Blume hinausragt. Dies meint j. aO: „Alle Hüllen wachsen an der Frucht, hier ist die Frucht oben, die Hüllen unten". — b Ber. 36[ab] Strauch (mischn.) צלף, Blüten קפריסין, Früchte אביונות, junge Triebe תמרות; diese talm. שותא von * שותתא √ ܫܘܚ, hebr. שיח. ܫܘܚܐ germen, PSm 1520 Z 11: ܡܫܘܚܬܐ

[1]) Deutsch: Klaffer, *Rhinanthus Crista galli* L von der klaffenden Kapsel (sonst Glitscher).

[2]) Maim. z. St. אלכבר l. الكبر, die Frucht אלכבר פקוס so ms. ar. für der Agg. פרוס אל נכר, eine falsche LA, die Kohut, Aruch sv אביונות, zu abenteuerlichen Combinationen verleitete. — Der Zweifel, ob die Kapper als Baum oder als Kraut zu behandeln sei, rührt, wie Hal. gedol. Ber. VI ganz richtig erklärt wird, daher, dass sie sowohl aus der Wurzel als auch aus dem Stamme neu ausschlägt.

βλάστησις? Blüte talm. פרחא, Blumenblätter ניצא דפרח', Schote ביטיתא nach d. richtigen LA s Rabbinow.: דשקלוה לניצא דפרחא והויא ביטיתא.

Sicher für den Strauch steht פרחא Pes. 111[b], viell. auch Chull. 59[a] umgekehrt für Kappern צלפים (פ׳) Schabb. 110[a]. Auch شفلّح ist die Frucht (s. ob., Vull. sv شفلج (?)) und der Strauch Petermann Reisen II 144 Schfella', wie denn Baum und Frucht meist einen gemeinsamen Namen haben.

אֲבִיּוֹנוֹת sg. bibl. אֲבִיּוֹנָה [Ly I 9[b] will wissen, dass es mischn. אֲבִיּוֹנָה heiße; falsch.] Auch bibl. kann es nichts Anderes bedeuten als: Kapper.

202.

ܢܪܩܘܣ נרקיס.

Narcissus, Narcisse.

BH carm. ed. Lengerke Königsbg. 1836 I, 6.

ܢܪܩܝܣܘܣ ܢܪܩܝܣܘܣ ܡܢ ܢܪܩܘܣ نرجس. ܢܪܩܝܣܘܣ BB 587 ܐܝܟ ܡܫܚܐ ܕܢܪܩܘܣ دهن النرجس. ܢܪܩܝܣܘܣ ܐܝܟ ܕܐܡܪ ܡܫܚܐ ܕܢܪܩܘܣ دهن النرجس: 619 ܢܪܩܝܣܘܣ ܡܢ ܡܫܚܐ ܕܢܪܩܘܣ النرجس:

D 646 Νάρκισσος 66 ναρκίσσινον. النَّرجس pers.: نرگس s. Gavâlîkî u Sachau z St p 66 JAww II[a] 265. Mand. ܢܪܩܝܣܐ Norberg, aber nach Nöldeke steht Sidrâ Rabbâ I 107$_1$ 346$_{20}$ נארגים.

Talm. נרקיס Ber. 43[b] נ׳ דגנוניתא (גינתא) targ. f. חבצלת Nr. 128 das lange für Narcisse gegolten hat, opp. דדברא.

زنبق „Gattungsname von Lilium" Sonth Verz. 277. Bt I 539 Jasmin. 443: دهن الزنبق Jasminöl. Dies زنبق ist zweifellos: PSm 680 BS: ܡܫܚܐ ܕܙܢܒܩ = دهن النرجس, cod. H: ܙܢܒܩ und errpt daraus 671 aus BA: ܙܢܒܩ ܙܢܒܩ = ܢܪܩܝܣܘܣ, نرجس.

203.

ܢܫܪܐ.

Filices, Farnkräuter.

ܢܫܪܐ ܐܝܟ ܒܪܘܣܦܪܐ سَرْخَس دواء يشرب للديدان وهو BB 621
السَرْخَس ܚܒ̈ ܠܡܣܪܘܬܐ سرخس مثل العروق سودا. ܢܫܪܐ ܐܝܟ ܒܪܘܣܦܪܐ
سِراش ܡܫܪܐ ܘܣܩܘܠܘܦܢܕܪܝܘܢ ܠܐܣܦܠܢܝܘܢ اشراس 987: ܐܣܦܠܢܝܘܢ
ܐܝܟ ܐܪܙ ܠܒܘܫܐ ܘܡܠܝܐ ܗܘܐ ܕܒܡܘܬܐ ܕܫܒܩ ܠܢܫܪܐ ܘܗܠܝܢ ܗ̇
ܥܩܪܐ ܥܒܝܫ ܐܠܐ ܕܠܝ ܡܢܝܢܐ ܘܒܣܘܪܗ ܡܫܪ ܗܠܝܢ ܕܡܫܪ
ܢܫܪܐ:

D 678 θηλύπτερις, τὰ μὲν φύλλα πτέριδι ὅμοια [οὐ μονόμοσχα δὲ, ὡς τὰ ἐκείνης, ἀλλὰ von Sprengel in Klammern gesetzt!] πολλὰς ἔχοντα ἀποφύσεις . . Filici similis facultate Paulus Aeg. ζ p 727. Für πτέρις steht ܢܫܪܐ auch in der Uebersetzung zu D 680 δρυόπτερις[1]) PSm 947, das. arab. نسر, Gabriel das. Z 9 سَرْخَس u. aus D 575 PSm 358 sv ܐܘܣܡܘܢܕܐ BB 745 ܦܛܪܝܣ ܘܣܩܠܘܦܢܕܪܝܘܢ ܐܘܦ ܦܛܪܝܣ ܗ̣ܘ ܢܫܪܐ.

ܢܠܦܐ oder ܢܠܦܐ = πτέρις? Oben Nr. 121 c S. 167.

Aßaf 44 p 73ᵃ נִישְׁרָא aram. = איספטיריון gr., röm. פיליקי filix; aber 56ᵃ נשרא = אופוקיסטידוס arab. סרכס. Da ὑποκιστίς nicht gemeint sein kann, wird δρυόπτερις beabsichtigt sein.

Πτέρις des D: *Aspidium filix mas,* Wurmfarn, ngr. aber heißt ebenso, πτέρις, insbesondere der **Adler**farn, *Pteris aquilina,* = D. θηλύπτερις, ein Name dem der syrische nešrâ, nach BS gegen Würmer, Wurmfarn, entspricht.

---

[1]) PSm Gabriel ܕܪܘܐܦܛܪܝܣ, Galen ܕܪܘܐܦܛܪܝܣ. Πτέρις, nicht πτερίς, ist zu accentuiren, s. Pape sv. Nicht Farrnkraut. Ehrhart (1753 bis 1762) schreibt Fahrenkraut. Heufler E. Botan. Beitr. z. deutsch. Sprachsch. S. 19.

سَرْخَس Berggren 850 Filix, fougère (Farnkraut) Mow. 154 سَرْخَس den Syrern = πτέρις = Vull. sv. بطارس. Avic. 218 = كَيل دارو 192 s. Lag gA 28 كَيل دارو = BB ܟܠܝܠܕܪܘܢ aus: ܟܠܝܠܕܪܘܢ; BB ܟܠܝܠܐܕܪܘܢ so lies oben f. ܐܟܠܝܠܐܕܪܘܢ = سرخس. BS hat diese Gleichung nicht, sondern (?) ܢܥܙܐ اشراس سراش vgl. ܫܪܫܘܠܐ.

كَيل دارو BB 853 شجر النبق ܫܝܓܐܪܐ lies: الدبق C 808 arbor culicaria aus verlesenem بَق Ferrar.: ܫܝܒܪܐ arbor ex qua viscus conficitur. Viscum ܕܒܘܩܐ دبق PSm ܐܝܘܣܘܣ 150. 271 ܐܝܘܣܘܣ.

204.

ܢܬܪܐ ܕܙܝܬܐ.

Dipsacus silvester Mill. *wilde Karden.*

BB صمغ الزيتون شملى زعم العطشانة صَتّى. Danach Ferr. gummi olivarum C 571. عَطْشَانَة = ܡܙܘܘܐ ist Uebersetzung von δίψακος D 355. ديبساقوس Bt II 198 I 466 Vull sv Berggr. 847 ديباقس Dipsacus, cardon à bonnetier, chardon à carder d. h. *Dipsacus fullonum*. Vgl. Nr. 2 b.

PSm 889 ܕܝܦܣܐܩܘܣ dieselbe Erklärung BA BB und die Uebersetzung aus D. BA noch PSm 871 ܕܐܝܦܣܩܘܣ, Gabriel das. ܕܐܝܦܣܩܣܘܣ sagt es heiße syrisch نشارة الزيتون (so) „Abfall“ [zu ܢܬܪ — نثر, nicht نشر נֵשֶׁר נסר ܢܣܪ] „vom Oelbaum“. ܢܬܪܐ ܕܙܝܬܐ steht Lev. 19_{10} Pesch. = פרט כרמך = targ. j נתרא. Der Pflanzenname ist mir unerklärlich.

Boissier Flora or. III 115 weist *D. silv.* Mill. nicht in Syrien nach, wohl aber die Var. comosus Ledeb. S. 116 *D. laciniatus* L. „*Dipsacus fullonum* Mill., Weberkarde, fehlt in den arabischen Ländern“ Ascherson.

205.

ܣܐܛܠ.

BB 625 BS ܥܩܪܐ ܗܢܕܘܝܐ. Bt II 76 شاطل indisch = Mow. 155 ساطل. Indische Heilmittel: PSm 391 ܐܘܪܡܐܠܛ, ܐܘܪܡܠܛ = Bt I 26 ارماك (so) — PSm 604 ܒܪܗܡܗܡܐܪܒ.

206.

ܣܓܝ ܙܪ̈ܥܐ.

Uebersetzung von πολύσπερμος Geop 70_{20} (ι 84_5) 102_{15} = ܦܘܠܘܣܦܪܡܘܣ fehlt wahrscheinlich ܦܘܠܘܣܦܪܡܘܢܘܣ (ιζ 5_4).

207.

ܣܓܝ ܪ̈ܓܠܐ.

Uebersetzung von πολυπόδιον *Polypodium vulg.* L gemeines Engelsüß. BB: بسفايج pers. بسپايه (älter بسپايك) zusammengesetzt aus بس, viel und پايه, پاى, Fuß. Berggr. 870 — Mow 48. Bt 135, Av 147 falsch بج —, Frtg aus Gol. بج—. Simon Januensis bisbeigi Langk 127 διαπισφάκ. Hal. gedol. Schabb. 20 פיספג, בסבג.

Dem syr. Worte ist die Ehre erwiesen worden, dass es in arabischen Quellen genannt wurde. Bait II 39 [cod. Sprenger 1898 fol. 152^b] sagt: سكى رغْلا oder سَقِى رَغَلا bedeutet syrisch der Vielfüßige الكثيرُ الأرْجلِ und ist das بسبايج. Daraus wird bei Sonth.: „Viele Leute in Syrien sind der Meinung“ usw. Vull. sv سَقى رَغَلا „syr. od. gr.“ = بسبايك, auch سكى رغلا. Schon Ǵezzâr: Syr. שכא[1]) רגלא, pers. ar. בסבאיג berberisch סהואר im 3. Grad. Aßaf 112 p 84^b סני רגלי = פוליפודיון gr., פילישיקלא, בספאייא pers. — 119^a פיליציקלא = פוליפודיאום. Plin. κς 37 Polypodium = filicula.

---

[1]) ك ق für ג ܓ auch sonst in Umschriften. Vgl. נגיד — نكيد Steinschn. Polem. Lit. 369 Anm. — Samarit. סוקו einmal für סני geschrieben Brüll, Krit. Stud. üb. sam. Trgm. 1876 S. 39.

Auch das Tier σκολόπενδρα, Tausendfuß: ܣܡܐ ܕܓܕܠܐ PSm 925 ܕܓܕܠܐ. BB 629 ܘܐܒܢܘܓܕܠܐ ܐܒܢܘܓܪܐ¹) دخال الاذن ܣܡܐ ܕܓܕܠܐ C 537 ܢܓܕܠܐ, das auch mischnisch vorkommt Aruch sv. נדל S. ob. S. 108 f. — Das Tier heißt auch الشَبَث Fleischer Seetzen IV 517 zu III 500 Z 12.

208.

ܣܝܓܠܐ סִיגְלָא.

Cyperus.

ܣܝܓܠܐ Ferr. juncus, scirpus C 578 auch K punct. so s. ܣܘܣܢܐ Nr. 221. BB: السعد ܣܝܓܠܐ ܐܝܟ ܕܡܬܩܪܝܐ ܗܘܐ ܕܡܣܒܪܢܝܬܐ ܘܡܣܒܪܢܐ ܠܗܘܢ. C ܣܝܓܠܐ mucor, detestatio(?) סיגלא Ly TW: Targ. j Num $21_{12(13)}$ Schabb. 50[b] סיגלי Ber. 43[b] wohlriechend, Sanh. 99[b] = דודאים. Ar. עפר I: arab. סעדי dh. سُعد also mit BB übereinstimmend.

209.

סדג

d. h. ساذج *Laurus Malabathrum.* Aßaf 9 p 63 סרג l. סדג, alle Sprachen פילון D 21 μαλάβαθρον = φύλλον. Aß. 167[b] מלבאתירון — פילון — סרו [סדג] — פוליין. BB ساذج ܦܠܐ ܣܝܢ ܦܘܠܝܐܢ. Bt II 1 Av 218 Mow. 153 ساذج هندى. Sachau zu Ǵavâl. 43 ZfdK V 72 f. Ueber Malabathrum C. Müller zu Arrian Periplus c 65 Geogr gr min I 304 prolegg CVIII. skr. tamâlapatra. Maim. zu Ukzin 3_5 הכא'ג lies nach ms. סארג.

210.

ܣܕܢܐ²) ܕܐܪܥܐ.

Marrubium, Andorn.

Geop 23_4 50_{16} 105_{10} πράσιον (ιζ 23_4) 110_{21} (ις 11_3) 112_{21}

¹) ܐܢܩܪܐ Lev. 11_{30}. PSm 1279_{34}. Zach. 5_9 Hex.

²) Wörtlich: Erdamboss.

(ܝܗ 15_2). BB 773 . . ܦܪܐܣܝܘܢ ܦܩܘܣ ܐܪܢܒܐ ܟܢܝ فراسيون ܦܪܐܣܝܘܢ ܐܝܟ ܪܒ ܦܩܘܣ ܐܪܢܒܐ الفراسيون وقال مسيح وهو حشيشة الكلب 631 ܦܩܘܣ ܐܪܢܒܐ ܟܢܝ بسفايج[1]:

D 454 πράσιον. Arabisch beibehalten; so in dem bei D 456 folgenden Art. στάχυς, θάμνος ἐμφερὴς πρασίῳ BB 643 . . ܣܛܐܟܘܣ ܐܝܟ ܫܒܠܐ هو شبه الفراسيون وتفسيره السنبلة, aus der syr. Uebersetzung nur: ܘܦܪܚ ܡܪܐ ܠܗ ܬܐܡܢܘܣ. Arabisch فراسيون s. Av 238 Bt II 251 Forsk LXVIII *Marrubium plicatum (M. Alysson* L.) Berggr. 861 Marrubium فراسيون ابيض 833 Ballote, Marrubium ف اسود 838 [Leonurus] Cardiaca فراسيون القلب. Vgl. jedoch أنجيدان Marrubium ob. 36_{17}.

C 840: „ܦܛܪܘܣܝܘܢ prassium". BB 898: ܦܛܪܘܣܝܘܢ ܟܢܝ ܢ̈. ܕܕܟܪܐ ܒܫܡܗ ܠܦܘܦܝܐ ܗ̄ܘ فراسيون. Aus dem gr. Worte verschrieben?

Warum es Hundskraut حشيشة الكلب genannt wird, weiß ich nicht, doch hat auch Aßaf 115 p 85ᵃ aram. מחריכלבא = פרסיון — מרוביון röm. Vgl. ܟܒܫܪܐ ܟܠܒܐ ob. 126_9. Aßaf hat πράσιον = אבנר s S. 33_{19}.

211.

ܣܘܒܒܪܘܣ.

BB 635 BS: ܐܝܟ ܒܪܣܘܪܐ ܕܡܪܝܢ ܠܗ ܣܘܣܓܒܪ ܬܘܒ ܕܕܒܪܐ ܠܐܦܢܝܡܐ ܠܐܣܛܡܟܐ: دوآء يسمى بهذا الاسم

212.

ܦܩܩܐ

arbor amœna et infrugifera [Ferr.] C 588. Aehnlich ob. Nr. 122. ܟܦܘܣܐ. Vgl. Nr. 58 b.

---

[1]) Gehört zu ܣܘܦܝܢ ܐܠܝܐ! Nr. 207 C 580 falsch: Euphrasia, Polypodium.

213.

ܦܘܕܢ̈ܓܐ [ܦܘܕܢܓܐ] ܕܒܪܐ.

Mentha aquatica L. Wasserminze und *M. silvestris* L.

BB 651 [ܦܘܕܢܓܐ] ܦܘܕܢ̈ܓܐ ܣܝܣܘܡܒܪ ܐܝܟ ܕܐܦ ܣܝܣܘܡܒܪܝܘܢ ܕܒܪܐ ܐܝܟ ܕܐܦ النَّمّام D 271 σισύμβριον [οἱ δὲ ἕρπυλλον ἄγριον] das verschieden geschrieben erscheint. BB 638 ܢܥܢܥ ܐܝܟ ܣܘܣܢܒܪ ܡܢܗ ܣܝܣܘܡܒܪ اقول النمّام نبات .659: ܣܝܣܡܒܪܐ ܘܡܢ ܣܝܣܘܡܒܪ النمّام: ܣܝܣܘܡܒܪܝܘܢ ܐܝܟ ܕܐܦ ܗܘ ܦܪܕܐܡܘܡܐ. ܗܢ ܠܚܡܣܐ ܐܚܪܬܐ ܕܪܡܣܐ ܕܐܟܠ ܒܢ̈ܐ جنس من قرّة العين (1) واسم دواء:

D 272 σισύμβριον ἕτερον, οἱ δὲ καρδαμίνην, οἱ δὲ καὶ τοῦτο σίον καλοῦσιν. [Nasturtium off. Brunnenkresse]. BB PSm 400 ܐܪܛܝܠܘܢ — ܣܝܣܘܡܒܪ, نمام, in Mosul (ܐܬܘܪ̈ܐ) nennt man es ܦܘܕܢ̈ܓܐ ܕܒܪܐ. 1054 ἕρπυλλος ܕܒܪܐ ܦܘܕܢܓܐ ,ܣܝܣܘܡܒܪ so l., نمّام. Aßaf 56 סחי בארעא aram. wörtlich: „Landschwimmer, — קלמיתא καλαμίνθη griechisch. Des Dioscorides σισύμβριον ist *Mentha aquatica* L., auch eine καλαμίνθη ist nach Fraas eine Minze, *M. gentilis*; nach Forsk. diese نعنع.

نمّام nach Forsk. LXVIII: نمنام ,نمامة, Lmam, Nmam, eine Mentha. [Nach Simon b. Zemach Duran Mâgen 'Abôt Livorno 1785 fol. p. 36ᵇ artet מנאם [lies נמאם] in mentha אמינתה aus.] Allerdings Berggr. 876 نمّام Serpyllum = Sonth Verz. 287 Serpolet und Bt II 559 meint auch Thymus Serpyllum. Für سيسنبر hat Berggr. 877 geradezu نمنام, نعنع الماء [Ibn al Haššâ bei Dozy-Engelmann Glossaire p 339: Nammâm = in Maghreb: صَنْدَل = sîsanbar.] Danach, und nach der Bestimmung für D halte ich ܦܘܕܢܓܐ ܕܒܪܐ für *M. aquat.* Wasserminze.

---

1) قرّة العين s. ob. S. 224₃.

Als Fremdwort ist aufgenommen ܣܘܣܢܒܪ سيسنبر Ġavâlîkî sv Sachau z St. Vull. sv. = تمام l. نمام Bt II 72 سيسنبر so l. Mand. Sidrâ Rabbâ I 106 סוסאנבאר mit allerlei Varr. in den Vocalen.

214.

ܣܛܘܟܘܕܘܣ.

Lavandula Stœchas, Lavendel.

BB 644 ܣܛܘܟܐܕܘܣ ܣܛܘܟܘܕܘܣ ܐܝܟ ܐܚܪ̈ܢܐ سطوخودوس D 373 περὶ στοιχάδος, das als Genitiv von στοιχὰς arabisirt wurde Av. 130 Bt I 33. Berggr. 857 اسطوخودوس — Mow. 17 ذوس —. Maim. zu Schabb. 14_3 אזביון. Tanchum Jerusch. bei Ges. Thes. sv אזוב. اسطوخدوس. In einem anonymen Verzeichnis der einfachen Heilmittel, ms. des Herrn Dr. Stern in Berlin: اسطوخودوس ليس له اسم غير هذا. Unter diesem Namen tritt es auch in allen arabischen und hebr. medicinischen Schriften auf.

215.

ܣܘܠܓܐ.

Land Anecd. II 24_1 ein Baum, dessen Blätter ein Asket als Gemüse aß.?

216.

[ܣܦܣܘܪܐ]

C 593 gladiolus ξιφίον, nicht die Pflanze, sondern: kleines Schwert. Der Pflanzenname ist beibehalten BB 665 aus D 522 σπαργάνιον . . φύλλα ἔχει ἐοικότα ξιφίῳ . . ἐπ' ἄκρου δὲ τοῦ καυλοῦ ὡσεὶ σφαιρία, ἐν οἷς ὁ καρπός: ܣܦܐܪܓܐܢܝܘܢ ܐܝܟ ܐܡܪ ... so ... جبريل BB 423: نبات يسمى [C ... M ...] ... b

c ܘܩܣܝܪܘܣܐܒܝܡܘܢ وكاسون a بقاشغانون so D 521 a ξιφίον . . b φάσγανον . .
c μαχαιρώνιον. Vull.! حاخاريون, Wurzel نافوخ = Bt II 546, سيف الغراب
379: كيفيون, so l. دلبوث, كف الغراب l. ms. سيف.

217.

ܣܠܩܐ סִילְקָא.

Beta vulgaris, L. *Mangold*.

Jes. 51_{20} Pesch. Hex. תוא, LXX σευτλίον. Hieron: . . LXX **Syra** lingua opinati sunt Thoreth (תריד) quæ dicitur beta.

Geop. 35_{23} 93_{30} σεῦτλον $98_{4\cdot6}$ 110_5 113_{12} (τη 17_1) PSm daraus 312 falsch: ܐܣܛܘܦܘܕܪܘܡܣ beta silvestris. Es steht: ܒܪܝܐ ܕܒܪܐ ܣܠܩܐ ܐܘ ܕܐܣܛܘܦܘܕܪܘܡܣ. Identität wird nicht durch ܐܘ sondern durch ܕܐܝܬܘܗܝ oder ܐܘܟܝܬ bezeichnet! Galen, Sachau Ined. 97_7 τεῦτλον; aber $_{11}$ lies dafür ܣܝܠܩܐ σικλη. BB 631 ܣܘܛܠܝܘܢ ܐܝܟ ܡܐܡܪ ܣܠܩܐ ܐܝܟ ܕܒܪܐ : سلق ܣܘܪܝܐ ܐܝܟ ܒܪܝܐ اصل السلق ܕܒܪܐ ܣܠܩܐ D 265 τεῦτλον PSm 1433 ܣܘܛܠܝܘܢ, ܣܠܩܐ, ܓܘܙܪ = zu ܣܘܛܠܝܘܢ. Das ist جقندر Vull. sv سلق als zweite Erkl. u. sv صوطله „σεῦτλα", nicht erkannt, I 581: چُغُنْدُر Petermann Reisen II 194 rote Rübe: Schwenderîn شَوَنْدَر.

D Uebers. D 519 Λειμώνιον οἱ δὲ a νευροειδὲς τὰ μὲν φύλλα ἔχει ὅμοια σεύτλῳ . . καυλὸν ἴσον ὥσπερ κρίνου, γέμοντα καρποῦ ἐρυθροῦ BB 690: ܠܡܘܢܝܘܢ ܐܝܟ ܐܡܪ ܓܒܪܐܝܠ ܘܐܢܫ ܩܪܝܢ ܠܗ ܢܘܪܘܐܝܕܣ ܘܛܪܦܘܗܝ ܕܡܝܢ ܠܛܪܦܐ ܕܣܠܩܐ ܘܩܢܝܗ ܐܝܟ ܩܢܝܐ ܕܫܘܫܢܐ ܡܠܐ ܦܐܪܐ ܣܘܡܩܐ. a قال جبريل وقوم يسمونه العصبى Syrer nach D: μεσόδα? vgl. Nr. 282 Anm. Σεῦτλον سلق ist *Beta vulgaris* L α cicla, weißer Mangold. Forsk. LXIII. Hartmann 177. ܓܘܙܪ جقندر = بنجر *Beta vulgaris* L rapica rote Rübe. Silk ist Fremdwort: σικελός s. Dietz [3] II 84 „acelga" (السلق); schon Mahn, Etym. Forsch. 95 f hat silk als entlehnt, aber irrig Theophr. hpl ζ 8 als Quelle der Araber bezeichnet. Ein aramäisch-arabisches Lehnwort für eine weitverbreitete Pflanze gründet sich nicht auf eine Stelle des Theophrast, selbst wenn die Voraussetzung Mahn's zuträfe, — was sie nicht tut — dass die Araber den Theophrast „sehr fleißig studirt haben". Silk, selkâ geht vielmehr auf die griechische, von Mahn erwähnte Form σικελός ngr. σεῦκλον zurück, welche auch die slavischen Formen, russ. swekla usw., und das ungar. cékla erzeugt hat. Die sicilische Art des Mangolds, die rote Rübe, ist auf diese Weise dasjenige Kind der Insel, das dem Namen der Heimat die weiteste Verbreitung verschafft hat.

סילקא talm. Ber. 39ª s Ar sv. und sonst. Erub. 28ᵇ = Mischn. תרדין[1]) Ter. 10_{11} Tos. 4_5 חילפות ת' (חולפות, חלפות, חליפות) Orlah 3_7 Ukz 1_4 Tos. das. bei RSchimsch. TTer. 5_{10} Hai G. أَضْلَاعُ السلق [so l. אצֿל אעאלסלק] = צלעת Maim: خلوف السلق wiederausschlagende Wurzeln. — Roh ungenießbar Erub. aO j Schebiit 38^a_{10} eingelegt Ter. 10_{11}. Purgirt Sanh 64ª (mit Palmwein?). — Ketub. 77ᵇu Ber. 44ᵇ 57ᵇ Ab. zara 29ª. — Die Uebertragung תרדא Bm 20ᵇ 25ᵇ „Verrückter" s. Sachs Beiträge I 107. Mit dem Namen תרדיון hat תרדין Nichts zu tun. Gegen Reifmann, פשר דבר S. 22.

Kil. 1_3 התרדים והלעונים als nächstverwandt bezeichnet. לעונים nach Maim. قطف s. ܩܛܦܐ Nr. 282 *Atriplex hortensis*, Gartenmelde, was wegen der Verwandtschaft mit Mangold sehr wahrscheinlich ist.

218.

ܕܡܐ ܬܢܝܢ?

BB ܣܝܕܪܝܛܝܣ قال حنين حشيشة يقال لها سيديريطيس . . . :
ܣܝܕܪܝܛܝܣ ܐܝܟ ܕܝܢ ܕܡܐ ܬܢܝܢ دم الاخوين ܗܘ ܕܝܢ ܚܕ ܣܘܦܐ
ܐܝܟ ܒܣܘܪܐ: ܣܝܕܪܝܛܝܣ ܐܚܪܢܐ ܬܪܝܢܐ ܕܡܐ ܬܢܝܢ ܐܚܪܢܐ
ܬܠܝܬܝܐ ܐܝܟ ܕܝܢ نوع اخر ثالث من دم الاخوين: ܣܝܕܪܝܛܝܣ

---

1) Dass es kein syr. ܬܪܕܝܢܐ gibt habe ich ob. Nr. 130 gezeigt.

ܐܟܝܠܠܘܣ ܐܡܪ ܙܦ ܒܣܡܡܐ ܗܢܕܝܐ ܠܒܫܐ ܐܘܟܡ وقال جبريل خيلوس وقال مرّة اخرة تفسيره الحديدىّ وحكى عن ديسقوريدس انه شبيه بورق الفراسيون محتبس فيه بزر اسود:

D 530 σιδηρῖτις οἱ δὲ Ἡράκλειαν, ܐܪܩܠܝܐ PSm 171; Uebers. Gabriel's aus D. Bt II 62 سيدريطس, syr.: ܣܝܥܐ ms: ܣܝܡܥܐ? D 531 σιδηρῖτις ἄλλη τρίτη 532 ἀχίλλειος = σιδηρῖτις.

219.

ܣܢܝܐ. סַנְיָא.

Rubus fruticosus L und *Varr. Brombeerstrauch.*

Ex. $3_{2 \cdot 3 \cdot 4}$ Dt 33_{16} Pesch. Targ. für סְנֶה; βάτος Mc 12_{26}. Luc 6_{44} Act. $7_{30 \cdot 35}$. Carm. Nisib. 39_{100}. — Für βάτος Galen Sachau Ined. 95_{15} Geop 12_{18}. (γ 10, σχοῖνος??) 17_{26} 76_{26} (ε 44_2 βάτος) $77_{6 \cdot 7}$ D Uebers. oben 141_{12}. PSm ܒܐܛܘܣ 433: عوسج[1] ܣܢܝܐ عُلَّيْق Das ܒܐܛܘܣ ܐܝܕܐܝܐ Himbeerstrauch, Rubus Idaeus. BB 664 ܣܢܝܐ عوسج ويقال له عوسج الكلب. Etymologisirend in סיני Sinai gefunden. Pd R. Eliezer 41 p 87 Lmbg. u. BS: ܛܘܪܐ ܕܣܝܢܝ ܥܠ ܫܡ ܣܢܝܐ ܐܬܩܪܝ ܘܥܠ ܫܡ ܣܢܝܐ. [סני־ה] PSm 1451 und BB 651 BS ܣܢܝܐ .. ܕܟܝ ܣܢܝܐ ܐܢܛܝܕܘܢܗ Lag. Onom. 15_1 rubus Anders. Lag. aO., Ġavâlîkî sv سينين = حسن Sachau p 42 aethiop. sannâi (سناه) .סנה pl. סְנָאִים aramais. סְנַיִּים Kil. 8_5 Bk 80^a TBk 8 — TTer. 1_{14}. עיגבי הסנה j Ma'as 48^d_{68}. Aßaf 42 p 72^b סנה — באטוס — röm. רובו rubo, span. rovo, rogo Dietz [3] II 58. Targ. u. b. auch אַסְנָא (אסינתא? אסיסנא?) Ly u Ar. sv.

ܣܢܝܐ Als Erkl. BB 677. 694: ܟܐܒܐ ܕܣܝܢܝܐ ܐܝܟ ܒܪܘܣܝܢ العوسج: ܟܠܒܐ ܕܣܝܢܝܐ ܐܝܟ ܒܪܘܣܝܢ ܗܘ ܣܢܝܐ العوسج. Geop præf l. 24 ܟܐܒܐ βάτος (β 10_6) 77_7 (ε 44_8 = Col. ια 3) paliurus. Zu diesem syr. Wort gehört צאלים Job $40_{21\ 22}$, nach Saadja ضال

[1]) Rubus fruticos. Forsk. CXIII doch auch Idæus.

Rhamnus Lotus L Gesen. Thes. sv. nach ض צ ܥ. Nöld. mand. Gr. S. 17. PSm ܐܠܐ s. Nr. 30 f).

220.

ܦܘܢܐ ܕܟܠܒܐ.

BB 853 ܩܘܢܘܡܘܪܘܢ ܐܝܟ ܣܪܓܝܘܣ ܕܒܢܝܐ ܕܦܐܪܐ ܗܟܠܒܐ ܠܦܘܢܐ ܕܟܠܒܐ = κυνόμορον, Hagebutte, Frucht von κυνόσβατος. Der syrische Name ist Uebersetzung dieses gr.

Was ist BB 833: ܩܘܠܘܒܘܪܐ ܒܩܘܠ ܕܐܪܐ ܕܡܬܩܛܦܝܢ ܘܪܕܐ [l. ܟܒܩܠܗ] ܟܒܩܠܗ: C 801: Sesami genus, 881 ܒܩܘܠ ܕܐܒܐ [ܪܐܒܐ Druckf.] بقلة يهوديه Avic 150 olus judaicum. Vgl. ob. S. 179_{21}.

Κυνόσβατος, wilde Rose, *Rosa canina* L Bt II 206 عليق الكلب نسرين السباخ، ورد السباخ، عليق العدس = Berggr. 846 Cynorrhodos, rosier sauvage, eglantier عليق الكلب ورد جبلى عليق العدس، نسرين. Lane 2137ᵃ Eglantine عليق الكلب نسرين. Verschieden davon ist nach Bt II 585 = Ġezzâr: نسرين = ورد صينى. Berggr. 873 Rose Muscate ou de Damas نسرين, und BA BB PSm zu ܠܟܘܪܒܐ, ܢܣܪܝܢ : ܠܟܘܪܒܐ.

221.

ܣܥܕܐ.

Cyperus L *Cypergras*[1].

سعد. C 578 Nov. 166 ܣܘܥܕܐ l. ܣܥܕܐ Cyperus. BB 828 ܩܘܦܐܪܘܣ ܐܝܟ ܐܢܫ ܣܥܕܐ السُّعد und 839 ܩܘܦܐܪܘܣ ܣܥܕܐ سعد. Aber

---

[1]) Die Erdmandel, Kaffeewurzel, *Cyperus esculentus* L. حب العزيز Seetzen IV 460 Z 4. Sie befindet sich auch unter den altägyptischen Pflanzen des Berliner Museums, Braun, in der Ztschrft. für Ethnologie Band IX 1877) Seite 296.

662: ܣܥܕܐ ܡܢ ܐܝܠܢܐ ܚܒܝܫ ܒܫܪܒܬܗ ܘܦܩܚܝܢ ܠܐܠܡܐ.
C 610: ܣܥܪܐ „ein dichtbelaubter Baum mit kugelförmigen Blüten“ [ܦܩܘܩܘܗܝ]. ?

Aßaf 4 p 61 סוערא l. ־דא, עץ קיפירום, röm. יוקורדיצי D 13 κύπειρος, „iunci radix“ — אהו הוא קיפירום 38ª 56ᵇ 101ª.

PSm 1119 ܢܒܘܚܬܐ ܕܐܪܥܐ = السعد ܣܥܕܐ D: ῥίζαι κυπείρου ὥσπερ ἐλαίαι ἐπιμήκεις (PSm) K: ܣܥܕܐ ܩܘܩܠܬܐ l. ܣܥܕܐ.

Geop 2_6 ܣܥܕܐ = ܬܡܢܘܣ θάμνος, während κύπειρος: ܣܥܕܐ ܕܒܪܝܐ = ܩܘܦܝܪܘܣ heißt 113_6 (vn. 16_3), verschrieben ܣܥܪܐ ܕܒܪܝܐ 87_{13} ܩܘܦܝܪܘܣ. — 103_{18} nur: ܥܩܪܐ ܕܩܘܦܝܪܘܣ. ܣܥܪܐ steht öfter irrig für das seltenere: ܣܥܕܐ Nr. 138 S. 181 l. Z. Nr. 148 a). Cyperus ist nach Theophrast eine ägyptische Pflanze; ihr Name σάρι, bei Hesych σάριν, σάρον, bei Plinius sari, neugr. σάρια, plur., hat mit dem syr. und arab. Namen eine auffallende Aehnlichkeit. سُعْد = κύπειρος D Uebers. Bt II 21. Av. 218 Mow. 148. Berggr. 846 Cyperus, Souchet plante سُعْد, قطيفه, قُبْرُص. Es ist *Cyperus rotundus* L. Meyer 3_{74} Sonth Verz. u Forsk 14 15. Cyperus Plin. xx 70 ist C rotundus.

222.

ܣܥܪܬܐ סְעָרְתָא.

Hordeum, Gerste.

סְעָרְתָא ist falsch. שְׂעוֹרָה (شَعِير) — Targ u Pesch.; κριθή (Gen. 26_{12}) Joh. $6_{9 \cdot 13}$ 1 Kor. 15_{37} Apoc. 6_6 — Geop $2_{15 \cdot 20}$ $3_{4 \cdot 16}$ 5_2 $6_{15 \cdot 10}$ 10_1 22_{30} $23_{8 \cdot 20}$ 52_{15} 102_6 107_{14} 108_{18} 110_{16} 114_{20}. Viehfutter ܬܘܪܣܝܐ ܕܣܥܪܐ opp Weizen ܡܐܟܘܠܬܐ ܕܚܛܐ Physiol. Land IV 74 f. Die symbolische Bedeutung beim Opfer der verdächtigten Frau, Bähr, Symb. II 445 Frankel, Monatschr. 14 460.

BB 891 ܬܐܬܢ ܕܣܥܪ̈ܬܐ ܩܡܚ̈ܐ ܡܪܢܬܝ ܘܗܢ̈ܝ الشعير ܗ̈ܝ ܡܪܢܬܗ الشعير ܢܫܝܬܬܐ. Ungenau, da ܢܫܝܬܬܐ Gerstenmehl ist. Ob. S. 240_1.

שעורה Mischn., pl. שעורים wie bibl. TTer. 5_7 שעורים אדומיות. Die eigentliche Gerstengegend war der Süden Palästina's.

פת הדראה TSchabb. 14_7 הרדאה (Ar. כרר) Pes. 37[a]. Ly I 1491[a]. opp. פת נקייה, Brot aus reinem Mehl. Es muss also mit Kleie untermischtes, schlechteres Mehl bedeuten. Man hält es für „h o r d e-aceus“ aber für Gerste brauchte man nicht aus Rom hordeum zu holen. Es ist آرد PSm ܐܪܘܐ = ܩܡܚܐ wie Justi Bundehesch sv. قمحا = (קמחא) = آرد Vull II 1287 نان دشتری panis e polline coctus, פת נקייה, *opp. pani furfureo* آرد خشْك نان נושקרא Fl. Ly TW II 570[b] = verkürzt, خشكار BS PSm ܚܫܟܐ und ܟܫܟܪܐ C 439 Lagarde gA 59. Semitica 41. Das Alter der Entlehnung ist bedenklich, doch weniger als das sachlich unpassende „hordeum“. K e i n e s f a l l s aber ist hordeum mit Ly I 160[b] in Ketub. 67[a] ישקי דרודיא Ar. אורדיא zu suchen.

223.

ܣܥܪ ܓܠܚܕܪܐ.

Adiantum capillus Veneris, Frauenhaar.

BB 664 ܣܥܪ ܓܠܚܕܪܐ بروشاوشان [l. برسياوشان] شعر الجبّار ܠܚܠܡܐ [?] ܘܩܦܠܣܘܣ ܦܢܪܐ ܠܗ ܒܠܣܟܐ: 467: ܠܣܟܐ ܗ̄ ܠܓܢ ܐܡܕܪܐ . . . ܠܣܟܐ ܐܡܫ ܩܦܠܣܘܣ ܘܢܘܢ [ܘܐܡܫ ܢܘܢ l. ?] ܣܥܪ ܓܠܚܕܪܐ:

ܠܣܟܐ s. Nr. 179 hat Sergius für Frauenhaar, das Honein: ܣܥܪ ܓܠܚܕܪܐ nennt; für Wegerich, das man sonst ܠܣܟܐ nannte, gebrauchen sie beide ܠܓܢ ܐܡܕܪܐ

PSm 36 ܐܕܝܢܛܘܢ — ܣܥܪ ܓܠܚܕܪܐ, برسياوشان. Dies meint auch BA in der Glosse: وشان ܒܪܣܝܘܐ وشان ܒܪܣܝܐ, mit der PSm.

617 Nichts anzufangen weiß sv. ܟܪܣܣܐ. Galen: ܛܠܦܣܘܢܐ ܕܢܗܪܐ BB: ܛܠܦܣܘܢܐ ܕܥܠ ܓܢܒ ܢܗܪܐ. PSm 1518 τριχομανές D 618, Rabban aus D ܣܥܪܐ ܕܓܢܒܪܐ Galen: ܛܪܝܟܘܡܐܢܣ. Vull. طريخومانس : پرسياوشان = zu بولوطريخون.

Mows. 46: بَرسِيَاوَشَانْ, Avic 146 ms Berlin 89 fol. بَرسِيَاوَشَانْ.

D 616 'Αδίαντον — πολύτριχον — τριχομανές — κόριον ἔνυγρον [1]).

Aßaf 47[b] שער גברא — פיליטריכין — אדינטון. 37 p 71[a] שער גברא aram. פוליטריכון = 51[b] 71[a]. Nur gr. 55[a] 56[b]. = röm. קפילרא 170[b].

j Schabb. 14^{c}_{33} פוליטריכון für mischn. יועזר Schabb. 14_{3}. — Punisch: נצה איש שער? Punisches Verz. 64.

PSm 655 ܓܕܘܠܐ ܕܠܝܠܝܬܐ = ضفائر الغول, شعر الغول BS. „asplenium trichomanes", (?) Haarlocken der Lilith.

224.

ܐܣܦܘܓܐ ספוג.

BA 103 PSm sv. Geop 18_{25} σπόγγος اسفنج BB 665 ܣܦܘܢܓܘܣ ܨܡ. ܐܣܦܘܓܐ اسفنج ܐܦ ܣܦܘܢܓܘܣ.. D 804 σπόγγος. Es ist ܫܒܬܐ ܕܝܡܐ PSm 1255 vgl. Wright Catal 1156[a] Z 18. Aphraat. p. 33 l. 12. 15 ספוג [Mischn. ג = γγ Beer DMG 18 104] j Schabb. 10^{a}_{m}. Auf Wunden gelegt TSchabb. 6_{2} j 15[c] u Par. Wajj. r. 15 p 314_{1} Lpz und sonst. Maim: صوف البحر Haggadisch Schüler damit verglichen Sifre II 48 p 84^{a}_{3}. Uebrigens vgl. man Lewysohn, Zoologie d. Talmud. Schwammfischerei (j Jeb. XVI 15^{d}_{21}) wird an der syr. Küste nördlich von Beirût betrieben.

---

[1]) كزبرة البئر bei allen Arabern übersetzt: (כוסבר הבור Abr. Meranda, Kobuzat Chachamim S. 10) = شعر الجبار Bt II 98. [Der جبار ist Περσεύς; daher برسياوش, برشاوش, und wie die anderen Entstellungen heißen. S. Ideler, Untersuchungen u. s. w. S. 86—90, Dozy, Suppl., I, 72. Fl.]

225.

ܣܦܠܘܠܐ.

Aristolochia, Osterluzey.

BB: ܣܦܠܘܠܐ ܐܪܝܟܐ ܘܡܥܓܠܢܝܬܐ الزرونك [l. —زند] الطويل ܣܦܠܘܠܐ ܛܘܒ ܣܦܝ زروند طويل والمدحرج عزيز : ܣܦܠܘܠܐ ܥܓܠܢܝܬܐ زروند مدحرج. PSm ܘܪܘܢܕ 1155 für ܘܪܘܢܕ — ܡܥܓܠܢܝܬܐ زراوند für: زند — u 382 ܐܪܝܣܛܘܠܘܟܝܐ = ܣܦܠܘܠܐ. Barh. gr. I 65_{14}. 235_{12}. Aßaf 57 p 74ª ספלולא aram.[1]) אריסטולושיא gr [Ebenso 52ᵇ. 54ª. ספליל 88ᵇ] arab. זריונד [97ᵇ] u. zwar גלולים und ארוכים. 101ᵇ 105ᵇ זרונד גלול. Steinschneider, Catal. Berlin p 138 ספלול = אריסטולוכיאה.

C 612 ܣܦܠܘܬܐ [Ferr., falsch], ܣܦܠܘܠܐ[2]) rhabarbarum, verwechselt راوند mit زراوند. ܐܪܝܟܐ ܗܘ Aristolochia longa BB richtig. C. 685 BB 769 زراوند ܦܣܠܘܠܐ unter p, falsch.

D 343 ff: ἀριστολοχία 346 Aegypter σοφοέφ. Apul. c. 19 Sophosph, Torinus in marg.: sophoeph. Erinnert sehr an das aram. Wort. Vull. append. zend. hat بِيرالَه [corrpt aus ܣܦܠܘܠܐ?] زَرَاوَنْد طويل Bt I 122 بيراله „berberisch".

ܡܥܓܠܢܝܬܐ ist blos Uebersetzung von κληματῖτις, nach Sibthorp nicht *Aristolochia clematitis*, sondern *boetica*, was uns gleichgiltig sein kann.

ܣܦܠܘܠܐ gehört zu dem aram. schwach vertretenen Stamme ספ im jer. Dial. ܣܦܝܠܐ, targ. j. סיפלא Nœldeke DMG 22 516, (verwandt mit ܣܦܢ ספן سفن). Vielleicht ist es aber ägyptisches Fremdwort.

---

[1]) ש = χ. PSm ܐܪܘܟܝܣ ὄρχεις. ܒܪܘܟܝܢ = ܒܪܘܟܝܢ βρύχιον. ܐܪܘܟܝܐ ἀρχεῖα, ܐܪܟܝ ἀρχή. Aßaf chelidonion שילידוניון, moloché מולושיאה.

[2]) [Ein König von Edessa führt den Beinamen ܣܦܠܘܠ Dionys. Telm. 71_9. Nöld.]

226.

ܚܓܝܢܐ.

Inula Helenium L. *Alant.*

אלנט hat cod. Leyd. Scaliger 15 p 1r = אינולא in einem Verzeichnis von Heilmitteln (שמות העשבים) wahrsch. 14—15 Jh.

ܡܠܝܛܘܣ[a] : 861 ܚܓܝܢܐ ܐܝܟ ܪܐܣܢ ܩܝܛܪܢܐ ܚܓܝܢܐ BB 680 ܡܠܝܛܘܣ[b] ܐܝܟ ܪܐܣܢ ܩܝܛܪܢܐ ܚܓܝܢܐ وهو الراسن : 858 ܡܠܝܛܘܣ[b] so ܐܢܛܘܠܣ ذكر جبريل انه من اسما الراسن :

D 43 ἑλένιον αἰγύπτιον PSm 1016 l. 3 ܗܠܝܢܝܘܢ ܐܝܓܘܦܛܝܘܢ = ܚܓܝܢܐ ܕܡܨܪܝܐ الراسن مصرى. Αἰγύπτιον ist auch das von PSm 29 nicht erkannte ܐܓܘܦܛܝܢ. D 41 ἑλένιον. = [PSm hat ܐܪܦܘܠܠܘܣ sv. = ἕρπυλλος erkannt; ܐܠܝܢܘܢ, dem es gleichgesetzt ist, ist ἑλένιον PSm 242 l 13 infr. u. 248 l. 8 infr. ausdrücklich = ἕρπυλλος] PSm 1013 ܗܠܝܢܝܘܢ BA ܚܓܝܢܐ BB ܚܓܝܢܐ, cod. C ܚܓܝܢܐ, auch: ܚܓܝܢܐ. 205 ܐܠܝܢܘܢ = ܚܓܝܢܐ, ܦܠܝܓܐ Var. راسن ܦܠܝܓܐ. 211 Galen ܐܠܝܢܘܢ. D: = [a] κλεωνία [b] φλόμος ἴδαῖος, Ὀρέστειος ܐܘܪܣܛܝܘܣ PSm 99. = 242. 248 ܐܪܩܛܝܘܢ (?), ܡܠܝܛܘܣ, ܥܩܪܐ ܕܥܩܪܐ, ܣܘܣܢܐ ܩܠܘܦܐ ܕܡܠܝܛܝܢ ܠܘܛܝܢ, ܐܠܝܢܘܢ, ܐܘܠܝܢܘܢ, ܪܐܣܢ, ܪܐܣܢ, ܪܐܣܢ ܚܓܝܢܐ (BB ܚܓܝܢܐ) 400 BB ܐܘܠܝܢܘܣ — ܚܓܝܢܐ 382 ܐܘܠܝܢܘܢ,

---

¹) Ms. Bt: رَاسِن = hebr. Galen cod. Hbg. (Steinschn. Cat. 309) p 123 ראסין הוא אינולה.

²) Vgl. Dozy-Engelmann Glossaire p 232 f zu baladi, span. — „von geringem Werte". Zengebil šamî hieß auch zengebil beledî بَلَدى zum Unterschiede vom e c h t e n Ingwer. Von der Bezeichnung „einheimisch" ausgehend nahm nach Dozy baladî die Bedeutung „de mince valeur" an, indem es auf verfälschte Waaren überhaupt übertragen wurde.

ܐܝܢܘܠܝܣ, ܐܠܝܢܝܘܣ, ܪܘܡܝ. BB 666: ܨܡܚ ܪܥܝ ܕܗܘ ܣܩܠܡܘܬܐ ܣܩܠܝܬܐ. PSm 73 νεκταρίτης ἐκ τοῦ ἑλενίου ܕܡܢ ܚܠܝܢܝܐ D 371.

Des D ἑλένιον ist *Inula Helenium* L., eine Bedeutung, die nach Lane 1086ᵇ رَاسَن[1]) auch jetzt hat = زَنْجَبِيل شَامِي[2]) = Vullers sv راسن = غرسا d. h. ܚܠܝܢܝܐ ܚܠܝܢܐ, ein Fremdwort.

C. 634 richtig ܚܠܝܢܝܐ [„Camus, capistrum F e r r." rührt daher, dass Ferrar. راسن mit رَسَن (hebr. רֶסֶן) verwechselt hat.] 892 falsch ܚܠܝܢܝܐ. 869 ܪܐܘܣܢ l. ܪܐܘܣܢ BB 899 راسن. Geop. 51_{23} ܩܠܡܘܬܐ ܐܝܢܘܠܣ ܐܠܘܢܝܣ ܐܠܝܢܝܘܣ ($_{27}$ܐܝܢܘܠܣ). Was ist ܩܠܡܘܬܐ? BB's ܩܠܡܘܬܐ nicht, denn das ist κλεωνία. AGaf 24 p 68ᵃ קלמותא = אילניון gr., אינולא röm. — Boissier Flora or. III 186 giebt mehrere Arten der I n u l a. S. 187. Am Libanon: *J. salicina* L., am Amanus: *J. Germanica* L., bei Berytus: *J. crithmoides* L. bei Urmia: *J. Seidlitzii Boiss.*, in Syrien: *J. Britanica* β *rupestris* Griseb., u. A.

227.

ܚܒܘܪܢܝܬܐ.

Mt 27_{29} ܟܠܝܠܐ ܕܚܒܘܪܢܐ στέφανον ἐξ ἀκανθῶν, daraus Jakob von Sarug DMG 31 372 Z 9. Ob. Nr. 104 S. 146. [So Luc. 23_{33} Cureton u. Apost. apocr. 324_{13} Nöld.]

Rœdiger, Glossar zur Chrest. sv: Lexicon Adler. ܚܒܘܪܢܐ العوسج = Nov. 284 ܚܒܘܪܢܝܬܐ. BB ܚܒܘܪܢܐ ܨܡܚ عوسج واقول شوكة الفار ويوجد فيه العَجَلة التى يحملها الريح ويقال لها العُهن ولونها ابيض وهو كالعَجَلة:

Die Stelle giebt BB unter ܓܝܓܠܐ PSm 712 als Erklärung zu Psalm 83_{14}:

ܓܝܓܠܐ ܗܝ ܕܡܬܩܪܐ ܒܗܝ ܕܦܓܪ: ܐܝܬܝܗ ܚܒܘܪܢܝܬܐ
ܕܡܬܚܫܒܐ ܟܢܫܐ ܬܪܥܝܬܐ ܕܡܬܟܪܟܠܐ ܡܢ ܡܫܒܐ [ܡܫܒܐ
ܕܐܪܐ ܕܗܟܢܐ ܘܡܬܟܪܟܪܐ ܡܢ ܗܘܐ ܐܝܬܝܗ ܚܒܘܪܢܝܬܐ ܢܦܫܐ [Var.
ܕܝܢ ܐܡܪܬܝ ܕܥܡܝܢ ܘܪܘܚܐ ܘܠܐ ܡܒܚܢܐ ܣܘܩ ܙܢܝܐ:

228.

עוקין עקרב

j Schabb. XIV 14^d_{19} j Ab. z. II 40^d_{21} = σκορπίουρον? D 683 = ἡλιοτρόπιον.

229.

ܟܢܘܪܬܐ.

a. כְּנָרָא ܟܢܪܐ كُنّار κόναρος pers.? [1]) *Zizyphus Spina Christi* L, *Christdorn* und *Rhamnus Lotus* L, Lotos. BHebr. ms. Peterm. 4_0 14 Berol. p. 21ʳ schreibt: kennârâ:

ܗ̇ ܟܪ̈ܡܐ ܩܡܣܝܢ ܒܟܪ̈ܡܐ: ܡܟܢܪܐ ܠܟܢܪܐ ܟܢ̈ܪܐ

كرامون كبح كرم كنار مزمار طنبور جمع العزرور

BA 4772 نَبِق، سدر. BB: ܟܢܪܐ النبق ܗܘ ܒܢܘܪܐ. PSm 1098 ܘܪܣܦܐ K = ܟܢܪܐ سدر نبق Verwandtes zusammenwerfend, wie 51 zu ܐܐܘܐ. — Λωτάριχ Nov. 288 ܠܘܛܪܝܐ. Vgl. oben Nr. 71.

D Uebers. für λωτός BB: [ܟܢܪܐ][2]) ܟܢܪܐ ܐܦ ܐܝܟ ܠܘܛܘܣ ܗܘܢܢܐ النبق الرومى وهو اصغر من نبقنا وهو شبيه بالعنّاب الخراسانى وذكر جبريل انه اسم السدرة وهى شجرة النبق باليونانيّة. Die Frucht von Rh. Lotus ist kleiner als die des Christdorns.

سدر Hartmann 167 Zizyph. sp. chr. (= *Rhamn. nabeca* Forsk LXIII) نَبِق die Frucht. Doch steht سدر für λωτός der Griechen, ohne den Zusatz „griechisch“, den Honein zu ܟܢܪܐ in dieser Bedeutung hat. Bt II 550. 5. JAww. Meyer $3_{74\cdot 87}$. Vull: سدر = كنّار، كُنّار κόναρος, κόνναρος bei Athenæus ιδ 17 p 549 F auf den Guis. zu Demai 1_1 verwies.

---

[1]) Das ist Kenar Windischm. Zor. Stud. 1863 S. 108.

[2]) Vorschrieben wie Nr. 279.

C 422 scapus cannabis [?] caulis cinaræ et cinara [falsch] it. ulmus BB [falsch نق gelesen wie BA Nr. 3047 s. ob. S. 71_{17}] It. fructus arboris Sebesten [Nov. 291].

Talm. כְּנָרָא Pes. 111ᵇ auch כנארא = Hal. ged. Ber.; ד falsch. Bb 48ᵇ Ly II 131ᵇ sv טאבא II 146 u. 359 falsch κινάρα nach Landau. Meg. 6ᵃ: כִּנֶּרֶת heißt so weil es Früchte hervorbringt, die süß wie Lotosfrucht [ist treffender, weil süßer als Christdornfrucht, aber Christdorn ist in Palästina häufig!] sind: דמתיקי פירא כבינרא so Ar. Agg falsch כקלא דכינרא[2]) durch Verwechslung mit dem Musikinstrument (s. Monatschr. 15 70) j Megill. I 70^a_{46} בינרים. Es scheint als ob in der Aussprache sich כִּנּוֹר ܟܢܪܐ hier eingedrängt hätte. كنّار κόνναρος כינרא zeigen ein wohl unberechtigtes Doppel-n. Λωτός heißt homerisch μελιηδής Od. ι 94 Herod. ϑ 177. Theophr. hp δ 3 Plin. ιγ 32 nennen sie süß, was sie auch wirklich sind.

Ber 40ᵇ כינרי pl. Erklärung zu mischn. רימין Dem. 1_1, nach Kil. 1_4 mit שיזפין *Zizyphus vulgaris* Lam. Judendorn verwandt. Nach Kaleb und Schwarz d. heil. Land 314, hebr. Ausg. toseot ha'areṣ 14ᵃ auch arab. רימי״. Eine besondere Art und Dem. aO: רימי שקמונה, von Neubauer Géogr. p 197 in nicht ungewohnter Flüchtigkeit „grenades“ (רמינים) übersetzt. Maim. רימין نبق, Aruch u A פולצאראקי, פולצראקי, פולצרקי, פולצדקי ? romanisch. j Kil. gibt an, Judendorn שיזפין sei Bastard von Oelbaum und Christdorn (רימין). Kaleb 16ᵃ aus Jefet ha Levi: אלנבקראום und Oelbaum ergeben: זיזפון, dessen Frucht nach Salmas. hyl. 42ᵇ = DCge App. χρυσελαία heißt. אלנבקראום = النبق الرومى ? ? Lotos? Kaleb: arabisch רימין

[2]) Ein eigentümliches Misgeschick hat der angeführten Stelle gegenüber über Herrn Wünsche (Neue Beitr. zur Erläuterg. d. Evangg. aus Talmud und Midrasch S. 178) gewaltet. Nachdem er das. die Stelle aus Berachoth 6ᵃ, (das falsche Citat stammt aus Hamburger's Realencyclopädie), angeführt hat, führt er auf derselben Seite dieselbe Stelle richtig aus Meg. 6ᵃ an, übersetzt aber falsch.

= פולצרקין und النبق, das in Aegypten häufig ist. Dasselbe unter רימין und teilweise unter זיזפין.

b. ܙܝܙܦܐ שיזפין *Rhamnus Zizyphus* L = *Zizyphus vulg.* Lam. Judendorn. Seisefun (š) hörte noch Rauwolf und dem entspricht σιζυφχία, σίζυφχ Salmas. hyl. 91ᵃ 90ᵇ.

שיזפין TPeah 1_7 Kil. 1_4 Maim.: عُنَّاب wie Judendorn noch jetzt heißt. Bt II 220. Av. 231 Forsk. LXIII. Meyer 3_{79} Lane sv.

Dasselbe ist ܙܝܙܦܐ PSm 1098 BA عُنَّاب, aber nach Honein, BS und Elias Nisib غُبَيْرَا was nach Lane auch eine Bdtg. von unnâb sein kann. *Sorbus domestica* L Spierlingsbaum.

In dieser Bedeutung steht es im syr. Galen zu XII 87 K: Ὅτι τὸ δένδρον, ἧς ὁ καρπὸς ὄα καλεῖται, ὑπὸ δὲ τῶν πολλῶν οὐα μετὰ τοῦ υ. PSm 243: ܘܐ: lies] ܐܝܟ ܕܒܗ ܦܐܪ̈ܐ ܕܡܢ ܐܘܡܣܓܝܐ ܙܝܙܦܐ ܡܬܩܪܝܐ [ܡܢ ܣܓܝܐܐ. Wenn man zur lexicalischen Verwertung der Uebersetzung den gr. Text vor Augen hat, so macht die Stelle keine Schwierigkeit: „ܐܝܟ, ὅτι, von Vielen wird es ܘܐ, οὐα, genannt“. PSm hat die Stelle g r ö b l i c h misverstanden und ein Wort ܐܘܡܣܓܝܐ herausgelesen, dem er einen besondern Artikel widmet. Man wird nicht anstehen ܐܘܡܣܓܝܐ zu den denkwürdigsten Leistungen der syrischen Lexicographie zu zählen, die sich Raritäten wie talon für leontopetalon, bada für badavard, multoties nimis für Traganth würdig anreiht. Ich will hier nicht das Sündenregister der aramäischen Lexicographie zusammenstellen: es ist zu lang und wird voraussichtlich um manches Wunderding bereichert werden, ehe der Abschluss, ein gemeinaramäisches Wörterbuch, erreicht wird. Misgeburten wie אלגומין ob. Nr. 22 und Misverständnisse, wie ܠܒܢܐ „dominus elephanti“ [1]) verdienten, als Antidotum gegen unsere Lexica, einmal gesammelt zu werden.

---

[1]) C 376 BB 414 ܠܒܢܐ [ܠܒܢܐ H] ܒܪ ܕܡܢ ܦܝܠܐ ܘܡܪܐ ܐܝܬ ܗܠ ܡܠܟܐ ܕܡܢܗ ܐܪܝܐ. Erwähnenswert ist PSm 467: „ܒܠܗܘܡܣܘܣ

Eine Randglosse zu BH carm. hat ܙܘܙܦܐ = عنّاب PSm 1111 Z 12 als Berichtigung zur falschen LA ܙܘܦܐ. Dieselbe Stelle Quatremère aus cod. Paris PSm 1098 Z 13 — 1105 ܙܘܣܦܐ = ܙܘܙܦܐ. 1160 ܙܪܘܦܐ ist crrpt wie زيرفون Vull. II 169, der زيزفون für crrpt hält: زيرفون hat Berggr. 877 = Sorbus: Auch Blau DMG 31 491 aus Ni'met ullah's pers. türk. WB „eine Art Zizyphus اكّده, die keine Früchte trägt" usw. Ὄα PSm ܐܘܐ, ܐܐܘܐ und 547 ܙܘܙܦܐ zu ܒܣܡܠܡܣܘܣ? 1098 ܙܘܙܦܐ BA ܕܐܟܣܡܣܢܐ, ܒܪܘܣܟܢܐ [ܒܪܘܟܟܐ zu lesen] PSm meint ܒܪܘܣܘܢܐ. Die Glosse ist zu verwerfen. S. ob. S. 149.

c. PSm 51 ܐܐܘܐ BS: ܫܝܫܐ, pers. غُبَيرآء ܦܣܛܩܝ. BB 949:
ܫܝܫܐ ܐܝܟ ܦܬܝ العنّاب ܘܨܐ خ غبيرآء ܕܡܬܩܠܐ ܙܘܙܦܐ ܘܡܬܩܠܐ
ܒܣܡܘܬܐ ܨܐ ܫܝܫܐ ܣܡܪܙܕ ܘܐܝܟ ܒܪܘܣܢܐ ܕܡܬܩܠܐ ܫܐܐܐ العنّاب:

Talm. שיסקי pl. Bm 60ª Bb 21ᵇ Hal. gedol. Ber. VI.

Aus BB aO C 881 ܫܐܙܐ = ܙܘܙܦܐ d. h. شيزكون??, dass.: ܫܝܫܐ[1]). C 620 ܣܡܪܙܕ nicht ܣܡܪܙܢܐ wie DMG 3 125. Es ist pers. شرزدك = زعرور Mespilus. Für ܫܝܫܐ möchte ich nicht einstehen.

Hal. gedol. aO: שתיתא דכנארי ודגובירי ודשיסקי. BB 765 BS ܫܬܝܬܐ ܕܫܝܫܐ ܕܡܬܩܠܐ ܫܬܝܬܐ ܕܙܘܙܦܐ سويق — 946 ܫܬܝܬܐ ܐܝܟ ܒܪܘܣܢ ܘܐܝܟ السويق والملح المدقوقة ܘܐܝܟ ܦܬܝ السويق ܗܘ ܕܡܬܩܦܠܡܣܛܝܠ ܘܡܬܩܣܝܢܐ ܘܫܝܫܩܐ [l. ?? ܕܫܝܫܩܐ] سويق الغبيرا:

---

significativa ܟܘܪܣܐܕܒܠܬܐ BA. Vox corrupta." Es ist aber nichts als die Anfangsworte der von PSm 461 sv ܟܘ βου aus BB mitgeteilten Glosse: ܟܘ ܠܡܣܡܘ ܕܐܝܬܘܗܝ ܟܘܪܣܐܕܒܠܬܐ ܕܒܠ ܟܘܪܣܬܐ ܪܒܬܐ ܘܟܘܪܣܬܐ.

[1]) C 902 „panicum [?] Sorbum, zizyphum. Nicht ܣ pro ܦ. Vull. sv II 500ª aus C dafür شيزفون.

Danach hätten wir: שיסקא ܥܘܣܡܐ, ܥܐܪܐ, ܘܙܘܦܐ (שיזפין,[2]) Judendorn, ܘܙܘܦܐ *Sorbus domestica* Spierlingsbaum. Dieser heißt noch כרומבישא, ܟܘܪܡܒܫܐ, ܩܘܪܡܒܫܐ [ܩܘܪܡܒܝܫܐ? PSm 1368 = ܘܙܘܦܐ BHgr.] BB 446 BS الغُبَيراء ܘܙܘܦܐ ܘܓܒܝܪܐ — ܟܘܪܡܒܫܐ. PSm 1376 ܩܘܪܡܒܫܐ [vgl. ܩܘܪܒܐ ob. S. 149_{10}] BA غبيراء = BB ܘܙܘܦܐ. כרומבשא Pes. 111[b] ein Wort Ar. sv: תרמוס סלבאטיקו Bxt daraus Lupinus silvestris, Landau aus Lupinus: Wolf. Ich halte תרמוס, da Aruch einen Baum meinen muss, für einen Schreibfehler, obwohl auch ms. Hochschule es hat, und lese קורמיש. קורמייש Raschi öfter, RAscher zu Ukz 1_6 = עוזררין: cormes pl. von corme, Spierling.

Neben ܩܘܪܡܒܫܐ erwähne ich nochmals (s Nr. 103 S. 144) ein merkwürdiges Wort, das damit zusammenzugehören scheint. Das Alphabet des ben Sira Nr. 26 ob. S. 3 führt in Cod. Halberstamm חומשניות mit der Erklärung mespoli קרוינְייאַלִי(?) auf. Kaleb hat חמשיות oder: חמישיות als = פרישים, חבושים = „mespila".

Ich habe das Wort bisher in keiner anderen Quelle als den beiden genannten, von einander weitabliegenden gefunden. Kaleb's Hauptquelle war Maimonides, der aber das Wort nicht erwähnt. Vorläufig kann ich über das hebräisch aussehende Wort, das Mispel bedeuten soll, gar keine Vermutung aufstellen. ܩܘܪܡܒܫܐ, mit dem ich es versuchsweise zusammenstelle, wird wegen ܟܘܪܡܒܫܐ Fremdwort sein, und ist Spierling, nicht Mispel. Auf den Unterschied der Bedeutung wäre kein besonderes Gewicht zu legen, da die ganze Gruppe, die ich hier behandle, sich leider nicht genügend sondern lässt. Spielen doch bei BB auch die Pistazien, bei BA die Pflaumen hinein!

d. ܚܘܙܪܪܐ עוזרר [nicht עוזרר, das gegen Ar. und mss ist.]

---

[2]) Ein sonst nicht nachweisliches, hebr. aussehendes Wort ist שאפים Sifra ed. Weiß 87[b] im Comm. d. ראב"ד. Crrpt? Das. ist für: והרימון והרימון והתיתין zu lesen: והרימין והתותין.

Kil. 1_4 הפרישין והעוזררין nicht heterogen. TSchebiit 7_{16} Maas. 1_3 Ukz 1_6 Dem 1_1 Schabb. 38^a_0 עוזררין, aber j 5^d_{31} הוזררין. Maim. زعرور — b Ber. 40^b = טולשי. Aruch غُبَيْراء (غبيرى) oder زعرور. [ܚܘܙܪܐ = ܟܘܙܐ = ܢܦܩܐ lies: ܢܦܩܐ Barh. gr. II 100 Nöld.] ܚܘܪܙܐ C 671_9 ist falsch.

ܡܣܦܝܠܘܣ ܡܢ ܕ ܐܝܬܘܗܝ ܚܘܙܪܪܬܐ ܘܗܘܐ BB 481 ܩܘܛܘܢܐܣܘܡܘܢ :Flor.] ܘܐܘܣܘܛܘܛܘܢܐܣܘܡܘܢ [العزرور] الزعرور 497: ܡܣܦܝܠܘܢܐ زعرور ܐܝܟ ܐܦ ܡܣܦܝܠܘܢ :542 ܡܣܦܝܠܘܢܐ ܐܝܟ ܕܡܫܟܪܐ ܚܘܙܪܪܐ شجرة الدب وهو الزعرور ܡܢ ܡܫܡܫܬܐ :626 ܩܘܩܘܡܝܠܐ ܡܢ ܘܩܛܠ ܕܗܘܐ ܡܣܦܝܠܘܢܐ زرنيخ احمر [?] :627 ܩܘܩܘܡܠܢ زعرور: 691 : ܚܘܙܪܐ ܡܢ زَعْرور ܡܢ ܕ. ܚܘܙܪܪܬܐ ܘܐܝܟ ܩܘܛܘܢܐܣܘܢ ܘܐܦ ܗܘ ܦܝܪܐ ܡܫܡܫ ܡܢ النبق: 943: ܥܒܪܘܢܝܬܐ الزعرور .356: ܢܘܗܘ ܦܐܪܐ زعرور:

D 152 μέσπιλον-ἀρωνία (Vull. I 85 ارون, nicht erkannt). Arab. D Uebers., Bt I 532 زعرور = ܚܘܙܪܪܬܐ Berggren 862 Mespilus, Néflier عوسج (? ܩܘܩܘܡܝܠܐ) شجر الزعرور, Meyer 3_{73} Cratægus „Azarolus“ (das arab. Wort), welsche Mispel. Nach Boissier II 663 heißt „Sarrour“ jetzt *Cratægus Sinaica* Boiss., doch heißt ohne Zweifel auch *C. Azarolus* L[1]) so. Vullers زعرور — تفاح برى; der Baum شجرة الدب PSm 1033 ἐπιμηλίς — ܚܘܪܙܐ ܕܚܘܪܐ ܚܘܙܪܐ: D 152 = μέσπιλον — σητάνιον (ܣܝܛܢܝܘܢ) *Mespilus germanica,* gem. Mispel, was زعرور auch jetzt bedeutet. S. noch τρίκοκκον ܛܪܝܩܘܩܘܢ PSm 1520 Gal. — Man übersetze also Azarolenbaum, Cratægus. Wie in der Mischnah ob. S. 288_{16} עוזררין und פרישין als nicht heterogen bezeichnet werden, so sagt auch Aphraates p. 187_{18} ܚܘܙܪܐ

1) Boissier aO II 662 sagt von C. Azarolus. Hab. in collibus siccis et montanis Anatoliæ orientalis in monte Argæo Cappadociæ, Mesopotamiæ ad Orfa et Diarbekir, totius Syriæ litoralis, Libani ad Gebel Baruck et Antilibani, totius Palæstinæ etc.

Cratægus sehe aus wie ܐܣܦܪܓܠܐ Quitte, sei aber bitter. פרישין wird in Jeruschalmi mit אספרגלין wiedergegeben s. ob. S. 144_{13}. Auf die maßgebende Stelle des Aphraates machte mich Herr Prof. Nöldeke aufmerksam.

Geop 67_2 ܡܣܦܝܠܘܢ ܐܘܟܝܬ ܙܥܪܘܪܐ ܐܘ ܙܥܪܘܪܬܐ? (ι 3_4) μέσπιλον? 19_{28} ܙܥܪܘܪܬܐ (γ 13_4 μελία) 23_2 ܙܥܪܘܪܬܐ ἐλάτη (δ 15_9) = 66_{30} (ι 10_3 μαλέαν). 67_1 μηλα.

e. חזרר (nicht חזרד), neben עוזררי' genannt, nächstverwandt mit dem Apfelbaume Kil. 1_4 Maim. אלעיזראן العزران. Dozy Suppl. II 125ᵃ Tos. 1_3 אוזרד = j $27^a{}_{43}$ חיזרד l. חוזרר. חוזררין ob. 287_{17}. Zu ܚܘܪܙ חוזר gehörig, Aruch.

f. זרדתא Bm 109ᵃ Pes. 111ᵇ Kidd. 73ᵇ Raschi: sorbier, cormier, Spierling d. h. = עוזררין, was aber wegen ד nicht geht. — זרדין Pflanzenname Ukz 3_4 TSchabb. 9_9 TErub. 11 TMscheni 1_{13}.

g. פרידא Brustbeeren Gitt. 69ᵃ nach Aruch. Vgl Nr. 310 b.

h. ܙܥܪܘܪܬܐ C 923 sorba.

i. עזרד pl עזרדין Rohr oder Aehnliches Erub. 34ᵇ. Es stammt in letzter Instanz nur aus TKil. 3_{15} וזרד (Var. וזרד) jKil. $30^a{}_{56}$ וורד = TSchebiit 5_7 wo וורד statt חרוב zu lesen ist. Ableitung וורדיני entsprechend סנאים Bk 80ᵃ Schabb. 67ᵃ. Vgl. ob. S. 157_1.

230.

עוטרפן

aram. Aßaf 54ᵃ = אריוברבון „alle Sprachen". Gegen Leberleiden.

231.

עידית (עירית)

TSchebiit 5_{17}.

232.

ܥܝܢ ܬܘܪܐ.

Chrysanthemum coronarium L. *Goldblume.*

BB ܥܝܢ ܬܘܪܐ ܐܝܟ ܒܐܡܘܪܐ ܒܗܢܪ ܘܪܕܐ ܕܚܡܪ̈ܐ ورد الحمار
وهو البهار ܥܝܢ ܥܓܠܐ [ܐܝܟ ܒܪ ܣܪܘ ܕܒܫܪ ܥܠܝܠ ܕܥܝܢ ܕܗܘܝܐ
ܘܕܡܝܐ ܠܕܡܥܐ ܒܩܘܒܥܬܐ(?) جزع يماني ويقال له البقراني] ويكون عين
الثور جنس من البهار وزعم شملى انه الاقحوان ܘܐܩܘܪܘܬܐ ܩܠܝܒܘܢ
(ܘܩܠܝܒܘܢ) ܘܦܪܒܢܐ ܘܥܝܢ ܥܓܠܐ:

ܥܝܢ ܬܘܪܐ : ܒܘܦܬܠܡܘܢ PSm 472 βούφθαλμον D 485. — ܥܝܢ ܥܓܠܐ 1) Exod. 28_{19} der Edelstein 2) die Pflanze. Aßaf 41 p 47b עיין עגלא = בופתלמוס. عين اغلى Bt I 18 „syr." Sonth: اعلى „das erhabene Aug". Kalbsaug heißt deutsch *Chrysanthemum leucanthemum* L. بَهَار = pers. گاوچشم = عَيْنُ البَقَر Kazw. I 276. Lane 266a. عين العجل Vullers zu παρθένιον D 484, das auch Schamlî mit اقحوان, بهار meint und das D neben buphthalmum behandelt. Vull. erkannte παρθένιον nicht in فربانيون und قربانيون und combinirt etruskisch γαρούλεουμ D 547 und καππακορώνια! S. Nr. 271.

233.

ܥܒܪܘܢܐ.

Asphodelus.

BB 693 ܥܢ̈ܘܪܐ ورق الاشراس وهو الخنثى ܐܡܪ ܚܢܝܢ ܒܗܘܢ
ܒܥܙ̈ܪܐ ܕܥܢ̈ܘܪܐ ووجدت فى الحاشية بالعربيّة شراس ܘܒܬܪ ܒ
ܚܘܒܠܐ ܕܝܢ ܕܡܬܝܒܫ ܒܗ ܠܚܘܒܠܐ ܕܦܫܪܐ ܘܗܘܐ ܐܝ
ܐܣܦܘܕܝܠܘܣ. 796 ܒܥܙܪܐ ܕܡܚܒܠܐ ܕܥܒܪܘܢܐ ܐܝܟ ܦܘܠܝܘܣ
اصل الخنثى المتوسطة : 692 ܥܢ̈ܘܪܐ ܐܝܟ ܚܢܝܢ اصول الخنثى الاشراس
[l. ܥܢ̈ܘܪܐ?]

ABaf 47ᵇ עירויני = אספרולוס l. asphodelos.

'Ἀσφόδελος D Uebers. PSm 340 Z 7 = D 669 Z 1 ܚܡܪ̈ܘܬܐ. — 311 ܐܣܦܘܕܗܠܘܣ[1]) = ܚܡܪ̈ܘܬܐ, شراش, so, 309 ܐܣܦܘܪܘܪܘܣ richtig corrigirt ἀσφόδελος: ܒܢ̈ܝ ܚܡܪ̈ܘܬܐ ܗܘܝܘ زون ܒܢ̈ܝ ܐܣܦܘܕܠܗܘܣ „in quodam codice exponitur spelta, in alio asphodelus. ܚܡܪ̈ܘܬܐ enim esse speltas, ܟܘܢ̈ܬܐ, testantur BA et K et in lex. Freyt. legimus زوان frumenti species tritico similis“. Eine sehr mislungene Auseinandersetzung! BB will sagen: „Asmudos, in éinem Cod. erklärt ܚܡܪ̈ܘܬܐ = [Asphodelus] das ist زون. Éin Cod. [schreibt] aslodelos“. ܚܡܪ̈ܘܬܐ, das nach Cast. 649 milium heißt, wird von BA sicher mit خنثى erklärt, das karšunisch geschrieben und dann für ܟܘܢ̈ܬܐ Nr. 72 gehalten wurde! ܙܘܢ und زون ist gewiss nicht زوان von dem man wissen darf, dass es wohl tritico similis ist, aber als *Lolch* Nr. 92 nicht durch *Spelt* wiedergeben kann.

Kleister aus Asphodelus-Wurzel Burckhardt Reisen 230 Gesen: سيريس. Berggr. 832 Asphodelus اشراس ,بَرْوَاق. Forsk. LXV Asph. fistulosus بورق.

خُنْثَى = بَرْوَاق Gezzâr s. Donn. 135_{18} Bt I 132. Mow. 113 [auch cod. C des Diosc. am Rand] خنثى Vull. sv. „syr.“ = سريش Avic. 271 Plemp.: Asphodelus. Bt I 53 protestirt dagegen, dass اشراس aus Asphodelus gemacht wurde; es sei auch nicht = برواق.

Geop. 111_{27} ܐܣܦܘܕܝܠܘܣ ἀσφόδελος (ιη 2_5). 113_2 für σφένδαμνος (ιη 16_1) = 66_{30} ܐܣܦܢܕܡܢܘܣ.

Zu خنثى bemerke ich, dass es auch androgyn bezeichnet, s. PSm 72 und 648 ܓܒܪܐ ܕܐܢܬܬܐ und 1519 ܦܠܓܡܘܬܐ. Maim.

---

[1]) Aus ἀσοόδελος errpt ist auch das oben S. 89 Anm. 2 mitgeteilte ܣܦܘܕܝܠܘܢ, wie die Glosse zeigt, welche BB auch zu ܐܠܘܣܝܘܢ 'Ηλύσιον hat PSm 154, wo er ܠܝܡܘܢܐ ܕܐܣܦܘܕܝܠܘܢ (λειμών ἀσφόδελος) erklärt.

zu Bikk. 1_5: אנדרוגינוס = כנתי l. כ. BB 724: ܦܠܘܦܘܠܘܣ ܥܒܕܐ ܦܘܐܝܠܬ Πέλοψ? خنثى

234.

ܥܟܘܒܝܬܐ עַכּוּבִיתָא.

Cynara Carduncülus, L. Cardonen oder *Cynara Syriaca* Boiss[1]).

Mischn. עַכָּבִית, عَكّوب [nicht عقّوب Wtzst. Delitzsch Job 360: Oft sah ich arme Dorfbewohner die 1½ Spanne langen und ½ Spanne breiten, dicken, fleischigen Blätter einer Distelart Namens ʿakkub essen.]

ܥܟܘܒܝܬܐ BB ܐܝܟ ܕܐܡܪ ܐܘܪܐܛܝܩܘܣ ܠܡ ܬܦܫܘܪܬܐ[2]) ܡܦܝܣܬܐ ܘܡܫܪܝܬܐ ܕܫܪܝܬ ܐܟܘܬ ܐܘܪܝܢ ܕܐܝܟ ܠܫܠܘܫܝܗܝ ܒܫܬܝܐ ܘܥܒܕܘܬܗܘܢ ܕܟܐܒܐ ܠܡܫܬܪܝܘܬܐ ܕܫܚ̈ܝܬܐ[3]) ܘܕܟܠܗ ܦܓܪܐ ܟܕ ܗܘ ܒܚܡܪܐ ܡܬܪܐ ܘܡܫܬܝܐ ܠܗ ܡܛܠܗ:

D 538 Σκόλυμος [οὐρητικός ??] ῥίζα . . . ἧς δύναμις ποιεῖ πρὸς τοὺς ἔχοντας τὰς μασχάλας καὶ τὸ λοιπὸν σῶμα δυσῶδες . . . ἀπεφθεῖσα ἐν οἴνῳ καὶ πινομένη. ἄγει δὲ καὶ οὖρα πολλὰ καὶ δυσώδη. BB:

ܣܩܘܠܘܡܘܣ ܐܝܟ ܕܐܡܪ ܫܡܥܘܢ كنجر قال جبريل هو العكّوب ويقال انه الكنجر الذى ياكلونه فى الاهواز فى الصوم الكبير ويقال له ܣܩܘܠܘܡܘܣܘܣ [l. سقراوموس] ܥܟܘܒܝܬܐ حرشف ܘܗܘܝܢ ܒܛܘܪ̈ܐ عكّوب كنجر ܘܚܢܝ ܕܫܘܠܝܢ ܘܦܪܝܪܐ انجدان [?] 650 ܣܩܘܠܠܘܡܘܣ ܐܝܟ ܒܛܘܪ̈ܐ ܥܟܘܒܝܬܐ ܒܠܫܢܗ كنجرد وعكّوب:

---

[1]) *Cynara Carduncülus* L verzeichnet Boissier Flora or. nicht, wohl aber III 558 *C. syriaca* Boiss.

[2]) Geop 93_{23} 94_{29} οὖρον D Uebers. PSm ܐܘܪܝܛܝܩܘܣ. — 94 ܐܘܪܝܢ. Galen Sachau Ined 94_{16} ܕܡܫܬܝܢ ܠܗ διουρητικά.

[3]) ܫܚ̈ܝܬܐ [Mösinger Mon. Syr. II 58 v. 207. Nöld.] Achselhöhlung μασχάλη, targ. שחאתא, mischn. שחי.

D 645 σίλυβον auch Bt II 203 عكوب, Fastenspeise. Berggr. 838 Carduus marianus, Artichaut sauvage شوك الجمال, ارضى شوكى برى Auch Fraas 206: σίλυβον Card. marianus, Frauendistel. Berggr. 853 H a c u b, esp. de chardon عكوب, سلبين [σίλυβον]. *Silybum Marianum* L wächst in Syrien und Babylon: Boissier Flora or. III 556. ܓܠܒܐ كنجر حرشف مق اللجا ܘܐܝܬ ܕܒܝ ܐܢܐ ܐܟܘܒܐ ܕܒܝܬܡܢܝܐ BB 458 ܐܦܘܠܝܘܪܘܣ ܘܐܝܟ ܟܘܪܣܢܐ ܕܗܘܢ ܟܒܒܐ. 648 ܩܠܓܪܘܣ ܩܢܪ ܕ ܘܕܡܥܬܐ ܕܓܠܒܐ صمغ الحرشف ܘܩܘܪܣܘܪܢ ܩܠܓܪܙܕ كنجرزد. Ferr. ܓܠܒܐ BA 5112 cinara PSm 934: صمغ الحرشف ܕܡܥܬܐ ܕܓܠܒܐ. BA auch: ܓܠܠܒܐ = K, falsch. BA 2805 PSm 687: ܓܘܢܒܐ حرشف, كنجر. Wenn K ܓܘܢܒܐ mit ܓܕܢܒܐ übersetzt, so hat er, ohne dass PSm, der 733 Z 3 unter ܓܕܢܒܐ sagt, K erkläre es sub ܓܘܢܒܐ cynara scolymus, es bemerkt, die Pflanze كنجر mit der Waffe ([1] خنجر „Handzsar", die bei BA als Erklärung zu gallâbâ steht, verwechselt!

Ich hebe dies Beispiel hervor, weil ich es für nötig halte, nachdrücklich zu betonen, wie wenig Georgios Karmsedinâjâ es verdient, den alten Lexicographen an die Seite gestellt zu werden.

كنكر pers. = حرشف Mow. 89 Vull sv. Cynara scolymus, Artischocke, in Andalus قنارية Meyer 3_{67}. Syr. nach BB BA ܓܠܒܐ, ܓܘܢܒܐ (ܟܘܢܒܐ). Die andere Art BB's ܐܦܘܪܝܢܘܣ ist ἀπαρίνη (?) PSm 352 ܐܦܪܝܢ, 329: ܐܦܐܪܝܢ — ܣܠܒܐ ܩܘܪܛܠܬ — ܟܘܢܒܐ عكرش, حرشف, شجرة الكلب. K noch ܓܠܒܐ, ܟܠܒܐ ܩܘܪܛܠܬ. — كنكرزد [auch ob. f. ܩܠܓܪܙܕ zu l.] = صمغ الحرشف Av. 192 Bt II 404 Lacryma scolymi s. cardui.

Κινάρα BB: ܩܠܐܪܘܣ ܐܝܟ ܟܘܪܣܢܐ الحرشف وهو الكنجر 865 ܙܪܥܐ ܕܩܠܐܪܘܣ بزر الحرشف الكنجرد 852: ܩܠܐܪܐ ܩܠܐܪܐ ܗܘ

[1]) Tropæolum majus heißt um seines spitzen Spornes willen ابو خنجر Sonth. Verz.

ܩܢܪܘܣ ܕܐܝܬ ܗܘ ܟܘܒܐ ܩܢܪܐ ܕܡܬܩܪܐ ܠܗ ܦܪ̈ܣܝܐ كنروس[1]) [?] الشوكه التى يسميها اليونانيون قنارا والفرس كناروس[1]) ܩܢܪܘܣܝܣ قال وجدت المروزى قد فسّرها فى حسابه السريانى كنجر:

Geop. 96_9 ܩܢܪܘܣ (ܩܢܪܘܣ) (ιβ 39 κινάρα).

עכוביתא[2]) Targ. עכביתא j Schabb. 8^c_m?, mischn. עכבית pl. עכביות Ukz 3_2 Maim. in Andalus خرشف [ذ], in Maghreb: אפואן אלמקלוב.

כנגר Schabb. 109^b Ar. (Agg. אכנגר) Hal. gedol. Ber. VI 'כ; nicht hantal wie Aruch erklärt und nach ihm Ly II 348. קינרס neben עכביות Ukz 1_6 Maim.: القناريه وهو الحرشف (ח) الذى يعرف فى المغرب بالخرشف. Mit خ schreiben das Wort Berggr. 877 Spina alba, artichaud sauvage خرشف, Forsk LXXIII Charsjuf Sonth. Verz. 275 = Cynara scolymus DMG 12 179 خَرْشُوف, und das spanische alcarchofa, alcarchofa weist ebenfalls auf خ, wie man im Maghreb, nach Maim. auch in Spanien sprach. [Vgl. Dozy, Glossaire des mots espagnols etc. p. 85]. Die klassische Form ist حرشف. So Ǵauharî.

קינרס Kil 5_8 Tos. 3_{12} j Ber. 10^b_{59} j Kil. 30^a_{58}. Hal. gedol. Ber. VI Anf. TSchebiit 2_{12} קנרס. קינרס. TBeza 3_{19} b 34^a Hal. ged. Jom tob. Oft mit ד für ר: b. aO, Ber. r. 20 p 36_4 Lpz: קוץ ודרדר — עכביות — קינרס. Die Erde soll dir Dornen und Disteln hervorbringen, konnte der Mensch nur auf Kardonen und Artischocken beziehen. Vgl. ob. Seite 100. Midr. Est. כהראותו 206_{32} Lpz קנדס. Zu קוץ (Seite 98) ist noch der Ausdruck: „ein Dorn im Auge": היו כקוצים בעיניהם Schm. r. 1 § 11 Wilna (vgl. Bam. r. 20 § 3 Wilna) nachzutragen.

---

[1]) Das meint ܩܛܦ ܩܢܪܘܣ BA PSm 517 صمغ الحرشف.

[2]) עצבונית Ber. r. 63 p 115_{24} Lpz = Jalk. Ber. 132^c (Auch sv., ms. עצבונית.) und Tanch. Ki teze 4 p 661 Stettin erwähnt, dass Myrte (הדס) und עצמוני l. עצבונית, so lange sie klein sind, nicht zu unterscheiden seien.

235.

ܥܠܘܝ, עַלְוַי, אַלְוָא.

Aloë.

Bibl. אהלים ist *Aquilaria agallocha* Roxb., skr. aghil, agaru, der Griechen ἀγάλλοχον D ʒ 21 آلوه pers. Lag gA 11 PSm ܐܓܠܘܟܘܢ = ܐܓܠܘܟ, pers. النجوج[1]. Arabisch gewöhnlich عود oder العود الهندى genannt, aber auch أَلُوَّة s. Dozy, Supplément aux dict. ar., I p. 35, col. 1. Bt II 569 شجرة العود zu: هَرنوة = ܗܪܢܘܬܐ PSm 1053.

Aßaf 19 p 67ᵃ קידה, aram. קייסא' דבסמא — gr. קסילו אלויין ξυλαλόη, röm. אלווא aloë, „in der Sprache der Bücher, הספרים", איילוכו (pers.). Maim. zu Kerit. 1_1 קנמון عود هندى. Uebers.: ligna aloës. Im Altertum und Mittelalter Räucherungsmittel, aber aus dem europäischen Handel längst verschwunden.

Verschieden davon ist Aloë, אלווא Gitt. 69ᵃ Ar. — עַלְוַי TSchebiit 1_{12} jIV 35^b_{62} אלווי wo wir erfahren, dass man sie auf Dächern hatte. Auf Dächern und Mauern ist der Standort von *Aloë vulgaris* L wirklich. Nur j Ketub. 31ᵈ ist אלוים = Agallochon; es steht für אלמונים. [Mand. Sidra R. I 216, 14: עלואיא Nöld.]

ܥܠܘܝ IIL 4_4 Geop 119_{15} (ʒ 8 ἀλόη) BB 503 ܨܒܪܐ 695 صبر PSm 192 ܐܠܘܐ 193 ܐܠܘܐܐ, ܐܠܘܐܣ „ἀλόη". BHebr. ms Peterm. 4⁰ 14 Berol. p 29ᵇ ܕܥܠܘܝ ܕܡܬܟܬܒ ܥܠܝ ܗܘ ܥܠܝ ܕܥܠܘܝܐ ܘܡܬܟܬܒ ܥܠܘܝ Uebers. صبر مر Aßaf 31ᵇ אלוי — צבר 48ᵃ und sonst אלואי. Arten 1) Socotorina PSm ܨܒܪܐ ܐܣܩܘܛܪܝܢܐ Lane صبارة neben صبر und صَبِر. Span. acibar. 2) hepatica Geop 48_{16} (ʒ 24_4) ܗܦܛܝܩܘܢ. 3) ܒܝܫܐ PSm 1408: Amira u. K الصبر ܥܠܘܝ ܚܡܝܪܐ C 640 ܚܡܝܪܐ aloë [Ferr.]. Das ist ein misverstandenes صَبْر Geduld: تَفْعَال Nom. act. zu Pael ܚܒܪ.

---

[1]) S. Freytag sv. لج.

236.

ܥܢ̈ܒܐ ܕܚܘܝܐ.

Geop 108_{16} στρύχνον 109_{6} (110_{28} ܐܣܛܪܘܟܢܘܢ) s. PSm 305. 1521. ܛܪܘܟܢܘܢ τρύχνον ܐܣܛܪܘܟܢܘܢ aus Galen ܥܢ̈ܒܐ ܚܘܝܐ. Neben dem folgenden ܥܢ̈ܒܐ ܕܬܥܠܐ PSm 1521 ܛܪܘܟܢܘܣ d. h. στρύχνον und 888 zu ܗܣܦܪܛܪܘܢ. Arab. عنب الحية. — ܥܢܒܐ ܐܪܒܐ s. ob. S. 189_{5}.

237.

ܥܢ̈ܒܐ ܕܬܥܠܐ.

Solanum nigrum L. *Nachtschatten.*

ענבא דתעלא[1]) Aßaf 96 p 81[b] איסתרוכלוס — סולטרון röm. solatrum.

BB 647 ܣܛܪܘܟܢܘܢ[2]) ܐܝܟ ܕܐܡܪ ܦܘܠܝܛܪܘܢ ܥܢ̈ܒܐ ܕܬܥܠܐ ܘܡܬܩܪܝܢ عنب الثعلب وزوباريج ܐܝܟ ܦܘܠܘܣ ܣܛܪܘܟܢܘܢ عنب الثعلب: ܣܛܪܘܟܢܘܢ ܐܘܦܢܘܠܘܢ ܐܘܪܒܐ ܕܥܢ̈ܒܐ ܕܬܥܠܐ ܗܘ ܕܡܕܡܟ ܫܢ̈ܬܐ نوع من عنب الثعلب يجلب النوم: ܣܛܪܘܟܢܘܢ ܡܐܢܝܩܘܢ ܕܫܢܝܘܬܐ ܐܝܟ ܗܝ ܐܘܪܒܐ ܕܥܢ̈ܒܐ ܕܬܥܠܐ ܗܘ ܕܡܫܢܐ ܫܢ̈ܝܐ نوع من عنب الثعلب يحدث جنوناً .700: ܥܢ̈ܒܐ ܕܬܥܠ ܐܝܟ ܡܢܗܘܢ عنب الثعلب ܡܢܗܘܢ ܥܢ̈ܒܐ ܕܚܘܝܐ:

D 565 στρύχνος κηπαῖος Sol. nigr. jetzt عنب الثعلب Forsk. LXIII oder عِنَبُ الذِّئْبِ Lane 338[h] letzteres Sol. villosum Hartmann 353. Ǵezzâr im 2. Grad pers. אלדראריח lat. Uebers. amoubercix (?) d. h. عنب الثعلب = (Hundstraube) سگ انگور = بارج .Vull الزباريج II

---

[1]) Gitt. 70[a]o ענבי דתאלא dasselbe?

[2]) Ueberall ܣܛܪܘܟܢܘܢ.

21 ربرق „syr." Frtg. رِبْرَق. Vull. ثلثان „syr"? — Vgl. Vull. sv لحا, فنا, داردست, رزه.

D 567 στρύχνον ὑπνωτικόν 568 μανικόν.

D 566 στρύχνον ἁλικάκαβον PSm 206 ܐܠܝܩܐܩܐܒܘܢ — φυσαλίς, *Physalis alkekengi.* PSm 1311 ܥܢܒ̈ܐ ܕܬܥܠܐ gr. ἁλικάκαβον — بادنج, كاكنج, gr. قسمندوس K: قسولندوس lies: φυσαλίδος! BA 3732 BB: كاكنج جبلى PSm 313 ܐܘܣܦܢܕܘܣ — ܐܘܣܦܢܕܠܘܣ — ܥܢܒ̈ܐ ܕܬܥܠܐ — ܦܣܐܠܝܣ ܘܥܢܒܐ, حب الكاكنج. Nach Paulos die eine Art ܦܣܐܠܝܕܘܣ, d.i. wieder: φυσαλίδος, das auch in den ersten zwei Wörtern stecken wird. PSm. vermutet: „ܦܣܐܠܝܣ"! BB 665: ܦܣܐܠܝܕܘܣ ܐܝܟ ܐܠܩܫ ܥܢܒ̈ܐ ܕܬܥܠܐ حب الكاكنج الجبلى ܗܢܘ ܗܘܐ ܒܗ ܐܝܟܢܐ ܕܐܡܪ ܒܐܝܕܘܗܝ ܠܦܣܐܠܝܣ: 765 ܦܣܐܠܝܕܘܣ ܐܝܟ ܕܡܬܩܪܐ ܦܣܐܠܝܣ ܕܒܟܝܢܐ ܐܠܦܣܐܠܝܕܘܣ ܗܢܘ ܕܝܢ ܥܢܒ̈ܐ ܕܬܥܠܐ ܐܝܟ حب الكاكنج: 807 ܦܣܐܠܝܣ الكاكنج ܐܝܟ ܕܡܬܩܪܐ ܦܣܐܠܝܣ

C 772 richtig ܦܣܐܠܝܣ, 808 falsch ܦܣܠܝܣ. — Lane 1931^c عُبَبٌ 'ubab^{un} Frucht von Physalis alkekengi oder die Pflanze selbst = كاكنج, pers. كَاكْنَجْ = Ǵezzâr gibt dazu ענב lies عُبب Ebenso Bt II 182 für عنب.

238.

עססית

pl עססיות TSchabb. 4, j 5^d_o j Ter II 41^c_u b 18^b Geonim, Ar. sv. palästinensische Hülsenfrucht. S. Mußafia u. Ly II 90^a חסיסא. ?

239.

עֵצָה שָׁבִּים.

j Erub. 25^b_o j Schabb. 6^a_m.

240.

ܓܡܪ ܦܪܘܬܐ.

Anthemis Pyrethrum L

(Anacyclus Pyrethrum DC.) Bertramwurzel.

ܓܡܪ ܦܪܘܬܐ BB 706 عاقر قرحا وقال مسيح مثله العاقر قرحا هو الطرخون الجبلى : 740 ܦܘܪܬܪܘܢ ܫܢܝ ܕ عاقر قرحا : 737 ܦܘܪܬܪܘܢ ܫܢܝ ܗ̇ عاقر قرحا وكذلك ܢܨܒ ܐܚܪܝ ܦܘܪܬܪܘܢ 707 : ܓܡܪ ܓܙܪܢ ܫܢܝ ܓܡܪ ܦܪܘܬܐ ܓܙܪ ܓܙܪܢ العاقر قرحا. 665 ܦܘܠܝܛܘܢ ܘܕܡܝ ܐܟܘܪܐ ܡܪܐ ܠܐܠܝܘܣ ܒܬܠܬ ܗ̇ ܕܡܬܐܡܪܐ ܠܓܡܪ ܦܪܘܬܐ ܗ̇ عاقر قرحا:

D 421 πύρεθρον Anthemis Pyr. L. „Galen im 10 Buch der mîmrê“ (s. Nr. 5) d. h. im 10. Buche der: de compositione medicamentorum κατὰ τόπους cap 4 (XIII 268 K) in dem ἀντίδοτος des Philo[1]): man nehme eine Drachme Ναυπλίου Εὐβοέως. Das erklärt Galen für πύρεθρον. Danach l. ܐܟܘܪܐ ܘܕܡܝ ܦܘܠܝܘܢ. — Vgl. ܓܙܪ ܓܙܪܢ Gezzâr, 3 Grad pers. (zu عاقر قرحا) אלרורא lat. Uebers. curat (Vull. الكاكره) berberisch תאגנדסת Uebers. talgandast (Bt II 179 سعندست ms. für ـــب) gr. בארקון berisen l. فيرترون indisch אלערערהאן [= ܦܘܪܦܘܪܝܢ, ܚܡܪܦܘܪܝܢ] Bt II 371 كركهان 202 عقار كوهان l. كرهان, Manche = عاقرقرحا (Moww. 179. Av. 230) Bt II 179: „nicht πύρεθρον“. Dies عود القرح الجبلى. Berggr. 871 Pyrethrum عاقر قرحا , عود القرح. — Aßaf 46 p 72ᵇ עקר קרחא — פירותרון = 45ᵇ. S. Steinschn. Donn. 148_{91} Maim Gifte 98_{35}. — S. noch Nr. 58.

---

1) Als Philonianum BB 748 BS mit Verwechslung des Arztes und des Philosophen: ܦܝܠܘܢ ܐܝܟ ܕܐܡܪܝܢ ܠܗ ܥܡ ܦܝܠܘܢ ܦܝܠܘܣܘܦܐ ܘܗܘ ܕܣܡ ܐܢܛܝܕܘܛܘܣ. „’Αντίδοτος“ PSm 286 wo aus dem nestor. Patriarchen Ischû bar Nûn ܩܬܘܠܝܩܐ: καθολικά, universalia geworden sind!

241.

(ܥܪܐ) עָרָא.

Laurus nobilis L Lorbeerbaum.

Aßaf 53^b עָרָא aram. = דהמוסת pers. = דפני gr. 32 p 69^b שמן ער = דפני אלואון daphnelaion, לוארינו laurino. 95^b פרי ער — דפנאקוקא. 97^b דפנוקוקוס. 56^b דפניקוקון. ערא ist auch talm. Ar. ער 7 Lauro.

Laurus nobilis غار. Das Fremdwort δάφνη, דפנא, דפני ist talm. und syrisch im Gebrauche. ܥܪܐ kann ich nur aus Aßaf belegen. Geop. 41_{16} 66_{30} 96_{18} 102_{25} 103_{23} ܕܦܠܡܕܝܢ. 117_6 ܕܦܠܡܢܝܐ (δελφινίου κ 2_2) 67_2 ܕܦܠܡܕܝܢ ܕܚܡܡܡܬܐ χαμαιδάφνη (ι 10_4). ܕܦܠܐ sehe man PSm 935 f. u. ܕܗܡܣܢ ܕܐܦܢܐ, ܕܡܣܣܩܣܬ, ܕܡܣܣܩܣܬ (wie Aßaf). S. noch PSm ܕܐܠܝܐ δηλία δάφνη. BB 841 الغار حب ܕܦܠܡܕܝܢ ܩܘܩܐ δαφνόκοκκα. 453: [illegible] ܐܘܪܐ [ܫܡܘ M] [illegible] ورق الغار: Ich finde die Stelle Galen's nicht. BB 420 [illegible]: [illegible]

D 626: χαμαιδάφνη … τὰ φύλλα ὅμοια δάφνῃ, καρπὸν δὲ περιφερῆ, ἐρυθρόν. Galen Sachau Ined. 94_{14} ܩܠܡܛܝܣܐ, verschrieben.

אָרֶן bibl. talm. für עָרֵי Lorbeerbaum erklärt. ארן auch mischn. Wunderlich ist das Citat Gesen[8] HWB „RTanchum zu Talmud Babyl. Para III, 8“.

Die D Uebers. gibt δάφνη mit ܕܐܦܠܐ auch BB 859 zu κληματίς D 509 f κλῆμα ἀνίησιν ὑπέρυθρον, λυγῶδες . . περιελίττεται δὲ τοῖς δένδρεσιν ὡς σμίλαξ:

ܩܠܡܛܝܣ قال جالينوس هو غصين احمر· شبيه بعض الفنجكشت

يتطوق على الشجرة ويسميه قوم [illegible] واخرون [illegible] واخرون

[illegible] (شيشت الكرم[1]) ܩܠܡܛܝܣ: [illegible]

[illegible]

[1]) [Wahrscheinlich شبشت = ܫܒܫܬܐ. Fl.]

ܘܟܐܣܡܡܢܡܘܣ ܘܣܠܘܒܢܡܘܣ ܗܟܢܐ ܠܦܪܐܦܝܠܝܣ من الطيب ... 860
ܡܠܟܐܦܛܘܣ " ܘܩܐܬܐܪܛܝܩܝ ܐܘܟܡܬ ܕܒܢܦܫܬܐ ܐܝܟ ܗܢܝ
ܘܐܝܬܝܗ ܠܗ ܥܩܒܬܐ ܡܟܘܒܢܝܬܐ ܘܕܒܝܩܐ ܠܡܫܘܚܬܐ ܕܒܢܝܐ
ܘܡܬܦܪܩܐ ܠܗ ܐܠܠܝܐ ܐܝܟ ܕܡܠܐܟܘܣ ܘܦܐܪܝܗ ܕܡܠܘܢܝܐܘܣ:

Galen XII 31 K (DaO) δαφνοειδές . . μυρσινοειδές . . πολυγονοειδές. Für[b] καθαρτική des Rabban hat D bei uns blos: ἑτέρα κληματίς.

Für دهمست s. Kazw. I 254. = غار Gezzâr: = رند, pers. دهمشت. Lorbeerbaum heißt jetzt arabisch auch دفلى, oder دفلى رومى s. oben S. 130_{19} zu ῥοδοδάφνη. Ueber ܓܪܐ = μυρίκη. Tamariske s. ܐܬܠܐ oben S. 65.

242.

Populus Salix.

ܥܪܒܬܐ (ארבתא) עֲרָבְתָא.

غَرَب ist eigentlich *Populus Euphratica* Oliv. eine Pappel, die mit der Weide täuschende Aehnlichkeit hat. Syrisch bedeutet ܥܪܒܬܐ jedenfalls *Weide, Salix.* Wahrscheinlich eignet auch dem entsprechenden hebräischen Worte עֲרָבָה diese Bedeutung neben der: Euphratpappel [1]).

[1]) Zu עֲרָבָה ist zunächst zu bemerken, dass man nach Analogie anderer Pflanzennamen (תאינה, שעורה, חטה u. A.) und nach mischnischem Sprachgebrauch den Sing. in der Fem.-Form, nicht in der Masc.-Form עָרָב* anzusetzen hat. Für die Bestimmung der Pflanze als Populus Euphratica sehe man Wetzstein zu Delitzsch Jesaja und Genesis. Außerdem will ich aus den Sitzungsberichten des botanischen Vereins der Provinz Brandenburg Nr. 18 S. 94f anführen, was Herr Prof. P. Ascherson über die *Populus euphratica* Oliv. (diversifolia Schrenk), die er in der kleinen Oase fand, sagt: „Ueber das morphologische und archäologische Interesse dieses Baumes hat sich Vortr. bereits in der Sitzung der naturforschenden Freunde am 19. Nov. 1872, Sitzungsber. S. 92f, ausgesprochen. Diese Pappel ist . . . durch die außerordentlich verschiedenartige Gestaltung ihrer Blätter bemerkenswert, die an jungen, strauch-

ܥܪ̈ܒܐ ܣܢܝ ܘܦܪܣܝ̈ܐ ܐܛܠܢܐ ܗܥܪܒܬܐ لغرب BB 708 الصفصاف. 414 ܐܐܛܠܝܐ[1]) ܐܝܟ ܐܡܪ ܥܪܒܬܐ الغَرَب والصفصاف وهو الخلاف.

PSm ܐܛܠܝܐ[2]) = ܥܪܒܬܐ. DUebers. zu D 506. Λυσιμάχιον[2]) .. καυλοὺς ἀνίησι .. λεπτοὺς ἰτέας ... ἄνθος πυῤῥὸν ἢ χρυσοειδές BB 464: ܠܘܣܝܡܐܟܝܘܢ ܐܝܟ ܐܡܪ ܢܒ̈ܥܐ ܥܪ̈ܒܬܐ ܫܒ̈ܝܠܬܐ ܩܛ̈ܝܢܐ ܘܦܪ̈ܥܘܗܝ ܗܠܝܢ ܠܥܪ̈ܒܬܐ ܘܡܫܟ̈ܝܢܗ ܣܘܡ̈ܩܐ ܐܘ ܕܡ̈ܕܗܒܝܢ.

Pesch. für ערבה, ἰτέα = Geop. 48_{24} 49_{23} 62_{9} 69_{19} 73_{23} 76_{2} 77_{20} 94_{4}. PSm 963. [Plur ܥܪ̈ܒܬܐ statt ܥܪ̈ܒܐ Hex. ψ 136_{2}. Nöld.]

ערבתא Erub. 29[b] Var. ארבא. Pes. 111[b] war ערבתא Glosse zu ארבא, kam in den Text und zwang Raschi ארבא mit „Schiffe“ zu erklären.

ערבה bibl. u. mischn. Bikk. 3_{8} Sukk. 3_{5} u. oft.

צפצפה صفصاف bibl. Mischnah Sukkah 3_{3} opp. ערבה. Ueber den Unterschied beider s TSukk. $2_{8\cdot 9}$ b. 34[a] j z St. Eine genaue botanische Feststellung ist bisher nicht gelungen. Nicht aramäisch.

خلاف ܚܠܦܐ s. S. 167 — ܠܒܘܢܐ soll Weide bedeuten; PSm 673 bezweifelt dies wohl mit Recht. בינא s. Nr. 45. ܥܪܒܬ ܢܗܪܐ S. 132_{3}.

---

artigen Exemplaren im Allgemeinen lanzettlich bis linealisch, kurz gestielt, fast oder völlig ganzrandig zu sein pflegen, während die langgestielten Blätter des erwachsenen Baumes in ihrer rundlichen Form und buchtig-gezähnten Berandung an die P. tremula L. erinnern.“ S. 98: In der kleinen Oase heißt der Baum Merssîsch.

[1]) d. h. ἰτέα. Höchst ungeschickt vergleicht Kohut Ar. sv. אידן mit letzterem Worte ein angebliches syrisches ܐܛܠܝܐ. S. noch Nr. 59.

[2]) Bt II 445 لوسيمخيوس (Berggr. 860 لوسياخوس) Blätter wie Pfirsich, daher الخوخية (so l.).

243.

ܓܢܛܪܐ.

(عربَز) *Erythraea centaurium,* Pers. *Tausendgüldenkraut.*

ܩܢܛܘܪܝܘܢ ܡܢܗܘܢ [ܩܢܛܘܪܝܘܢ .l] ܗܢܘ ܕ ܩܢܛܪܝܬܐ BB 827
ܓܢܛܘܪܝܘܢ [ܓܢܛܪܐ ܘܗܘ .l] ܬܘܪܬܐ قنطوريون الدقيق زعم :
ܩܢܛܘܪܝܘܢ ܠܗ ܡܢܗܘܢ ܐܝܬ ܪܒ قنطوريون كبير اعنى قنطوريون
غليظ او جليل : 820 ܩܢܛܘܪܝܘܢ ܙܥܘܪܐ القنطاريون الدقيق : 867
ܩܢܛܪܝܘܢ ܡܢܛܘܪܐ، ܓܢܛܪܐ ܐܫܟܐ ܕܬܥܠܐ خُصَى الثعلب واقول
قنطاريون ܗܘ ܛܘܪ ܠܒܩܪܐ ܚܘܫܒ ܘܡܢܗ ܠܬܪܬܐ ܣܝܒܐ ܘܗܢܘ الوج
ܣܝܒܐ. 820 ܩܢܛܪܝܘܢ ܠܚܘܡܬܐ [ܠܚܘܡܛܝܘܢ .l] ܗܢܘ ܐܝܬ ܪܒ
ܓܢܛܪܐ ܗܘ ܐܫܟܐ ܕܬܥܠܐ. 708 ܓܢܛܪܐ ܐܝܬ ܕܙܥܘܪ ܐܫܟܐ ܕܬܥܠܐ
خصى الثعلب ܗܢܘ ܩܢܛܪܝܘܢ ܩܢܛܪܝܘܢ ܘܡܬܟܠܐ ܘܥܪܒܙ العَرْبَز
القنطريون الكبير : ܓܢܛܪܐ ܘܗܘ ܬܘܪܬܐ قنطريون دقيق :

Aßaf 83 p 79ª ערבזא aram., in den übrigen Sprachen קינטווריאה = 52ᵇ 54ᵇ 170ᵇ ערבזז אדום — קינטווריאין 110ᵇ. — D 349 κενταύριον τὸ μικρὸν καὶ λεπτόν: Vull. قنطوريون = عريز l. عربَز. Avic 235 = قنطوريون 244. Mow. 192. Forsk. LXIV „Kantariun" Erythræa Cent· Pers. Der Kentaur, deutsch nach: „cent-aurium" — Tausendgüldenkraut geworden, wurde in κέντριον ταύρου zerlegt, das ist ܚܘܣ ܬܘܪܬܐ [PSm 503 „ܚܘܣ bos, vacca, ܬܘܪܬܐ BA vox corrupta"] = ܚܒܘܫܐ [nicht ܚܒܘܫܐ deminut. von ܚܒܐ Brust, mamma] „Stich" f. Stachel. ܐܫܟܐ ܕܬܥܠܐ ist Confundirung von ܩܢܛܪܝܘܢ und ܩܢܛܪܝܘܢ Nr. 36 von BS verübt. ܣܝܒܐ = وج verstehe ich nicht wegen Nr. 45 und 87, es ist aber die Quelle des Seite 63₄ aus C angeführten ܐܟܠܐ ܕܣܝܒܐ (so), aus الوج entstanden. — Κενταύριον τὸ μέγα Centaurea Centaurium = νάρκη, Gabriel, BB 598: „ܢܘܪܐܣ نوراس" Pl. von νευρά „bedeutet عصب und ist قنطريون."

244.

ܥܪ̈ܕܐ. אַרְדָּא.

Tuber, Trüffeln.

= غَرْد. ܥܪ̈ܕܐ Nov. 283 كَمْأة. Für ὕδνον pl ὕδνα PSm 57 ܐܘܕܢܐ 989 ܗܘܕܢܐ, 1060 ܗܘܕܢܘܢ. D 285. Bar Hebraeus ms Peterm. 4° Nr. 19 Berol. p 31ⁿ [حمار] ܥܪ̈ܕܐ ܗܘܝܐ ܠܒܪ̈ܢܝܬܐ ܡܢܝܐ ܡܢܝܬܐ ܘܐܟܠ ܥܪ̈ܕܐ. = [ed. Martin II p 117 v. 1379 Scholion; ܟܡܐܬܐ (d. i. كمأة) Nöld.] Die Punktation ʿardâ BB PSm 56 l. 8 inf. Pl. ܥܪ̈ܕܐ PSm 85_8. Rödiger Chrest. p. 120

Talm. אַרְדָּא Var. ארדילא dasselbe. S. Ar. sv.

كَمْأة mischn. כמהים neben פטריות Trüffeln und Schwämme, (Maharil, Likkutim: Schwammen und Pfifferling) Ned. 55^b. Schabb. 37^b_u u. sonst. כמהים j Taʿan. 67^a_4 כמהין j Beza 63^b_{68} Anspielung auf כמה Psalm 63_2 Ber. r. 69 Anf. Jalk. Ber. 119 u. Ps. 786. Neben פטריות, an der Stelle von כמהים, Ukz. 3_2: שמרקעין pers. سماروغ Schwamm, genauer Trüffel Vull. zu كمأة كشنة und فطر Bisher verkannt. Maim: eine scharfe Zwiebelart. Zu פטריות Maim. aO الفُطْر, im Maghreb אלפקאע الفقاع Bṭ II 259, aus der nab. Landw., sg. فَقْع. Wtzst. zu Del. Hiob. 231. Kimchi sv. פקועות. פיטרא Schwamm Schabb. 107^b pl. mischn. פטריות J Jer. 7_{16} = ܦܛܪ̈ܝܬܐ Nov. 283. BB 503: النطر ܦܛܪ̈ܝܬܐ ܟܘܡܣܛܝܣ ܐܘ ܢܦܫ ܐܝܟ ܟܘܡܣܛܝܣ ܟܘܡܣܛܝܗ الفطر.

Geop. ܦܛܪ̈ܝܬܐ = ܟܘܡܣ̈ܛܐ 90_{24} 97_{17} (ιβ 41, μυκήτης) $97_{6\cdot11}$ (ιβ 36 βόλβοι). PSm 338 ܐܦܛ̈ܪܐ = ܦܛܪ̈ܝܬܐ = ܐܠܒܘܪ (?), فطر.

„Turfâs" Vull. sv ترفاس arab. jetzt Trüffeln ist wohl nur transponirtes futr. Ascherson, (Sitzungsb. der Gesellsch. naturforschender Freunde zu Berlin 16. April 1878 S. 102) sagt, *turfâs* „bezeichne die in der nördlichen Sahara weit verbreiteten Trüffeln, z. B. *Choiromyces Leonis* Tulasne, für welche Art er sich sogar als Sectionsname *Terfezia* Tul. Eingang in die botanische Nomenclatur verschafft hat.“

245.

ܥܪܛܢܝܬܐ.

Leontice leontopetalum L. Leontopetalum.

Arabisch daraus: عَرْطَنِيثَا. Nach Boissier Flora or. I 99 wächst es in Syrien, Palästina und Mesopotamien.

ܥܪܛܢܝܬܐ ܒܝܬ ܐܬܘܪ ܥܩܪ ܠܗ ᵃ ܦܩܥܬܐ ܗܘܐ BB 710 ᵇ ܐܕܪܘܒܘܣ ܘܒܫܪ ᶜ ܦܘܕܪܩܝܐ وقال جبريل عرطنيثا وهو ¹) ادريون ويسمى باليونانية ᵈ ܠܝܘܢܛܘܦܛܐܠܘܢ وقال ديسقوريدس اخرون يسمونها ᵉ ܐܢܛܘܦܘܕܝܘܢ واخرون ᶠ ܐܘܘܪܘܒܝܬܪܘܢ واخرون ᵍ ܠܘܟܢܬܪܘܢ: 468: ᵉ ܠܛܘܦܘܕܝܢ ܒܪ ܚܩܪܐܗܘ ܕܥܪܛܢܝܬܐ اصل حمرة الجبار زعم: : 459 ᵈ ܠܝܘܢܛܘܦܛܐܠܘܢ ܥܪܛܢܝܬܐ العرطنيثا ܘܐܝܟ ܐܝܟ ܘܠܝܘܢܛܘܦܘܕܝܘܢ ܗܘ ܙܪܥܐ ܕܐܪܙܐ ܥܪܛܢܝܬܐ ܘܐܕܪܘܒܘܣ العرطنيثا:

PSm 36 ܐܕܪܘܒܘܣ, ܐܕܪܘܒܘܣ (Lag gA 10): عرطنيثا PSm 858 ܕܪܘܒܘܣ = ܥܪܛܢܝܬܐ 944 aus Norberg ܕܪܘܒܘܫ (?). (Lag.: آذربوی). — 1419 ܠܐܘܢܛܘܦ, ܠܐܘܢܛܘܢ λεοντοπέ = ταλον عرطنيثا ܥܪܛܢܝܬܐ BB noch ܐܕܪܘܒܘܗ, اذربويه, اذربوى nicht wie PSm: ذرنوبه, ohne Bemerkung.

D 447 ᵈ λεοντοπέταλον, ᵉ λεοντοπόδιον, ᵍ λεύκηθρον, ᶠ θορύβηθρον. Die Syrer und Araber verstehen darunter *Leontice Leontopetalum* L Berggr 858 طقيا lies nach ibd. Leontopetalum عرطنيثا.

ᵃ In Mosul [قَعْبَل ist Trüffel Vull. und Bt II 309 كَمْأة] PSm 642 ܦܩܥܬܐ = BA Nr. 2698 عرطنيثا = BB aus Rabban. „As-

---

¹) Dies wäre = Nr. 10 آذريون steht aber irrtümlich für اذربويه.

syrii" vocant — cf Larsow 15 — ܚܠܒܐ ܡܚܠܒܐ. BB 823 ܡܚܠܒܐ ܐܝܟ ܕܐܡܪܝܢ ܒܡܕܢܚܐ الهبد وطعمه مُرّ ينبت بين الزرع Nach Bt arab. Text II 119 bedeutet عرطنيثا außer بخور مريم auch das, was in Syrien مهد, nach Manchen عسلج (so, nicht علج) heißt; اهل المشرق nennen es قبلعى (so, nicht wie Sonth. قلعى) und waschen damit wollene Kleider. Bei D leontopetalon: كف الاسد. Bt II 534 مُهْد eine Art عرطنيثا in Syrien, im Osten قلعى ms. قيلعى l. قبلعى oder عسلج. Vull. sv مُهْد, pers. جوبك اشنان.

Man benutzt die seifenartige Wurzel zum Ausmachen der Flecken in Kleidern, besonders Cashemir-Tüchern, und auch Rauwolf, — man vergleiche Meyer 3_{214}f, — berichtet dies ausdrücklich von Leontopetalon, arab. aslab [l. asleg d. h. عسلج des Bait. aslengi, aslagi [gi = ج] des Alpago Bellunensis, eine Art Artanita und das talmudische אֶשְׁלָג [so punct. Ms Maim. ar.] Maim. صابون: Schabb. 9_5 Nidd. 9_6 j Schabb 12^b_5 אצרות רוח: Kohen de Lara: στρούθιον — eine Deutung, der ich nicht beistimmen kann, obwohl ein Wort wie ܚܪܘܒܬܐ noch weiter abliegt. Ly I 154[b] nimmt στρούθιον auf und verweist auf PSm 303 ܐܣܛܪܘܬܝܐ, das aber aus Galen stammt und für στρούθια μῆλα (ob. S. 145_6), eine Quittenart, steht. Στρούθιον PSm das. ܐܣܛܪܘܬܝܢ, was aber für ein wirkliches Vorkommen von στρούθιον als Fremdwort nichts beweist.

D 302 Στρούθιον nach Fraas 107 *Saponaria offic.* L. Seifenkraut. Aßaf 94 p 81[a] צררא aram. [s. pun. Verz. 77] איסטרותיון gr., ארבא לנרייא „herba lanaria" schon D aO. Meyer 2_{38} Scribonius Largus: struthium, quod est radix lanaria.

ܣܛܪܘܬܝܘܢ ܐܝܟ ܕܐܡܪܝܢ ܚܢܙܘܪܐ الكُنْدُس BB 646 وليس هو بالحقيقة هذا الدوآء المعروف بالكندس لكنه غيره ويقال ان المعروف بالكندس انه هو الدوآء الذى يسميه القُدَمَاء الكندس: ܣܛܪܘܬܝܘܢ هو العَرْطَنيثا وما يَصِف ديسقوريدس من امر هذا الدوآء ومن الخربق الابيض شهد على صحّة

قول من قال هذا وحكى جبريل عنه وعن جالينوس مثل ذلك وقال هو عُشب يغسل به الصوف وغرطنيثا يفعل ذلك ويغسل به اهل [1] ديار ربيعه الصوف :

PSm 303 ܐܣܛܪܘܬܝܘܢ كندس. BB: كندس ܕ ܕܥܪ̈ ܚܪܒܐ. BB 865: ܣܛܪܘܬ ܚܪܒܐ 745 ܦܛܪܡܝܩܘܢ من اسمآ الكندس D 302 πταρμική, für *Achillea Ptarmica* L gehalten. Für diese Pflanze erklärt Sonth Verz. 285 كندس [Vull. auch قُنْدُس] das für στρούθιον steht Bt II 402. Honein, von Baiṭ abgewiesen. Berggr. 853 كندس Herba lanaria, condisi. 875 Saponaria قندز. 881 aber, wie oben BB, Veratrum album [ἐλλέβορος λευκός] كندس, قندس, خربق الابيض. Ġezzâr im 4. Grad كندس röm. Helleborus. Aßaf 41ª קונדויש המעטיש — איסתרותיון. — אילִיבורוס — קינדויש aram. 153ª. קונדויש 57ᵇ. BB 706 ܚܪܒܐ ܚܘܪܐ ܐܝܟ ܡܪܝ ܚܘܢܝܢ ܗܘ ܥܩܪ ܣܘܪܩܝܢܐ ܚܘܪܐ: Zu στρούθιον, nicht στυπτικόν, gehört BB 644:

ܣܛܪܘܬܝܘܢ ܥܩܪ ܕ ܡܫܟܚܐܝܘ ܦܪܝܫܐ ܕܡܬܟܠܝܐ ܕܝܢ ܦܛܪܡܝܩܘܢ ܡܬܩܪܐ كنْدُس :

Nicht übersetzt ist στρούθιον D 612 φύτευμα, φύλλα ἔχει ὅμοια στρουθίῳ κτλ BB 732 ܦܘܛܝܘܡܐ ܐܝܟ ܐܦ ܒܣܘܟܐ ܗܘ ܕܣܛܪܘܬܐ ܛܪܦܐ ܕܕܡܝܢ ܠܣܛܪܘܬܝܘܢ ܘܪܒܐ ܗܘܝܢ ܘܦܫܛ ܘܚܣܝܪܐ ܕܡܬܠܝܢ ܘܚܣܝܢ ܘܥܠ ܐܦܝ ܐܪܥܐ ܐܬܦܫܛ:

Berggr. 869 Phyteuma, Reseda minor „قاطمه" Bt II 300 قوطوما. s. Vull sv.

Zu ܚܪܒܐ, das nicht mit Aßaf's צררא zusammenhängt, sei talm. צדרא erwähnt, das einen Stoff zu grobem Gewebe bezeichnet; hängt es viell. mit צררא zusammen, so wäre dies zu ändern. צדרא Bm 51ᵃᵇ Ketub. 8ᵇ MKat. 27ᵇ.

ܚܪܒܢܝܬܐ steht Geop. 113$_{38}$ (ιγ 20$_1$) ausdrücklich für: ὀξύσχοινον. 31$_{16}$?

---

[1]) ديار ربغه PSm 59 l. 12.

ערטניתא Aßaf 109 p 84^a aram., פלומוס gr. φλόμος, איסקופסטון. 110^b פלומוס — אקופסטרון (verbascum?). Zu φλόμος vgl. ob. S. 66 ܦܠܘܡܘܣ Ich weiß mit diesen Bedeutungen nichts anzufangen.

רקפתא رقف Cyclamen, Erdscheibe, Schweinsbrod, Saubrod. Aßaf 80 p 78^b aram. רקפתא, gr. קיקלאמינוס, röm. מילומרניים. Wurzel rund, von außen schwarz von innen weiß. Κυκλάμινος D 303 terræ malum Meyer 2_{409} Langk. 64 — Berggr. 846 *Cyclamen hederæfolium* L. بَخور مَرْيَم, رُكف, رقف, اذن الارنب. BB 841 BS ܩܘܩܠܐܡܝܢܘܣ ܐܝܬ ܐ ܚܣܐܪܐ. Kazw. I 287 بخور مريم واظنه شجرة مريم ܚܣܐ هو العرطنيثا: بخور مريم = شجرة مريم, die Wurzel عرطنيثا. Avic 240 فقلاسوس ms: مينوس — unter f, man sagt بخور مريم, eine Art عرطنيثا. Auch Bt II 260 unter f. Vull. بخور مريم = خبز المشائخ [Dies dürfte in dem verstümmelten Art. PSm 211 ܐܠܚܣ stecken. ܐܠܚܣܐܢܝܐ, ܐܠܚܣܡܢܐ [ܐܠܚܣܡܢܐ?] حشيش مريم, كور مريم, PSm: „Christus, Mariæ natura, Mariæ pabulum". Ich glaube كور sei بخور zu lesen; خبز المشائخ = مسيح des Vull.??] عَرْطَنِيثا Bṭ.: ist بخور مريم, Wurzel von Cyclamen, „Radix Arthanitæ" D II 478. Ġezzar im 3. Grad عرطنيثا in Africa خبز القرود [DCge χουβζέλκουρου, Langk χουβζελ κουκουρδ = ἀρτανίθε] بخور مريم الفرخي = (פרכי?) in Syrien ريح אלרמה. Si Nr. 200.

D hat ein Syn. ἀρκαρὰ, ἀρκὰρ, Langk. ἀρχρὰ an derselben Stelle an der Pseudo Apuleius c 18 ed Ack. — Langk aO — hat: „S y r i clardia; florvia in marg. Torin". Bei Torinus steht aber: flargia. Ob man hier רקפתא suchen soll? Nr. 200.

246.

ܕܘܕܒܬܐ.

Ulme.

Geop. 14_{30} (γ 4_6) πτελέα. 17_{15} ܡܢ ܕܘܕ ἰτεῶνας (γ 6_6) l. ? ܕܘܕܒܬܐ. — 19_{27} πτελέα. — 47_{30} πίτυς??

Frtg hat einen Baumnamen ضِرْف, der lautlich übereinstimmt, und von Lagarde, Proverbien 85 mit ܚܪܘܦܬܐ zusammengestellt wurde. Hebr. צרף, aber צריפה ist kein Pflanzenname, und dafür an scirpus zu denken, was man getan hat, Unsinn. Dies צריפה gehört übrigens nicht zu √ ضرف.

247.

ܦܐܘܢܝܐ.

Pæonia, Päonie.

BB 714 ܦܐܘܢܝܐ الذى يسمى ܡܠܛܐܪܘܢ وقنطوريون [l. فنطوربون] كما قال جبريل اى ذو الخمس حبّات او الاصابع [?] 762 ܦܢܛܦܠܘܢ ܡܢ̈ܝ ܩܢ̈ܝܐ ܕܦܐܘܢܝܐ عيدان فاوانيا ܡܢ̈ ܕܡܬܩܪܝܢ ܣܓܝܐܐ ܦܢܛܪܘܢ: 853 ܩܢܝܐ ܕܦܐܘܢܝܐ ܘܡܢ ܦܐܘܢܝܐ الفاوانيا: 723 ܦܐܘܢܝܐ دواء معروف فَاوَانِيَّا.

D 486 παίονια — Geop 42_{10} ܦܐܘܢܝܢ — πεντόροβον [die LA Galens] — γλυκυσίδη — [ἰδαίους] δακτύλους. PSm 688 ܓܠܘܩܘܣܝܕܐ — ܦܢܛܪܘܒܘܢ [ܦܢܛܐ]. ܦܘܠܝܐ جدة gehört zu πόλιον. 727 ܓܠܘܩܘܣܝܕܐ, ܓܠܘܩܘܣܝܕܐ = ܣܓܝܐ ܦܢܛܪܘܒܘܢ ܚܠܦܬ ܪܝܫܐ. Γλυκυσίδη übersetzte Sergius BB 707 ܓܡܕܐ ܕܦܢܛܪܘܒܘܢ ܣܓܝܐܐ ܐܝܟ ܡܐ ܕܐܡܪ ܓܠܘܩܘܣ ܠܦܐܘܢܝܐ ܐܡܪ. Die Stelle aus Gabriel hat BB unter ἀγλαοφῶτις bei PSm 27, der die Stelle des Diosc. auch hier nicht fand.

Die Wirkung der Pæonie, die man besonders um den Hals zu hängen pflegte, s. Maim. More 3, 50, Pirke Moscheh 46b, an beiden Stellen neben Markasit erwähnt. Die Wirkung wird talmudisch der פואה zugeschrieben Nr. 251. عود الصليب Pæonia Sonth Verz. 281 Berggr. 867 = فاونيا. Bt II 225. Av. 235. Vull. sv.

248.

ܦܘܓܠܐ פוּגְלָא.

Raphanus sativus L, *Rettig.*

Geop 91_5 ܦܓܠܐ (?) ῥαφανίς. = ܦܘܓܠܐ 35_{28} 36_6 95_1 98_6 Galen Sachau Ined. 96_7. BB 727 ܦܘܓܠܐ فجل ܕܦܘܓܠܐ ܡܫܚܐ ܡܢܗ فجل. 899: ܪܐܦܐܢܝܣ ܐܘ ܪܐܦܐܢܘܣ فجل. ܪܐܦܐܢܘܣ ܐܝܟ ܐܢܫ ܐܚܪ ܡܫܚܐ ܕܦܘܓܠܐ دهن الفجل ومعه دهن الشونيز ܕܡܠܢܬܝܢ ܡܫܚܐ ܕܡܠܢܬܝܘܢ ܘܡܢ ܕܡܠܢܬܝܢ[1]: D 256 ῥαφανίς Var. ῥάφανος PSm 935 ܪܦܢܘܣ (ܪ) = ܦܘܓܠܐ. D 668 ἄπιος [Paul. Aeg. χαμαιράφανος] Uebers. PSm 340 ܐܦܝܘܣ zur Unterscheidung von der Birne ܠܐ ܐܦܝܘܢ benannt, ܦܘܓܠܐ, فجل برى (عجلان) فجلان. Ἄπιος steht bei Galen XII 111 K nicht, sonst hätte man in ܐܦܝܘܣ PSm 347 aus Galen 63 = der citirten Stelle, denn ῥάμνος ibd wird sv ܗܛܡܐ aus 63^a angeführt, eher dieses als „ῥαφανίς" gesucht. — D 51 ῥαφάνινον, darauf μελάνθιον.

פוגלא j Bb $17^a{}_{33}$ j Peah $20^b{}_8$ (j Ber. $10^a{}_{37}$ עיגולא l. פוגלא, Frankel z. St.) Ab. zar. 10^a Ber. 36^a Erub. 28^b Schabb. 123^a. 141. — Aßaf 32^a צנונות = פוגלים.

فُجْل Ǵavâl. 11. Fremdwort.

צנון Kil. $1_{5.9}$ Ma'as. 5_2 Machsch. 4_6 Ukz. 1_2 neben נפוס nach Hai G. צנון die runden, נפוס die länglichen Rettige, talm. היכא l. חימא Maim. فجل Agg. פולי. Die Wurzel, der Rettig, פוגלא, wird die große genannt שורש צנון גדול im Gegensatze zu den Wurzelzasern סיב, Maim.: sie sind den Palmfasern ähnlich شبه خيوط الليف. In der Uebersetzung falsch לוף, in Tosafot Jomtob citirt: הלוף והמיתנא!

Schabb. 2_2 שמן צנונות. Toss. 2_3 in Alexandrien gibt es nur Rettigöl. Nach D 52 kocht man in Aegypten mit Rettigöl. Vgl. Édit de Dioclétien ed. Waddington p 10.

---

[1]) S. unt. Nr. 320.

נפוס (נפוץ) Kil $1_{3\cdot4}$ Ukz aO, Maim. فجل الشامی[1]), ist mit לפת näher als mit צנון verwandt. Napus ist bei den Römern Brassica Napus Napobrassica, Kohlrübe. Napus und sein Verhältnis zu νᾶπυ sind dunkel; ob es im mischnischen נפוס vorliegt zweifelhaft. Es bezeichnet eine Rettigart j Kil. 27^a_{55} deren Blatt und Frucht wie Rettig, צנון sind, während der Geschmack verschieden ist. Die Blätter sind wie die des לפת und נפוס bildet daher mit diesem nicht Kilajim. Maim. erklärt נפוס: فجل الشامی und von diesem syrischen Rettig sagt die nabat. Landwirtschaft, er habe Blätter wie die Rübe. Bṭ II 247.

חימא das oben von Hai = נפוס, länglicher Rettig, gesetzt wurde ist talm. חמא s Aruch syr. ܚܡܡܐ [l. ܚܡܡܐ = des Hai: היבא] = فجل رقاق.

249.

פגעין.

Schabb. 144^b Z 1 Ar. prugna, Raschi: prunes, Pflaumen.

250.

פו.

Aßaf 8 p 63^b alle Sprachen, röm. סלבנא. D 20 φοῦ Bṭ II 265 Berggr. 881 Avic 236 فو Valeriana Phu.

---

[1]) Kaleb dasselbe aus Maim. فجل oder طروف טרוף = Schwarz d. heil. Land 315. [Vull. ترب I 431 = فجل] طرف = Rettig zeigt DCge ταρπ (arab., denn aus dem arabisch-medicinischen Cod. 1843) = ῥαφανίς. Punisch. θορφάθ Nr. 50^{ab}. تُرب, تُرُب, persisch-türk., von den Türken auch طورب geschrieben, Rettig, Rübe. Fl.]

251.

פּוּתָא ܦܘܬܐ.

Rubia tinctorum L, *Krapp*.[1])

Mischn. פּוּאָה. فُوَّة. BB 741 ܦܘܬܐ ܨܒܥ فُوَّة D 489[1]) ἐρυθρόδανον[2]) = τεύθριον. Ersteres PSm 101. 373. BB = ܦܘܬܐ PSm. 999 nach Gabriel = ܬܦܘܬܪܝܢ, 1051 = فُوَّة الصبّاغين ܦܘܬܐ. 1442 ܬܦܘܠܠܝܢ, cod. II richtig ܬܦܘܬܪܝܢ. BB 910 ܪܘܩܢܘܣ wie bei PSm 373. Wahrsch. δράκανος DaO.

In der D Uebers.: BB 498:

ܡܘܐܓܪܘܢ ܥܣܒܐ ܐܝܬܘܗܝ ܫܒܘܩܝܬܐ ܘܛܪ̈ܦܝܗ ܕܡܝܢ ܠܛܪ̈ܦܘܗܝ
ܕܦܘܬܐ ܘܙܪܥܗ ܟܕ ܡܬܚܫܚܝܢ ܡܢܗ ܟܕ ܡܥܨܪܝܢ ܠܗ ܘܡܫܚܐ
ܘܡܬܚܫܚܝܢ ܠܗ ܟܕ ܡܠܦܦܝܢ ܠܗ ܒܫܒ̈ܛܐ ܘܚܠܦ ܫܪܓܐ.
ܡܘܐܓܪܘܢ قال جبريل عشب شوكى ان دُقّ خرجت منه دهنية

D 603 Μύαγρος . . πόα φρυγανώδης . . φύλλα ἔχουσα ἐμφερῆ τοῖς τοῦ ἐρυθροδάνου . . σπέρμα . . ᾧ χρῶνται κόπτοντες αὐτὸ πεφωγμένον, καὶ περιπλάττοντες ῥάβδοις καὶ ἀντὶ λύχνου χρώμενοι.

Aßaf 53ª ריזין — aram. פותא = 55ª. 117ᵇ פואה = ריזין Steinschn. Donn. 152_{144} Auch Aruch: aramäisch פותא. — فُوَّة, pers. فوه JAww. IIª 122. Sonth Verz. 282. Talm. פותא Schabb. 66ᵇ, mischn. פּוּאָה, Ms. Maim. ar., Ly I 222ª falsch „πόα als Heilmittel". Schebiit 5_4 (פ׳ יש׳ של צלעות j $36^a{}_{10}$ פוטרה Ar. פטרא? — עידית?) 7_2 Schabb. 9_5 Tos. 10 j $8^b{}_{17}$ j Erub. $26^c{}_{28}$ Beza 4_7 TPara 8. Der Name der Hebamme Puah פועה von Philo mit פואה zusammengestellt. Sachs Beiträge I 150 DMG 17 679 aber auch das Onomasticon: Hieronymus rubra, was übersehen wurde. Bibl. n. pr. פּוּאָה, פֻּוָּה.

פואה : גרנצא franz. garance; auch קוצה : וורנצא. altfrz warance = guarance, garance: Krapp.

---

[1]) „Färberröte".

252.

ܦܘܠܐ.

? PSm sv. ܡܫܘܢܐ 1027.

253.

פולא.

Faba vulgaris Mnch, *Bohne.*

a. Bibl. פול فول — פולא targ. (j Schebuot 34^d_{44} j Ned. 37^d_{57} j Ma'as 52^a_{56} פולא?). Syrisch nicht vorhanden. Κύαμος und פול Pesch. wird mit ܠܘܒܝܐ wiedergegeben PSm 680. Galen, Geop 2_{20} 5_6 $6_{2.9}$ 22_{29} 35_{21} 37_{22} 39_{28} 70_{17} 103_{24} (ιζ 15_5) 110_{17}. Lexicogrr. بَاقِلَّى[1]) = فول. BB 829 ܘܐܒܩܠܝܘ بَاقِلَّاءَ ܘܐܡܪܝܢ ܢܦܫ ܡܒܩܠܐ ܗܝ ܠܘܒܝܐ باقلى. Mit الباقلى الاخضر wird ܠܘܦܝܬܐ wiedergegeben BA BB PSm 688. Das Wort erinnert an ܚܘܪܡܣܐ oben S. 173_{27}, nach K: Lathyrus.

ܦܩܠܐ ܗܢܕܝܐ [zu باقلى od. بقلة?] BB aus Jeschu Bocht PSm 575 irrtümlich sv ܦܩܠܐ, worauf Lagarde aufmerksam machte.

Mischn. פול Peah 8_3 Kil. 1_1 הפול והספיר nächstverwandt. Tos. 2_8 Ukz 1_5 und sonst. Sie sind samenmehrend Joma 18^a, daher dem Hohenpriester vor dem Versöhnungstage verboten. Dazu pflegt man das pythagoräische κυάμων ἀπέχεσθαι zu halten. Nach Göttling gA I 308, der aus Gellius NA δ 11 anführt, Pythogoras habe gern Bohnen gegessen, will aber das nicht sagen: enthalte dich der Bohnen, sondern: enthalte dich des L o s e n s, das mit Hülfe von Bohnen geschah. — Graupen גריסין של פול Peah aO Nidd. 9_7 Machsch. 5_9 Teb jom 1_1, als Maß Nidd. 8_2. פול הלבן weiße Bohnen

---

[1]) Hal. gedol. Ber. 6: חמצי וטלפחי ובקילי. Jajin Nesech בקילי חמצי. Reifmann verweist auf תשב"ץ II Nr. 11.

Ma'as. 4_6 Kil. 7_7 (als Maß). — 1_1 nächstverwandt mit שעועית [1]). — פול הלבן j. z St. כרשינה Ar. ספרווה, El. Fuld כרשנא, RSchimsch. כרשיא „faba blanca"; שעועית j = פסילתה (פתי) פסילותא. Maim اوبيا Ab. zar 36^b שיעתא = פשלי", Ar. פסיליא = כטליא Toss. Ab. z 5 T Ma'as 3_7 הכטליא, אמיטליא. j Schabb. 3^c_{69} מוטלייא?

Große Bohnen פולין הגמלונין TSchebiit 2_{10} TTeb. jom. (RSchimsch. zu 1_2) TKil. 2_8.

b. פולא מצרייא ܠܘܒܝܐ ܡܨܪܝܬܐ *Nymphæa Nelumbo* L. *Nelumbium speciosum* Willd., Nelumbo.

BB 829 ܘܩܘܠܩܣ ܘܩܘܠܩܠܣܝܢ ܗܘ ܠܘܒܝܐ ܡܨܪܝܐ ܘܐܝܬ وحب بزر القلقاس. PSm 680 ܠܘܒܝܐ ܡܨܪܝܐ = ترمس falsche Identification von Bt I 114 zurückgewiesen. Auch BB 836: ܘܩܘܠܩܣ ܡܬܩܪܝܢ ܐܝܟ ܩܘܠܩܣܐ ܬܘܪܡܘܣܐ ܗܘܝܢ ܠܘܒܝܐ ܡܨܪܝܐ التُّرمس פול המצרי Schebiit $2_{8\cdot9}$ Tos. $2_{4\cdot6}$ Schabb. 9_7 TKil $2_{11\ 14}$. (3_{12}) לח u. יבש Ned. 7_{12} j. Kil. 31^c_{42} j Schabb. 7^b_{17} פולא מצרייא heißt halbreif (רטיב) = לובי, reif (נגיב trocken): פול מצריי. Halbreif sind die Bohnen essbar, reif müssen sie gekocht werden. — TSchebiit 2_7 j 34^a_{47} קצין (קצוי קציצין) Schoten. — Wachsen in Palästina j Dem. 22^{cd}.

c. *Nymphæa lotus, cærulea* uA., *Seerose:*

ܢܝܠܘܦܪ Kalilag u. Damnag $20_{14\cdot15}$. ܢܝܠܘܦܪ 80_{19} Lag gA 11 skr. nîlotpala. pers. نيلوپر Vull. نيمفا, worin نيمفا nymphæa nicht erkannt wurde. BB 596: ܢܘܡܦܐܐ ܡܢ ܟܠ ܗܘܐ ܦܩܥܐ ܕܡܝܐ ܘܐܝܬ ܒܪܘܫܐ ܢܝܠܘܦܪ النيلوفر: ܢܘܡܦܐ ܡܢ حب العروس. Auch Bt II 564 wird كرنب الماء als syr. bezeichnet. — PSm 77 BA

---

[1]) LA שעשועית zurecht gemacht nach der Etym. des j: משעשעת את הלב ומהלכת את המעים Achul. ܐܢܛܝܪܐ ܡܫܪܝܐ ܟܪܣܐ ܘܡܥܒܕܐ λειεντερία PSm ܐܢܛܝܪܐ — Woher stammt σεvουνίζ, σχουνίζ Langk. 4 *Vicia faba* L.?

ܐܘܣܦܝܕ = اصل النينوفر pers. اوسيد BB Sergius: ܒܫܢܝܢ ܗܘ ܕܢܝܢܘܦܠ ܗܝܕܘܢܐ, nach Manchen = ܦܠ, nach Anderen nicht. Dasselbe BB 755: ܦܠ ܐܝܟ ܕܐܡܪܝܢ ܠܗ ܒܫܢܝܢܐ ܕܢܝܢܘܦܠ ܘܒܪܣܪܦܝܢ ܡܕܡ ܠܗ ܒܗ ܚܠ ܠܒ ܘܦܠ. Hartmann 177 Beschinûn Nymphæa lotus cœrulea, Same und Wurzel. بَشْنِين auch Lane sv in Aegypten. Bt I 141. نوفر Forsk. LXVII. D II 623.

Als Erklärung steht ييلوفر zu ܐܘܦܠ, ܦܠ (?) nach Lagarde die Endsilben von ܢܝܠܘܦܪ, ܠܝܢܘܦܠ. BB führt sie aus Simeon d^e Taibûteh an.

فل indisch Av. 236 Bt II 264. — شُل (mit u) Bt II 106 = سفرجل هندى Mow 162: شل. — Av. 257. — بل Cucumis indicus Bt I 168. Avic. 144. S. unt. Auch Gezzâr hat alle drei: بل شل فِل

254.

ܙܪܥ ܦܘܪܬܥܢܐ.

Plantago psyllium L. *Flohsamen.*

ܦܣܘܠܝܘܢ BB 765 ܙܪܥ ܩܛܘܢܐ بزر قطونا صحّحه فة مى ܦܣܘܠܠܝܘܢ ܙܪܥ ܩܛܘܢܐ ܘܐܝܟ ܐܦ ܙܪܥ ܦܘܪܬܥܢܐ ܘܒܙܪ [ܘܒܙܪ ms] ܦܘܪܬܥܢܐ ܘܐܣܦܘܣܝܢ. 478: ܠܥܒ ܩܠܦܐ ܐܝܟ ܒܙܪܩܛܘܢܐ ܙܪܥ ܩܛܘܢܐ ܐܣܦܝܘܫ [M ܐܣܦܘܣܝܘܣ] 488 ܒܙܪܩܛܘܢܐ [M ܒܙܪܩܛܘܢܐ] ܐܝܟ ܒܙܪܩܛܘܢܐ ܗܘ ܒܣܢܪܐ ܙܪܥ ܦܘܪܬܥܢܐ اصل الاسيوس: — PSm 1159 ܙܪܥ ܩܛܘܢܐ = اسفيوش بزر قطونا BB. — Galen: ܙܪܥ ܦܘܪܬܥܢܐ = ψύλλιον BS: اصل الاسيوش. 547 ܦܣܘܠܝܘܢ بزر قطونا D 563 ψύλλιον. ܙܪܥ ܦܘܪܬܥܢܐ ist blos Uebersetzung des gr. ψύλλιον, gebräuchlich ist ܒܙܪ ܩܛܘܢܐ, arabisirt بزر قطونا Dozy-Engelmann Glossaire des mots espagnoles et portugais dérivés de l'arabe 2 éd. sv zaragatona, zargatona verweist auf Jong zu Tha'âlebî, Latâif al-314 ma'ârif p. XXXIII. Nach Ibn al-Haššâ, Glossaire sur le Mançourî ist es ein Wort بَزْرَقَطُونَاء oder بَزْرَقَطُونَا und nicht arabisch. Dozy hält dafür, dass es persischen Ursprungs sei. — ܐܣܦܝܘܢ, ܐܣܦܝܘܫ, اسفيوش, اسپيوس Vull. I 222 = برغوثى [Pun. Verz. 66] — بزر قطونا I 248 بشوايون II 209 سابوس, اسپغول, سپش auch sv فسايون und II 1450 هُرُوتُوم. Berggr. 871 Psyll. بزر رقطونا. ܒܪܘܕܐ, so exalphab. richtig, ist خَرْكُوشَك (Eselsohr) *cynoglossum*, plantago-Art, nach Anderen *Pl. psyll.* L. D hat κυνοκεφάλον, Plin. cynoides, ܒܥܝ ܚܠܦܐ wird ein echter, kein übersetzter Name sein. Aßaf 63 p 75ᵃ בזר קטונא = פסיליתום. — Ueber ܦܘܪܐ = ܦܪ ܘܪܟܐ s Nöld. mand. Gramm 55. 140. Ψύλλιον ist auch ܐܦܣܘܠܝܘܢ = بزر قطونا, nicht „semen leguminum" PSm schlecht nach C und Sachs Beitr. I 175 φασίολος — auch Bernstein DMG 9 875! PSm beweist zur Beruhigung seiner Leser aus Schaafius (so), den er bei Frtg sv قُطْنِيَّة findet, dass — Bohnen eine Hülsenfrucht sind!

255.

ܦܠܠ.

C 700 rubus عوسج. BB 744 ܦܠܠ ܐܝܟ ܒܪܣܢܐ العوسج وهو ܦܠܠ C 663 noch ܟܘܣܒܐ = عوسج. ܟܘܣܒܐ PSm 1275 aus K zu ܟܘܒܣܐ.

256.

פוטנג.

Ar. Agg: פותנק فوذنج, فوتنج pers. پودنه, *Mentha pulegium* Polei? Schabb. 109ᵇ zu יועזר. Hal. god. Bezim פרננג l. פודנג. Maim. ms. فوتنج فوذنج Mow. 184 = پودنه. Bt II 267 auch = γλήχων, das Vull. II 617 غليجن und غلچين nicht erkannte. S. Nr. 277.

257.

ܦܝܠܘܪܐ.

φιλύρα *Linde.*

Geop. 23_{21}. 62_{10} ܘܠܦܬܐ ܕܦܝܠܘܪܐ ܕܐܝܬܝܗ̇ ܗܘ ܠܢܝܣܘܢ lies: ܕܐܝܬܝܗ̇ ܦܝܠܘܪܝܢܘܢ.

258.

ܦܠܒܠܬܐ.

Trigonella Fœnum graecum L.

= שבלילתא pers.: شنبليد, شَنْبَلِيلَه.

ܦܠܒܠܬܐ τῆλις Geop 47_{30} (ζ 24_1) $88_{11 \cdot 12}$ 116_9 (ιδ 1_5) 118_{28} (ιε 6_1) Galen zu ܛܐܠܝܣ PSm. ܛܠܝܣ — ܦܠܒܠܬܐ حُلْبَة BB 759 ܦܠܒܠܬܐ ܚܢܝ حُلْبَة ܛܠܒܝ ܘܐܝܟ ܕܐܡܪܝܢ حُلْبَة ܦܪܝܣܘܡܘܢ ܛܠܝܣ ܡܪܩܐ 784: دقيق الحلبة ܦܠܒܠܬܐ ܗܘ ܕܛܠܝܣ ܡܪܩܐ ܚܢܝ ܡܢ .864 ܕܛܠܝܣ: دقيق الحلبة. — C 704 Ervum [Ferr., falsch „جلبان"] Fœnum Gr. Nov.

D Uebers. D 601 κύτισος BB 832 ܩܘܛܝܣܘܣ ܐܝܟ ܕܐܡܪ [illegible] ܐܬܪܝܣܝܣ ܐܝܬܝܗ̇ ܥܣܒܐ ܕܦܩܚ ܡܢ ܥܠܘܗ̇ ܘܠܦܬܐ ܕܡܫܚܐ ܠܦܠܒܠܬܐ ذكر ܘܠܦܘܣܝܣ ܘܛܝܣܘܢ ܘܡܢ ܛܘܪܝܣ جبريل ܘܛܝܣܘܢ. Corrupt 762 [Gabriel] ܦܢܘܐܓܪܩܘܢ — حلبة Trigonella F. gr. Meyer 3_{68} χούλπεν Langk 2 هُلْبَة Vull. II 1464. Davon span. alholba, alholva, alforva, alforriva Engelm. 43.

שבלילתא Aßaf 61 p 74^b hebr. תלתל, aram. שבלילתא, gr. אנויריאה αἰγοκέρως, פנוגריקו fenugreco. 94^b 103^b תלתל = 113^b פינוגריקו und = 32^a 171^a חולבה. תלתל hat Aßaf sechsmal, es ist also bei ihm nicht aus תלתן verschrieben; nur ist schwer zu sagen, wo die Nebenform sich herschreibt, wenn die beiden ל von שבלילתא nicht Anlass zur Schreibung תלתל gegeben haben.

שבלילתא Menach. 42^b Raschi תלתן, פנג"רא, פינוגרי. fenagrec Schabb. 110^b Ab. z. 38^b Gitt 69^a. Ab z aO Ar כורא דשבלוליתא Ms Hochsch. ביזר für כורא mit der Erklärung es heiße arabisch der Same بزر.

רוביא Schabb. 109ᵇ Chul. 52ᵃ Kerit. 6ᵃ Hor. 12 Raschi תלתן; Ar. גר 9 schwankt zwischen Rebenzweigen und Leinsamen. נירה in Verbindung mit רוביא weist auf תלתן, dessen Same so genannt werden konnte, da anderswo berichtet wird, נירה[1]) Johannisbrodsamen diene zur Verfälschung von תלתן[2]).

Mischn. תלתן, punisch τιτλω Verz. Nr. 80, Kil 2_5 Ter 6_6 Tos. 8_3 10_4 = TMachscheni 2_1 (RSchimsch zu 2_3): תילתן של תרומה [שחפסה שחיפה] שחפה בה בת כהן את ראשה אין בת ישראל רשאה [רשיית רשאי] לחוף אחריה אבל מעננת [מעננת מענלת מצננת?] שערה בשערה? Plin κδ 120 Farina [feni græci] porrigines capitis furfuresque cum vino et nitro celeriter tollit. — Ma'as 1_3 4_6 Mscheni $2_{2\cdot3}$. Nidd. 2_6 b 19ᵃ מימי תלתן. Fönugreesaft brauchte man nach Geop ιβ 6_2 zum Besprengen von Samen vor der Aussaat. — Ter. 10_6 Schabb. 18_4 חבילי ת' Bb 2_4 Sanh. 7_2. Eine Speise TUkz. 3. — Bk 81ᵃ jBb 15ᵃ שרה תלתן: Orlah 3_6. —

259.

ܦܠܦܠܐ פלפלא.

Piper, Pfeffer.

Skr. pippala فلفل mischn. פלפל. — ܦܠܦܠܐ Geop 52_3 πέπερι $_{5\cdot18}$. 117_{30}. — BB 760 ܦܠܦܠܐ فلفل : ܦܠܦܠܐ ܡܘܪܬܐ

[1]) נרה das Gewicht kann auch nur von diesem Samen benannt sein.

[2]) Mechilta Mischp. p 97 Weiß 89ᵇ$_{17}$ Friedm. Jalk. Mischp. 343 als Dieb bezeichnet wer mischt:

הגירה [גרה. גררה] בתלתן והחול כפול והחומץ בשמן.

Vgl. TBK 7 T BB 6. — Sifra 25ᵃ Weiß und ר"ש u. ראב"ד z St. Koh. r 170 und 187 גם זה Lpz המערב מים ביין מי בלקיא [בלבקיא .גובלקיה] בשמן מי יש רעה מאים [מי מניין, מי מעיין. אות אמת: מאום. מאוז = מעריך: مُوز s. Nr. 279] בדבש חלב חמור בקטף קומוס בבור [*חול כפול כמוס במוך?] עלי גפנים (**כפילון [פוליון] סקרא בציר כרשינים [כרשנים] בפלפלין:

*) D 80 Myrrhe wird verfälscht κόμμει βραχέντι σμύρνης ἀποβρέγματι καὶ μιγνυμένῳ. — **) Ar. פילון (φύλλον s. ob. Nr. 209) aus Sifre [l. Mech.]

فلفل ابيض ܐܝܬ ܒܡܩܪܦܘܣ ܦܠܦܠܐ ܐܘܪܝܟܬܐ [פילפלי אֲרִיכְתָא
[Pes. 42b اقول دار فلفل : 745 ܦܐܦܪܝ ܗܘ ܦܠܦܠܐ : 715 ܦܐܦܪܝ
ܥܡ ܠܘܩܘܢ ܦܠܦܠܐ فلفل : 725 ܦܝܦܪܝ ܥܡ فلفل ܐܝܬ ܢܦܫ
ܦܝܦܪܘܡܝ : 758 ܦܝܦܪܝ قال جبريل هو من [اسماً .l] الفلفل باليونانيّة :
354 ܢܘܪܬܐ فلفل ابيض 984 : ܗܘܕܪܝ ܥܡ ܦܠܦܠܐ ܕܡܝܐ : 598 :
¹) ܢܘܪܢܐ ܗܢܐ ܒܝܘܢܐܝܬ ܡܠܬ ܕܒܝܬ ܐܪܡܝܐ ܕܝܠܝܗܘܢ ܠܦܠܦܠܐ
ܚܘܪܬܐ الفلفل الابيض :

D 298 πέπερι . . δένδρον. دار فلفل Av. 159 Bt I 409. — ܗܘܕܪܝ C 956 „piper aquaticum“. Aber PSm 57 „ὑδροπέπερι“ ܦܠܦܠܐ ܕܡܝܐ. Gabriel und Honein (aus D 301) kennen das Wort nicht. — „Διὰ τριῶν πεπερέων“ PSm 881 ein Medicament: ܕܡܢ ܬܠܬܐ ܦܠܦܠܝܢ. Galen., de compos. med. κατὰ τόπους ι 4, XIII 271 K in der Erklärung des Philonischen Receptes: ἐφεξῆς δὲ ὁ Φίλων φησίν, δραχμὰς δ' ἀργεννοῖο πυρώδεος εἴκοσι βάλλε, ὡς λευκὸν πέπερι σημαίνων. S. ob. Nr. 5. Die mîmrê des Galen citirt BB PSm 822 zu ܦܠܓܐ ܩܠܘܢܝܘܣ (Var. ܩܠܘܢܝܘܣ): ܐܡܪ ܓܠܝܢܘܣ ܒܡܐܡܪܐ ܕܐܝܟܐܡܪܐ ܠܢܘܪܝܢ ܥܠ ܥܩܠܬܐ ܕܢܘܪܝܢ ܐܡܪ ܠܗ ܢܘܪܝܢ (?).

פִּלְפֵּל so [2]) Ms Maim. ar. Schabb. 6_5 Ber. 36^b Ukz 3_5 Eduj 3_{12}. Benjamin of Tudela p. צא Asher. Der Gebrauch des Pfeffers war allgemein: „Wie die Welt nicht ohne Salz und Pfeffer bestehen kann, so kann sie nicht ohne Bibel, Mischnah und Talmud bestehen“. Man wusste aber sehr gut, dass Pfeffer spät eingewandert war. Antequam piper reperiretur, Plin. ιε 35, benutzten die Alten Myrtenbeeren, auch andere Samen, wie Schwarzkümmel, Kümmel und Koriander, die vor dem Auftreten des Pfeffers eine größere Rolle

---

[1]) „nurânâ“ ist auch die syr. Nachbildung des Namens Ignatius BHebr. chron. eccl. I 41. Sergius bei PSm 27 s. v. ܐܓܢܛܝܘܣ und Ass. B. or. III, I, 16 not. 4 bei PSm 28 penult und PSm 137: نارى. — Apoc. 9_{17} = πύρινος. Ephr. III 635. BB zu Ἥφαιστος PSm 341.

[2]) בפִּלְפֵּל.

spielten. Hehn 135. „Die Alten, die keinen Pfeffer hatten" הראשונים שלא היו להם פלפלין, „benutzten an seiner Stelle Raukensamen" גרגיר Erub. 28ᵇ Nr. 66 Später wuchs er in Palästina Midr. Koh. 65ᵇ Amst. 152_{10} Lpz כנסתי. Jalk. Koh. 967 in נצחנה, (נצחייא) Neub. Géogr. 190 auch im Garten Salomo's M Koh. 151_{36} Lpz עשית׳ לי גנות (Sukkah 35ᵃ u. Par.). Auch in Italien kam der Pfeffer noch fort Plin ιβ 29 ις 136, erlangte aber nicht die nötige Schärfe und wurde daher aus Indien importirt ιδ 58. Er war mit hohem Zoll belegt Tanch. לך לך 5 p 51.

Gebrauch in oinogaron TBezah 2_{14} b 22ᵃ j 61ᵈ Οἰνόμελι Gitt. 69ᵃ Ab. z. 30 Schabb. 90ᵃ. Es ist talm. wie syr. fem. פלפלא חריפתא. Plur.

260.

פסלקאות.

פסדקאות TDemai 1_{8} neben פסליא, פסיליא das bei Kaftor waFerach fehlt.?

261.

ܦܪܕܝܣܩܐܘܣ.

BB 775 ܐܝܟ ܦܗ ܓܨܪܐ حشيشة برقياس Περδίκιον?

262.

פרח לבן.

פרחלבן, פרחלבין, od. פרחבילה TSchebiit 5_{4} j 37^{b}_{58} eine aromatische Pflanze, neben אורז das hier von zweifelhafter Bedtg. ist, da „Reis" kaum angeht.

263.

ܦܪܚܐ.

Hypericum.

D 499 ἀνδρόσαιμον Uebersetzung PSm 257 ܐܢܕܪܘܣܐܡܘܢ, richtig erkannt von PSm; aber D 498 ist ἀνδρόσαιμον Syn. von ἄσκυρον, καὶ τοῦτο εἶδός ἐστι ὑπερικοῦ, darauf bezieht sich BB's: ܗ̇ܘ ܕܡܢ ܐܣܩܘܪܐ ܗܘܦܪܝܩܐ. Zu ἄσκυρον wird PSm 318 ܐܣܩܘܪܘܢ blos gesagt, es sei eine Art ܗܘܦܪܝܩܘܢ.

ܩܪܥܐ ist verschrieben aus ܦܪܥܐ BB 787 unter f: من ܦܪܥܐ اسماء هوفاريقون. Ὑπερικόν hat D 496 zu „ὀνοβρυχίς" Uebers. PSm 71 mit dem in unserem Dtexte nicht stehenden Zusatze ܐܝܟ ܟܟܐ „wie ein Backzahn"; cod. C des D an dér Stelle: μικρόν. PSm 81 ܐܘܦܪܝܩܘܢ = D 497 Gabriel: eine Art قرع = Kürbis, geht nicht, * فرع finde ich nicht. Honein دادى رومى = Bt I 409. PSm 995 aus Galen ܗܘܦܐܪܝܩܘܢ syr. ܦܪܥܐ; BB „ein indisches Holz"?? ܦܪܥܐ ܨܒܬ ܕܦܪܥܐ C 734 ܦܪ̈ܟܐ „عرن Onobrychis Avic. 235". 671 „ܚܪܚܪܢܐ Onobrychis عرن" Woher?

Vull. I 782 هوفاريقون = دادى [Av. 158 Mow. 126 Meyer 3_{276}?] جوجادو Gezzâr هيوفاريقون [يو = υ] in Syrien عنب الحيّة = Av. 162. Mow. 268 Bait II 578. = Berggr. 855 Hypericum 843 Coris cœrulea, Maritima 829 Androsæmum, Herba Siciliana. Dies noch حشيشة القديسين, حاشا.

Hypericum olympicum nach Fraas 111 πολεμώνιον D 511 daraus ܦܘܠܡܘܢܝܘܢ ܫܡܗ̇ ܐܚܪܢܐ ܡܣܝܒܪ ܡܘ̈ܬܐ.

264.

ܦܪܦܚܝܢܐ פַּרְפַּחִינָא.

Portulaca oleracea L. *Portulak.*

arabisch فرفخ persisch پربهن.

Geop ἀνδράχνη 22_{26} 41_{21} 65_{14} 109_1 115_4. PSm 258 ܐܢܕܪܟܢܐ, ܦܪܦܚܝܢܐ, بقلة الحمقاء رجله. BB 788 ܦܪܦܚܝܢܐ ܨܒܬ بقلة الحمقاء واخرون رجلة يمانيه وهى الحمقاء. PSm 227 ܐܢܕܪܘܟܠܐ = ܦܪܦܚܝܢܐ. D Uebers. ob. S. 17 Anm. d. Aßaf 33b פרפחין = אנדרקלס 52b = פורקלא. 55b אנדרקלא = פורקאקלא. פרפחינא pl. פרפחיניא j Schebiit 38^c_{55} = b Rh 26b Meg. 18a = חלוגלוגות. Ebenso j Erub 20^d_{50} j Peah 21^a_6 .. פרפחנים Benjamin of Tudela p. קא Asher.

Arab. Elias Nisib. 50_{34} Lag. رِجْلة = بَقْلة الحَمْقاء od. بقلة الحمقاء = فرفخ JAww II^a 149. Bt I 155. II 255 بَقْلة مُبارَكة, بَقْلة لَيِّنة, فرفحين. Vull. فَرفه, ܦܪܦܚܝܢ, am häufigsten خُرفه. II 133 زَرِيرا „syr.“, بَخْلة, nach Lane auch بَقْلة allein. Vull: فرفين. Petermann Reisen II 144 Berbîn, im Libanon ferfahîn, in Beirût baqla, bei den Beduinen buœrde eine Art K l e e, aber essbar. [Portulak.] Geographische Verbreitung der Port. oleracea: Regiones temperatæ et calidæ totius orbis. Boissier Flora or. I 757.

חלונלונות. 'חלב [לגלוגות Schreibfehler] Schebiit 9_1. Nach dem talmudischen Berichte — Stellen S. 320_{28} — gehört das Wort zu den letzten Resten alten Sprachgutes, das in der familia des Patriarchenhauses noch lebte; vielleicht auch nur in dem Munde der dort erwähnten Magd, die aus einer die alte Sprache treuer bewahrenden Gegend stammen mochte. Maim. رجلة (so in Aegypten noch heute) بقلة الحمقاء.

רגילה (رجله) Schebiit 9_{15} אוכלין ברגילה עד שיכלו סנריות מבקעת בית נטופה. Man kann Portulak — im Sabbatjahre — essen, bis die סנדיות (?) im Tale Beth N^e tôfâ's ausgehen. סנדיות ist die richtige LA des j., Ms Maim. ar., der älteren Agg. u R Schimsch. zu Sifra B^e har. Aruch סנריות, daraus die Agg corrigirt. סנריות ist Druckfehler. Die Bedeutung ist unsicher; Ar. cardi domestic(h)i, Cardonen oder Artischocken, die jetzt cardo domestico heißen. רגילה TSchebiit 7_{13} אוכלין ברגילה עד שיכלו אנוטרי (?) ובני גליל העליון עד שיכלו לופסי [לפותי] בית דנן וחבירותיה וגליל התחתון עד שיכלו אזניות (?) של שמעון אנא. Ukz. 3_5 Hai G. = חלונלונות.

Erklärungen. Aßaf porcacla = Maim. Uebers. zu Ukz. und Maim. Gifte 102_{57} Bertinoro פורקקלא, Aruch zu רגילא = Raschi Rh 26^b so l. Meg. 18^a für פיקקלא: P o r c a c l a Salmas. hyl. 1^b Langk. 86 führt aus Aurelius de acutis passionibus an porcacla, das also nicht in portulaca zu ändern war. Nach Salmasius = Χοιροβότανον ngr. Portagla des Plin. Valerianus IIc. 28 bei Meyer 2_{410} ist dasselbe. Raschi Sukkah 39[b] פולפיד sonst פולפור, פולפייר, פורפייר poulpier, pourpier mlat. pullipes. Salmas. aO sagt, es müsste französisch poulpied heißen; doch ist פולפיד blos aus ר— verdorben.

Spanisch: verdolaga. Maim. Uebers. plur.: וירדולאנש, וירדולייגש. Lonsano, Maarich וירדולאנאש. Maim. Gifte aO בורטולייגש. Deutsch Schilte ha Gibborim 87[c] פורטצילקראבט Burtzelkraut, wie Portulak auch jetzt heißt. In Fesân nach Nachtigal I 128: berdiḳalis nach dem Spanischen.

ܦܪ̈ܦܚܝܢܐ ܕܕܒܪܐ nur pluralisch.

BB ܦܩܠܝܣ ܣܢܝ ܐܘܟܠܬ ܦܪ̈ܦܚܝܢܐ ܕܕܒܪܐ خمقاء برية: ܦܩܠܝܘܣ ܐܝܟ ܗܢ ܦܪ̈ܦܚܝܢܐ ܕܕܒܪܐ ܠܐܘܟܠܝܘܣ ܐܝܬܘܗ̄ ܠܒܪܐ ܕܟܠܒܐ ܢܠܒܐ ܚܘܪܐ ܘܦܐܪܗ ܘܚܡܨܡܨ ܟܕܥܒܝܪܐܗ̇. ܦܩܠܝܘܣ ܐܦ ܦܩܦܠܝܘܣ ܦܪ̈ܦܚܝܢܐ ܕܕܒܪܐ ܠܐܘܟܠܝܘܣ ܐܝܬܘܗ̄ ܒܟܢܦܐ ܕܟܠܒܐ ܐܦ ܗܘ ܢܠܒܐ ܚܘܪܐ ܕܟܢܝܢ ܠܦܪ̈ܦܚܝܗܝ ܠܦܪ̈ܦܚܝܢܐ ܕܒܝܬܐ:

D 659 πεπλίς — ἀνδράχνη ἀγρία — πέπλιον — θάμνος ἀμφιλαφὴς ὀποῦ μεστὸς λευκοῦ, φύλλα ἔχων ὅμοια τῇ κηπαίᾳ ἀνδράχνῃ . . ὁ καρπὸς . . πυρώδης τῇ γεύσει. In der D Uebersetzung öfter für ἀνδράχνη ἀγρία.

D 445 παρωνυχία BB 718 ܦܐܪܘܢܘܟܝܐ ܐܝܟ ܗܢ ܠܐܘܟܠܝܘܣ ܐܝܬܘܗ̄ ܕܡܬܩܪܐ ܢܓܐ ܠܦܪ̈ܦܚܝܢܐ ܕܕܒܪܐ ܕܟܠܐ:

D 467 κιρκαία · · τὰ μὲν φύλλα ἔχει στρύχνῳ ὅμοια κηπαίῳ, παραφυάδας δὲ πολλάς, ἄνθη μέλανα, μικρά, πολλά · · BB 855 ܩܝܪܩܐܐ [ܩܝܪܩܝܐܐ] ܐܝܟ ܗܢ ܢܚܡܬܐ ܒܕܡܘ ܕܕܡܝܐ ܠܦܪ̈ܦܚܝܗ̇ ܠܦܪ̈ܦܚܝܢܐ ܕܒܝܬܐ ܘܦܪ̈ܩܦܢܝܬܗ̇ ܣܓ̈ܝܐܢ ܘܗܒ̈ܒܘܗ̇ ܐܘ̈ܟܡܝܢ ܘܙܥܘܪ̈ܝܢ ܘܣ̈ܓܝܐܝܢ وسمّاه جبريل قيروقيا:

PSm 359 zu ܐܩܛܠ (Gal. ܐܩܛܐ ἀκτῆ *Sambucus nigra*) steht, was PSm nicht bemerkt, die Uebers. aus D 666. Zum Schlusse ܦܪ̈ܦܚܝܢܐ ܕܕܒܪܐ l. ܦܪ̈ܦܚܝܢܐ. Es ist daselbst etwas ausgefallen oder es sind zwei Glossen durcheinandergeraten.

322

265.

פרפריין.

פרפריין?? Bereschith rabba cap. 17 p28$_{35}$ ed. Lpz 39^a ed. Wilna.

266.

פשטינא od. פשישנא.

?? babyl. Schabbat 110^b gegen Gelbsucht.

267.

ܨܡܪܡܪ ܫܡܫܐ.

Heliotropium, Sonnenwende.

D 683 ἡλιοτρόπιον τὸ μέγα … σκορπίουρον PSm 1011 = ܨܡܪܡܪ ܫܡܫܐ [BA 3298 =] ܣܗܕ ܠܫܡܫܐ. 153 aus der D Uebers. ܣܗܕ ܠܫܡܫܐ = ܗܦܘܟ ܒܚܡܪܐ. BB 628 ܣܗܕ ܠܫܡܫܐ eine Pflanze die sich nach der Sonne dreht. 807:

ܨܡܪܡܪ ܫܡܫܐ ܐܝܟ ܒܥܪܒܝܐ حشيشة يسمى صَامر يَوْمًا 715:

ܦܐܠܝܪܘܢ ܕܢܝ ܗܘܬ ܗ̄ ܕܐܘܦܘܪܒܝܘܢ ܗ̄ ܨܡܪܡܪ ܫܡܫܐ 716:

ܦܐܠܝܪܘܢ ܐܝܟ ܒܥܪܒܝܐ ܐܝܬܝܗ̇ ܨܡܪܡܪ [?…] (ا)دوآء يقال له صمر يوما وهو اللاعية:

C 712 ܦܐܠܝܪܘܢ. Scheint παράλιος (τιθύμαλος) zu sein auf den ἡλιοσκόπιος folgt. Syrisch ist nach Bt II 160 f. صامر يوما = „tornasol“ I 75 zu إِكْرَار = I 214 تَنّوم II 118. Vullers falsch صامر بوما l. يوما wie nach Sonth. Verz. 180 Heliotropium noch jetzt heißt. Nach der arab. Schreibung ist gegen BB's ܨܡܪܡܪ zu punct. ܨܡܪܡܪ. √ ܨܡܪܡܪ targ. f. סחרחר : צמרמר also wohl drehen. ܨܡܪܡܪܘܬܐ der Wasserstrudel Ps. 69$_{3\cdot16}$ C Nisib. 52$_{93}$ ܥܘܡܩܐ ܨܡܪܡܪܘܬܐ „gurges“[1])

---

[1]) צמרמורות Nidd. 9$_8$ = צמרמורא j Aba zar. 40d$_{49}$ = ܨܡܪܡܪܘܪܐ = ܨܡܪܡܪܐ PSm 1310 Z 3 inf. 888 Z 8 ܟܐܒ ܨܡܪܡܪܘܬܐ = ܕܝܣܘܪܝܐ Geop 111$_2$ δυσουρία (ις 13). [BHebr. gr. I 215. — Martyr. II 359 unten ist ܨܡܪܡܪܐ = Steinkrankheit. Ebenso Joh. Eph. 160. Nöld.].

Ebed Jeschu Ktâbâ de Pardêsâ ms. Berol. fol. 72ª ܡܥܕܪܬܐ ܕܫܡܫܬܐ BHebr. ms Peterm. 4⁰ 14 Berol. p. 17ʳ ܡܢ ܟܐܪܐ ܡܢ ܢܒܠܐ ܡܕܥܪܬܐ ܡܢ ܗܠܝܢ ܢܒܠܐ übersetzt: حفرة. Daher ܡܕܥܪ ܒܝܘܡܐ „der am Tage sich dreht" „Tagwende", Sonnenwende.

تَنُّوم = ܬܘܡܟܐ PSm 776 = ܫܗܕܢܓ = Cannabis sativa: حبّ السمنة. Auch Ġavâlîḳî تَنُّوم = شاهدانج. BB: ܬܘܡܟ ܐܝܟ ܒܪܘܣܪܐ تنوم وحبّ السمنة ܘܬܘܟܠܢ ܡܠܝܚܘܢ ܬܘܡܟܐ ܩܛܢܐ ܘܐܝܟ ܒܪܘܣܪܐ ܬܘܡܟ ܬܘܡܟܐ ܡܠܚܐ ܕܐܪܢ[1] هو حبّ السمنة وهو الجنجلان. S. ob. S. 217 D 684 ἡλιοτρόπιον τὸ μικρὸν PSm 370 die zweite Art von ܐܪܕܝܘܢ اردیون (so) 153 ܦܠܝܩܘܪܕܘܢ.

268.

ܡܘܩܫ.

C 764 plantæ genus id quod Ar. مبدرانا محل??

269.

צפר.

Lepidium sativum L.?

Aßaf 42 p 73ª aram. צפר, gr. סרקיפגינא, röm. רומיקי. pers. שיטרג, arab. עוצב. 90ᵇ עוצב הוא שיטרג 170ª צפר הוא עוצב. 58ᵇ aram.(?) עוצבא = סרקופאיינון (גון — ?)

عُصَاب = شَيْطَرج = ليبذيون lepidium, nicht lapathum, wie Blan wollte, der die erstangeführte Stelle Aßaf's nach der Veröffentlichung durch Neubauer — Benfey Orient und Occident II 659 — in DMG 27 523 besprach. Am Rande der Handschrift steht zu רומיקי „Rumex" (daher hat es Neubauer) womit ich nichts anzufangen weiß. Ġezzâr im 4. Grad العصاب شيطرج هو قشر عروق, röm. ביכה (?). Siehe noch oben S. 37 f.

---

[1]) Arân s. PSm sv 393. ܩܘܠܕܐ βῶλος Geop. 3_{11} 17_{26} 18_{11} Ezech. 17_{7} Hex. Nach DMG 14, 680 Anmerk. übertr. Erdenkloß d. i. Mensch. BHebr. chron. 376_{6}. Der Ausdruck des BS erinnert an βῶλος ἀρμενιακός C 802.

270.

ܨܰܬܪܳܐ. צַתְּרָא.

Satureia (Thymbra L. grosser) Saturei[1]).

صعتر Elias Nis. 26_{74}. Das Verhältnis zu dem lat. satureia ist nicht klar; [etwa * צָעְתְרָיָא = ܨܬܪܐ?? Nöld.] C 769 ܨܪܬܐ falsch. ܨܬܪܐ mit e unter dem ܨ?

Geop 47_{25} (Pallad. ιχ 14 p 183_4 satureia) 48_{27}. 98_{20} θύμβρα = $101_{3.4}$ (ιε 4_1) 116_{20} (κ 2_1) aber 103_{21} = ܬܘܡܘܣ (ιζ 15_2 θύμος). 26_4 ܬܘܡܘܣ .. PSm 57 sv ὑδρόγκαρον Aßaf 33ᵃ איזוב שבצורים — צתר — תימון. 102ᵃ תרומבון — צתר. 105ᵇ צתר — איזוב. Für θύμβρα in der D. Uebers.: οἶνος θυμβρίτης PSm 74. — BB 827 ܘܩܣܛܪܘܢ ܐܝܟ ܕܝܢ ܟܡܘܟ ܐܝܬܘܗܝ ܘܬܪܦܘܗܝ ܕܟܡܝ ܠܦܟܠܘܬܐ ܘܩܢܗ ܙܪܥܗ ܘܩܘܪܡܗ ܟܪܘܟܐ ܘܩܢܘܗ ܐܝܬ ܫܒܠܐ ܕܨܬܪܐ: 871: ܩܣܛܪܘܢ.... وتفسيره الزرجون ويسمى باليونانيه هكذا ܦܣܘܟܪܘܛܪܘܦܘܢ وتفسيره المتأمن البرد وبالروميه ⁿ ܒܛܘܢܝܩܐ وروستارينا وهو عشب يرتفع نحو ذراع ورقه مثل ورق البلوط: D 503 κέστρον = ψυχότροφον [die Arab. ψυχρότροφον, ebenso PSm 74 Z 7 ff. DCge gloss. gr. sv.] röm. ⁿ βετονίκη [= Galen XII 23]. Aßaf 59 p 74 ביטונקי alle Sprachen. S noch PSm ܐܣܡܘܣܛܪܘܢ, ܐܒܛܘܢܝܩܐ, ܐܩܣܛܪܘܢ Galen.

Für ܬܘܡܒܪܘܢ BS BB 981 ܨܬܪܐ. — 813 ܨܬܪܐ ܨܬܪ صعتر (?) ܨܬܪܐ ܗܘܝܐ ܒܟܠܗ ܠܗ ܩܘܢܝܠܘܣ. Honein wie überall in

---

[1]) Man wird bei Saturcia keine genaue Bestimmung erwarten und das Schwanken des Sprachgebrauchs bei den nahestehenden Gattungen Origanum u. Thymus nicht auffallend finden, wenn man weiß, was Günther Ziergewächse 27 sagt: Zu den Majoranarten gehört auch der Saturei, der im Altertum mit vielen verwandten Pflanzen, namentlich mit der cunila und thymbra verwechselt wurde. Nach Plinius ιϑ 50 soll die thymbra mit satureia geradezu einerlei sein .. . .. Einer ähnlichen, vielfachen Verwechslung waren die ... Thymianarten unterworfen ..

seiner Uebersetzung: θύμβρα BB 981 ܐܝܟ ܐܘܪܝܓܢܘܢ ܘܐܘܪܝܓܢܘܢ ܨܥܬܪܐ ܡܪܝܐ ܩܘܡ. — Jes. 55_{13} ܨܥܬܪܐ ܡܪܝܐ סרפד (κόνυζα). الصعتر

صعتر *Thymus Serpyllum* oder verwandte Art Forsk. CXIV. Robinson Pal. I 180. 353: زعتر [صعتر هندى heißen mehrere wohlriechende Labiaten, z. B. nach Ascherson auch Ocimum Basilicum vgl. ob. S. 152_{16}.] Talm. zu פיאה. Dieses Ma'as. 3_9 TKil. 3_{12} Ukz. 2_2 Tos. bei ר״ש z St. TSchabb. 15_{12} b 128ª TSchebiit 5_{10} j $37^b{}_{69}$ = צתרי, צתרה. — Maim. فودنج פודנג crrpt. צירדג פירדג.

271.

ܩܘܡܒܠܐ.

Matricaria Chamomilla L *Chamille* und *Matricaria Parthenium* L (*Pyrethrum Parthenium* Willd.) *Mutterkraut*

pers. كوبل Kazwini I 272 zu اُقْحُوان. BB 829:

ܩܘܡܒܠܐ[a] بابونج [BB M 647 ܐܢܬܡܝܣܘܢ[b] ܗܘ ܩܘܡܒܠܐ ܡܢ ܩܘܡܒܠܐ ܩܘܡܒܠܐ ܚܘܪܐ ܩܘܡܒܠܐ[c] [جبرايل صحه بابونج ܩܘܡܒܠܐ ܩܘܡܒܠܐ: اقحوان ابيض ܐܢܬܡܝܣܘܢ[d] : ܐܢܬܡܝܣܘܢ[e] : ܐܢܬܡܝܣܘܢ[f] : احمر اقحوان ܩܘܡܒܠܐ[g] : الاقحوان والبابونج ܐܢܬܡܘܢ ܗܝ ܕܡܬܩܪܝܐ ܩܘܡܒܠܐ ܕܡܢܩܝܐ ܩܘܡܒܠܐ[h] :lacuna ܕܡܢܩܝܐ :lacuna ܩܘܡܒܠܐ[i] ܕܚܘܪܬܐ ܩܘܡܒܠܐ ܐܝܟ ܐܢܬܡܝܣܘܢ ܐܢܬܡܝܣܘܢ ܐܢܬܡܝܣܘܢ[j] 718 : الاقحوان وبابونج ذهبى ܐܝܟ ܐܢܬܡܝܣܘܢ ܐܢܬܡܝܣܘܢ ܕܡܬܩܪܝܐ ܗܕܐ ܒܗ ܐܝܟ ܥܡ ܡܫܚܐ ܕܩܘܡܒܠܐ. 720 الاقحوان. ܐܢܬܡܝܣܘܢ[l] ܕܥܠܝܗ ܗܝ ܗܘ ܕܢܬܩܪܐ[k] ܠܗ ܡܫܚܐ ܕܢܫܝܐ ܐܢܬܡܝܣܘܢ ܐܢܬܡܝܣܘܢ ܘܐܡܪ ܕܡܠܐ ܕܦܘܬܝܢܘܣ ܕܕܡܝܐ ܠܐܢܬܡܘܢ ܗܘ ܡܢ ܕܗܒܐ ܐܢܬܡܝܣܘܢ. 869 ܡܠܟܐ[m] ܡܠܟܐ اقحوان ܐܢܬܡܝܣܘܢ 479 [Flor ܐܢܬܡܝܣܘܢ] حكى جبريل انه البابونج الابيض والاقحوان :

[a] بَابُونَه pers. im arab. D بَابُونَج = ἄνθεμις Matr. Chamom. [so Berggr. 840 und Lane sv — (Delile: بعبونى Santolina

fragrantissima Forsk. Boiss. III 273) Sonth Verz. 271 Anthemis nobilis, Chamomilla] أقحوان für παρθένιον Pyrethrum Parthenium. Doch werden beide, wie in den syr. Glossen, auch gleichgesetzt. Man wird mehrere Compositen darunter verstanden haben. (Nr. 332) C 774: „germen, flos".[1]) Sap. Sal. 2_8 ܦܘܩܠܐ ܕܘܪܕܐ Hex. Pesch. ܩܘ̈ܠܦܐ = ῥόδων κάλυξι (PSm 1068 citirt aus Severi Rhet. ܕܘܪܕܐ ܦܘܩܠܐ ܕܒܠܐ ܐܦܘܬܐ) D 484 [j] παρθένιον [cf] ἀμάρακον PSm [m] ܐܡܒܪܘܣܝܘܣ = ܦܘܩܠܐ, ܐܡܒܪܘܣܝ (Elias Nis. 24_{36}) corrpt. PSm 247 ܐܡܒܪܘ so wohl irrig fem. ܦܘܩܠܐ ܣܘܪܝܬܐ = ܦܘܩܠܐ ܣܘܪܝܐ ἀνθεμίς PSm 287 ܐܢܬܡܝܣ Galen, BB ,ܐܦܪܘ̈ܐ ܚܡܡܐ ܡܐܠܘܢ ܡܐܠܘܢ ܐܡܒܪܘܣܝ, Verwechslung von chamæmelum u. chamelæa — ܦܘܩܠܐ ܕܡܣܡܩܐ Psm 247 zu ἀμάραντον [b] χαμαίμηλον. . μελαγχολικοῖς [g] ܡܫܚܐ ܕܦܘܩܠܐ دهن البابونج Elia Nisib. 35_3 Lag. Camomillae oleum. Nov. 195. [k] ἑλξίνη = παρθένιον — [l] περδίκιον So Nr. 100[h] f. — أرْيَان Bt 130 nach Vull sv syr. = بابونه كَل Berggr. 841 Chrysanthemum بهار , اريان. ܐܪܝܢܐ Nr. 30 ist es nicht.

272.

ܦܩܬܐ.

Geop 112_7 ܦܩܬܐ ܕܐܝܬܝܗ̇ ܦܠܘܪܝܣܘܢ (cf. 3_5). ?

273.

ܦܩܐ.

ܦܩܦܩܠܘܢ نوع من الفودنج يفرك ويوكل مع الملح ويسمى بالموصل ܦܩܐ:

C 783 ܦܩܐ linguâ Assyriacâ symphytum confricatum et cum sale commistum? Σύμφυτον, Beinwell ist nicht übersetzt BB

---

[1]) PSm 540_{19} citirt: ܦܘܩܠܐ ܕܒܠܘܛܐ ܕܘܪܕܐ ܘܫܒ ܦܘܩܠܐ B. H. Nom. 94 v.

ܣܘܡܦܘܛܘܢ ܥܩܪܐ ܕܒܪ ܠܗ ܒܪܘܛܪܘܦܝܘܢ ܣܡܡܢܬܒܠܝܬܐ ܟܕܪ̈ܝܦܐ: D Uebersetzung: Galen XII 134 Σύμφυτον τὸ μέγα D 512. . . . . καυλὸν ἀνίησι . . . κοῦφον [neugr. = κοιλόν] παχὺν . . κενὸν . . φύλλα . . ὑπομήκη, πρὸς τὰ τοῦ βουγλώσσου. . . . . . κνησμὸν ἐμποιοῦντα. BB ܣܘܡܦܘܛܘܢ ܐܝܟ ܪܒܐ ܟܢܝܫܐ ܐܬܐܡܪܩܘܣ ܐܝܬܝܗ̄ ܕܡܠܠܐ ܘܣܘܗ ܘܣܦܝܩ ܘܦܪ̈ܦܘܬܗ ܐܝ̈ܪܘܩܝܢ ܐܝܟ ܕܠܥܠ ܘܬܘܪܐ ܘܕܒܒܐ ܢܟܒܐ:

D 512: Σύμφυτον πετραῖον . . κλωνία δὲ ἔχει ὅμοια ὀριγάνῳ, λεπτὰ φύλλα, κεφάλια ὡς θύμου. τὸ δὲ ὅλον ἐστὶ ξυλῶδες[1]) καὶ εὐῶδες, γλυκύ τε πρὸς τῇ γεύσει. . ܣܘܡܦܘܛܘܢ ܕܟܐܦܪ̈ܝܢ ܐܝܟ ܪܒܐ ܐܘ ܣܘܡܦܘܛܘܢ ܥܩܪ̈ܐ ܢܨܒܬܐ ܟܕܡ ܩܝܣܢܝܬܐ[1]) ܕܕܡܝܢ ܣܘ̈ܟܐ ܠܐܘܪܝܓܢܘܢ ܬܐ ܕܦܬܝܐ ܘܚܕܘܬܝܢ ܘܦܬܝܦܘܬܗ ܘܫܒܝܢ ܢܫܝܡܗ [ܢܫܝܡܗ] ܘܚܠܝܐ ܠܛܥܡܬܗ سومفوطون الصخرى. Aßaf 98 p. 82ᵃ Wurzel von סינפיטון. — Araber سومفوطون Bt. II 49. Berggr. 877.

274.

ܩܢܐܘܪܘܢ.

Geop. 101_{15} corrumpirt aus κνέωρον (ιε 2_{37}).

275.

קונייתה.

Plural, jerusch. Ma'aseroth cap. V fol. 52^{a}_{41} ?

276.

ܣܘܩܝܘܢ (so)

BB 838 ܡܒܪܪ ܠܗ ܢܦܫ ܒܗܘܬ ܒܣܡ̈ܬܘܪܐ ܘܐܡܪ ܒܡܕܝ (so) ܣܘܩܝܘܢܝܢ ܟܝܢܐ. D 46 σικυώνιον?

---

[1]) ܩܝܣܢܝܐ ξυλωδής Galen Sachau Ined. 95_2.

277.

ܩܘܪܢܝܬܐ קוּרְנִיתָא.

BHebr. gr. I 24_5 قرنيث kennt Tanchum Jerusch. bei Gesen. Thes. I 57ᵇ neben anderen Namen von O r i g a n u m. Geop. 43_{27} ὀρίγανον ܐܘܪܝܓܢܘܢ, dieselbe Stelle Land Anecd. IV 102_2 ܐܘܪܝܓܢܘܢ ܐܘܟܝܬ ܩܘܪܢܝܬܐ Physiol. Land ibd 39_2 ܩܘܪܢܝܬܐ = Basilius ὀρίγανον· Geop 119_0 ὀριγ· Ἡρακλεωτικόν (ιε 8). PSm 95 „ὀρίγανον" ܩܘܪܢܝܬܐ, فودنج [Elia 26_{83} فوتنج] Paulus صعتربرى, ندع wie Bt. I 552 das ms ebenfalls hat für Sonth's نرع — Für ὀρίγανον hat Geop 51_7 ܐܘܪܝܓܢܘܢ, 99_{12} ܐܘܪܝܓܢܘܢ, 109_4 ܐܘܪܝܓܢܘܢ, 116_{20} ܐܘܪܝܓܢܘܢ. — PSm 379: ܩܘܪܢܝܬܐ ܕܛܘܪܐ ܐܘܪܝܓܢܘܢ, فلفلج, الجبلى الفودنج. BB 760: ܦܠܦܠܓ ܣܬܪ ܩܘܪܢܝܬܐ ܕܛܘܪܐ فودنج جبلى. D Uebers hat ܩܘܪܢܝܬܐ ܕܛܘܪܐ für ὀρίγανον Nr. 273 S. 328.

BB. 844 ܩܘܪܢܝܬܐ ܐܝܟ ܕܟܬܒܠܠܐ ܕܐܘܪܘܣ السانى[1]) ܘܣܬܪ ܩܘܪܢܝܬܐ ܕܛܘܪܐ : فودنج فودنج جبلى ويقال له[2]) شعير العدس وقال مسيح قرنة الجبلى. Geop. 111_{27} ܩܘܪܢܝܬܐ ܕܛܘܪܐ — καλαμίνθη oder γλήχων (ιη 2_3). Für γλήχων ܩܘܪܢܝܬܐ D Uebers. PSm 891 sv dictamnus. Aßaf 82p 78 קורניתא — קלמינתא gr. 49ᵇ קורניתא — אוריגנון. 36ᵇ קורנית — קלמינתום 98ᵃ ניפיטא — קורנית [nepeta — γλήχων — καλάμινθη D 383] 87ᵇ פוליא — קורנית. 84 p 79ᵃ קורנית פלותא ar. בליסקונין gr. פוליי. röm. pulegio. — Steinschn Donn. 137_{31}.

ܩܘܪܢܝܬܐ ܕܢܗܪܐ Geop. 51_7 (ς 14_1 καλαμίνθη — γλήχων). D Uebers. für καλαμίνθη PSm 74 Z 2. D 729 = فودنج نهرى und BB 818 ܘܐܠܟܣܢܕܪܝܢܘܣ ܣܬܪ ܩܘܪܢܝܬܐ ܕܢܗܪܐ فودنج نهرى ܘܦܘܠܘܣ 861. ܐܡܪ ܘܐܦܘܠܘܣ ܘܐܠܟܣܢܕܪܝܢܝ ܘܐܠܟܣܢܕܪܝܢܘܣ فوتنج نهرى ܘܠܟܣܢܕܪܝܢ ܗܘ ܩܘܪܢܝܬܐ ܕܢܗܪܐ فودنج جبلى او نهرى ܘܦܠܣܛܝܢܘܣ ܢܣܒ ܗܘ ܫܢ ܗܘ.

---

[1]) Etwa an ḳôr der Palme erinnernd? Oben S. 116.

[2]) Gabriel PSm. 95 origanum montanum ܫܥܪܬ ܕܥܕܫܐ شعر العدس ? —

D 383 καλαμίνθη ὀρεινοτέρα = ὀριγάνη γλήχων — ähnlich, ἀγρία γλήχων, daher PSm 722 BB ܩܘܪܢܝܬܐ ܕܢܗܪܐ ܠܓܠܐܟܘܢ — Vgl noch Nr. 68.

Mischn. קורנית Ma'as. 3_9 Ukz. 2_2 Ms Maim. u. A. s. Rabbinow.: קֳרָנִית kornîth. j Schebiit 37^b_{63} = קורניתא = b Schabb. 128^a קורניתא = חשאי Nr. 137 = Thymus? Danach scheint קורניתא in Babylon anderes zu bedeuten, als in Palæstina. — Es ist nicht „Coronis".

ܩܘܪܢܝܬܐ קורניתא nach γλήχων *Mentha Pulegium* L, stinkender Polei; nach καλαμίνθη *Calamintha officinalis* Mnch. hoher Thymian. In Palästina wächst: *C. incana* Boiss. IV 578 bei welcher man für die Uebersetzung bleiben mag.

C 832 ܩܘܪܢܝܬܐ [Ferr.]. Falsch: ܩܘܪܢܝܬܐ, davon getrennt. — S. noch ob. S. 16 Anm. c.

278.

ܩܛܘܬܐ.

Cucumis Chate L und *Cucumis sativus* L *Gurke*.

Der arabische und hebræische Name bezeichnet zunächst *Cucumis Chate* L, die arabische Gurke. Nach der Verwendung in Zusammensetzung sind aber قثّا, und ܩܛܘܬܐ, wohl auch קשות die allgemeine Bezeichnung für Cucumis, Gurke. Vgl. Journ. As. 1870 XV 92 ff. Syr. und mischn. ist im Singular nur ܩܛܘܬܐ קִשׁוּת vorhanden zu dem Ms. Plural ܩܛܘܐ — allerdings syr. auch ܩܛܘܬܐ — קישאים; danach ist für targ. קַטָּיָא sg. *קַטּוּתָא anzusetzen und auch biblisch nicht קִשָּׁא [1]) sondern *קִשּׁוּאָה oder nach der mischnischen, wohl aramaisirten Form קִשּׁוּת.

---

[1]) Pun. Verz. 56. Allgemein vgl. DMG 11, 522 u. Magnus, Ztschr. f. Ethnol. 1877 S. 303 f.

BB 847 ܩܛܘܬܐ ܚܢܝ قُثّاء: ܩܛܘܬܐ ܕܩܛܝ̈ܢܐ ܗܘ ܒܗ ܗܘ
(¹ܩܛܘܬܐ ܚܝ ܒܘܨܝܢܐ: (²ܩܛܝܢܐ ܡܒܫܠܬܐ بطيخ مستوى: ܩܛܝܢܐ خيار
بطيخ ܗܐܟܢ ܒܘܨܝܢ̈ܐ ܦܛܝܢܐ ܕܠܐ ܡܒܫܠ القثى واقول الفقوس اصوب
ܗܡܒܨܠ ܕܒܙ̈ܪܐ ܒܘܨܝܢܐ: 653 ܩܘܩܘܡܣ ܚܢܝ ܩܛܘܬܐ ܚܠܘܦܢܝܐ بطيخ
خراسانى ܗܐܟܢ ... ܩܛܘܬܐ القثى وقال جبريل القثآ الاهلى الذى يوكل.
ܩܘܩܘܡܣ ܐܓܪܘܣܛܝܣ ܐܟܢ ܕܐܡܪ ܩܛܝܢܐ ܕܒܪܝܐ القثا البستانى

Zu ܒܘܨܝܢܐ talm. בוצינא s. Nr. 41 S. 66. Zu bemerken ist noch, dass Vull. app. zend. das Wort ebenfalls hat als خربزه = اربوجينا Melone, Justi Bundehesch 123 sv خربوجينا richtig: بوجينا = خيار بوجيا (بيربوشا) و بادرنك. Vullers hat es nicht erkannt. Dieselbe Erklärung hat er I 525 zu syr. جلبانا (?) und BB 896 zu ܒܘܨܝܢܐ. Er sagt: ܡܙܪܕܡܐ ܒܘܨܝܢܐ ܡܙܪܕܡܢܝܬܐ ܗܝ القثاء. C 831 hat als Schlagwort „ܡܙܪܕܡܐ". Schwerlich خربزه, خربز. Vull. hat „syr." noch مقلونيا = خيار دراز cucumis longa.

D 278 Σίκυς ἥμερος Gurko — „Melone" bei Sprengel ist falsch. — Geop. σίκυς ܩܛܝܢܐ 35_{23} 95_{9} 98_{6} 110_{2}.

خِيَار pers. *C. sativus* L Cl. Mullet Journ. as. aO 95 „cornichon" القثّاء الشامى aus J Aww. فقوص فقوس das. 92. 96 eine Art Gurke.

BB: ܩܛܘܬ ܚܘܝܐ الحَنْظَل واخرون شحم الحنظل ܗܐܚܪ̈ܢܐ ܩܛܘܬ
ܚܙܝܪܐ ܗܩܛܝܢ̈ ܚܡܪ̈ܐ قثاء الحمار 564: ܡܙܪܪܬܐ ܕܚܙܝܪܐ ܐܟܢ ܒܘܨܝܢ̈ܐ
ܩܛܘ ܚܘܝܐ: 835 ܩܘܠܘܩܘܢܛܝܕܐ ܐܟܢ ܒܘܨܝܢ̈ܐ ܗܦܩ ܩܛܝ̈ ܚܘܝܐ:
ܚܠܩܘܠܘܣ الحنظل ܡܙܪܪܬܐ ܕܚܙܝܪܐ ܗܟܢܐ ܒܘܨܝܢ̈ܐ: ܩܘܠܘܩܘܢܛܝܬܐ
ܐܓܪܝܐ ܩܛܘܬܐ ܕܚܡ̈ܪܐ ܕܗܝ ܩܛܘܬ ܚܘܝܐ الحنظل 732:
ܩܘܠܘܩܘܢܛܝܣ زعم جبريل انه اسم من اسمآء الحنظل باليونانية. 653:
ܩܘܩܘܡܣ ܐܓܪܝܘܣ ܚܢܝ قثاء الحمار وقال جبريل والقثاء البرى ܩܘܩܘܡܣ

---

¹) Singularisch zu lesen.

²) (μηλο) πέπων.

ܐܓܪܘܣܛܘܣ وهو البطيخ : ܣܝܩܘܣ ܐܓܪܘܣܛܘܣ ܬܘܒ ܐܝܟ ܐܢܫ ܕܐܡܪ ܩܛܐ̈
ܚܡܪ̈ܐ ܗܘ ܦܩܘܥܬܐ ܕܚܡܪ̈ܐ ܐܘ ܕܝܢ ܚܡܪ̈ܐ ܗܠܝܢ ܕܒܬܒܬܘܢ
ܗܠܐܛܪܝܘܢ : ܣܝܩܘܣ ܐܓܪܘܣܛܘܣ ܒܫ̈ܐ ܗܢܘ ܕܗܢܘܢ ܦܩܘܥܬܐ ܕܚܡܪܐ
قثى الحمار. 771 ܦܩܘܥܬܐ ܗܢܘ ܕܐܢܫ حنظل ܒܟܘܪ̈ܣܢܐ ܦܩܘܥܬܐ ܕܒܪ̈ܝܬܐ
الحنظل ܕܝܢ ܗܘ ܩܛܐ ܚܡܪܐ ܫܥܐ ܒܟܠܗ ܕܒܪ̈ܐ: 449 ܕܒܪ̈ܝܬܐ[1]) ܦܩܘܥܬܐ ܘܬܗܘܐ يقال
الحنظل ولا اعرف صحته.

D 634 σίκυς ἄγριος („Cucumis agrestis" Marcellus Empir. Langk. 25) 636 ἐλατήριον. *Ecbalium Elaterium* Rich (*Momordica Elaterium* L) Springgurke, Spritzgurke, Eselsgurke. Geop. σίκυς ἄγριος ܩܛܐ̈ ܚܡܪ̈ܐ 4_{20} (β 18_{10}) 10_{17} und ܩܛܐ ܚܡܪܐ 44_{30} 45_{8} $91_{10\cdot23}$ ܩܛܝܐ ܕܒܪܐ 43_{17} $44_{17\cdot30}$ sg ܩܛܝܬܐ ܕܒܪܐ 43_{2} 97_{29} 99_{21}. Von diesen Namen kommt nur ܩܛܐ̈ ܚܡܪ̈ܐ nicht auch für Coloquinte vor.

D 669 κολοκυνθίς οἱ δὲ σικύαν πικρὰν . . meint Gabriel, dh. *Citrullus Colocynthis* Schrad. Coloquinte: حَنْظَل. Mit شحم الحنظل Langk 25 σαμχαντὰλ erklæren die Lexicogrr. PSm 755 ܫܚܡܚܢܛܠ 709 ܫܚܡܚܢܛܠ BB κολοκυνθίδες ܦܩܘܥ̈ܐ ܕܒܪ̈ܝܬܐ[2]) oder ܕܒܪ̈ܝܬܐ auch PSm. 591. . Für Coloquinte haben wir also: ܦܩܘܥ, ܦܩܘܥܬܐ[2]), ܩܛܝܬܐ ܕܒܪܐ (ܩܛܝܬܐ ܕܒܪ̈ܝܬܐ) (od. ܕܒܪ̈ܝܬܐ) ܕܒܪܐ ܩܛܐ̈ ܕܒܪ̈ܝܬܐ, ܕܒܪ̈ܝܬܐ. PSm 780 ܐܓܪܝܘܣ=ܩܛܐ̈ ܚܡܪ̈ܐ, ܩܛܝܬܐ ܕܒܪܐ قثا الحمام [l. قثا الحمار] meint wahrscheinlich [σίκυς] ἄγριος. ܦܩܘܥܬܐ = פַּקֻּעָה = targ. פיקעין pl. = 2 Kön 4_{39}. Syr. noch Jes 34_{4} נֹבֶלֶת (Ephr. III 634) HL 2_{13} פַּגָּה. Die jüd. Tradition hält es für حنظل Maim. Schabb. 2_{2}, auch علقم[3]) [= Bt II 210]. Für die Erklærung Springgurke[4]) wird ܦܩܥ פקע aufspringen, platzen angeführt, aber auf die richtige Etymologie

---

[1]) 'Οφιοστάφυλον? Syn. von ἄμπελος λευκή. Ob. S. 90_{16}.

[2]) S. DMG 3,414 Bernstein macht daraus „Eier". — Ob. S. 200_{16}.

[3]) C 616 zu ܦܩܘܥܬܐ = σίκυς aus BB.

[4]) Ephr. I 530. D ܩܛܐ̈ ܚܡܪ̈ܐ Elias 26_{95} قثاء الحمار.

führt 1 Kön. 6_{18} 7_{24} ܦܩܥܐ, knauf- oder knäuelförmige Verzierung, פקעת Knäuel mischn. Kelim 10_4 neben פקעת של גמי׳ : כדור. 17_2 פקעיות של שתי = Tos. bei RSchimsch. das. [Chag. 12 Chul. 138[b] s. Ar. Sch ha Schir. r. 2[d] Wilna 3_3 Lpz. Koh. r. cap 1_{11} p 8[a] Wilna 152_{40} Lpz] Neg. $11_{8,9}$ Knäuel aus dem Aufzugfaden, talm. dafür קיבורא Ab. zara 17[b] Hai G. z. d. Stellen und bei Ar. a r a m. ק(י)בורתא ܩܒܘܪܐ s. ob. Nr. 78 S. 119. Für dasselbe ist mit Hai zu halten פיקה Kelim 11_6 17_{12} Tos. Kel. Bm 8. Kel. 21_1 Kugelförmig nach Ohol. 4_4 Tos. 13 s Bechor. 22[a]. Nega. 10_4 Para 12_8 TUkz. 2 bei ר״ש zu 2_5. Danach bezeichnet פקועה die kugelrunde Frucht der Coloquinte oder der ihr ähnlichen *Cucumis prophetarum* L.

Mischn. פַּקּוּעוֹת liefern brennbares Oel Schabb. 2_2, werden durch Einlegen genießbar Ukz. 3_4 und haben breite Blätter TOhol. 13 bei RSchimsch 8_1.

מתוק Schebiit 3_1 9_6 Maim. حنظل. j hat: פקעא דבקעתא „die Risse der Felder, die im Tale liegen" Ar. פקע von RSchimsch. z. St übersehen. Das Springen der Erdkruste geschieht in wärmeren Ländern in höherem Maße als bei uns; der Erdboden klafft in Folge der Hitze oft weit auf. [s. DMG 4 329]. j meint nicht Coloquinten. משייבש המתוק könnte bedeuten: „bis das Eingesogene — die in die Erde eingezogene Feuchtigkeit — trocknet". ܡܬܩ [danach ist das hebr. מתק bestimmt worden] einsaugen Wright, Catal. 450 DMG 27 621 Psalm 18_{17} Sym. Rhodo p 52 u not. 50 ed. Lag. 117_{16}. [Geop 60_{21} 32_{23} Mart. II 330 Assem. I 221. Nöld.]

Ohol. 8_1 יְרוּקַת חמור (Var. ירקות) Hai G. = קישואי חמורים قثاء الحمار Maim: אלתקם l. علقم. Vielleicht blos aus dem „Esel" geraten.

„Eselsgurken" Donnolo 151_{109} nach Steinschneider der einzige Name bei Donnolo, der auf arabische Terminologie weist, wenn nicht syrische aus einer Quelle wie Aßaf darin sich zeigt. Aßaf 47[a] קישואי׳ חמורים. 112[a] 114[b] הקישואים של חמור הם גפן שדה [d. h.

פקועות — Aruch ירוקת חמור]. Vor den Arabern kommt cucumeris asinini fructus, ein in den älteren Officinen viel gebrauchtes Purgativum, nicht vor. קשואי חמורים kehren überall wieder. ZB. in der Phisica des cod Hmbg. (Steinschn. Cat 309) fol 35^b קישואי חמור, in des Menachem ben Techelet Uebersetzung des Cure von Petrocello cod Fischl jetzt Steinschn. fol. 186^c, und sonst sehr oft.

קשות (bibl. nur Plur.) mischn. Kil. 1_2 — nächstverwandt mit מלופפון, also *Cucumis Chate* L. Maim. خيار מלופפון قثاء קשות — 2_{11} 3_5 Ter. 2_6. 3_1 Bm 7_6 Ukz 2_9 us. Ab. zara 11^a: befördern die Verdauung, 29^a Etym. Spiel: קשין לגופו של אדם כחרבות, Mechilta 47^a Friedm. קשים למעיהם. — [Arabische] Gurken, קישואים, Kürbisse דילועים, Wassermelonen, אבטיחים und Melonen מלופפנות werden TKil 3_{12} und sonst in éiner Reihe genannt. — אפרים מקישאה s. Seder hadoroth sv.

טרוזא (טריזא) Schabb. 109^a eine Gurkenart (קשות). Ob خيار دراز lange Gurke?

279.

ܩܛܠ ܐܒܘܗ.[1])

Arbutus Unedo L *Erdbeerbaum.*

BA Nr. 2958 ܓܙܪܢܝܘܬܐ = ܩܛܠ ܐܒܘܗ Früchte wie ܚܙܪܘܪܐ PSm: ܚܙܪܘܪܬܐ, ar. قطلب das, wie ط (nicht ت) zeigt arabisirtes ܩܛܠ ܐܒܘܗ ist = قاتل ابوه. BB 847: ܩܛܠ ܐܒܘܗ وقال حنين انها

---

[1]) Falsch C 791 „rubus." PSm 210 zu ܐܠܠܘܪܘܣ? — قطلب ist nach Bṭ II 305 in Syrien = قاتل ابيه. — Seetzen Reisen IV 13 Z 16 „قيقب arbutus" Fleischer nach Rosen. — ܩܛܠܒ DMG 24, 271_{15} ܐܬܩܛܠܒ Ephr. 325 F Wright Catal. 618 b und ܩܘܛܠܒܐ BA 2036. 6366. C 791 sollicitudo in negotiis sind Abkömmlinge von καταλαμβάνειν (καταλαβεῖν). [Kutlâbâjâ BH carm. 42. Nöld.]

شجرة يقال لها قاتل ابيه ولها ثمرة توكل ܘܐܝܟ ܒܪܘܡܢܐ المَوز: 835:
ܘܡܒܐܪܘܗܝ ܐܝܟ ܙܢ ܡܛܠ ܐܒܘܗ ܕܩܛܠ ܩܪܐ ܠܗ ܓܪܓܢܣܐ
ܗܟܢܐ ܕܝܢ ܚܘܢ ܒܚܡܬ ܢܣܪܒ ܒܥܒܐ ܕܓܪܓܢܣܐ ܐܢܒܠܝܐ
ܐܣܪܝܐ ܕܐܡܪܬ ܠܗ ܦܐܪܐ ܕܕܡܝܢ ܠܨܢܪܐ [l. ܠܨܢܪܐ] ܘܐܡܪܬ ܠܗܘܢ
ܓܪܓܢܣܐ ܐܝܟ ܢܗ (?) ܒܦܐܪܐ ܕܡܛܠ ܐܒܗ ܐܝܟ ܕܐܦ ܕܣܩܘܪܝܕܝܣ
ܐܡܪ ܒܠܒܘܢ ܒܗ ܩܪܐ ܠܗܘܢ ᵇ ܡܡܝܡܩܘܠܐ ܕܠܐ ܦܐܪܐ
ܐܢܬܘܢ ܒܬܘܡܝܪܐ ܕܝܢ ܡܛܠ ܐܒܗ ܐܪܐܒܐܝܬ قَطْلَب : ܘܡܒܐܪܘܢ
شجرة شبيهة بالسفرجلة دقيقة الورق ولها اثمار كبار كالاجاص وليس فيها نوى
ويسمّى ᵇ مقيقولا (so):

D 154 κόμαρος δένδρον ἐστὶ παρόμοιον κυδωνίᾳ, λεπτόφυλλον, καρπὸν ἔχον ὡς κοκκυμήλου μέγεθος, ἀπύρηνον, ᵇ μιμαίκυλα καλούμενον.

Arbutus Unedo L. BS erklärt ܓܪܓܢܣܐ (so) auch PSm 775 موز BB aber: قاتل ابيه قَطْلَب ܘܡܒܐܪܘܢ ܓܪܓܢܣܐ. 776 ܓܪܓܢܣܐ BA wie oben und ferner: ein Baum mit runden, süßen Früchten, جرجنس d. h. derselbe, von welchem BB sagt: Sergius nenne zwar den Erdbeerbaum gargnâsâ, jetzt aber nennt man in Mesopotamien einen Baum, der Früchte wie der Christdorn hat so, während die Früchte des Erdbeerbaumes, wie auch Dioscorides, der sie μιμαίκυλα nennt, von ihnen sagt, kernlos [ܕܠܐ ܓܪܥܡܐ lies für ܕܠܐ ܦܐܪܐ ἀπύρηνα] sind". Honein, dem diese Stelle sicher entnommen ist, meint vielleicht *Arbutus Andrachne* L eine nah verwandte Art = Berggren 830 مشمش برّى, قُطْلَب, خطّ الاديب. Sowohl Arbutus Unedo als auch Arb. Andr. wächst, wie es scheint, in Palästina; letzterer wird auch aus Syrien angegeben Boissier Flora or. III 966.

ܓܪܓܢܣܐ ist nach BB PSm aO wirksam gegen Neid und bösen Blick. ܒܪܘܡܢܐ BB's hat C 905 aus unserer Stelle = „sycomorus", wie er auch ܓܪܓܢܣܐ irrig übersetzt. BB 936: (?) ܒܪܘܡܢܐ ܕܓܪܓܢܣܐ ܗܘ قاتل ابيه قطلب.

Span. Bt aO matronia. Steinschn. Maim. Gifte 98 הורג אָבִיו . מטרונה مُوز C 487 ܡܘܙܐ [aus Ferr.] *Musa paradisiaca* Pisang S. Pott ZfK V 81 skr. môtshâ. Vull sv der auf Lassen Ind. Alterth. I 261 verweist. Talmudisch ist er noch nicht erwähnt; Lonsano hat ihn, Ma'arich sv, wohl mit Unrecht in מאוז, מאום s. Nr. 258, gesucht. In den Halachot gedolot kommt die Frucht מוזי schon vor; auch die Gutachten der Geonim ed Lyck 45 p 18 erwähnen מאוזי l. מוזי s. Buber z St. Kaleb Afendopulo erwähnt sie und berichtet, sie sei ein Bastard aus Dattelkern und Colocasia oder Palme und Zuckerrohr. Ersteres berichten mit geringer Abweichung auch die Araber. JAwwâm I 368, 370, 403. S. Cl. — Mullet z. d. St. C 487 ܡܙܘܠܐ Ferr. musa arbor. PSm ܐܡܘܣܝܘܣ 256 BB موز. K ܡܙܘܠܐ, ܡܘܙܐ.

280.

ܩܛܠ ܟܠܒܐ.

D 578: 'Απόκυνον Cynanchum. Uebersetzung PSm sv ܐܦܘܩܘܢܘܢ BB 797 قاتل الكلب ܐܦܘܩܘܢ ܐܝܟ ܕܡܬܩܪܝܐ ܗܢܘ ܡܚܒܠ ܟܠܒܐ C 765 ܐܦܘܩܘܢ.? S. S. 175_3.

281.

קוטנים pl.

Ma'as. 5_8 eine Hülsenfrucht. Bt kennt اقطن = Phaseolus Mungo s. Nr. 183.

Es ist dasselbe Wort, das die Benennung für Hülsenfrucht geliefert hat: קִטְנִית pl. קִטְנִיּוֹת führt Fleischer Ly TW II 575[b] [schon der sel. Geiger hat mich hierüber eines Bessern belehrt Fl.] sammt dem dem Aram. entlehnten قِطْنِيَّة auf ܩܝܛܢܐ קיטנא sommerlich, von ܩܝܛܐ קיטא (קַיִץ), zurück. Dagegen spricht dass קִטְנִית mischnisch ist, also entlehnt sein müsste, da קַיִץ die hebr. Form des Wortes ist. קיץ ist mischnisch noch lebend und sogar als קיצוני[1]) Schebiit 5_4, denom. קיץ, Kel. 24_5 26_3 und sonst, vorhanden. Außerdem zeigt קיטן (اقطن), eine Hülsenfrucht, dass wir es mit der √ קטן[2]) ܩܛܢ zu tun haben, und dass die Hülsenfrucht hebräisch von ihrer Kleinheit benannt ist — aramäisch ist קטנית nicht nachweisbar[3]) — wie syrisch: ܕܩܩܐ, nur dass ܕܩܩܐ eher Zerstampftes, zur Graupe Gemachtes, wie solches Ausschendes bedeuten wird von √ דק wie πίσος pisum zu √ pis, skr pish zerreiben, zerstampfen Hehn 141 Curtius[4] 277.

282.

ܩܛܦܐ oder ܩܛܦܐ.

Atriplex hortensis L *Gartenmelde.*

ܩܛܦܐ ܢܚܒܬܐ ܕܟܘܡ سَرَج 447 ܕܐܣܩܘܠܣܛܝܩܘܢ ܐܝܬ BB 848 ܕܐܣܪܐ ܩܛܦܐ ܘܡܬܩܪܝܐ ܝܪܩܐ ܕܕܗܒܐ قَطَف وسَرمَق.

Elias 26_{88} Nov 139 ܩܛܦܐ سرمق (سرمج vom pers. سرمه ältere Form سرمك) قطف PSm 134 zu „ἀτράφαξις" سرمج , سرمق ܩܛܦܐ قطف. 1783_{62}. 634 zu „γαλίοψις" (?) ܩܛܦܐ ܡܣܟܢܘܬܐ.

Aßaf 45[b] קיטופין — כרוסולכנון — אתרופליקי. 33[b] הקיטופים קרים ולחים.

D 261 ἀτράφαξις — χρυσολάχανον PSm 1815 = ܝܪܩܐ ܕܕܗܒܐ البقلة الذهبية = القطف od. قَطَف cod. C. des Diosc. am Rand hat dieses zu ἀτράφ. Χρυσολώχανον (so) Psellus u Simon Seth Meyer 3_{344} Plinius Valerianus: Chrysolaginis (so) semen? Meyer 2_{107}. Noch jetzt heißt auf Kreta die Melde χρυσολάχανο, Heldreich Nutzpflanzen Griechenlands p 23, ngr Kaleb: כרישולכנו zu לעונים = قطف = armoles.

---

[1]) Dies Wort übersetzt j $36^a{}_9$ (pl קיצונים) קייטנאי.

[2]) ܩܛܢ klein, schwach sein DMG 27 623. Pael klein machen Geop 16_{21} Theoph. I c. 50 schärfen Wright Catal. 1177[a] Ethp. Lag. Anal. 140_9.

[3]) קִיטְנֵי des Targum ist Hebraismus.

קרסולכנון ist j Kil 27ᵈ s. ob. S. 8 Bastard von ירבוז und תריד Beermelde und Mangold, zweier mit der Gartenmelde nah verwandter Arten. לעונים Kil. 1_3 ob. S. 274 wird für Gartenmelde gehalten, wegen der aO bezeichneten Verwandtschaft mit dem Mangold; wohl mit Recht. j erklärt es durch המעויין[1]) (Or zar. I 73 המעמץ?) Beide, das erklärte wie das erklärende, sind dunkel. — לעונים Schabb. 90ᵃ Nidd. 62ᵃ.

מלוח bibl. wird ἅλιμος wiedergegeben = ملوح, „auch die Syrer Mallûch" Bt II 531, = قطف البحرى: *Atriplex Halimus* L Meldenstrauch. ܡܠܘܚܐ [ed. Urmia ܡܠܚ] Richt. 9_{45} ist keine Pflanze s. Nr. 11ᵃ. [Ein Kraut ܡܠܘܚܐ Martyr. I 28_2 cf Jer. 17_6 Hex. Nöld.]

Mischn. קֶטֶף (קְ) ist Balsambaum شجرة البلسان Maim. (Schabb. 23ᵃ) Schebiit 7_6 j Orla 61ᵇᵤ Kerit. 6ᵃ — T Schebiit 5_{12} ed. Zuckermandl. [Für den Leser der Tosefta ist es angenehm, wenn offenbare Schreibfehler wie לקט ב׳ in die Anmerkung verwiesen werden, und לקטף des ms ב und der Drucke im Texte steht; doch ist das unwesentlich. In der Anm. das l. Zeile 19 f. 18.] Eine Balsamodendron-Art heißt nach ihrem arab. Namen قَطَف *Balsamod. Kataf* Kunth. s. Forsk. 80. Vgl. LLöw Graph. Requ. I 232.

283.

ܡܛܠܪܐ.

ܡܛܠ̈ܪܐ شجرة اللوز ܐܫ̈ܟܪܐ ܘܕ̈ܘܟܝܐ شجرة كثيرة الورق مع المتقدم BB ܘܡܠܝܐ ܐܝܠܢܐ ܓܡܝܠܐ ܕܛܪܦܐ ܘܦܐܪܐ C 795 arbor densa frondibus et fructibus onusta [Ferr.] BB: ܘܡܛܠܪܐ ܐܝܟ ܒܪܘܫܪܐ ܕܦܐ ܕܡܛܠܠܬܐ. ܐܝܟ ܐܕܘܢܐ ܐܒܢ̈ܝܐ ܡܛܦܐ ܪܟܐ الواح شجرة: Nov. Coopercculum foraminis tecti. [Ist in dieser Bedeutung jedenfalls =

---

[1]) Λειμώνιον, das Blätter hat wie der neben לעונים als nächstverwandt bezeichnete Mangold, סילקא, heißt nach Diosc. Syrisch μεούδα Nr. 217.

καταράκτης, bestätigt durch die entsprechende arab. Form كَتَّرَخْتْ, Fl. C 796 ܩܛܪܩܛܐ PSm 1226₁₄. Aruch sv קטרקטין]. — ܩܛܪܩܐ Köcher Lag gA 80 DMG 27 623. „Baum" des BS wird aus HL 1₁₇ Hos. 14₉ geraten sein. C 795 ܩܛܪܩܐ, ܩܛܪܩܛܐ ist καταρχή.

284.

ܩܠܩܘܢܐ.

BB 851 ܡܢ ܓܡܪܐܗܘ ܗܘܦܟܐ ܠܪܘܚܐ ܘܗܘܦܟܐ ܠܡܫܠܬܐ ܘܡܒܪܘܢ ܘܩܠܩܘܢܐ ܕܒܠܦܪܐ.

285.

קיראסיברא.

Aßaf 58, 74ª gr: אונוקירין, röm. אקורו Nr. 87?: יועילו קציעות עיצו לבאב הידים והרגלים כדי שיקציעם בבוקר מפאת הקדים במלוא הכף ולבשל ביין לבן ולהניחו כל הלילה מול הכוכבים ולהשקותו בבוקר וירפא והזרע שלו להשקות לכליות . . .

286.

ܡܠܝ̈ܠܐ.

Ferula communis L *gemeines Steckenkraut.*

BB 584 ܢܐܪܬܩܣ ܡܢ ܡܠܝܠܐ ܘܐܡܘܪܝܣ ܣܘܣܝܢ ܐܘ ܢܪܬܩܣ القنبيل : 858: ܡܠܝܠܐ الحشيش اليابس .. ܢܘܪܐ ܕܡܫܠܐ ܘܕܚܝܘܬܐ.

ܡܠܝܠܐ steht in der zweiten Bedeutung: trockenes, dürres Gras, Spreu, Kaff, bei BB in der Nr. 227 angeführten Stelle [1]). Gabriel gr. نرتكس. Νάρθηξ talm. in der übertr. Bdtg. Büchse, Behältnis נרתיק (Var. נשתיק) s Buber zur Pesikta 186ª. j Ber. $9^{b}{}_{7}$ und sonst. Der syrische Name ist umgekehrt vom (hohlen) Stengel gebildet V קלח, قُلْح cava arundo. Ngr.: καλάμι. Gabriel schreibt s

---

[1]) Bar Hebr. zu Psalm 83₁₄ ed Lag. sagt zu ܩܠܐ: ה' קלהלחא תישרייא דהופא זעורא דאאר מערגל לה während BB oben S. 282₂₅ es auf giglā desselben Psalmverses bezieht.

S. 163_{10} 191_7. قلهلاج, Syriasm. ܢܪܬܩܐ manipulus manubrium C 596 ist ungenau. [ܢܪܬܩܘܣ BHebr. chron. eccl. I 387_7 Nöld.]

Trotz der lautlichen Schwierigkeit gehört كلخ hieher. Es ist Ferula comm. (s. S. 163). JAww. IIᵇ 259 Bt II 388. כלך Aßaf 54 p 73ᵇ. 31ᵇ זיעת הכלך Ammoniakon.

287.

קלעילין

eine Hülsenfrucht Meïla 13ᵃ.

288.

ܩܠܩܢܬܘܣ.

Καλάκκανθος Geop 45_6 (ιγ 4_2) siehe Niclas zur Stelle.

289.

ܡܒܪܟܐ ܕܒܪܐ.

BB 865 Ueber ܡܒܪܟܐ Heuschrecken, zum Schluss: ܡܒܪܟܐ ܕܒܪܐ ܠܓܢܒܬܐ ܕܓܢܒܐ ܕܒܪܐ ܐܣܛܦܠܝܢܘܣ ܗܘܘ ܡܫܬܟܚܬܐ ܗܕܒܪܘܢ. وهو نبات شبيه بالجراد. C 806: „pastinaca agrestis"?

290.

קינדול.

ἀσπάλαθος.

Aßaf 17 p 66ᵇ קינדול = אִיסְפָּלאתוּם der קידה, Cassia, ähnlich, gegen Mundkrankheiten. — 199ᵇ 200ᵃ אספלתום Wurzel von genistula s Donnolo 147_{82}. D 35 ἀσπάλαθος [Vull. I 103 إشتلابون] Σύροι διάξυλον aus kindul? PSm 311 ܐܣܦܠܐܬܘܣ دارشيشغان = ܩܣܝܐ ܗܢܕܘܝ [daraus Bait II 317 zu دارشيشغان syr. heißt es: قيسى l. قلسيد نردى [دنردين] قندول ,قنديل. Nach Vull. ist قندول „röm." Auch دارشيشعان so Ǵezzâr und Vull I 786 BB 853 übers.: ܩܣܝܐ ܕܣܦܝܪ ܗܝ ܩܣܘܬܐ ܣܦܝܪ ܣܦܝܪ ܐܝܟ 969 : عود الشيشعان ܕܪܫܝܫܥܢ دارشيشعان

ܒܐܪܣܛܘܦܘܠܝܣ ܩܘܡܘܣܐ ܕܡܬܩܠܝܠ [ܕܡܬܩܠܝܠ]. Die syr. Umschrift zeigt: غان —.

`BB 898 ܦܠܐܪܐ. القنديل الذى يسمّى القدر ويقال قنديل كبير Pflanzenname?

Ueber دارشيشعان so Kamûs s Dozy, Gloss. des mots esp. etc. 371 = قندول Avic. 157 Bt I 408 ZfdK V77. Salmas hyl 116 Langk 2 ντερσιστάν. Nach Fraas ist ἀσπάλαθος *Genista acanthoclada* DC. Stachelginster.

291.

ܩܢܝܐ. קַנְיָא.

Arundo (Donax L) Rohr.

Pesch Jes. 19_6 35_7 und Targ. f. קָנֶה. Geop κάλαμος 4_{17} 12_1 14_2 17_{15} 50_{24} 55_8 77_2 112_{24} (ἐν 13_3) ܐܒܘܒܬܐ ܕܩܢܝܐ 109_{15} — 12_7 = πτέρις?? Præf l. 23 ὁλόσχοινος (ꞵ 10_6). BB 819: ܘܐܠܐܒܘܣ ܐܝܟ ܒܘܣܦܘܪܘܣ ܩܢܝܐ ܕܐܝܬܝܗ̇ قَصَب :ܘܐܠܐܒܘܣ ܦܪܐܓܡܝܛܘܣ ܗܿ ܩܢܝܐ ܦܪܣܝܐ القَصَب الفارسى وقال جبريل قصب السياج: 856: ܘܐܠܐܒܘܣ ܦܪܐܓܡܝܛܘܣ ܐܝܟ ܒܘܣܦܘܪܘܣ ܩܢܝܐ ܦܪܣܝܐ: 818: ܘܐܠܐܒܘܛܝܣ ܕܦܝܣܦܘܣ قصب فارسى: 868: ܩܢܝܐ ܦܪܣܝܐ القَصَب الفارسى:

D 111 φραγμίτης *Arundo phragmites* L gemeines Rohr. Das „persische Rohr" wird wohl *Arundo Donax* meinen, das jetzt „bûz fârisî" heißt. —

„Dr. Klunzinger führt in seinem Artikel über die Vegetation der ägyptisch-arabischen Wüste bei Koseir, am roten Meere, — Ztschr. der Ges. f. Erdkunde zu Berlin 1878 S. 456 — an, dass *Juncus acutus* Lmk und *J. maritimus* Lmk (= *J. spinosus* Forsk.) dort Kasba (قصبه) oder Sámar heißen. Ich hörte dafür stets letztern auch von Forskal p. LXV erwähnten Namen." Ascherson.

קְנֵה בֹשֶׂם, קני בוּסְמָא ܩܢܝܐ ܕܒܣܡܐ und Jer 6_{20} f קנה הטוב.

Κάλαμος ἀρωματικός BB 818 قصب الذريرة ܩܢܝܐ ܕܒܣܡܐ 819 ܩܢܝܐ ܕܒܣܡܐ عود البلسان زعم اظنّه قصب الذريرة ثمّ zu καλ. ἀρωμ.: وجدت حنين قد جآء به: 868: ܩܢܝܐ ܕܒܣܡܐ شىء طيب يطرح فى الدهن والبخور ܒܐܘܪܝܬܐ ܘܩܢܝܐ ܕܒܣܡܐ ܕܟܐܬܝܠ ܘܡܫܟܚ (Ex. 30_{23}) وجدت قَصَب الذريرة ܘܐܝܬ ܒܣܡܝܢ ܦܪܦܠܝܢ الذريرة عود البلسان:

Aßaf 15, 66ᵃ קנה בושם — קני בשמא — קלמן ארומטיקון — קצב אטיב [قصب الطيب]. D 31 κάλαμος ἀρωμ. = قَصَب الذريرة. Das ist auch Sârîrâ im Henoch cap 31, von dem Dillmann dahingestellt lässt, ob es viell. aus στύραξ oder צרי entstellt ist. PSm 475 BA zu ܒܘܪܐܝܢ BB ܒܘܪܐܝܢܕ (!) = ܦܪܠܠܝܢ od. ܦܘܠܠܝܢ wohl das oben stehende ܦܪܦܠܝܢ. *Calam. arom.* soll *Acorus calamus* L sein. Nr. 87. [Nöld. erinnert an בוריא ܒܘܪܝܐ بوريا].

קָנֶה bibl. (قَنًا) Ueber die Wanderung des Wortes s. Hehn 211 f, der das gr. u. lat. κάννη, canna mit ihren mannigfachen Ableitungen auf das semitische Wort zurückführt.

קנה ist zunächst Arundo donax, das cultivirt wurde, wie in Italien und anderswo. Rohrfelder שדה קנים TDemai 7 Ende j VI 25ᶜ TSchebiit 1_2 j 33ᵇ. Eine solche Rohrpflanzung auf feuchtem oder sumpfigem Boden angelegt, heißt חישת הקנים od. אישת. חישה aram. חישתא ist خيسة nach Fleischer Ly TW I 425 „dichtes Strauch-, Rohr-, Binsengebüsch von خاس stagniren, faulen". TSchebiit 3_{19} — Agg. חיצת, nach j Schebi. 35^b_{44} zu berichtigen. = אין מציתין את האור באישת קנים. Man darf im Sabbatjahre nicht die Rohrpflanzung [dh. die nach dem Abschneiden der aufgeschossenen Rohre übrig bleibenden Stöcke] anzünden[1]), denn das ist die rechte Art ihrer Be-

[1]) Ly I 72 hat הצית אש ב' T Taan. 4_{10} (biblisch) verkannt Rh 2_2. Ab.

handlung [und die darf nicht in Anwendung gebracht werden]. Damit nemlich die Asche den Boden für die neuen Triebe dünge tut man dies noch jetzt. חישת (א), in Babylon wie es scheint unbekannt, wird gern zu חיצת und sogar zu מחיצת. So, falsch, Bb. 4_6 מחיצת הקנים· das als häufigeres[1]) Wort sich einschob, wie Dr. Isr. Lewi im Programm der Hochschule f. d. Wissensch. d. Jud., Berlin 1876, S. 34 Anm., dargetan hat. Dort ist für חישת verwiesen auf j Schabb 7_2 j Abz 41^d_{67} אישות l. אישת j Erub 20^a_{40} b. dafür חיצת. — חושים של קנה Bb 143^b entsprechend Schem. r. 195_{23} Lpz, dafür Tanch. Schem. 5 p 164 Stettin das bekanntere חרשים Wald. חרישת קנים auch Ber. r 12 p 19_{13} Lpz l. חישת oder חורשת[2]). Auch Koh. r 152_{38} ופנימי stcht חרישת ק׳ = Sch. ha Schir. r 3_5 חורשא.

Mit חִישָׁה (אִישָׁה — wird Vull. I 148 إيشة silva nicht ar. Ursprungs sein?) scheint zusammen zu gehören: ܥܘܒܐ Jes 19_6 Hex ܥܘܒܐ ܕܡܠܝܐ ܕܦܦܘܪܘܣ ἕλος. Auch Ephr. I 191 — C 643 angeführt — entspricht die Bedeutung. Weniger: Geop 84_{16} ܐܝܠܢܐ ܕܡܣܒ ܥܘܒܐ (ϑ 10_7) ὑλομανέω, in's Holz wachsen. BB 690: ܥܘܒܐ ܕܡܠܝܬܐ [illegible] Arundo „donax" soll טונס Targ. j. Ex 2_3 (für גמא) sein. Ich kann leider nichts Besseres beibringen. Arab. غاب Sonth Verz 282, غابة arundinetum saltus, westarab. Baumgarten DGMG 12 180, syr. ܥܒܐ, hebr. עָב, talm. אַבָּא [nicht אֲבָא wie Kohut Ar. sv syr. עַבָּא trotz richtiger Ableitung und auch nicht von אב, אבב Ly I 4^a].

---

zar. 38^a הצית את האור כאגם, TJoma 3_{11} und übersetzt falsch: „Man zündet nicht das Feuer mit Dorngebüsch an."

[1]) Kil 4_4 Tos $3_{2\cdot3}$ u. ö. Erub 1_{10} 2_4 ff. BB 1_1 3_5 Neg 13_{12} Tahar 8_1 u sonst.

[2]) חורש Wald pl. חורשין [mit Beibehaltung des ش in das Gemeinarabische übergegangen, حرش pl. أحراش. Fl.] Abot d R Nat 31 TSchebi 3_{20} j $35b_{49}$ j Schabb 10^a_1 j Bb $15a_{38}$ (b Bk 81^a). Sg: j Sota 24^a_{42} (f חודש) j Sanh. $19b_{26}$ j Taan. $65d_{15}$ Pesikta 154b Buber. Zweifelhaft ist danach רחישותא — סבך Gen. 22_{13} Targ.

Schon biblisch das Rohr ein Bild der Schwachheit 1 Kön 14_{15} Fest wie die Ceder und biegsam wie Rohr ist talmudisch beliebt. Einen Einwand obenhin, mit Scheinargumenten beseitigen nennt man: mit einem Rohre bei Seite schieben: לזה דחית בקנה j Schabb. 6^a_u j Sanh. 19^b_o j Sota 19^a_o j Pes. 28^d_m (דחנו) j Erub. 19^c j Ber. $12^d_{68 \cdot 74}$, $13^a_{3 \cdot 16}$.

Die Halme der Arundo donax wurden zu cultelli arundinacei geschärft um Gegenstände zu schneiden, welche durch Eisen schwarz und unappetitlich würden. Plin. 32 42 secari harundine ϰ2. Col. ιβ 14. 49 Geop κ 27_1 ϑ 28_1. Solche Rohrmesser werden erwähnt Tos. Chul. I. b 16^b Ber. r. 56 p 103 קרומית של קנה (j Schabb. 11^c_{21} קלומות) nur scheint Rohr„schale" auf eine andere Rohrart zu gehen. b aO wird als zum Schlachtmesser tauglich bezeichnet die Rohrart סימוניא דאגמא.

Aruch sv פי' גאון סימוניא דאגמא קניא שככה שמו וקרומיתו משונה וחדה ואינה מתחכבת כשאר קנים. Ein Rohr das ככה heißt. Ms der Hochschule כאכא. Herr Dr. Kohut teilt mir aus seinem wertvollen Apparate zum Aruch mit: „כאכא ed. pr. u. mss Halberstamm und Leyden. — באכא ms Wien 7; באסא ms Wien 10_1 באגא ms Kohut." Erst im Aruch hakasor wurde daraus שכך „welches so heißt". כאכא, so wird zu lesen sein, erinnert an כביי Mark, die lockere Substanz im Rohre¹) Kel. 17_{17}. Das meint der Gaon nicht. Bxtf. hat סימוניא mit simonianum trifolium = acutum trifolium Col ς 17 combinirt. Ich erinnere an Sâmân: Edrîsî bei Meyer 3_{208}. „Bei der kleinen Stadt Baišân wächst auch die Pflanze, die man Sâmân nennt, und zwar nur da. Aus ihr werden die sogenannten Samanijjah-Matten geflochten." Eine Rohr- oder eine Binsenart? S. Dozy Suppl sv. سامان.

¹) Ly II 325 windet sich vergeblich um „κίκκος, ciccus Fruchthülse, Kerngehäuse" hier unterzubringen.

Als Pfeilrohr war nicht jedes Rohr zu gebrauchen. Plinius hebt das Kretische als besonders zu Pfeilen geeignet hervor ις 65. Auf die Vorzüge Palästina's stolz, sagt ein Midraschlehrer: „Selbst Rohr zu Pfeilen fehlte in Palästina nicht.“ Koh r כנסתי 75^d Amst 152_{20} Lpz אפילו קנים של חצים לא חסרה א״י Ly II 96^b falsch: „Selbst Stangen zu Pfeilen (d. h. schlechte Hölzer, die als Stiele verwendet werden) fehlten in Palästina nicht.“

Schreibrohr, קלמוס, קולמוס ist in der talmudischen Literatur unter dem fremden Namen eingebürgert; der „Kalam“ lebt im Oriente noch jetzt. S. L Löw Graph. Requ. I 74.

Zu erwähnen ist noch das Zuckerrohr, Saccharum offic., قصب السكر, auch غاب Forsk. LX. Sonth Verz. 283, das aber nicht, wie man irrig annahm, schon in der Mischnah vorkömmt, oben Nr. 78. Sprengel Gd Bot I 185. Mahn, Etym. Forsch. 154 f sagt mit mehrfacher Ungenauigkeit: „Bei den Juden wird in der Mischnah Zucker erwähnt, der aber wohl erst nach der babylonischen Gefangenschaft oder noch später angepflanzt worden sein mag, mit dessen Kultur sie wahrscheinlich durch die Araber bekannt wurden.“ Diese Einführung des Zuckerrohrs durch die Araber in Syrien und Aegypten fällt, wie Mahn angiebt, in's neunte Jahrhundert. In den Hal. gedol. werden sie wohl zuerst als קניא דשכר [شكر pers.] erwähnt Ber. VI und von da ab in halachischen Schriften oft, weil der Zuckersaft, den man, wie noch jetzt, aus dem Rohre sog, in eulogistischer Beziehung schwer zu qualificiren war. Maim. H. Ber. 8. u A. Zucker طبرزد Lag gA 49. BB 823 طبرزد ܛܒܪܙܕ ܡܫܠܡܫܡ, PSm ܩܢܝܐ : ܣܘܩܪܘܣ.

292.

ܩܘܢܢܡܐ. קוּנָּמָא.

Rinde von *Cinnamomum zeylanicum* Nees *Echter Zimmt.*

Bibl. קִנָּמוֹן Targ. u Pesch. ܩܘܢܢܡܐ Syr 7_{17}. Aber ܩܝܢܡܘܡܘܢ Ex. 30_{23} HL 4_{14} Apoc 18_{13} ܩܝܢܡܘܡܘܢ Physiol. Land IV 58_{12} . . BB 853 aus D 76 κινναμώμινον ἔλαιον ܐܝܟ ܡܢ ܒܡܫܚܐ ܕܩܘܢܢܡܐ دهن يتّخذ بالدارصيني : 852 ܡܫܚܐ ܕܩܝܢܡܘܡܘܢ ܕܡܢ ܩܘܢܢܡܐ صحّحه جبريل دارصيني ܘܐܝܟ ܡܢ ܡܫܚܐܩܝܢܡܘܡܘܣ 837: ܩܘܢܡܘܢ القرفة والدارصيني وكان يُخلط مع الدهن وتمسح به الانبيا عليهم السلام والملوك : ܩܝܢܡܡܘܢ ܐܝܟ ܕܡܬܡܠܠܐ ܕܪܘܚܐ ܕܒܣܡ̈ܐ ܘܐܝܟ ܕܒܣܘܪܐ ܐܣܛܘܪܟܐ ܡܫܚܬܐ ܘܟܠ ܗܘܐ ܐܡܪ ܕܒܣܡ̈ܐ ܩܘܢܢܡܐ (¹ ܗܘ ܒܣܡܐ ܪܝܫ ܐܝܠܢܐ ܕܦܪܚܣܝܘܣ ܕܝܢ ܩܘܢܡܘܢ ܕܬܐܘܦܪܛܐ ܒܒܣܡ̈ܘܬܐ ܘܦܪܫ ܠܗ ܠܡܣܐܬܐ ميعة مسفوك 862 ܡܠܘܬܐ ܕܩܣܡܝܐ ܐܝܟ ܕܢܣܦܪ القرفه ܐܝܟ ܘܩܠܘܦܬܐ قرفة القرنفل : ܩܠܘܦܬܐ قرفه. 803 ܩܘܢܡܘܡ ܗܘ ܩܝܢܡܘܢ ܩܘܢܢܡܐ دارصيني.

D 25 κιννάμωμον. Die beste Art: μόσυλον von der Aehnlichkeit mit μοσυλῖτις κασσία BB 500 ܩܝܢܡܘܡܘܢ حكى جبريل عن ديسقوريدس انه اسم نوع من الدارصيني انه يوجد فيه مثل رائحة السليخة ومن اسمايها ايضًا ܩܝܢܡܘܡܘܠܝܣ: دارصيني Lag gA 35 Pott Zfdk V 65 Schabb 65ª דרצין Ar. قرفة, daraus κάρφεα. Aßaf 11 p 64 קינמון = קירפה arab. — קנמון Korit. 6ª. Wuchs in Palästina und diente als Ziegenfutter j Pea $20^{a}{}_{73}$ Est r 208_{10} Echa r 89_4 Lpz. Kaft wa Ferach 31ª cap 10 bezieht es auf اذخر Schœnanthum (s. S. 187), das in Palästina wächst, nach Theophr. hpl ϑ7 — D II 355.

---

¹) Ex. 20_{24}.

293.

ܣܬܝܬܐ.

Isatis tinctoria L *Waid.*

Elia 27_2 ܐܝܣܐܛܝܣ Transscription von ἰσάτις D 335 PSm 160 BB ܣܬܝܬܐ نيل الصبّاغين. — ἰσ. ἀγρία D ibd ܣܬܝܬܐ ܕܒܪܐ نيل برّى BB: ܣܬܝܬܐ ܕܒܪܐ. — Das: ܣܬܝܬܐ ܕܒܪܐ عوسج (?) برّى ܣܬܝܬܐ ܕܒܪܐ ܗܘ ܚܒ ܗܘ حبّ النيلنج[1]) und ܣܢܕܢܩܐ ورد النيل ويقال له لون السمآء. D Uebers. „τριπόλιον" D 616 PSm 1520 I 22 ܣܘܢܩܐ Var. ܣܘܡܟܐ ἰσάτις. ܣܘܢܩܐ himmelfarben, wie BB, Ephr. I 118 D, ܣܘܢܩܐ[1]) 119 B ob. S. 242_{15} bei Nöld. ns. Gramm. 414 [irrig, Nöld.] zu √ ܣܡܩ ܣܘܡܩܐ قانى [hebr. קנא.] C 809 ܡܣܘܢܩܢܘܬܐ viriditas, amœnitas coloris. Prov. 23_{29}: ܡܣܘܢܩܢ (חכללות). Die Hex.: ܣܘܢܩܢ. — BB: ܣܘܢܩܢܘܬܐ die Farbe des Wassers.], pl. ܣܘܢܩܬܐ Land. An. IV 65_6. Schwerlich „κυανέος" Sachs II 60. S. noch ܡܣܘܢܩܢܐ Wright Catal 1190^a_5 vu.

Mischn. סָטִים ، אִיסָטִים [Ms Maim ar: אֶסְטֵים אִסְטֵים] oft אסטס, cultivirt: Kil. 2_5 Maim נילג نيلج Uebers.: אינד"י [Ar. u. Bert. ניל نيل = אנדיקו]. Der Uebers.: הצבע שצובעין בו תכלת ספיחי אסטים וקוצה Schebiit 7_1. זרע סטים וזרע קוצה וזרע בקיא T Ma'as Ende j 52^a_{53}. אסטים, קוצה, פואה. TSchabb. 10_7 אסטים ופואה (neben Granatapfelschalen und Nussleifeln Schabb 9_5) Meg 4_7 Maim פלג l. נ' Raschi: קרו"ג Nidd 50^a Schabb. 89^b u sonst = der zweiten Erkl. Ar.'s: מוריקא عصفر. — Guesde, waisde, guède zu קוצה.

Delitzsch DMG 17 681 skr. nîlâ, nîlî, pers. نيله, نيلج *Indigofera* L. In Aegypt. u. d. Jordantale wird I. *argentea* gebaut. Die Araber geben Isatis durch نيل wieder vgl. JAww II^a 125. 297. Die Mischnah meint

[1]) Die verbreitetste wilde Art in Syrien und Palästina: *I. aleppica* Scop.

[2]) Lngk = χαλκλέτζ. PSm 89 BB D 552 „ὑάκινθος" [auch PSm 988 —ܗܘ] حب النيل, wohl nur die Farbe gemeint. ܚܒܐ ܕܟܘܪܬܐ PSm 591 aus Galen zu κνίδιος κόκκος (s. Nr. 193).

Isatis tinct., Waid, die Syrer wohl auch Indigofera. Doch heißt نيل برى = وسمة, عظلم Isatis domestica, glastum, pastel, guède Berggr. 855.

Zu نيليج ist zu bemerken, dass span. lilac, franz. lilas = Syringa von Dozy (Engelm. Gloss. 297) zu ليلك gestellt wird, das dieselbe Bedeutung hat und das nach Dozy's Vermutung ليليج, ليلنك Indigo ist.

294.

ܩܢܦܐ.

Cannabis sativa L *Hanf.*

קנבוס قنّب mischn. aus κάνναβις, wie ܩܦܪܝܣ קפריס. ܩܢܦܐ Land II 237 Geop $6_{2\cdot3}$ (β 40) ܙܪ̈ܥܐ ܕܩܢܦܐ 44_5. Land IV 102_{11} Elias 49_{18} ܩܢܦܐ = قُنّاب, شهدانج semen cannabis [C falsch capparis] Aßaf קנבא aram. = קנבון gr. 49^b PSm 1159 شهدانج ܙܪܥ ܩܢܦܐ. 358 sv ܐܘܣܐ: ܕܩܢܦܐ. BB: 869 ܩܢܦܐ ܚܘ̈ ܫܗܕܐܢܓ شجر الشهدانج كالقنّب ܘܐܝܟ ܐܚܪ̈ܢܐ ܩܢܦܐ قنّب الشهدانج. 820: ܩܢܒܝܣ ܐܡܪ̈ܝ [l. ܩܐܢܢܐܒܝܣ] ܐܢܘܢ ܐܣܩܢܒܝܣ ܩܢܦܐ شهدانج وقنب. ܩܢܒܝܣ ܐܝܟ [ܩܐܢܢܐܒܝܣ] ܐܝܟ ܐܢ ܩܢܦܐ :ܕܩܢܒܝܣ. Κάνναβις, „Ursprung d. Wortes unsicher" Curtius[4] 140, die semit. ܩܢܦܐ قنّب sind aber jedenfalls griechische Lehnwörter.

Mischn. קנבוס, קנבס Kil. 5_8 $9_{1\cdot7}$ Neg 11_2 Maim. قنّب. Kil. 2_5 קנבס ms Maim. ar. קרבס, nach Manchen كرويا (כרויא). Auch Aruch ms Zacut: כמון או כרויא, eine Erklärung, die vielleicht aus der Combination von קרבס und قرنباد entsprungen ist.

شهدانج s. Nr. 267 تَنّوم. Forsk. LV. LXXV irrig Sjaranck-Cannabis.

295.

ܩܣܝܐ.

Cassia, Rinde einer Form von *Cinnamomum zeylanicum* Var. *cassia* Nees. ܩܣܝܐ ist „κασσία" das aram. [ܩܨܝܥܬܐ] ܩܨܝܥܬܐ heißt. ܩܣܝܐ Pesch. u. Geop 52_3 (γ, 35) κασσία BB 820 Rabban

سليخه = ܕܟܢܝܫܬܐ darüber wird gesagt: ܐܕ̈ܫܐ ܫܬܐ ܬܠܬܐ ܕܩܢܝ̈ܢ ܢܨܪ ܡܢܗ ܘܡܐܪܘܬܘܣ ܘܬܠܬܐ ܕܠܐ ܩܢܝ̈ܢ ܐܣܘܦܘܣ ܡܢܗ ܘܡܣܛܠܘ ܘܗܘ ܕܓܠܐ. :871 ܩܘܩܘܐ السليخه ܗ̄ ܘܟܪܘܣܦܪ̈ܐ ܕܟܢܝܫܬܐ ܘܐܬܘܒ ܡܬܩܒܠܬܐ ܢܫܒܫܒ ܕܟܢܝܫܬܐ ܘܐܝܬܗ ܕܐܟܢܝ̈ܢ ܕܡܥܠܝܬܐ نرجس السليخة:

D 23 Κασσία mehrere Arten: γίζιρ Arrian γίζειρ [nicht ζίγιρ] — βλαστός Var. βλακτός (ܒܠܐܩܛܘܣ) . . ἀρυσήμων Var. ἀσυφήμων: ܐܣܘܦܘܣ hat Arrian Peripl. c 12 ἀσύφη. Κιττώ ist längst mit קְדָּה zusammengestellt worden. ܕܓܠܐ ψευδοκασσία.

ܕܟܢܝܫܬܐ سليخة Aßaf 10 p 64ª קציעות aram. משלחתא דכסמא, gr cassia fistula, arab. פליכא. 45ᵇ קציעות — קסיא.

Langk 88 σελίχα, σιλίχα usw. — χιαρσάμβερ, γεασάμπαρ. خيارشنبر aus pers. خيارچنبر.

קידה לבנה Kil. 1_8 ist ein Baum, man darf auf ihn darum keine Raute propfen.

קלפה Bechor 6ª Maim. قشر سليخه. Ar. דארכסה ms. דרכאסה Nr. 63ᵇ.

296.

ܩܩܘܠܐ קקולא.

Amomum Cardamomum, Cardamom.

قاقلة pers. Aßaf 101ª 105ª קקולא = כבריום. 96ª = קבדרום. 45ᵇ קוקולה = כבריאום. BB 818 ܩܪܕܡܘܡܐ Paulos: قاقلة. — ܩܪܕܡܘܢ قاقلى κακοῦλε = κάγρυον DCge Pott Zfdk d. Morgl. V 67 Langk. 101 κακοῦλον, κάγριον usw. irrig unter Amomum gran. parad. — PSm 1159 ܩܩܘܠܐ = ܗܝܠܐ ܩܩܠܐ سجدى.

Zu Cardamomum minus, von *Elettaria Cardamomum* White: BB: هَيْل بُوَّا ܩܪܕܡܘܡܐ ܐܝܟܢ هَيْل ܫܘܫܡܝܪ ܡܢ ܫܝܫܡܝܪ قال مسيح شيشمير وهو القاقله: Vull: شوشمير Card. min. هيل, خيربوا, II 108 هيل بوا II 580 قاقله الصَّغير (هيل) هال Bt II 568 قاقلة، صغار.

hinter شمام im ms: شمشير = القاقلة الصَّغيرةُ, 114 dasselbe zu شوشمير BB 943 ܫܘܫܡܝܪܝܬܐ Bar Serapion = هَيْل.

BB 821 καρδάμωμον D 14 Rabban = القردمان ܩܘܪܕܡܢܐ. BB noch قردمانا, Paulos: ܘܗܕܐ ܟܪܘ̈ܝܐ ܐܝܬܘܗ̇ ܘܐܬܝܐ ܡܢ ܪܘܡܐ كراويا برى وقال مسيح الفريغار ومرّة اخرى زعم انه وجّ: BB 842 zu ܩܘܪܕܡܘܡܘܣ Mesîch: قردمانا وهو القريعان. Ebenso Bt II 280. 296 كراويا جبليّة قردمانا Des Mesîch قريعار ist zu l. قرنغار = Aßaf, der καρδάμωμον des D קראנגר wiedergiebt 6 p 61ᵇ. — 101ᵇ קרנגא, 105ᵇ קרנגר = קרדמון. —

j Erub 20ᵈ j Peah 21ᵃ₅ פעפוע׳ין = קפול׳ין Raschi Erub. 28ᵃ „aram." קקולי zu פעפוען. Cardamom?

Wegen κάχρυς schließe ich hieran:

BB: ܠܝܒܐܢܘܛܝܣ ܫܡܐ ܝܘܢܝܐ ܕܥܩܪܐ ܐܝܬܝܗ̇ ܐܕܫ̈ܐ ܬܪ̈ܝܢ ܐܝܬ ܡܢܗ̇ ܕܝܗܒ ܦܐܪ̈ܐ ܡܛܠ ܗܢܐ ܡܬܩܪܐ ܘܐܝܬ ܡܢܗ̇ ܕܠܐ ܝܗܒ ܦܐܪ̈ܐ ܘܡܢ ܐܟܚܕܐ ܠܘܬ ܦܐܪܐ ܕܡܬܩܪܐ [lies: ܦܐܪܗ ܡܬܩܪܐ] ܦܐܪܐ ܠܒܘܢܬܐ ܗ̇ܘ ܕܝܗܒ ܘܐܝܬ ܐܚܪܢܐ ܕܡܬܩܪܐ ܐܟܘܪܘܣ ܘܗܘ ܕܡܬܩܪܐ ܒܬܪܝܢ[1] ܦܐܪܐ ܕܝܗܒ ܘܐܝܬ ܐܚܪܢܐ ܕܡܬܩܪܐ ܠܝܒܐܢܘܛܝܣ ܕܡܣܡܩܐ ܟܠ ܥܩܪܐ ܗ̇ܘ ܥܩܪܐ ܒܬܪ ܫܡܐ ܕܝܘܢܝܐ ܕܠܐ ܦܐܪܐ ... ܡܬܩܪܐ: 818 ܠܒܘܢܬܐ ܕܐܝܬ ܒܗ: ... جآء به جبريل وحكى عن ديسقوريدس انه من اسمآء ܠܝܒܐܢܘܛܝܣ [ليبانوطس] قال ويقال انه الثمرو ܘܐܟܘܪܘܣ ܗ̇ܘ ܐܝܬ ܗܘ ܕܠܐ[ܗ] ܦܐܪܐ:

D 422 Λιβανωτὶς δισσή, ἡ μέν τις κάρπιμος . . καρπὸς κάχρυς[2]), ἡ δὲ ἑτέρα . . σπέρμα φέρει πλατὺ, μέλαν, ὡς σφονδύλιον. Die erste: *Cachrys Libanotis* L, die im Orient nicht vorkommt, die zweite eine Ferula-Art, die dritte ἡ λεγομένη ἄκαρπος, zweifelhaft. — D 424 λιβανωτὶς . . ῥοσμαρίνουμ *Rosmarinus offic.* L Rosmarin, der Absud gegen ἴκτερος, Gelbsucht. Geop. 48₅ ܩܐܟܪܘܣ = ܠܝܒܐܢܘܛܝܣ κάχρυς — λιβανωτίς.

---

[1]) ܠܒܢܝܢ l.

[2]) Auch die Pflanze selbst heißt κάχρυς.

Rosmarinus لبانوطس, حصالبان Berggr. 873. Im Mittelalter Dendrolibanum Meyer 3_{373}. Geop ιχ 16 δενδρολίβανον und Nicl. z St, auch neugr. so.

Ueber den Rosmarin Plin κδ 59. 60 (Theophr. hpl ϑ11_{10}).

297.

ܩܪܐܐ. קרא.

Cucurbita Pepo L *Kürbis.*

Geop 20_2 κολοκύνθη, 35_{23} 95_5 96_{24} 98_6 Kal. u. Dmng 32_6 BB: ܩܪܐܐ قَرْعٌ ܩܪܐܐ ܗܘ ܕܝܠܢܐ ܐܬܒܪ ܩܘܩܘܢܝܬ ܩܪܝܗ ܗܘܡܝ ܩܘܠܘܩܘܢܬܐ ܐܝܟ ܢܦܩ ܩܪܐܐ القَرْع 847 قرعة يونان. (Jon. 4_6) وجريل ܩܘܠܘܩܘܢܬܝ ܩܘܩܘܢ ܩܘܠܘܩܘܢܛܝܢ: ܩܘܠܘܩܘܢܬܝܣ القرع:

ܩܪܐ Land IV 102_{19} ist arab. [Die Westsyrer sprachen nach BHebr gramm. I 206_4 ܩܪܥܐ für ܩܪܐܐ. Land II 46_{10}. Nöld.]

Mischn. דלעת Kil 1_2 מצרית u. רמוצה „יונית": Aegyptischer, Aschenkürbis und der griechische. Maim.: دلاع [Journ. As 1870 XV 101 aus Abdall. 128 Melon de Constantinople] דלאע so l. Ukz. 1_6 Uebers. f. כלאני. Kaleb: vulgær قباق (türk. u. ungar. kabak) צוקא it. zucca, ngr. קולוגית׳ κολοκύτι ngr. Kürbis. קרעה GA d Geon Berl. 41[b]. — דלעת pl דילועים Kil. 1_8 2_{10} 3_4—$_7$ 7_1 Schebiit 1_7 2_{10} Ter 8_6 Maas $1_{4\cdot5}$ Orla $3_{4\cdot8}$ Schabb 9_4 24_4 Sukk 1_4 Ned 6_1 8_1 Machsch 6_6 Ukz 1_6 und sonst. Der griechische nimmt halachisch eine Sonderstellung ein TKil 1 ר״ש zu 2_{11} Ohol 8_1 TNed 3. und war die gewöhnlichste Sorte j Orla III 63[b]. — רמוצה von Asche (רמץ رمض ܪܡܨܐ), in Asche gelegt, damit er süß werde. = Ned. 51[a] קרי קרקוזאי? ܩܪܩܘܙܐ ?? Nr. 278.

ܡܠܦܦܘܢܐ. מלפפונא.

Cucumis Melo L *Zuckermelone.*

ܡܠܦܦܘܢܐ „μηλοπέπων" Geop 95_{10}. Nov. 278 = بطيخ.

ܦܩܘܦܘܢ بطّيخ : ܦܩܘܦܘܢ ܐܪܘܡܝܬ ܦܛܝܚܐ البطيخ BB 725 ܦܛܝܚܐ بطيخ Rabban: 744 ܘܡܠܝܚܬܐ ܐܪ̈ܡܝܬܐ ܕܡܠܦܦܢܐ.

بطّيخ אֲבַטִּיחַ = ܦܛܝܚܐ Pesch. [PSm 509 ܒܛܝܚܐ ist aus arab. بطيخ] ist besonders Wassermelone, doch auch Melone allgemein = πέπων.

אבטיח Mischn., (samar. bibl. בטיח, übers. בטחיה pl.) Ter 3_1 Tos 4_6 Maas 1_5 *Citrullus vulgaris* Schrad. Wassermelone, neben מלופפון Zuckermelone, die man also erst durch griechische Vermittelung kennen lernte. j Kil. z St $27^a{}_{12}$ ff entstehen Wassermelonen aus Gurken, Melonen aus Wassermelonen. מלופפון wird in μηλο-πέπων zerlegt und daraus schließt man, die Melone sei ein Bastard von Apfel und Wassermelone.

Die Schreibweise mit einem פ: מלפונות TTer 1_{14} מלפוניות 4_3. לופפון Kil. 1_2 Ter. 2_6 3_1 8_6 Ma'as. 1_4 Schebiit 5_3.

298.

ܩܪܘܥܐ.[1])

Ricinus communis L. *Ricinus.*

BB 855 ܡܢܡ ܐܝܬ ܐܦ ܩܪܘܥܐ خِرْوَع. ܩܝܩܝܘܢ ܕܟܢܫܐ ܕܩܪܘܥܐ دُهْن الخروع 776: ܦܪܛܘܢܘܣ [l. ܩܪܘܛܘܢܘܣ] قال جبريل عن ديسقوريدس ان الخروع يسميه اهل قفر(و)س ܦܪܘܛܘܢܘܣ على اسم الحيوان الذى يشبهه وهو القُرَاد: 652: ܩܝܩܝܘܢ حكى جبريل عن ديسقوريدس ان الخروع يسمّيه بعض الناس ܩܝܩܝܘܢ ܘܐܪܘܢܐ [b] ܛܒܥ [l. طبع] 753: ܩܝܩܐܘܣܘܣ ܩܐܪܦܘܣ زعم ان اسم الخروع باليونانية ܩܝܩܐܘܣܘܣ ܩܐܪܦܘܣ Elias Nis. 25_5 [l. قيقاوس قرفوس]

---

[1]) Demin. ܩܪܘܕܢܐ C 826 „prius simia" meint قِرْد. Vgl. noch ܫܠܛܐ ܩܪܘܕܐ, ܩܦܦܐ, ܩܘܒܐ.

D 649 κίκι[1]) . . σέσελι Κύπριον [Gabriel Κύπριοι] . . . κρότων διὰ τὴν πρὸς τὸ ζῶον ἐμφέρειαν τοῦ σπέρματος. Κίκεως καρπός. PSm 1159 הפוּרא ܘܠܐ nicht ܩܪܘܐ. — ܩܪܕܐ قُرَاد[2]) ist das Tier, (Zecke) ricinus vermis, κρότων auf die Pflanze übertragen wie die gr.-lat. Bezeichnungen.

[Peterm. pers. „Kersek"? Reisen II 245] Gabriel übersetzt ᵇ oben κρότων طبع = طبوع = ܛܒܥ = ܛܒܘܥܐ (ܛ?).

خِرْوَع Ricinus communis, Palma Christi Sonth Verz. 275 Forsk LXXV. Punisch „ceroa". Nach Aruch und Fleischer zu Ly I 280ᵇ: אברוע j Ma'as. 48^{d}_{28}, aber zweifelhaft. Langk. 16 unter Ricinus = Pentadactilus, cataputia major; durch Pentaphyllon beirrt aber χήρουα, χεροῦα, cherua, kerua = c a t a p u t i a (DCgc) unter Potentilla reptans. S. 7[3])!

Aßaf 27 p 69 שמן קיק = pentadaktilos D α 38 κίκινον ἔλαιον. שמן ק״ק Schabb. 2_1 b 21ᵃ Maim دهن الخروع. Talmudisch schwankt

[1]) „*Ricinus communis* L wurde [im alten Aegypten] unter dem Namen Kiki [Diosc.] in ebenso ausgedehntem Maßstabe, wie heute, als Oelfrucht cultivirt. Die Abbildungen, welche Unger für diese Pflanze hält, lassen auch andere Deutungen zu. Die Samen sind indessen öfter in Gräbern gefunden worden und sehen z. Teil so wohlerhalten aus, dass K u n t h zu einem natürlich vergeblichen Aussatversuche verleitet wurde. Das fette Oel ist in den antiken Samen noch von dem Pariser Chemiker Julia Fontenelle nachgewiesen worden. Die marmorirte Zeichnung der Ricinus-Samen ist noch jetzt sehr deutlich zu erkennen." Braun, Ztschr. f. Ethnologie IX (1877) 300.

[2]) Daher: ابو قردان Ardea bubulcus ein kleiner weißer Reiher, steter Begleiter des weidenden Viehes, dessen schmarotzende Insekten er frisst, daher der Name „Zeckenvater" für Zeckenvertilger. Dr. Bilharz bei Fleischer, Seetzen Reise IV 440.

[3]) Zur Benennung Palma Christi פלמא קרישטו hebr. Galen übers. d. Serachja b Isak cod Hbg. (Steinschn. Cat 309) p 117ᵇ 118ᵃ. — حَبّ الخِرْوَع = פאלמא קרישטו Râzi in Reiske et Fabri Opuscula medica ex mon. arab. et ebr. ed. Gruner Halae 1776 p 74.

die Erklärung. Zum Vogel קיק den Samuel nennt vgl. man was Honein bei BB PSm sv ܩܝܩܝܐ über den Vogel ܩܩܐ sagt. Targ. Pesch. ܩܩܐ zu קָאָת قوق. [Ephr. II 347 A Land IV 55_{27} 56 Nöld.] Die richtige Erklärung ist jedenfalls קיק = κίκι = [Lngk „κικίτο" ist aus DCge gr Append. 201 sv αἷμα πυρετοῦ: τὸ κικίτο λεγόμενον κρότων Druckfehler für τὸ κικὶ τὸ λεγόμ.. κρ.!!]

קיקיון דיונה — Ricinus. Rabbah bar bar Chanah hat ihn gesehen: „Der kikâjon sieht aus wie צלוליבא, wächst in Sümpfen (דפשקי od. דובשקי), man zieht ihn auf die Eingänge von Kaufläden, presst aus seinen Körnern Oel und unter seinem Laube ruhen alle Kranken des Westens (Palästina's)." Dies צלוליבא erklären die Geonim bei Aruch sv: „Ein Baum bei uns, der Körner trägt, aus denen man Oel und ein Heilmittel bereitet; Leute, die „kalt" sind, trinken das Oel; arabisch: כרוע خروع, das Oel دهن الخروع".

Dieser Bericht wird durch folgende, von Cast. 757 misverständlich incurvatio, genuflexio (כרע!) übersetzte Glosse BB's bestätigt. BB 804:

ܨܠܒ ܟܠܒܐ ܐܝܟ ܕܐܡܪܝܢ الخروع زعم ܐܣܛܘܟܣܝܣ ܨܠܘܒܠܒܐ
الخروع ܘܐܡܪ ܟܢܘ ܗܘ ܐܩܘܪܛܘܢ ܐܩܪܝܬܘܢ ܨܠܝܒܠܒܐ:

Das erste Wort ist irrtümlich in zwei Wörter getrennt, — wohl auf Grund der Redensart ܨܠܒ ܟܠܒܐ Kal Dmng 36_4 41_{15} PSm 529_{20} und sonst — formgerecht ist ܨܠܘܒܠܒܐ aus ܨܠܒܟܠܒܐ, wie ܫܒܫܒܠܬܐ, ܫܠܫܠܐ, ܦܠܦܠܐ, ܩܘܡܩܘܡܐ usw. zu ܨܠܒ, doch sprach man nach BB auch ܨܠܘܒܠܒܐ = talm. צלוליבא.

ܨܠܒ kreuzigen (צלב ܨܠܝܒܐ Nr. 302, ܨܠܝܒܐ, ܨܠܝܒܘܬܐ usw.). Wie das Wort mit dem Pflanzennamen zusammenhängt kann ich nur vermuten, da ich „Palma Christi" nicht weiter verfolgen kann.

299.

קרמולין.

TSchebiit 4_{12} שחליים וקרומלין j 34^b_1 j Nedar. 40^b_{60} ק׳, קרמולין.

300.

ܦܪܢܐ.

C 581 „Dictamnum, thlaspi BB“ aus PSm 891 sv „δίκταμνον“ eine Art ܣܘܪܝܢܬܐ, مشك طرمشيج, مشك طرمشير = ܒܣܪܐ ܕܕܟܬܡܘܪܐ ܦܪܢܐ = ܬܠܐܦܣܘܣ = ܛܪܡܫܝܪ ܡܫܟ. BB 992 ܬܠܐܦܘܣܘܣ ܡܢ ܡܫܟ ܛܪܡܫܝܪ ܗܢܘ ܕܐܝܬܘܗܝ ܕܟܬܡܢܘܢ. D 378 δίκταμνος = βελουάκος الوافوس daraus ܬܠܐܦܣܘܣ und ܬܠܐܦܘܣܘܣ. Mowaff. 249 مُشْك طَرَامُشِيرْ Bt II 518 Av 207 مشك طرامشيغ. Vull I 886 sv دقطامونون — مشكُطرامَشيع. Der hebr. Galen p 126ᵇ 127ᵃ משטראמשיר, Langk μυσκεαραμυστίρ, μισκεπταραμιστήρ. Aßaf blos ריקטאמנון alle Sprachen 45 p 72ᵇ = 57ᵇ ריקטאמינון.

301.

ܩܪܘܦܠܘܢ.

ܩܪܘܦܠܘܢ ܡܢ ܦܪܢܓܡܫܟ. فرنجمشك ريحان بقلة قرنفل BB 894 ܩܪܘܦܠܘܢ ܐܘܪܡܝܐ 786 ܦܪܢܓܡܫܟ ܩܪܢܦܠ قرنفل البستان. — Καρυόφυλλον Gewürznägel nach Meyer 2_{418} zuerst bei Paul. Aeg. PSm ܐܪܘܦܠܘܢ = ܩܪܘܦܠܝܢ Aßaf 101ᵃ קרונפיל, 105 קריאופילון. قَرَنْفُل [dies die gewöhnliche Aussprache Fl. Es kommt schon bei den ältesten arab. Dichtern vor. Nöld.] *Caryophyllus aromaticus*, *Dianthus caryophyllus* South Verz. 283 Daraus garófano it., girofle sp., frz.

302.

ܩܘܪܛܒܠܐ.

2silbig Ephr. II 439 F. PSm 1516 BB τρίβολος ܩܘܪܛܒܠܐ, ܩܘܪܛܒܠܬܐ, حَسَك. Aßaf 53ᵇ טריבולון, aram. קורטובא, hebr. דרדר K PSm ܚܣܟܐ = ܩܘܪܛܒܠܐ ܕܚܩܠܐ. Im syr. Galen τρίβολος ܩܘܪܛܒܠܐ PSm 1520 l. 12 inf. Ebed Jeschu, Ktâbâ d'Pardêsâ ms or. Berol.

Peterm. 14 fol. 70v: ܩܘܪܛܒܐ ܕܗ̈ܠܠܐ erklärt: ܩܘܪܛܒܐ ܪܡܫܡ ܡܪܣܦܘܣ ܗ̄ [l. ܕܪ̈ܕܪܐ] ܕܪ̈ܕܪܐ ܟܘ̈ܒܐ ܕܗ̈ܠܠܐ ܐܣܦܣܢܐ ܕܚܫܟܐ ܕܡܬܚܪ̈ܕܐ ܠܝ̈ܘܬܐ:

Pesch. Richt. $8_{7\cdot16}$ ברקנים, Jes. 34_{13} קמוש, Mt 7_{16} τρίβολος = Hebr. 6_8.

Wetzstein Dreschtafel 285 weist Gesenius' * ברקן Feuerstein, dann der damit besetzte Dreschschlitten, zurück und ist mit Recht für die jüdische, vom Syrer und Araber angenommene Erklärung ברקנים Dorn ܩܘܪܛܒܐ قُطْرُب. Wetzstein sagt قُطْرُب[1]) sei kein τρίβολος; ist also nicht ganz dasselbe was ܩܘܪܛܒܐ. Gesen.[8] wird sv auf Wetzstein aO verwiesen, nur hätte erwähnt werden müssen, dass er die Gesen.'sche Etymologie widerlegt hat.

ברקנים, Targ. beibehalten ברקניא, talm. in Verbindung mit קוצים Ly I 271a.

303.

ܩܘܪ̈ܝܬܐ.

BB 736: ܦܘܩܢܝܩܘܡܘܢ ܐܝܟ ܡܩܪ̄ ܩܘܪ̈ܝܬܐ ܕܐܝܟ ܪܫܡ ܠܓ̈ܦܬܐ ܕܡܢܗ ܠܙܪܙܝܢܐ ܕܡܬܩܪܐ ܠܒܣܡܬܐ D 667 πυκνόκομον .. εὐζώμῳ .. ὠκίμου . . . Aßaf 99 p 82a פוקניקומון.

304.

ܩܪܝܒܬܐ.

Urtica, Brennnessel[2]).

ܩܪܝܒܬܐ. — ܩܪ̈ܝܒܢܬܐ κνίδη Job 31_{40} Hex. Hos 9_6 Sym. Ephr. II 14c für ܐܣܢ̈ܐ PSm 361 „ἀκαλήφη“ ܩܪ̈ܝܒܢܫܬܐ, قريص, انجره,

---

[1]) Nov. 289 ܩܘܪܛܒܐ حسك، قرطب (so) ed. Lag. 50.

[2]) Am Gebräuchlichsten ist für Urtica in Aegypten حُرَيْق S. ob. Nr. 113. C 808 κνίδη „ܩܠܡܕܐ“ i. q. Ar. عريض BB lies „قُرَيْص“. Forsk. LXXV *Urtica pilulifera.* Ibd. LXXIII قُرَيس *Senecio squalidus.*

ܩܘܢܕܝܬܐ¹). 356 ܩܘܩܘܣ, ܡܙܪܝܘܢܐ Galen. 1160 ܚܒ ܡܙܪܝܘܢܐ = κόκκος Κνίδιος = BB 841 zu ܩܘܩܘܢܝܕܝܘܣ. 895: ܡܙܪܝܘܢܐ حب بزر القريص وهى الأنجرة ܩܢܝܕܝܘܢ ܩܘܢܕܝܬܐ ܕܗ ܚܒ ܡܙܪܝܘܢܐ الباززيون²): ܡܙܪܝܘܢܐ ܕܓܒܠܝܐ ܕܥܒܪ ܠܗ ܩܛܠ ܐܒܘܗ̈ قاتل ابيه وهو (وهى) اصل نبات . . . : ܡܙܪܝܘܢܐ ܥܩܪܐ ܕܡܙܪܝܘܢ ܠܩܘܢܕܝܬܐ ܘܩܘܢܕܝܬܐ: 836 .(²ܡܙܪܝܘܢܐ ܗܘ ܥܩܪܐ ܕܗܘ ܡܙܪ ܡܙܪܝܘܢܐ ܕܐܬܐ ܥܩܪܐ ܢܒܘܬ ينبوت نبطى ܢܒܛܝܐ ܐܝܬܘܗܝ ܗܘܐ ܬܬܝܠܝܣܝܘܣ ܢܘܪܒܢܝܬܐ ܠܬܬܝܠܝܬܐ ܐܪܡܢܝܬܐ:

Einiges ist hier dunkel. ܩܛܠ ܐܒܘܗ̈ ob. S. 334? Κόνυζα = ܡܙܪܝܒܐ (vgl. Nr. 135).

Etymologisch gehören ܩܘܢܕܝܬܐ, ܡܙܪܝܘܢܐ zu √ ܩܛܠ syn. ܡܪܘܒ, ܡܙܪܝܒ ܡܙܪܘܒ קרצוּבא targ. Spr. 15_{19} Dornstrauch. קרסולא targ. = קוֹץ? Auch ܩܘܢܕܝܪܐ Dorn gehört hieher s. Nr. 162.

انجرة ist ἀντζηρά DCge app. „Cnidium" Langk 86 irrig zu Daphne Gnidium. — S. 359 penult.

305.

ܩܘܫܛܐ

Costus speciosus Smith. *Kostwurz.*

Mischn. קֹשְׁטְ قُسْط — כשותא, כושת¹). ܩܘܣܛܐ und קושט wie

¹) Daher C 834 ܡܙܪܝܘܢܐ granum thymelææ d. h. مازريون BB 868 κνίδινον BS ܡܫܚܐ ܕܚܒܐ ܕܡܙܪܝܘܢܐ ܕܩܘܩܘܢܝܕܘܢ (ܩܘܩܘܢܝܕܘܢ) ܩܢܝܕܝܘܢ دهن يتخذ من بزر المازريون. Nicht BS sondern Rabban sagt dies aus D 51 κνιδέλαιον. Ob. S. 162_{24} ist nach Elia Nis. 24_{38} ed. Lag. zu lesen ܩܢܝܕܝܘܢ.

[2]) Gezzâr im 1. Grad sagt zu ܦܩ, dass Mancho es für سنبل الرومى, Mancho für das arab. בממון (so) syrisch: קרצינה halten. Mitgeteilt von Steinschneider, Deutsches Archiv f. Gesch. d. Medicin u. medic. Geographie II Sonderabdr. S. 7. בממון ist nach Steinschn. G a f i k i S. 508 βουβώνιον. Farag hat nach Steinschneider daselbst S. 522 Nr. 15 aus Gezzâr: „chald. carsihina".

¹) כ für ק im Anlaut wie in קושטא mand. כ׳ S. Nöld. Gr. 39.

ܩܘܫܛܐ Wahrheit קושטא[1]). ܩܘܫܛܐ Geop 87_8 = ܩܘܣܛܘܣ. Novar. ebenso. BB:

ܩܘܣܛܘܣ ܥܩܪܗ ܩܘܫܛܐ القسط ܘܐܝܬ ܙܢܝܢ ܬܠܬܐ

ܗܢܘܢ ܐܪܒܝܩܝܐ ܘܗܢܘܢ ܗܢܕܘܝܐ ܘܗܢܘܢ ܣܘܪܝܝܐ: — D 29 κόστος — ἀραβικός, ἰνδικός, συριακός.

Aßaf 13 p 65ᵃ קושט alle Sprachen. 54ᵃ קוסטוס. Steinschneider Donn. 150.

קושט Ukz. 3_5 (Sifre II 107 p 96ᵇ Kerit. 6ᵃ) Maim. قسط. Hai G. z St: talmudisch: כשרתא Berach. 43ᵃ. — j Erub. 25^d_3 f j Chag. 79^c_{22} in der Stelle aus Ukz. כושת.

Ueber den Costus s. Salmasius hyl 88 p 128. Theophr hpl ϑ 7 Plin ιβ 12. — Flückiger: Die Pflanze, welche die Kostwurzel liefert wächst in den Alpen von Kaschmir, gehört zur Familie der Compositen und ist von Falconer als Aucklandia Costus beschrieben worden. Die Kostwurzel ist bei uns längst verschollen und höchstens in Sammlungen zu finden; im Orient wird sie immer noch geschätzt.

306.

ܪܘܙܐ.

Oryza sativa L *Reis.*

אֹרֶז, אָרוּזָא S. Hehn 368 Lag gA 24. Aus skr vrîhi iranisch brîzi.

ܐܪܘܙܐ hat PSm 371 aus éiner Stelle, für syrische Form kann aber nach den Lexicographen und dem Sprachgebrauch nur ܪܘܙܐ gelten — Ez. 27_{17}, BH Chron 144_3 [Kal u Dmng 41_{12} $102_{21\cdot23}$ 103_5 Sindban 10_3 24. Nöld.] — PSm 93 zu ܐܪܘܙܐ Honein uA. neben رز. 1068 ܒܪܝܙܐ [l. ܒܪܘܙܐ Fl.] „pers." d. h. neupers.

---

[1]) palüst. ܩܘܫܛܐ Land Anecd. IV 104_4 — ܫ der Syrer bezeugt Vull. sv قوسيا „syr." lies: قوشتا.

برنج[1]) = ܡܪܘܙ Lag aO PSm 609 nicht crrpt aus ܐܘܪܘܙܐ wie PSm meinte.

אורז Mischn. Maim. überall الرّز Peah 8_3 Bm 3_1 Tebul jom 1_1. In Palästina gebaut Dem 1_1 j 22[b]. Gekocht j Ter 41^d_{26} oder mit Weizen zu Brod verbacken Chall. $3_{7\,10}$. — Fraglich ist אורז TSchebiit 5_7 j. 37^b_{28}.

307.

ܢܗܘܟܐ ܕܐܘܪܟܐ.

Bdellium.

BB 910 ܐܘܠܗ ܕܡܘܩܠܐ مقل اليهود 479: ܕܡܐܕܐܠܩܘܢ (مادالقون) قال جبريل عن ديسقوريدس انه من اسمآء المُقْل:

PSm 459 zu βδέλλιον. Aßaf 55[b] אברליון. aram. רומא דארעא, arab. מוקול Steinschn. Donn. 137_{29} D 85 βδέλλιον = μάδελκον [auch: βόλχον od. βλόχον aus mukl?]

308.

ܢ̈ܘܚܠܐ.

Malva, Malve.

a. Pesch 2 Kön 4_{39} f אורות. BB 911 darüber: ܢ̈ܘܚܠܐ خبار واقول خبازى ملوخيا ܗܟܢܐ ܕܡܠܘܟܝܐ الخبازة ܦܪܣܝܐܝܬ ܡܠܘܟܝܐ ܘܗܘܝܐ ܐܪܝܘܬ. Die LXX hat אורות beibehalten. ܘܗܘܝܐ ܐܪܝܘܬ heißt: „LXX ἀριώθ“ nicht „griechisch אריות“ wie Lag gA 60_{27} übersetzt. PSm 380 ܐܪܘܬ. — خبار ist falsch. — S. Nr. 149. خُبَّاز hat C 505 zu ܕܚܠܡܝܬܐ irrig خَبَّار gelesen und mit pistor übersetzt.

BB 500 ܕܚܠܡܝܬܐ ܐܝܟ ܢܒܛ ܢ̈ܘܚܠܐ الخبّاز[2]) ܘܡܠܘܟܝܐ ܘܕܚܠܡܝܬܐ. Genau so Aßaf 79 p 78[a] אורות — aram. רענין — gr.

---

[1]) Dafür ist das von BB 868 als verdächtig bezeichnete: ܙܪܥ ܩܘܡܣܘܣ ܐܝܟ ܙܪܥ بزر برنج زعم ܐܝܟ ܢܒܛ höchst wahrscheinlich crrpt aus: بزر الانجرة Nr. 304.

[2]) So cod. Flor. — H plur. ܢ̈ܘܚܠܐ.

מולושיאה röm. מלווא. D 260 μαλάχη (κηπευτή). Mit ܪܗܒܢܐ ܕܒܪܐ ist D 493 ἀλκέα . . εἶδός ἐστιν ἀγρίας μαλάχης wiedergegeben PSm ܐܠܩܗܐܐ.

ܪܗܒܢܐ gehört zu ܪܗܒ schäumen Nr. 151, obwohl Schaum vom Schleim, nach dem die Malven benannt sein könnten, noch verschieden ist.

Eine Nebenform ist nach BB ܐܪܗܒܢܐ, wenn das richtig mit خبازى wiedergegeben ist PSm 399. PSm BB hat noch ܚܘܒܙܝܐ = خبازى? — خُبَّازَى, خُبَّاز, خُبَيْز geht von der Brodform der Frucht aus Baudissin zu dem arab. Job. 24_{24}.

ܡܠܘܟܝܐ ملوخيا s. ob. S. 250 wurde nicht immer gehörig von μολόχη gesondert, und steht in der Galenübers. für dieses.

Zu ܪܗܒܢܐ [ܐܪܗܒܢܐ?] gehört nach gaonäischer Tradition (s. Ar. u. Raschi) הראני, אראני Agg. אראני Ar. הרני od. ארוני,) Schabb. 35[b] eine Pflanze, die auch an trüben Tagen das Nahen des Abends anzeigt. Aruch u Raschi: Eine Pflanze, deren Blätter sich nach der Sonne wenden und die malva (מלבא. מלווא) heißt. Auch חלמית erklärt Aruch, der es also für Malve hält, durch aramäisches, ms Hochsch. talmudisches הרני. הָרְנֵי — הָרָאנֵי = [ܐܪܗܒܢܐ] Malve, Käsepappel. Nach Aruch hat sie runde, nach einer Seite hin geöffnete -- gespaltene — Blätter, bückt sich bei Nacht zur Erde, richtet sich wenn die Sonne scheint auf, um nach ihr bis zu ihrem Untergange geöffnet zu bleiben und ihrem Laufe zu folgen. Ueber die Wendung der Malve nach der Sonne ist sonst nichts bekannt.

b. ܢܛܘܦܬܐ[1]) *Althaea*, Eibisch. [ܫܛܦܬܐ Land III 205_{18}. Nöld.]

---

[1]) Dem bibl. נטף für στακτή erklärt, entspricht ܢܛܘܦܬܐ, das Sergius für ܗܡܒܬܐ ܕܡܠܬܐ gebrauchte. vgl. Pesch. Ex 30_{34} Ges. de BA et BB II, 11. — ܢܛܘܦܬܐ steht als gleichbedeutend mit ܓܠܦܬܐ pollen, für welches Sergius ܓܪܒܒܬܐ gebraucht unter letzterem Worte bei BA und BB PSm 784. Unter ܓܠܦܬܐ und γῦρις verzeichnen es aber die Lexicographen nicht.

Geop ἀλθαία ܚܛܡܝܬܐ = ܐܐܠܬܐ 17_{20} (γ 6_6) 48_{21} (Palladius althea = hibiscus) 49_4. Galen Sachau Ined. 97_5 ܐܝܟ ܚܛܡܝܬܐ ܕܒܠܫܢܐ ܝܘܢܝܐ ܡܬܩܪܝܐ ܐܠܬܐܝܐ ܗ̇ܝ [l. ܗ̈ ܗ̇ܝ] ܐܝܟ = τῆς ἀλθαίας, ἥπερ ἀγρία τις εἶναι δοκεῖ μαλάχη. — „Ἰβίσκος" PSm 1005 خطمى برى ob. S. 199.

Vgl. Nr. 149 Anm. PSm sv ܐܐܠܬܐ[1]) — ܚܛܡܝܬܐ خطمى Elia 25_{55} BB 478. 455.: ܚܛܡܝܬܐ نوع من الخطمى ܠܐܠܬܐܘܣ ܕܡܠܒܟܐ ܗܘ ܚܛܡܝܬܐ الخطمى lies: ἀλθαία, ἀλθαίας.

خطمى ist *Althæa officinalis* L und *ficifolia* Cav. Sonth Verz. 275 Forsk LXX. und oben S. 166_5 Bt I 373 = ورد الزوانى [auch JAww. Meyer 3_{88}] II 585 falsch ورد الزينة.

BB 706: ܚܛܡܝܬܐ ܚܛܡܝܬܐ ܥܡ ܗܘܝܐ ܒܡܕܒܪܐ ܗܘ ܥܠ [l. ܥܠ] PSm 527 ܥܠ BA dasselbe und اصل الكبر؟؟ بل Nr. 253 Bt يَدْقَه = Vull. يَدَقَه yezgo, Frucht بل Dozy DMG 23 185. —

Die Terminologie ist für ܚܛܡܝܬܐ خطمى[2]) nicht ganz fest. Sie bedeutet sicher *Althæa* (offic.) L. Doch steht خطمى auch zu ܡܠܘܚܝܬܐ oben Nr. 120 b S. 166. PSm 1522 BS ܡܠܘܚܝܬܐ (?) ܡܠܘܚܝܢ. خطمية BB: ܡܠܘܚܝܬܐ ܕܡܠܒܟܐ مرج كير او الخطمى und 527 ܡܠܒܟܐ خطمى. Wenn die Syrer PSm 1284 sagen, ܡܠܘܚܝܬܐ in Job. 6_6 sei = ܚܛܡܝܬܐ, so wollen sie an Stelle der von der Peschittâ des Gleichklangs wegen für חלמית gesetzten Pflanze, Anchusa, die passende, schleimige Althæa haben. Dies Bestreben trägt, glaube ich, Schuld an dem Mangel einer strengen Sonderung des nicht Zusammengehörigen.

---

1) Vull. اليا, البا lies التا = خطمى صحرانى, شحم المرج = Bt II 197 zu خطمى برى und عضرس s. Vull. sv. Der cod. C. des D am Rand: آلتيا.

2) خطمى الابيض PSm 999 ܐܠܬܐܘܣ. BB 707 ܚܡܪܐ ܐܝܟ ܒܦܘܡܐ ܐܠܬܐܘܣ. اصل الخطمى الابيض

309.

רכפה.

(Färberpflanze.)

Schebiit 7_2 TKil. 3_{12} רכפא. Maim. بقّم. Guisius zur Stelle weist die Erklärung mit Recht zurück, weil dieses ausländische Holz nicht gemeint sein könne, und bringt aus Ǵauharî bei: رخف ضرب من الصبغ. — Aruch מרים (so) שגר شجرة مريم. Vgl. S. 307.

310.

רִמּוֹנָא רוּמָנָא.

Punica Granatum L. *Granatbaum.*

a. Mand. רומאנא Nöld Gr 123, bibl. רִמּוֹן رمّان[1]) — Vull. app zend. رومنا und verschrieben روزمنا. Etymologie dunkel. Hehn S. 155 f sagt: „Religiöser Verkehr hat in alter Zeit auch den herrlichen Granatbaum nach Europa gebracht, dessen purpurne Blüte im glänzenden Laube und rothwangige, kernreiche Frucht die Phantasie symbolisch denkender Völker Vorderasiens von Anbeginn lebhaft ergreifen musste. In der Odyssee sind unter den Früchten im Garten des Phæakenkönigs und unter denen, die den phrygischen Tantalus durch ihren Anblick quälen, auch Granatäpfel, ῥοιαί, welcher Name allein schon für die Herkunft des Gewächses aus semitischem Sprach- und Kulturkreise entscheidendes Zeugnis ablegt.“ S. 433. „Das m des semitischen rimmon ging“ (nach Benfey) „durch eine sehr natürliche Umwandlung“ in das

---

[1]) Hehn S. 160. „Der Name des Granatapfels und des Granatbaumes bei den Portugiesen ist noch heut zu Tage der arabische, roma, romeira; von demselben arabischen Wort stammt der ital. und franz. Name der Schnellwage, romano, romaino, da das Gegengewicht bei arab. Wagen in Form eines Granatapfels gebildet zu sein pflegte.“

griechische Digamma über. Hesychius kennt noch für eine Sorte großer Granatäpfel den Namen ῥίμβαι.

Targ u. Pesch = רִמּוֹן, ῥοιά Geop 10_{28} 11_{9} 17_{18} 22_{3} 49_{21} 58_{12} 59_{24-26} 64_{29} 99_{7} 103_{21} 105_{4} 109_{24} 110_{1} bes. 70_{25} ff. ܟܘܠܬܦܐ ܪܘܡܢܐ : 118_{3} : Für καὶ ῥοιᾶς falsch καρύας ܓܘܙܐ 14_{28} ($\gamma 4_{2}$). Κύτινος 98_{20} ܩܘܛܝܢܘܣ, für κύτισος, ܪܘܡܢܐ ܕܒܪܐ 102_{29} ($\iota\zeta\ 8_{1}$) 104_{18} 112_{24} 114_{13} 116_{12}. ܪܘܡܢܐ κεφάλια ob. S. 245_{3}. Vgl. PSm 1690 penult D 716 ῥοΐτης οἶνος BB 906 ܪܘܡܢܐ ܚܡܪܐ Rabban. Das. ῥοά: رمان شجرة الرمان ܪܘܡܢܬܐ ܪܘܐ. Σίδιον Schale des Granatapfels erscheint mehr oder weniger corrupt bei BB 648: ܩܠܦܐ ܣܕܐ ܪܘܡܢܐ (so) ܩܠܦܬܐ ܕܪܘܡܢܐ ܐܝܟ ܐܡܪܝ رمان قشور ܪܘܡܢܐ [l. ܣܕܐ] نجد الرمان: ܣܝܕܝܘܢ ܩܠܦܐ ܐܝܟ ܕܪܘܡܢܐ ܣܕܐ ܕܪܘܡܢܐ ܣܝܕܝܘܢ ܩܠܦܐ ܕܪܘܡܢܬܐ: 659 قشر الرمان. — BS PSm 99 auch ܫܪܢܩܐ : قشر الرمان الرقيق PSm 137 ult BB شرناق ܫܪܢܩܐ zu ὑδατίς. PSm 99 zu ܐܫܪܢܩܐ. S. ob. S. 203 Anm. 2. [Hieher gehört viell. شَرْنَقَة Seidenwürmcocon von der Aehnlichkeit mit einem Θυλάκιον. ܪܘܢܝܘܣ ob. S. 311_{8} ist ῥόϊνος granatrot, als Substantivum: Krapp. Gemeinarabisch runnâs. Fl.]

b Kern 1) ܦܪܕܬܐ pl. ܦܪ̈ܕܐ[1]) (פרידה Sifre I 108 p 30^{b} פרידה אחת. Biblisch פְּרוּדוֹת pl. und das biblische Nom. propr. פרידא od. פרודא. BB cod. Rom JAs 1872 XIX Anhang 11: ܦܪ̈ܕܐ.. ܚܒܐ ܦܪ̈ܕܐ ܕܪܘܡܢܐ ܟܕ ܐܬ̈ܝܢ ܒܟܠܗܝܢ ܡܠܝܢ ܕܐܬܝܢ ܡܢ ܠܗܘܢ ܒܢܝ ܓܪܡܢܝܐ ܡܚܡܝܢ الجرمان: PSm 1306: ܡܚܡܝܢܐ [BB PSm 936 lin. 6 = حب الرمان] = ܦܪ̈ܕܐ ܕܪܘܡܢܐ. — Mischn. פֶּרֶד TTer. 3_{16} TSchebiit 6_{29} (j Naz. 54^{d}_{27}) u. sonst — פרטתא S. Pe-

---

[1]) BB 604: ܣܘܡܩܐ ܐܝܟ ܐܡܪܝ ܚܡܘܨܐ حب الرمان الحامض ܐܝܟ ܐܡܪܝ ܣܘܡܩܐ ܦܪ̈ܕܐ ܕܪܘܡܢܐ ܡܚܡܨܬܐ ܒܪܘܡܝܐ. C 565 ܣܘܡܩܐ? Bei D 143 τῆς ὀξείας [ῥόας] ὁ πυρήν.

sikta 3^b Buber פרשתא דרומנא der anführt Tanch. וארא 14 Schem r 12 p 216 l. Z. פרנותא = ט Bam r 12 p 435_{43} Sch h Sch. r צאינה 36_{46} Lpz ܦܪܢܘܬܐ PSm 378 l. 12 inf. 2) ܦܪܡܘܢܐ BB: ܦܪܡܘܢܝܬܐ ܕܪܘܡܢܐ حبّ الرمان : ܦܪܡܘܢܐ الزبيب ܘܡܫܡܫܬܐ ܦܪܡܘܢܝܬܐ حبّ الرمان Geop 95_{16} ܦܪܡܘܢܝܬܐ (κόκκους ιβ 18_1). Oben S. 189_7. [B Hebr. gr. I 23_{23}: ܦܪܡܘܢܝܬܐ. Nöld.]

פֶּלַח הרמון des HL der Ritz, Spalt des bei völliger Reife berstenden Granatapfels, in dem die saftgeschwellten, glänzend roten Samen zum Vorschein kommen (Wetzst. zu Delitzsch HL u Koh.)

BB 806 aus Pesch. HL 4_3 mit abweichender Versteilung: ܦܠܩܐ ܐܝܟ ܒܪܡܘܢܬܐ ܦܐܠܐ ܕܪܘܡܢܐ ܗܘ ܗܝ ܕܡܬܦܬܚܐ ܦܠܚ ܐܝܟ ܗܘ ܕܡܬܦܬܠܠܗ ܒܥܐ ܐܝܟ ܦܠܩܐ ܕܪܘܡܢܐ· الجُلَّنَار اول ما يطلع ܘܐܝܟ ܦܠܚܐ قلع الرمان ܘܐܝܟ ܒܪܡܘܢܬܐ قشر الرُّمّان.

قَلْعَة pl. قِلَع ist pars rei in longum fissæ.

d. Blüte, جُلَّنَار = گل نار pers. [BA PSm 532 βαλαύστιον = κύτινος = جلناربستانى od. جلنار مصرى, syrisch: ܒܠܘܣܛܐ wahrscheinlich verschr aus ܒܠܘܣܬܐ]. BB 431· ܒܠܘܣܬܐ ܕܪܘܡܢܐ ܗܘ ܒܠܘܣܬܐ ܕܒܠܘܣܛܘܢ اقماع الرمان ܒܠܘܣܬܐ جلنار قماع الرمان البستانى ܒܠܘܣܬܐ قمع الرمان والورد او الجلنار Elia 25_{48} PSm 1711 Simon b. Zemach Duran Mâgên 'Abôt Livorno 1785 fol. p 36^b רימון המדברי שקורין גילינאר.

e. Mischn. רמון s Graph. Requ. I 89 f; die Besten, wie dort nachgewiesen, in Badan, einem Orte — Tale? — in Samaria: בדן

[1]) Hehn S. 433. „Von dem Namen der (Granaten-) Blüte βαλαύστιον (wohl auch ein orientalisches Fremdwort) stammt bekanntlich das italienische balaustro, balaustrata usw. und also auch unser Balustrade.“ Man ist versucht an ܦܩܚܐ und das Verbum ܦܩܚ, das vom Blühen der Pflanzen, (vom Granatapfel HL 6_{10} 7_{13}) gebraucht wird, zu denken. —

(בראן od. באדן) Kel. 17_5 TKel Bm 6. Orla 3_6. Talm. נָרְא نار s. Ar. sv. انار DMG 20 331 ἀνήρ Lngk. 19.

ܙܪܥܐ ܕܩܘܠܩܠܢܐ ܕܕܪܥܐ PSm 1160 = ܡܪܩܪܩܢ, حب قلقل عريض مغات. Ob. S. 177. Nov. 138 قلقل ܩܘܠܩܠܢܐ ܕܕܪܥܐ Centaurium. PSm 599 ܡܪܩܪܩܢ = ܩܘܠܩܠܢܐ ܕܕܪܥܐ، حب القلقل, und بشدنج wörtlich „Korallenkorn“. Dasselbe ist viell. PSm 598 ܡܪܩܢ des BS. — ܘܢܒܐ ܕܩܘܠܩܠܢܐ Elia 25_{61}.

Hieher gehört folgende Glosse BB 559: ܩܘܪܡܠܝܢ ܫܡ ܠ ܕܪܥܐ ܕܐܕܡ ܘܐܠܘܗܝ ܕܐܬܩܪܝܬ ܒܥܒܪܝܐ ܩܘܪܡܠܝܢ ܗܢܘ ܫܡ ܠܗ ܩܘܠܩܠܢܐ ܕܕܪܥܐ الغات ܘܐܝܟ ܕܐܡܪܝܢ ܡܦܩܢܐ ܕܝܘܠܐ ܘܐܣܘܬܐ ܕܐܕܡ. الغات وهو دواء الحيه: Vullers sv عقار آدم Wurzel des Granatbaumes.

311.

ܪܥܝܐ ܕܐܝܠܐ.

Uebersetzung von ἐλαφόβοσκον D 416 PSm 1012 ܐܠܦܒܘܣܩܘܢ, aus Galen sv. ܐܠܐܦܘܣ, BB ܐܝܠܐ. Bait. hat syr.: رعيا ديلا Steinschneider, Gâfiki 538.

312.

ܪܥܝܐ ܕܝܘܢܐ.

Verbena, Eisenkraut?

Uebersetzung von περιστερεών D 548 = رعى الحمام. BB: 920 ܪܥܝܐ ܕܝܘܢܐ ܦܪܝܣܛܪܝܘܢ ܗܘ ܦܪܝܣܛܪܝܘܢ رعى الحمام: 754 ܦܪܝܣܛܪܝܘܢ ܫܡ ܪܥܝܐ ܕܝܘܢܐ ܐܝܟ ܪܥܝܐ رعى الحمام اشينا [sonst syr. geschr.] قال جبريل ان اسم رعى الحمام ܦܪܝܣܛܪܝܘܢ :788 ܦܪܝܣܛܪܝܘܢ ܫܡ ܠ ܐܬܩܪܝܬ ܪܥܝܐ ܕܝܘܢܐ رعى الحمام ܘܫܡ ܦܪܝܣܛܪܝܘܢ :725 ܦܪܝܣܛܪܝܘܢ ܐܝܟ ܐܢܫܐ ܗܘ ܪܥܝܐ ܕܝܘܢܐ ܠܚܡܡܐ ܘܐܡܪܘ ܕܢܬܦܩ ܬܟܘܢ ܠܡܫܬܘܬܐ ܘܟܠ ܗܘ ܘܫܡܗ ܢܦܫܝ ܟܠܠ ܕܐܢܬܐ ܚܪܢܐ ܡܦܩܢܘܬܐ ܐܬܪܐ ܐܝܟ ܕܝܘܢܝܐ ܦܪܝܣܛܪܝܘܢ رعى الحمام ܗܢܘܢ ܡܢ ܕܡܢ ܘܢܦܩܝܢ ܐܟܚܕܐ ܕܩܪܝܢ ܦܪܣܛܪ ܕܝܘܢܐ ܠܡܪܥܝܐ:

D 548 Περιστερεὼν .. ἱερὰ βοτάνη [PSm: ܐܪܝܣܛܘܠܐܢ = ܥܣܒܐ ܩܕܝܫܐ gehört zu D 549 περιστ. ὕπτιος Blätter wie ܒܠܘܛܐ ἐοικότα δρυΐ.] πόα ἐστι ἔχουσα πέταλα .. ὑπόλευκα ἐκπεφυκότα ἐκ τοῦ καυλοῦ μονόκλωνος ὡς τὸ πολὺ καὶ μονόῤῥιζος εὑρίσκεται.

ܐܫܢܐ PSm sv. ܪܓܠܐ ܕܝܘܢܐ (cod. M ܐܫܢܐ).? Aßaf 71 p 76[b] חמאמא — פריסתרונא gr., קולומבארולא od. ברבינא röm. columbarula, verbena. — S. Pun. Verz. 3.

313.

ריתמא.

Retama rætam Webb. (*Genista Rætam* Forsk.)

Targ. = bibl. רתם رَتَم wie ms. Diosc. Constntpl. am Rande arab. hat zu σπάρτος. Robinson Pal. I 336. Aßaf lässt 21 p 67[a] κάγκαμον aus, das bei D folgt, und hat an derselben Stelle: רותם gr. איספרטון, röm. גניסטרון genista. Ein aram. Wort hat er ebensowenig wie die Uebers. zu D 644:

ܣܦܐܪܛܝܘܢ ܐܝܬ ܗܝ ܠܐܣܛܪܘܣ ܐܝܬܘܗܝ ܕܡܬܩܪܝܘܗܝ
ܕܡܬܐܡܪܝܢ ܒܥܒܪܝܐ قال جبريل عن جالينوس وفولس وغيره ان رباط
تعريش الكرم يسمى باليونانية ܣܦܐܪܛܝܘܢ حشيس قوى:

D: Σπάρτιον .. θάμνος ἐστὶν φέρων ῥάβδους . . . αἷς τὰς ἀμπέλους δεσμεύουσι. — Kimchi WB: רתם 2 יינשתא" prov. ginesto.

314.

ܫܘܢܝܙܐ, ܫܘܢܝܙܐ.

Nigella sativa L. *Schwarzkümmel*[1]).

ܫܘܢܝܙܐ Pesch. u Hex. Jes. $28_{25\cdot27}$ קצח μελάνθιον = Geop 45_{23} [= ܫܘܢܝܙܐ Land IV 101_{12}] 108_{18} 113_{23} (cr. 17_7). BB Nr.

---

[1]) Der Same des Schwarzkümmels wird im Orient als Gewürz in's Brod gebacken, wie bei uns der Kümmel. Er ist auch Arzneimittel, und wird auch in Deutschland hie und da im Großen angebaut..

248 aus der D Uebers. ܫܒܘܒܢܐ oder ܫܒܘܒܢܐ. BB 928: ܫܒܘܒܢܐ ܘܫܒܘܒܒܢܐ ܗܘ ܐܝܟ ܫܒܘܒܢܐ. 497 „μελάνθιον“: (?) ܫܒܘܒܢܐ: ܡܠܢܬܝܘܢ ܡܢ ܒܒܘܢܐ :518 — شونيز الحبّة السوداء وهو الشونيز ܫܒܘܒܢܐ (?) ܘܫܒܘܒܢܐ شونيز وقال جبريل اسمه باليونانيّة ܡܠܢܬܝܘܢ وهو الفقاح الاسود:

Aßaf 86 p 79ᵇ קצח, aram.: יאטבנא [l. שבובנא] מלנתיון — 49ᵇ: קצח — שבובנא — מלנתין. — Persisch شُونيز [Lane I 1605 Berggr. 865. Dasselbe ist wohl σχουνίζ ob. S. 313 l. Z. Fl.] (سُتِر, سنيز, سونيز) = الحَبّة السَّوْداء Vull. I 278 سياهدانه, بوعنج Schwarzkorn. Spanisch: agenuz אשינוז Ar. ms Zacut sv, arab.: קוחא قزحة, قَزَح = קצח. S Wetzst. Dreschtafel 280. Gezzâr hat im 3 Grad: pers. شونيز, حبة السودا und الكمون الاسود „Schwarzkümmel“. Forsk. LXIII: Habba.

D Uebers. PSm 1433 ܫܒܘܒܢܐ ܐܝܬܘܗܝ ܠܛܘܩܪܝܘܢ ܗܢܕܒܐ ܠܐܠܟܣܢܕܪܘܣ. Ms II. bei PSm unberücksichtigt, hat: ܫܒܘܒܢܐ, Gabriel: عشب فضى. PSm hat das Wort nicht erkannt. Es ist D 449 τεύκριον [aus Galen ܛܘܩܪܝܘܢ] πόα ῥαβδοειδὴς ἐοικυῖα χαμαίδρυϊ. Danach ist zu lesen: ܫܒܘܒܢܐ.

קצח (targ. קיצחא) Edaj. 5_3 Tebul j 1_5 Hai שוניז = Maim., der noch: „Schwarzkorn“. TTer 5_7 j Dem. 22ᶜ in Palästina. Mediz. Wirkung Mass. Kallah I p 3ᵃ Coronel. — קצחא j Pea 17^c_{23}, eine errpte Stelle. — Raschi ניילא niele afrz. = nielle.

315.

ܫܒܒ ܢܗܪܐ.

Uebersetzung von ποταμογείτων,

wie جار النهر Av. 154. Bt I 238 Berggr 871. BB: ܦܘܬܡܘܓܝܛܘܢ ܐܝܟ ܐܢܫ ܫܒܒ ܢܗܪܐ ܒܣܘܪܝܝܐ ܐܝܬܘܗܝ ܝܘܢܐܝܬ ܘܦܘܬܡܘܓܝܛܘܢ

ܛܠܠܝܬܐ[1]) ܐܝܟ ܘܛܪ̈ܦܘܗܝ ܕܡܝܢ ܠܣܘܠܩܐ ܘܡܕܡܘܢ ܩܠܝܠ ܡܢ
ܡ̈ܝܐ سماه جبريل جار النهر وايضا خار [?] النهر: ܦܘܬܐܡܘܓܝܛܘܢ
ܐܢܫ ܗܘܢ ܥܒܕ ܢܗܪܐ جار النهر:

D 592 ποταμογείτων φύλλον ἐστὶν ὅμοιον σεύτλῳ . . καὶ ὀλίγον ὑπερκύπτον τοῦ ὕδατος. Der Anfang der syr. Stelle steht in dem von Sprengel aus cod. C u. N abgedruckten Capitel über ποταμογείτων ἕτερος: Φύεται ἐν λειμῶσι καὶ ἐνύδροις τόποις Var: ἐν ἐνύδροις καὶ ἐλώδεσι τόποις.

ܦܘܬܡܘܓܝܛܘܢ[a] BB 757 ܓܢܣ ܒ ܗܘܢܝܗܘܢ ܦܘܓܘܗܘܢ[c] ܥܒܕ
ܢܗܪܐ ܥܨܝܬܐ ܕܪ̈ܥܝܐ زعم ܦܘܬܐܡܘܓܝܛܘܢ عصاة الراعى 928 ܥܒܕ
ܢܗܪܐ ܓܢܣ ܒ ܗܘܢܝܗܘܢ[c] ܦܐܓܘܗܘܢ يقال عصا الراعى ܘܕܬܘܪܐ
ܥܨܝܬܐ ܕܪ̈ܥܝܐ ܘܐܝܟ ܕܐܡܪܝܢ ܪ̈ܗܘܡܝܐ غصا الراعى الرومى
744 ܦܘܬܡܘܓܝܛܘܢ[b] ܓܢܣ ܒ ܗܘܢܝܗܘܢ[c] ܦܐܓܘܗܘܢ ܕܗܘ ܥܒܕ ܢܗܪܐ
ܗ̄ ܥܨܝܬܐ ܕܪ̈ܥܝܐ:

Nach ܥܒܕ ܢܗܪܐ ist mit [a] [b] ποταμογείτων gemeint. [c] ?? — S. Nr. 2 b.

316.

ܫܘܒܠܬܐ שובלא.

Narde.

سنبل [2]) Uebers. von στάχυς? Bibl. נרד νάρδος ܢܪܕܝܢ. Nach Fick Orient u. Occid. III 364 skr. nalad, woraus bei den Iraniern narada, narda werden musste. Dies r zeigt nach Fick, dass Narde und Pfeffer, skr pippalî — πέπερι, über Persien gewandert sind.

---

[1]) ܛܠܠܝܬܐ feucht, doch kennt PSm 1513 sv ܛܪܦܐ γ) auch das richtige ܛܠܝܠܬܐ. Geop 6_3. BHebr. schreibt cod. Peterm. 19 p 67 ܛܠܝܠܘܬܐ. [Ebenso Luc 8_6 Sebaaf u. Urmia. Nöld.]

[2]) Ueber das span. azumbar s. Dozy-Engelmann Glossaire 230.

Für فلفل פלפל ܦܠܦܠܐ trifft dies nicht zu; eher für נרד ܢܪܕܝܢ نردين ناردين. —

Für נרד HL 1_{11} ܢܪܕܝܢ. 4_{13} [Hex. ܢܪܕܐ] ܢܪܕܘܣ. Mc 14_3 Joh 12_3 (νάρδιον) ܢܪܕܝܢ ܦܝܣܛܝܩܐ νάρδος πιστική. Geop 99_8 ܢܪܕܝܢ, 48_5 ܢܪܕܝܢ ܕܫܒܠܬܐ [DMG 26_{802}]. 49_{28} (ναρδό-σταχυς). 48_{18} ܢܪܕܝܢ ܩܠܛܝܩܐ κελτική 119_{15} ܢܪܕܝܢ ܗܢܕܘܝܐ ἰνδική das. ܩܪܛܝܩܐ für ܩܠܛܝܩܐ (ς 8). [ܢܪܕܝܢ punctirt auch ed. Urmia. Nöld.]

BB 587: ܐܢܪܕܘܣ ܐܝܟ ܫܘܝܢ ܫܒܠܬܐ ܐܪܡܝܐ ܕܐܬܝܐ ܡܢ ܗܢܕܘ
ܣܛܐܟܘܣ ܢܪܕܘܣܛܐܟܘܣ سنبل الطيب : 930 ܫܒܠܬܐ ܢܪܕܝܢ ܡܢ
ܢܪܕܘܣܛܐܟܝܢ وهى سنبل الطيب 587 ܐܢܪܕܘܣܛܐܟܘܣ ܡܢ سُنبُل الطِّيب
ܨܚܚ جبريل سُنبُل العَصافِير: ܐܢܪܕܘܣܝܢ ܐܝܟ ܕܒܘܩܪܛ دهن الناردين وهو
دهن السنبل. 618: ܢܪܕܝܢ ܗܢܕܘܝܬܐ سنبل الطيب : ܐܢܪܕܘܣ ܩܠܛܝܩܘܣ
ܡܢ سنبل قليطى: ܢܪܕܝܢ ܩܠܛܝܩܝܬܐ ܐܝܟ ܦܘܠܠܘܣ سنبل رومى : ܦܛܝܠ
ܠܗ ܐܣܛܘܪܐ ܕܗܘ ܐܦܛܝܠ ܦܘܠܠܘܣ [φύλλον] ܗܠܐ ܛܪܦܐ : ܢܪܕܘܣ
ܩܠܛܝܩܐ ܡܢ ܕ̄ ܗܘ ܕܟܬܒܗ ܡܢ ܕܝܘܣܩܘܪܝܕܘܣ : 587 ܐܢܪܕܘܣ
ܐܘܪܝܐ [ܐ—] ܛܘܪܝܐ ܐܢܪܕܘܣ ܛܘܪܝܐ سنبل جبلى ܫܒܠܬܐ ܛܘܪܝܬܐ
618: ܢܪܕܘܣ ܛܘܪܝܐ ܐܝܟ ܕܐܡܪܝܢ ܢܪܕܝܢ ܕܛܘܪܐ ܘܐܘܠܝܢܐ ܐܘ
ܦܘܠܩܐ[a] ܦܘܠܛܝܣ[b] ܘܢܝܪܝܣ[c] ܡܢ ܣܘܡܝܟܐ ܕܡܬܩܪܝܐ ܟܘܡܢܛܝܢ سنبل
جبلى 776: ܦܘܠܛܝܣ ܡܢ ܕ̄ من اسماء السنبل الجبلى :

D 15: Νάρδος .. ἰνδική .. συριακή .. 17 κελτική .. 19 ὀρεινή = φυλακῖτις so lies [a] + [b], νῆρις [c]?

Die indische Nardo kommt von *Nardostachys Jatamansi* DC. (= *Valeriana Jatamansi* Jones), die celtische von *Valeriana celtica* L., die Gebirgsnarde von *Valeriana tuberosa* L. — سنبل الرومى s. Nr. 304 Anm. und S. 159 l. Z.

BB 618 ܢܪܕܝܢ ܕܛܘܪܐ ܡܢ ܕ̄ ܐܣܪܘܢ اسارون: ܢܪܕܘܣ ܕܛܘܪܐ
قال جبريل عن جالينوس ... 930 ܫܒܠܬܐ ܕܛܘܪܐ ܡܢ اسارون :

D 19 Ἄσαρον οἱ δὲ νάρδον ἀγρίαν καλοῦσι . . Γάλλοι βάκκαρ. PSm 72 ἀγριοναρδίτης ܕܒܪܝܬܐ ܫܒܠܬܐ ܕܒܩܪ. 292 ܐܣܐܪܘܢ — ܢܪܕܝܢ ܕܒܪܐ, ܫܒܠܬܐ ܕܒܪܐ BA, ܕܒܪܐ BB ist Schreibf. Av 127 اساروں, hebr. אזרא בקרא Plempius: Asarum und baccharis wurden verwechselt, daher der span. Name: asarabaccara. שבולת נרד Kerit. 6ª, targ. שובלא zu שחלת .נרדא Schabb. 87ª. Ly TW irrt wenn er תְּבָלִין [so Ms Maim ar] zu „שובל" rechnet „eigentlich spicæ, Gewürzrohr". Das ist: תבל ܬܒܠ تبل [s. ob. S. 226_{10}] — im paläst. Syr. ܬܒܠ salzen DMG 22, 517 = mischn. תִּבֵּל würzen Ter. 10_{12} Tos 9_7 Chull 111ª Schabb 9_5 TPes 2_{13} מתובל — נתבל und Wortspiel mit תבל Welt: מתובלת MMischle 10. Denom. von תבלין pl. (תבל) Ter 10_{12} Tos 9_7 M. scheni 2_1 Orla 2_6 5_{16} Schabb. 3_5 9_6 Beza 1_6 5_4 — תבלי מצוה TPes. 10_7 j 37^d_{10} b. 116ª — Sebach. 10_7 Arach. 2_6 u sonst. בית תבלין Kel. 2_7 5_3 — التوابل BA Nr. 1375 PSm zu ܐܒܙܪܐ und 355 zu ܐܦܙܪܐ [Justi Bundehesch S. 78 اوزارك Gewürze?] wohl unser ܐܦܙܪܐ nicht von بزر Kohut Aruch sv אבזר, obwohl ; und entspr. syr. ܙ bedenklich sind.

317.

ܫܒܪܐ שַׁבָּרָא.

Peganum Harmala L [1]).

ܫܒܪܐ ܡܬܝ ܠܗܡ قَفَر [2]) (?) زعم ويكون حرمل ܘܐܝܬ ܒܪܘܫܪܐ ܗܘ ܐܘܡܒܠܐܠܝܐ ܘܫܒܘܫܒܐ ܘܚܘܣܪܝܐ [ܚܘܣܪܐ ܚܪܕ Flor] ܫܒܫܒܐ

---

[1]) Eine sehr verbreitete Pflanze s. Boissier, Flora or. I 917. [حرملة kommt in der Heidenzeit als Mannesname vor. Nöld.]

[2]) Gemeint ist ܫܘܪܐ „Sprung" C 901 PSm 651_{47} ܫܘܪܬܐ Lag. Anal. 87_{11}. BHebr. gram. min. II 120 Schol. zu ܫܒܪܐ: القُرط والنقب — S. ob. S. 67.

ܗ̄ بزر الحرمل 746: ܦܝܓܐܢܘܢ ܡܢ̈ ܕ ܦܝܓܐܢܐ ܘܐܝܬ ܐܦ ܒ̈ܫܫܐ الحرمل: ܦܝܓܢܐ ܕܒܪܐ ܗ̄ ܒܫܒܫܐ الحرمل وهو السذاب البرى: ܦܝܓܢܐ سداب فيجن [= 721]. 500 ܡܘܠܘ حرمل باليونانية صحه جبريل: ܡܘܠܘ ܐܝܬ ܐܦ ܒܣܡܐ ܕܐܝܬ ܠܗ ܫܘܡܗܐ ܚܘܪܐ ܕܕܡܝܢ ܠܒܘܪܝܢ ܘܥܠܘܗܝ ܐܝܟ ܕܠܝܠܝܘܢ ܘܥܩܪܗ ܦܩܕ ܒܒܝܫܘܬܐ .. ܡܘܠܘ ܗܘ ܦܝܓܢܐ ܕܒܪܐ ܐܝܬܘܗܝ ܘܒܬܠܡܝܕܐ ܗܘܐ ܒ̈ܫܫܐ اظنّه الحرمل سداب برى. ܡܘܠܘ قال جبريل عن ديسقوريدس ان مولى حشيشة ورقها مثل ورق *النيل واعرض:

D 394 πήγανον ἄγριον — μῶλυ, ἅρμαλα (PSm 391 ܡܘܠܘ ܐܪܡܠܐ), Σύροι βησασᾶ 395 μῶλυ .. τὰ μὲν φύλλα ἔχει *ἀγρώστει ὅμοια ἄνθη λευκοῖς .. ἥσσονα δὲ πρὸς τὰ τοῦ ἴου .. ἡ ῥίζα .. σφόδρα ἀγαθὴ πρὸς ὑστέρας ἀναστομώσεις. — שברא s. Nr. 41.

Ueber talm. בשש s. Ar. Sachs I 139 II 26. Die Griechen βησασᾶ, die Syrer: ܒ̈ܫܫܐ? ܒ̈ܫܫܐ ܒܫܒܫܐ, ܒܫܒܫܐ wie es scheint aus ܒ̈ܫܫܐ BA PSm 1159, Vull. I 238 syr. بسباسا = حرمل, pers. صندل دانه. — Aßaf 50 p 72[b] בשישא aram. [41[a] בישישא] gr. מוליום pers. אספד, arab. חרמל. 102[ab] בששא — מוליום — חרמל. 154[a] חרמל — מוליום. pers. اسپند Lag. gA 173 Vull. I 91 = حرمل = سپند, سپند. — Zu ܡܘܠܝܘܢ gehört BB 660: ܡܘܠܝܘܢ ܡܢ̈ ܕ ܒ̈ܫܫܐ بزر الحرمل. Dieselbe Erkl. BS zu ܣܦܢܕܘܬܐ. Ob: (دانه) صندل?

ܒ̈ܫܫܐ, ܒܙܪܐ, حرمل — Peganum Harmala, πήγανον ἄγριον, nicht πήγανον *Ruta* [*graveolens* und Andere namentlich *Chalepensis* L.] [Raute, ruta, Nicand. Ther. 523 ῥυτή. Plin ιθ 37 rutam furtivam tantum provenire putant sicut apes furtivas pessume. Nachweise s. Günther Ziergewächse 24. — Da Ruta graveolens aus Syrien und Palästina nicht nachgewiesen ist, wird man in erster Reihe an *R. Chalepensis* L. zu denken haben, die man bei Sidon, Samaria und Jericho gefunden hat. Boissier Flora or. I 921 f.] Ruta wird mit dem griech. פיגם ܦܝܓܢܐ فيجن[1]) bezeichnet, arabisch auch mit dem pers. سذاب[2]). ܦܝܓܢܐ Luc 11_{42} Geop 94_{12} (ιβ 25) — 110_{22} $116_{20\cdot22}$ 119_{14} ܦܝܓܢܐ 114_{13} ܦ̈. ܕܗܘܪܐ. Lag gA 173: der Uebersetzer hat ܦܝܓܢܐ leider beibehalten. Man sieht, der Uebersetzer tat wohl daran. BB hat ܦܝܓܢܐ, und eine gr. Form * πήγανον PSm 1459 ܦܝܓܢܘܢ 1517 ܦܝܓܐܢܘܢ = ܦܝܓܢܐ, eine Form die talm. als פיגנא Ab zar 28^a_{u} auftritt und die gegen Aruch's 'פ aufrecht zu erhalten ist.

פיגם Mischn. Kil. 1_8 Scheb. 9_8 Ukz. 1_2 Maim. אלפיגן — אלסדאב. Sonst ruta (ruda). Maim. Pirke Mosche 45a ומרה, ms Steinschn. וורודה Uebers. „ruta". Aßaf 41a פיגם — פיגנון — 45b רוטה -- פיגן — 153b pers. סדב — רוטא — פיגם.

Πήγανον ὀρεινόν D 391 BB 997 ܦܝܓܢܐ ܕܛܘܪܐ سداب الجبلي zu ܬܐܦܣܝܐ θαψία? D 641 θαψία — Τῇ ὅλῃ φύσει ἔοικε νάρθηκι · · καὶ τὰ φύλλα μαράθρῳ ἐμφερῆ, ἐπ' ἄκρου δὲ σκιάδια · · ἀνήθῳ ὅμοια ἐφ' ὧν ἄνθος μήλινον[3]). ῥίζα λευκὴ μεγάλη · · δριμεῖα[4]). ܬܐܦܣܝܐ ܕܡܝܐ ܠܢܪܬܩܐ ܘܛܪܦܘܗܝ ܕܡܝܢ ܠܡܪܐܢܐ ܘܒܪܫܗ ܡܛܠܠܝܬܐ[5]) ܠܫܒܬܐ ܘܗܒܒܗ[6]) ܙܗܘܪܐ ܘܥܩܪܗ ܚܘܪ ܘܪܒ ܘܚܪܝܦ. ܘܡܬܩܪܐ ܦܝܓܢܐ ܕܛܘܪܐ Exc. Flor. Geop. 99_{20} ܬܐܦܣܝܐ (ιε 2_{17}) Thapsie θαψία.

---

1) Ğavâlîkî 111.

2) Ğavâlîkî: in Jemen arab. الخُتُّ Sachau z St verweist auf ZfdK VII 142 خُتُّ، خفت. [„Sedeb" hörte ich im Garten der Synagoge in Alexandrien für die dort cultivirte *R. Chalepensis*. Ascherson.]

3) S. ob. S. 80_{12}.

4) S. Nr. 286.

5) S. S. 382 Nr. 328.

6) S. die folgende Nummer.

318.

שביתא ܫܒܬܐ.

Anethum graveolens L *Dill*[1]).

Mischn. שבת pers.[2]) شوذ, شبث, شبت daraus arab. شبث (عيدان السبت sagt Honein zu ܐܢܕܪܘܣܐܠ, das ein indisches Arzneimittel sein soll PSm 389) Mt 23_{23} Geop 90_{18} ἄνηθον (ιβ 8_4) 98_4. PSm 254 zu ܐܢܝܬܘܢ auch Gal., u. ܐܢܝܬܘܢ BB 931 ܫܒܬܐ, شبث. Elia 50_{33} Ob. S. 166_{22} 372_{16}. Hier ist ein Misverständnis zu berichtigen. C 532 ܒܕܘܡܕܪܐ [Ferr.] BB 588: الشبت ܫܒܬܐ ܫܘܝܐ ܕܝܢ ܒܕܘܡܕܐ „Anethum". Gemeint ist wie ܬ zeigt ܫܒܬܐ [so Bernstein Johannes præf. XV nach cod. und BB; aber Amira richtig: ܫܒܬܐ] Woche: ἑβδομάδα, = ܐܒܕܘܡܕܪܐ PSm 254 wo aber punctirt ist: šaβθâ. PSm 9 ܐܒܕܘܡܕܐ. Hal gedol. Ber. VI שביתא = Aßaf 55ᵇ „hebr", gr. אניתום. — شبت الجبل Crithmum pyrenaicum Forsk. LXIV.

Mischn. שבת Peah 3_2 Ma'as 5_4 TSchebiit 2_7 TKil 1_2 (ähnlich נוסנין) Ukz 3_4 Ab. z. 7ᵇ. In כמך getan Niddah 51ᵇ.

[כמך كامخ (pers. كامه Perles Monatschr. 19, 468), BB 676 zu ܟܡܟܐ (C 628 ܟܡܟܐ) neben ܨܡ d. h. بُنّ Vull I 263 Frtg I 158ᵇ = ܟܘܡܟܐ PSM 471 vinum hordeaceum. — BB 426 ܟܘܡܟܐ كالخ d. h. كامخ talm. כותח türk. قاتق [כותח ist das pers. كنخ, كنخ

[1]) Cod Leyd. Scal. 15 p 1 אניטי deutsch: טימא (Timme)? p 15_8: סישטור הוא אניטוה אנר סטי deutsch: ווילדא טיל wilde Dill (Til). Die Hs. stammt aus d. 14.—15. Jahrhundert. — Ungarisch heißt Dill: kapor [nach Dankovsky vom slavischen koper], wie das Wörterbuch der ungarischen Akademie irrig annimmt, nach Kapor, capparis Nr. 201, die ung. kaporna heißt. Irreleitend ist aber, wenn das erwähnte Wörterbuch die Benennungen der Kaper in verschiedenen Sprachen bei kapor zusammenstellt, ohne auf die Verschiedenheit der Bedeutung aufmerksam zu machen.

[2]) S. Sachau's Ǵaval. und Lag gA 82.

umgebildet aus dem türkischen Worte; s. Ly II 535, 452. Fl.] Vull. II 707 verweist auf ترنبا lies ترينه I 443 Art قاتق — PSm 68 ܐܡܘܨܐ (und 832 ܐܘܠܐ) verwechselt nach K: اَلْبُنّ mit اللبن. In ܡܡܨܘܨܐ das. ist ܒܡܨܘܨܐ zu vermuten. ܐܡܘܨܐ ist talm. אומצא. كَامَهْ Vull. II 783[1]): شير ودوغ lac cum oxygala ebullitum].

319.

ܫܓܕܐ. שִׁיגְדָא.

Amygdalus communis L *Mandelbaum.*

Aus שקד, k vor d ostsyrisch g gesprochen; gemeinaramäisch so in שיגדא Nöld. mand Gr. 39. — Targ. u. Pesch. שקד. Geop. 13_{23} ($\gamma 1_4$) $19_{27\cdot29}$ 22_9 25_5 66_{29} bes. 72_3 ff ܒܢܬ ܫܓܕܐ ܕܡܪܝܪܬܐ 47_{29} 109_{30} 113_{15}. BB:

ܫܓܕܐ اللوز الحلو ܘܐܝܟ ܕܡܫܬܪܐ ܫܓܕܐ ܡܪܝܪܬܐ لوز مر ܘܡܬܩܪܝܬ . . ܘܫܓܕܐ ܡܬܩ لوز حلو. ܫܓܕܐ ܡܪܝܪܬܐ ܗܘ ܫܓܕܐ لوز مر: ܫܓܕܐ لوز جوز: هذا يقال انه من سهو الناقل وانه صحف ܘܗܘܐ [l. وهو] ܫܓܕܐ ܘܐܝܟ ܕܡܫܬܪܐ ܗܝ ܡܢ ܐܢܫ ܕܒܠܫܢܐ ܐܬܩܪܝܘܢ ܘܐܝܟ ܕܐܡܪܝܢ ܕܐܠܚܒܐ ܕܒܠܫܢܐ ܬܠܬ ܠܒܠܬ ܒܢܫ ܘܐܬܩܪܝ ܫܓܕܐ ܐܝܟ ܕܒܠܫܢܐ ܘܐܬܩܪܝ ܡܢ ܕܡܠܟܐ وهى الحبة الخضرا الكبار:

ܫܓܕܐ Gen. 43_{11} das C 891 [aus Ferr] für terebinthus ausgiebt ist nach BB zweifelhaft, doch steht Geop 105_{19} ܕܘܡܬܐ ܕܫܓܕܐ für τερεβινθίνη. [Das ܫ ist alter Schreibfehler, den schon Ceriani's Ausg. hat. Nöld.]

שקד bibl. mischn. süße und bittere TMaas 1_3 j $49^a{}_{32}$ Maas 1_4; reifen in 21 Tagen Bechor 8^a j Taan $68^c{}_{55}$ (לוז) — Für ein Fremdwort hielt schon Ǵavâl. 134 Z 6: لوز, = לוז bibl. u. mischn.[2]) לוזא

---

[1]) BB 950 (Flor. شيروازوج (شيرازوج ܕܫܝܪܙܘܓ ܗܘ ܕܡܬܬܒܫܠܐ ܗܘ ܫܝܪܙܘܓ Lies ܫܝܪ ܘܕܘܓ?

[2]) Das arab. لوز hat sich in der Uebersetzung Amygdalæ, Mandeln als

ܠܘܙܐ Mandel Gen. 30_{37} Targ. Pesch = hebr. j Targ. auch sonst wie j Taan. aO, für שקד. ܠܘܙܐ Geop. 117_{19} f 118_{2}. — Der Ortsname BB 461 ܠܘܙܐ ܡܫܪܝܬܐ [ܠܘܙ . . .] ܐܝܟ ܒܣܦܪܐ ܕܐܘܪܚܬܐ ܡܬܐܡܪ ܗܘ ܠܗ ܠܐܟܣܢܝܐ (?) ܗܘ ܡܣܬܒܪ ܕܕܒܫܐ ܠܒܝܬ ܥܪܒܝܐ ܕܐܘܪܗܝ ܫܪܕܐ [S. 289_{5}] ܫܡ ܕܒܣܦܪܐ: 964. ܘܐܝܬ ܟܠܗ ܐܝܟ ܟܟܒܪܐ هندى:? اللوز المر: ܫܪܕܐ ܕܡܣܬܒܪܐ [12_{6}] ܐܝܟ ܕܒܣܦܪܐ ܠܘܙܐ اللوز. ܐܡܝܪܐ ܐܝܠܢܐ ܐܚܠܝܐ ܗܦܟܢ ܒܦܘܢܕܩ شجرة اللوز ܡܢܝܐ ܕܝܢ ܓܡܘܪܐ ܠܦܬ ܒܪܒܐ ܘܐܝܬ ܠܗ ܬܠܬ ܕܡܬܝܠܕܐ ܡܢܐ ܘܠܘܩܒܠ ܐܝܠܢܐ ܡܕܡ ܦܐܪܘܗܝ ܕܬܫܬܐ ܕܝܢ ܗܢܘܢ ܡܕܡ ܥܠ ܐܝܠܢܐ ܢܦܩ ܕܬܠܬ ܕܝܢ ܦܐܪܘܗܝ ܒܐܪܝܐ ܡܢܗ:

320.

ܥܣܢܝܐ.

Vitex Agnus castus L *Keuschbaum.*

a. Ἄγνος unübers. Galen Sachau Ined. 95_{14}. D Uebers. λυγώδης [λύγος = ἄγνος] PSm 337: ܠܘܓܐܣ —. PSm 29 ܐܓܘܣ = بان — s. unten aus Berggr., nicht wie PSm: glans unguentaria —

Benennung der Drüsen am Racheneingang in der Anatomie und in der deutschen Sprache erhalten. Hyrtl 253 ff. Wenn Hyrtl das. 255 Anm. 3 sagt: „Auffallend ist die Aehnlichkeit des arabischen Wortes für Mandel, l a u z, mit dem hebräischen l u z“, so ist das auffallend, da Hyrtl sonst den Grad der Verwandtschaft beider Sprachen kennt.

„Die Mandel des Rückgrats“ לח של שדרה ist Os oder Semen resurrectionis, nach den bekannten midraschischen Stellen (s Ly sv) und führt darum nach dem lehrreichen Artikel Lus bei Hyrtl, das Arabische und Hebräische in der Anatomie S. 165 f. bei alten deutschen Anatomen den Namen „Judenknöchlein“ (vgl. Nr. 135). Hyrtl sagt zum Schlusse des Artikels: „Die Anatomen konnten den mandelförmigen Wunderknochen in fine octodecim vertebrarum nimmermehr finden. Er wurde also anderswo gesucht. Zuerst am Kopfe . . . . Zu guter Letzt wurde das untere größere Sesambein am ersten Gelenk der großen Zehe, seiner wirklichen Härte und seiner Gestalt wegen (Samenkorn des S e s a m u m) zu Rang und Würde des L u s befördert. Dasselbe erfreut sich,

فنجنكشت ، حب الفقد[1]) = ܥܒܩܝܢܐ, ܓܙܪܐ ܕܒܗܝܪܐ [PSm recte l. ܓܙܪܐ] ܕܒܗܝܪܐ (?) ܓܙܕܟܐ. ܥܒܩܝܢܐ auch D Uebers. = ἄγνος PSm 252 Z 2 u. = λύγος oben Nr. 25 S. 50_{24} ܥܒܫܝܢܐ. BB 707 ܓܙܪܐ ܕܒܗܝܪܐ ܚܒ فنجنكشت [l. ܥܒܫܝܢܐ] ܥܒܩܐ. حبّ الفقد

ܐܓܢܐ ܡܥܒܕܐ ἄγνος = ἁγνός genommen, daher schon nach griechischer Anschauung keuschheitfördernd, „castus" neben dem für lateinisch gehaltenen agnus „Keusch l a m m".

b. Geop. 70_{9} ܐܪܢܝܬܐ [etwa schon agnus, ܐܪܢܐ?] das. $_{11}$ ܫܘܪܐ ܟܪܙܐ[2]) ܐܓܢܘܣ? 119_{12} ἄγνος: ܘܟܪܙܐ ܕܐܬܩܪܝܘܗܝ ܟܪܙܐ ܗܕܐ ܕܗܝܟܠܐ (ιε 8: ἄγνον, ἱερὰν [ܐܪܢܐ??] βοτάνην?) Pers. بنج انكشت Mow. 48 = ܒܢܓܫܬܐ ܦܢܓܐܦܘܣ PSm 1313. Langk 7 φαντζακούστ falsch unter *Potentilla reptans* wegen pentaphyllon, pentadactylon. ܦܢܛܕܩܛܠ Lag. 74 ist karšûnî und nicht mit Lag. in ein syrisch nicht vorhandenes * ܦܢܛܕܩܛܠ zu emendiren. Es ist oben [a]. فنجنكشت Av. 147 D II 406. Berggr. 827 Agnus castus, vitex بنجكشت, خلاف, بان. Same: حب الفقد, حب الطاهر Letzteres Meyer 3_{66-74} (corr.!) aus JAwwâm. S. d. WBB zu فقد.

Verschieden ist D 356 πεντάφυλλον Rabban BB 724 ܦܢܛܐܦܝܠܠܘܢ, ܦܢܛܦܘܠܠܘܢ, ܦܢܛܐܦܘܠܠܘܢ. Aßaf 89 p 80 פינטאפילון.

321.

ܫܘܫܡܐ. שׁוּשְׁמָא.

Sesamum orientale L *Sesam.*

Mischn. שומשם nur pl שומשמין سِمْسِم, سُمْسُم Fleischer Ly TW II 578[a]: Etym. dunkel. ܫܘܫܡܐ [Elia 49_{18}] Geop 117_{7} σήσαμον (κ 2_{3})

aber nur noch in den Wörterbüchern, des Doppelnamens Albadaram s. Luz. Die Fabel ist vergessen und die Worte sind verklungen". S. HB 1879 S. 66.

[1]) PSm 20 hat BA u. BB diese arab. Wörter zu: ܐܓܢܐܓܢܘܣ.

[2]) S. Nr. 38.

PSm 818 Z 2 vu. ܫܘܫܡܢܐ Kal. Dmng 40_{11} 41_{12}. Oel: * ἰτρινέα (?) PSm 145 ܐܫܝܪܓܐ شيرج [pers. شيره = سيرج Fl aO aus Fl. de gloss. Hab. I 21. Kaleb zu שומשמין neben سمسم : שירליג, dasselbe? Wetzstein DMG 11 517 šireg Aprikosenöl]. Dasselbe ist wohl ܐܣܛܪܝܐܣ PSm 256 ܫܘܫܡܐ ܒܪܐ. BB 651 sv „σήσαμον“ Honein und Andere (ܣܡܣܡ) ܫܘܫܡܢܐ, [ob. S. 217_{11} u. PSm 1842] سُمْسُم. D 241. Aus der D Uebers. gehört hieher BB 652 D 633 „σησαμοειδὲς²) τὸ μικρόν“. ܣܝܣܡܘܐܝܕܝܣ ܐܝܟ ܕܐܡܪ ܗܘ ܙܥܘܪܐ ܠܫܘܫܡܢܐ ܕܡܬܕܡܐ. „Σησαμοειδὲς τὸ μέγα“ οἱ δὲ ἀντικυρικὸν ἐλλέβορον καλοῦσι las wohl Gabriel mit cod. N = Galen XIII 120 K. Rabban:

ܗܘ ܣܝܣܡܘܐܝܕܝܣ ܪܒܐ ܐܚܪ̈ܢܐ ܕܝܢ ܩܪܝܢ ܠܗ ܠܗܘܢ جلبيج وجلبنوج شكل مطاول. ܣܝܣܡܘܐܝܕܝܣ قال جبريل سيساموس الاكبر الذى يسمى ايضا الغربق ܐܢܛܝܩܘܪܝܩܘܢ وذلك ان (لان) بزره كالغربق وتفسيره السمسانى: — Man hält es für eine Reseda. Pers. جَلْبَهَنْك wilder Sesam, der orient. Sesam كُنْجُد. — Im Maghreb جُلْجُلَانْ [Leclerc, Kachef er roumoûz p 97. Nöld.] nach Maim Tebul j 1_5 JAww. II^a 72 Span. aljonjoli, portug. zirgelim von زُجْلان. ج = ز Vgl. ob. S. 190_5 265_{25} Dozy-Eng. S. 17 Fleischer de gloss. p. 49. — S auch Kremer Culturgesch. dOr I 55. [Vgl. ob. S. 217_{28}.]

שומשמין Schebiit 2_7 Challah 1_4 Ned. 6_9 Machsch. 1_6 Tebul j. 1_5. Man sehe oben 102 f. Sesamoel in Babylon Schabb 2_2 Tos. 2_3 Herod α 193 Strabo ις 1. שושמא pl. שושמי so Ar. קריה ms Hochsch.

---

¹) = mand Nöld Gr 338. Vull. app. zend. شُشْك. BB punctirt سُمْسُم. Semsem gehört nach d. ægyptischen Nachricht Brugsch bei Seligman Cod. Vindob. Mow. p XXIII zu den ältesten bekannten Pflanzennamen: es soll im 15. Jh. v. Chr. erwähnt sein. Sesama Evang. infantiae cap. 20 Evang. apocr. Tischend. p. 190.

²) Auch ὀστέα σησαμοείδη kommen bei Galen vor; sie heißen noch jetzt Sesamoidea ossa, Hyrtl, Ar. u. Hebr. in d. Anat. S. 217.

zu Sotah 3[b]. Auch Ber. 38[a] Hal. gedol. und Aruch ebenfalls שׁושׁמי für der Agg u d. Ms M שומשמי. Ly übersetzt immer noch Mohn I 353^a_{18}. II 190^b_{39}.

Eine Speise aus Sesam erwähnt Kaftor wa-Ferach: arab. טחינה طَحِينَة farina sesami.

כוספא Ar. sv: כוספא דיסמין „Reste von ausgepresstem Sesam, unter die man Jasminblüte tut, sie zerreibt und als Seife benutzt." كُسْبَه pers., arabisirt كُزْب vgl. كسب[1]) Sesamtrestern. Hal. gedol. Ber. VI 7[c] Cstpl. 5[a] Zolk. כוספא von Sesam und anderen Früchten. Stephanos Magnetes (etwa im 11. Jh.) spricht von Κουτζούβιον, Couzoubium; darin vermutet Meyer 3_{373} unser كُزْب. ܟܘܙܘܒܐ „aromatis spec." PSm 313 sv. ܐܣܛܘܟܘܕܘܣ, vgl. PSm sv ܟܘܙܒܐ und col. 78 ܟܘܙܘܒܐ sv ܐܣܛܘܟܘܕܘܣ. — BB 430 من اسماء الرامك والسكّ.

322.

ܫܘܫܐ שׁוּשָׁא.

Glycyrrhiza, Süssholz.

= سوس [Eine Vermutung, wonach das Wort ursprünglich persisch wäre und شوش lautete, in der Bedeutung dem deutschen süß entsprechend, s. in Juynboll's Lex. geogr. مراصد الاطلاع, T. IV, p. 475–476 Fl.] Geop 47_{21} ܓܠܘܩܘܪܝܙܐ = ܥܩܪܐ ܕܫܘܫܐ (glycyrrhiza Pallad. ιx 14 p 182_{23} Bip.) 48_{17} (ζ 24_4 γλυκύῤῥιζα. 49_{21} ܥܩܪܐ ܕܫܘܫܐ ܚܒܝܫܐ ܐܬܝܗ̇ ܠܦܘܠܚܢܐ. $_{19}$ ܘܥܩܪܐ ܕܫܘܫܐ PSm 1160: ܫܘܫܐ ܥܩܪ, 727 „γλυκύῤῥιζα" in verschiedenen Schreibungen = ܫܘܫܐ ܥܩܪ. BB 943 سوس ܫܘܫܐ 491 ܓܠܝܩܘܪܝܙܐ

---

1) Fleischer in Seetzen's Reisen IV 260 aus Bocthor Dict. franç. ar. „Marc, ce qui reste des fruits pressés كُسْبة — تُفل. Marc d'olive, de sésame dont ont a tiré l'huile, كُسْبة". — تفل s. PSm 59 lin 1. — Oben S. 69_{25} steht كسب für ܟܣܒܐ.

ܥܩܪ̈ ܘܫܪ̈ ܕܟܣܘܣ ܗܢܘܢ ܓܠܝܩ̈ ܚܠܝܐ ܫܘܫܐ. Vull. sv. غلوقيريا = مهك. ?بيخ und sv سوس. Avic 221 im Buchst. س nicht ش: شونيز falsch f. سوس Plemp u ms. — PSm 37 ܐܣܘܣܐ? اصل السوس. D 346. Forsk. LXXI عرق السوس. Petermann, Reisen II 144 und sonst öfter.

Aßaf 68 p 75b עקרא דישושא aram., גליקוריזון — סוס „alle Sprachen". 89a gr.: גלינוריזון = סוס. 92a שושא 43b השורש המתוק — גליקוריזון.

Ǵezzâr im 1. Grad شجرة السوس (lat. Uebers. liquiritia) syr. סוסנא = ܫܘܫܐ „عرق الحلو". Man macht daraus رُبّ السّوس [Langk. ῥούσους Span. rabazuz] syr. עסיר סוסנא d. h. ܥܨܝܪ ܫܘܫܐ — Ueber Süßholztrank, šrâb ćrk sus DMG 11 515. Spanisch orozuz, portg. alcaçuz Dozy Engelm. Glossaire 325. Talm. שושא pl. שושי wegen des folgenden שוצרי verschrieben in שוצי Alfasi (u eine Hs bei Rabbinow.). Man kann, da es ziemlich hoch wächst, damit die Laubhütte decken. Es wird in Babylon als Heizmaterial benutzt und wird 2—3 Ellen hoch. R. Is. Giath Scha'are Simchah I 76. — Glycyrrhiza glabra hat viele Varietæten; gemeint ist in der talmudischen Stelle zunächst jedenfalls *Glycyrrhiza glabra* β *violacea* B o i s s., von welcher Boissier, Flora or. II 202 sagt: Habitat in Babylonia ad ripas Euphratis et Tigridis . . ., ubique in Assyria et Babylonia. — Boissier, Diagnoses plantar. or. Series 2. Nr. 2 p 23: in Babylonia frequentissima. Ritter, Asien XI 1028.

323.

ܫܘܫܢܬܐ שׁוֹשַׁנְתָּא.

Lilium, Lilie.

Bibl. שושנה. سوسن Ueber die Lilie der Bibel Delitzsch zu Psalm 45, wo das altægyptische s e s c h n i — Lilie — angeführt wird. Er führt an: Jessen in Mohl's Botanischer Zeitung 1861 Nr. 12. Uebertragen bedeutet שושנה den Kopf des Nagels, Pesikta r. 3 p 3d Bam. r. 14 p 116d. Wilna. Targ. Pesch. = hebr. s. Ly TW. Pesch.

Luc 12_{27} Mt 6_{28} Diosc. Uebers. oft, zB. Nr. 148 k κρίνον = Geop 14_3 (γ 2_3) 42_7 45_{21} 65_{28} 96_{18} 105_0. ܫܘܫܢܐ ܕܐܪܓܘܢܐ 97_4 κρίνα πορφυρᾶ (ια 20_1) ܫܘܫܢܐ ܕܚܩܠܐ Sir. 39_{14} 50_8 κρίνον, ܫܘܫܢܐ 39_{13} ῥόδον, im Text stand: שושנת המלך und שושנה.

BB 892 ܡܪܝܠܘܢ ܫܘܫܢܬܐ السوسن (الأسمانجونى[1] ܗܟܢܐ ܐܝܟ ܪܫ السوسن الابيض: ܡܪܝܠܘܣ اصل السوسن الاسمانجونى 638 ܣܘܣܣܣܘܣ [—ܢܘܢ] ܐܝܟ ܕܐܡܪܐ ܡܫܚܐ ܕܫܘܫܢܐ دهن السوسن الابيض: ܣܘܣܣܢܘܢ من اسمآء السوسن ܡܢ ܣܘܣܣܠܘܢ ܘܢܛܠܬ: ܫܘܫܢܐ ܕܒܪܐ ܕܐܘܢܘܡܐܠܝܢ (سوسن البرى[2] [Mt 6_{28}]: ܫܘܫܢܝܬܐ ܕܒܪܐ ܐܝܟ ܟܘܟܒܐ (انوار البرية[3] وسوسن البرّى: 944 ܫܘܫܢܬܐ ܕܡܠܟܐ ܡܢ سوسن الملك ܘܐܝܟ ܟܘܟܒܐ شقائق النعمان سوسنة النيلوفر:

Die letzten Bedeutungen, Anemone und Seerose sind geraten; שושנת המלך war hebræischer, nicht auch syrischer Name. Kil. 5_8 Tos. 3_{13} Maim z St erklärt wie BS: שקאיק אלנעמאן Anemone. j z St: קירינטון wofür man κρίνον, wohl mit Recht, vorgeschlagen hat. Lilie wird die richtige Bdtg. sein. — שושנת הכרמל j Sukk III 53ᵈ. —

Der himmelblaue sausan der Araber ist Iris إيرسا, bei Aßaf 1 p 59ᵇ ἶρις שושן ברא. S. Nr. 21. ܫܘܫܢܬܐ ܕܒܪܐ Galen PSm 1783 = ξιφίον, welches Honein unübersetzt beibehält. Nr. 216.

324.

שיחורין

jeruschalmi Moed katan I 80^d_{74}?

---

[1]) Nr. 8 a. 21 a. PSm 682 steht es für ܫܘܫܢܐ ܟܘܠ.

[2]) PSm 59 BB ܐܘܢܘܡܐ = سوسن برى? ܫܘܫܢܐ ܕܒܪܐ De Sacy Abdall. p. 45.

[3]) Für die Stelle Mt 6_{28} angenommene allgemeinere Bdtg. — Für phrygisch erklärt σοῦσον eine gr. Glosse Fick, Kuhn Beitr. VII 374 Lag gA 227.

325.

ܥܢܒܐ ܕܐܠܝܠܒܬܐ.

BB: حب البارج Flor: الحارج? C 900 Granum hieræ? [Zu ܥܢܒܐ ob. S. 13_{24} 205 ult.]

326.

ܫܒܪܘܢܐ.

Hyoscyamus, Bilsenkraut.

Pers.[1]) Geop 12_5 (κωνεῖον??) 91_{11} 110_{29} (ις 20, ὑοσκύαμος) Lag gA 83 PSm 51 sv. ὑοσκύαμος = 988 Gal. = 1160 بنج ܫܒܪܘܢܐ [Elia 24_{41}] = BB 951. Aßaf 107 p 84 שברונא aram. = דייסקאמוס dioscyamus auch Ps Apuleius. Pers. u. arab. בנג. 150ª 106ª: איסקימוס — שכרון 91ª שיכרון — בנג — יסקיאמוס. شَيْكَرانٌ Sonth .Verz. 277 Forsk LXIII Hyoscyamus. شَوْكَرانٌ Sonth 279 cicuta virosa ist = Berggr. 841 Bt II 111 dazu sp. حعوطه, ms: حفوطه dh. cicuta. — شيكران kennen die Syr. für Hyosc. nicht. بنج πένζ usw. Pott ZfdK V 80 Lag aO Vull. I 269 بنك بنج. Josef ibn Saddik olam katon 35 ed Jellinck بنج beleño, iusquiamo. Jusquiamus hat schon Pallad. u. Veget. es ist **n i c h t** erst durch Macer Floridus verdorben wie Langk 52 meint.

بنج geben die Syrer für ܫܒܪܘܢܐ, und شَوْكَرانٌ für *Conium maculatum* L = κωνεῖον Elia 24_{41} Geop 13_4 ܩܘܢܝܘܢ = ܡܘܪܡܐܪܐ (γ 10_7). Unübersetzt blieb es Land Anecd. IV 82_{14} 83_5 ܩܘܢܝܘܢ. C. 527 „ܟܡܘܣܝܘܢܐ [Elia 25_{61} زبد القوارير] herba; al. oleum herbæ, quo utuntur tinctores BB" gehört vielleicht hieher. S. 258_2 wo Druckf. In der D Uebers. s. Nr. 185 steht ܡܘܪܡܐܪܐ — صهروا = κωνεῖον, wie denn Rabban BB 799: ܡܘܪܡܐܪܐ ܐܝܟ ܢܦܫ

---

[1]) ܫܒܪܘܢܐ? [Ob das Wort nicht doch semitisch ist von שכר ܫܒܪ in der Bdtg. betäuben? cf unten 382_2 المُرْقِد „Schlafmittel". Nöld.] Ephr. II 438 C. Ob. S. 126.

الشوكران: ܡܘܫܟܪܐ (?) شوكران: 837: ܩܘܢܝܘܢ ܡܘܫܟܪܢܐ ܗ̄ الشوكران وهو المرقد ܩܢܝ (¹ܩܘܢܝܐ ܗܘ ܕܗܘܐ ܒܪ ܗܢܐ ܘܐܟܠܬܗ ܒܪ ܐܢܫܐ ܠܐ ܐܫܬܟܚ ܕܢܚܝܐ ܘܡܬܐ ܠܦܪܕܘܣܐ ܗܘ ܕܡܬܩܪܐ ܒܪ ܐܣܛܘܡܛܘܣ ܘܕܘܪܝܛܝܩܐ²) ܘܐܝܬ ܕܩܪܝܢ ܡܘܫܟܪܢܐ [— ܗ̄ܘ] الشوكران:

BB اصل الصور ܐܝܬ ܕܩܪܝܢ ܩܘܢܝܘܢ ܥܩܪ C 670 lentisci radix, meint ضرو. Ob. S. $59_{.0}$ — صرو Vull = شوكران = دورس identisch mit صهرو Vull I 478 تودريون Wurzel von دورس = شوكران.

327.

[שָׁמִיר]

Bibl. schon Celsius II 188 سمر. Forsk. LXV سمّر *Juncus spinosus* سُمُّر Robins. Pal. II 441 — سَمُرَة Ǵauharî: eine Art طلح DMG 27 486. Fleischer zu Ly II.

328.

ܫܡܪܐ، ܫܡܪܐ، שָׁמָרָא.

Fœniculum capillaceum Gil. (*Anethum Fœniculum* L) *Fenchel.*

شمار شَمار in Syrien und Aegypten = رازيانج Bt II 108. Auch شُمْرة، شَمْرَة. Die Nubier sprechen schemmâr (Ascherson nach de Pruyssenære, Sitzungsber. d. Ges. naturforschender Freunde, Berlin, 15. Mai 1877 Sonderabdr. S. 9.) ܫܡܪܐ Physiol. Land IV 39_3 Basilios μάραθρον. Geop 48_{27} ܫܡܪܐ = ܡܪܐܬܘܢ μάραθον[3]). 17_{19} 47_{25} fœniculum (Pallad. κ 14 p 183_3 Bip). DUebers. S. 372 Das u der

¹) Κονία?

²) διουρητικά?

³) Μάραθον Lag gA 173 Anm. Vull. مارثون und zu D 743 μαραθ(ρ)ίτης Honein ܡܪܐܬܪܝܛܝܣ PSm 73. Ms C des D, nicht bei Sprengel, D 417 zweimal ΜΑΡΑΘΟΝ daneben von späterer Hand μάραθρον. Die hebr. Beischrift des Bildes maratron, die arabische maraton.

ersten Silbe auch Mischnah u. Abaf. PSm 1160 ܫܘܡܪܐ ܪܘܡܝܐ[1]), 1274 ܫܡܪܐ ܕܫܠܡܐ, K: ܫܘܡܪܐ, natürlich nicht „male“. ܫܡܪܐ Nov. 131 Elia 25_{69} und BB, der aber auch ܫܡܪܐ kennt. BB 957: ܫܡܪܐ ܡܢ ܠܒܪ ܢܫܡܐ ܦܢܪܐ رازيانج (جبلى) : ܫܡܪܐ ܕܛܘܪܐ رازيانج جبلى : 482/3 ܡܐܪܐܬܪܘܢ رازيانج ܡܐܪܐܬܪܘܢ ܫܡܪܐ رازيانج صحه جبريل وهو الرازيانج البرى يسمى ماراترون اغريون 565: ܡܪܐܬܪܘܢ ܡܢ ܕ ܫܡܪܐ ܒܪܗܠܝܐ بزر الرازيانج:

Fenchel ist also ܫܘܡܪܐ, ܫܡܪܐ, ܒܪܗܠܝܐ — رازيانه pers. D ms C رازيانج — PSm 587 ܒܪܗܠܝܐ, ܒܪܗܘܠܐ aus dem bei den Nabatæern als برهليا [nabat Landw. bei Cl.-Mullet zu JAww. II[a] 250 „chaldäisch“] auftretenden ܒܪܗܠܝܐ. Meyer 3_{72} lies so für ترهليان. K PSm 1281 zu ܚܘܠܝܐ es ist: Fenchel denkt an ܒܪܗܠܝܐ und حُلوه. Vull. برهليا „gr.“ Gezzâr: „pers.“ PSm kennt ܒܪܗܠܝܐ col. 270 [ܐܢܝܣܘܢ (vgl. ܐܢܝܣܘܢ) ܡܪܐܬܪܘܢ ܗܘܪܐ ܦܘܬܝܐ ܐܝܠ, ܐܫܡܪ? = رازيانج, ܒܪܗܠܝܐ] noch nicht und übersetzt semisuave.

Ἱππομάραθρον = μάρ. ἄγριον D 418. PSm BB u. Gal. ܫܡܪܐ ܕܣܘܣܘܣܐ ܐܘ ܕܣܘܣܐ oder ܫܡܪܐ ܕܛܘܪܐ so ܐܝܦܘܡܐܪܐܬܪܘܢ شمر und PSm sv ܐܦܘܡܪܬܪܘܢ.

ܒܪܗܠܝܬܐ BB: nicht Fenchel sondern Senf s. ob. S. 178_3. PSm sv. Geop. 98_{18} 117_1 (κ 2_1 σινώπιδος). [Mösinger Mon. syr. II 720_{16} ܒܪܗܠܝܬܐ ܕܐܬܘܪܝܐ ܡܪܝܪܬܐ. Der im 6. Jh. schreibende Bearbeiter dieser Localkirchengeschichte fand also diesen Ausdruck in dem alten Martyrium vom Jahre 446. Seine Erklärung hat BB wörtlich aufgenommen. Nöld.]

---

[1]) Anisum = PSm ܐܢܝܣܘܢ Gal. انيسون Vull. I 138 = ازيانج رومى arab. حلوه Gezzâr anisûn = رازيانج شامى = الحبة الحلوة. Daraus span. batafalva, batafaluga. Anisum = رازيانج رومى JAww II_a 249 Avic 125. — Janisûn = Anis wird in Oberægypten, wo die Pflanze viel gebaut wird, oft in Jassûn contrahirt. — Zu šomrâ Rauch ob. S. 123_7 ist nachzutragen šummârâ PSm 1546 und šemrânâjâ PSm 292 sv ἀσβολή.

Mischn. נופנן (נפנין, נופנין) Dem. 1_1 T Kil. 1_1 שבת והנופנין Dill und Fenchel ähnlich aber heterogen. j Dem. 21^d_2 שמירה l. mit Lonsano Ma'arich שוּפְּרָה Etym. zerlegt in שׁוֹמַר מָרָה. j Kil. 27ª s. oben S. 8, Z. 2.

Aßaf 44ª שמרים hebr. [44ᵇ = מרתרון], שומר aram. פלטוציפינון. 57ª 87ᵇ שמר — מרתרון [= 121ª פנוקלו] 48ᵇ שמרא. Fœniculum, mlat. fenuclum, fenuclo, finocchio it.

D 427 πευκέδανον BB [Syriac] [ܐܝܬ] [Syriac] بسابيج [Syriac] [l. [Syriac]] [Syriac] (so) [Syriac] 736 [Syriac] انيسون [Syriac] 735 قال جبريل عن ديسقوريدس له جَزَر [1] مثل جَزَر الرازيانج: D: καυλὸν ἀνίησιν μαράθρῳ ὅμοιον. Der „Vielfuß“ ist auffallend und zu „πολυπόδιον“ [2]) gehörig aus dem πευκέδ. verschrieben ist. Viell. بسابيج aus بسباس [3]) JAww IIª 250 = رازيانج ??

Aßaf 51 p 73 פיאקידנוס alle Sprachen. Das vulgärab. bakdûnis *Petroselinum hortense* Hoffm. ist nicht aus πευκέδανον entstanden. S. S. 225_{13}.

329.

שנונית.

שנונית Tos. Tebul j 1 RSchimsch. 1_4 מין בושם. ?سنا Forsk. 85: Die alexandrinischen Sennesblätter kommen von *Cassia acutifolia* Del. und heißen in Aegypten سَنَا مَكِّي Mow 155 (Bt II 57). [So heißt in Aegypten auch die dort wildwachsende *Cassia obovata* Collad. Ascherson.]

---

[1]) S. Nr. 64 S. 86.

[2]) S. Nr. 207 S. 268.

[3]) S. S. 371_{15}.

330.

ܥܒܫܬܐ.

Moos.

BHebr. gr. I 246_{16} [1]). Pers. أُشْنَهْ. Für βρύον D Uebers. BB: ܦܘܠܠܘܢ ܡܢ ܦܠܐ ساذج ܐܝܟ ܐܡܪ ܢܒܫܬܐ ܡܓܡܓ ܘܡܟܢܫܢܐ ܠܥܒܫܬܐ ܕܬܗܝܢ ܐܝܬܝܗܘܢ ܐܟܫܝܒܗ ܘܗܘܐ ܗܘܐ ܡܢ ܟܒܫܘܢ ܘܗܘܐ ܐܝܟ ܗܘܐ ܡܩܕܘܢܝܐ ܘܐܪܡܝܐ ܕܟܝܐ ܠܙܝܬܐ ܕܗܫܐ ܐܬܦܬܚܬ ܐܬܦܪܚ ܕܩܘܦܣܠܝܢ. Dh. 1) φύλλον ساذج μαλάβαθρον Nr. 209 2) D 473 φύλλον . . ὡσπερεὶ βρύον . . καρπὸν μείζονα (μικρὸν) ὥσπερ μήκωνος. Τὸ δὲ . . ἔχει ὅμοιόν τι τῷ ἄρτι ἐξηνθηκυίας ἐλαίας βοτρυῶδες. — D 36 βρύον Uebers. PSm 607 ܥܒܫܬܐ اشنة; das. Uebers. D 591 βρύον θαλάσσιον. Nov 125 اشنة ܥܒܫܬܐ [Nr. 11] hat es mit أشنان verwechselt. BB ܥܒܫܬܐ = طحلب ist Sergius' Sprachgebrauch Nr. 175. Nach Mow. 20 nennen die Syrer اشنة : شنثا C 790: ܫܢܬܐ muscus βρύον. Dasselbe PSm 839 zu ܒܪܝܘܢ = ܫܢܬܐ, ܫܝܢܬܐ, ܥܒܫܬܐ und 605 zu ܣܦܠܐܩܘܢ.

331.

ܥܘܒܪ ܛܪ̈ܦܐ.

Spinacia oleracea L. *Spinat.*

Nov. bei C spinachium; auch PSm 1525 aus Elias Nisib. 50_{35} اسفاناخ. Vull. اسبانخ, Ġolġol Dietz 14 اسفاناج. Jetzt سبانخ Forsk. LXXXVIII Hartm. 177 Berggr. 87 Spinacea oleracea, Spinat Sibanâch (Ascherson). اسفاناخ Bt I 34 in cod. Hmbg. (Dietz) Avicenna 136 ms Berl., Mûġiz

---

[1]) [BHebr. ad Ps. 90_5: שנתא בפתח שין ובלין נון ורוכך תו ה̄ הכבא דבענל יעא ויבש. ואסותא קרין בשמא הנא לקלפא רקיקא דאיך הכבא חורא יעין על קלפא עביא דאילן בלוטא וגוזא וזיתא.]

und hebr. ך, gegen Druck: ج. Auf اسفاناخ gehn die rom. espinaca, spinaceo zurück, nicht auf spina wie Dietz Etym WB.[1]) angiebt.

332.

ܫܩܡܬܐ[2]) שִׁיקְמָא.

Ficus Sycomorus L *Maulbeer-Feigenbaum, Sykomore.*

Bibl. שקמה (συκάμινον). Nabatæisch שקמנת DMG 17 634. Pesch 1 Kön. 10_{27} Jes. 9_{10} Amos 7_{14} — Geop 67_6 ܫܘܩܡܐ = ܡܘܪܝܐ (so) [συκο] μορέα (ι 3_7). Luc. 19_4 συκομοραία ܬܐܬܐ ܦܩܘܡܘܪܬܐ — man dachte an μωρία Narrheit, das zwar 1 Kor. $1_{18\cdot21\cdot23}$ 2_{14} Ephes. 5_4 ܫܛܝܘܬܐ übersetzt ist, aber doch in der Ableitung μωραίνω Mt 5_{13} Luc 14_{34} mit ܦܟܗ[3]) wiedergegeben wird. Augenscheinlich waren ܬܐܬܐ ܦܩܘܡܘܪܬܐ und تين احمق Vull. zu شيقوموري keine wirklichen Benennungen der Sycomore, obwohl auch Honein ܬܐܬܐ ܦܩܘܡܘܪܬܐ gebraucht. BS u. Elias Nisib. 51_{71} (Nov. 293) richtig: جُمَّيز. Andere Quellen, wie das Buch d. Paradieses waren mit dem nichtsyrischen Ausdrucke nicht im Klaren.

ܣܘܩܘܡܘܪܘܣ ܬܐܬܐ ܕܦܩܘܪܐ تين يحمل مرتين BB 640/1
في السنة : ܣܘܩܘܡܘܪܝܢ ܬܐܬܐ ܦܩܘܡܪܬܐ ܐܝܟ ܐܢܫ الجميز
ܣܘܩܘܡܘܪܝܛܘܣ ܐܘܢܘܣ ܐܝܟ ܐܢܫ ܚܡܪܐ ܕܬܐܬܐ ܦܩܘܡܪܬܐ
: شراب الجميز وهو التين الاسود συκομορίτης οἶνος D 720. S. S. 390_{12}.

---

[1]) Den „Spinat“ brachten erst die Araber nach Spanien, und weil er von da aus weiterwanderte, wurde aus isfânach bei den älteren Botanikern olus hispanicum, atriplex hispaniensis. Für Spinachia hielten Manche σευτλομόλοχον od. σευτλομαλάχη S. Niclas ad Geop ιβ 1_4. B. Ehrhart, Arzt in Memmingen, (Schwaben) schreibt in der „Economischen Pflanzenhistorie“ (1753) „Binetsch“ für Spinat, den roman. Namen noch nah stehend: Heufler, Ein bot. Beitr. z. deutschen Sprachschatz. S. 17.

[2]) [Die Orientalen lesen šakma so ed. Urmia u. BHebr. I 237_{24}. Auch dies Wort ist den Syrern fremd. Nöld.]

[3]) Geop 8_{15} ἀποπνέω (β 21_8) 59_2 διαπνέω (? δ 8_5).

963 ܫܩܡܐ ܦܐܪ̈ܐ ܕܬܐܢܬܐ ܗܠܝܢ ܕܠܐ ܡܬܒܫܠܝܢ ܒܥܠܡ [so] ܗܠܝܢ
ܟܠܗܘܢ ܕܡܫܬܟܚܝܢ تين لم ينطبخ او فجّ لا يمكن [يقدر Flor.] نضجه [ms. نطلجه]
ܘܐܝܟ ܕܒܣܘܪ̈ܝ جُمَّيز التين اخر عيدان التين والعُنّاب ܘܐܝܟ ܕܒܣܘܪ̈ܝ
ܦܩܘܥܝܬܐ ܗܢܘܢ ܕܡܬܦܩܚܝܢ ܘܠܐ ܡܬܒܫܠܝܢ [ܠܐ ܡܬܒܫܠܝܢ Flor.] جمّيز ܘܫܩܡܐ
ܗܕܪܐ ܬܐܢܬܐ ܪܒܬܐ ܘܕܒܪܐ ܡܢ ܬܐܢܬܐ ܦܩܘܥܝܬܐ ܬܐܢܬܐ: ܫܩܡܐ
ܘܩܡܚ ܕܬܐܢܬܐ ܡܢ ܬܐܢܬܐ ܐܝܟ ܕܒܪܐ ܗܘ ܩܒܠ ܚܠܦ: ܘܐܡܪ
ܐܝܟ ܫܩܡܐ ܕܒܦܩܥܬܐ (1 Kön. 10_{27}).

Die Bedeutung „unreife", nicht reifende Feigen usw. ist aus ܦܩܘܥܝܬܐ geraten und auf ܫܩܡܐ übertragen. S. noch unten Nr. 335.

Bibl. שקמה weitläufig behandelt von Warnekros, Neues Repert. XI 224 ff. XII 81 ff. — Mischn. Dem. 1_1 Kil. 1_8 6_4 Schebiit 4_5 Bm 9_9 Bb $2_{7\cdot 11}$ $4_{8\cdot 9}$ 5_6 S. Dr. Isr. Lewy. Progr. d. Hochsch. 1876 S. 35. S. ob. S. 248_6. — בתולת שקמה noch nicht behauene opp. סדן der Block. Nidd. 8. Schebiit 3_{14} $4_{8\cdot 0}$ T Bb 3. Lebt 600 Jahre Ber. r. 12. Pesikta r. 2^b Bresl. — Als Aschêrâ verehrt T Ab. z. 7 (Kaft. wa Fer. X p 26^b): [falsch חרום] שלש אשרות בארץ ישראל חרוב שבכפר פטם [כו"פ: פטם] ושבכפר פגשה ושיקמה שבראני שבכרמל: = جُمَّيز تين برى Maim. zu שקמה. נמזיות Pes. 4_8 eine Stelle, deren Sinn sich nach Dr. Lewy aO aus T Men. 13 T Sebach. 11 ergiebt. T Ter. 5_7. גמזוניה. Lewy aO. — Erinnert sei noch an den Ortsnamen שקמונה Sykaminos Nr. 229ª Zunz Ges. Schrr. II 290. [Man identificirt es mit Recht mit Haifâ, so dass Sykaminon der gr. Name ist. Nöld.]

333.

ܫܘܪܒܝܢܬܐ ܫܘܪܒܝܢܐ שורבינא.

ܫܘܪܒܝܢܐ[1]) Pesch. ברוש 1 Kön 5_{22} 2 Kön 19_{23} Ps 104_{17} Jes. 37_{24} Hex. — IIL 2_1 ܫܘܪܒܝܢܬ ܫܘܪܒܝܢܐ ist beibehaltenes חבצלת

[1]) BB PSm 874 ܕܝܘܕܪ „Baum Gottes" der Inder d. h. *Pinus deodara* ist ähnlich dem ܫܘܪܒܝܢܐ.

חשרון. Geop 19_{28} ܘܫܘܪܒܝܢܬܐ ܫܪܘܝܢܐ — 69_{19} ܫܘܪܒܝܢܬܐ. 103_{17}. — 77_{20} verschrieben ܫܘܪܝܢܬܐ. — ܫܪܘܝܢܐ 19_{28} 23_{2} πεύκη (δ 15_{9}) 23_{22}. — 98_{23} πίτυς (ιε 2_{7}). 67_{1} πίτυς (ι 10_{3}). — ܫܪܘܝܢܐ Lag Anal 156_{26} das. auch ܫܘܪܒܝܢܐ.

Honein giebt ob. Nr. 32 κέδρος ܫܲܪܘܺܝܢܳܐ شربين d. h. *Juniperus Oxycedrus* L. Aber BB 839 „κυπάρισσος" ܫܲܪܘܺܝܢܳܐ, سَرْو, von Gabriel bestätigt. BB 840 سرو ܫܲܪܘܺܝܢܳܐ ܩܘܦܪܝܣܘܣ 965: ܫܲܪܘܺܝܢܳܐ السرو زعم ܟܝܬ ܩܘܦܪܝܣܐ ܫܪܘܝܢܐ und BS ebenso BB 983 zu ܬܘܪܢܝܬܐ = ܫܲܪܘܺܝܢܳܐ سرو. BS ob Nr. 32 ܫܘܪܒܝܢܐ κέδρος شربين. Da von Honein nicht zu glauben ist, er habe sowohl سرو als شربين mit ܫܲܪܘܺܝܢܳܐ wiedergegeben, glaube ich dass Nr 32 zu lesen ist κέδρος, ܫܘܪܒܝܢܬܐ, شربين = BS. und hier wie BB hat: κυπάρισσος ܫܲܪܘܺܝܢܳܐ سرو, was den arab Wörtern entspricht. ܫܘܪܒܝܢܬܐ und ܫܪܘܝܢܐ sind auch im Geop verschiedener Bedeutung und man wird als Bedeutung festhalten dürfen:

שׁוּרְבִּינָא (= תאשור, auch im Targ. ist unbedenklich so zu lesen für שורבנא, da ינא— Bb 80ᵇ Gitt. 68 s Ar gesichert ist) شربين ܫܘܪܒܝܢܬܐ Junip. Oxycedrus. Fleischer Ly TW II 580ᵃ شربين[1]) die Arab. = κέδρος, nach BB ob. Nr. 32 ein Wort des syrisch-arabischen Dialektes, wie denn Fleischer šerbîn als offenbar aus der entsprechenden aram. Form entlehnt bezeichnet.

ܫܲܪܘܺܝܢܳܐ سرو eine Cypresse, jetzt vulgär und nach Forsk. LXXV u. Ascherson *Cupressus sempervirens* L. Etymologisch sind beide angeblich verwandt u. nach Fleischer zu שרו سرو gehörig, das Lag gA 79 für pers. Lehnwort hält. *Assyrisch survan* s. ob. S. 83. BS hat uns noch erhalten: ܬܘܪܢܝܬܐ Cypresse = תּוֹרְנִיתָא ob. S. 59_{28} שטה gleichgesetzt Bb 80ᵇ Gitt 57ᵃ Rh 23ᵃ (Bibl. תֹּרֶן hält Delitzsch für Pinie; ich kann dieser Erklärung nicht beistimmen.)

---

[1]) Avic 260 شرهى l. شربين.

334.

.ܫܪܘܝܐ

ܫܪܘܝܐ ܐܝܟ ܕܐܡܪܝܢ ܢܒܝܓܐ ܪܓܝܓܐ ܘܪܛܝܒܐ وغ BB 965
النبات الغض ܘܐܝܟ ܕܐܡܪܝܢ ܫܪܘܝܐ ܕܟܪ̈ܡܐ ܫܒܘܫܝܬܐ ܘܫܒܘܫܐ
.ܐܚܪܢܐ ܫܪܘܝܐ ܗ̇ܘ النّدى الغضّ

C 936 „ܫܪܘܝܐ germen recens ac tenerum [2 Kön. 4_{39} Hex Glosse]. ܕܩܪܐ ܫ̇ palmes cucurbitae F. [Geop 20_2 φύλλοις τῆς κολοκύνθης . . .]. Jon 4_6[1]) πετασίτης BB." Letzteres ist falsch. BB: ܦܛܣܝܛܘܣ ܐܝܟ ܕܐܡܪ ܫܪܘܝܐ ܐܝܬܝܗ ܕܩܪܐ ܐܝܟ ܦܬܘܪܐ ܘܐܝܬܝܗ ܐܝܟ ܠܒܐ ܘܡܬܚܒܫ ܠܘܬܗܘܢ ܒܟܪܟ ܕܪܝܫܐ [l. ܦܘܬܪܐ][2]) ܠܦܛܪܝܬܐ: D 598 πετασίτης μόσχος ἐστὶ . . δακτύλου μεγάλου πάχος, ἐφ' οὗ φύλλον πετασῶδες μέγα, προσκείμενον ὥσπερ μύκης. . .

Auch ܫܘܪܝܐ Honein ob. Nr. 203 ܫܘܪܝܐ ܚܕ μονόμοσχος. ܫܘܪܝܐ = Anfang s. ob. S. 108_9 Sachau Ined. 16 ἀρχή Sergius ibid. 102_{22} 107_{13} 109_{15} u. ö. = Koh. 7_9 Hex. Hebr. 6_1 Mich. 7_{20} Hex. s Midd. ad l. Auch liturgisch für die sog. „Principia". Opp. ܫܘܠܡܐ Sap. Sal. 7_{18} Land IV 52_7 PSm 580_{22} Ebed Jeschu ms Berol f. 1 v ܐܝܬܝܐ ܠܟܝܢܐ ܕܠܐ ܫܘܪܝ ܘܕܠܐ ܫܘܠܡ. Titus Bostr. Lag prov $94_{9 \cdot 12}$ . . ܢܒܓܐ C 532. Ez. 17_4 Θ. Job 40_{17} Σ. = ܒܢܒܓܝܬܗܘܢ Hex. Ez. $31_{3 \cdot 5 \cdot 6 \cdot 8}$ Hex. etc נבגא s. Ar. نبج نبگ .نُبِّج

ܪܒܝܒܐ zart tener, mollis, recens PSm 1413 = ܡܪܒܝܬܐ = الغضّ. C 870 falsch: virgultum? [BA Nr. 4330. Rödiger Chrest. 111. ܪܒܝܒܘܬܐ BH zu Gen. 1_{20}. ܦܐܪܐ ܡܪܒܝܬܐ Lag. Anal 185_{13} u. sonst. Nöld.]

---

[1]) Ephr. II 378 E: ܦܐܪ̈ܐ ܘܩܦ̈ܘܣܐ ܘܫܪܘ̈ܝܐ.

[2]) Also Daumen, nicht خنصر C 437 BB, der auch zu ܦܘܬܪܐ statt خنصر — بنصر sagt. PSm 571. Dass ن in بنصر epenthetisch ist, Fleischer zu Ly I $285^a{}_6$, zeigt ܦܘܬܪܐ [Dieses steht zunächst für binsorâ, so dass die Frage von Neuem angeht. Nöld.] [בטרא ausschließend]. PSm 1839.

335.

ܬܐܢܬܐ. תְּאֵינְתָא.

Ficus carica L Feigenbaum.

Bibl. תְּאֵנָה تين ܬܐܢܬܐ ܬܐܬܐ ([1]ܬܬܐ pl. ܬܐܢ̈ܐ Targ Pesch = bibl. συκῆ und σῦκον Geop $14_{25 \cdot 30}$ 18_{28} 19_{28} 22_{3} 24_{9} 60_{28} 66_{20} 105_{4}. ܬܐܢ̈ܐ ܝܒ̈ܝܫܬܐ 116_{5} (ιδ 22_{8} ἰσχάδας ξηράς.) 25_{25} ܩܣܟܐܕܘܣ ι 54 ἰσχάδας, so zu l. ܬܐܬܐ Sindban 14_{12} pl. ܬܐܬܐ 14_{9} ܬܐܬܐ ܕܓܘܪܐ χαμαισύκη PSm 1751. Thenath ficus Onomasticon 31_{1} Lag.

תאינתא Pes 111[b] nach Rabbinow. j Schebiit 33[b] u sonst. — BB σῦκα: ܣܘܩܐ ܣܢ̄ تين ܘܐܝܟ ܙܒܢ ܬܘܒ ܬܐܢ̈ܐ. Συκίτης οἶνος Rabban ܚܡܪܐ ܕܬܐܢ̈ܐ. D 720: συκομορίτης ob. S. 386_{20}. — BB 973 ܬܐܢ̈ܐ ܫܘܪ̈ܝܬܐ? تين شاهنجير BB 420 ܐܟܣܩܘܡܣܛܘܣ ܐܝܟ ܙܒܢ ܬܬܐ ܡܕܡ ܐܝܬܘܗܝ ܕܩܘܣܛܘܣ ܙܒܢ ܥܠ ܐܪܥܐ ܘܡܟܠܝܢ ܒܠܚܡܐ ܘܠܩܘܦܘܗܝ ܐܝܟ ܕܠܩܘܛܢܐ ܘܕܡܝܢ ܠܠܒܘܫܐ ܕܦܘܠܛܘܣ:

D 660 χαμαισύκη οἱ δὲ συκῆν . . κλῶνας ἀνίησι . . ἐπὶ γῆς ἐρριμμένους . . ὅπου μεστούς· φύλλα φακοειδῆ; τῷ πέπλῳ ὅμοια . . Zweige. plur. סוכי תאינים TMa'as. 3_{5} (Var. סוכות?) TBeza 4_{2} j 62^{c}_{25} Nehem. 8_{15}: ܣܘ̈ܟܐ ܕܕܒܪ̈ܐ. — masc., סוכתא fem. j Demai 22[a] j Schen. 5_{1} סוכא, ܣܘܟܐ fem. ܣܘܟܬܐ BA 3114. 3184. bibl. שׂוֹכָה שׂוֹךְ, = mischn., gew. סוכה Machsch. 1_{3} Zab. 3_{1} = Zweig. BB 634 unterscheidet: ܣܪ̈ܘܥܐ Aeste, diese teilen sich in ܣܘ̈ܟܐ Zweige, diese in ܫܪܒܫܒ̈ܬܐ diese in ܛܪ̈ܦܐ. Arab. 1. افنان 2. اغصان 3. شجون، فروع. Socchothramus Onomasticon 36_{25} Lag.

Für Feigenschoß יחור Kil 1_{8} Orlah 1_{9} Ukz 3_{5} Ber. r 31. Tos Kel. 1 u 5. jerus. syrisch ܦܘܚ PSm 1591 Stadien der Reife: פגה — בוחל — צמל. Nidd. 5_{7}.

---

[1]) Der Baum von dessen Frucht Adam aß war auch nach dem syr. Testament Adam's ܬܬܐ J. As. 1853 Decbr. p 447 Z 3.

פַּגָּה [bibl. sg ebenfalls só, trotz pl. masc.] b Nidd. 47 Tos Nidd. 6. Tos. Schabb 6 b 124^b TZabim 4 Ukz 3_6 Schebiit 4_7 — TSchabb. 17 Pes. 2_4. Auch andere unreife Frucht. = فج = ܦܓܳܐ[1]).
ܦܓܳܐ BB 721 الفجّ الذى لم ينضج ولم يدرك : ܦܓܳܐ ܬܹܐܬܳܐ ܦܩܘܣܬܐ ܐܝܬܘܗ̄ ܐܝܟ ܕܟܬܝܒ ܒܐܘܢܓ̰ ܕܡܚܠܛܐ ܥܪܘܒܐ ܕܗ̇ܘ ܕܦܩܘܣ ܠܦܓܐ ܕܐܢܫܐ ܠܡܥܡܕܢܘܬܗ ܕܐܟܦ ܒܡܘܣܪܢܐ ܟܬܝܒ ܕܦܩܘܣ ܠܬܬܐ ܦܩܘܣܬܐ D. h in dem διατεσσάρων das ܡܚܠܛܐ hieß PSm 869. 1278 stand an der oben S. 385 angeführten Stelle ܦܓܐ für ܬܬܐ ܦܩܘܣܬܐ, mit dem man nicht im Klaren war.

בוחל (denom. ביחל, הבחיל s Ly sv), mit بلّح verwandt, ist syr. ܒܘܟܠܬܐ PSm 559. [ܒܘܟܠܬܐ 524 ist mir verdächtig] von ܒܟܠ περκάζειν Am. 9_{13} Hex ܢܒܟܠ ܒܟܠܐ s Field zu Zach. 11_8 nicht in ܢܒܥܠ zu ändern wie Bernst. u. PSm. S. noch ܒܟܠܐ ὄμφαξ.

בִּכּוּרָה frühreife Feige bibl. — Ter. 4_6 TUkz. 3. Bikk. 3_3.

Dürfen nicht überreif werden j Ber 5^c_9 Ber r 62 p 113 Lpz Koh. r 169. Sch. h. schir. r דודי ירד 52_{48} Lpz.

ܬܘܟܐ Caprificus ἐρινεός. Geop ܬܘܟܐ 17_{17} ܐܪܝܢܐ ἐρινέα (γ 6_4). 103_{30}: ܬܘܟܐ ܕܛܘܪܐ ἐρινεοῦ ὀλύνθους (ιζ 18). [Land IV (latine) 123 ܬܘܟܐ hat BHebr. gr. I 214_{13} 234_{21} aber ܬܘܟܐ wird richtig sein. Nöld.]

BB 978: [? ܕܒܪܐ Flor] ܬܘܟܐ ܐܝܟ ܒܪܡܙܐ ܬܬܐ ܕܒܪܐ تين برى ܗ̄ ܒܫܡܪܐ Auch oben Nr. 332 ist ܒܫܡܪܐ = ܬܘܟܐ (so) gesetzt. شجر التّوب Berggr. 837 Caprificus.

Die wilde Feige wird auf den zahmen Feigenbaum gehängt (Caprification). TSchebi. 1_9 אין תולין תחוכין, Var. תחומין j 35^b_{63} תוכין l. mit Elias Fuld Comm z St: תוכין = ܬܘܟܐ. Nach Maßgabe der volleren

[1]) ܦܩܘܣܬܐ s. ob. S. 332 BB 771: التين اذا لم يبلغ. BS: ܦܩܘܣܬܐ ܡܢ ܬܬܐ اثمار شجر التين.

und mischnisch Tos. aO. vorhandenen Form תחובין nicht von ܬܚܘܒܐ[1]) [infirmus, imbecillis Land Anecd. II 127_{14} IV 81_{10} Kal. u Damnag 20_2 B Hebr Chron 70_{12} 375_{10} DMG 13, 55 Lag. Anal. 25_{12} Wright Catal. 1039ᵇ 1138ᵇ und sonst] sondern von תחב[2]) *infigere* s. Bxtf sv. Im Arabischen wäre es danach aramäisches Lehnwort wie so viele andere landwirtschaftliche Ausdrücke.

῎Ολυνθοι Geop $117_{24\cdot25}$ ܬܐܢܐ ܒܪܝܬܐ ܬܐܢܬܐ. — PSm ܐܘܠܘܢܬܘܣ (??) شجرة التين ܬܐܢܬܐ.

Getrocknete Feigen גרוגרת pl. רות— Fleischer Ly I 437ᵃ, ff جرجار Oliven, die den höchsten Grad der Reife erreicht und dadurch alle Bitterkeit verloren haben. Feigenkuchen דבילה[3]), bibl., mischn. ܕܒܠܬܐ. Arten. Schwarze (blaue) u. weiße לבנה — שחורה TTer. 2_4 j Kil. 27ᵃ aufeinandergepfropft wie Geop ι 53. Vgl. Theophr. hpl β 3_2 Meyer 2_{364}. — Chull. 136ᵇ שחופות ולבנות Ar. שחו׳?

בנות שוח Schebiit 5_1 reifen im dritten Jahre. j das. פיטיריה? — TPea. 1_7 Ab. z 1_5 מוכססים ובנות שוח (מכ׳, מוב׳ Ar.)? b 14ᵃ תאיני חיורתא.

בנות שבע Ma'as 2_8 ברת שובעין חיוורין j Bb $13^e{}_{51}$ — פרסאות Scheb. 5_1? שיתין Demai 1_1 j z St $21^c{}_{50}$ die unter den Blättern wachsen. j Schebiit $35^d{}_{40}$ השיתין הנובלות Tos 4_{20} blos נובלות?

Eine Feigenart: לבסים Maas (2_8 j. לבוסים Mischn. — $50^a{}_{44}$ כלוסין [Vened. :כ׳] Aruch כלופסין = Ned. 49ᵇ 50ᵇ. — Für dasselbe hält Maim zu Ukz 1_6 כליסים (so ms. ar.) Agg. כלוסים wie j aO. RSchimschon verweist auf Raschi Chull 67ᵇ [vgl TTer 11_4 j $45^b{}_{68}$] יתושים שבכליסים eine Hülsenfrucht? frz. צור״רא, ציד״ראש. Landau

---

[1]) ܬܚܒ Peal [häufig in alten Schriften. Nöld.] BHebr Chron 155_{10} 233_7 Land IV 81_{10} Carm. Nisib. gloss. Aphel ibd. — ܬܚܒܘܒܬܐ BHebr. Chron 401_9 PSm 1261_{29}.

[2]) Mischn. Kil. 1_8 Schabb. 14_2 Pes. 7_1 Chull. 9_4 Kerit 3_8 Ohol. 1_3 3_4 16_2 Mikw. 10_8 Aruch liest תהב.

[3]) Deblathaim Onomasticon 17_{21} Lag.

cicer? Hai G קליסין eine Birnenart (كمثرى, אגסים). Dieselbe Reihe wie Ukz aO Ter 11_4: תאינים · · גרוגרות · · כליסים · · חרובים — Neben חרובים TTer $5_{6\cdot7}$ j Orla $62^a{}_1$ — Verschieden davon ist בלוסים Ukz 3_2 (so Mss Maim) Maim. عنب الذئب Ar. Varr: בלוסין, בלונסין, בלופסין (בולסין ms), בולבסין [sv לפסן: בולוסין (ms כולסין)] eine Art עכביות. Unterschied zwischen Cedern- und Feigenholz, Saadjah Gaon חוקתי, דעת זקנים.

336.

ܬܘܡܐ. תּוּמָא.

Allium sativum L *Knoblauch*.

Targ u. Pesch f שום (ثوم) Num 11_5 Carm. Nisib. 60_{92} Geop σκόροδον $42_{17\cdot18}$ (ε 48_0) ܬܐܘܡܐ 90_{25} 108_{20} 109_9 111_6 115_{13} 117_7 116_{30} — 94_{21} 103_{22}: ܚܘܪܢܝܐ u. ܕܒܪܐ. — 94_{28} ܚܘܝܐ ὀφιόσκορδον. Galen, Sachau Ined. 97_7 ܬܘܡܐ σκόροδα l. ܬܘܡܐ. PSm 82 ὀφιόσκορδον D 291 ܕܕܒܪܐ ܬܘܡܐ.

ܣܩܘܪܕܝܘܢ ܐܝܟ ܕܐܡܪ ܐܘܦ ܕܗܘܐ ܒܡܕܒܪܬ ܢܘܢܝܐ BB 670
ܡܦܩ ܠܗ ܣܘܪܝܝܐ ܟܠܗ ܐܘܪܐܒܐ ܗܘ ܣܩܘܪܕܝܘܢ ثوم برى.
ܣܩܘܪܕܝܘܢ ܐܝܟ ܕܐܡܪ ثوم اول اصل الثوم ܬܘܡܒܢܝܐ صحه جبريل
ܣܩܘܪܕܘܦܪܣܘܢ ܟܝܢ ܕ ܬܘܡܐ ܕܒܪܐ ܐܝܬܘܗ. 981 ܬܘܡܒܪܐ
ܕܒܪܐ ܘ ܣܩܘܪܕܝܘܢ الثوم البرى:

Bibl. שום pun. (σουμ) s. Verz. 76 ثوم ܬܘܡܐ, Vull Append. توما.

Schwerlich ist mit unserem Worte identisch: θύμος, eine Zwiebelart, in Athen Nahrung armer Leute. S. Schuch Gemüse u. Salate S. 67 der anführt: Aristoph. Plut. 253. Schol. ad 283 p 341 ed. Paris 1842. Athen α 43 [und Schweighæuser ad l.] β 56 Aristoph. Pac. 1169. Theophr. Char. 8, 1 Schn. Der [schlechten Nöld.] Schreibweise ܬܐܘܡܐ ist die [wertlose] Var. תהומיה Samarit. zu Num. 11_5 entsprechend, trotzdem ist verfehlt wenn Sachs I 24

s. Fürst sv., שהם Gen. 2_{12} λίθος πράσινος dem hebr. שום in die Rechnung stellt: πράσον ist ܟܪܝܬܐ כרישה, während שום σκόροδον ist.

תומא Gitt. 69^a Schabb. 139^b. Mischn. שום Erub 1_{11} 14_2 TSchabb 15 u s. בעלבכי aus Ba'albek Ma'as 5_8 TMachsch. 3_2. Medicinische Wirkung Bk 82^a Nidd. 17^a Ket. 61 Pd Rha Kadosch 18^a 16^a 31^b Schönblum. Am Freitag gegessen Bk 81^a j Meg 75^a. — Teile: Wurzelfasern שרשים, Zwiebelscheibe פיטמא. Schaft עמוד. Der Schaft innerhalb der Nährblätter und darüber hinaus שאינו מכוון, עמוד שהוא מכוון כנגד האוכל Kil 1_3 neben שום : שומנית j. :תומניתה eine Knoblauchart.

337.

ܬܘܪܡܘܣܐ. תורמוסא.

Lupinus Termis, Forsk. *Lupine, Feigbohne.*

Mischn. תורמוס „θέρμος" تُرْمُسٌ, vulg. تِرمِس, „Túrmus" in Aegypten, s. Seetzen, IV, S. 457, *Tirmis* bei Chartum Ascherson, Sudan 6. ngr. λούπινα. Θέρμος ist im Mutterlande vergessen, während es als ترمس noch lebt. ܬܘܪܡܘܣܐ θέρμος Geop 5_{25} 11_{22} 12_2 13_4 15_{22} 17_1 22_9 43_{17} ܩܠܦܐ ܕܗ̄ܝ 44_{13} ܒܟ̈ ܩܠܦܐ ܕܗ̄ܝ 112_{28} ܬܘܪܡܘܣܐ ܕܒܪܐ ἄγριος 115_{11}. Uebersetzungsfehler 114_{25} (ιδ 11_6) θέρους[1]), vom Sinn gefordert, ܬܘܪܡܘܣܐ! Derselbe Fehler in der arabischen aus dem Syrischen geflossenen Uebersetzung, die Ibn Awwâm II^b 251 anführt: „dans le paille ou des écorces de *lupin.*"

BB 977 ܬܘܪܡܘܣܘܣ ܒܪ ܢ̄ܫ ܬܘܪܡܘܣܐ [—ܣܡܐ] ܗ̄ܘ الترمس 983. ܬܘܪܡܘܣܐ ܒܪ الجمان الترمس ܢ̄ܫ ܕܒܣ ܬܘܪܡܘܣܘܣ ܬܘܪܡܘܣܘܣ .988 ܬܪܡܘܣܘܣ.

Die „Getreideart" ترومَيَسا, اثروميشا die ein „altbabylonischer König" aus dem Lande der Jonier importirte (Chwolson Altbabyl.

---

1) ܬܪܡܘܣܘܣ ܩܠܦܐ BB.

Lit. 87 Anm) ist auch θέρμος. Mischn. תרמוס ,תורמוס Kil 1_3 Tos 1_9 Machsch 4_6 Tebul j 1_4 TNidd 4 b 26^a j Pes 29^c j Ab z 41^d l. Z. Wert gering Ter 5_7 Tos 7_{16}, Speise der Armen Schabb 18_1. Ihre Bitterkeit zu nehmen, quellt man sie ein TMscheni 1_{13} Beza 25^b Ber. r 38^b Ber. 11 (Tanch Ber. 7) Est. r 202_{38} Lpz, 86^a Amst. Sifre II 105, 95^b_{16} Rut r 70_{30} Lpz. Es bildet den Hauptbestandteil von גריזמתא *(fem. sing.)* * γάρισμα (Fleischer Ly I 437^a) einer Art γάρον j Ber $10^c_{27(62)}$. Lupinen mit Garum und Oxygarum gegessen Galen VI 534 K. Garum ist nicht „eine Art Caviar" Ly I 358^b.

Kil 1_3 התורמוס והפלוסלוס Tos. 1_2 (אינן zu streichen) j z St. פרסועה, Or zarua פרמוטה, RSchimsch. פרמותה? Es ist φασίολος in Form von חלוגלוג gebracht oder schon griechisch mit einer Liquida hinter φ, wie wahrscheinlich in der lat. Form, auf welche die roman. frisol, frisuelo, frejol zurückzuweisen scheinen. S. Dietz WB³ II 133.

338.

ܬܘܬܐ. תותא.

Morus, Maulbeerbaum.

Mischn. תות تُوث (s. ob. S. 16 Z. 10). Verbreitung Ritter Erdk. XVII 481; Heimat am Euphrat gesucht. 485 „Tut" bis nach Indien gedrungen. DCge τοῦτ καὶ τία τὰ μόρα von Langk 92 übersehen. Semitisch ? ? — Vgl. Hehn 278 ff. [cf. كفر توثا in Mesopotamien und Palästina. Nöld.]

ܬܘܬܐ Luc 17_6 συκάμινος Geop 118_4 BB 649 BS: ܣܘܩܐܡܝܢܘܣ ܬܘܬܐ, und تُوثَة تُوت ܬܘܬܐ. C 956 morus arbor . . „conversio pœnitentia Nov." gehört zu ܬܘܬܐ[1]) [BHebræus: ܚܕ ܡܘܪ̈ܬ ܬܘ̈ܬܐ ܬܘܬܐ s. Carm. Nisib. gloss.]; Nov. 293 Elia 51_{71} hat ܬܘܬܐ تُوت.

[1]) C 953. — ܡܬܬܘܝܢܘܬܐ C ibd. BHebr. Ps. 5 Anf. Lag. Rel. 102_8 Kalilag u. Damnag 120_1. Hoffmann. Glossar zu Arist. hermen. — ܬܘܝܢܘܬܐ PSm 1688.

— ܚܡܪܐ ܕܬܘܬܐ, رب التوث BA ܕܝܡܘܪܘܢ BB ܕܝܡܘܪܘܢ PSm 885 ܕܝܐܡܘܪܘܢ 870 d. h. διὰ μόρων.

תותא pl תותייא j Orlah II 60^c. — תות Ma'as 1_2 halbreif rot, also **M. nigra** L, die schwarzblauen. TMikw 6 (RSchimsch. 9_5) TSchabb 7_7 b 67^a: Ein Span davon befördert das Garwerden. Saft b 144^a. Ber. 40^a. Reifen in 52 Tagen Bechor 8^a. Halten sich gepflückt kaum éinen Tag, TTer. 4_5. — Bibl. בכאים mehrfach für توت erklärt. Abulw. sv und Andere. Kimchi מוריירש prov. morier. — *Morus alba* L ist nicht erwähnt. — BSira 7 Erdbeeren توت الارض Sonth Verz. 272 Brombeeren توت العُلّيق od. توت السياج DMG 11, 524 Wetzst. תותים הגדילים בסנה Tur orach chajim 203.

339.

ܬܰܚܠܳܐ תַּחֲלֵי.

Lepidium sativum L *Gartenkresse.*

= الحرف Elia 25_{53} Geop 92_4 ܬܚܠܐ (ιβ 14 ὤκιμον??) 98_5. - 110_3 καρδάμωμον ις 9_4 der Syr: κάρδαμον. — 116_1 ܩܘܪܕܡܢܐ ܝܪܩܐ κάρδαμον χλωρόν (ιδ 22_6) meint der Syr. καρδάμωμον wie 119_{10} ܩܘܪܕܡܢܐ (ιε 8). BB ܩܐܪܕܐܡܘܡܘܢ [ܩܐܪܕ] ܬܚܠܐ الحُرف قال جبريل هو اسم الحرف باليونانية: ܩܐܪܕܐܡܘܡܘܢ 821 ܩܐܪܕܡܘܢ ܐܝܟ ܕܐܡܪ ܬܚܠܐ الحُرف: 842 ܩܘܪܕܡܘܢ ܚܢܐ ܩܘܪܕܡܘܡܘܢ ܗܘ ܬܰܚܠܳܐ رَشَاد. ܩܘܪܕܡܢܐ ܚܘܪܐ حُرف ابيض: 986: ܬܰܚܠܳܐ ܚܢܐ ܢܚܫܝܬܐ حَبّ الرَّشَاد وهو الحُرف:

PSm 1533 الحرف ܚܪܕܠܐ ܕܬܚܠܐ D 294 κάρδαμον. Darauf folgt 295 θλάσπι (θλάσπεως) BB:

ܬܠܐܣܦܝܘܣ ܐܝܟ ܕܐܡܪ من اسمآ الزوفرا ܗܢܐ ܬܚܠܐ ܒܒܠܝܐ ܘܗܒܒܠܝܬܐ. حرف بابلي وهو الابيض سفند: Θλάσπεως ist zweifellos auch PSm 537 Gabriel: ܒܠܣܦܝܘܣ [بلسوس] حرف بابلي Mesîch حبّ الشيطرج und PSm 225 zu ܐܝܣܦܠܢܝܐ: ܬܠܐܣܦܝܘܣ, ܚܪܕܠ, خردل فارسى = تالسيقيس تالسقير Das ist auch Vull I 416 .حرف بابلى σίνηπι περσικόν, nicht „aus Nasturtium corrpt".

حَبُّ الرَّشَاد od. الرَّشَاد[1]) Rischâd Hartm. 178. Delile, Lane sv. Lepidium sativum. حُرْف — سِپنْدان Vull. Kazw. I 278. حب الرشاد. Vull. لوقايين λεπίδιον. Langk 28 χουρφ, χουρφανα. Bt II 526 حرف zu syr. مقليانا = Vull. تخم سپندان, حب الرشاد.

Κάρδαμον Fraas: *Erucaria aleppica* Gærtn. (Sinapi græcum Tourn.) nach Boissier Flora or. I 365 bei Aleppo, Laodicea, in Palästina und Arab. petræa *Erucaria alepp.* β *puberula* Boiss. zwischen Jerusalem und Jericho; γ *latifolia* Boiss. bei Aleppo; δ *polysperma* Boiss. am Tigris. — ibd. p 366 *E. microcarpa* Boiss. in Arab. petr. an Judæa gränzend und am todten Meere.

שחלים (Aßaf 33ᵃ 52ᵇ 58ᵇ = קרדמון. Kaleb שחלים حرف رشاد[2]) vulgær תרי (d. h. ترّه Vull. = رشاد) nasturzi, ngr. קרדמא κάρδαμα, häufiger als κάρδαμον: Plur. wie ܬܚܠܐ שחלים. Ma'arich حرف, رشاد, nasturzi.

Mischn. שחלים pl. Ma'as. 4_5 TSchebiit 4_{10} 2, Erub. 28ᵃ. Zu Salat mit Essig und Oel TSchabb 15 b 140ᵃ; ein ungesundes, schweres Essen D: κακοστόμαχον Ber. 57ᵇ 44ᵇ Ab. z. 29ᵃ Joma 18ᵃ.

תחלי pl. Bm 107ᵃ Ab. zar. 28ᵃ Ket. 60ᵃ Schabb. 113ᵇ 110ᵃ, תחלי חוורתא 109ᵇ (Gitt. 69ᵃ?) d. i. حرف الابيض Raschi überall קריישון cresson, Kresse.

כפר שחליים[3]) bespricht Neubauer Géogr. 71 schlecht. Er citirt — nach Buxtf. — „Ma'as 4_5" „espèce de dattes"! Gitt. 57ᵃ j Ta'an. IV 69^a_{64} Ma'arîch תחלת hält das Wort nicht für Kresse. j: Der Ort heißt so דהוון מרביין ביניהון כאילין תחלוסייא. j Ab. zar. 40^d_{41} j Schabb.

---

[1]) So heißt die Pflanze selbst, gerade wie die Myrte in Syrien حَبُّ الآس heißt. Ascherson.

[2]) aus Maim. zu Maas. aO חב אלשאר Bertinoro חב אלשארי lies חב אלרשאד.

[3]) سحلين Dorf bei Askalon. Nöld.

14^d_{40} werden תחלוסין in alten Wein getan, gegen eine Krankheit[1]) קולוס. [2]) Aruch: Kolik? [Aßaf 79[b] אסכרא = קולוס?]

---

[1]) Ascherson, Sudan S. 9: „*Lepidium sativum* L = Reschâd. Die Cultur scheint — im ägyptischen Sudan — einheimisch zu sein; die Pflanze dient weniger als Gewürz wie als Arznei, besonders bei Krankheiten der Kameele".

[2]) ܟܐܒܐ ܕܩܘܠܢܓ PSm 1659 القولنج.

ANHANG.

Punische Pflanzennamen.

Punische Pflanzennamen.

Quellen.

1. **Dioscorides**, besonders cod. Constantinopolitanus der Wiener Bibliothek, wie bei Sprengel, præf. ad Diosc. p XVIII mit C bezeichnet und cod. Neapolitanus derselben Bibl. mit N bezeichnet.

2. **Apuleius „Platonicus"**, ein Schriftsteller, der vielleicht im fünften Jh., wahrscheinlich in Africa, geschrieben hat. Meyer Gd Botanik 2_{316} ff.

3. **Plinius** hat éinen punischen Pflanzennamen. 47. Vielleicht auch 46.

4. **Hieronymus** hat éinen: 55.

5. **Hesychius** éinen: 2.

6. **Stephanus Byz.** 29?

Hülfsmittel.[1])

1. **B**: Bochart, Phaleg et Canaan. Fft. aM. 1681 4°.

2. **Blau**: Abhandlung in DMG Band 27.

3. **G**: Gesenius, Monumenta.

4. **Schröder**, die phœnicische Sprache.

5. **Sprengel**, Dioscorides = Commentar D II.

---

[1]) Es sind nur diejenigen Erklärungsversuche aufgenommen, die noch erwähnenswert zu sein schienen. Einfälle, die ohne Rücksicht auf die Sache, sich lediglich auf Lautähnlichkeit stützen wie לענה Gesenius für λανκαθ = περικλύμενον habe ich nicht wiederholt. Man vgl. übrigens ob. S. 28 f. Die in eckigen Klammern stehenden Zahlen [S. . .] bezeichnen die Seite, auf der die betreffenden Pflanzen oben behandelt sind.

1. αβιβλαβον, C αβαιβλαβον, N αβοιβλαβον D γ 106 I 451 κρίνον. Dasselbe C αββοιβλαβον DCge App αβλιβαβου Langk. 111 noch: αβιβαβου D γ 127 I 471 ἡμεροκαλλίς = κρίνον ἄγριον. Der punische Name wird auf κρίνον hin übertragen sein, da er auf die gelbblühende ἡμεροκαλλίς schlecht passt.

B 837 אָבִיב לָבָן besser אֲבִיב לְבָן. Des C einmal vorkommendes ββ gewinnt durch ܦܩܥܠܐ فَعَّال einiges Gewicht und weist auf אַבִּיב فَعِيل. — לְבָן auch 12 λαβόν ist entsprechend hebr. צְהֹב· אָדֹם· שָׁחֹר. לָבָן und לְבָן wie קָטָן und קָטֹן. Schr.: ἀβιβ λαβόν. Man erwartet (nach ο = ֹ) ω in der letzten Silbe; doch ô wird ου geschrieben 5, und vielleicht κου 10. Uebers.: weiße Blüte (Blume).

2. αδα bei den Tyriern = ἰτέα Hesych. G. 385 vergleicht mischn. אדן Nr. 6 S. 39.

3. azirgozol Apul. 66 Peristereon orthos ... Punici Zimicum, alii exuperam [ἐξούπερα D 549 not 10], alii Matricalem, Herculaniam, Azirgozol vocarunt. B 846 hat in dem letzten Synon. חָצִיר כּוֹזֵל erkannt. Bei dem traurigen Texteszustande des Apulejus ist es nicht auffallend, wenn „Punici" anderswohin verschlagen wurde. Dann kann man aber zimicum fallen lassen. Des B שובכא ist wenigstens ebenso verfehlt wie des G חציר מקום; vom Taubenschlag zum Taubenkraut ist der Weg zu weit, trotz περιστερεών. חציר = azir ist nicht unbedenklich; nach 14 erwartet man **t**.

4. αμουτιμ D β 140 I 257 λάπαθον NC zu ὀξυλάπαθον τὸ μέγα, und

4a. αμουζεγαραφ. D ibd nach Sprengel aus cod N. In CN steht es zu ὀξυλάπαθον [scil. τὸ μικρὸν wie N ausdr. hat] unterschieden vom Vorigen.

Blau 522: חֲמוּצִים = حماض. Ganz richtig, da צ das = ض [= ܨ s. ܚܡܨܘܨܐ S. 169] τ umschrieben wird, wie 14 zeigt. ζεγαραφ muss = μικρόν sein, also צער (od. זער ܙܥܘܪ) Umschrift wie LXX Ζεγώρ für צֹעַר. Hebr. צָעִיר = صغير daher ע γ wie 66. Das letzte — αφ ist schwierig, kann aber aus ΑΘ (Φ) entstanden sein. * חמוץ kann ja trotz — ῶμ, pl., fem. sein wie seine syr. Schwester.

5. ανσαναφ, C αλσουναλφ, N αλσουναφ D δ 126 I 611 βούγλωσσον [S. 244] B 843 לְשׁוֹן אֶלֶף mit prosthetischem א Schröder 90. Der nicht gesteigerten Form wegen vgl. 10 חֲשַׁק Schr. ἀλσοῦν ἄλφ.

6. απολειουμ Langk 54 nomin. — ος CN απουλειουμ D γ 30 I 377 γλήχων. B 844 „πολεϊοὐμ pro pulegio“ ebenso Blau 526: Fremdwort. Dass es aus dem Lateinischen entlehnt sei, wird richtig sein.

7. αργαλλικου CN D δ 10 I 512 σύμφυτον ἄλλο [S. 327] Deutsch: Beinheil dh. Knochenheil. Das hat Blau 528 ein Bein gestellt, so dass er vom Bein zum Fuß gelangte und רגלי combinirte! ?

8. αρμας CN s. 12.

9. ασιρ ρισοι CN s. 23.

10. ασκκουκαυ, CN ασκκουκκου D γ 73 I 416 ἐλαφόβοσκον B 837 חֲשַׁק אַקּוֹ. Form wie אלף 5.

11. ασουμες CN D δ 188 I 682 λινόζωστις B 844 השומש? Frucht quasi e binis testiculis conflata, daher testiculata Synon. bei D u Apul. Erinnert an ܟܘܡܫܐ. ?

12. ασουμεσ (λαβον) CN D δ 189 I 683 κυνία ἡ κυνοκράμβη Synon: λινόζωστις ἀγρία ἄῤῥην mit weißlichem Stengel: λαβον wie 1, der erste Teil wie 11. Ein anderes pun. Syn. ist Nr. 8.

13. ασουρικ, CN ασουρηκ d. h. ῑ D β 169 I 282 εὔζωμον B 835 חציר + ruc G 386 חציר ירק. Allen anderen Beispielen nach steckt hierin kein חציר. גרגיר جرجير ܓܪܓܝܪ lässt sich schwer combiniren. [S. 29.]

14. κστηρτιφη D γ 144 I 483 ἀνθεμίς Syn. χαμαίμηλον [S. 326] daher B 837 חציר תפוח. Aber חציר = ἀτῖρ (ἀτιερ) ist 7- oder 8mal bezeugt, daher schwerlich in tz 26 z 3, κστηρ hier und 15 (C κστειρ) κστιρ 16 zu suchen. Lautlich: עשתר (עשתרת) nur î verschieden. Sonst wäre B's Erklärung annehmbar.

15. αστειρ χιλλοθ so C nicht wie Sprengel — ηρ χοιλοθ. Vulg: κστηρ χιλλος, N κστιρχοιλλοθ D δ 36 I 532 ἀχίλλειος B 839 חציר חילם. κστηρ s. 14. Chillot ist Fremdwort, ἀχίλλειος, wie B annahm.

16. κστιρκοκ D δ 99 I 593 ποταμογείτων [S. 367] CN G 386 חציר רקק? Sprengel חציר כוח. κστιρ s. 14. κοκ C auch 9. ? ?

17. κστρεσμουνιμ, C κτιρ σμουνιμ, Langk 50 ἀστρι-μουνῖμ. B 842 חציר + אשמוני D δ 71 I 365 στρύχνος. [S. 296.]

18. ατκδιν D κ 119 I 114 ῥάμνος B 834 אטדים, s. Nr. 15, S. 44.

19. κτιειρκον C κτιειρ κοκ. Apul. artiercon [—eon?] D β 152 I 268 ἀρνόγλωσσον B 834 חציר ערקין? κτιειρ חציר. κον con (κοκ auch 16)?

20. κτιειρ νοιχλκμ C (N κτειρ νοιχλαμ) Nicht bei Sprengel. D β 196 I 309 δρακοντία [S. 238] [C δρακονταία in marg. —έα] [μικρά C] ἑτέρα. חציר + νοιχλαμ lautlich נִכְלָם. כ = χ 83.

21. ἀτιερβερζικ, C κτιερπερζοικ N κτιερβερζοιλ D γ 109 I 455 πράσιον, das nach B 844 — B von G 386 übersehen, aber ebenso erklärt, — beibehalten ist. Auch arab. frâsiûn s. [Syriac] [S. 269] Schlecht Spr. D II 542 חציר ברכה.

22. ατιερβιτριε CN zu περδίκιον; nicht bei Sprengel. D 534 [ἑλξίνη ? ? [S. 142.]

23. κτιερσισοει C, nicht bei Sprengel. N: κτιρ σισοει. D β 209 I 327 ἀναγαλλίς [S. 40] [. . τὸ φοινικοῦν ἔχουσα ἄνθος] חציר + σισοει, die rotblühende *Anagallis*. Diese, 9, B 835 ריש׳ ريش G 385 רו(א)ש׳ herba veneni. ? ?

24. κτιρσιπτη, CN κτιρσιττη D β 157 I 273 κορωνόπους [S. 222] B 835 אשור أثر + σίττη Hesych.: ein Vogel. G 386 חויר זפת Spren-

gel D II 466 ח' סתו Blau 527 will es zu κρίθμον stellen und gleich شبث שבת setzen (? ?). ?

25. ατιρτοπουρις, C ατιρ τοπουρ ρις, N ατιρτοππουρις nicht bei Sprengel. D β 217 I 337 πηλέριον [S. 161] Sprengel D II 489 חציר טפרין von der Nagelform der Blätter = G 386. ?

26. Atzicurur Apul 10 חציר + קרורי قُرّ B 762 und Boch. Hieroz. II 651 (= G 386): Froschkraut. Apul: ranunculus. [S. 258 danach etwa חציר + נורתא ?]

27. αχοιοσιμ, C αχχιουσιμ unter τράγος mit dem Syn. τράγιον, aber Vulg D δ 50 I 543 τράγιον ἄλλο Syn. τράγος, was übrigens auf dasselbe hinausläuft. G 386 אחי עזים = אחו. [S. 44.]

28. אחי, אחו? siehe 27, nicht 86.

29. βηρουτί? Steph. Byz. PSm 608 sv = ܒܪܘܬܐ?? [Das angeführte Wort ist kein Pflanzenname sondern heißt nach einem Schriftsteller Istiaios bei den Phöniken ἡ ἰσχύς, wird also irgend ein aram. Abstractum auf ות— sein. Danach ist oben S. 83 Zeile 3 „Phœn.“ zu streichen. Nöld. — Nahe liegt: בריאותא.]

30. βοιββα CN nicht bei Sprengel D β 144 I 260 μαλάχη ἀγρία χερσαία. ? [S. 359] erinnert an chubbâz.

31. βοιδην CN βοιδιν D δ 154 I 614 θαψία B 843 בְּדִין Schröder: bidin f. biddim. ?

32. βουινεσαθ CN D δ 23 I 523 ἄγχουσα [S. 165] (B 757) G 388 אבו + אנישת ? ?

33. βουρχουμαθ C — τ für θ D δ 55 I 545 χρυσοκόμη B 841 برعومة G 388 אבו רקומות „bunt“ ? ? DaO noch: δουβάθ B 841 דהובת (ז ذ ד δ wie 76).

34. βουτνουμ D γ 75 I 418 ἱππομάραθρον C unter μάραθον: [S. 382] βουγνουμ N βουγνουν Blau 527 hebr. בטנים. Verfehlt. Es giebt ein pers. بادِيان.

35. butzutzim Apul 129. Aber Torinus' Text: Butzrutim. Crambe, Brassica. [S. 213] G 388 Schröder 175 אבו צוצים ? ?

36. γαθουονημ N zu σόγχος τραχύς: γαθουονιμ, zu σόγχ. τρυφ. γαοονιμ, C γαοονινιμ D β 158 I 274 σόγχος [S. 253] τρυφερός Sprengel D II 466 גְּדוּר עָלָם G 388 קָטוֹן עָלָם??

37. γιζαρ so CN Vulg. ζιγαρ D δ 122 I 609 βούνιον Blau 532 חָצִיר יָגָר wegen βουνός collis. Es ist جزر بري Nr. 64 S. 86.

38. Gingan Apul. 5 ed Ackerm. 4 Torin Hyoscyamus B 762 gingam = جنج. Meyer GdBot 3_{498} gingaralis in dem liber Dynamidiorum „scheint aus Gingan gebildet zu sein". S. Nr. 326.

39. γοιδ D γ 64 I 410 κόριον hebr. גד Targ. גידא Nr. 155 S. 210.

40. gudubbal Apul. 7; im liber Dynamidiorum gudubal Leontopodion, Pes leonis.

41. γυμ μαθ CN D δ 137 I 619 αἰγίλωψ. CN ebenso aber auch unter ἡγίλωψ und βρόμος δ 138 I 620 Blau 530 جُمَّة cæsaries; גמי? Ich halte das Wort für ܟܘܢܬܐ kunnâtâ = ζειά. Eine Verwechslung der zwei Getreidearten ist möglich. Nr. 72 S. 103.

42. δουβαθ CN s. 33.

43. ερβιαιαθουμ, C ερβιαραουθ nicht bei Sprengel N: ερβιαρλουθ D β 204 I 319 κάππαρις B 835 אביונות. Wahrscheinlich. αου = ô 10? [S. 262.]

44. ζεραφοις, CN ζεραφοιστ D β 125 I 244 λίνον זֶרַע פִּשְׁתָּה B 834. Siehe 90 und 47. [S. 232.]

45. zimicum s. azirgozol.

46. ζουορινσιπετ, C ζουορρινσοιπετ (Langk 97 ζουορινοίπετ?) N ζουορριμσοιετ D α 103 I 103 ἄρκευθος. C hat mit Minuskeln auch wie unser Text ζουορινσιπετ. Sprengel D II 386 צרי כֹּפֶר G 390 צ' זפת ? ?

47. zura Plin κδ 71 Paliurus .. semen ejus Afri zuram vocant. Zuerst Blau 521 f. זרע wie 44.

48. θαμακθ D γ 145 I 484 παρθένιον .. ἀμάρακον CN .. ἀνθεμίς B 837 θαμανκθ Sprengel D II 560 aus B תמכתא? das soweit passt,

als es Pflanzenname ist, aber etwas anderes bezeichnet. Plin κα 104 nach Sprengel mss: thamnacum, B 838 tamnacum haben die mss amnacum, daraus Salm.: amaracum.

49. θεψω, CN θεμψω D δ 122 I 609 βούνιον s. 37: γίζαρ ?

50ᵃ θορπαθ, C θορφαθε, N θορφαθ D β 137 I 256 ῥαφανίς [C: κηπαία].

50ᵇ θορπαθσαδη, CN θορ φαθ σαδοι. B 843 Langk 28 DCge θορφάτ, θορφατσάδι D δ 174 I 668 ἄπιος = bei C unter ῥαφανὶς ἀγρία Langk 36 θορφάτ, θορφαγσάδιν auch zu Apium? DCge aus cod 1843 — einem arabischen Heilmittel enthaltenden — τάρπ = ῥαφανίς d. i. طرف das sicher auch in θορπαθ zu suchen ist. Nr. 248 S. 310. Anmerk. σαδη שדה s. 73 u. 82?

51. ιεβαλ D δ 30 I 528 ἄγρωστις das auch syr. so übersetzt wird. יַבָּל ܝܒܠܐ. B 839 Nr. 141 S. 183.

52ᵃ ιεγκ Var. ιεσκ Das erste aus C und Ald. aber C zu γεράνιον. N ιεσκ D γ 121 I 466 γεράνιον ἕτερον.

52ᵇ ιεσκε, CN ιεσκ aber zu γεράνιον ἕτερον D aO γεράνιον Synon. gruina عنقاء? Sprengel D II 546 ענק G 391 ינקת ?

53. κακαβουμ, CN κακκαβουμ D δ 72 I 566 στρύχνον ἁλικάκαβον, [S. 297] [so C., nur dass ἁλικάκκαβος steht] Blau 529 كُبَّة, قُبَّة? Vgl. Lag gA 50 Anm. ein syr. ܩܩܒܐ? [Ich bezweifle sehr, dass dies Wort existirt; ich kenne blos ܩܩܒܐ. Nöld.] Es ist ἁλι = κάκαβον, zunächst wohl als Fremdwort. Und dieses?

54. celthis? Plin ιγ 32 Eadem Africa, qua vergit ad nos, insignem arborem loton gignit, quam vocat celthim. Var. celtim. Celtis australis L s. ܦܛܣܐ. S. 250.

55. el keroa Hier. zu Jona 4_6 lingua syra et punica. خِرْوَع Syr? s. S. 352.

56. κουσσιμεζαρ cussimezara so CN nicht bei Sprengel, der: κουσιμεζαρ D δ 152 I 634 σίκυς ἄγριος Apul. elaterium B 843 קישא מזר cucum. peregrinus? G 391 vergleicht talm. דלעת מצרי

Schröder 133 קְשִׁיקְצַר. Es ist unbedenklich κισσου קִשָּׁא zu schreiben [S. 330] — D u Apul. sind nicht zwei Autoritäten — μεζαρ?

57. κυρα D β 199 I 311 ἀσφόδελος Blau 524 denkt an כרתי כרישין ܟܪܘܬܐ كراث?? Es wird ein Verwandter von Nr. 233 S. 289 ܚܨܘܪܬܐ oder von خنثى ἀσφόδελος vorliegen.

58. λαβοθολαβαθ, C λαυαθ θαλβαθ (Langk 90 λαβατολαβάτ?) N λαυαθ θλαβατ D β 214 I 334 μυὸς ὦτα. [S. 40] B 835 עטלף Schröder 95 עטלפת. Λαυ konnte aus ΛΔΝ entstehen und so musste אזן wegen ז ذ ד geschrieben werden. Wegen λαβ zweifelhaft.

59. λαναθ, CN λαυαθ D δ 14 I 515 περικλύμενον Vgl. lablab und lubia S. 234. 140.

60. λαουοθεν, C λαυωθεν [Langk. 25 λαοῦθεν] N λαουωθεν D δ 182 I 676 ἄμπελος μέλαινα C: βρυωνία μέλαινα. [S. 91]

61. λεπιδιν, λεπιδια Athen γ 88, 119ᵃ θ 34, 385ᵃ neben κόττανα. Keine Pflanzennamen. Sprengel D II 484.

62. μοιμοιμ, C μοιμ μοιμ. Keines bei Sprengel. D δ 91 I 586 ἀείζωον ἕτερον [חי לעלם S. 160] Syn.: ἀνδράχνη ἀγρία [S. 322] unter welchem C es hat, s. Sprengel zu I 265 Anm. 57 der diese Ueberschrift nur aus der Ald. u. Asulanus kennt. Das Capitel ist in diesen neben ἀνδράχνη gestellt, gegen die Autorität von Plin., Paul. Aeg., Serapion, was durch eine wie C alphabetisch geordnete Hs veranlasst sein kann, die das zweite Syn. voransetzte. Doch kann auch das Umgekehrte der Fall sein. Die LA μοιμοιμ hat Langk 21 aus DCgc unter Portulaca oleracea dh. ἀνδράχνη. ?

63. ναρατ CN ναροτ D γ 146 I 485 βούφθαλμον [S. 290] B 838 נארת G 394 נרת od. נערת Syr. ܥܝܢ ܬܘܪܐ umgestellt?? Ar. عرار Lane 266ᵃ? [*Asteriscus graveolens* DC = *Buphtalmum graveolens* Forsk. heißt in der arab. Wüste nach Schweinfurth *nuggud*. Ascherson.]

64. nesso esse sade Apul. 47 herba capillaris, cap. Veneris. Syr: ܣܥܪܐ ܕܓܢܒܪܐ, شعر الجبار [S. 278] Danach für sade zu

lesen sar: נִצָּה אֵשׁ שֵׂעָר. Haarblume. Zweifelhaft ist נצה = nesso. [Das klare Sade möchte ich nicht aufgeben. Vielleicht ist nesso: נוֹצָה ناصية „Stirnlocke" (הצה نصا raufen, bei den Haaren packen). Danach wäre es „Feldhaar" „Feldhaarstrang"? Nöld.]

65. νουκουβατ C D δ 162 I 655 ἡλιοσκόπιος (tithymalus) Blau 530 נקבת. Eine Vermutung s. S. 193 ?

66. ουαρ γουγουμ D δ 70 I 563 ψύλλιον (Langk 86 οὐάργουλος ? ?) B 842: برغوث [syr. S. 314 ܦܣܘܠܝܢܐ, פרעוש, ns. ܦܪܘܠܝܢܐ] Nicht ܒܪܓܘܠܐ wie Sprengel D II 693 wollte. y غ γ wie 4. Das zweite γ B : τ der für Verwechslung von γ u. τ auf Salm. in Sol. 708 [Exercitt. 498[b] F] verweist. S. 76.

67. ουδηδονι, C ουδοδοννιν, Langk: ουδηδονιν D δ 33 I 530 σιδηρῖτις. B 839 חרידאן G חרידוני von حديد [ein specifisch arabisches Wort! Nöld.] ?

68. ῥοδοδάφνη CN D δ 82 I 579 νήριον. S. הרדוף oben Seite 130 C s v ῥοδοδάφνη Fremdwort; aaO ist nachzutragen, dass schon Bochart Hieroz. I 608·δάφνη im arab. difla erkannt hat.

69[a] σιθιλεας D γ 65 I 411 ἱεράκιον.

69[b] σιθιλεσαδε CN so auch für das Vorige so, nicht σιθιλεας; — D γ 66 N σιθιλαισαδε für τὸ μέγα, σιθιλεσαδε für τὸ μικρόν Schröder 140 שתיל אית; besser B 83 شتل Adler? σαδε שדה. ?

70. σικκιρια CN D γ 60 I 406 ἄνηθον (Langk. σικκηρια) Blau 527: שכר σίκερα, was aber nicht hilft; šibitt S. 372 ist zu verschieden davon.

71. σιληνα CN nicht bei Sprengel D γ 67 I 411 σέλινον κηπαῖον. Das griechische Wort. [S. 222.]

72. σισιμακα, CN σισσιμασεσσα D δ 66 I 558 μήκων κερατῖτις. שושמא ? B 841 שמשם אוכם Blau 532 μακκα-μήκων. ? ? [S. 201_{19}. 203.]

73. σισσιμανσεσσαδε CN nicht bei Sprengel. D γ 100 I 447 λεοντοπέταλον איש שדה — ? [S. 304.]

74. σιχαμ und

75. σιγκιριαμ aus C. CN σιγ χαμ οἱ δὲ σιγκιριαμ (N σικκιριαμ) κηπευτὸς σταφυλῖνος [S. 86] D γ 52 I 402 Z 11 nicht bei Sprengel, der nur zu σταφυλῖνος ἄγριος σιγχαμ, wofür C σιγγαμ, hat D aO I 401 B 836 ܣܡܩܐ schwarz, wegen der Wurzel. שיח شيح ܣܡܩܐ ob S. 78 ist etwas anderes Für κιριαμ κηπευτὸς darf man wegen des häufigen שדה — ἄγριος vielleicht an קרתא ܩܪܝܬܐ denken. ?

76. σουμαγδεβαλ CN nicht bei Sprengel λυκόσκορδον = ἀμπελόπρασον שְׁמַת זְאֵב od. שׁוּם הַזְּאֵב γ u T wie 50^b u. 34. 66. ז ذ ה δ wie 33.

77. συρις, N σοιρις, C σοιρς von viel späterer Hand corrigirt σοιρις D β 192 I 302 στρούθιον [S. 305] Aßaf für dasselbe צררא.

78. Terdum Apul 60 asterium [D I 605] G derdum, aus B cherdun. 389.

79. τιρικτα, C τιρινταει, N τιρινται D β 166 I 281 γιγγίδιον [S. 38] Blau 523 חציר יקרתא ?

80. τιτλω C nicht bei Sprengel D β 124 I 243 τῆλις Mischn. תלתן. [S. 316.]

81. τουρπετ, τουρπίττη Langk 84 = ἄλυπον = تربد ist zwar arab. steht aber nicht D δ 177 I 671 und nicht C.

82. φυλλεσαδε, CN βιλλεσαδε, D α 127 I 119 ὑποκιστίς [S. 126] Sprengel D II 402 פלאי שדה. Schröder 113. 165 פלא אש שדה ? שדה 50.

83. χαμαν C, nicht bei Sprengel D γ 61 I 407 κύμινον τὸ ἥμερον כַּמּוֹן hebr. χ = כ Frankel Vorstud. z. Septuag. 110. [S. 206.]

84/5. χερδαν, χιδα D γ 21 I 363 ἠρύγγιον Blau: قُرْصَنَّة das der arab. D hier hat. s חרחבינה. ob. S. 179. ק ist allerdings 10. 56 κ und צ ص nicht δ. Doch ist die Identität trotzdem höchst wahrscheinlich. χιδα Blau חַדְּא ? [S. 179.]

86. χουδουα D δ 52 I 544 σχοῖνος — C zu ὀξύσχοινος an letzter Stelle d. Synon χουδοδ. Die Volksnamen sind weggerissen. [S. 44]

N ausdrücklich Ἄφροι χουδοχ B 757 אָחו די״ו G 394 אחו דוה frater Huxus? Weder (ܗܘܒܬܐ) ܚܠܦܐ noch اذخر geht an. [S. 168.]

87. χουλουμ, C χουλουμαλουμ (Fürst WB sv אחו falsch χουλούμ) N χουλουμ λουμ D δ 4 I 508 πολύγονον ἄρρεν [S. 34] B 838 חולים = הוליות ? ? [μαλουμ lateinisch: ἄρρεν? Nöld.]

88. χουρζητα CN D δ 28 I 547 χρυσάνθεμον B 844 „chrysitis" G 395 richtig: חריץ ,חרציתא golden. Sprengel D II 598 قُرَّاصَة „chamæmelum". ? ?

89ᵃ. χουρμα D γ 46 I 395 πήγανον κηπαῖον und

89ᵇ. χουρμασεμ μακεδ N χουμμασεμμακεδ [„Ἄφροι" ist im ms weggerissen] D γ 161 I 497 ὑπερικόν aber C richtig zu πήγανον ἄγριον. B 836 حرمل und חרמ(ל) ש(א)ש מקד. Schröder S. 100 Beispiele für Wegfall von schließendem l. [S. 370 f.]

90. χουφ φοιστ so CN, nicht bei Sprengel, der χουφφοις hat. DCge χουφφοις Langk 31 χούφφοις, im Index richtig wie DCge D β 207 I 323 ἀνεμώνη (φοινίκη) ? φοιστ פִּשְׁתּ wie 44? [S. 200 f]

Uebersicht.

Für **gesichert** dürfen gelten: 1) אָבִיב לָבָן 1. 2) אֲטָדִין 18. 3) גִּיד 39. 4) ד(ה)ובת 42. 5) זֶרַע 47, 44. 6) חֲמוּצִים 4 u. (צער) חָמִוין 4a 7) חָצִיר 14. 8) חָרוּץ 55. 9) (חרמ(ל 89. 10) יָבָל 51. 11) [כַּמָּן]כַּמּוֹן 83. 12) לָשׁוֹן אַלְף 5. 13) (פרעוש(י 66. 14) פִּשְׁתּ 44 (90). 15) קִשָּׁא 56. 16) שֶׁבֶת וְאָב od. שׁוּם הַזְּאֵב 76. 17) תל[ל]תן 80. Dazu kommt 18) שדה 50, 82, 69ᵃ.

Für **wahrscheinlich**: 1) אחו (אחו עזים) 28. 2) נזר 37. 3) חָצִיר גָּזָל 3. 4) חשק אקו 10. 5) ein Wort wie قُرَّصَنَّة 84. 6) כּוּפַת 41. 7) אֲבִיוֹנוֹת 43. 8) (תרף)טרף? 50. 9) etwas wie עַטְלֵף [און] 58. 10) (צרא) צררא 77. 11) הרויץ.

Für **möglich**: 1) חציר + אשמוני 17, + قُرّ 26, + תפוח 14. 2) etwas wie ܚܡܪܘܢܐ 57. 3) נצה אש שער 64. 4) שושמא 72.

Für **fremd:** 1) ἀχίλλειος 15. 2) [ἀλι] κάκαβον 53. 3) πράσιον 21. 4) ῥοδοδάφνη 68. 5) σέλινον 71? 6) بنج 38? —

Umschrift[1]): ב β 1, 29, 51. — ג γ 37, 39, g 3. — ד δ 18, 39, 50. — ז ذ ה δ? 33, 42, 76. ז ز ז ζ 37, 44, 47. — ח ح χ 4 bis, 10. zu 14. χ 89. ח خ k 55. — ט τ 18. ϑ 50ab 58? — כ (γ 41?) χ 83. — ע غ γ 4, 66. ع χ 44, 64, 55 a. — פּ φ 5, 44 = 90. פ π 21. ου? 66. — צ ض τ 4, und zu 14. צ ص ζ 4 (? ז) צ ss 64? — ק κ 10, 26, 56. — χ 84? — ש 50 σ. ש ث σ 76[2]). ש σ 5, 10, 44 = 90, 56. — ת τ 44, 80 bis, 14? ϑ 42, 43, 41?

Man wird die handschriftliche Ueberlieferung und die von ihr abhängige Deutung der punischen Pflanzennamen für ziemlich befriedigend erklären, wenn man bedenkt, dass von 65 aus fremden (arab., pers., griech. und römischen) Quellen stammenden und oben an den betreffenden Stellen behandelten Pflanzennamen nur 32 richtig überliefert und gedeutet sind, während von den übrigen 33 einzelne trotz unserer Kenntnis der syrischen Pflanzennamen nicht gedeutet werden konnten, andere offenbar falsch überliefert sind, wieder andere nur irrtümlich als syrisch bezeichnet werden. So wird z. B. لوقيون Nr. 197 S. 256_{22} bei Vullers für syrisch ausgegeben. Ich lasse hier die Liste der Uebersichtlichkeit halber folgen. Von syrischen Glossen bei Griechen und Arabern ist außer den aufzuführenden Pflanzennamen behandelt worden Αὔκρα ob. S. 153_{21}, دسوهى S. 42 Anm. 2, (vgl S. 385) قاقلا S. 82_{21}. Zu erwähnen wäre noch كبريتا Schwefel = ܟܒܪܝܬܐ bei Ǵezzâr vgl. S. 70[3]).

---

[1]) [Die Schreibweise deutet darauf hin, dass die Glossen ursprünglich in einem lateinischen Werke gestanden haben. Nöld.]

[2]) Vgl. Nr. 169 S. 226.

[3]) Erwähnt sei noch λαχμαν (Athen. γ 79 p 113c =) ܠܚܡܐ Bochart Phaleg p 806. (und Schweighäuser's Note zu Athen. aO) mamphula ibd 807

1. اناكيرا IBaiṭâr „nabatäisch" Nr. 8 S. 40_{18}. Es ist nach Nöldeke genauer ان اكبرا = אונ[א ד]אקברא d. h. אונא = אודנא.

2. اناثا Vullers Nr. 64 S. 91_{27} lies ܐܢܦܬܐ.

3. برهليا ,ترهليان (so) Vullers, Ibn Awwâm und Andere [Ǵezzâr: persisch] Nr. 328 S. 382 d. i. ܒܪܗܠܝܐ.

4. βασασα Dioscorides, بسباسا Vullers Nr. 317 S. 371 ܒܣܒܣܐ.

5. دلبا Ǵezzâr im ersten Grade, d. i. ܕܘܠܒܐ (Nr. 73 S. 107).

6. دراقن Gavâlîkî, Vullers Nr. 105 S. 148_{20} ܕܘܪܐܩܢܐ.

7. هيزراما (so) Vullers Nr. 200 S. 289_{22} ܗܝܙܪܡܐ.

8. زاتا Nr. 11, S. 42.

9. خالوما IBaiṭâr, Vullers Nr. 120 S. 165_{24} ܚܠܘܡܬܐ.

10. احلب ديا (so) Vullers I 71 „vox Syriaca" Nr. 147 S. 193_3 d. i. ܚܠܒ ܕܝܐ.

11. يَعْميصا IBaiṭâr, Vullers Nr. 126 S. 171_4 d. i. ܝܥܡܝܨܐ [Elia 25_{69}. Neusyrisch nach PSm 1606 ܥܡܝܨܐ].

12. אלביא Ǵezzâr Nr. 44 S. 70.

13. כורכמא Ǵezzâr Nr. 162 S. 215.

14. كرنب الماء IBaiṭâr Nr. 253 S. 313 d. i. ܟܪܘܒܐ ܕܡܝܐ. Daselbst ist nachzutragen: ܟܪܘܒܐ ܒܪܝܐ BB = كرنب الماء ,كرنب بحرى ,كرنب, Erklärung: الغديرى PSm 1579: scriptio corruptissima pro κράμβη. Es ist aber nur aus νυμφαία verschrieben „quod miror lexicographum non potuisse divinari" sagt Bochart in ähnlichem Falle.

15. לאדיה Ǵezzâr Nr. 79 S. 127_{11} d. i. ܠܐܕܐ.

16. לכא Ǵezzâr im zweiten Grade = لك.

17. λοῦφα Dioscorides Nr. 176 S. 239_3 ܠܘܦܐ.

18. ماميثا (ماشيا) شياف Vullers Nr. 151 S. 205 ܫܝܦ ܡܐܡܝܬܐ.

19. نينيا Vullers, סכנא Ǵezzâr Nr. 200 S. 259_9 ܢܝܢܝܐ.

χαρμὶ οὐνώ ܟܪܡ ܚܘܢܐ hebr. u. syr. aus Tzetzes ibd 829 Ἄρχα = περίληµµα ܚܒܩ. Θώβα = βοῦς ibd. 832 aus d. Etym. magn. „Syrus sermo" Hierom. Onom. 5_{10} zu „dison" und „syrum est" 7_{12} zu *iauan*.

20. σχσα, σαλα Dioscorides (σοῦσον Lagarde, gesammelte Abhandlungen 227) σοῦσα Bochart Phaleg 833 (das. σουσία = ܣܘܣܢܐ) Nr. 323 S. 379 ܫܘܫܢ.

21. رعلا سكى, שכא רגלא, سقى رغلا IBaitâr, Ǵezzâr, Vullers Nr. 207 S. 268: ܫܩܝ ܪܓܠܐ[1] [Elia 24_{42} vgl. Nr. 328 S. 383].

22. סוסנא Gezzâr Nr. 322 S. 378. Daselbst עסיר סוסנא — ܚܣܝܪ ܫܘܫܢܐ.

23. סמאקילי Gezzâr سماقلى IBaitâr Nr. 12 S. 44_{7} ܣܡܩܘܡܐ.

24. عين اغلى IBaitâr Nr. 232 S. 290.

25. فاشرا und فاشر شتين Vullers Nr. 64 S. 90_{25} 91_{12} ܐܦܫܪܫܝܐ.

26. صامر يوما Nr. 267 S. 323 ܨܡܪ ܝܘܡܐ.

27. راقوثا Nr. 200 S. 262.

28. رعيا ديلا IBaitâr Nr. 311 S. 364 ܪܥܝܐ ܕܐܝܠܐ.

29. شبطباط IBaitâr, Vullers Nr. 2 S. 35_{19} ܫܒܛܒܛܐ.

30. شنثا Mowaffak Nr. 330 S 385 ܫܢܬܐ.

31. شواصرا IBaitâr Nr. 58 S. 80_{27} ܫܘܨܪܐ.

32. **Thoreth** Hieronymus Nr. 217 S. 273 תריד, mischnisch, aramäisch nicht nachgewiesen.

33ª Zaita זיתא Ammianus Marc. 23, 5_{7} [S. 136].

Schlecht überliefert beziehungsweise gar nicht syrisch sind folgende Wörter:

33. אכסופעלם (so) Ǵezzâr im ersten Grad zu arab. אנזרות sarcocolla d. i. كحل فارس.

34. αδοριου Dioscorides Nr. 5 S. 38_{28} etwa ܐܕܘܪܐ?

35. اربيان Nr. 271 S. 327.

36. بارزد (pers.) Nr. 115 S. 163_{29}.

[1] Daselbst ist zur Anmerkung über כלנק denen ג entspricht nachzutragen, dass auch das Wort היגלא für היכלא Erwähnung verdient. Es wird in den Hechalot (s. Jellinek, Bet ha-Midrasch III p. XXIV) gebraucht, scheint aber blos manirirte Schreibweise zu sein. Aruch sv מכילתא sagt: ר' נסים זצ"ל פי' מכילתא מגילתא גימ"ל בכף מתחלפין כמו מכורותיך מגורותיך.

37. جلماثا Nr. 278 S. 331_{11}.

38. جلناريه Ǵezzâr im vierten Grade (Steinschneider S. 19) = شبرم Euphorbia, wohl nichts Anderes als حلب دبا d. i. Nr. 10 dieser Liste [trotz جلناريه S. 364_{16}].

39. جنبد Vullers syr. = ورد, گل. Vgl. S. 265_{25}[1]). Meyer III 334 = جنبد Vull.

40. διαζυλον Nr. 290 S. 340.

41. دينار Nr. 171 S. 230.

42. clardia Nr. 200, 245 S. 307 das. florvia, αρκαρ.

43. هلفيفا Nr. 195 S. 254_{28}.

44. هرد Nr. 162 S. 220.

45. Hugadessi Apuleius Nr. 64 S. 90 ult. Etwa هزار جشان.

46. زريرا Nr. 264 S. 321_{3}.

47. حاقا Nr. 67 S. 94 wohl corrpt aus حندقوقاء.

48. ختنى Nr. 233 S. 291_{19}.

49. كتّان Ǵezzâr im ersten Grade zu سبستان, مخيطا Nr. 43 S. 68.

50. λαλλαβιαρια S. 26.

51. μεουδα Nr. 217 S. 273 Nr. 282 S. 338.

52. μπαρτουλα S. 26.

53. مقلونيا Nr. 278 S. 331_{13}. Aehnlich مقليلثا Nr. 339 S. 396.

54. مشجوثا Nr. 198 S. 257.

55. مثنان Nr. 186 S. 247.

56. شاباهى nach Gafeḳî (Steinschn. Gafeḳî 546) species spinae.

---

[1]) Meyer Geschichte der Botanik III 334 bespricht eine Gewürzart Ombergomphit, welche bei Moses von Chorene erwähnt ist und sagt: „Mich erinnert des ersten Wortes zweite Hälfte [gomphit] an das syrische Gonbîd, was dem arabischen Szatar entspricht, und durch Origanum übersetzt zu werden pflegt“. Bekanntlich wird Origanum syrisch durch Ḳurnitâ wiedergegeben (s. ob. S. 329), so dass ich nicht weiss, woher der Irrtum Meyer's stammt. Ueber Gomphit findet man eine gelehrte Zusammenstellung bei Steinschneider Donnolo S. 78 Nr. 35.

57. ساسار Vullers: Nr. 113 S. 162 = Urtica. Wohl: بنات النار [ساسار].

58. ساساليوس Nr. 4 S. 36_{22} σεσέλεως.

59. سخينوس Nr. 141 S. 187_{11} σχοῖνος.

60. سسيمعا, سيمعا, Nr. 218 S. 275_{5}.

61. עפץ (nicht dasselbe was ܥܦܨܐ S. 73_{10}) Ġezzâr im zweiten Grade = قيسوم, بلنجاسف abrotonum Nr. 58.

62. قرصينه Nr. 304 Anm.

63. زُغَيْدا Nr. 92 S. 133_{18}.

64. شويلا Nr. 58 S. 79_{18}.

65. ثلثان Nr. 237 S. 296. Daselbst ربرق „syr."

Nachträge und Berichtigungen.

2_{14}[1]) Die jüdische Recension ist älter als die im Bundehišu, welche vermutlich absichtlich alle dunkeln Ausdrücke weglässt. Wenn Ben Sira in's 11. Jahrhundert gehört, so ist es beinahe so alt als das Bundehišu. Es müsste aber seltsam zugehen, wenn sich nicht auch noch arabische Recensionen fänden. Nöld. **5** Kaleb's Auseinandersetzung lautet: כל הנמצא תחת גלגל הירח לכל אשר נתן להם כח בשמירת מינם וחקם לשני חלקים יוקם והם מיני הצמחי׳ שתולי מים ומיני הבעלי חיים וכל אחד מבודך מצורו וקונו מששת ימי בראשית לשמור מינו ושלמותו רורף לבעליו בלתי סר מעליו ולכל מין ומין למטה בתחתוני׳ שם לו מזל למעלה בעליונים ומתעלת הברכה העליונה תוצאות חיים אל הברכה התחתונה הידעת חקות שמים משטרו ישים בארץ חיים וכל כוכב וכוכב מושל באחד השיתים וממגר הבואות שמים וממגד גרש ירחים לכן אסרה התורה כלאי׳ שלא ישתנו הנצחיים שהמשנה כח התולדת איכה ישית ומכחש במעשה בראשית וכופר בכל התורה כולה שרש הן הן לה והנה המרכיב מינים שנים מבטל חקות שמים ומערב כח הכוכבי׳ וחקיהם אשר הטביע להם קוניהם אשר יונק כל מין כנמצאי מטה והארץ מוס התמוסטה עם שהוא משנה כח כל מין והולדתו מראה שהוא מוסיף בפעולתו בריות ומינים אחרים לא נבראו מיוצר הרים ויראה חסרון לפועל כל העולם כי דבר ממנו נעלם יתעלה מקל חסרון מבלעדיו אין אלהים ראשון ואחרון הלא תראה שהיוצאי׳ מהכלאי׳ לא באמת הם עושים (עשוים) ויצאו חנם לא׳ ישמרו מינם כי עקרם ומגנם אינו ברשות קונם ולכן יוצר הכל גזר בגזור אסר את חקותי תשמורו בהמתך לא תרביע כלאים וגומר ולכן מיני כלאי׳ שהכתוב הזכירם וכו׳. **9_{16}** Ein hiehergehöriges interessantes Beispiel ist גונרלית. Aruch sv גנרל und RGA Scha'are Zedek Nr. 17 (von Kohut zum Aruch aO angeführt): R. Paltai Gaon erklärt die linke Hand heiße גונרליתא und der Gelinkte גונרליא. Das Wort ist nichts Anderes als: syr. גורדכיא ambidexter PSm 691 (BA Nr. 2814 gurdmânâ?) nach BB ein dem Dialecto von Tirhan, der auch sonst dem Talmudischen nahe steht, angehöriges Wort. Vgl. PSm 698 גולא und מכמלא wie Karmsedinâjâ das Wort erklärt. Vgl. hebr. גרם. —$_{22}$ PSm 287_{10} falsch אנתיקא. —$_{28}$ חצר כברא Elia Nisib. 10_{96}. **10_{6}** Ich habe jetzt so viel Proben vom Neusyrisch der Juden in Kurdistan, dass ich mit Sicherheit sagen kann, es sei in seinen Grundzügen der Dialect des Landes, den auch die Christen sprechen. Der Hauptunterschied besteht in einigen seltsamen Vocalveränderungen z. B. oi für û. Der jüdische Dialect hängt mit dem der jüdischen Schriften nicht zusammen. Nöld. —$_{17}$ Zu زندج noch Elia Nisib. 30_{66} PSm 686 zu גופתברין. — **12_{13}** Chananjesu Bar Serôšewai od. Srôšôi (סרושי) Bischof von Hirta hat uns viel gutes Syrisch erhalten. Es ist unrichtig wenn PSm 569 sagt: „quæ enim exponit BS pæne omnia sunt graeca vocabula". —$_{16}$ Gabriel ibn Bochtješû lebte um

[1]) Die Zahlen bezeichnen Seite und Zeile.

850. **13**$_{23}$ Honein ben Ishâk „e l A b a d i“ s. Steinschneider Alfarabi S. 168 und Anm. das. **14**$_{22}$ l. כוירא. — $_{26}$ خرج und seine Ableitungen haben die Lexicographen bei PSm 1007 zu ἐξήγαγε, 1008 zu ἐξέλθοι, ἐξεπορεύετο, ἐξοίσει und مخرج ἔξοδος. **14** Anm. 3. Herr Prof. A. Müller bemerkt hiezu in DMG 34, 502: „Ich hebe dies ausdrücklich hervor, weil ich aus dem Beispiele I. Löw's sehe, dass selbst intelligente Leser dem, welchen sie mit ihrer Aufmerksamkeit beehren, nicht immer ganz gerecht werden. Löw sagt Aram. Pfl. 14 inf. „Auch ohne die syrische D.-Uebersetzung zu kennen, durfte Müller nicht daran zweifeln, dass Honein die mitgeteilte Erklärung s ó nicht gegeben haben kann; von dem arabischen Dioscorides, den Honein revidirt hat, kennt man genug, um zu wissen, dass diesem, den de Sacy (Abdall. p. 52) nicht umsonst als „célèbre“ bezeichnet, nicht „Alles zuzutrauen“ ist.“ Ich will mich hier auf eine Discussion über Honein's griechische Kenntnisse um so weniger einlassen, als ich nicht in der Lage bin zu beurtheilen, wie weit man bei ihm in dieser Beziehung Selbstständigkeit, wie weit Abhängigkeit von älterer syrischer Ueberlieferung vorauszusetzen hat. Grade aus diesem Grunde aber habe ich an der von Löw angezogenen Stelle nichts weiter gethan, als ein Dilemma gestellt, dessen beide Propositionen mir gleich unwahrscheinlich vorkamen, und eine Entscheidung direct abgelehnt, indem ich nur die Andeutung hinzufügte, „dass lebhafte Bedenken gegen die Richtigkeit selbst der älteren literarhistorischen Ueberlieferungen auf alle Fälle entstehen müssen“; d. h. ich habe mich, wenn für einen von beiden Sätzen des Dilemmas, für den erklärt, welcher dem Honein günstig war. Auch durfte Löw meine Aeußerung „mag in dem شجار، شجار ein أشجار stecken oder etwas anderes“ nicht citiren „أشجار wie Aug. Müller wollte“. In meinem Ausdruck lag grade, dass ich nichts „wollte“. Das sind Kleinigkeiten; wer sich aber genau zu überlegen gewohnt ist, was er schreibt, wünscht auch bei Kleinigkeiten genau citirt zu werden, selbst wenn er sich in der Sache gern belehren lässt. **17**$_{29}$ שכחא z. B. S. 243$_{7}$ 326$_{17}$. — **18**$_{5}$ Sergîs s c h r e i b e n die Syrer für Sergios wie Georgîs גיורגיס für Georgios PSm 178. —$_{9}$ Vgl. S. 276$_{5}$. Die Glosse ist wahrscheinlich von Honein. **18** Anm. 2. Steinschn. Deutsches Archiv f. G. d. Medic. (Recension von Leclerc) S. 444. **19**$_{1}$ Vgl. Beer, Leben Abraham's S. 99 Anm. ס׳ האיכרים. — Severus Rhetor erwähnt nach PSm 708$_{1}$ ein כתבא גיורילקים — על נצתבא. — BA γεωργία פלחותא، γεωργός אכרא، פלחא PSm 690. 708$_{1}$ γεωργικόν 691 אומנותא דפלחותא، 705 פולחנא דאכרא. —$_{13}$ Hyrtl, Das Arab. u. Hebr. in d. Anatomie S. 213 irrt, wenn er behauptet: „Die Araber lernten ihre Anatomie nicht aus den Schriften der Griechen, sondern aus h e b r ä i s c h e n Uebersetzungen derselben, welche von syrischen Juden und Nestorianern schon lange veranstaltet waren. Auf Befehl der Chalifen wurden diese Handschriften in's Arabische übertragen“. Die Araber übersetzten, soweit sie nicht unmittelbar zu den griechischen Originalen griffen, wohl aus dem Syrischen, nicht aber aus dem Hebräischen. An der grie-

chischen Uebersetzertätigkeit haben „syrische Juden" schwerlich teilgenommen. **20** Anm. 1. Zu Sergius Sprachgebrauch vgl. S. 154 Anm. 2. S. 151_3. S. 360 penult. S. 357_1. PSm 743 גנתא für קבריתא. PSm 336 מסתלינותא f. שתקא ἀποπληξία. S. 22 Anm. Weitere Beispiele, in denen Sergius griechische Wörter erklärt, sind: S. 50_{15} κορωνοπόδιον S. 222_{11}. Dazu aus PSm: 884 דילליא = כרם ראתכלל — 879 דתרין דפוהי δίπτυχον — 377 ורידא וזעורא ἀρτηρία — 1016 זיתא ἐλαῖαι — 340 חותם מסללא ἐπίλογος 1014 דהב כאם מחבבא ἤλεκτρον — 989. כביש מיא ὕδερος — 282 מתכרכנא ἐγκύκλιον — 998 לבך סוסיא ἱπποκράτης — 350 לא מתגלינא ἀπαράλλακτος — 875 מלפנא διδάσκαλος. גבווא bei BB zu פולופוס — 265 מצותניא = כימא רלקובליות ἀντίθεσις — 874 סמנא διάβολος — 1009 סקוליותא דסקויא זבנא סניאא ἕξις — 997 עוהדנא ὑπομνήματα — 1020 פלגות דינרא ἥμισυ — 634 צפונא σαπών (γαλλικόν) — 997 קנומיא ὑποστατικός — 999 zu ὥρα ומודא זבנא משודעת מלתא. **23**$_{23}$ BA bemerkt zu ὄχλος (כנשא) PSm 181 „Die Syrer s t e h l e n fortwährend Wörter von den Griechen und gebrauchen sie". **25**$_6$ Steinschneider, Deutsches Archiv f. G. d. Medicin S. 446 Anm. sagt: „Ich kenne überhaupt k e i n e hebr. Uebersetzung aus dem Syrischen". HB 1879 S. 37. **34**$_3$ l. אבוב. **36**$_7$ Pers. اورس Vull. sv. Mow. 150 Nöld. —$_{23}$ vulgär: hintith. **37**$_{15}$ l. אשתארתאנא I 346. —$_{23}$ Die Form mit א ist vorzuziehen, cf √ ادل scharf zusammenziehen. Elia 26_2 شطرج ארלא. **38**$_{19}$ „Der Standort trifft für *Lepid. lat.* nicht zu". Nach Boiss. I 359 „palustria exsiccata"; ich fand es in Sardinien wild in einem Bachbette, sowie in vernachlässigten aber periodisch bewässerten Gärten in Cairo. In Mitteleuropa öfter verwildert. Ascherson. **40**$_7$ Nr. 1 l. 149. —$_{22}$ l. עוקברא. **41**$_1$ Das ist auch מיורנגש HB 1879 S. 118. —$_4$ l. מאספאסוכון. —$_{13}$ BOr. III 1, 493b. —$_{24}$ l. اذركون. **42**$_5$ BA PSm 580 כרת אוחלא اشناذانه. **45**$_1$ Geop 103_{25} (ζ 16_1) = ראמנום 77_7 Colum. ιx 3. הטמא ام غيلان, الغيل Elia 50_{44}. — Anm. 1 s. S. 295 und Nachtrag dazu. —$_{14}$ *Opuntia Ficus indica* heißt auch تين شوكي. — **46**$_5$ l. *Citrus medica* α *Cedra* Hayne gewöhnlicher: *C. medica* Risso. — **47**$_{22}$ כושנא, danach ist PSm 1631 zu corrigiren. —$_{23}$ גן שמיא. Elia Nisib. 93_{94} und גן סוסן das. — **48**$_9$ PSm 1784. 1786. **50**$_{13}$ Ist leicht so zu deuten, dass sie auch in Syrien nur cultivirt ist, während sie dort wild wächst. Boiss. II 736. In Damascus heißt sie stets nur آس oder — noch häufiger — auch die Pflanze حب الاس [Elia 24_{34} בנת אסא] wie ja auch die Kressenpflanze حب الرشاد [Nr. 339] heißt. Ascherson. **52** Anm. Die Verwandtschaft ist zweifelhaft. Nöld. **54**$_{16}$ Elia Nisib. 26_{87} ספרון قرطاس. Die arab. Form קרטאס Theophan. III c. 40. **55**$_{20}$ „Hex". auch Ceriani. **62**$_{10}$ Elia Nisib 10_4 אשכתא الخصية, الاثيان אשכתא und אשכנא דאשכא כיפא الصفن. **63**$_4$ S i e h e Nr. 243. —$_{13}$ Elia Nisib. 30_{69}. —$_{14}$ Elia Nisib. 30_{70}. — Anm. PSm 1676. — **64**$_3$ Elia Nisib. 50_{65}. —$_{15}$ Aroer myrice Onomasticon 16_6. 23_{26} Lag. —$_{25\cdot 28}$ l. *Tectona grandis* L. fil. De Sacy Chrest. III l. 12. **65**$_3$ auch Samaritanische Studien S. 71. —$_{13}$ Bei Forbes Watson Index (s. den Titel auf Seite 64 Anm.) finde ich S. 518 die شيشم genau entsprechende Schreibung shisham als in Banda, Central-Indien gebräuchlichen Namen von *Dalbergia*

Sissoo Roxb. angeführt, einer Leguminose, die ein sehr schönes und dauerhaftes Holz besitzt. Aus demselben in Aegypten cultivirten Baume war auf der Cölner Ausstellung 1875 ein Kästchen für die Kaiserin Augusta bestimmt. Ascherson. — Wie ich übrigens nachträglich sehe, steht die richtige Identificirung von sasam schon bei Bochart, Hierozoicon II 144! —$_{17}$ اثل Kimchi WB טמרין span. tamariz. **67**$_{26}$ l. Nr. 278. **68** l. Z. Rosens Bemerkung ist wertlos. Wenn die Terebinthe im Alten Testamente אלה heißt, so wird בטן in der Bibelsprache nicht die Terebinthe oder deren Frucht sein, sondern gewiss nur die Pistazie, und wenn die Araber Botum und Botm jetzt von [= בטן ???] der Terebinthe brauchen, so ist das eine Uebertragung des Namens vom Verwandten auf's Verwandte. Ebenso ist r î m im A. T. das prachtvolle weiße Wildrind (eine sehr große Antilopenart) und jetzt ist es der bibl. צבי, die ganz kleine weiße Edelgazelle. Die Zoologen ziehen auch Wolf u. Vulpes hieher; vergl. auch c h ô c h (خَوْخ) was in Aegypten der Pfirsichbaum (mit Frucht) und in Syrien die Sommerpflaume ist. — Und warum soll die Pistazie kein „Landesprodukt“ sein, wenn sie sich noch in vorzüglicher Qualität 8 Stunden nördlich von Damaskus in Mâlûlâ findet? Noch heute sind die größten Pistazien eine Lieblingsnäscherei der vornehmen Harems-Damen in Aegypten und Syrien. Dagegen ist die Frucht der Terebinthe nicht essbar, weil Niemand den erbsengroßen h a r t e n Kern knacken wird, um den linsengroßen Inhalt herauszuholen. Die Früchte der Terebinthe sind in Palästina wertlos; nur die ärmsten Bauern mahlen sie auf der Handmühle, um Brennöl gratis zu haben. Wetzstein. **69**$_{16}$ l. Elia Nisib. 24$_{39}$. S a m e von *Moringa arabica* Pers. [In Aegypten und am todten Meere einheimisch, in Oberægypten nach Klunzinger M a j genannt. Die Samen werden in Aegypten mehr gebraucht als die von *M. pterygosperma* Gaertn. Nach Figari stud. scient. sopra l'Egitto II 383 Behennüsse: H a b e l B e n , der Baum Y a s â r. Ascherson]. — Anm. PSm 37 ארים — שיול — هاوية — **71**$_{4 \cdot 5}$ „PSm — Bxtf.?“ ist zu streichen. **72**$_{10}$ Dukes Blumenlese S. 91 aus Literaturblatt d. Or. 1849, 500. HB XIV, 1874 S. 58. **73**$_{5}$ *Quercus pseudococcifera* gehört nach Boiss. zu *Qu. coccifera* L während *Qu. Pseudosuber* nur im westlichen Mittelmeergebiet vorkommt. Nach Boissier IV 1170 ist die große Eiche bei Hebron *Quercus coccifera* L ζ *Palästina* Boiss. (= *Qu. Palästina* Kotschy) quercus Davidis dicta grandaeva, coma diametro 90 pedali. Ascherson. —$_{11}$ אמצא in Tintenrecepten Wright Catal. 581a. —$_{16}$ PSm 726. —$_{22}$ Für PSm's Conjectur spricht Elias Nisib. 24$_{41}$ בופתלמון = بهار. Man sehe Nr. 232. **75**$_{25}$ Wüstenzwiebel بصل الزيزى ; zîzâ ist der felsige Boden, den die Mäusezwiebel liebt. Wetzstein. —$_{27}$ l. TNedar 3. Wetzstein: Zwiebelbrut in Syrien قنار κωνάριον. **76** Anm. שלפוחתא PSm 273 ἀμίς אנבום ,אנבים. PSm 868 sv διαβήτης: כאנא מקבלא רתפשורתא = שלפוחתא. — PSm 1666: כאפא רבשלפוחתא. [Salpuḥta 3silbig Ephr. II 316 E Harnblase. שלופחא Geop 105$_{22}$ Martyr. II 306 ist davon zunächst zu trennen. Nöld.]. **77** Nr. 58. Boissier erwähnt III 374 von *Artemisia persica*

Boiss., dass diese sehr wohlriechende Pflanze unter dem Namen *Bersalin* gesammelt und nach Ostindien exportirt wird. Eine andere Art *A. Haussknechtii* Boiss. l. c. heißt *Merhawar* und wird ähnlich wie in unseren Alpen die Edelraute (*Artemisia Mutellina* Vill. — Boissier nennt als Vergleichsobject das Edelweiß) hoch geschätzt. *A. caucasica* Willd. var *brachyphylla* Boiss. l. c. 375 wächst „in regione subalpina Cappadociae australis“ also ungefähr der bei Dioscorides gemeinten Gegend, ist aber nicht mit *A. maritima* verwandt, sondern mit *A. Absinthium.* — *Artemisia campestris* L, *vulgaris* L und *A. Absinthium* L wachsen alle zunächst im Hochlande Armeniens oder Kleinasiens nicht im eigentlichen Syrien und den tieferen Euphratländern. *A.* „*maritima*“ bei Wetzstein ist *A. Herba alba* Asso, die verbreiteste aus der Verwandtschaft in Syrien und Aegypten: Für *A. monosperma* Del., die Vertreterin der *A. campestris* in Syrien und Aegypten, führt Delile (Descr. Eg. Hist. Nat. II p 73) den arabischen Namen a'dch عده an. **78**$_{11}$ Elia Nisib. 26_{70}. —$_{19}$ ברבתא قَصوم Elia Nisib. 26_{88}. —$_{24}$ דרבינירגיטא شيح رطب PSm 952. Die 1. Hälfte درمنه. — **79**$_{13}$ l. זרבתא S. 190_{6}. — **80**$_{13}$ PSm 1693 hat botrys nicht erkannt. —$_{14}$ PSm liest: הריר. — **81**$_{9}$ אשינצו Kimchi WB לענה span.: axenjos. —$_{17}$ الافسنتين —$_{18}$ šêbah, *Art. arborescens* L, so genannt von der Farbe der Blätter: greisgrau. **82** Zu פלגא HB 879 S. 65. פלגא ἥμισυ PSm 155 כאב פלגא PSm 1659 — פלגות רישא PSm 1659. 1021 : 156 ἡμιτριταῖος scil. πυρετός : פלגות טריטאים ; ἡμιόλια פלגה דיותרנא, ἡμίονος פלגות חמרא. [Vgl. Martyr. I 73 נמחך על פלגא „der Engel wird dich auf die eine Hälfte schlagen“ dann treten bei ihm die Symptome der Hemiplexie auf. Nöld.] **84**$_{3}$ כורסינותא PSm 649 melissophyllum? **86** Nr. 64 s. Nr. 328. Forsk. LXIV. In Aegypten nach Ascherson eine Sorte mit purpurfarbner nicht gelbroter Wurzel. **87** Anm. חפורא PSm 422 vgl. حفرة planta. Entweder ist es gleich חפורה oder errpt aus חורפא. **88** Nr. 65 גופנא s. Mand. Gr. 173. —$_{11}$ כרפניתא PSm sv., 397. 705. —$_{14}$ דליתא PSm 254 zu ἀναδενδράδες. **89**$_{19}$ PSm 566_{14}. 588 בר סוביתא. —$_{21}$ ענבתא σταφύλωμα PSm 68 ult. — Anm. 2. Siehe 291 Anm. **91**$_{7}$ Das Synon. des D μήλωθρον sucht PSm 730 גלילטן. Viell. aus dem Syn. χελιδόνιον? **92**$_{4}$ Lang. K. lies Langk. — Nr. 65. l. *Gossypium vitifolium* Lmk עמר גופנא scheint pluralisch richtig zu sein Assem. BOr III, 2, 901 obwohl BA aO Sing. hat, wie auch PSm 783_{25}. 1762_{39}. Plur. s. oben 124_{2} 198_{13} und BB in der 92_{12} angeführten Stelle, deren Anfang ist: עמר גופנא דהו עמר כובא. —$_{11}$ l. διάμετρον. —$_{12}$ עמר כובא Esther 1_{6} = כרפס Jos. Styl. 45_{9} = כתנא 44 ult wie es scheint. Nöld. —$_{14}$ βαμβακοειδής D 359 s. ob. S. 198. —$_{17}$ „C 849 כרגופנא habitator (qui fixam sedem habet) in sorte sua“? — مرعزا hat schon Boch. Hieroz. I præf so erklärt. —$_{16}$ S. 198 Nr. 148 h. PSm 1689. **93**$_{21}$ span. oruga. —$_{27}$ Ein zusammengesetztes Wort ist nach den Glossographen auch אטוררתא. S. Nachtr. zu S. 274: عندم. **94**$_{16}$ PSm 1784 falsch τρίφυλλον. —$_{3}$ Hendaquq heißen in Aegypten und Syrien sowohl wilde *Trigonella-* als *Melilotus*-Arten und zwar vorzugsweise Erstere. Letztere nach Forsk. *rekrâk.* Von *Melilotus*-Arten ist die häufigste *indica* All., demnächst *messanensis* Desf. und *sulcata* Desf. *Medic. sativa* heißt in den südlichen Oasen Abede (wohl transponirt aus قدبة). In der kleinen Oase und in Fesau: Gadab oder Gedab (قدب). Forsk. CXVIII Kadb für *Medicago* „*falcata*". In Cairo heißt *Luzerne* bersîm hegâsi ist aber als Futterpflanze weder in Aegypten noch in Mittel- und Süd-Syrien von Wichtigkeit. Ascherson. **95**$_{10}$ Benjamin of Tudela p קא Asher. **98**$_{22}$ لبق l. البق. **101**$_{14}$ Daher دخان Rauchtabak, vulgär; ungarisch: dohány. **102**$_{18}$ PSm 265 zu ἀντί. 1845 sv מכשולא. **104**$_{3}$ l. וכבלנא מתעבר. [Bei Hoffmann BA steht so mit מ, sonst freilich von Alters her, auch in Ceriani's Ausgabe und in ed. Urmia כליא mit ܟ. Gemeint ist Madâin. So, Ktesiphon, erklärt es Ephraem und auch BA Nr. 4733 wo wieder ܟ. —$_{24}$ כשורגו PSm 1849. Scheint mit جاورس zusammen zu hängen. **105**$_{3}$ Clément-Mullet führt in Journ. As. 1865 I 197 aus Ibn Awwâm an, سلت sei das, was die N a b a t ä e r كلبا nannten und aus einer anderen Stelle, dass كلبا eine dem Weizen ähnliche Art Gerste sei und im „Klima von Babylonien" gebaut werde. Nöld.]. **107** Nr. 73. Ritter, Erdkunde XI 511 ff. —$_{18}$—$_{20}$ צנדל aus dem Arabischen beibehalten Sindban 22$_{6}$. — Kimchi WB zu אהלות — سندل. PSm 455 צנדר. 16$_{6}$ صندل = אבלוג. —$_{21}$ Daher C 800 קלודקא. —$_{27}$ ἱππουρίς in der Galenübersetzung beibehalten PSm 1616. **112**$_{10}$ Was Neubauer Géogr. 40 sagt, gehört nicht hieher. Wohl aber der Ortsname בי ציניתא Berach. 31^{a} Sota 46 (Neubauer 367 wieder in seiner ungenauen Art) und das Schloss الصنين bei Hîrâ, das Jâkut sv gewiss mit Unrecht الصنين vocalisirt. Es ist eine andere Pluralform von sinnthâ. Nöld. **114**$_{6}$ Ǵavâlîkî erklärt صيصاء für urspr. persisch. Sachau z. St. verweist auf das talmudische שיצי. —$_{14}$ شيس lies شيش. *Sts* heißen nach Nachtigal I 124 die zwei verkümmerten Fruchtfächer der Palme. **115**$_{16}$ BA Nr. 5912 מכנשתא. Elia Nisib. 39$_{87}$. מכנשתא Occid., ܢ Orient; מכנישתא schwerlich richtig. כנשתא Kehricht Lag. Rel. 125$_{6 \cdot 10 \cdot 16}$. —$_{23}$ l. Blattbasen. — Anm. 1. מכשתא flabellum PSm 1840. ibd: מכשניתא. **116**$_{8}$ חוצא PSm 687 sv גופא. **119**$_{2}$ كفر Ibn Esra zu אשכל הכפר. Kimchi sv. —$_{6}$ Falsch bei Ly III 110 מַכְבֵּר, wie er vocalisirt, von כבר: „der d i c k e, s c h w e r e Ast der Palme"! Das Richtige hat schon Kimchi sv כבר. **121**$_{1}$ l. china. **123** Anm. Pesikta r. § 10 p 15^{d}$_{u}$. Abot de R. Nat. 35. **125**$_{13}$ Elia Nisib. 38$_{65}$ שחלא الراووق والمصفى. —$_{16}$ PSm 1843. 1844. 1839 כרשכא الحزام (כרשכלתא ibd. حلقة, الحزام) 1831 כרכשא BB كستيج. 1730 כוכשכא. —$_{28}$ Elia Nisib. 24$_{25}$ תמרא הנדויתא تمر هندى **128**$_{2}$ PSm 1748 פשרתא כלמטים. **129**$_{4}$ Dozy Suppl. I 804. —$_{11}$ Dozy ibd. I 442 دوسر. 475 f دوشر, دوصل. — Anm. lies: sifûn. **130**$_{9}$ l. wie man seit Bochart Hieroz. I 608. — Nr. 86. In Persien findet sich nach Boiss. IV 47. 48 nicht *N. Oleander* L, das er östlich nur bis Syrien, Cypern und Mesopotamien angibt, sondern *N. odorum* Sol. β *Kotschyi* Boiss. und das davon vielleicht nicht hinlänglich verschiedene *N. Mascatense* Alph DC. Ascherson. **131**$_{5}$ lies נרדמים. **132**$_{8}$ BS. جلاب zu רודלי. **133**$_{9}$ Dozy Suppl. I 615^{b}. **134**$_{1}$ Niclas ad Geop. I 198. Stephan. Thesaur. sv. αἶρα: denominatum a ῥαίω significante φθείρω . . i. e. semen frumentaceum e frumenti corruptione proveniens quod lat. lolium. Suidae est ἡ τοῦ σίτου διαφθορά . . . Porphyr. de abstin. I 30 Wakef: Γῆ πολλάκις πυροῦ τὸ σπέρμα δεξαμένη αἴρας ἐγέννησεν. — Nr. 93 B Hebr. gr. I 191_{18} 214_{13} זופא ζῶπά; π beruht auf falscher Gräcisirung. Elias Nisib. 25_{62} זופא زوفا يابس —. Zu Nr. 93 BB 447 aus der Dioscorides-Uebersetzung: כרוּבוּקוּמי עסבא איתוהי דדמא עופה לדישא דוופא ועקרה מתתחשה הנא דקטן ועזין D 545. PSm 1816. 136_{2} l. إبار Angelus a St Josepho Gazophyl. p 439 Thymus. 137_{4} l. الحبشي. — Aus der D Uebersetzung: קילוניא בֿק עקראתו דרמין סרפוהי ודמין לדיתא וזעורין וקילוניא כתקרא. 138_{11} s. D 133. **142** penult l. Convolvulaceen. **143** penult قدى vulg. قدى Fl. 144_{13} l. Kaleb noch איבא türk. $—_{20}$ Ly III 102 verwechselt μαλόμελι und μελίμηλα. 145_{5} S. noch S. 335. Zu στρούθια s. Nr. 245. — PSm 1842 BB: כושב פסק בֿק עֿ כושפבק צֿ כסו קטו زعم דכא לרורעא ראספרגלא וקרין לה كسين Die Glosse kann ich nicht erklären; was PSm beibringt ist jedenfalls falsch. — Nr. 104: Das Wort hat Rukkâch חגתא BH zu Job 30_{7}. Jes. 55_{13} ed Urmia. Ueber حاج vgl. Leclerc zum Kachef erroumoûz p 343. Nöld. 146_{4} l. Bronnholz. Vocalisation חיםתא BHgr I 21_{13}. Ob היםתא ibid. 22_{5} dazu gehört? Nöld. 147_{18} BA Nr. 2647. 149_{30} vgl. Nr. 229 S. 286. **155** Nr. 109 Thaffue malum Onomasticon 30_{23} 25_{19} Lag. 156_{4} l. Aboda zarah. $—_{6}$ Ebenso sagt man syrisch חזורי פכא Backen Elia Nisib. 8_{55}. $—_{19}$ Der Zusammenhang von חזרא und خيزران ist um so weniger anzunehmen als letzteres eine ziemlich modern persische Bildung ist: chêz urân „stehe auf und bewege dich". Nöld. $—_{23}$ Forsk. LXXIV *Centaurea Lippii.* 157_{2} l. Nr. 229. $—_{10}$ קמחא hat nur K PSm 820 sv רגן für Weizen. Anm. 1 עבורא البر والطعام Elias Nisib. 49_{13} Lag. Pes. de R. Kah. p $90b_{5}$ בעין לםזבן עבורא wie die aO angeführte Glosse: לםםר עבורא. 158_{26} PSm 1666 כאפא דצונמא. 159_{15} קמרא S. 260_{5}. **160** Nr. 112. חי עלםא als Gottesname Baruch $4_{20 \cdot 22 \cdot 35}$ syr. חי העולם Munk, More I p 321. 168_{22} لبخ Honein gibt περσέα mit لبخ wieder De Sacy Abdallatif p. 52. — *Albizzia Lebbek* Bth. = Lebach Ascherson Sudan S. 5. 170_{17} rêwand = glänzend, herrlich. 175_{3} lies 280. 182_{8} Diese Neigung haben die Ostsyrer immer, da sie in geschlossener Sylbe â als ǎ sprechen. Nöld. $—_{24}$ Pesikta r. XII p. 21ª Breslau. 183_{25} l. الهزار كشان. $187_{11 \cdot 12 \cdot 13 \cdot 14}$ l. الاذخر. **190** Nr. 145. PSm hat auch die Vocalisation ירורא jarvârâ, welche dem pers. Wort besser entspricht. 193_{10} Habb el melûk, Königskörner, könnte wohl auch *Euphorbia Lathyris* L sein, deren Samen auch bei uns officinell waren, die aber in der Flora Orientalis fehlt, doch könnte sie in Gärten vorkommen oder aus Europa importirt sein. Gewöhnlich versteht man unter Habb el melûk bei den Droguisten in Cairo die Samen von *Croton Tiglium* L und *Jatropha Curcas* L beides indische Euphorbiaceen. Ascherson. $—_{24}$ l. تاكوب. 194_{20} PSm 1783_{52}. 195_{3} Sing.? כבותא Geop 94_{2}. 197_{7} Çant schreibt auch Schweinfurth, Ascherson Sudan S. 5. 203_{5} קרנבא Ps. 68_{32} Sym. Land. IV lat. 124. III 249_{19} etc. Nöld. $—_{25}$ Trotz des stat. abs. רועא BH Carm. 150_{4} ziehe ich es lieber zu רעש رعث, ארעת, was häufig ist, beweist das allerdings nicht. Nöld. **205**$_{2}$ אבזיו „Anspritzung, Fleck" Ephr. III 101 D Carm. Nisib. 21_{88} so im Jovianus-Roman, wo überall auch אבזיו möglich. Nöld. **206**$_{5}$ כמן salivit kennt auch PSm nicht. —$_{16}$ Neusyrisch heißt Kümmel nach PSm 1701 כומתיתא. **207**$_{26}$ Καπνός ist auch קאפוס, das Ġezzâr zu شاهترج gibt, nicht „fumus" woran Steinschn. Archiv f. Gesch. d. Med. II Sonderabdr. S. 8 dachte. **208** Nr. 153 ist zu vocalisiren כמתרא PSm sv. **216**$_{3}$ Pesikta de R. Kahana p 38a. Aruch כרם 5. **217**$_{9}$ PSm 1842 ist der Artikel כושבא zu streichen. —$_{24}$ **218**$_{8}$ Talmudisch מוריקא ist nicht „syr. מוקרא [das übrigens auch talmudisch ist Ly sv מוקרא] transpon.", wie Ly III 58b meint. **221**$_{6}$ انه lies انه ينبت. **223**$_{1}$ PSm 1813 כרובסהלינן. **224**$_{2}$ قرة العين S. 266. Auch als Büchertitel vorhanden. **226**$_{10}$ Elia Nisib. 26_{90}. **228**$_{10}$ Sing. כרתא PSm 1840. **230**$_{12}$ PSm 567 כסיון ה̄ כשותא רגיתא كشوث رطب — PSm 1785 ,بزر كشوث בעתא דכשותא cf. 1841: ἐλξίνη? **235**$_{10}$ l. الاخضر. **238**$_{12}$ S. 313 penult. PSm 1666 כאפא שיעיתא ושעיא = حجر الاملس. K PSm 1849: שיעיא. שעיניתא zu כתא lutum. **241**$_{16}$ D. Uebersetzung ob. 67_{9}. Γογγυλίς ist auch BB's כוגולים nicht wie PSm sv meint κανκαλίς. **245**$_{20}$ ססירא Bam. r. 14 p 116d Wilna irrig für identisch mit dem Pflanzennamen ספיר· s. מתנות כהונה. S. LLöw Lebensalter S. 420 Anm. 12. **249**$_{13}$ Elias Nisib. 41_{22} מורניתא: العكازة برج. —$_{28}$ lies: Ich weiß nicht was für ein mandäisches Wort Norberg meint. Nöld. *Zea Mays* L kann in den mandäischen Schriften kaum vorkommen. **250** Nr. 189. Es gibt ein türkisches ursprüngl. pers. ميشة „Eiche". Fl. —$_{9\cdot10}$ [bis] zu streichen. **252**$_{8}$ Elia Nisib. 49_{28} כרוא: الخزامى والعبوثران. **256** Anm. סח ל׳ In den Hechaloth häufig Jell. BHamidr. III p XLV $88_{6\cdot12}$ משיח עם Pes. de RK p 109b u. Buber z. St. **259**$_{13}$ HB 1879 S. 67 aus Aßaf זרע ממיא הוא ננבואה lies: זרע ניניא. **261**$_{29}$ Ein alter Fellah nannte mir das eben hervorsprießende *Ammi majus* L: Chilleh šeitânî; wahrscheinlich verstand er unter Chilleh ohne Beisatz *Ammi Visnaga* Lmk, das ebenfalls bei Cairo wächst. Ascherson. **269**$_{3}$ l. נְדָל BB ندّال und دندال PSm 1553 כרלא ,כרלא aber auch כרלא ,כרלא. **273**$_{17}$ چغندر neben سلق Gazophylacium p 42 bieta, beta, de la porée (sic) Nöld. — Silk und bangar: Delile H. Nat. II 57: jenes die weißwurzlige, dieses die rotwurzlige Spielart (unsere rote Rübe). Ich hörte silq auch die wilde *Beta vulgaris* nennen, die in Aegypten sehr gewöhnlich ist und eine dünne, nicht essbare Wurzel hat. Ascherson. **274** Nr. 218 Da die Syrer die Gleichung סם תרין = دم الاخوين als fest setzen, so lässt sich jenes wohl botanisch bestimmen, da die Bedeutung des arab. Ausdrucks bekannt ist. Dieser wird gleichgesetzt عندم, welches die altarabischen Dichter (Moallakat des Zuhair 8 cf die Varr. Moall. d. ʿAntara v. 42 Hamâsa 166) als Name eines Gewächses setzen, das einen roten Saft ergießt und mit dem Blut einer frischen Wunde verglichen wird. Nach Anderen, s. A. Schol. zur Hamâsa u. Zuhair, ist es = بقم. عندم ist sicher eines der seltenen arabischen Composita: عين دم „Blutquell". Nöld. **275** Nr. 219 *Rubus fruticosus* L wird von den neueren Specialisten in einige hundert Arten geteilt, indess auch nach weniger subtilen Anschauungen kommt der echte *R. frut.* in den arabischen Ländern nicht vor. Die verbreitetste Art in Syrien ist *R. sanctus* Schreb. —$_{16}$ l. Onom. 15$_1$ 14$_{30}$ 23$_{13}$ 30$_{10}$. — Beschreibung des סנה Schemoth r. 2. — Zu עינבי הסנה vgl. ענבי סניא Land Anecd. II 218 das wohl auf Luc. 6$_{22}$ beruht. Nöld. **276**$_1$ l. *Zizyphus Lotus* Lmk. —$_{14}$ איגילנצייר Kimchi WB sv עקרב. *Uard Nisrînî* heißt nach Wetzstein eine in Damascus nur cultivirte, nicht wildwachsende Rose. Der Name kommt von einer persischen Stadt. Es ist nicht die, aus der dort Rosenwasser und Rosenöl bereitet wird; letztere ist die dort gewöhnliche *R. damascena* Mill. Ascherson. —$_{22}$ S a'd hörte ich in Aegypten oft für alle kleineren wildwachsenden *Cyperus (C. rotundus, C. longus* und die wilde Form des *esculentus)*, die alle kriechende Rhizome haben und lästige Unkräuter sind. Ascherson. **280**$_{20}$ *Aristolochia baetica* kommt im Orient nicht vor, wohl aber *Ar. altissima* Desf in Griechenland und Syrien. Bei *Ar. Maurorum* citirt Boiss. IV 1080 das Synon. *Ar. Rhazut* aus Rauwolf. Ascherson. —$_{22}$ Der Form nach šatlûlâ ähnlich ist שטלולא Elias Nisib. 27$_{11}$ PSm sv כלבויתא. — Anm. Schreibfehler s für ch S. 328$_{12}$. **282**$_8$ שגרשא hat auch Elias Nisib. 25$_{60}$. —$_{17}$ mit Hülfsvocal עזניא, aveznâjê. **283**$_8$ l. *Zizyphus Lotus* Lmk. — In Syrien heißt die Frucht von *Z. Sp. Chr.* gewöhnlich D û m, welcher Name in Aeg. auf die *Hyphæne thebaica* übertragen wurde. —$_{17}$ Rh. l. *Z.* **286**$_{15}$ Elia Nisib. 51$_{73}$ שיזא العناب. **287**$_{28}$ lies שיזפים? — **288** Sarûr ist der allgemeine Name für *Crataegus*. Die Art, von der Wetzstein in seiner Vorrede zu C. Koch's Bäume und Sträucher Griechenland's (1879) spricht, ist jedenfalls nicht *C. sinaica*, sondern vermutlich *C. monogyna*, da er sie als schlechter als die deutschen Mehlfäßchen bezeichnet, was auf *C. Azarolus* wohl nicht passt. Ascherson. **290**$_6$ l. שֲׁעותא. —$_7$ l. ובאוריתא. —$_8$ l. וקנכון. —$_9$ Zu βούφθαλμον PSm 1583 יוקנאלמון عين الثور. — Deutsch heißt *Chrysanthemum Leucanthemum* L bei Ehrhart „Kalbsaug". **291**$_{15}$ Der *Asphodelus*, aus dessen Wurzelknollen man Kleister machen kann ist *A. microcarpus* Viv. (= *A. ramosus* L ex p., in Syrien Aîrât bei Alexandrien 'Ansal) eine im ganzen Mittelmeergebiet verbreitete Art, aus der man in Algerien Branntwein brennt. Dagegen ist *A. fistulosus* Forsk. (= *tenuifolius* Cav., verschieden von *A. fistulosus* L) eine einjährige Pflanze mit dünnen, unbrauchbaren Wurzeln. In den Oasen nannte man sie uns Basal ónsol od. Basal eš-Šeitâni. Herr Letourneux schrieb mir aus Aegypten von Kleister aus einer *Pancratium*-Zwiebel, der jedenfalls *Asphodelus*-Kleister sehr ähnlich sein dürfte und den wie letztern besonders die Schuster anwenden. **292** Anm. 2 PSm 997 עסקות המסורתא. C 743. **293**$_4$ *Silybum Marianum* Gærtn. ist in Aegypten gemein, ich habe aber nie einen arabischen Namen gehört, höchstens so willkührlich gemachte, wie šôk ghazâl (Oase Dachel). Ascherson. **294**$_8$ Kimchi WB sv ערער: ופירוש ר' האיי ז"ל עכבית הוא קוץ כבחוץ ומבפנים פרי נאכל ונקרא ערער. Das. حرشق = عكوب = ערער. — Erwähnung verdient die transponirte Form Chošurûf, die Schweinfurth für *Atractylis flava* Desf. und *Carduncellus eriocephalus* Boiss, zwei Wüstendisteln, von ægyptischen Beduinen hörte. Ascherson. **295** Nr. 235: BB 695 אף דין מורא איתו צברא עלוי. صبر اسقوطرى עלוי סומקא הו רועתא איתו ומחין לאוכמותא ורמא לליבאנון 670: סקורסיאורון סקוטריא الاسقوطرى وهو الصبر

Zur Anm. S. 45 und S. 295: Das Wort صبر ist seiner appellativen Bedeutung nach jeder bittere Pflanzensaft wie der der Aloë, des Wermut, des Oleander, des Opunticncactus [dessen Saft fade ist]. صبارة bezeichnet jede bittere Pflanze. In Syrien versteht man aber unter Sabbara nur den Opuntien-Cactus, welchen man anderwärts auch tîna frengîja, tîna hindîja oder collectiv tîn-el-hind indische Feige, tîn-en-Naṣârâ Christenfeige, in Marocco kermûs-en-Naṣârâ und in Aegypten, wie im Text angegeben, tîn oš-šôk Stachelfeige nennt. Dagegen versteht man in Tunis unter Sabbâra nur die hochstämmige (hundertjährige) Aloe das heißt *Agave*, die in Marocco Karzêjân heißt. Oestlich vom Jordan heißt die *Opuntia* auch Ṣabra und Ṣobeira, nicht Ṣabbara. Wetzstein. —$_8$ Das aus dem arab. übers. syr. S i n d b a n konnte عود nicht wiedergeben und behielt es als עוד bei Sindban 26_5. **297**$_6$ כאבנג PSm 1630. **298**$_{17}$ Letourneux, Étude botanique sur la Kabylie du Jurjura Paris 1871 p 51 hat *ayountas* als kabylischen Namen von *Anacyclus Pyrethrum* DC, einer Pflanze die nur im nordwestlichen Afrika einheimisch ist, offenbar identisch mit dem berberischen תאגנדסת des Gezzâr, das nur noch den berber. Artikel hat. Ascherson. **303**$_{20}$ lies TTer. Nov 283 Elia Nisib. 50_{40}. **306**$_5$ עדריא كندس Elia Nisib. 26_{92}. **307**$_4$ رقف. In Cairo spricht man (ركف) rakaf nicht (رقف) ra'af und nennt so die Knollen von *Leontice Leontopetalum* L. Sie dienen als Arzneimittel sowie auch als Seifenwurzel. Ascherson. —$_{12\cdot16}$ l. بذور. —$_{12\cdot15}$ l. مشايخ. **308**$_{10}$ الخمس. **309**$_{27}$ Ich habe in Aegypten nichts von Rettigöl gehört. Jetzt cultivirt man Ölrettige in Japan. Ascherson. **314**$_{26}$ l. espagnols. **315**$_6$ PSm 1810 כרבווא nicht erkannt. **316**$_{10}$ PSm 1750 antopen. —$_{21}$ l. אנוקיריאה. —$_{22}$ αἰγόκερας, פינוגריקו. —$_{27}$ l. fenugrec. **317**$_{26}$ Aruch sv גלבק. **318**$_1$ Elia Nisib. 25_{56}. פלפלא כגי Sindban 12_{14} סונאא דפלפלא ibd. 12_{17}. —$_{20}$ Soferim 15_8. —$_{27}$ BH in Psalm pag. 100_{41} ed Lag. —$_{28}$ l. نارانى. — **326**$_3$ Saadja: زعتر Ibn Esra Exod. 12_{22}. Kimchi alte Edd., ebenso, sonst אוריגנוי: صعتر. — Der Name Za'tar ist im Orient so verbreitet, dass Boissier, Flora Or. IV 561, eine zw. *Thymus* und *Satureja* stehende Gattung *Zataria* nennt. Dass Satureia von z a't a r stammt ist wohl nicht zu bezweifeln. *Thymus capitatus* heißt bei Damascus nach Wetzstein s. Boiss. l. c. 560, Za'tar Farisi; Za'tar pure ist dagegen nach demselben l. c. 553 *Origanum Maru* L. Auch für *Thymus Bovei* Benth. hat Schweinfurth S a't e r notirt. Ascherson. **327**$_{16}$ Forsk. LXXIV *Anthemis Erbæjan* اربيان (so l.). **345**$_{21}$ שבר syr. C 912. **351**$_1$ Hassalbân = Rosmarin. Ascherson. Heldreich Nutzpflanzen Griechenlands 33. Delile ungenau: اصلبان. **354**$_3$ קקא ist wirklich Pelekan. Ephr. II 374. Tychsen Physiol. XX. Land IV 55_{27}. 56. Nöld. **375** Anm. Die Mandel des Rückgrats HB 1879 S. 66. **377**$_{15}$ Gelgelân Duveyrier, Les Touareq du Nord I 149: *Matthiola livida* R. Br. dagegen zeichnete Rohlfs, Quer durch Afrika II 280, in Fesân denselben Namen für *Statice aphylla* Forsk. auf. Ascherson. **381** Nr. 326 Sekerân bedeutet in Aegypten bald *Hyoscyamus muticus* L. (*H. Datora* Forsk.) bald *Withania somnifera* Dun., die aber beide auch andere Namen haben. Es machte einen fast komischen Eindruck, von ægyptischen Bauern den Namen Datura — ganz wie der botanische — aussprechen zu hören, bei Alexandrien für *Datura Stramonium* L bei Cairo für *Hyosc. muticus*. Ascherson. **383_{24}** BB 526 כלותא בנ̃ן ברגנתא והו חרדלא. [Mösinger Mon. syr. I 70. Der König Šiḥôr zerstört das rebellische Susa und besäet es mit בר גנתא l. בר גיתא. Da man sonst Salz säet so wäre vielleicht Senf zulässig. Nöld.] **416** Κασύτας Theophr. C Pl. 2, 17, 3 τὸ Συριακὸν βοτάνιον ὁ καλούμενος καδύτας. Daraus Hesychius κασύτας. Nöld. — Langk. S. 133.

Nachträge und Berichtigungen

von

Prof. P. Ascherson.

$45_{4\text{-}6}$ Weder علیق noch عوسج sind speciell Rhamnaceen, sondern ersteres ein allgemeiner Name namentlich für rankende und kriechende sowohl dornige und stachlige Gewächse z. B. *Berberis* S. 139, *Rubus* S. 275 oder *Rosa* S. 276 als auch nicht stachlige wie *Convolvulus* Forsk. CXIII. Letzteres ist mindestens in erster Linie *Lycium europæum* L u. *L. arabicum* Schwf (Forsk. LXIII) wofür es in Syrien und Aegypten sehr bekannt ist. *Rhamnus* sp. im Libanon: ajram. Schweinfurth. **50_2** Kedid, häufiger Keddâd heißen in Aegypten die großen dornigen *Astragalus*-Arten *leucacanthus* Boiss., *Forskalii* Boiss., auch der nicht dornige *Kahiricus* DC. Aus قتاد könnte in Syrien, wo das ق noch weniger gehört wird als in Aegypten wohl das von Schweinfurth für *Astragalus* sp gehörte atit werden. Eine andere Art nennt er kabbatili. **57_9** *Juniperus excelsa* M. B. im Libanon: l e z á'b. Schweinfurth. **67_{23}** *Verbascum* im Libanon heluân es-ssabbi. Schweinfurth. **73** Namen von Eichen-Arten im Libanon noch: ssôfri und el-afs. Schweinf. Letzteres wohl besonders die Galläpfel liefernde *Quercus infectoria* Oliv. — Sindian heißt dort *Q. Ilex* L. Thiselton Dyer (Britten's Journ. of botany 1880 p 203) erwähnt eine Eichen-Art el-ez'r oder ozer (arz?) mit deren Holze der Latakia-Tabak geräuchert wird. **80_{22}** ist zu lesen: *Artemisia Absinthium* L. Das Uebrige, sowie Zeile 23 ist zu streichen. **87_{20}** *Daucus Gingidium* L wächst nicht im Orient sondern nur auf den Inseln Italiens. **92_2** *Fraxinus* am Libanon: derder Schweinfurth. Dérdar oder šôk sseifi *Centaurea Calcitrapa* L und verwandte. Das ist das von Petermann, ob. S. 100_{21} erwähnte derdar, das biblische דרדר. **101_2** *Paliurus* heißt am Libanon auch ssidr. Schweinf. **109**$_{19}$ Akrisch habe ich von ægyptischen Beduinen für ein anderes Stachelgras *Aeluropus repens* Parl. gehört. Ascherson. **128**$_{25}$ Eine wilde *Avena* bei Baalbek šufên. Schweinf. **142**$_{6}$ *Convolvulus arvensis* L am Libanon chiddeidi und mudêd (Schweinfurth); letzterer Name auch in der Oase Dachel. **152**$_{14}$ حبق am Libanon *Ocimum Basilicum* L Schweinf., in Aegypten *Mentha silvestris* L, so hörte ich im Fajum. Nach Delile Hist. Nat. II 65 habakbak حبقبق; ebenso die Composite *Sphæranthus suaveolens* DC Forsk LXXII. 154. **158**$_{6}$ s. zu 356$_{9}$. **165**$_{24}$ Vgl. حالمة *Lithospermum callosum* Vahl nach Forsk. LXII Denselben Namen hörte ich in Aegypten für diese Pflanze, sowie für *Heliotropium luteum* Pers. Ascherson. — *Anchusa italica* Retz heißt am Libanon belghessûn. Schweinfurth. **179**$_{21}$ zu שבת ראבא: *Eryngium glomeratum* Lamk. im Libanon: šindêb, *E. creticum*: kurthani [d. i. das im Text erwähnte: kirsanna]. Schweinfurth. **184**$_{10}$ In Syrien engîl انجيل Schweinfurth. **192** Anm. 2. *Asclepias gigantea* Forsk (non L.) = *Calotropis procera* R Br. عشر ist einer der bekanntesten Pflanzennamen und kommt fast in allen Reisebeschreibungen aus den Nilländern etc. oft vor. **193**$_{4}$ Im Libanon heißen große *Euphorbia*-Arten heleibe, bei Baalbek lo'ajeh [= ob. 193$_{2}$] kleine arteis. Schweinfurth; in Aegypten nennt man mehrere Arten libēn. Ascherson. **201**$_{8}$ Šekeïk, eigentlich *Anemone* hörte Schweinfurth im Libanon für *Papaver*. **241**$_{14}$ Der Name kulkâs ist im Libanon auf die Kartoffel (*Solanum tuberosum* L) übertragen. Schweinfurth. **250**$_{5}$ ميس *Celtis* auch im Libanon. Schweinfurth. **251** Nr. 193 *Origanum Maru* am Libanon zuba'a. Schweinfurth. **254**$_{1}$ *Leontodon Taraxacum* L = *Taraxacum officinale* Web. das allerdings in den Gebirgen Syriens vorkommt; in der Ebene *T. gymnanthum* Lk. Boiss. III 789. **267**$_{9}$ *Viscum* am Libanon ašf. Schweinfurth. **267** Nr. 204 *Dipsacus* s. zu S. 292 (Vgl. Nr. 234). Schweinfurth. **273**$_{24}$ bangar auch türkisch panchar und neugr. παντζάρι, Heldreich Nutzpflanzen Griechenlands S. 23. **280** *Aristolochia* im Libanon chiâr-el-ghennem (Schafgurke) in Baalbek el attá. Schweinfurth. **284**$_{21}$ Die wunderliche Angabe des Jeruschalmi, das שיזפן ein Bastard von Oelbaum und Spina Christi sein soll, klärt sich jetzt ganz befriedigend durch Schweinfurth's Notiz auf, nach der in Syrien unter Seisafûn auch *Elaeagnus hortensis* M. B. v. *orientalis* Schldl. verstanden wird. Dieser Baum, in Aegypten نجده Delile II 54, mir in Sues kureis genannt, hat in der Tat Blätter, die an den Oelbaum erinnern, während die Frucht annähernd wie *Zizyphus*-Arten schmeckt. Nach von Heldreich, Nutzpfl. Griechenlands S. 25 heißt *Elaeagnus*: ἄγρια τζιτζυφιά 57 *Zizyphus vulgaris*: τζιτζυφιά. An den Dardanellen wo *Elaeagnus* schon Sibthorp als häufig auffiel heißt er blos τζιντζυφιά. — Ennōbe = *Cerasus prostrata* Loisl. gehört wohl näher zu عناب *Ziz. vulg.* als zu عنب Traube. Der Name des *Zizyphus* wird im Libanon auch ennêb ausgesprochen. **291**$_{16}$ Schweinfurth notirte sirâš im Libanon für eine gelbblühende *Asphodelus*-Art. **292** Nr. 234 *Akûb* ist nach Schweinfurth keine Dipsacee sondern eine abnorme, distel- oder kardenähnliche Composite, *Gundelia Tournefortii* L, wie auch Boiss. III 421 angibt. Wetzstein's Angabe im Texte aO und der ganze Artikel 234 bezieht sich jedenfalls nur auf diese Pflanze. **301**$_{13}$ arbît (wohl عربيت) im Libanon *Salix* sp. Schweinf. —$_{17}$ خلاف od. بان nach Forsk. LXXVI u. 170 und Delile Hist. nat. II 77 *Salix ægyptiaca* L. Ich fand jetzt in Cairo Niemand, der die (in Delile's Herbar vorhandene) Pflanze oder auch nur die Namen gekannt hätte. Beide Namen führt Berggren für *Vitex Agnus castus* an (s. ob. S. 376), welche aber in Aegypten kaf marjam heißt. **307**$_7$ Mit *Cyclamen hederæfolium* L dürfte wohl *C. latifolium* Sm (*C. hederæfolium* Sm. prodr. non Ait.) gemeint sein, das in Syrien verbreitet ist. **320**$_{19}$ *Hypericum crispum* L. Im Libanon baragîti (vgl. oben 315$_4$?) in Baalbek arrau. Schweinfurth. **332**$_9$ Die Pflanze heißt bei Baalbek chiâr-ol-homâr. Schweinf. **355**$_{19}$ „*Caryophyllus aromaticus* L *Dianthus Caryophyllus* L" ist so zu verstehen, dass die beiden verschiedenen Dinge — Gewürznägelein und Gartennelke — arabisch nach Sontheimer's Verzeichnis karanful heißen. **356**$_4$ Berkân nach Boiss. III 602 und nach Schweinfurth's ægypt. Beduinen *Phaeopappus scoparius* Boiss. (*Centaurea scop.* Sieber) eine Composite mit dornigen Köpfen. [Diese Angabe ist für das im Texte behandelte biblische ברקן sehr zu berücksichtigen.] —$_9$ *Tribulus terrestris* L heißt nach Schweinf. in Syrien dereis, wobei man wohl an die Dreschtafel luh-ed-derâs denken könnte. Forsk. LXVI eddraejsi oder gatba. *Trib. terr.* ist übrigens in dem Artikel schwerlich gemeint. — Von den bei Wetzstein Dreschtafel p. 286 genannten Dornarten sind kotrub und hasak mir noch unbekannt. Sibrik [ob. S. 158$_6$] ist durch Schweinfurth jetzt als *Ononis antiquorum* L erkannt. In Aegypten ist der Name auf *Convolvulus Hystrix* Vahl übertragen. — ult. قريص „orreis" im Libanon für *Urtica* Schweinfurth. **373**$_{14}$ *Crithmum pyrenaicum* Forsk (non L.) = *Deverra tortuosa* DC. für welche ich in der Gegend von Alexandrien (Mariût) den auch in Fesân gebräuchlichen Namen gessich (جصيخ) notirte, Schweinf. dagegen in der Wüste östlich von Cairo saggûŝ, Ehrenberg keraui (كراويا Nr. 206b). **381**$_{13}$ ŝukerân im Libanon *Prangos asperula* Boiss. Schweinfurth. *Cicuta virosa* fehlt im Orient. **388** Im Libanon heißt die Cypresse ŝerbîn. Schweinfurth. **395**$_9$ Im Libanon heißt *Vicia canescens* Labell: termis. Turmus habe ich nie gehört. **422**$_3$ Kabda ist der in Aegypten allgemein bekannte Name von *Lotus arabicus* L. Klunzinger, Ztschr. d. Ges. f. Erdkunde, XIII 444. **424**$_{22}$ Der Name خلة, das aus den Zähnen Ausgestocherte, bezieht sich auf die in Griechenland noch jetzt gewöhnliche Anwendung der Frucht-Dolden von *Ammi Visnaga* Lmk als Zahnstocher. Vgl. Ascherson's Sitzungsber. d. naturforsch. Freunde Berlin April 1880. **424** penult. Der Name عليق den Forsk. nur aus Büchern für *Rubus* kannte, ist im Libanon dafür gebräuchlich. Schweinf. **425** Nachtrag zu 288 *C. monogyna* im Libanon sarûr abiad. Schweinfurth.

Abkürzungen.

Ar . . . Aruch s. Seite 7.

Aphr . . . The homilies of Aphraates the persian sage ed. by WWright. 1869.

Aßaf . . . s. Seite 24.

[Ascherson] . . . bezeichnet die schriftlichen Mitteilungen des Herrn Prof. Paul Ascherson.

Ascherson Sudan . . . Sitzungsbericht der Gesellschaft naturforschender Freunde vom 15. Mai 1877. Separatabdr. 21 SS. Enthält einen Vortrag von Prof. Paul Ascherson über den botanischen Nachlass des Afrikareisenden Eug. de Pruyssenære und eine Zusammenstellung der Culturpflanzen des ægyptischen Sudan bes. der Gärten von Chartum.

Avic(enna) . . . bezeichnet den Bd. I. der arab. Ausgabe Rom 1593 fol. Plemp. die lateinische Uebers. des Plempius: Abualj ibn Tsina . . Canon medicinal . . Lovanii 1658 fol.

Ms. Berlin . . ist ms. or. fol. 89, das zweite Buch des Avicenna arabisch.

Mûgiz den موجز القانون v. Alî ibn Abi el Huzm the Karashite ibn el Nufîs, Calcutta 1828.

Avic. hebr., die edirte hebr. Uebersetzung größtenteils nach Natan Hamati.

b . . . der babylonische Talmud.

BA Nr . . . Syrisch-arabische Glossen. Erster Band. Autographie einer gothaischen Handschrift enthaltend Bar Ali's Lexikon von Alaf bis Mim. Herausgegeben von Georg Hoffmann. Kiel, Schwers'sche Buchhandlung 1874. 4°. Wo BA ohne „Nr" citirt wird, ist die Stelle bei PSm gemeint, in der BA's Glosse mitgeteilt ist.

BB . . . Bar Bahlul S. ob. S. 12.

B e n C h a n . . . Ben Chananja (Monatschr. — dann Zeitschr. — und) Wochenblatt für jüdische Theologie. Szegedin von 1858 bis 1867, herausgegeben von Leop. Löw.

B e n S i r a . . . s. S. 2 ff.

B e r g g r . . . Berggren, Guide français-arabe vulgaire. Upsal. 1844. 4°. Appendice premier: Droguier Arabe col. 825 ff.

B e r. r . . . Berešit rabba. Die Midrasch rabbot citire ich nach der ed. Amst. und ed. Leipzig 1864 8°. Während des Druckes habe ich die neue Wilnaer Ausgabe erhalten, die bei Wittwe und Brüdern Romm 1878 erschienen ist und sowohl der reichhaltigen Commentare und Stellennachweise als auch des trotz des schönen und correcten Druckes niedrigen Preises halber die weiteste Verbreitung und Beachtung verdient.

B H e b r. c h r o n. . . . Bar Hebraei chronicon ed. Bruns & Kirsch Lps. 1799. 4°.

B H e b r. c h r o n. e c c l. . . . Gregorii Barhebraei chronicon ecclesiasticum syr. et lat. ed. Abbeloos & Lamy 3 voll. Lovan 1872—77.

g r a m m. . . . ed. Abbé Martin.

i n P s a l m o s . . . s. Lag. Prætermissa.

B o i s s. . . . Boissier, Flora orientalis Tom. I—IV.

B O r. . . . Assemani's Bibliotheca orientalis.

B S . . . Bar Serošewai s. S. 12.

C . . . Edmundi C a s t e l l i Lexicon Syriacum ex eius lexico heptaglotto seorsim typis describi curavit atque sua adnotata adjecit J. D. Michaelis. Gœttingen 1788. 4°.

C, bisher das einzige syrische Wörterbuch, citire ich nicht überall, bitte aber immer anzunehmen, dass ich ihn eingesehen habe. Meist berichtige ich ihn stillschweigend. Wie nötig ein kurzgefasstes syrisches Glossar wäre, ersieht man aus dem Umstande, dass C in einem ant. Cataloge jüngst mit 45 Rmk. angesetzt war. Neben dem teuern, schwer vorwärtsschreitenden PSmith'schen Thesaurus würde sich ein gewissenhaft gearbeitetes Glossar in usum tironum einen Platz sichern und würde das Studium des Syrischen wesentlich erleichtern.

Carm. Nisib. gloss. . . . S. Ephræmi Syri Carmina Nisibena additis prolegomenis et supplemento lexicorum syriacorum primus edidit, vertit, explicavit Dr. Gustavus Bickell. Lps. Brockhaus 1866.

Curtius[4] . . . G. Curtius, Griechische Etymologie, 4. Auflage.

D . . . Pedanii Dioscoridis Anazarbei de materia medica libri quinque rec. Curtius Sprengel [Medicorum græcorum opera quæ exstant. Editionem curavit D. Carolus Kühn Vol. XXV XXV] Tomus I. Lps. 1829. — Tom. II Lps 1830 enthält auf p. 339—716 den Commentar Sprengel's zu Dioscorides,

D II . . . ich bezeichne ihn mit: D II.

D Uebers. . . . Die syrische Dioscorides-Uebersetzung des Honein ben Ishâk, s. Seite 13f.

D Cange . . . Du Cange's griechisches Glossar, dessen Register der Pflanzennamen die Grundlage des Langkavel'schen Buches bildet, s ob. S. 28.

De Sacy Abdallatif, s. ob. S. 27.

Dietz . . . Analecta medica ex libris mss. primum edidit Fr. R. Dietz Fasc. 1 Lps. 1833. (S. 9—13 Ibn Ǵolǵol's Verzeichnis der von Dioscorides nicht erwähnten Heilmittel.)

DMG . . . Zeitschrift der Deutschen Morgenländischen Gesellschaft.

Donnolo . . . s. Steinschn. Donnolo.

Dozy et Engelmann Glossaire des mots espagnols et portugais dérivés de l'arabe, 2. ed. Leyd. Brill 1869.

Dozy Suppl . . . Supplément aux dictionn. arabes.

Elia
Elia Nisib } s. Lag Prætern.

Fl. . . . Bezeichnet die Berichtigungen und Zusätze des Herrn Prof. Fleischer. S. noch Ly. und Seetzen.

Fleischer . . . de glossis Habichtianis in 4 priores tomos MI. noctium Lips. 1836.

Forsk . . . Flora Aegyptiaco-Arabica sive descriptiones plantarum, quas per Aegyptum inferiorem et Arabiam felicem detexit, illustravit Petrus Forskål Prof. Haun. Post mortem auctoris edidit Carsten Niebuhr. Hauniæ 1775 4°. CXXVI und 219 Seiten.

Fraas . . . Synopsis plantarum floræ classicæ. Uebersichtliche Darstellung der in den classischen Schriften der Griechen und Römer vorkommenden Pflanzen nach autoptischer Untersuchung im Florengebiete entworfen und nach Synonimen geordnet von C. Fraas. Zweite (Titel-) Ausgabe, Berlin 1870. Calvary.

Gafiki . . . Gafiki's Verzeichnis einfacher Heilmittel فهرست الاسماء von Steinschneider, Archiv f. pathologische Anatomie Band I. XXVI. S. 507—548 [Abu Gáfer Ahmed ben Muhammed el Gafiki lebte vielleicht um 1100].

Galen . . . citire ich nach der Ausgabe Kühn's. Für den syrischen Galen sehe man oben S. 18.

Ǵavâlîkî . . . Almuarrab, nach der Leyd. Hs. hrsg. v. E. Sachau Lpz. 1867.

Geop. . . . Geoponicon in sermonem syriacum versorum quæ supersunt. — P. Lagardius edidirt. Formis Teubnerianis exemplaria facta CL. Lps. Teubner, Lond. Williams et Norgate 1860.

Die griechischen Geoponiker sind nach Buch und Capitel citirt. (Die Bücher sind mit griechischen Buchstaben bezeichnet. Für Stigma ist Sigma in Anwendung gebracht worden.)

ΓΕΩΠΟΝΙΚΑ Geoponicorum sive de re rustica libri XX. Rec. Jo. Nicol. Niclas Lipsiæ 1781.

Gesen.[8] . . . W. Gesenius' hebräisches und chaldäisches Handwörterbuch über das alte Testament. Achte Auflage neu bearbeitet von F. Mühlau und W. Volck. Lpz. Vogel 1878.

Ǵezzâr كتاب الاعتماد فى الطب von Abu Ǵáfer Achmed ibn Ibrahîm ibn abi Châlid ibn el Ǵezzâr (جزّار) starb um 1004? Es ist eine Bearbeitung der einfachen Heilmittel nach den 4 Graden geordnet. Ich benütze die mit hebr. Buchstaben geschriebene Hs. München, cod. hebr. 116, durch die Güte des Herrn Dr. Steinschneider, und die lat. Uebersetzung cod. Münch. lat. 253 von Stephanus de Cæsaraugusta civis Ilerdensis (aus Lerida) aus d. Jahre 1233. S. Steinschn. Virchow Archiv 42_{106} Serapeum 1870 Nr. 19 S. 297. Steinschn. hat zuerst nachgewiesen, dass des Constantinus Africanus liber de gradibus quos vocant simplicium liber (Opera Basel 1536 fol. p. 342—387) (in alphabetarischer Reihenfolge eingeschaltet in Pantegni) eine schlechte Uebersetzung aus Ǵezzâr ist. Virchow Archiv $39_{365\cdot409}$ — 42_{105}. Steinschneider berichtet auch über cod. Medic. 256, der das Werk in arabischer Schrift enthält. Irrig verzeichnet Wüstenfeld (Uebersetzungen Arabischer Werke in das Lateinische seit dem XI. Jh. Göttingen 1877 S. 18.): „Des Ishâk Liber de gradibus hat Constantinus in das Pantegni am Ende des 2. Bandes der Practica eingeschoben". Die Terminologie citire ich teils nach den erwähnten Hss., teils nach einem Aufsatze Steinschneider's, Constantin's lib. de gradibus und ibn al-Ǵezzâr's Adminiculum. Separatabdr. aus: Deutsches Archiv f. Geschichte der Medicin und medicinische Geographie Bd. II 22 Seiten.

Ǵolǵol . . . s. Dietz.

Hartmann . . . R, Naturgeschichtlich-medicinische Skizze der Nilländer, Berlin 1865.

HB . . . s. Steinschneider HB.

• Hehn . . . Victor, Kulturpflanzen und Hausthiere in ihrem Uebergang aus Asien nach Griechenland und Italien sowie in das übrige Europa. Historisch-linguistische Skizzen. Berlin 1870, Bornträger.

Hoffm. herm. gloss. . . . Hoffmann, G. Prof. Dr. De hermeneuticis apud Syros Aristotelcis scripsit adjectis textibus et glossariis. Lipsiæ 1869.

Husson . . . s. Sonth Verz.

J As. . . . Journal Asiatique.

J Aww . . . Ibn al Awwâm, Livre de l'agriculture französisch von Clément-Mullet. I. II. 1864—7. 8°.

IBait. . . . Ibn Baitâr, Uebersetzt von Sontheimer 2 Bde. 1840 bis 1842. Stuttgart. S. oben S. 27.

Dozy DMG XXIII. 183 ff. Steinschneider in der Anzeige von Leclerc, Histoire de la médecine arabe in Deutsches Archiv für Geschichte der Medicin und medicinische Geographie I. S. 357.

j . . . Jeruschalmi ed. Krotoschin. Die Ausgabe verdient vermöge der Reinheit ihres Druckes, ihrer Billigkeit und vermöge des Umstandes, dass sie nach der mit der ed. Venedig übereinstimmenden ed. Krakau gedruckt ist, beim Citiren nach Folio, Columne und Zeile als Grundlage benutzt zu werden. Diese Art des Citirens erleichtert die Controle eigener wie fremder Citate.

Kaleb . . . Siehe ob. Seite 5.

Kal. u. Dmng. . . Kalilag und Damnag herausgegeben von G. Bickell. Leipzig 1879 Brockhaus.

Kazwini . . . El-Cazwini, Kosmographie, herausgegeben von F. Wüstenfeld. Göttg. 1848 1849.

Lag. gA . . . Gesammelte Abhandlungen von Paul de Lagarde. Leipzig 1866. Brockhaus.

Lag. Onom . . . Onomastica sacra. Paulus de Lagarde edidit.

Lag. Prœterm. . . . Prætermissorum libri duo e recognitione Paul de Lagarde Göttingæ 1879 [Eliæ nisibeni interpres et Gregorii Abulfarag in librum Psalmorum adnotationes]. Das Buch habe ich der Güte des Herrn Prof. de Lagarde zu verdanken; ich habe es von ihm erhalten als Bogen 17 meines Buches bereits gedruckt war und konnte daher nur von da ab die Citate aus Novaria's Glossar daraus ergänzen.

Lag. prov. . . . Anmerkungen zur griechischen Uebersetzung der Proverbien von Paul de Lagarde Lpz. 1863.

Lag. rel. . . . Reliquiæ iuris ecclesiastici antiquissimi syriace 1856.

Lag. Semitica . . . Erstes Heft, Gött. 1878.

Lag. Symmicta . . . I. Gött. 1877.

Land . . . Anecdota Syriaca, Tom. I—IV Lugd. But. 1862—75.

Langk . . . Langkavel, Dr. Bernhard, Botanik der späteren Griechen vom dritten bis zum dreizehnten Jahrhundert. Berlin 1866. Berggold.

L Löw graph. Requ. } s. S. 9 Anm. 1.
Lebensalter }

Ly . . . Neuhebräisches und chaldäisches Wörterbuch über die Talmudim und Midraschim von Prof. Dr. Jakob Levy, Rabbiner. Nebst Beiträgen von Prof. Dr. Heinrich Leberecht Fleischer. Bd. I. 1876, II. 1879. Lpz., Brockhaus. Die Nachträge Fleischer's bezeichne ich: Fl. zu Ly.

Ly TW. . . . Chaldäisches Wörterbuch über die Targumim und einen großen Teil des rabbinischen Schriftthums von demselben. Bd. I. 1867, II. 1868. Lpz. Baumgärtner.

Maimonides . . . Mischnahkommentar s. M. Maim. ar.

Meyer G. d. Bot. . . . Geschichte der Botanik. Studien von Ernst H. F. Meyer. I.—IV. Bnd. Königsberg 1854—1857 Bornträger.

Mösinger . . . Monumenta syr. ex romanis codd. collecta Oenip. 1876.

Mow . . . Codex Vindobonensis sive medici Abu Mansur Muwaffak bin Ali Heratensis Liber Fundamentorum Pharmacologiæ ed. Dr. Franciscus Romeo Seligmann. Pars I. Prolegomena et textum continens. Vindobonae 1859. (Geschrieben um 978 n. Chr.)

Ms Maim. ar. . . . Die arabischen Handschriften des Mischnahkommentars von Maimonides, welche die Berliner Königl. Bibliothek erworben hat. S. ob. S. 11. Hebr. Bibliographie 1879. S. 131.

Nachtigal . . . Dr. G. Saharâ und Sûdân I. Ergebnisse sechsjähriger Reisen in Afrika. Berlin, Weidmann u. Wiegandt, Hempel u. Parey 1879.

Nöld. mand. Gr. . . . Nöldeke, Theodor, Mandäische Grammatik, Halle Waisenhaus 1875.

Nöld. ns. Gr. . . . Grammatik der neusyrischen Sprache am Urmiasee und in Kurdistan. Lpz. 1868.

Nöld. . . . bezeichnet schriftliche Bemerkungen des Herrn Prof. Nöldeke, die ich teils seinen brieflichen Mitteilungen, teils seinen Bemerkungen zu den Correcturbogen verdanke.

Norberg . . . Codex Nasaræus liber Adami appellatus ed. Norberg.

Paul. Aeg. . . . Paulus Aegineta, Opera, lat. übers. v. Guinter Lugd. 1567. 8°.

Plinius . . . C. Plinii Secundi Naturalis Historia rec. D. Detlefsen. Berol. 1866—1873. Weidmann.

PSm . . . Thesaurus Syriacus collegerunt St. M. Quatremère, G. H. Bernstein, G. W. Lorsbach, A. J. Arnoldi, C. M. Agrell, F. Field, Aemilius Rœdiger, auxit digessit exposuit edidit R. Payne Smith, S. T. P. Ecclesiæ Christi Cathedralis Cantuariensis Decanus. Tomus I. Oxonii e typographeo Clarendoniano 1879. (1864 Columnen.) Dieser Band ist in fünf Heften ausgegeben worden, deren fünftes ich erst nach Druck des Bogens 21 erhielt.

Ritter . . . C. Die Erdkunde von Asien.

Robinson, Pal. . . . Palästina und die südlich angrenzenden Länder v. Eduard Robinson, Halle 1841—1842. Waisenhaus. I.—III.

Sachau Inedita syriaca. Halle 1870.

Salm. hyl. . . . Salmasius, de homonymis hyles iatrices.

Schem. r. . . . Schemoth rabba s. Ber. r.

Seetzen . . . Ulrich Jasper Seetzen, Reisen. Band IV. Commentare zu Seetzen's Reisen ausgearbeitet von . . . Kruse und . . . Fleischer.

Sindban . . . Sindban oder die sieben weisen Meister, syrisch und deutsch von Friedrich Baethgen. Lpz. 1878. Doctordissertation.

Sonth Vorz. . . . Husson, Essai de sinonymie botanique arabe. Anhang zu: Die zusammengesetzten Heilmittel der Araber. Nach dem fünften Buch des Canons von Ebn Sina aus dem Arab. übers. von Sontheimer, Frbg. i. Br. 1844. 8°.

Steinschn. Const. . . . Steinschneider, Constantinus Africanus und seine arabischen Quellen. Separatabdruck aus Virchow's Archiv für pathologische Anatomie und Physiologie und für klinische Medicin. Bd. XXXVII. S. 351—410.

Steinschn. Donn. . . . Donnolo Pharmacologische Fragmente aus dem X. Jahrhundert nebst Beiträgen zur Literatur der Salernitaner, hauptsächlich nach handschriftlichen hebräischen Quellen. Separatabdruck aus Virchow's Archiv Bd. XXXVII. bis XLII. 174 Seiten. Dazu gehört als Beilage: Donnolo, Fragment des ältesten medicinischen Werkes in hebräischer

Sprache . . . zum ersten Mal herausgegeben von M. Steinschneider. Berlin, Druck von Albert Lewent 1867. VI. Seiten. — Gifte und ihre Heilung von Moses Maimonides zum ersten Male deutsch von Mor. Steinschneider, nebst einem Anhange über die Familie Ibn Zohr. Sonderabdr. aus Virchow's Archiv Bd. LVII. S. 61—120. — [Traité des poisons de Maimonide (XIIe siècle) avec une table alphabétique des noms pharmaceutiques arabes et hébreux, d'après le traité des synonymies de M. Clément-Mullet, traduit par Dr. J. M. Rabbinowicz, Paris Adrien Delahaye 1865 8° 70 pp. Eine unbedeutende, oberflächliche Arbeit.]

Steinschn. HB . . . Hebräische Bibliographie. Blätter für neuere und ältere Literatur des Judenthums, nebst einer literarischen Beilage red. von M. Steinschneider. Band I—XIX (1879).

Steinschn. toxic. . . . Die toxicologischen Schriften der Araber bis Ende des XII. Jahrhunderts. Ein bibliographischer Versuch großentheils aus handschriftlichen Quellen. Von M. Steinschneider. Sonderabdr. aus Virchow's Archiv Bd. LII. 73 Seiten. S. noch Ǵezzâr.

T . . . Tosefta, soweit sie vorlag nach der Ausgabe von Dr. M. S. Zuckermandel.

Vullers . . . I. A. Lexicon persico-latinum. 2 Bde.

Wetzstein . . . bezeichnet schriftliche Mitteilungen, die ich Herrn Consul Wetzstein verdanke.

Wetzstein Dreschtafel . . . Zeitschrift für Ethnologie herausgeg. v. Bastian und Hartmann V. 1873. S. 270—301. Die syrische Dreschtafel.

Wright Catal. Der Catalog der syrischen Hss. des British-Museums.

I. Register der systematischen Pflanzennamen und der lateinischen Wörter[1]).

[1]) Die Zahlen bezeichnen die Seiten.

II. Register der griechischen Wörter[1]).

[1]) Die mit einem Stern * bezeichneten Wörter sind keine Pflanzennamen. Nichtgriechische Wörter sind durch Weglassung von Spiritus und Accent kenntlich gemacht. Die Zahlen bezeichnen die Seiten.

IV. Register der arabischen und persischen Wörter.